Le grand dictionnaire des RÊVES

analyse et interprétation

Contributions et textes additionnels :
Martha Clarke, Ignasi Gaya, Sergio Álvarez, Maria Leach,
Mario M. Pérez-Ruiz, Rodolfo Román, Claudia Ponte.

Ouvrage publié pour la première fois en Espagne en 2006 par Editorial Océano, S.L.
(une division du groupe Océano), Barcelone, sous le titre *Gran Diccionario de los Sueños.*

www.editions-artemis.com

Pour l'édition française :
Traduction et adaptation : Marie Jammot

ISBN : 978-2-8160-2177-6
N° d'éditeur : 8160
Dépôt légal : septembre 2023

Achevé d'imprimer : août 2023
Imprimé en Pologne par Edica.

FSC
www.fsc.org
MIXTE
Papier | Pour une gestion forestière responsable
FSC® C113996

Martha Clarke

Le grand dictionnaire des RÊVES

analyse et interprétation

ARTÉMIS ÉDITIONS

SOMMAIRE

AVANT-PROPOS

Avant de commencer

Ce dictionnaire a été conçu comme une carte de navigation destinée à aider le lecteur à élucider les précieux messages de ses rêves. La première partie propose un parcours à travers les différentes approches existantes du monde des rêves. Elle permet ainsi de comprendre les diverses significations qu'ils renferment, ainsi que l'importance qu'il y a à toujours les singulariser. En effet, non seulement leur message doit être personnalisé, mais les circonstances dans lesquelles ce message est produit doivent être aussi établies. Le même songe, chez la même personne, peut revêtir un sens différent selon le moment ou les expériences personnelles. Il convient donc d'évaluer soigneusement la pertinence de chaque interprétation, aussi bien dans ses détails que de façon plus globale.

Le livre que voici comporte des instruments pour initier un chemin de découverte, de manière à ce que chaque personne puisse trouver sa propre interprétation de ses rêves. Même si, comme l'affirmait Jung, « les êtres humains partagent un large spectre de symboles et d'archétypes », le sens concret de chaque rêve peut être très distinct suivant la situation personnelle du sujet. C'est pourquoi, que ce soit en solitaire ou bien avec l'aide d'un spécialiste, chacun doit assumer la tâche de déchiffrer ce que les épisodes nocturnes dissimulent.

Pour cela, il n'y a rien de mieux que de s'exercer un peu à partir des mots concrets de la seconde partie qui, sous forme de dictionnaire, expliquent de très nombreux thèmes du monde onirique. Ceux-ci peuvent d'ailleurs être reliés entre eux, donnant lieu à des milliers de combinaisons et d'interprétations. Nous espérons avoir fourni suffisamment de pistes pour que votre aventure onirique soit encore plus intense et enrichissante.

Faites de beaux rêves !

Comprendre les rêves

INTRODUCTION

La fascination pour les rêves

Pourquoi les rêves nous fascinent-ils ? Qui ne souhaiterait connaître leur véritable signification et le message personnel qu'ils renferment ? Le sommeil est un état différencié de la conscience dans lequel tout est possible. En rêvant, nous changeons la réalité quotidienne pour un monde de possibilités illimitées qui, de plus, est à la portée de tous.

Si l'intérêt pour les visions oniriques a toujours existé, de nouvelles façons de les étudier ont vu le jour ces dernières décennies avec des résultats intéressants. À l'approche scientifique classique, viennent s'ajouter d'anciennes connaissances sur leur rôle et leur interprétation traditionnelle. D'une part, l'analyse des symboles oniriques et des archétypes est approfondie ; les considérations neurologiques sont complétées par des explications sur les états modifiés de conscience ; d'autre part, l'étude des processus oniriques est associée à une approche *holistique*, globale. En fin de compte, on connaît beaucoup mieux toutes leurs facettes, la plupart favorisant la connaissance de soi. En résumé, étant donné que les songes font partie de l'existence humaine et nous accompagnent toute la vie, cela vaut la peine de mieux connaître le potentiel qu'ils renferment.

On a attribué aux rêves différents degrés de pertinence tout au long de l'histoire. Chaque culture les a valorisés et abordés de façon différente. Ils ont fait pour cette raison l'objet de nombreuses interprétations et hypothèses : ils ont été tour à tour considérés comme des messages divins ou des prémonitions d'événements, ou comme des représentations du péché ou des signaux de l'inconscient. Cette

Le sommeil est un état différencié de la conscience dans lequel tout est possible.

portion onirique de notre quotidien conserve toutefois, jusqu'à aujourd'hui, une bonne partie de son mystère.

Un adulte dort normalement 8 heures par jour, c'est-à-dire le tiers de sa vie, une proportion en rien négligeable. Une personne de soixante-dix ans, par exemple, a dormi pendant vingt-six ans. Et, sur ces vingt-six ans, elle en a consacré cinq entièrement à rêver. En définitive, nous parlons ici de périodes vitales suffisamment étendues pour leur prêter toute l'attention qu'elles méritent.

Même si nous ne nous en souvenons pas, nous rêvons toujours

Nous ne rêvons pas tout le temps que nous dormons, nous traversons tout au long de la nuit plusieurs cycles de sommeil, comme nous le verrons plus loin. En outre, certaines personnes oublient totalement leurs rêves et affirment ne jamais rêver, alors que d'autres s'en souviennent presque entièrement. La plupart d'entre nous se rappellent quelques éléments et conservent occasionnellement un souvenir très détaillé d'un songe qui, pour une raison ou une autre, les a particulièrement impressionnés ou leur a paru particulièrement important. Mais nous avons, presque tous, la sensation que certains rêves ont quelque chose d'intéressant à nous dire.

Les songes n'ont pas à être prophétiques, même si certains peuvent l'être et que les prémonitions existent. Ils n'ont pas spécialement à nous avertir d'une prochaine maladie, même si parfois ils le font. Ils ne sont pas nécessairement liés aux problèmes et soucis de notre vie quotidienne, bien qu'ils le soient fréquemment. Et cependant, nous avons presque tous l'impression que nos rêves ont un sens, et nous aimerions bien savoir lequel.

Une partie de l'art abstrait est liée aux images du monde onirique.

L'intérêt pour la signification des rêves a survécu bien au-delà de l'époque où l'on pensait qu'il s'agissait de messages divins. L'œuvre de Freud, Jung et d'autres a donné à leur analyse une part importante dans la psychothérapie et la compréhension de l'inconscient. Il ne fait donc aucun doute que nous pouvons nous enrichir et mieux nous connaître si nous nous rappelons et examinons nos rêves, et si nous apprenons, finalement, à découvrir ce qu'ils peuvent signifier pour nous.

Parfois, se souvenir d'un songe agréable, c'est comme recevoir un cadeau. Quel plaisir que de se réveiller et de pouvoir reconstruire, plus ou moins précisément, l'histoire que notre esprit a fabriquée à sa guise ! Si, en revanche, nous avons fait un cauchemar, s'en souvenir est le premier pas pour commencer à libérer la tension accumulée et nous procure très souvent des indices sur un élément du quotidien qui nous préoccupe ou qui ne fonctionne pas du tout. L'univers des songes va bien au-delà du simple fait de dormir, rêver, se réveiller et se souvenir ou non du rêve : il renferme une très précieuse source d'informations sur nous-mêmes. Bien que le cadre dans lequel les rêves s'élaborent ne puisse s'expliquer depuis une perspective rationnelle, les visions oniriques constituent une façon différente – et beaucoup plus fiable qu'il n'y paraît – d'accéder à la connaissance des personnes.

Malgré les progrès scientifiques et technologiques, le cerveau comporte de nombreuses énigmes à élucider. Aujourd'hui encore, nous nous posons pratiquement le même lot de questions essentielles qui se sont toujours posées et elles restent sans réponse.

Pour une étrange raison – ou c'est peut-être l'intuition –, nous voulons croire que la vie est autre chose que naître, croître, s'alimenter, jouir d'un bien-être personnel plus ou moins sophistiqué et puis mourir. Nous avons besoin de lui donner un sens, une signification de caractère plus profond. Les individus possèdent une incroyable capacité d'adaptation et peuvent résister devant les conditions les plus adverses, mais sont incapables de continuer sans un sens ou une motivation.

Des messages divins jusqu'aux représentations du péché, les rêves ont fait l'objet de nombreuses interprétations au long de l'histoire.
Rêves, *gravure du XVI*[e] *siècle.*

L'univers des rêves s'étend au-delà du simple fait de dormir, car il contient une précieuse source d'informations sur nous-mêmes.

Danaé est fécondée par Zeus transformé en pluie dorée, lors d'un moment de rêverie.
Danaé *(Gustav Klimt, 1907)*

Trouver un seul sens à la vie est, bien sûr, quelque chose de compliqué, puisqu'il n'existe pas une seule explication applicable à tous. Cela varie non seulement selon les personnes, mais aussi les sociétés et les religions.

De plus, il n'est pas possible d'appuyer cette recherche de sens sur des arguments scientifiques et rationnels. Et pourtant cette interrogation est bien là à tourner en rond dans notre esprit, comme cela se passe quand on s'interroge sur l'existence de Dieu : d'un point de vue empirique, personne n'a pu la prouver, et pourtant personne n'a non plus été capable de la réfuter.

Une dose de mystère

Un sentiment généralisé traverse, de toute façon, tous les êtres humains : c'est la sensation, dans une plus ou moins grande mesure, qu'il doit y avoir quelque chose au-dessus de la raison, au-delà de la pure perception sensorielle et physique du monde. Dans le périple vital de chaque personne et sa découverte de l'inconnu peuvent apparaître la religion, la connaissance intellectuelle, le travail, la solidarité, etc. Dans la recherche spirituelle, d'autres éléments se font jour, parmi lesquels les rêves constituent une bonne « matière première ».

Indépendamment de la relation que nous entretenons avec le spirituel, il existe un terrain où la raison et les sens ne parviennent pas... et c'est là que se situent justement les rêves. C'est peut-être d'ailleurs pour cela qu'on les a considérés comme des messages divins durant des siècles ; on ne peut affirmer qu'ils le soient, mais on ne peut pas non plus le nier si facilement. Ce dont nous sommes sûrs, c'est qu'ils nous conduisent vers un plan de la réalité différent, où le fonctionnement des choses est autre, hors de notre contrôle et du sens commun. Étonnamment, à l'intérieur même de ce plan étrange, nous continuons à sentir des sensations, aussi légères et intenses que celles que nous éprouvons quand nous sommes éveillés.

Quoi qu'il en soit, ce prolongement des sentiers du monde intérieur dans la vie personnelle a une importance bien distincte selon les différentes cultures et groupes sociaux. Dans certaines sociétés, il occupe presque toute la vie quotidienne, tandis que dans d'autres, comme dans la plupart de celles du monde contemporain occidental, l'activité frénétique et le besoin d'immédiateté ne laissent que peu d'espace et de temps pour la réflexion.

D'une façon ou d'une autre, à travers des images symboliques, les rêves reflètent notre besoin vital de trouver un sens unique à la vie.

Les rêves sont liés aux prémonitions, à la précognition ou à la clairvoyance. Au-delà de l'esprit rationnel, il existe des mécanismes pour prévoir les événements avant qu'ils ne se produisent dans la vie réelle, et les rêves en constituent une bonne preuve.

Mais est-il possible de prédire le futur à travers la lecture d'un rêve ? Bien qu'il reste encore beaucoup à découvrir sur le pouvoir et les capacités de l'esprit humain, il y a suffisamment de preuves pour le confirmer. Selon le sens commun, ou selon certaines formes rationnelles de pensée, ce n'est pas facile à accepter ni à comprendre. Cependant, nous ne pouvons pas fermer les yeux devant l'évidence : il existe d'autres formes de perception de la réalité qui dépassent nos limites spatio-temporelles. De même, il est une façon de prévoir les événements au-delà de la rationalité du monde et de l'esprit, avant qu'ils n'aient lieu à l'intérieur de notre notion ordinaire du temps. Ce qui se passe, c'est que nous ne savons pas encore comment sont les choses et pourquoi elles sont ainsi.

Le potentiel de l'esprit humain est tel qu'il peut arriver que quelqu'un reproduise de façon exacte les situations qu'il a vues en rêve. Et puis il y a ceux pour qui – et c'est bien leur droit – les rêves prémonitoires sont le fruit d'une simple coïncidence. Il se peut que tous aient un peu raison...

En tout cas, il est sûr qu'être attentif aux rêves nous aide beaucoup à nous comprendre nous-mêmes, car cela nous rapproche de l'origine de nos désirs, erreurs ou peurs. Examinons-les de plus près.

À quoi servent les rêves ?

« Ayez confiance dans les rêves,
car en eux est cachée la porte de l'éternité. »

Khalil Gibran

Les rêves et leur finalité

Les rêves peuvent être considérés comme des films « maison » que chaque personne produit en réaction à ses expériences quotidiennes. Ces films ont pour objet d'éclaircir certaines situations et d'apporter un soutien à la personne. Avec une bonne connaissance, ils peuvent devenir une sorte de guide spirituel. En effet, les pensées oniriques constituent une fenêtre sur l'inconscient où s'entassent souvent des sentiments enfouis et des besoins refoulés qui n'affleurent plus à la conscience.

Et malgré cela, il y a encore des gens pour remettre en cause l'importance des rêves. Certains scientifiques, par exemple, considèrent que leur contenu est un simple brassage sans véritable sens des multiples signaux électriques reçus par le cerveau. D'autres, en revanche, trouvent toutes sortes de messages, même dans les rêves les plus simples, s'éloignant ainsi totalement de la réalité quotidienne en faveur de leur activité onirique.

Ces deux extrêmes ne sont pas conseillés. Il ne fait aucun doute que les songes sont un voyage vers l'inconnu. Les progrès de la psychologie moderne ont également permis de nous faire comprendre une bonne partie de leur structure. L'une des conclusions qui se dégage de l'étude des rêves le confirme : ils peuvent représenter une aide inestimable pour l'imagination, mais aussi, et surtout pour la résolution des problèmes. Il faut seulement savoir les écouter, car leur contenu garde habituellement une relation directe avec les défis émotionnels que nous devons affronter.

Avec la connaissance appropriée, les rêves peuvent devenir des guides spirituels utiles. En effet, ils constituent une fenêtre sur l'inconscient où s'entassent souvent des sentiments enfouis et des besoins refoulés qui n'affleurent plus à la conscience.

Chaque rêve est un voyage vers l'inconnu avec un message personnel implicite. Bien que ce soit le contenu de l'épisode qui marque notre état d'âme, rêver en noir et blanc fait référence à un possible défaut d'enthousiasme ou une nostalgie pour le passé. De tels rêves sont une invitation à vivre plus intensément et jouir du présent. Photogramme du film Voyage vers la Lune *(Méliès, 1902).*

Dans les rêves, les relations avec les autres sont un thème récurrent. Les gens qui apparaissent dans nos rêves, surtout les inconnus, représentent des facettes de nous-même que l'inconscient nous révèle.

On sait que, en périodes de crises, notre production onirique augmente de façon significative, tant en quantité qu'en intensité. Faut-il pour autant considérer cet « excédent » comme positif ? Oui, dès que l'on s'efforce de se souvenir et d'interpréter les rêves que l'on a vécus ; comme nous le verrons plus loin, alors leur potentiel thérapeutique n'est en rien négligeable.

Si un ménage ou un couple traverse par exemple une phase critique, se souvenir et analyser les rêves aide ordinairement à comprendre les réactions inconscientes qui ont donné lieu à cette situation. En d'autres mots, les rêves sont un excellent instrument pour accéder au fond des conflits émotionnels. La connaissance des causes est un pas essentiel pour la résolution du problème, indépendamment de la tournure des choses.

Le psychologue anglais David Fontana, dont les livres ont été traduits en une vingtaine de langues, dit clairement : « En écoutant les rêves de mes patients lors des thérapies, j'ai pu souvent observer comment ils pouvaient nous conduire à la racine d'un problème psychologique beaucoup plus rapidement que d'autres méthodes. » Nous ne devons pas non plus trop nous illusionner : les rêves sont un mystère qu'on arrive rarement à déchiffrer complètement. Si un certain niveau d'interprétation nous aide à mieux nous comprendre, que peut-on demander d'autre ? D'un point de vue pratique, notre propre matériel onirique peut nous être d'une grande utilité.

Des écrivains très connus comme Robert Louis Stevenson, William Blake, Edgar Allan Poe ou le cinéaste Woody Allen l'ont attesté en reconnaissant qu'une partie de leurs œuvres étaient inspirées de rêves. Les découvertes d'Albert Einstein ou de Niels Bohr (père de la physique atomique moderne), entre autres célèbres scientifiques, y prennent leur origine. Ces exemples ne doivent cependant pas nous troubler : aucun rêve ne peut vraiment nous indiquer le chemin à suivre par des images symboliques qui seraient ensuite déchiffrées par l'intellect.

Prospérité, précognition et pronostics

En outre, quelques cas bien avérés nous montrent que nous pouvons même tirer un profit matériel de nos activités oniriques. Il existe des preuves selon lesquelles certaines personnes qui avaient des rêves prémonitoires réussirent à empocher d'importantes sommes d'argent, grâce aux aptitudes à pronostiquer de leur « génie » onirique. Le cas le plus spectaculaire eut lieu dans les années cinquante, lorsqu'un Anglais du nom d'Harold Horwood gagna un nombre considérable de prix en pariant sur des chevaux. Ses rêves lui transmettaient des indices lui permettant de parier sur le cheval vainqueur de la course. Malheureusement, ce genre de prémonitions n'est pas à la portée de tout le monde. Et pourtant, tout un chacun a l'opportunité de découvrir, à travers ses rêves, le trésor le plus grand auquel on puisse aspirer : la connaissance de soi-même.

Nos « paysages » oniriques contiennent une information précieuse sur nos désirs et inquiétudes. Mais ils peuvent aussi remplir la fonction de donner des pronostics et faire référence à un aspect de notre futur. Selon une ancienne tradition, rêver d'étoiles est signe de prospérité et richesse spirituelles.
Nuit étoilée *(Van Gogh, 1889)*

Nous avons tous eu, au moins une fois, la sensation d'avoir perdu le contrôle de notre vie. Nous avons pu sentir que les autres décidaient pour nous ou que, en définitive, nous étions victimes des circonstances. Cependant, de nombreux psychologues sont en désaccord avec cela. En effet, ils considèrent que les événements quotidiens ne sont pas des coïncidences, mais des faits significatifs, reflétant l'état intérieur de l'individu.

Rêves et pensées

« Au fond du lac de nos pensées, il y a un joyau... »

Selon ces experts, le hasard est une vue de l'esprit, quelque chose qui n'existe pas vraiment. Ce que nous considérons comme le fruit de la coïncidence n'est autre chose que les manifestations naturelles de nos pensées et attitudes. Nous sommes fondamentalement des créateurs, et non des récepteurs passifs, ou des victimes des faits qui ont lieu dans notre vie.

Un exemple illustrant parfaitement cette idée est celui du vieillard qui consacrait tout son temps à lancer des petites pierres à la mer. Un jour, quelqu'un lui demanda si ce jeu simplet ne l'ennuyait pas. Le vieux lanceur de cailloux regarda fixement son interlocuteur et lui donna une réponse que celui-ci n'oubliera jamais : « Mes petites pierres sont plus importantes qu'elles ne le paraissent, vu qu'elles ont des répercussions. Elles aideront à créer des vagues qui, tôt ou tard, arriveront de l'autre côté de l'océan. »

Quel est le rapport avec les rêves ? C'est très simple : comme nous venons de le voir, nous sommes les seuls responsables de nos expériences quotidiennes, même si cela est lourd à assumer. Il ne devrait donc pas être si difficile de prendre le commandement de notre propre vie ; il suffit d'écouter les messages qui affleurent en nous-mêmes, c'est-à-dire, nos pensées oniriques dont, en fin de compte, nous sommes les auteurs.

Visualisations

C'est de cette façon que, grâce aux songes, nos deux existences – consciente et inconsciente – peuvent travailler conjointement pour que notre vie soit plus créative et, finalement, plus libre. L'important est de connaître et de mieux comprendre les processus de la pensée. L'une des visualisations les plus belles et les plus utilisées dans le yoga nous le rappelle avec éloquence : « Dans le fond du lac de nos pensées, il y a un joyau. Pour qu'il puisse briller avec le reflet de la lumière du soleil (le divin), il faut que l'eau (les pensées), à la fois toujours la même et différente, soit pure, cristalline et calme, sans la houle pour l'exciter. Si notre eau est trouble ou agitée, les autres ne pourront voir ce joyau, notre lumière intérieure... »

Mais ce n'est pas si simple, car bien souvent il est difficile d'apercevoir le lien qui unit l'état de veille au sommeil, ce que nous croyons être et ce que notre imagination onirique dit de nous. Dans tous les cas, si notre recherche est passionnée, et à la fois patiente, constante et consciente, elle aboutira à la découverte de notre Moi véritable. Pour décrypter les rêves, il faut donc partir de l'hypothèse de base qu'ils contiennent des messages conçus par et pour nous-même (bien que ce ne soit pas de façon consciente). Il est important d'apprendre à les écouter (plus loin quelques techniques sont décrites à cet égard) au moment de développer leur signification et d'en extraire des enseignements susceptibles d'enrichir notre vie quotidienne.

Ainsi, quand nous aurons à prendre une décision importante, nous pourrons écarter nos doutes par des critères en adéquation avec nos désirs les plus intimes, attitude qui, alors qu'elle devrait relever du bon sens commun, n'est pas très fréquente de nos jours ; la plupart des personnes prennent des décisions par hasard, par habitude ou simple caprice.

Les pièces de nos rêves reflètent des aspects inconnus de notre personnalité.

D'après Jung, nous avons tous besoin d'une maison, même si à travers les rêves nous n'en apercevons que les chambres, les pièces, et les jardins.

Certaines divinités du bouddhisme tibétain pourraient, en raison de leur signification et de leur effet psychique, être associées aux monstres qui plaisent tant aux enfants aujourd'hui.

Les rêves permettent de donner libre cours à la créativité et de nous libérer de nos soucis, en donnant lieu, parfois, à des images irréelles, impossibles à l'état de veille.

En bref, il s'agit que chacun trouve, à travers les songes, sa véritable identité et reconnaisse ses blessures, ses craintes et ses joies. N'oublions pas que l'inconscient, bien qu'il soit dissimulé, est une partie essentielle de notre personnalité. Les rêves, en tant qu'accès direct vers cette zone si peu connue de nous-même, sont fondamentaux pour la compréhension intégrale du Moi. Leur contenu symbolique nous permet de retrouver des sentiments refoulés et nous fournit une cartographie révélatrice de nos relations avec notre entourage.

Des cauchemars qui nous mettent à l'épreuve

Parfois les messages transmis ne sont pas du tout plaisants et prennent la forme de cauchemars. Ceux-ci cependant, et bien que cela soit dur à accepter, sont de précieux signaux pour détecter des aspects de notre vie qui ne sont pas en harmonie avec notre Moi le plus profond et, par conséquent, exigent une intervention urgente de notre part. Les cauchemars prouvent que la découverte de soi n'est pas toujours agréable. Il est parfois nécessaire d'éprouver de la douleur pour percevoir ce que l'on est réellement et ce que l'on désire.

D'un autre côté, les rêves permettent de laisser libre cours à la créativité car, pendant notre sommeil, nous nous voyons libérés des préoccupations quotidiennes. C'est pourquoi, même si vous ne vous voyez pas comme une personne créative, vous devez considérer que toutes les scènes, les symboles et les personnages figurant dans vos pensées oniriques ont été créés uniquement et exclusivement par vous-même.

Il est en général très utile de consigner les rêves dans un cahier (plus loin, nous expliquerons comment) pour les analyser plus tard et appliquer leurs enseignements à la vie quotidienne. Ce phénomène est complètement paradoxal : l'être humain s'éveille à la réalité la plus intime précisément quand il est endormi.

Carl Gustav Jung, qui a consacré toute sa vie à l'étude des rêves, formulait la métaphore suivante : « Nous, les êtres humains, nous habitons une maison dont nous connaissons seulement les sous-sols. » C'est seulement lorsque notre conscience est endormie que nous parvenons à apercevoir quelques-unes des pièces de notre superbe maison : des pièces qui peuvent être poussiéreuses et inhospitalières et qui nous remplissent de terreur et d'angoisse ; ou bien des pièces magnifiques dans lesquelles nous souhaiterions toujours rester.

Vu que les unes et les autres nous appartiennent, il semble raisonnable de mettre en œuvre tous les moyens pour les connaître. Les songes constituent, en ce sens, un outil fondamental.

Comment se souvenir des rêves

À ce stade, vous devez probablement penser : « D'accord, les rêves sont très importants, mais je ne peux m'en servir car je ne m'en souviens pas. » Cela ne fait rien, il existe des techniques pour activer la mémoire des processus oniriques. Ces techniques, appliquées de façon appropriée, vous aideront à vous rappeler vos rêves de façon surprenante.

L'utilisation de ces méthodes est indispensable dans la plupart des cas, puisque les personnes au réveil ont tendance à oublier complètement ce dont elles ont rêvé. Pourquoi cela ? Selon les hypothèses de Sigmund Freud, il y a en nous-même un censeur interne qui essaie d'éviter que notre activité onirique se convertisse en matériel conscient. Nous pouvons cependant déjouer ce censeur à l'aide de quelques petits trucs. Le moyen le plus drastique consiste à se réveiller brusquement quand la phase la plus profonde du rêve (phase REM) est sur le point de se terminer, de sorte que nous puissions écrire rapidement sur un cahier ce qui a été projeté sur le théâtre de notre esprit. Ce réveil soudain prendra notre censeur au dépourvu, l'empêchant de faire son travail. Le meilleur moment pour mettre le réveil est au bout de 4, 5, 6 voire un peu plus de 7 heures après le début du sommeil.

Parfois le message des rêves devient désagréable et prend la forme de cauchemars...

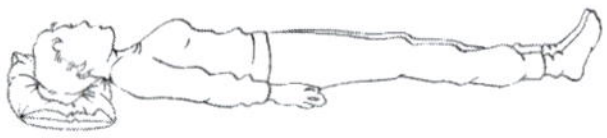

Les exercices de yoga, comme la posture savasana, favorisent la relaxation, le rêve réparateur et un état d'âme favorable à tout cela.

Si vous considérez que votre motivation n'est pas suffisante pour vous réveiller en pleine nuit et consigner vos rêves, des alternatives existent pour vous permettre de dormir d'une traite et, ensuite, vous souvenir assez précisément des contenus oniriques.

Pour commencer, il peut être utile d'acquérir une série d'habitudes avant d'aller dormir, comme de laisser passer 2 heures environ entre le dîner et le coucher. Les experts recommandent également d'éviter les aliments qui provoquent des gaz (les légumes comme les haricots, les crudités, etc.) ainsi que les aliments riches en graisse.

Il faut aussi tenir compte du fait que, outre le thé et le café, le tabac et l'alcool altèrent le cycle du sommeil et privent le corps d'un repos profond (l'effet nocif induit sur l'organisme par deux verres d'alcool pris en soirée ne disparaît qu'au bout de 4 heures environ).

Il est, en revanche, conseillé de boire de l'eau ou des jus de fruits, ou de prendre un yaourt, après le dîner (plus de 2 heures après), avant de se coucher. Il y a essentiellement deux motifs à cela : d'une part, les liquides facilitent une certaine dépuration corporelle et d'autre part – c'est aussi très intéressant pour notre propos – cela nous obligera à nous lever au milieu de la nuit. Le censeur interne sera pris au dépourvu et nous permettra de nous souvenir plus facilement de nos songes.

Relaxation

Se détendre au lit et revoir les événements de la journée aide à libérer l'esprit et favorise notre créativité onirique.

Il est fondamental de s'entourer d'une ambiance stimulant l'activité onirique. Nous devons nous sentir à l'aise dans notre chambre et au lit. D'ailleurs, moins nous utilisons de vêtements pour dormir, mieux c'est. Mettre en pratique des techniques de relaxation, écouter de la musique douce et prendre un bain chaud quelques minutes avant

de se mettre au lit pourront également nous aider à soulager notre stress, afin de jouir d'un sommeil profond et réparateur.

On trouve de bons livres de relaxation sur le marché, concernant le training autogène autant que le yoga. Cependant, la véritable clé réside dans le fait de se concentrer pour se souvenir des rêves. En vous couchant, revoyez les événements de la journée qui vous ont le plus marqué. Vous augmenterez, de cette manière, la probabilité de rêver des thèmes qui vous préoccupent le plus et qui vous intéressent.

Supposons que maintenant vous êtes déjà endormi. Que devez-vous faire pour mémoriser votre activité onirique ? Essayez d'abord de vous réveiller naturellement, sans stimuli externes. Si c'est impossible, utilisez un réveil le plus silencieux possible et sans radio. Une fois réveillé, restez quelques instants au lit, les yeux fermés et essayez de retenir les rêves en mémoire pendant la lente transition vers l'état de veille. Profitez de ce moment pour vous remémorer les images rêvées. La dernière période onirique de la nuit est généralement la plus longue. C'est justement à ce moment que très probablement, vous avez le plus de chance de vous rappeler vos rêves.

Le cahier des rêves

Écrivez ensuite sur un cahier (que vous aurez laissé à côté du lit) ce que votre esprit aura pu retenir. Et cela même si vos rêves vous paraissent absurdes, insignifiants, ou bien que vous ne réussissiez qu'à vous souvenir de brefs fragments. Ce n'est pas le moment de faire des évaluations ni des interprétations. Il s'agit tout simplement de fouiller tout ce qui vous passera par la tête, de façon minutieuse. Étant donné la fragilité de la mémoire, il suffira d'écrire au début les mots clés résumant le contenu du matériel onirique. Ces mots vous serviront à reconstruire le rêve à un autre moment de la journée si vous ne disposez pas de beaucoup de temps à cette heure matinale. L'idéal serait que, peu à peu, le cahier devienne un journal ou un agenda permettant d'étudier, d'analyser et de comparer toute une série de rêves. Par le recensement d'une série d'épisodes, nous pouvons détecter quels personnages, situations et thèmes se répètent. C'est un fait qui à première vue nous échappe. Il y a aussi un détail important : les spécialistes recommandent de dater et d'intituler chaque rêve, car cela aide à s'en souvenir lors des lectures postérieures.

Rappelez-vous que le mieux est d'écrire les mots clés juste au réveil. Il faut avoir le carnet sur la table de nuit et reconstruire le rêve pendant la journée.

Pendant que nous rêvons, une sorte de verrou de sûreté inhibe nos mouvements. C'est pour cette raison que, pendant la phase REM, les somnambules ne marchent pas. Cela les empêche de faire des mouvements dans leurs rêves et peut-être de se blesser. Photogramme du film espagnol Chair de fauves *(1936)*

Il est également intéressant de compléter ces annotations par des observations complémentaires indiquant quels sentiments ces visions ont produits en nous, quels aspects ont attiré le plus notre attention, quelles couleurs prédominaient, etc. Un schéma ou un dessin d'une des images les plus significatives peut aussi nous aider à élucider leur signification. Enfin, nous devrions rédiger une première interprétation personnelle du rêve. La deuxième partie de ce livre offre pour cela une série de pistes qui peuvent nous être très utiles.

Comment déterminer le thème de nos rêves

Comme nous l'avons vu, il existe plusieurs techniques pour se souvenir des rêves. Voici donc la première étape pour en extraire toute la sagesse. Ceci dit, étant donné que les pensées oniriques sont une source d'inspiration pour résoudre les problèmes qui nous préoccupent, ne serait-il pas formidable de choisir, avant d'aller dormir, le thème de nos songes ? Au lieu d'attendre que les rêves viennent à nous spontanément, il faut faire en sorte qu'ils abordent des aspects de notre vie qui nous intéressent.

Imaginons que quelqu'un ne soit pas très satisfait de son travail. Cette personne aimerait exercer un autre type d'activité, mais craint en même temps de perdre la sécurité professionnelle dont elle jouit. D'un autre côté, elle constate qu'elle n'est plus si jeune et donc qu'elle prendrait un certain risque pour obtenir ce qu'elle désire profondément. Et elle ne sait pas quoi faire. Elle a besoin de lumière, d'un signal, d'une inspiration. Elle a besoin, en définitive, d'un rêve, mais pas n'importe lequel : un rêve vraiment centré sur son problème et qui lui donne des réponses.

Si vous vous limitez sans plus à « réfléchir à tête reposée », vous n'obtiendrez sûrement pas les résultats escomptés. Il est possible que vous ayez de la chance et que vous rêviez de ce qui vous intéresse, mais il est plus probable qu'autre chose apparaisse. Si nous sommes vraiment disposés à approfondir ce qui nous soucie le plus intimement, nous conduirons alors nos rêves vers des réponses concrètes. Comme les techniques pour se souvenir des rêves, le procédé est simple : avant d'aller dormir, nous nous concentrons sur le thème qui nous intéresse. Puis, juste avant de nous coucher, nous écrivons sur le cahier les expériences et les émotions qui nous ont fait le plus d'effet pendant la journée.

Les pensées oniriques sont une source d'inspiration. Les noter et les analyser attentivement facilite un processus de découverte de soi.

Une fois les impressions et le thème du rêve annotés, nous nous focaliserons sur le sujet qui nous inquiète. On y pense longuement ; on pose des questions et on exprime des options ; on « écoute » ses propres émotions. Il faut que le cahier des rêves puisse refléter tous les doutes possibles. Il est, de cette façon, plus probable d'obtenir ensuite une réponse.

Pour qu'une réponse soit efficace, la question doit être bien définie. L'exposition du problème doit résumer en une seule phrase l'idée fondamentale. Une fois que nous aurons réfléchi sur le problème, ce sera le moment de se coucher. Mais « les devoirs » ne seront pas pour autant terminés. Avant de nous endormir, nous devons nous concentrer sur la question concrète. Il est nécessaire d'oublier tout le reste, jusqu'aux détails. Il faut seulement « visualiser » et répéter la question, sans penser à rien d'autre, jusqu'à l'endormissement.

Le rêve nocturne nous mettra en contact avec le niveau le plus profond de notre être, ce qui permet d'affronter les problèmes depuis une perspective plus large. Les songes induits sont habituellement plus faciles à se rappeler que le reste de l'activité onirique.

Les rêves sont des « signaux », des messages de notre inconscient, dont l'étude et l'interprétation contribuent à résoudre les problèmes qui nous préoccupent.

Tenir un cahier des rêves

Ayez toujours près du lit un cahier et un stylo pour écrire les rêves juste au moment du réveil. N'oubliez pas de toujours noter la date de chacun d'entre eux. Quels détails devez-vous inclure dans ce type de journal ? Tous ceux dont vous vous souvenez. Plus il y en a, mieux c'est !

- Notez les événements qui se produisent dans vos rêves dans leur ordre d'apparition. Peut-être que cela ne vous semble pas important quand ils apparaissent en désordre. Et pourtant, leur analyse permet d'établir une relation chronologique entre les différents éléments.
- Quels personnages y figurent ? Manque-t-il quelqu'un d'important ? Si l'un de ces personnages vous a rappelé une connaissance, inscrivez-le. Mais ne faites pas trop confiance à votre mémoire.
- Si un endroit vous semble familier, analysez les différences par rapport au monde réel. Les portes, les fenêtres se trouvaient-elles à la même place ? Étaient-elles de la même couleur et de la même dimension ? Et ainsi de suite. Ces questions sont particulièrement importantes si vous souhaitez utiliser la technique des rêves lucides.
- Écrivez également toutes les différences que vous trouvez entre les personnes connues du rêve et celles de la vie réelle.
- Recensez les personnages non humains surgissant dans le rêve, ainsi que les objets qui se comportaient comme s'ils étaient animés.
- Prenez note particulièrement des scènes, thèmes ou personnages récurrents. Se passent-elles, ou bien agissent-ils, toujours exactement de la même manière ?
- Écrivez toutes les couleurs dont vous vous souvenez.
- Notez toutes vos réactions émotionnelles : si vous vous sentez heureux, peureux, nerveux...

Ne laissez aucune théorie interférer avec la signification des rêves. Vous prendriez le risque de laisser de côté des détails qui, en réalité, peuvent être très significatifs. Enfin, ne faites pas confiance à votre mémoire. Après un certain laps de temps, vous ne vous souviendrez absolument pas d'avoir fait certains rêves écrits. Même s'ils vous semblent nets à un moment donné, consignez-les quand même.

Pourquoi rêvons-nous ? Physiologie du rêve

« Tout ce qui est sérieux nous arrive pendant la nuit. »

Cicéron

Qu'arrive-t-il lorsque nous dormons ?

Pourquoi dormons-nous ? La réponse n'est pas aussi simple qu'il y paraît. Nous dormons pour que notre corps puisse se reposer, pouvons-nous penser *a priori*. La science n'a cependant pas encore pu apporter la preuve concrète que la fonction du sommeil consiste à ce que le corps récupère physiquement. Les expériences réalisées sur des souris ont, en revanche, montré que ces animaux meurent lorsqu'ils sont privés de sommeil.

Mais la nature humaine n'est pas si simple que celle des souris ! Tout le monde connaît des personnes qui dorment à peine. Le cas le plus extrême, publié dans certaines revues scientifiques, est celui d'un homme qui affirmait ne pas avoir retrouvé le sommeil, après avoir contracté une grave maladie. De la même façon, certains individus d'une grande profondeur spirituelle ont la capacité de rester conscients pendant toute la nuit. Nous ne nous référons pas à l'étudiant qui, en période d'examens, prend beaucoup de café ou de stimulants pour rester éveillé plus de 24 heures d'affilée. Nous voulons plutôt parler des personnes qui, à travers la méditation profonde, peuvent atteindre d'importants niveaux de relaxation.

On sait que l'anxiété et le manque de concentration augmentent de façon considérable après une ou deux nuits sans sommeil. Alors que certaines théories portant sur les rêves affirment que nous dormons pour conserver notre énergie, d'autres assurent que nous nous reposons pour conserver nos réserves d'aliments. Il est vrai que, quand nous perdons connaissance, nous retenons le

Lorsque nous rêvons, nous entrons dans un monde merveilleux qui échappe aux lois de la logique spatiale ou temporelle.

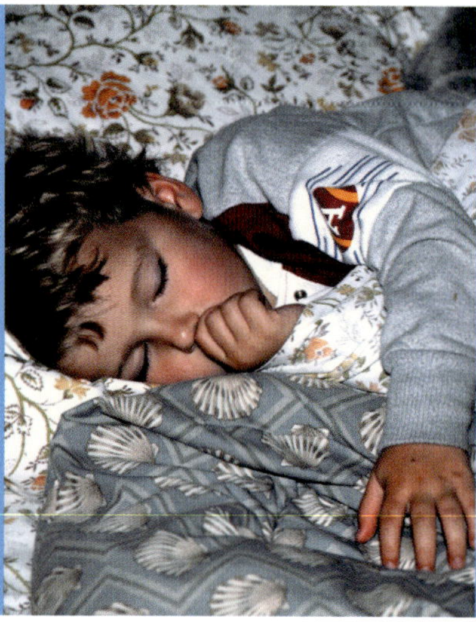

Combien de temps dormons-nous ?

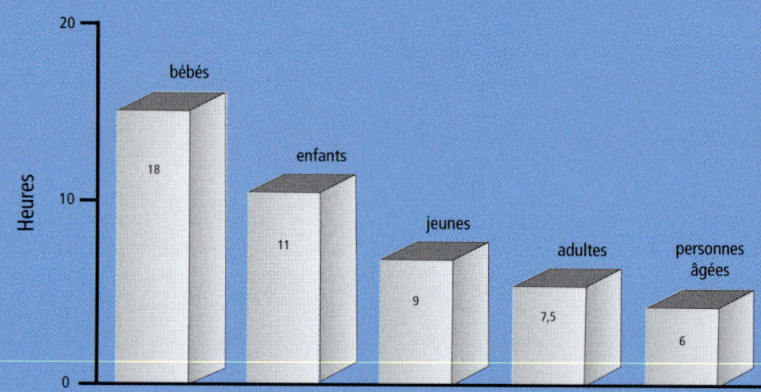

Une personne fait au long de son existence une moyenne de 300 000 rêves. À mesure que nous vieillissons, le temps que nous passons à dormir, comme celui que nous passons à rêver, décroît de façon progressive. Les nouveau-nés dorment presque toute la journée et alternent les heures de sommeil et les petits réveils. À un an de vie, ils dorment moins souvent mais pendant plus longtemps : ils ont des cycles de 90 minutes de sommeil suivis de cycles de 90 minutes de veille. Progressivement, l'enfant dormira la nuit et à peine pendant la journée. À 9 ans, la plupart d'entre eux ont besoin de 9 à 12 heures de sommeil par jour.

La moyenne par adulte est de 7 à 8 heures et demie. Mais, à partir de 70 ans, nous revenons aux phases de sommeil de l'enfance et dormons moins d'heures de façon continue.

mécanisme de la faim. Il existe même des arguments pour souligner le fait que, depuis des temps ancestraux, nous avons dormi pour paraître moins appétissants aux prédateurs nocturnes (lorsque nous dormons, notre corps ressemble à un cadavre).

Des théories, il y en a donc pour tous les goûts, mais elles ne doivent pas nous faire oublier ce qui est fondamental : pour presque tout le monde, dormir est une expérience agréable et relaxante qui dure entre six et huit heures chaque nuit. Une expérience qui, par ailleurs, est indispensable pour « recharger les batteries » de notre organisme.

Ce n'est pas par hasard que nous avons choisi la nuit pour dormir. Dans l'obscurité, notre vision se réduit, le monde nous devient étranger et, par conséquent, notre imagination se déclenche. Notre esprit persiste à être occupé par des images (c'est-à-dire des songes). Certes, les yeux ne nous servent plus, mais nous ressentons un vif besoin de créer des images nocturnes. Ainsi, si l'on nous prive momentanément de sommeil, nous augmenterons notre production onirique les nuits suivantes, car nous passerons plus de temps dans la phase REM (période de sommeil pendant laquelle les pensées oniriques accroissent leur activité), comme cela a été démontré. Il semble donc tout à fait évident que nous avons besoin des rêves pour vivre.

Certaines civilisations antiques pensaient que dormir servait surtout à pouvoir rêver. Elles étaient convaincues que l'activité onirique n'était pas une conséquence du sommeil, mais sa raison d'être. Certains scientifiques, cependant, ne partagent pas les théories de nos ancêtres lorsqu'ils formulent des hypothèses qui, selon eux, déterminent les raisons pour lesquelles nous rêvons. Un courant scientifique affirme que les pensées oniriques sont une simple activité neurophysiologique accompagnatrice du sommeil. Quand nous rêvons, nous générons des signaux spontanés qui stimulent les canaux sensoriels de l'esprit. Le cerveau transforme ces signaux en images visuelles et induit le rêveur à croire qu'il est en train de vivre des expériences réelles.

Jusqu'ici, tout va bien. Mais pourquoi les rêves ont-ils un contenu narratif si intéressant ? Pourquoi s'expriment-ils la plupart du temps dans un langage métaphorique ? Pourquoi racontent-ils des histoires qui, en définitive, nous touchent directement ? Il n'existe pas de réponse concluante, et encore moins de réponse scientifique à ces questions.

D'autres théories suggèrent que les rêves servent à éliminer le surplus d'événements de la mémoire, car nous ne pouvons emmagasiner toutes les choses qui nous arrivent durant la journée. D'après cette thèse, nous effaçons la nuit les « archives » que nous n'utilisons pas, exactement comme un ordinateur. L'esprit endormi opère un processus d'effacement sous la forme de rêves, ce qui expliquerait qu'il soit si difficile de s'en souvenir. Les limites de cette théorie sont évidentes quand on considère que, à certains moments, les pensées

Les animaux à sang froid ne rêvent jamais : le froid de la nuit les engourdit et toutes leurs fonctions vitales en sont paralysées, même celles du cerveau. C'est seulement quand le soleil se lève, ou que la température monte à un niveau acceptable, qu'ils récupèrent toutes leurs fonctions vitales. Le seul animal à sang froid présentant des signes de rêve est le caméléon.

En revanche, tous les animaux à sang chaud rêvent, car on a détecté en eux l'activité propre à la phase REM. Les oiseaux rêvent seulement 0,5 % de leur temps de sommeil, alors que les êtres humains peuvent rêver jusqu'à 20 %. Il y a des cas exceptionnels, comme celui de l'ornithorynque australien, qui ne rêve jamais.

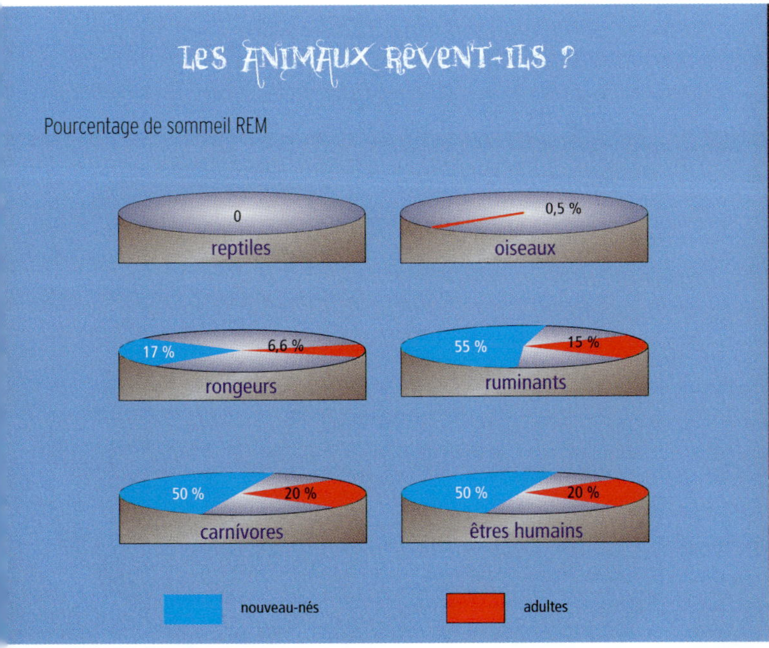

oniriques fonctionnent de façon créative (elles vont plus loin que l'information que nous leur fournissons). Cela dépasse la fonction simplement « hygiénique » que leur attribue le courant scientifique mentionné précédemment. Souvent les rêves n'éliminent pas les restes inutilisables des expériences quotidiennes ; au contraire, ils les rendent intéressants afin que, à notre réveil, nous puissions vraiment réfléchir au sens de nos expériences.

Les phases du sommeil

Même si nous ne nous en rendons pas compte pendant que nous dormons, notre sommeil traverse, au cours de la nuit, quatre phases différentes. Chacune d'elles se distingue des autres par son niveau de profondeur. C'est-à-dire que lorsque nous nous trouvons dans l'étape 1, le rêve n'est pas très profond ; en revanche, pendant la phase 4, son intensité atteint un niveau maximum.

Ainsi, lorsque nous allons nous coucher, nous entrons dans une période pendant laquelle nous nous éloignons progressivement du monde extérieur. Notre sommeil devient de plus en plus profond jusqu'à ce que, finalement (phase 4), la respiration se fasse lente et régulière, en même temps que l'activité cardiaque diminue son rythme et que la température corporelle baisse. À ce moment, le corps a réduit sensiblement son activité métabolique. C'est alors que

Lorsque nous dormons, nous nous éloignons doucement du monde extérieur. Le sommeil devient de plus en plus profond jusqu'à ce que la respiration se fasse plus lente et régulière. L'activité cardiaque diminue et la température corporelle baisse.
El somni *(Joan Ponç)*

nous revenons en arrière et retraversons tous les niveaux pour recommencer à la phase 1. Ce parcours à rebours s'accompagne d'une augmentation du rythme respiratoire et cardiaque. Parallèlement, les ondes cérébrales enregistrent une activité semblable à celle du retour à la conscience. Nous sommes par conséquent dans un moment de transition : lorsque nous sommes parvenus à ce point, le corps change généralement de position.

Tout semble indiquer qu'un bruit quelconque pourrait nous réveiller. Mais ce n'est pas le cas ! Car notre tonus musculaire se réduit et il devient alors plus difficile de reprendre conscience. En même temps, nos yeux commencent à bouger derrière les paupières (de haut en bas et d'un côté vers l'autre). Ce phénomène oculaire, que n'importe qui est à même de constater à première vue, est connu comme la phase REM. Ce sigle anglais signifie « Rapid eye movement », soit mouvement rapide des yeux.

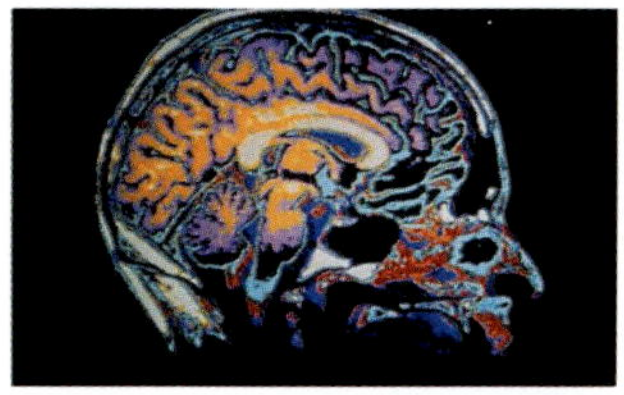

Certaines aires du cerveau sont associées à différentes fonctions et aptitudes humaines. Elles traduisent les stimulations sensorielles externes dans un tableau bien organisé du monde. Dans les rêves, ces mêmes stimulations donnent lieu à des réactions distinctes. Si une personne endormie écoute un son ou entre en contact avec un objet répulsif, il est probable que, avant de se réveiller, elle intègre cette stimulation à son rêve.

La phase REM

La phase REM est particulièrement importante pour ceux qui s'intéressent aux rêves. D'après toutes les études, c'est pendant cette étape brève (de 5 à 10 minutes) que nous concevons habituellement notre activité onirique la plus intense. Dans une expérience réalisée en laboratoire des rêves, on a pu constater que huit individus sur dix racontent des rêves très vivants lorsqu'ils sont réveillés à la fin de leur étape REM. Ce sont des périodes qui, par ailleurs, alternent durant la nuit avec ce que l'on pourrait dénommer des phases NO-REM, c'est-à-dire avec des phases dans lesquelles on n'enregistre aucun mouvement oculaire.

Combien de fois atteignons-nous la période REM pendant la nuit ? On estime que chaque cycle se répète ordinairement de quatre à six fois. À mesure que les heures passent, les étapes sont chaque fois plus longues. C'est ainsi que la dernière étape REM de la nuit peut durer de 20 à 40 minutes. En moyenne, un adulte bénéficie de 90 minutes de sommeil REM chaque nuit, bien que, dans le cas des personnes âgées, cette durée atteigne à peine 75 minutes. Les bébés, quant à eux, restent en phase REM pendant 60 % du temps qu'ils passent à dormir.

Il ne faut pas cependant se méprendre : les rêves ne se produisent pas tous pendant cette période. On a également démontré que des personnes généraient des images à d'autres étapes. Ce sont,

Les images oniriques produites dans la phase de plus grande intensité (REM) sont plus difficiles à retrouver. Une méthode pour les retenir dans notre esprit consiste à se réveiller juste après chaque phase REM.

toutefois, des songes de qualité différente puisque, durant les étapes NO-REM, notre activité onirique produit habituellement des pensées indéfinies, des sensations vagues, etc. Ce qui n'a donc rien à voir avec le contenu émotionnel qui caractérise les rêves conçus en période REM.

Comme nous l'avons dit dans les premiers chapitres, ceux qui prétendent déchiffrer leurs rêves doivent préalablement s'en souvenir. Et si nous voulons que cette tâche soit effective à cent pour cent, nous pouvons suivre un procédé qui, s'il est bien inconfortable, ne rate pratiquement jamais : nous réveiller juste après chaque phase REM. La personne qui voudra tester cette méthode n'a qu'à programmer son réveil (sans musique ni radio) pour qu'il sonne à quatre, cinq, six ou sept heures et demie après son endormissement. C'est un fait acquis : quelqu'un se réveillant juste après l'une des phases REM, par laquelle son organisme passe chaque nuit, bénéficiera de souvenirs très vifs.

C'est le procédé que suivent les laboratoires des rêves, où l'activité onirique est analysée grâce à l'enregistrement encéphalographique de l'activité électrique du cerveau.

Les personnes étudiées – qui se portent volontaires – dorment connectées à des dispositifs qui mesurent leurs réactions physiologiques (ondes cérébrales, rythme cardiaque, pression du sang, activité musculaire, mouvement des yeux, etc.).

À certains moments de la nuit, ces réactions indiquent que, si on les réveille, elles vont pouvoir raconter ce dont elles ont rêvé. Car, comme nous l'avons affirmé, la phase pendant laquelle se produisent les rêves avec le plus d'intensité (la phase REM) se caractérise par une réaction physique facilement observable à l'œil nu : le rapide mouvement des yeux du rêveur.

À l'aide de cette méthode, les laboratoires des rêves peuvent réunir des informations plus précises concernant ce que les sujets sont en train de rêver. Étant donné qu'il est difficile de garder le souvenir des images oniriques, les techniques de laboratoire ont représenté un grand progrès pour la recherche sur les songes. Certains experts assurent que, grâce aux progrès scientifiques de la seconde moitié du XXe siècle, nous en avons appris plus sur les processus oniriques dans les cinquante dernières années que dans toute l'histoire de l'humanité.

Images hypnagogiques : entre l'état de veille et le rêve

Comme nous l'avons vu, notre sommeil, au cours de la nuit, se divise en quatre périodes bien différenciées. Mais qu'arrive-t-il juste avant de nous immerger dans la première de ces phases ? Sommes-nous encore éveillés ? Pas exactement. Dans les moments où notre esprit se débat entre l'état de veille et le sommeil, nous commençons à perdre contact avec le monde environnant sans que les changements physiologiques caractéristiques du sommeil ne soient encore évidents.

Ce point intermédiaire a été dénommé par les psychologues comme l'« état hypnagogique ». Il s'agit d'une période pendant laquelle, bien que nous ne soyons pas endormis, notre cerveau génère des images qui, parfois, peuvent être d'une grande beauté et rivaliser avec celles qui figurent dans les rêves.

À quoi rêvons-nous ?

Une vaste étude réalisée en France sur la thématique des rêves a donné les résultats suivants :

- Relations de couple (18 %)
- La maison, particulièrement celle de l'enfance (15 %)
- Agresseurs, voleurs, harceleurs, etc. (10 %)
- Rater le train ; bagages embarrassants (8 %)
- Eau, puits et tunnels ; accidents de circulation (6 %)
- Enfants et bébés oubliés (5 %)
- Serpents, feu, escaliers (5 %)
- Animaux négatifs : araignées, cafards, souris, etc. (4 %)
- Vêtements ou manque de vêtements, c'est-à-dire la nudité (3 %)
- Perte de dents et autres situations alarmantes (2 %)

Les images hypnagogiques, d'une grande beauté visuelle, s'évanouissent comme des bulles lorsque nous nous réveillons. C'est à peine si nous nous en souvenons.

Salvador Dali, peintre de rêves.

Cependant, l'état hypnagogique ne peut être considéré comme une étape proprement onirique. Les scènes aperçues dans cette phase, entre autres, n'ont rien à voir avec les épisodes aux histoires plus ou moins cohérentes qui caractérisent les rêves.

Les images issues de l'état hypnagogique sont plutôt désordonnées. Elles ont à peine un rapport entre elles, à la différence de celles des songes, et ne renvoient pas à nos expériences quotidiennes. Ce phénomène ne se produit pas seulement avant le sommeil, mais aussi dans les moments préalables au réveil, bien que nous n'en soyons pas suffisamment conscients pour nous en rendre compte.

Parfois, juste avant de nous endormir, il nous arrive aussi d'éprouver la sensation curieuse de flotter ou de voler, ou bien de saisir des scènes très nettes, nous parvenant avec une clarté comparable à celle des expériences visuelles réelles. Ce type d'images, comme les rêves, s'évanouissent comme des bulles à notre réveil.

C'est à peine si nous nous en souvenons, ce qui est bien dommage car leur beauté ne nous reste pas à l'esprit. À la différence des pensées oniriques, l'état hypnagogique est, de toute façon, peu utile à la connaissance des messages que l'inconscient veut nous transmettre. Nous devons donc apprécier ces visions plus en raison de leur beauté objective que de l'importance de leur contenu.

Pour se les rappeler, il faut ne pas perdre conscience pendant leur apparition ; c'est-à-dire que le processus dans lequel se déroule l'état hypnagogique doit être observé sans s'endormir, ce qui n'est pas si facile. Nous devons nous plonger dans le rêve pendant que l'esprit surveille les événements qui sont en train de se projeter à l'intérieur de lui-même. Avec un peu de chance, nous pourrons voir certains des merveilleux « tableaux » de notre musée particulier.

Les artistes surréalistes, qui ont eu tant d'influence sur le monde des années 1920 et 1930, savaient parfaitement tout cela. C'est ainsi que le peintre Salvador Dali, amant fervent des scènes hypnagogiques, avait recours à ce qui est connu comme étant « le rêve du moine ». Ainsi, il se couchait avec une grande clé en fer dans la main. Lors du premier rêve, la clé tombait par terre et il se réveillait en sursautant. Il rappelait à sa mémoire les images hypnagogiques qu'ensuite il transférait sur les toiles de façon magistrale.

Si vous rencontrez des difficultés à retenir l'état hypnagogique, essayez de focaliser l'attention sur un point concret : le point du « troisième œil » des yogis (c'est-à-dire entre les deux yeux), par exemple la région du cœur ou bien le haut du crâne. Ces trois positions sont, selon la philosophie du yoga, les centres d'énergie subtile, non physique, du corps humain. Il s'agit avant tout d'avoir un endroit où orienter l'esprit. Un autre procédé pour maintenir l'attention sans effort consiste à penser, de façon abstraite, au nom de l'objet que vous souhaitez voir. Cela ne signifie pas que vous devez « créer » l'image, il faut juste induire son apparition en profitant de l'état hypnagogique. S'entraîner à travers la méditation est généralement très utile et bénéfique.

Parfois, les scènes hypnagogiques ne sont pas aussi agréables qu'on le souhaiterait, mais il faut les affronter parce que c'est ainsi qu'on renforce sa propre capacité de contrôle. Si de telles scènes persistent, essayez de suivre le conseil antérieur : pensez de façon abstraite au nom de ce que vous désirez voir, en résistant à la tentation de construire avec l'esprit conscient une forme déterminée.

Le principal avantage des états hypnagogiques est de nous rapprocher, de façon progressive, de notre Moi profond... Tout cela aide à comprendre et tirer un plus grand profit des songes.

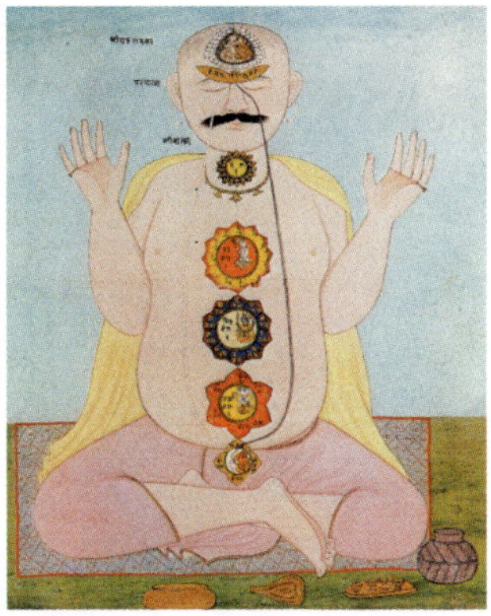

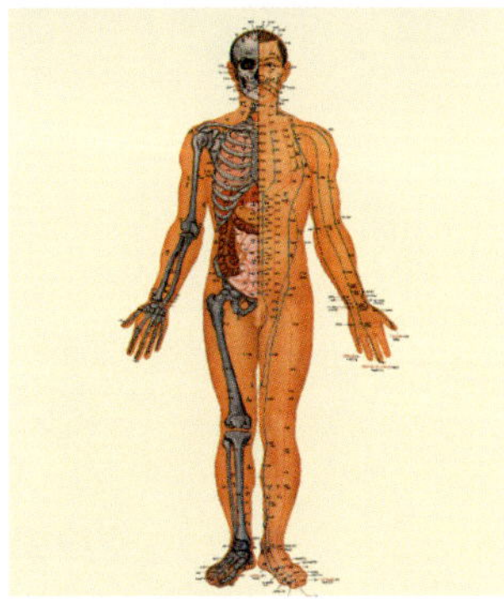

Les sept « chakras », ou centres subtils de l'énergie de la médecine ayurvédique (1). Les nadis selon la tradition tibétaine (2). Les méridiens de la médecine traditionnelle chinoise (3).

Les différents types de rêves

« L'interprétation des rêves est la voie royale pour atteindre la connaissance de l'âme. »

Sigmund Freud

Des messages clairs et personnalisés

Avant de nous lancer dans la découverte des messages cachés que les rêves laissent filtrer, et qui figurent dans le dictionnaire de la deuxième partie, il faut considérer que toutes les pensées oniriques ne peuvent être analysées avec la même grille. C'est ainsi que les psychologues et psychanalystes distinguent trois genres de rêves :

- rêves compensatoires,
- rêves de satisfaction,
- rêves prémonitoires.

L'interprétation des rêves s'appuie sur l'idée qu'un même thème peut avoir des significations très différentes selon la situation de chaque rêveur et ce qu'il vit à ce moment-là. Ce dictionnaire offre pour cela d'abondantes explications (psychologiques et ésotériques), émanant de points de vue bien distincts, mais dont la frontière s'estompe parfois. L'intention est de montrer tout le potentiel de découvertes et de trouvailles pour peu que l'on affine chaque interprétation avec sensibilité et perspicacité.

Mais revenons à ce chapitre dans lequel, en guise d'exemples, nous avons rassemblé une série de thèmes récurrents avec une mention spéciale pour les rêves érotiques, une autre voie par laquelle l'inconscient offre de nombreuses informations susceptibles d'être analysées. Bien que ces derniers appartiennent au groupe des rêves de satisfaction, leurs particularités font qu'ils méritent une explication à part.

Un même thème peut avoir des significations très différentes selon la situation de chaque rêveur et ce qu'il vit à ce moment-là.

Rêves compensatoires

Dans ce type de rêves, les visions oniriques sont provoquées par des causes simplement physiques. Les rêves compensatoires peuvent être d'origine interne, c'est-à-dire produits par l'organisme (les facteurs peuvent être aussi variés qu'une mauvaise digestion ou un mal de tête), ou d'origine externe (chaleur, bruit, effleurement des draps contre le corps, etc.). Un exemple typique de rêve compensatoire d'origine externe serait celui que ferait une personne qui, à cause du poids des couvertures, songerait qu'elle transporte une très lourde charge.

D'où provient ce type d'images ? C'est très simple : en fermant les yeux, nous avons la sensation de rester isolé du monde, puisque notre conscience du monde extérieur est très liée aux perceptions visuelles. Cependant, les autres sens restent en contact avec le monde extérieur. Par conséquent, même si pendant notre sommeil nous cessons apparemment d'être conscient, l'information continue à arriver au cerveau (les bruits forts nous réveillent). C'est la raison qui nous conduit à préférer les lieux obscurs et silencieux pour dormir.

Toutefois, nous ne pouvons pas toujours maîtriser notre environnement. Ainsi, lorsque des situations échappent à notre contrôle (comme le son d'une sirène, une baisse de la température ambiante, etc.), les impressions sensorielles s'intègrent à nos rêves en prenant des formes surprenantes.

Rêves prémonitoires

Abraham Lincoln, président des États-Unis, rêva de sa propre mort avant d'être assassiné.

Lors de ces épisodes oniriques sont évoqués des faits qui s'incarnent ensuite dans la réalité. Dans la plupart des cas, ces rêves sont négatifs : ils avertissent habituellement de quelque danger à venir. En tant que paradigme de prémonition, nous pouvons signaler l'exemple d'Abraham Lincoln, président des États-Unis, en 1865. Quelques jours avant son assassinat, Lincoln visualisa sa propre mort dans l'un de ses rêves. Il faut cependant souligner que rêver de la mort n'implique pas nécessairement l'avènement d'un événement tragique, même si le cas du mythique président des États-Unis indique le contraire.

Dans les rêves, la mort peut signifier beaucoup de choses distinctes. Certains psychologues l'interprètent, par exemple, comme un symbole marquant la fin d'un cycle de vie. C'est pourquoi nous insistons sur l'importance de personnaliser les rêves.

Quoi qu'il en soit, les prémonitions sont ordinairement revêtues d'un symbolisme difficile à déchiffrer, vu qu'elles ne se réfèrent pas à des expériences passées. Ce sont des messages qui essaient de nous avertir des dangers que nous courons sur le plan physique et émotionnel. Les cultures orientales leur ont, pour cette même raison, accordé une grande valeur, comme nous le verrons plus loin.

Rêves de satisfaction

Les rêves de satisfaction constituent la base sur laquelle s'appuient les principales théories concernant l'interprétation onirique. Il s'agit de ces images dans lesquelles nous condensons les désirs que nous ne pouvons satisfaire pendant l'état de veille. Elles constituent un immense fourre-tout allant des rêves érotiques jusqu'aux cauchemars les plus terrifiants. Dans certains cas, un même rêve de satisfaction peut se répéter pendant des années. Cela signifie que l'inconscient est en train de prévenir la personne de l'importance d'une question qu'elle souhaite peut-être passer sous silence. Dans la section du livre dédiée à l'interprétation, il est fait référence à ce type de rêves.

Les rêves sexuels ne sont pas nécessairement le résultat d'une tension sexuelle accumulée réclamant un soulagement. Ils renvoient davantage à des conflits internes ou bien à un désir de profiter plus librement du sexe.

Rêves sexuels

Il existe des rêves qui ont la capacité de nous exciter, de nous intriguer, de nous émouvoir, de nous faire honte… Ce sont ceux que jamais, ou presque jamais, nous ne partageons avec les autres. Il s'agit de rêves érotiques qui, en général, n'ont rien à voir avec le comportement sexuel et social que nous avons à l'état de veille. Les rêves érotiques réunissent beaucoup d'autres sensations multiples que, dans la vie consciente, on n'associerait probablement pas avec celles que l'on associe spontanément au sexe. S'ils peuvent être violents, passionnés, pervers, romantiques, etc., dans le fond ces songes renvoient à des conflits internes et à

« Les rêves manifestent les désirs que notre conscience n'exprime pas. »
Sigmund Freud

des besoins émotionnels profonds. C'est pour cette raison qu'ils font partie du groupe des rêves de satisfaction.

Parfois, ils révèlent la peur de l'intimité ou préviennent contre certaines relations. D'autres fois, ils esquissent des situations et des comportements que nous ne pourrions pas vivre ou avoir normalement. Les songes représentent tout cela à l'aide de symboles à fortes connotations sexuelles. Leurs thèmes et langages, habituellement sombres, peuvent être sources de doutes et de confusions car, comme il arrive également avec les autres rêves, chaque individu possède des symboles particuliers. Leur interprétation devra donc être réalisée selon la situation dans laquelle chacun se trouve.

Ils représentent également, pour les pulsions sexuelles réprimées par les conventions sociales, des échappatoires. En effet, les rêves érotiques semblent tout permettre. Ils sont le véhicule idéal de nos goûts et émotions les plus secrets. Pour Sigmund Freud, les songes manifestent les désirs que notre conscience n'exprime pas, voilà tout. Y être attentif est donc une très bonne chose, parce qu'ils renferment une précieuse information sur nous-même. Leur signification s'éloigne toutefois souvent de ce qu'ils montrent. Ils symbolisent aussi bien les tensions de notre vie quotidienne que le désir de passer un moment agréable.

Rêves et fantasmes érotiques

Les rêves érotiques sont aussi relatifs au développement physique et émotionnel de chaque personne. Au cours de la puberté, par exemple, ce genre de rêves est quelque chose de très courant. D'autres, de caractère désagréable, correspondent plutôt à un épisode d'abus ou de harcèlement sexuel. Presque tout le monde a fait au moins une fois dans sa vie un rêve érotique, car ce sont, en fin de compte, des phénomènes naturels de notre quotidien.

Les rêves contiennent une précieuse information sur nous-même. Mais souvent, leur signification s'éloigne de ce qu'ils laissent paraître.

Ils méritent cependant qu'on y consacre de l'attention, en recherchant, par exemple, s'il renvoient à des questions sexuelles ou s'ils concernent d'autres aspects, car les rêves érotiques comportent de précieuses pistes sur l'intimité dans le couple. Si quelque chose ne marche pas comme cela devrait, ils indiquent probablement aussi le chemin à suivre pour la résolution du problème. Il ne devrait exister aucune différence spécifique entre les rêves érotiques d'hommes et de femmes, mais plutôt entre ceux de chaque individu. Toutefois, diverses études réalisées aux États-Unis ont

Parfois, les songes érotiques décrivent des situations et des comportements que nous ne pourrions rencontrer pendant notre état de veille, que ce soit en raison des conventions sociales ou de nos croyances internes. Ainsi, ces rêves sexuels agissent-ils comme des échappatoires pour les pulsions refoulées.

démontré le contraire. Les femmes font habituellement des rêves érotiques avec quelqu'un de leur connaissance, qui vont de l'excitation jusqu'au coït. Les hommes, quant à eux, rêvent de femmes anonymes et fougueuses qui succombent à leurs fantasmes. Évidemment ce n'est pas toujours comme cela, mais il est cependant indéniable que la relation personnelle est un aspect très valorisé par la psychologie féminine. La psychologie masculine, en revanche, préfère le plaisir et la domination.

L'éducation reçue, le sexisme latent dans l'inconscient collectif, et celui que transmettent les moyens de communication sont des facteurs que les rêves ne peuvent éviter. Ce sont eux qui font que même les femmes décidées et fortes dans la vie consciente se sentent plus vulnérables pendant les rêves. Heureusement, les habitudes changent et, de plus en plus, la dissemblance entre les rêves érotiques masculins et féminins s'amoindrit.

Finalement, les songes érotiques, comme tous les rêves, peuvent cacher des craintes, des angoisses et des besoins qui sont refoulés au quotidien en raison de situations paralysantes ou inhibitrices, ou par manque de temps pour affronter le problème. Leur interprétation permet de trouver beaucoup de clés pour mieux comprendre nos émotions.

Rêves de dualité : masculin-féminin

Alors que les hommes rêvent de femmes anonymes et fougueuses succombant à leurs fantasmes, les femmes incluent généralement dans leurs épisodes érotiques des hommes qu'elles connaissent.

Les songes de dualité sont ceux qui font référence à notre double versant : masculin et féminin. Ces rêves traduisent l'union de nos deux principes : animus et anima, deux notions définies par Jung, qui apparaissent continuellement dans les rêves. La plupart de ces épisodes oniriques se caractérisent par la négation ou le rejet que nous ressentons pour l'une de ces deux parties de notre être et pour ce que chacune d'entre elles représente. Ceci crée une tension ou un conflit intérieur qui peut aller jusqu'à l'éclatement de la personnalité. Pour que nous retrouvions notre équilibre, le rêve essaie de nous faire comprendre comment et pourquoi nous avons oublié l'autre versant de nous-même.

Ainsi quand un homme rêve qu'il est une femme, le message ne lui montre pas nécessairement un conflit d'identité ou de type sexuel. Il s'agit très probablement d'un manque du côté le plus intuitif et sensible de sa personnalité. De la même façon, quand une femme se voit elle-même en rêve comme un homme, son inconscient peut en appeler à son côté très énergique et rationnel qu'elle a peut-être oublié.

Les songes dans lesquels nous sentons le côté gauche (féminin) ou droit (masculin) de notre corps blessé ou immobilisé (un bras ou une jambe, par exemple) nous avertissent du fait que nous sommes en train de refréner ou de nier notre développement masculin ou féminin. Il nous est pénible d'assumer notre dualité et nous rejetons le côté que nous ne savons pas exprimer.

Rêves de maison

Le grand onirologue de l'Antiquité, Artémidore de Daldis (IIe siècle après J.-C.) affirmait : « La maison c'est nous. » Les recherches les plus récentes en matière onirique le confirment : les édifices de nos rêves sont un reflet de notre personnalité. C'est pour cela qu'il faut prêter attention à tous les détails qui apparaissent car ils nous fournissent des pistes très fiables sur nos désirs, peurs et inquiétudes… Chaque lieu et élément de la maison fait référence à un aspect personnel. Ainsi la cuisine représente-t-elle notre appétit spirituel ou intellectuel ; le four, le lieu alchimique par excellence de la transformation ; le sous-sol, l'entassement des richesses ; la chambre, le lieu des difficultés conjugales, etc.

Cependant, les songes dans lesquels apparaissent différentes pièces peuvent aussi faire référence aux espaces multiples de la vie réelle. Si, par exemple, nous sommes en train de cuisiner dans la cuisine, peut-être cela se rapporte-t-il à quelque projet que nous serions en train de « concocter » dans notre vie à l'état de veille. Si nous sommes enfermé dans une cave sombre, c'est peut-être que nous nous sentons coupable de quelque chose et que nous croyons mériter un châtiment. Être allongé dans un lit ou appuyé contre un sofa, peut également signaler le besoin que nous éprouvons de nous reposer de notre épuisante routine journalière.

Lorsque les portes de notre maison onirique sont bien fermées, ou entourées de murs en briques, ou bien que sur les murs des pièces sont accrochées des affiches en interdisant l'entrée, nous devrions nous interroger sur ce qui bloque notre évolution dans la vie réelle. Peut-être s'agit-il d'un élément de notre propre personnalité ou d'une inhibition basique ?

Les édifices de nos rêves sont un reflet de notre personnalité.

Une pièce agréable et ordonnée reflète un ordre mental et une sérénité spirituelle. Le fait qu'elle n'ait pas de fenêtres signale l'isolement, la peur et un sentiment d'insécurité.
La chambre *(Van Gogh, 1889)*

De nombreuses personnes rêvent qu'elles découvrent des pièces nouvelles dans leur maison qu'elles connaissent pourtant très bien. Généralement, cela révèle des aspects de leur personnalité qu'elles méconnaissent, mais qui sont sur le point d'être dévoilés. Mais cela peut également indiquer que ces personnes sont prêtes pour un nouveau défi ou challenge intellectuel.

Les sentiments qui affleurent quand nous nous trouvons à l'intérieur d'une construction onirique sont très significatifs. Si nous agissons avec courage et curiosité en explorant chaque recoin de la maison, cela signifie que ce que nous pourrions découvrir de notre propre personnalité ne nous fait pas peur. Nous agissons avec assurance et affrontons les problèmes avec confiance. En revanche, ressentir de la peur est un signe d'inhibition et d'insécurité.

Cauchemars et rêves angoissants

Les cauchemars sont des rêves terrifiants qui laissent habituellement des traces dans notre esprit au réveil. Ils se produisent généralement pendant la phase REM et sont parfois si angoissants qu'ils peuvent nous réveiller et nous tourmenter pendant quelques minutes. La peur s'accompagne ordinairement de sueurs froides, sécheresse de la bouche, palpitations... ainsi que de la sensation d'avoir vécu une terrible situation.

Parfois, des événements traumatiques qui nous arrivent dans la vie à l'état de veille (un accident, un vol, une agression sexuelle...) nous rendent visite aussi dans nos rêves. Notre esprit, qui a besoin de libérer la tension que l'épisode a provoquée, le fait lorsque notre conscient est au repos. À mesure que le temps passe, ces songes généralement s'estompent. Le fait qu'ils persistent est dû à un trauma plus profond qui n'a pas été dépassé. L'aide d'un professionnel ou bien la compréhension d'un ami à l'écoute peuvent être sollicitées. En parler sera le premier pas pour dépasser le problème.

Autrefois, de nombreuses cultures partageaient la croyance selon laquelle les cauchemars n'étaient pas autre chose que la visite d'esprits malins qui attaquaient leurs victimes pendant leur sommeil avec des pensées terrifiantes. Selon certaines recherches en matière onirique, ces songes terrifiants et angoissants sont plus communs dans l'enfance. Et s'ils persistent tout au long de la vie adulte, c'est qu'ils reflètent ordinairement un problème non résolu et profondément enraciné.

Les cauchemars prouvent que la découverte par soi-même n'est pas toujours agréable. Affronter nos « monstres » peut nous donner des clés pour mieux nous connaître.

La recherche dans les laboratoires des rêves a démontré que les cauchemars sont souvent déclenchés par un bruit soudain, agissant comme détonateur d'une image onirique angoissante. L'usage des tampons pour les oreilles est donc recommandé pour les personnes faisant fréquemment des cauchemars.

Rêves d'inquiétude

Les rêves dans lesquels nous sommes préoccupés par quelque chose sont beaucoup plus courants que les cauchemars. Parfois, la pression pour la question que nous ne finissons pas de résoudre dans le rêve est telle qu'elle nous réveille. Et une fois réveillés, notre préoccupation onirique peut nous sembler banale comparée à nos problèmes réels. Cependant, nous ne devons pas ignorer l'importance de ces songes, car leur analyse nous révélera des domaines de notre vie dans lesquels nous nous sentons peu sûrs, ou auxquels nous sommes peu attentifs.

Les rêves d'inquiétude reflètent des doutes et des craintes inconscients portant sur des faits et événements de notre vie, archivés dans nos esprits, et ayant échappé à notre conscience. Il s'agit de soucis mineurs auxquels nous n'avons pas accordé d'importance de façon consciente, mais que notre inconscient a recueillis.

D'après Freud, les songes qui suscitent de l'angoisse ou des tourments sont le résultat d'une tentative de refoulement d'une émotion ou d'un désir, normalement sexuel. Le psychanalyste mentionnait également l'importance de chercher l'origine d'une telle préoccupation dans notre état de veille. L'ignorer risque sinon de la faire dégénérer en trauma.

Pour analyser ce genre de rêves, il est nécessaire de se concentrer sur tous les éléments y figurant. En effet, ils nous donnent des pistes, de façon symbolique, sur ce qui nous préoccupe.

Les rêves d'inquiétude reflètent des doutes et des craintes inconscients, portant sur les événements de notre vie. Notre esprit a beau les avoir archivés, ils se sont évaporés de notre conscience.

Rêves d'exploration intérieure : bébés oubliés et anges

Les rêves dans lesquels apparaissent des bébés oubliés et des anges sont très communs et significatifs de notre évolution personnelle et

Les rêves d'anges sont habituellement des messages d'exploration intérieure. Dans certains épisodes oniriques, ils font figure de guides spirituels, protecteurs de notre personne, qui essaient de nous montrer un chemin.

spirituelle. Mais que signifie ce bébé qui réclame sa nourriture à cor et à cri ? Il représente symboliquement le germe spirituel qu'il y a en nous et que nous laissons languir faute de l'alimenter. C'est le germe sacré, le Moi divin, « l'enfant philosophal » comme disent les alchimistes. Il nous a été confié et nous devons l'aider à se développer.

Quant aux rêves d'anges ou entités spirituelles, ce sont ordinairement des messages d'exploration intérieure. Voyons plusieurs exemples recueillis dans un « bureau des rêves » :

« Je me trouve dans l'obscurité la plus complète. Le silence et le vide m'entourent. Soudain apparaît un corps blanc et lisse avec des formes pures, presque irréelles. Les traits du visage sont effacés et son ovale est pur ; le corps est svelte, et le sexe n'est pas précisément déterminé. Il émane juste une impression de douceur extrême et de profonde harmonie. Cependant, ce personnage m'inspire un tel désarroi qu'il semble être à lui seul un appel au secours. Je l'entoure de mes bras et je veux le sauver à tout prix. »

Les vignettes de Little Nemo *(Winsor McCay, 1905) finissent toujours avec l'image de Nemo tombant du lit. Les incroyables histoires de ce dernier tournent toujours autour de ses rêves fascinants.*

Il s'agit d'un rêve de protection, de contact avec le monde invisible. Dans cet épisode onirique, on reconnaît le caractère androgyne de l'être angélique. Cette fabuleuse vision n'est autre chose que votre ange vous montrant sa souffrance car il se trouve dans l'obscurité.

Dans d'autres songes, les anges se présentent comme des guides spirituels et protecteurs de notre personne :

« Je me trouvais mort dans un carrosse doré, orné de velours de couleur bleu ciel. À ma droite, un ange féminin, tout de blanc vêtu, me souriait... Il tenait devant moi les rênes de deux chevaux blancs tandis qu'un chemin infini, illuminé de soleil, s'ouvrait devant nous. »

Rêves de voyage

L'une des expériences oniriques les plus plaisantes et stimulantes est de voyager vers un pays lointain et de se réveiller avec la sensation d'être revenu de vacances passionnantes. Cela révèle probablement un profond désir de voyager que nous n'avons pas trouvé à satisfaire. Mais d'autres lectures intéressantes peuvent également être faites.

Parfois, nous nous souvenons avec précision des détails de lieux et d'ambiances que nous n'avons jamais connus. Cela peut être dû à des photographies, des films et des reportages télévisés que nous avons vus et que notre inconscient a retenus pour quelque raison particulière.

Ces voyages coïncident, parfois, avec des moments de la vie réelle dans lesquels nous sommes sur le point de commencer quelque chose de nouveau (un changement de travail, de résidence...). Ainsi, le paysage du rêve et que nos sensations peuvent résumer nos émotions dans la vie réelle par rapport à ce changement, les circonstances du voyage sont tout aussi révélatrices. Dans le cas d'un voyage comportant des incidents qui rendent notre destination difficile d'accès (parce que nous perdons les billets ou les valises, ou bien la voiture a une panne...), le songe nous encourage peut-être à peser le pour et le contre de la situation, et nous avertit des obstacles que nous rencontrerons sur le chemin. Il est aussi possible que nous soyons en train de nous préparer psychologiquement à assumer le changement.

Par ailleurs, les songes au cours desquels nous nous rendons dans des lieux exotiques et lointains nous préviennent que notre style de vie est claustrophobe et inhibé. Nous avons besoin de changer et d'élargir nos horizons.

Le moyen de transport que nous utilisons pour nous déplacer est aussi très significatif. Si nous voyageons en avion, par exemple, nous devrions nous demander si nous avons les pieds solidement ancrés sur terre, ou bien si, au contraire, nous nous sentons plus à l'aise « dans les nuages ». Échapper à la vie réelle est un thème qui apparaît habituellement de façon symbolique dans les rêves de voyages. Les trains représentent de nouvelles et excitantes opportunités ; rater le train ou le laisser partir est un symbole évident de notre peur des changements – et de l'insécurité que cela comporte. La gare, lieu de départ, est le lieu symbolique de la transformation. L'embarras que l'on ressent de ne pas avoir de billet, ou d'argent pour l'acheter, est lié à un certain type de carence. Cependant, si nous parvenons malgré tout à arriver à bon port, le songe signifie que nous sommes quand même d'une certaine façon satisfait de nous-même.

Les trains sont le symbole d'opportunités nouvelles et excitantes. Rater ou laisser filer un train est une allusion évidente à la peur que produisent en nous les changements.

Créativité, psychédélisme et chamanisme

« Si un artisan était sûr de rêver toutes les nuits, pendant douze heures, qu'il est roi, il serait presque aussi heureux qu'un roi qui rêverait toutes les nuits, durant douze heures, qu'il est artisan. »

Pascal

Le surréalisme et les rêves

André Breton publia *Le Manifeste du surréalisme* en 1924. Il s'agissait alors d'un livre révolutionnaire qui proposait une nouvelle façon de comprendre le monde et d'interpréter la réalité : la vie, l'art et les processus créatifs pouvaient être appréhendés d'une autre manière.

Pour Breton, les systèmes de pouvoir, les préjugés moraux et les normes sociales supposaient des barrières pour l'individu. De la même façon, il rejetait les censures qu'on s'impose à soi-même dans le comportement quotidien, et surtout dans l'activité artistique. Le support fondamental des thèses de Breton fut les études de Freud sur la psychanalyse et l'interprétation des rêves, publiées peu de temps avant son manifeste. Les expériences freudiennes virent le jour dans un contexte historique dans lequel la principale toile de fond était le passage houleux du XIXe au XXe siècle. Cette exploration du Moi non conscient servit parallèlement d'instrument et d'inspiration à des mouvements artistiques comme le dadaïsme ou le surréalisme, tellement révolutionnaires à leur époque. La plupart de ces courants surgirent au début du XXe siècle, après l'horreur de la première guerre mondiale.

Parmi l'élite intellectuelle européenne, on respirait dans ces temps-là un climat de mécontentement dû au matérialisme et à la confiance excessive en la science et la raison. L'humanité déclinait.

L'exploration du Moi conscient a servi d'outil et d'inspiration à des mouvements artistiques très révolutionnaires durant le XXe siècle, comme le dadaïsme ou le surréalisme, avec des auteurs aussi emblématiques que Dali ou Delvaux.

Le surréalisme fut considéré comme l'une des avancées les plus considérables dans l'univers onirique. Pochette du disque Elegy du groupe Nice. (Hipgnosis, *1971)*

C'est pour ce motif que, très vite, des esprits créateurs voulurent s'éloigner des mécanismes établis et cherchèrent un nouveau souffle dans des domaines plus éloignés du discours rationnel. Afin d'éviter le désastre, il fallait trouver des sources nouvelles et pures.

Celles-ci se trouvaient curieusement à l'intérieur de l'individu lui-même, au plus profond de sa personnalité, et pouvaient être la clé du changement. C'est comme cela que ces créateurs ont donc découvert le côté irrationnel de l'existence : l'inconscient.

« Je crois à l'harmonisation future de ces deux états, apparemment contradictoires, que sont le rêve et la réalité, à une espèce de réalité absolue, une surréalité, ou une sous-réalité, si on peut l'appeler ainsi. C'est la conquête à laquelle je prétends, avec la certitude de ne jamais y parvenir, tout en étant trop oublieux de la perspective de la mort pour me priver d'anticiper un peu sur la jouissance d'une telle possession. »

(André Breton, *Le Manifeste du surréaliste)*

Pour accéder à l'inconscient, les surréalistes, suivant en cela la piste des dadaïstes, ont réalisé une série d'expériences dans lesquelles l'esprit humain était soumis à des états altérés de conscience. Toutefois, ces mécanismes ne conduisaient pas toujours les participants à un véritable état hypnotique. Cela ne faisait parfois qu'augmenter leur agressivité et les convertir en êtres violents. En revanche, les rêves se sont avérés beaucoup plus inoffensifs et à la portée de tous, tout en ne présentant aucun danger ou effet secondaire. L'exploration était complète.

Psychédélisme

À en juger par l'emprise que le surréalisme a eu sur l'art, la politique et la vie du XXe siècle, il est considéré comme l'une des avancées les plus importantes et emblématiques dans l'univers des rêves. Cette expérience n'était, cependant, pas si nouvelle que cela. En effet, dans les cultures primitives, dans d'autres civilisations et chez d'autres talents créateurs, il existe de nombreux témoignages et démonstrations artistiques qui tentent d'exprimer, d'une façon ou d'une autre, les expériences dénommées « phare », très proches de ce qui est connu comme étant d'« autres réalités » et que nous verrons un peu plus loin.

Mais arrêtons-nous un moment sur une après-midi d'avril 1943 dans les laboratoires de la compagnie pharmaceutique Sandoz, à

Bâle, en Suisse. Le chercheur Albert Hofmann, qui avait déjà trouvé des applications intéressantes à partir de quelques substances tirées de l'ergot de seigle, travaillait avec une série de dérivés de l'acide lysergique. Sa peau absorba, par hasard, une très petite quantité d'un diéthylamide provenant de la série de tubes à essai (marquée 25°), provoquant chez lui un doux effet hallucinogène. C'était le premier « trip » de LSD de l'histoire. Après une série d'essais et de recherches, les résultats furent officiellement publiés en 1947 (Stoll, université de Zurich). Jusque dans les années 1960, seuls les chercheurs et les institutions eurent accès à cette importante découverte.

Acide lysergique (LSD)

Le LSD a été popularisé en Occident depuis les États-Unis, en partie grâce à l'émergence des mouvements pacifistes et alternatifs, mais aussi, et surtout, grâce au phénomène d'accès massif à la communication dans les sociétés développées.

Parallèlement, l'usage et la légalisation de certaines substances psychoactives ont provoqué un débat, d'ailleurs encore en vigueur aujourd'hui. Certains considèrent, par exemple, comme incompréhensible la légalisation du tabac d'un côté et l'interdiction du cannabis de l'autre, cette dernière étant le fruit d'accords internationaux fermement menés par des hommes politiques nord-américains. L'apparition d'autres substances psychoactives, à la fois nouvelles et traditionnelles, et les effets très divers qu'elles produisent n'aident pas les gouvernements, prudents et conservateurs sur ce terrain, à établir des conclusions définitives.

L'art pop de la fin des années 1960 fut clairement influencé par la consommation de LSD et d'autres hallucinogènes, comme nous pouvons l'apprécier sur les affiches musicales de cette époque.
De gauche à droite : Blowing in the mind *(1967),* Middle Earth Club *(1968) et* 5th dimension Club *(1967).*

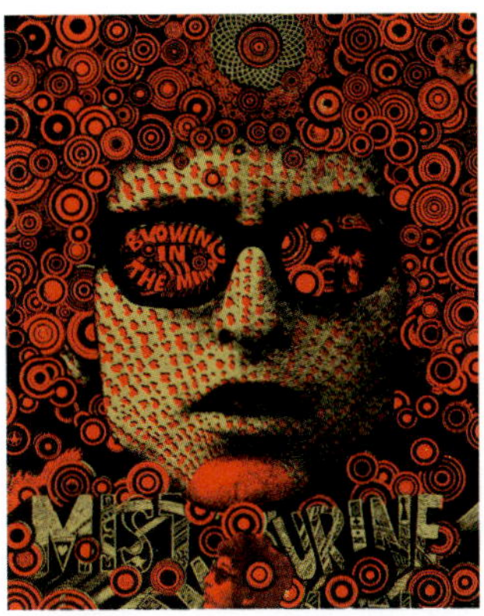

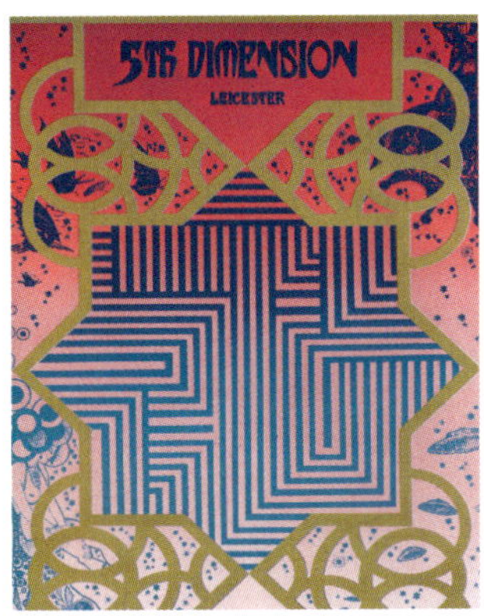

Les effets de l'acide lysergique, ou LSD, vont au-delà de ceux d'un hallucinogène traditionnel. Ils ne sont pas faciles à analyser, bien que les personnes ayant fait « le voyage » décrivent de concert une augmentation de la sensibilité, ainsi que des altérations dans la perception sensitive. D'autres consommateurs l'associent également à des expériences mystiques d'authentique « communion ».

Le LSD contribue également, comme les autres hallucinogènes, au réexamen du concept de réalité tel que nous le connaissons habituellement. Par ailleurs, l'éventail des hallucinations est très ample et peut osciller entre l'expression maximale de la beauté et la descente vers le plus sinistre des enfers. Il comporte aussi des sensations et des perceptions apparentées au monde des rêves. Ce qui a d'ailleurs conduit à dire : « Le monde du XXe siècle a connu deux phénomènes, l'un terrible et l'autre encourageant : la bombe atomique et le LSD. »

Les chamans

L'anthropologue Carlos Castaneda avait étudié le chamanisme à travers de remarquables travaux de terrain. Le fruit de son expérience a été consigné dans la collection de livres qu'il a publiée des années 1970 jusqu'à sa mort. Castaneda a employé une grande partie de sa vie à compiler les enseignements de son maître, un sorcier yaqui

*Les cultures primitives exprimaient à travers l'art les images oniriques et les expériences « phare », obtenues grâce au cactus peyotl (*Lophophora williamsii*). Les chamans, et beaucoup d'artistes, utilisaient souvent le peyotl comme moyen d'inspiration et pour pratiquer les « voyages astraux ». Peinture de la culture traditionnelle huichol.*

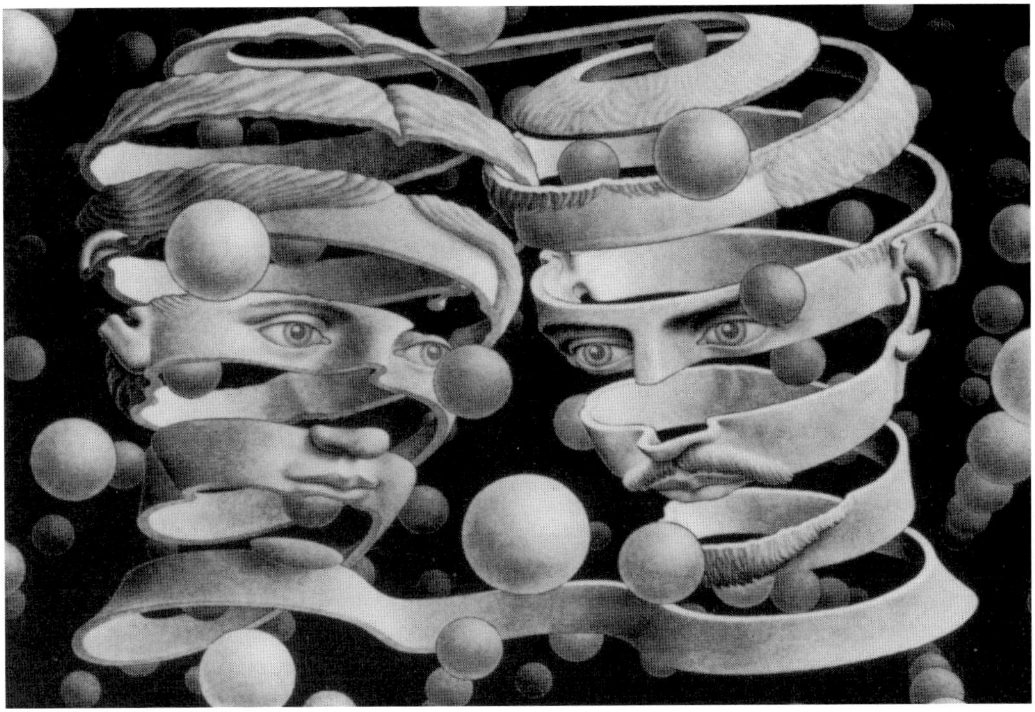

Castaneda considérait les rêves comme une porte ouverte sur des zones inconnues, dont la révélation pouvait être merveilleuse ou terrible.
Bond of union *(M.C. Escher)*

mexicain appelé don Juan Matus. C'est à ses côtés qu'il passa une très longue période de sa vie et que, grâce à l'instruction reçue, il développa la passion et la pratique nécessaires à sa propre conversion en *nagual*, ou sorcier.

Pour cet anthropologue, le travail d'interprétation des rêves ne pouvait être abordé d'un point de vue rationnel. Il considérait que les songes étaient une porte ouverte vers des zones que nous ignorons, et dont la révélation pouvait nous apparaître comme une découverte merveilleuse ou terrible. Il est d'ailleurs compliqué d'expliquer la pensée de cet anthropologue d'un point de vue empirique, puisqu'à aucun moment ses études ne font appel à la raison. Cependant il faut vraiment tenir compte de la valeur de son œuvre, regorgeant d'expériences et présentant un apprentissage d'un intérêt inestimable.

L'herbe du diable et la petite fumée, ainsi que *L'art de rêver*, sont des livres basés sur les moments que l'anthropologue passa en tant qu'apprenti auprès du maître don Juan. Ils sont écrits sous forme de dialogue socratique et fouillent les mondes secrets de l'univers onirique. Castaneda souligne la nécessité d'ingérer des champignons et des plantes hallucinogènes, comme cela arrivait dans les pratiques surréalistes, dans lesquelles l'esprit humain était soumis à des états altérés de conscience pour accéder à ce que certains nomment l'inconscient. À cet égard, le peyotl ou le toloache facilitaient l'accès à ce genre de condition mentale en permettant une perception différente de la réalité. Toutefois, un peu plus tard, après son apprentissage, Carlos Castaneda a assuré s'être trompé. Il affirma que l'usage d'hallucinogènes n'était qu'une voie alternative pour atteindre les enseignements de son maître. L'autre, c'était le rêve.

Rêverie

Pendant la rêverie, nous sommes conscient de rêver et avons la capacité d'intervenir volontairement sur les événements de la scène onirique. Philippino Food, *bande dessinée d'Ed Badajos (1971)*

Une fois la matière des rêves établie comme voie d'exploration, le chaman l'a divisée en deux stades : le stade ordinaire et celui de la rêverie. Le premier fait référence à l'activité onirique nocturne qui accompagne le sommeil chaque nuit. La rêverie serait, en revanche, comparable au rêve lucide : le rêveur est conscient qu'il rêve et qu'il a la capacité d'intervenir volontairement sur les événements de la scène onirique. Castaneda a fini par devenir sorcier grâce au pas fondamental qu'il fit en s'initiant à la rêverie.

Au moyen de techniques sophistiquées, le rêveur a un plein pouvoir sur ses rêveries. À mesure qu'il acquiert un plus grand contrôle sur elles, il s'éloigne de plus en plus du monde conscient et accède à des états plus profonds. Selon Castaneda, plusieurs portes doivent être franchies avant de pouvoir dominer complètement les rêveries. Une fois ces portes passées, les rêveries se convertissent en véhicules nous conduisant vers d'autres réalités. Chez un sorcier, tel que don Juan, l'univers est conçu comme un tout composé de différentes couches, un peu comme les oignons. Le nombre de ces couches est infini, et chacune renvoie à une réalité distincte.

Notre perception rationnelle et consciente est seulement capable d'entrevoir l'une d'elles, c'est-à-dire qu'elle possède une seule manière de comprendre le monde. Cependant, l'accès aux couches restantes n'est possible que si nous réussissons à changer ou à mouvoir notre « cran de mire » (ce qui est fixe à l'intérieur de chaque individu et qui le conduit vers un certain système de perception de la réalité).

Don Juan assurait que nous naissons avec ce « cran » fixe et que, à partir des processus d'éducation et de socialisation – émanant de nos éducateurs et de nous-même – tous les efforts visaient à ce que tout ce que nous percevons concorde avec ce système.

À la fin, nous sommes tellement bien éduqués que nous finissons par nous fier plus au système qu'à ce que nos sens sont réellement capables de capter.

Du fait du halo de mystère qui entoure le chamanisme, le travail de Castaneda semble souvent complexe et difficile à comprendre, surtout parce que, comme nous l'avons déjà dit auparavant, la rigueur scientifique ne peut l'expliquer. Les expériences de don Juan étaient justement basées sur l'obtention du contraire : désapprendre ce qui avait été appris rationnellement et entrer, ainsi, dans d'autres mondes différents. C'est donc le serpent qui se mord la queue. Malgré cela, la fascination que les récits de Castaneda produisent ne diminue pas. Bien au contraire, son œuvre est toujours d'une très grande attractivité.

Ce qu'il faut retenir, en fin de compte, c'est que ces expériences sur les incursions dans des mondes étrangers à la réalité consciente rejoignent les nombreuses manifestations qui ont eu lieu à travers l'histoire pour découvrir d'autres niveaux de perception.

Les rêves ont été une source d'inspiration et de créativité pour beaucoup d'artistes, de musiciens, d'écrivains...
En haut : Wish you were here, *titre de cette image et thème musical dédié à Syd Barret dans un disque des Pink Floyd.*
Hipgnosis *(1975)*

Créativité

Après ce petit regard sur le monde des songes et l'autre réalité, revenons à leur relation avec la créativité. Les rêves possèdent toute l'information que nos processus intellectuels, émotifs, cinétiques, instinctifs et sexuels contiennent. C'est pour cette raison qu'on les considère comme des sources authentiques de créativité, jusqu'à comparer l'inconscient aux muses et à leur rôle mythologique. Grâce à lui, chacun possède son propre espace de pensées.

Une personne ayant une activité mentale et intellectuelle déjà intense quand elle est éveillée, renforce-t-elle encore davantage l'intensité de son activité onirique ? Oui, et il existe des preuves de ce fait (et l'inverse est tout aussi valable). C'est pour cela que moins nous séparons les rêves de la réalité, plus le résultat créatif est merveilleux et plus le processus de création est passionné... C'est ce que, finalement, Breton devait déjà savoir quand il écrivit le manifeste surréaliste déjà mentionné.

Rêves célèbres

Le philosophe grec Platon (Ve siècle avant J.-C.) possédait déjà cette opinion moderne selon laquelle les rêves montrent notre véritable nature. Croire dans les rêves et dans leur potentiel était un signe distinctif des Grecs cultivés.

Tout au long de l'histoire, nous trouvons une infinité de songes devenus célèbres, soit par la reconnaissance sociale dont jouissaient les dormeurs à ce moment-là, soit parce que les rêves eux-mêmes – grâce à la sagesse ou la prophétie de leurs messages – ont doté leurs rêveurs d'une certaine renommée. Ainsi, les uns comme les autres, ils ont fini par avoir des répercussions, à leur manière, sur le cours et le développement de l'humanité.

Dans la Bible déjà, nombreux sont les récits qui traitent de la matière onirique. D'un côté, il y a les rêves utilisés par Dieu pour transmettre sa volonté. Les élus communiquent avec lui, en obtenant des pronostics et des révélations qui marqueront l'avenir de leur entourage. D'un autre côté, il y a une valorisation de la très précieuse information que ceux-ci comportent : par exemple, l'un des rêves bibliques les plus connus, mentionné antérieurement, est celui du pharaon égyptien qui entrevoit sept vaches belles et imposantes suivies de sept autres maigres, puis sept beaux épis de blé remplacés par sept autres épis rabougris. Joseph, fils d'Israël, a interprété ces symboles comme étant sept années de grande abondance pour l'Égypte, suivis de sept autres de grande pénurie et de famine. C'est ainsi qu'on a réussi à prévenir les temps défavorables et éviter le désastre qui, autrement, serait arrivé.

Comme dans la Bible, la mythologie grecque dispose de ce genre de rêves. Le héros Ulysse, par exemple, avait le don d'anticiper les événements réels car, dans son sommeil, il recevait les savants avis de la déesse Athéna. De fait, croire dans les songes et dans leur potentiel était, en outre, un signe distinctif parmi les Grecs cultivés. Les dirigeants avaient l'habitude d'avoir leurs propres traducteurs et interprètes des visions oniriques.

Il est vrai que les songes ont joué un grand rôle dans le développement historique de l'humanité, en changeant la vie de beaucoup de gens de façon radicale. Nous allons traiter à présent quelques-uns des cas les plus emblématiques, dont l'étude a constitué une preuve supplémentaire de la puissance incroyable de cet univers secret et mystérieux.

Allemagne, 1890. L'illustre scientifique Friedrich August Kekulé s'apprête à donner une conférence aux non moins célèbres membres de la Société chimique allemande. Kekulé est alors le centre de tous les honneurs, car personne n'a oublié que, vingt-cinq ans auparavant, cet homme avait été capable de découvrir la structure moléculaire du benzène, découverte qui a marqué le point de départ de la chimie moderne.

Le savant commence à parler. Il veut enfin expliquer comment il a réalisé son exploit. Les auditeurs l'écoutent attentivement. Et tout à coup, une grande surprise a lieu. Kekulé, le grand scientifique, affirme sans aucune honte que sa célèbre théorie fut conçue... dans ses rêves ! : « J'écrivais, mais je me rendais compte que mon esprit était ailleurs. J'ai tourné ma chaise vers la cheminée et suis resté à demi-endormi. Les atomes ont commencé à faire des cabrioles devant mes yeux [...]. De longues files d'atomes se sont formées, toutes en mouvement, s'enroulant et se tordant comme des serpents. Mais qu'était-ce ? Un serpent qui se mordait la queue. Comme secoué par un éclair, je me suis réveillé et j'ai passé le restant de la nuit à travailler. » Ajoutons que ce travail fut couronné d'un grand succès.

Un tel exemple montre que la créativité, comme les rêves, s'appuie profondément sur l'inconscient. De nombreux scientifiques et artistes se sont rendu compte de ce phénomène. Mais il ne faut pas pour autant être un génie pour remarquer que, parfois, quand on reste bloqué dans la recherche de la solution à un problème, celle-ci finit par apparaître finalement un peu plus tard. Tout indique donc que l'inconscient continue à travailler pendant que le conscient se repose.

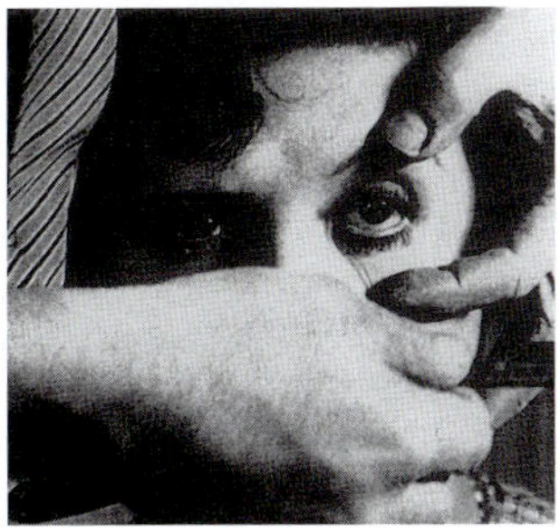

Certains auteurs ont fait de leurs visions oniriques des sources d'inspiration ainsi que les thèmes de leurs œuvres. Tel est le cas de l'écrivain Lewis Carrol qui refléta dans Alice au pays des merveilles *une partie de son matériel onirique. L'œuvre de Luis Buñuel se caractérise par l'emploi d'éléments surréalistes, comme la célèbre séquence du film* Un chien andalou *(1928).*

Photogramme d'une des versions cinématographiques de L'étrange cas du Dr Jekyll et de M. Hyde, *de Robert Louis Stevenson.*

Le plus curieux de tout cela est que nous ne saurons jamais quelle est l'incidence de la créativité qui se manifeste dans nos songes. Ainsi, lorsqu'on demande à des écrivains pourquoi les personnages de leurs romans se comportent de telle ou telle manière, ils répondent souvent quelque chose comme : « ... Parce que c'est ainsi qu'ils en ont décidé. » C'est-à-dire qu'ils parlent de leurs créations comme si elle avaient acquis une vie propre et qu'eux-mêmes, écrivains, pouvaient à peine les contrôler.

À d'autres occasions, ce sont leurs propres rêves qui sont devenus, pour les créateurs, la source d'inspiration et le sujet de travail. C'est le cas d'*Alice au pays des merveilles* de Lewis Carrol, *Les yeux de chien bleu* ou *Je me loue pour rêver* de Gabriel Garcia Marquez, ou bien *Un chien andalou* de Luis Buñuel, parmi tant d'autres.

Certains musiciens ont aussi reçu une inspiration onirique. Le cas de Giuseppe Tartini, un compositeur italien du XVIIIe siècle est, en ce sens, paradigmatique. Tartini racontait que le diable lui était apparu en rêve pour interpréter, sur son violon, une sonate qu'il n'aurait jamais été capable sinon, selon lui, de composer. Quand il se réveilla, il essaya désespérément de se rappeler la mélodie rêvée, mais en vain. Il venait cependant d'écrire une œuvre dans laquelle le diable avait un rôle remarquable. Le musicien n'hésita pas à affirmer que c'était la meilleure pièce qu'il avait créée. Le phénomène de l'inspiration musicale fait régulièrement l'objet d'études, plus ou moins relatives aux rêves.

De nombreuses créations importantes, fruits d'un rêve, semblent également être le résultat d'un intense effort intellectuel réalisé pendant les heures de veille. L'important est que l'activité onirique soit allée plus loin que le simple fait de rêver, donnant ainsi lieu à des solutions qui semblaient inaccessibles.

Dans l'art, le thème du rêve a également inspiré de nombreuses créations, quelques-unes de style romantique comme l'œuvre du peintre symboliste écossais John Duncan, par exemple.

Robert Louis Stevenson, auteur du très célèbre roman *Le étrange cas du Dr Jekyll et de M. Hyde*, affirmait que son travail créatif était accompli par ceux qu'il appelait les « petits habitants » de ses rêves.

Selon ses propres paroles, il s'agit de « connexions proches, au-delà des doutes du rêveur. Que Dieu les bénisse ! Puisqu'elles réalisent la moitié de mon travail pendant que je suis profondément endormi [...]. Toute ma fiction publiée est le produit du travail d'un "petit esprit, génie bienveillant", d'un collaborateur invisible qui travaille sans l'aide de personne, et que je maintiens enfermé dans un grenier situé en arrière tandis que c'est moi qui reçois tous les éloges ».

Il existe toutefois un trait commun à beaucoup de grandes créations qui sont le fruit d'un rêve : elles semblent également être le résultat d'un intense effort intellectuel réalisé pendant les heures de veille. L'important, comme dans tout, est que l'activité onirique est allée plus loin, apportant ainsi des solutions qui semblaient inaccessibles.

Peut-on essayer, de façon consciente, de faire en sorte que les songes nous aident à résoudre des problèmes de manière créative ? Oui, mais pour cela, nous devons empêcher que notre pensée soit obsédée par le sujet en question. Une approche basée sur la curiosité, ou une approche ludique, donnera un meilleur résultat.

Le Mahatma Gandhi pratiquait l'art de la méditation, mais il avait aussi l'habitude d'employer ses pensées oniriques à recevoir une inspiration spirituelle et créatrice. Grâce à ses rêves, Gandhi réussit à imaginer une réponse non violente au décret Rowlett de l'Angleterre, qui écrasait sans pitié toute agitation publique aspirant à la délivrance de l'Inde. Comme chacun sait, l'une des manifestations les plus importantes des doctrines pacifistes de Gandhi a été la grève des masses comme arme de désobéissance civile.

Après avoir médité pendant des semaines, le Mahatma trouva la solution à ses questions dans un songe. La réponse non violente à ce décret fut l'un des pas qui conduisirent finalement à l'indépendance du pays.

Ses « muses » oniriques lui suggérèrent que, pendant vingt-quatre heures, le peuple indien suspende ses activités et passe la journée à jeûner et à prier. Gandhi mit ses rêves en pratique en organisant en 1919 une série de grèves, devenues déterminantes dans la lutte de l'Inde pour le droit à son autodétermination. Ainsi, les songes du Mahatma ont-ils contribué à changer d'une manière décisive la destinée du sous-continent.

Au vu de ces événements, le mythique Gandhi aurait probablement souscrit aux paroles de Voltaire sur les visions oniriques : « J'ai

L'un des chemins vers l'indépendance de l'Inde est issu d'un rêve de Gandhi.

Photogramme du film Le dictateur *(1940) dans lequel Charlie Chaplin parodiait Hitler.*

Alexandre le Grand accordait une grande importance à ses rêves, au point d'avoir son interprétateur de rêves personnel.

connu des avocats qui ont fait des plaidoyers au cours de leurs rêves, des mathématiciens qui ont résolu des problèmes et des poètes qui ont composé des vers. Moi-même, j'en ai fait certains qui sont tout à fait acceptables. Des idées constructives se présentent en rêve. »

Pendant la première guerre mondiale, à vingt-huit ans, Hitler, n'était encore qu'un caporal de l'infanterie allemande qui luttait contre le front français. Une nuit, alors qu'il dormait dans une tranchée, il rêva qu'il était enseveli sous une avalanche de terre et de fer fondu et que sa bouche se remplissait d'immondices. Il pouvait même sentir la douleur terrible de ses blessures. Alarmé par cette scène, il se réveilla et sortit rapidement de la tranchée. Juste à ce moment, une bombe tomba et tous ses compagnons d'armes moururent sous une montagne de saletés, de métal chaud et de sang. Hitler a attribué cet événement à une « intervention divine ». Malheureusement, cela a fini par le convaincre de son invulnérabilité, et lui faire croire que sa destinée était pleine de grandeur.

Pendant le siège de la ville phénicienne de Tyr, en 332 avant J.-C., Alexandre le Grand poursuivit son but grâce à ses rêves. Une nuit, un satyre lui apparut en train de danser sur un bouclier. Son interprétateur de rêves personnel, Aristandre, reconnut à travers cette vision un ingénieux jeu de mots : *satyros* – satyre en grec – pouvait aussi faire référence à « sa Tyr », qui signifiait « Tyr est à toi ». Aristandre recommanda donc à Alexandre le Grand de continuer sa campagne et c'est de cette façon que Tyr fut ajoutée à ses nombreuses conquêtes.

Cet exemple anticipa, en son temps, la théorie freudienne qui assure que l'inconscient est très farceur et qu'il peut convertir les songes en jeux de mots assez embrouillés. La vérité est que la codification cachée des devinettes peut être très utile dans le sens où elles peuvent ainsi exprimer les impulsions réprimées du rêveur et, de plus, passer à travers n'importe quelle censure imposée par la conscience.

Charles Dickens (1812-1870) a aussi fait un rêve étrange et prophétique dans lequel apparaissait une femme couverte d'un châle rouge, qui lui tournait le dos. Tout à coup, celle-ci se retournait vers lui et lui disait qu'elle était mademoiselle Napier. Bien que l'image semblât nette et évidente, elle semblait n'avoir aucun sens. Le soir suivant, Charles Dickens réalisa une lecture littéraire. Lorsqu'il eut terminé, certains de ses amis allèrent le féliciter et lui présentèrent quelqu'un qui désirait le connaître en personne… Il s'agissait de mademoiselle Napier.

Constantin le Grand (306-337) fut le premier empereur romain à se convertir au christianisme. Un épisode marquant de cette période est rapporté par l'historien chrétien Eusèbe de Césarée : à la veille de la bataille (en 312) qui opposa Maxence à Constantin, ce dernier eut une vision au cours de laquelle lui est apparu un chrisme, autrement dit le symbole formé des lettres grecques *chi* et *rho* (XP), qui sont les deux premières lettres du mot Christ ; et il vit ou entendit la phrase suivante : « Tu vaincras par ce signe. » Constantin ordonna à ses soldats d'apposer ce symbole sur leur bouclier et il remporta la bataille dite du pont Milvius (situé à quelques kilomètres de Rome) qu'il attribua au dieu des chrétiens. Par la suite, il aida la foi chrétienne à se propager et exerça une grande influence sur le développement de l'Église.

Selon les témoignages que l'histoire a laissés, Dante Alighieri reçut l'inspiration de son chef-d'œuvre *La Divine Comédie* pendant qu'il rêvait, la nuit d'un Vendredi saint. Lorsqu'il mourut en 1321, une partie de ce manuscrit, sa meilleure création, fut perdue. Les enfants du poète italien fouillèrent de haut en bas toute la maison à sa recherche, mais ils finirent par s'avouer vaincus pensant qu'il s'agissait d'une tâche impossible. Cependant, quelques mois plus tard, l'un de ses enfants, Jacoppo, rêva de son père habillé en blanc et entouré d'un mince halo de lumière. Le revenant onirique lui signalait un recoin de la maison qui n'avait pas été fouillé : l'endroit où se trouvait le manuscrit égaré de *La Divine Comédie*.

Elias Howe doit sa plus grande découverte – la machine à coudre – à ses songes. Cela faisait longtemps que cet inventeur peinait

Une grande partie de l'inspiration du célèbre romancier Graham Greene provenait de ses rêves. Photogramme du film Le troisième homme, *d'Orson Welles, d'après le roman de Graham Greene.*

sur un modèle pour lequel il ne parvenait pas à trouver la solution idoine. Une nuit, il rêva que le roi d'une tribu sauvage lui ordonnait de créer une machine similaire. Alors que l'inventeur lui répondait qu'il n'en était pas capable, tout le village, armé de lances, s'élançait sur lui pour le tuer. Juste avant le moment fatidique de sa mort onirique, Howe remarqua que chaque lance comportait un trou dans la pointe. C'était l'élément qui lui manquait pour que sa machine à coudre fût techniquement parfaite.

Une grande partie de l'inspiration du célèbre romancier Graham Greene provenait également de ses rêves. Apparemment, les scènes oniriques de Greene contenaient habituellement aussi des messages prophétiques. D'après son journal personnel, il avait prédit l'engloutissement du Titanic à l'âge de cinq ans seulement. On connaît dix-neuf autres cas de personnes qui, comme lui, ont eu des prémonitions liées à la tragédie de 1912. L'entrepreneur londonien J. Connon Middleton, par exemple, avait un billet réservé pour le transatlantique avec un mois d'avance. Cependant, au dernier moment, il le revendit parce qu'il avait rêvé au cours de deux nuits consécutives que le Titanic se trouvait au milieu de l'océan, la quille en l'air, les passagers et les bagages flottant autour de lui. Ce témoignage écrit par J. Connon devant un notaire, trois jours avant le naufrage, comprend le ticket de sa réservation et celui de son annulation. Certains de ses amis ont signé ce document pour lui donner plus de valeur.

On connaît au moins dix-neuf autres cas de personnes ayant eu des prémonitions oniriques liées à l'engloutissement du Titanic en 1912. Photogramme de Titanic *(James Cameron, 1997)*

Avec dix-neuf siècles d'anticipation, Jules César démontrait déjà la pertinence des théories freudiennes. Apparemment, la nuit précédant la conduite de ses légions, qui devaient franchir le Rubicon pour attaquer Rome, il fit un rêve dans lequel il se voyait lui-même allongé à côté de sa mère. Il l'interpréta comme si, à l'avenir, il allait être près de sa « mère Rome ». Sa conquête du pouvoir allait réussir, et l'histoire le confirma par la suite. Cependant, le dictateur romain aurait dû se soucier du cauchemar prémonitoire que fit son épouse Calpurnia, laquelle l'avait averti de faire attention au mois de mars. Parce qu'il fit la sourde oreille à ce conseil, César fut assassiné pendant une réunion au sénat le 15 mars de l'an 44 avant J.-C.

Le célèbre acteur Kirk Douglas, alors qu'il se débattait entre la vie et la mort dans un hôpital, fit un rêve étrange au cours duquel apparaissait un tunnel de lumière. En se réveillant, il raconta cet épisode onirique comme une expérience divine de rapprochement avec Dieu.

En 1991, la star de cinéma Kirk Douglas eut un accident d'hélicoptère dont il sortit gravement blessé. L'acteur, qui se débattait entre la vie et la mort à l'hôpital, fit un rêve étrange au cours duquel il sentit que son corps perdait du poids et restait suspendu en l'air. Le concept du temps n'existait alors plus pour lui, et il voyait des lumières aux couleurs splendides. Comme il l'a raconté ensuite, à son réveil, cette sensation onirique revenait à être dans le tunnel le plus glorieux de la vie, tout près de Dieu. Cette expérience a catégoriquement changé le caractère de l'acteur qui, depuis sa convalescence, a modifié ses principes de vie afin de la rendre plus agréable.

Le président des États-Unis, Lyndon Baines Johnson, fit de multiples cauchemars tout au long de son mandat (1963-1969). Alors que la guerre du Viêt-nam s'envenimait, il rêva une nuit qu'il nageait dans un fleuve au courant rapide. Il avait beau essayer, il ne pouvait pas atteindre la rive. Il changea de direction pour voir s'il pouvait atteindre la rive située de l'autre côté, mais celle-ci était aussi hors de sa portée. Après avoir rêvé de ces images, Johnson se rendit compte qu'elles représentaient parfaitement la pression professionnelle qu'il subissait dans la réalité : il était piégé par une situation politique impossible. Le rêve contenait donc la réponse qu'il avait besoin d'entendre : sa charge touchant à sa fin, il décida de ne pas se représenter aux élections.

L'actrice Marilyn Monroe faisait déjà, enfant, des rêves qui prédisaient la grande admiration dont elle fut l'objet au niveau mondial.

La nuit précédant sa décapitation, la reine Marie-Antoinette rêva d'un soleil rouge et brillant en haut d'une colonne. Tout à coup, le soleil disparaissait à l'horizon tandis que la colonne se divisait en deux et se cassait par terre. Ce rêve fut interprété *a posteriori* comme un symbole de la fin de la monarchie.

Dans les années 1850, l'auteur des *Aventures de Huckleberry Finn*, Mark Twain, a travaillé pendant quatre ans avec son frère Henry comme pilote d'un bateau à vapeur sur le fleuve Mississippi. Une nuit, Mark Twain rêva qu'on retirait de l'eau le corps sans vie de son frère. Celui-ci était, ensuite, placé dans un cercueil en métal posé sur deux

De gauche à droite : Mark Twain, Napoléon Bonaparte, Paul McCartney et John Lennon. Quatre exemples de personnalités célèbres dont les rêves changèrent le cours de leur destin.

chaises. Un bouquet de fleurs blanches avec une fleur rouge au centre était posé dessus. Quelques semaines après, on l'informa que les chaudières du bateau dans lequel Henry Twain voyageait avaient explosé près de Memphis. Les cadavres de tout l'équipage furent mis dans des cercueils en bois, seul celui de son frère fut placé dans un cercueil en métal. Lorsque l'écrivain s'approcha pour voir le corps, il vit qu'il n'y avait rien sur sa poitrine. Quelques moments après, de façon stupéfiante, une femme entra dans la pièce et laissa sur le défunt un bouquet de fleurs blanches... avec, en son centre, une rose rouge.

Le physicien Niels Bohr essayait de comprendre la nature de l'atome quand, une nuit, il rêva d'un soleil composé de gaz chauds, entouré de diverses planètes, le tout réuni par des lignes très fines. À son réveil, il se rendit compte que c'était précisément la solution au problème qu'il cherchait depuis si longtemps. Il expliqua donc au monde la structure de l'atome et proclama la naissance de la physique atomique. D'une manière similaire, la théorie de la relativité d'Albert Einstein a été inspirée par une série de songes que fit le génie entre les mois d'avril et juin 1905.

L'ex-membre des Beatles, Paul McCartney, a confessé dans l'émission de télévision de Larry King (CNN) que le sujet de *Yesterday* provenait d'un songe. Le chanteur raconta qu'il s'était réveillé un jour avec la mélodie dans la tête, sans savoir d'où il avait bien pu la tirer. Curieusement, celle-ci est devenue sa chanson la plus célèbre. Il semble qu'il soit arrivé la même chose à John Lennon. En effet, il a composé *Imagine* après avoir écouté sa composition musicale en rêve.

Les songes ont aidé saint François d'Assise lors de la réaffirmation de son vœu de pauvreté et de l'établissement de la congrégation des moines franciscains. Concernant ce dernier fait, les chroniques racontent que saint François, une nuit, entendit la voix de Jésus en rêve : « Va et arrange cette maison. » C'est ainsi qu'il décida de fonder son propre ordre. Pour y parvenir, il devait avoir une entrevue avec le pape Innocent III, qui avait le pouvoir de donner, ou non, son consentement à ses projets. Saint François, juste avant, rêva d'un grand arbre, aux branches très larges. Plus il observait l'arbre, plus il poussait lui-même en hauteur, tant et si bien qu'à la fin il fut au même niveau. Quand il toucha ses branches, l'arbre lui fit une révérence. À son réveil, saint François interpréta ce rêve comme le signal que le pape allait valider la règle qu'il avait rédigée. Et il en fut ainsi.

Le plus curieux est que le pape Innocent III avait fait, lui aussi de son côté, un rêve révélateur : alors que la basilique du Latran menaçait de s'effondrer dans son songe, il vit saint François la soutenir. À son réveil, le pape décida d'autoriser la fondation des deux congrégations.

Un jour de chasse, alors qu'il était adolescent, le futur Touthmôsis IV s'endormit au pied du Sphinx et fit un rêve dans lequel apparaissait le dieu solaire lui promettant d'accéder au pouvoir. En échange, il devrait enlever le sable qui recouvrait peu à peu le monument. C'est ce qu'il fit. Touthmôsis IV prit possession du trône, sans doute après en avoir écarté l'héritier légitime. Certains ont interprété ce songe comme la tentative de la part du roi de légitimer *a posteriori* un pouvoir qu'il aurait usurpé. Cependant, son règne fut long et fructueux, comme le lui avait pronostiqué le rêve.

Selon les chroniques, saint François d'Assise reçut en rêve de Jésus la charge divine de fonder son propre ordre. Image du film Frère Soleil, sœur Lune *(Franco Zefirelli, 1973), fondé sur la vie de saint François d'Assise.*

INTERPRÉTATION, DIVINATION ET PRÉDICTION

*« J'ai rêvé que j'étais un papillon.
Mais maintenant je ne sais plus si j'étais un homme
qui rêvait qu'il était un papillon, ou si je suis
un papillon qui rêve qu'il est un homme. »*

Chuang Tse

Deviner l'avenir à travers les rêves

Le romancier Rider Haggard, au début du XXe siècle, obtint une certaine popularité. Mais le fait qu'il se consacra à la littérature n'a, dans ce cas présent, aucune importance. Si nous nous intéressons ici à ce personnage, c'est parce que Haggard fit, en 1904, un cauchemar qui mérite la peine d'être développé. Dans l'un de ses songes, le romancier vit que son chien de chasse, Bob, était couché sur la mauvaise herbe du bord d'une rivière. Le chien essayait de lui dire une chose, mais en vain. Haggard eut alors l'impression qu'il voulait lui communiquer qu'il était en train de mourir.

Lorsque Haggard se réveilla, il découvrit que Bob ne se trouvait pas à son endroit habituel. Craignant le pire, il se mit rapidement à la recherche du chien. Comme dans les images que l'inconscient du romancier avait créées, il vit Bob mort sur le bord d'une rivière proche.

Ce fait véridique illustre le fait que, parfois, des choses extraordinaires arrivent dans les rêves. Vous connaissez probablement quelqu'un qui a perçu, en dormant, un événement avant qu'il ne survienne dans la réalité, ou peut-être que cela vous est arrivé à vous-même. Mais comment l'expliquer ? Il n'y a pas de réponse scientifique, mais les faits sont les faits. Et ceux-ci indiquent que de nombreuses personnes ont vu ou ont eu directement des perceptions extrasensorielles. Et c'est sans compter les expériences – avec

Les songes peuvent contenir des messages prémonitoires sur notre avenir sous forme de symboles.
Les portes oniriques sont les signaux des opportunités qui s'ouvrent ou se ferment dans nos vies.

des résultats très intéressants – que les professionnels spécialisés réalisent en laboratoires.

À ce stade, il est vrai, c'est un nombre très restreint de personnes qui accèdent, à travers les songes, à des connaissances auxquelles aucun autre moyen comme jusqu'ici ne permet d'accéder. Dans la plupart des cas, ces connaissances ont une relation directe avec les événements qui arriveront dans l'avenir. Autrement dit, quelques individus font des rêves prémonitoires et assistent ensuite aux événements une fois qu'ils ont été rêvés. Évidemment, dans beaucoup de cas, ces rêves ne sont que d'heureuses suppositions. L'inconscient du rêveur, ayant accès aux souvenirs oubliés consciemment, est capable de produire des pensées oniriques qui peuvent sembler prémonitoires mais qui, de fait, ne le sont pas.

Cependant, il y a d'autres occasions où ce n'est pas le cas, comme nous le voyons avec le rêve de Rider Haggard. Il n'existe pas de théorie permettant d'expliquer un phénomène avec de telles caractéristiques, mais l'on sait que les perceptions extrasensorielles qui se manifestent dans les rêves sont sous forme télépathique (transmission directe d'impressions de l'esprit d'une personne vers celui d'une autre, voire d'une certaine forme d'énergie d'un être vivant vers un autre) et prémonitoire (connaissance d'un fait futur qui ne peut se déduire rationnellement).

Expériences sur les rêves et la télépathie

L'une des expériences les plus habituelles en laboratoire, portant sur les rêves à caractère télépathique, consiste à observer le sommeil d'un volontaire plusieurs nuits. Chaque fois qu'il entre dans la phase REM (facilement vérifiable par les chercheurs, étant donné que le rêveur commence à bouger les yeux de manière ostensible), il est demandé à une autre personne, se trouvant dans une autre pièce, de se concentrer sur une photographie sélectionnée au hasard. Ce qu'elle représente est ignoré aussi bien par ce dernier individu que par le dormeur. À la fin de chaque cycle REM, on réveille le rêveur et on lui demande de raconter ses visions oniriques. Comme ces expériences l'ont démontré, les rêves du volontaire ont souvent une relation directe avec l'image sur laquelle l'autre collaborateur s'est concentré.

Prophéties et sciences exactes

Pour ce qui est des rêves prémonitoires, l'une des seules conclusions à laquelle on soit parvenu montre que les désastres et les accidents sont un thème récurrent dans les perceptions extrasensorielles de cette nature. De plus, les événements tragiques concernent habituellement les personnes proches du rêveur.

En outre, on sait par exemple que la plupart des animaux sont capables de prédire les tremblements de terre.

Il ne devrait donc pas être si surprenant de voir qu'il existe des personnes qui, sans information préalable sur la maladie ou sur le danger qui plane sur leurs proches, sont capables de détecter par anticipation ces malheurs. Certains chercheurs commencent à se demander si le fait que les rêves prémonitoires ne surviennent que de façon sporadique est dû à leur caractère exceptionnel, ou si, au contraire, cette fugacité met en évidence le fait que les êtres

Bien que le caractère prophétique de chaque rêve dépende du rêveur, il existe certaines croyances d'ordre général et relatives à certains symboles : voir, par exemple, notre reflet dans une flaque annonce des gains rapides ; tomber dedans, une série de contretemps ; sauter par-dessus, la fin de désagréments.
Puddle *(M. C. Escher, 1952)*

humains réussissent à peine à se rappeler une partie infime de leurs rêves.

Pour développer ce type d'expériences, le seul recours consiste à interpréter les rêves de façon sérieuse et continue, en suivant les techniques expliquées dans ce livre. Il est important de les relier entre eux, en les connectant à nos expériences et en décryptant leurs symboles. Tout cela permet de poser les problèmes que nous voulons résoudre et que, par la suite, nous pourrons solutionner à travers les rêves. Si, comme fruit de ce travail, nous obtenons des réponses, celles-ci deviendront nos « prophéties personnelles ». Cela dit, peut-on penser à d'autres types de prophéties ?

Le côté ésotérique

C'est avant tout un long chemin qui mène vers quelque chose d'insaisissable ; il convient donc d'être prudent, patient et très constant.

Expériences de perception extrasensorielle

1. Résolution de devinettes

Demandez à un ami de vous poser une devinette que vous ne pouvez pas résoudre dans des conditions normales. Dites-lui, par exemple, de cacher un de vos objets (quelque chose de spécial à vos yeux et que vous souhaitez récupérer) dans un endroit où jamais vous ne le chercheriez, ou bien qu'il fasse un dessin ou écrive quelque chose sur un papier qu'il mettra ensuite dans une enveloppe qu'il conservera en lieu sûr. Chaque nuit, quand vous serez sur le point de dormir, essayer de retenir la devinette et demandez au rêve qu'il vous aide à trouver la solution. Faites-le durant quelques nuits et, surtout, ne soyez pas impatient.

2. Rêves synchroniques

Essayez de rêver la même chose que votre partenaire amoureux ou qu'un ami. Vous pouvez, par exemple, vous mettre d'accord pour vous retrouver dans le rêve dans un endroit déterminé. Les livres sur ces phénomènes racontent de nombreux cas de réussite avec cette technique, même si, étant donné le caractère imprévisible de celle-ci, cela peut fonctionner la première nuit et pas les semaines suivantes.

3. Psychométrie du rêve

L'objectif est de récolter de l'information sur un objet dont on ne sait rien. Tenez l'objet dans vos mains avant de vous coucher et pensez-y en vous endormant. Vous pouvez pratiquer le même exercice, par exemple, avec la photographie de quelqu'un que vous ne connaissez pas. Cela peut aider de conserver sous l'oreiller l'objet ou la photographie en question. Au réveil, annotez ce dont vous avez rêvé, même si cela vous semble insignifiant. Étudiez ensuite la signification du songe en utilisant les méthodes habituelles.

Comme il s'agit d'un monde invisible, nous sommes devant un terrain peu perceptible dans des états ordinaires de conscience et sur lequel il faut agir avec précaution pour éviter les erreurs. Il est impossible de les aborder de façon logique. Rappelons à ce sujet les mots du grand mystique Jean de la Croix : « Pour aller là où l'on ne sait pas, il faut aller là où l'on ne sait pas. » Ainsi le plus sensé reste d'accepter de percevoir ce qui advient, en laissant la raison de côté. Il est toujours temps, une fois l'expérience vécue, d'analyser comment sont les choses et ce qui est réellement arrivé.

Toutes ces réflexions sont relatives au monde astral, aux phénomènes paranormaux, aux états de transe et de médiumnité, à la matérialisation d'énergies ou à l'explication – rationnelle – de certains phénomènes. C'est le côté ésotérique des rêves. Il suffit de penser que, il y a seulement quelques décennies, l'approche de nos grands-parents concernant le phénomène du corps humain était celle d'une « grande machine », alors qu'aujourd'hui on peut dire sans honte que c'est comme un « hologramme de lumière ».

Tout le monde peut, de nos jours, accepter qu'une sagesse originale primitive ait existé et qu'elle persiste comme l'écho d'une époque dorée dont les restes ont perduré sous la forme de petits éclats dans des cultures anciennes. La poésie ne dit-elle pas : « Il a cassé le miroir de la Vérité en millions de minuscules petits morceaux, et il nous en a offert deux pour nos pupilles... », alors que John Lennon chantait « Living is easy with eyes closed... ».

Le passage au logos, au processus de pensée tel qu'aujourd'hui nous le vivons, a effacé la magie et détruit le miracle. Ces vingt derniers siècles, les humains ont incroyablement accru le phénomène matérialiste.

« Pour aller là où on ne sait pas,
il faut aller là où on ne sait pas. »
Jean de la Croix.

La méthode scientifique est puissante et la science s'efforce de rompre certaines barrières. Néanmoins, nous insistons : seule une conciliation patiente et lente des deux points de vue peut aider à obtention de résultats, que ce soit en s'appuyant sur une démarche scientifique ou à travers un long voyage de psychonaute vers les registres akashiques.

L'étude des rêves, une profession ?

Le retour à l'origine exige une cosmovision d'une très grande rigueur ainsi que des études. Une relecture des œuvres des grands ésotériques, comme René Guénon, Withall Perry ou Frithjof Schuon, permet de redécouvrir non seulement les réponses que le monde symbolique offre – et qui sont là, à la portée de tous –, mais aussi l'importance de retrouver cette sagesse perdue dans une quête de connaissance et de développement personnel lié aux rêves. Il faut ajouter, bien sûr, le sérieux combat livré avec les partisans de la psychologie sur des sujets comme l'« inconscient » ou le « subconscient ».

Il faut respecter le fait que les anciens prophètes apaisaient leur esprit en répétant un mantra ou en récitant un chapelet, ou entraient en transe avec des danses appropriées. Ce qu'il faut maintenant c'est, avant de vouloir interpréter les rêves, entretenir un engagement intime et personnel devant le phénomène onirique et suivre un chemin sérieux.

Les médecins étudient et pratiquent pendant des années avant d'intervenir directement sur des patients. N'est-ce pas ainsi que cela

La figure du dormeur a été reflétée à maintes occasions, tout au long de l'histoire de l'art. La gitane endormie *(Henri Rousseau, 1897)*

se passe ? La personne qui désirerait approfondir ce terrain (qu'elle soit psychologue, thérapeute formé, ou non) devra beaucoup étudier, de façon interdisciplinaire et continuellement durant toute sa vie. Et c'est seulement quand la pratique – sur elle-même d'abord, puis sur d'autres personnes après – lui aura fourni une solide préparation basique, qu'elle pourra penser à élargir ses connaissances en direction des autres. Il ne s'agit pas d'un jeu. Les autres peuvent avoir sérieusement besoin d'aide et non pas de feux d'artifices. Rappelez-vous : d'abord l'étude, et encore l'étude, et c'est alors que l'inspiration nécessaire viendra.

Le songe de Mahomet *sur une jument à demi-humaine représente le voyage au centre du monde, vers les profondeurs de l'enfer et vers les sept sphères célestes.*

Interprétation

Il existe une façon différente de percevoir la réalité, où les yeux ne sont pas nécessaires, ni la notion d'espace-temps que nous utilisons normalement. Est-il possible d'y accéder ? Naturellement, mais c'est plus facile si nous le faisons lors de ces expériences dites « phare » (différents états de conscience, expérience extatique), de repos conscient (en méditant très profondément) ou de repos inconscient (en rêvant). Ce genre de perceptions peut prendre forme à travers les songes pour qu'ensuite nous puissions les comprendre et les interpréter sur un plan tridimensionnel ou terrestre.

Nous avons, presque tous, rêvé, au moins une fois, que nous étions à la fois des protagonistes et des observateurs de notre propre sommeil. Nous avons déjà rêvé également que nous étions dans un lieu qui, sans savoir comment, s'est transformé en un autre comme par magie. Parfois, nous pouvons rencontrer des personnages et découvrir des lieux : un vieil ami peut être quelqu'un que nous n'avons jamais vu avant, ou un lieu peut nous sembler familier sans que nous l'ayons jamais visité.

Lorsque la conscience est désorientée, notre personnalité montre son état le plus profond et, presque toujours, depuis cette nouvelle perspective, observe nos affaires quotidiennes avec beaucoup plus d'objectivité et de franchise. Contrairement aux états de veille, dès que la conscience baisse la garde et que nous commençons à rêver, l'inconscient symbolise et exprime à sa manière ce qui nous préoccupe dans une plus grande mesure.

Quelle chose ou quel être provoque habituellement en nous le plus de maux de tête ? C'est certainement nous-même. On a pu déterminer que la plupart des personnages que nous visualisons

Les espaces, couleurs, objets, personnages, événements de nos rêves sont l'œuvre de notre inconscient sélectif.

dans nos rêves ne sont rien d'autre que des représentations de nous-même ou de notre personnalité. Il s'agit de morceaux de notre vie que nous ne pouvons voir qu'avec les yeux fermés. On appelle ce type d'images des projections. Nous y reviendrons plus loin.

Nous pouvons aussi rêver des personnes habituelles de notre entourage quotidien, ou de personnalités qui ont eu une influence plus ou moins décisive sur notre vie – même si c'est à un niveau inconscient. Cela peut être quelqu'un qui nous a marqué pendant l'enfance ou l'adolescence. L'esprit ressort ces personnalités pour traduire un aspect des relations que l'on entretient avec elles, qu'elles soient positives ou négatives.

Rappelons que les experts considèrent que chaque rêveur est le seul et unique responsable de sa fabrication onirique. Rien de ce qui y apparaît ne peut être le fruit du hasard. Minutieusement et de façon sélective, notre inconscient contrôle tous les éléments qu'un songe contient. Ainsi, les espaces, les couleurs, les objets, les personnages, les événements et même les dialogues (tout ce que nous disons ou écoutons) constituent son œuvre. Cet inconscient choisit très soigneusement les sensations (agréables ou désagréables) et les sentiments (joie, tristesse, peur, plénitude, inconfort, angoisse...) que nous éprouvons dans ce monde si irréellement réel qui est produit par les songes.

Le meilleur interprète, soi-même

Grâce à une analyse exhaustive et sans à-priori de chacune de ces pièces mystérieuses, en cherchant ce que représente leur significa-

Conscience pure

Les rêves heureux témoignent-ils d'une conscience pure ? Rien n'est sûr, mais, à propos de la conscience, le poète taoïste du XVIe siècle, Huanchu Daoren, écrivait : « La substance de l'esprit est la substance du ciel. Une pensée heureuse est une étoile de bon augure ou un nuage de bonheur. Une pensée colérique est une tempête ou une averse violente. Une pensée aimable est une brise gentille ou une douce rosée. Une pensée sévère est un soleil sauvage ou une gelée d'automne. Laquelle de ces choses peut-on éliminer ? Laissez-les plutôt passer lorsqu'elles surgissent, en étant ouvert et sans résister, et votre pensée se confondra alors avec le vaste ciel. Si vous pouvez trouver un peu de tranquillité au milieu de la précipitation, accrochez-vous à elle en étant déjà calme au préalable. » En effet, si vous voulez saisir un peu de sérénité au milieu du vacarme, vous devez d'abord obtenir la maîtrise du calme. Sinon, tout le monde risque d'être influencé par les circonstances et dépassé par le cours des événements.

tion dans nos vies, nous pourrons comprendre que les rêves existent pour communiquer des choses : en fin de compte, tout ce que notre état conscient ne peut ou ne désire pas voir.

Lorsqu'un architecte dessine une maison, qui saura mieux que lui comment sont ses fondations ? Qui mieux que lui connaîtra ses dimensions et les matériaux qui ont été utilisés dans sa construction ? Il se passe exactement la même chose avec l'activité onirique. Les rêves jaillissent de l'esprit de chaque personne. C'est nous-même qui les créons. Personne mieux que nous ne peut éclaircir leur signification. Chacun doit savoir ce qu'il voulait se communiquer à lui-même, puisque, comme nous l'avons vu, les rêves apparaissent pour montrer quelque chose que la personne n'a pas pleinement saisi. Cela n'a pas d'importance si après, au réveil, vous oubliez une partie de vos pensées inconscientes. Une bonne interprétation peut vous aider à révéler ce qu'elles voulaient vous transmettre.

Pour analyser notre activité onirique, la seule chose dont nous ayons besoin est la curiosité et la volonté de nous poser des questions. Les songes sont ordinairement riches en nuances, et, bien souvent, le véritable message n'apparaît pas au premier niveau de décryptage. Posez-vous toutes les questions que vous croyez nécessaires, comme si vous étiez un extraterrestre qui vient d'atterrir sur la planète.

Il est toujours plus simple d'interpréter les rêves quand c'est un spécialiste qui nous pose ces questions. Et encore, ne faut-il pas oublier que les réponses sont le patrimoine exclusif de la personne qui rêve.

Les dictionnaires des rêves, comme celui que vous avez entre les mains, aident à débroussailler le chemin et à élucider des réponses possibles. Mais la dernière réponse, c'est vous qui la détenez.

Les rêves jaillissent de l'esprit de chaque personne. Il n'y a donc personne de mieux que soi-même pour élucider leur sens.

Il faut avant tout être conscient que presque tous les rêves concernent, directement, notre personne. À quelques rares exceptions, tous les éléments de nos songes – personnes, choses, événements – représentent un aspect de nous-même, que ce soit de façon subjective (chaque personnage représente un aspect de la personnalité du rêveur) ou objective (les personnages ont leur propre entité).

Projections

Lorsqu'on voit dans les autres des aspects de notre personnalité que nous n'acceptons pas (lorsque notre censeur interne est relâché, c'est-à-dire lorsque nous rêvons), cela s'appelle une « projection ». Les projections, par conséquent, nous permettent d'exprimer des sentiments que nous ne pouvons pas montrer consciemment.

Une autre caractéristique de la plupart des rêves est qu'ils utilisent des images issues d'événements récents. Même si les songes d'une personne ne sont pas transférables à l'autre, certaines de leurs images possèdent des significations similaires chez beaucoup d'individus. Cela ne signifie pas pour autant que tous les rêves peuvent être interprétés à partir d'un catalogue de symboles universels, comme celui qui apparaît dans ce dictionnaire.

Comme nous l'avons dit, chaque individu produit ses propres images ; ainsi, en dernière instance, personne n'a plus que soi-même la clé de leur message. Cependant, il ne faut pas sous-estimer le rôle de la culture dans notre inconscient. En effet, l'universalité de certains symboles fait que ceux-ci peuvent aussi manifester des aspects directement reliés à notre propre vie.

Voici un exemple : le chien peut être considéré comme le plus fidèle compagnon de l'être humain, puisqu'il symbolise l'amitié et la fidélité. Cependant, si le rêveur a vécu une expérience désagréable avec un chien, il est peu probable que la présence de chiens dans ses rêves transmette ces sentiments de loyauté.

Devons-nous pour autant rejeter absolument toute interprétation générale, basée sur les symboles universels ? Non, absolument pas. Un dictionnaire exhaustif, comme celui-ci, peut vous servir de guide pour compléter l'interprétation personnelle que vous faites de vos images oniriques. La plupart d'entre elles se servent, finalement, des métaphores symboliques pour transmettre leur message. Les cauchemars et les rêves récurrents sont, en ce sens, le dernier

Les projections oniriques nous permettent d'exprimer des sentiments que nous avons de la peine à montrer de façon consciente.

Les cauchemars et les rêves récurrents sont un moyen de l'inconscient de nous montrer quelque chose que nous n'avons pas encore compris de façon consciente.

recours de l'inconscient pour communiquer au rêveur quelque chose qu'il n'a pas encore compris ou reconnu.

Du symbolisme au tarot

Il peut y avoir cependant parfois une interprétation davantage littérale que symbolique. Ainsi, les scènes dans lesquelles nous apparaissons très fatigués peuvent nous avertir que nous devrions peut-être modérer notre rythme de vie.

Comment interpréter chaque rêve ? Mis à part la méthode des professionnels de la psychologie, nous pouvons évoquer une technique similaire à celle que pratiquent les connaisseurs des secrets du tarot. En effet, la « machine à imaginer » offre de puissants et émouvants ressorts pour peu que l'on sache lire ses « réponses ». Chaque carte est une icône dont le secret montre un sens clair et simple, mais qui, combinée avec les autres cartes du tirage, suggère de plus en plus de réponses et de connexions entre les idées, ce qui dessine progressivement notre réalité. Qui n'en a jamais fait l'expérience ?

Dans les songes, il se passe la même chose. Chaque épisode peut être comme une carte susceptible de se rattacher à d'autres faits ou d'autres événements personnels ayant un rapport. C'est aussi simple que cela et c'est seulement maintenant que peut commencer l'aventure...

Freud et la psychanalyse

« Le rêve est l'expression, et même l'accomplissement, d'un désir rejeté. »

Sigmund Freud

Un peu d'histoire

La plupart des civilisations ont considéré les pensées oniriques comme une source importante de connaissance. Dans l'Antiquité, deux méthodes d'interprétation étaient globalement utilisées. La première consistait à extrapoler un événement réel à partir du rêve. C'est le cas de l'interprétation du songe d'un pharaon égyptien comportant sept vaches grasses et sept vaches maigres. Ce présage annonçait en fait sept années fertiles suivies de sept années de pauvreté.

La seconde méthode consistait à analyser chaque image onirique comme un signal séparé du reste. Évidemment, ces signes avaient leur propre signification symbolique.

À partir de là, chaque peuple réalisait ses propres interprétations en se basant sur des croyances particulières. Les Babyloniens, par exemple, pensaient que les rêves positifs étaient envoyés par les dieux et les négatifs par les démons. Les Syriens, en revanche, étaient convaincus que les rêves étaient des présages. C'est pour cela qu'ils interprétaient les cauchemars comme des avertissements des oracles.

Plus tard, les Égyptiens établirent quelques lignes directrices d'interprétation qui ont puissamment influencé de nombreuses civilisations postérieures. Ils croyaient que les rêves pouvaient être interprétés comme un jeu d'éléments opposés. Un rêve heureux, par exemple, présageait un malheur, alors qu'un rêve malheureux augurait un bonheur. Leurs analyses se fondaient aussi sur la recherche de similitudes entre des mots. Si le terme qui désignait l'objet rêvé avait un son phonétique similaire à un mot qui désignait un autre

Freud est arrivé à la conclusion que les rêves expriment notre agressivité, nos désirs refoulés et nos peurs profondes. En termes psychologiques, les escaliers symbolisent la voie de contact entre l'Ego et notre véritable Moi. Shaft N° 6 *(H. R. Giger, 1966)*

Pour Freud, les rêves sont les images fabriquées par l'inconscient dégagé de la censure et des jugements négatifs de la raison.

objet, cela signifiait que le songe concernait ce deuxième élément. C'était, en quelque sorte, une conception semblable à l'activité de déplacement, décrite par Freud dans *L'Interprétation des rêves*, comme nous allons le voir dans ce chapitre.

L'expansion de la culture grecque a marqué un tournant dans l'interprétation des rêves. Les anciens Grecs, à la différence des Égyptiens et des Mésopotamiens, ne donnaient pas aux rêves de connotations divines. Ils considéraient que les origines, et donc les clés de l'activité onirique, se trouvaient à l'intérieur de chaque personne et non pas dans les messages des dieux. Aristote affirmait que, si les songes étaient des messages divins, ils pourraient seulement être envoyés à des personnes sages, capables d'en faire bon usage.

Au IIe siècle après. J.-C., l'auteur grec Artémidore parvint à la conclusion que les événements rêvés devaient être perçus comme la prolongation des activités quotidiennes. Cette théorie a permis à l'étude des rêves de faire de grands progrès. Les œuvres d'Artémidore ont eu une grande importance dans les siècles suivants et ont influé sur l'interprétation de l'activité onirique jusqu'à la révolution menée par Freud au début du XXe siècle.

L'expansion du christianisme et de l'église catholique n'a pas été très positive pour ce genre d'études. Même si, au commencement, Dieu parlait aux hommes à travers les rêves, cette idée a perdu de sa vigueur au cours du temps. L'Église s'étant érigée comme le dépositaire unique des messages divins, chercher dans les rêves une autre voie d'expression de la parole de Dieu était devenu un grave péché. C'est pour cette raison que les songes furent méprisés pendant des siècles. Saint Thomas d'Aquin recommandait de les ignorer complètement et Martin Luther assurait que l'activité onirique ne servait qu'à illustrer nos péchés.

Cependant, au XVe siècle, l'apparition de l'imprimerie révolutionna la manière d'aborder le savoir et permit de plus en plus l'accès à l'information. On imprima alors toutes sortes de dictionnaires de rêves, basés sur les systèmes d'interprétation d'Artémidore, qui furent amplement divulgués. L'inconsistance ou le manque de rigueur de ces publications mises à part, pour la première fois surgit la possibilité que chaque personne pouvait être l'interprète de ses propres rêves. Cela, ajouté à l'intérêt que l'activité onirique éveilla chez des philosophes comme Fichte, cimenta les bases de l'interprétation des rêves dans la psychologie moderne.

Les écrits religieux abondent de rêves divins envoyés pour donner une leçon aux fidèles. Nous trouvons ces exemples dans les écrits des saints comme saint Clément, saint Augustin ou saint Jean Chrysostome. Saint Jérôme, en revanche, bouleversa cette croyance. Troublé par des rêves qui semblaient aller à l'encontre de la morale chrétienne, il affirma qu'ils provenaient du démon. L'Église se prononça en déclarant que les rêves ne venaient pas de Dieu et qu'on devait les ignorer.

Le père de la psychanalyse

Sigmund Freud (1865-1939) est le nom le plus connu de la psychologie moderne. Après lui, rien ne devait plus être pareil dans la culture occidentale, entre autres choses parce qu'il a réussi à faire de la matière des rêves un objet d'étude scientifique.

Freud s'est d'abord occupé de neurologie. Il a cependant abandonné bien vite l'étude de la physiologie du cerveau pour se consacrer à la psychologie. Bien que sa condition de juif au sein du contexte académique viennois ne semblât pas trop favorable, il sut dépasser les obstacles sociaux et devenir une personnalité mondialement reconnue et dont les théories ont provoqué des scandales retentissants. Partant de l'intuition que l'activité onirique peut nous donner des pistes sur notre état de santé mentale, il commença à suivre le fil jusqu'à parvenir à la conclusion que les rêves exprimaient notre agressivité et nos désirs refoulés, ainsi que les peurs qui nous habitent.

Avec ses propositions novatrices, Freud a beaucoup contribué à la connaissance de notre inconscient, puisqu'il considérait que toutes les personnes naissent avec de fortes pulsions instinctives qui, initialement, agissent à un niveau non conscient. Ces pulsions, qui se manifestent à travers l'affirmation de soi, l'agressivité, l'excitation sexuelle, etc., sont réprimées depuis la plus tendre enfance, quand on apprend à l'enfant à s'adapter aux normes sociales des plus âgés. C'est pour cette raison que les adultes ne sont pas capables de libérer sans réserves leur émotivité la plus primaire et qu'ils la convertissent en flux énergétique cherchant, désespérément, un canal d'expression. Ce canal, ce sont les rêves et les images que fabrique l'inconscient, affranchi de la censure et des jugements négatifs de la raison.

À l'époque où Freud écrivit *L'Interprétation des rêves*, entre 1895 et 1899, sa méthode psychanalytique s'est définitivement consolidée dans le monde et a obtenu très vite une ample reconnaissance. La libre association d'idées en était l'un des outils. Cette technique consistait à proposer un mot ou une idée, à partir desquels était provoquée une chaîne d'associations permettant de récupérer des souvenirs oubliés ou des émotions réprimées.

De plus, Freud avait aussi découvert que les obsessions et les délires pathologiques se comportaient comme les rêves. Les uns comme les autres semblaient également étrangers à la conscience normale. À l'état de veille, personne ne pouvait en rendre compte.

Sigmund Freud, découvreur de la psychanalyse.

L'objectif de la psychanalyse appliquée à l'interprétation des rêves était de libérer l'inconscient de la répression qu'exerce la conscience.
Pallas Athéna *(Gustav Klimt, 1898)*

Il décida donc que la technique de la libre association, qui lui avait tant servi pour la psychothérapie, pouvait être utile à l'interprétation des rêves. Grâce à cette découverte, Freud commença une analyse qui avait pour point de départ le recensement de données, d'idées ou d'émotions, apparemment sans connexion, mais présentant des éléments communs entre elles.

Ainsi, l'analyse et l'interprétation des rêves se proposent de faire le parcours contraire à celui que réalise l'inconscient quand il élabore les rêves et les scènes oniriques, soit un parcours fort complexe et qui requiert beaucoup d'efforts. L'objectif consistait à ce que l'inconscient se libère de la répression qu'exerce la conscience pour traverser toutes les barrières critiques ainsi que du jugement qu'impose la raison. On réussi ainsi à ce que l'individu exprime ses sentiments les plus profonds de façon désinhibée.

L'analyse d'une scène onirique montre qu'on peut y trouver des éléments qui n'ont rien à voir les uns avec les autres. Pour expliquer ce fait, Freud comparait la formation de ce genre de scène à la peinture. Il citait l'exemple du peintre qui représente dans un tableau tous les poètes réunis dans le Parnasse. Cela ne signifie pas que les poètes aient été réunis dans la même montagne, mais il existe cependant une cohérence logique de simultanéité. Le rêve se sert du même système de mise en scène pour sa représentation. Pour que cela soit compréhensible, Freud divisait les contenus des rêves en deux groupes :

Le premier renferme le contenu manifeste et reproduit les éléments tels qu'ils ont été enregistrés dans la mémoire.

Le second est le contenu latent, c'est-à-dire la série de fils qui relient les éléments oniriques, apparemment dissociés.

La prise de contact avec ce dernier groupe de contenus n'est possible qu'au moyen de l'analyse.

L'inconscient

L'esprit humain est fréquemment comparé à un iceberg : nous apercevons seulement la petite partie émergeant de l'eau, c'est-à-dire l'esprit conscient. Tout ce qui reste caché sous les eaux serait l'inconscient. Quand nous dormons, la pensée consciente reste en état de léthargie et l'inconscient prend le contrôle des rêves. Les psychologues considèrent que la psyché humaine est dotée de trois niveaux :

- Conscient : ce que nous pensons actuellement.
- Préconscient : l'information que nous gardons en mémoire et dont nous pouvons disposer à n'importe quel moment.
- Inconscient : le matériel oublié ou refoulé qui est stocké à un certain endroit de notre esprit et qui influe sur notre conduite, bien que nous ne puissions pas accéder à lui librement.

Après cette analyse, et la conclusion que les rêves sont le fruit de notre état non conscient, Freud identifie quatre activités développées par l'inconscient pour les élaborer :

- la condensation,
- le déplacement,
- la disposition visuelle du matériel onirique,
- l'organisation des éléments.

Un élément onirique qui peut se rattacher, par différentes voies, à beaucoup de situations de la vie réelle au cours du temps est appelé condensation. Ce phénomène, découvert à travers l'analyse, fait référence à une scène onirique qui condense, à elle seule, des expériences distinctes.

Parfois les rêves permutent l'intensité des idées et des représentations, c'est-à-dire qu'ils peuvent donner une importance à quelque chose qui n'en a pas en état de pleine conscience et vice-versa. Selon Freud, ce déplacement de priorités est la méthode la plus intelligente et efficace qu'utilisent les rêves pour cacher leur contenu. Car, souvent, l'analyse qui s'ensuit démontre que cet élément – qui semblait imprécis ou superflu dans la scène onirique – représente une idée latente de grande importance dans la réalité consciente.

La disposition visuelle du matériel onirique renvoie au mécanisme utilisé par l'inconscient pour transformer les pensées, émotions, sentiments et sensations en images. Les contenus sont, presque toujours, des situations visuelles ; il s'agit avant tout de traduire un discours en représentations mentalement graphiques.

Une fois tout le matériel onirique formé, l'activité organisant les éléments du rêve se met en route. Cette mise en ordre est nécessaire pour que le résultat de la composition onirique soit lisible et que le rêveur puisse le percevoir.

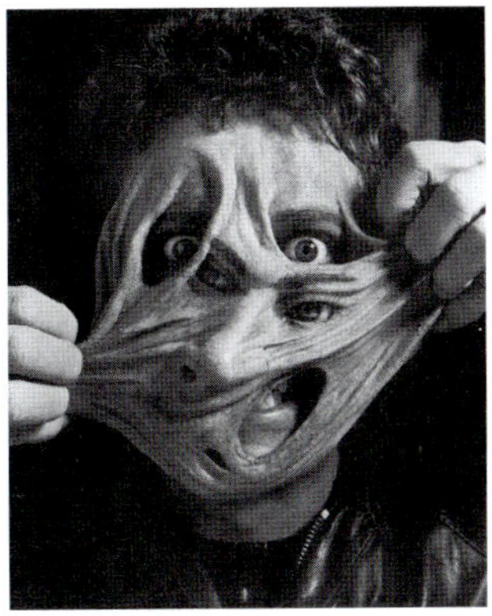

Parfois, l'élément le plus imprécis, superflu ou incompréhensible de la scène onirique représente une idée latente de grande importance dans la réalité consciente.

Libre association

Cette technique, utilisée par Freud et Jung, consiste à prendre un élément important du rêve – doté d'un fort contenu émotionnel ou symbolique – et à partir de celui-ci, à enchaîner différentes associations pour faire affleurer les émotions réprimées, les souvenirs oubliés ou même les rêves du passé qui ont eu une grande signification. Imaginons, par exemple, que vous avez rêvé d'une montagne. Retenez le mot montagne. À quoi associez-vous ce terme ou cette image ? Retenez ce nouveau concept et répétez l'opération. En passant d'un concept à un autre, soyez attentif à tout ce qui surgit. À mesure que nous approfondissons, la distance entre le conscient et l'inconscient devient de plus en plus petite.
À la différence de Freud, Jung n'était pas favorable à un trop grand éloignement du concept original.

L'observation des activités réalisées par l'inconscient permet de constater que ce n'est pas le rêve qui possède la capacité créatrice nécessaire pour développer ses propres fantasmes. C'est plutôt le véhicule du matériel onirique déjà présent dans l'esprit du rêveur. Le rêve se limite, comme nous l'avons déjà vu, à condenser ces ingrédients, à les déplacer, à les rendre aptes à une disposition visuelle et à les organiser.

Le rêve, donc, n'est pas créé par lui-même, mais il serait davantage le prétexte pour révéler une information déterminée qui erre dans notre esprit et que la conscience, attachée comme elle est à la répression et aux jugements de valeur, est incapable de percevoir. Parfois, cette information peut nous révéler des choses que nous ignorions complètement. Ainsi, les songes combinent deux fonctions : ils permettent aux désirs interdits de s'exprimer d'une manière dissimulée et, en favorisant la reconnaissance de la véritable nature de ces désirs, aident le rêveur à dormir tranquille.

L'un des aspects les plus critiqués de l'œuvre de Freud est son insistance sur le symbolisme sexuel des rêves. Pour lui, un serpent, une machine compliquée ou n'importe quel objet pointu étaient toujours des symboles phalliques dotés d'une claire connotation sexuelle.

La théorie de Freud, selon laquelle les rêves sont des messages cryptés de l'inconscient, a été le point de départ d'une grande partie de l'analyse moderne des rêves.

Quant aux rêves à caractère prémonitoire, la tendance populaire du moment était de leur octroyer des facultés divinatoires. Freud, suivant ses théories, réalisa sa propre observation à ce sujet : « Il est intéressant d'observer que l'opinion populaire est dans la vérité quand elle considère le rêve comme une prédiction de l'avenir. En réalité, c'est l'avenir que le rêve nous montre, mais pas l'avenir réel, celui que nous désirons. »

L'œuvre de Freud a connu une continuité, bien qu'avec des variations substantielles, chez de nombreux psychologues. Le plus remarquable d'entre eux a été Carl Gustav Jung, initialement élève de Freud, qui considérait, entre autres, que les rêves rapprochaient la psyché humaine du concept de totalité. Le point de vue de Jung sera abordé dans les pages suivantes.

Jung et les Archétypes

« Le rêve est l'autoreprésentation spontanée et symbolique de la situation actuelle de l'inconscient. »

Sigmund Freud

Rêve et vie consciente, une même chose

Des études réalisées au cours du XXe siècle ont démontré que nous ne mettons à profit qu'un très petit pourcentage des capacités que notre esprit héberge en réalité. Parmi ceux qui croyaient au potentiel extraordinaire de l'esprit humain, se distingue Carl Gustav Jung (1875-1961), le célèbre disciple de Sigmund Freud.

Jung considérait que les rêves, en plus de mettre en évidence nos problèmes les plus intimes, ont la capacité de développer tout notre potentiel en tant qu'êtres humains.

Pour lui, il n'existe aucune différence entre l'activité de rêver et celle de vivre une vie consciente. Il considère que c'est une expression de l'individu de la même importance et aussi réelle que les expressions de l'état de veille. Ainsi, l'interprétation des rêves étant de caractère personnel, intime et propre à chacun, doit être menée par des professionnels hautement qualifiés. Et, bien qu'il croie que l'inconscient communique au moyen de symboles communs à toute l'humanité, il assure que le sens ultime varie suivant les valeurs de chaque individu.

Jung soutient aussi que, pour s'intégrer, pour devenir fertile et être en fin de compte heureux, l'être humain doit terminer son processus d'individuation. La fin de ce processus arrive quand le conscient et l'inconscient deviennent compatibles et sont capables de se compléter mutuellement. C'est seulement alors qu'ils parviennent à vivre en paix l'un avec l'autre et que les personnes commencent à se sentir bien.

En ce qui concerne l'interprétation des rêves, Jung s'éloigne de la méthode de la libre association que proposait Freud. En effet, il

Carl Jung n'a pas été le premier a étudié les rêves, mais ses contributions dans ce domaine ont été déterminantes.

Le temps du rêve

Les Aborigènes australiens – l'une des cultures les plus anciennes au monde – croient que le monde est rempli de signes spirituels. Étant donné que, pour ce peuple, le domaine matériel est placé sous une autorité spirituelle, ses membres essaient de vivre en harmonie avec celle-ci. Mais où se trouve ladite autorité ? Dans le « tout », c'est-à-dire dans n'importe quelle partie de la nature. Et comment s'exprime-t-elle ? À travers des oracles. C'est tellement vrai que les Aborigènes considèrent le monde comme un oracle vivant.

En conséquence, pour ce peuple, tout – absolument tout, de l'animal au nuage – possède un sens implicite concret. D'une certaine manière, les croyances aborigènes et les rêves constituant ce dictionnaire se situent sur le même plan. À partir de l'interprétation des uns et des autres, nous avons la possibilité d'explorer les thèmes inconscients qui dominent notre vie, attitude qui peut nous aider à devenir des créateurs actifs de notre destin.

En d'autres mots, les rêves et les oracles des Aborigènes ont en commun leur potentiel pour nous faire avancer d'une position passive et sans défense vers une autre posture dans laquelle nous jouissons d'un plus grand contrôle sur notre vie. Les Aborigènes définissent avec le mot *Tjukurpa* le « tout » dont nous parlions antérieurement. Un « tout » qui représente l'existence même, passée, présente et future, et qui est à son tour l'explication de l'existence et des lois qui la régissent.

En définitive, *Tjukurpa* englobe aussi bien les accidents de la nature que les hommes et leurs actions. *Tjukurpa* représente donc un temps mythique que certains ont défini avec un concept très poétique : le temps du rêve.

Cependant, il ne faut pas s'y tromper : *Tjukurpa* ne se rapporte pas aux images qui sont projetées dans notre esprit pendant notre sommeil, mais à ce que les tribus aborigènes retrouvent chaque fois qu'elles pratiquent les rituels qui récréent l'origine du monde. Il faut prendre en compte le fait que, pour elles, les animaux, les plantes et les autres créatures sont leurs ancêtres, leurs frères et leurs pères. Si on les respecte, ces créatures offrent une protection et des voies de contact avec le spirituel. Elles représentent donc des guides dans la recherche de toutes ces réponses et solutions vitales qui se cachent à l'intérieur de chacun d'entre nous.

considère que celle-ci peut parfois faire dévier l'interprète du contenu réel de son rêve. Tenant compte du fait que les songes sont des messages envoyés par l'inconscient, Jung repousse tout ce qui pourrait interférer avec leur signification pure. Il se concentre seulement sur le contenu. C'est pour cette raison que les symboles jouent, dans son travail, un rôle fondamental.

Le rôle des symboles

Personne n'a inventé les symboles ; ils ont été produits de façon naturelle et spontanée. On ne les a pas créés ; on ne leur a pas donné un sens. Cependant, siècle après siècle, ils ont été eux-mêmes assimilés par l'humanité comme quelque chose qui lui est propre. Provenant de temps très anciens, ils ont été utilisés bien avant qu'on en ait conscience et appartiennent maintenant à la mémoire collective. À travers le temps, ils ont pris de la valeur et du sens, en représentant beaucoup plus que ce qu'ils expriment à première vue, dans leur contexte immédiat. Cette double, voire multiple, signification, qui a toujours été source de polémique, a contribué à les envelopper de mystère. De fait, le sens des symboles varie selon le contexte dans lequel ils sont analysés (lieu, conditions sociales, âge des individus, etc.).

L'esprit qui explore le symbole doit donc aller au-delà de la raison ; il trouvera alors des définitions qui ne peuvent pas se comprendre depuis une perspective rationnelle. Un exemple qui le démontre est celui du langage employé par les religions. Le divin et l'idée de Dieu ne s'expriment qu'à partir de symboles. Les grandes questions également, ainsi que les interrogations spirituelles de l'homme, utilisent, depuis que le monde est monde, des symboles pour se manifester.

Les rêves symbolisent en images des événements que nous percevons de façon consciente. Curieusement, à l'état de veille, nous avons aussi des perceptions inconscientes. Parfois, nous avons la sensation de voir des choses que nous croyions oubliées, ou d'entendre des bruits et des mots qui se sont glissés dans notre esprit alors qu'ils n'ont pas d'existence réelle. Les désirs, les pulsions, les pensées, les inductions, les déductions et les prémices que comportent les rêves peuvent provenir aussi bien d'un contexte rationnel que de l'inconscient.

Deux approches

Carl Gustav Jung (1875-1961), disciple de Freud, utilisa l'analyse des rêves pour développer ses théories sur les archétypes et l'inconscient collectif.

Freud et Jung diffèrent au sujet du contenu des rêves. Jung assure que non seulement ils embrassent des souvenirs, mais qu'ils incluent aussi les embryons de futures situations psychiques. Il s'appuie pour cela sur les nouvelles pensées qu'expriment les rêves, ignorées auparavant par la conscience. Pour lui, la capacité onirique de chaque individu sert à compenser son organisation psychique et les déséquilibres de sa personnalité, en plus de prévenir des dangers potentiels sur la vie consciente. Il illustre ce concept avec quelques exemples : une personne qui rêve qu'elle vole tombe par la suite ; un autre individu rêvant très souvent d'une situation à risque débouchant sur la mort voit, sans aucune explication, survenir cette même situation dans la vie réelle. De la même manière, Jung rapporte le cas d'un homme qui rêvait fréquemment qu'il escaladait une montagne et qui, à un moment de l'ascension, tombait dans le vide et mourait. Quelques mois plus tard, ce dont l'homme avait rêvé est justement arrivé : il est mort en escaladant un sommet. Jung assurait que, dans de tels cas, les songes ne sont absolument pas prémonitoires. Ce sont en fait des crises personnelles qui ont lieu progressivement et de façon inconsciente.

Ces rêves nous avertissent seulement d'une situation extrême que nous ne pouvons remarquer consciemment. Le fait que les situations se reproduisent dans la vie réelle, comme elles se sont présentées en rêve, démontre déjà que l'individu lui-même cherche une sortie définitive à ses difficultés.

Qu'est-ce qu'un archétype ?

La théorie des symboles de Jung comporte une pièce essentielle nécessaire à son développement : l'archétype. Les archétypes sont des éléments qui ne sont pas propres à un individu et qui ne proviennent d'aucune expérience personnelle. Ce sont des règles instinctives dont le caractère universel s'exprime à travers des comportements et des images. Ce sont également des formes aborigènes innées, héritées de génération en génération et qui donc sont communes aux individus de toutes les époques et de toutes les cultures et civilisations. Cependant, malgré l'universalité de tels symboles, Jung a souligné le fait que l'interprétation des rêves et des symboles dépend en grande mesure des circonstances, du rêveur et de son état d'esprit. Il faut aussi préciser que les archétypes ne sont pas les images ou les différentes représentations des choses, mais les choses en elles-mêmes. La figure du héros, par exemple, possède un sens identique pour tout être humain. C'est la même chose avec l'idée – très ancienne, mais toujours en vigueur – de la mort et de la résurrection, ou de la destruction en vue d'une prochaine renaissance, ou bien avec l'idée du divin, comme nous l'avons souligné dans les paragraphes antérieurs. Tous ces archétypes sont représentés par des symboles.

Dans les thèses de Jung, les études sur la mythologie et les cultures primitives jouent un rôle fondamental. Il plaide pour un état de civilisation primitive, comme celui des peuples qui ont un plus grand contact avec la nature et sont plus ouverts à leurs instincts et à l'émotivité de leurs idées. Au contraire de l'homme occidental, ces peuples interprètent leurs obsessions comme des manifestations des esprits et des dieux. Leur langage onirique est donc chargé de symbolismes représentant ces obsessions avec tant d'énergie qu'il est impossible de ne pas y être attentif. La modernité, en revanche, a préféré enterrer les dieux et déposer sa foi unique en la raison. Et malgré cela, les obsessions continuent à être les mêmes que les obsessions primitives.

Archétypes et inconscient collectif

Jung établit une différenciation entre les symboles naturels et culturels. Les premiers sont des variations d'archétypes fondamentaux, dont les racines peuvent se trouver dans les images de récits très antiques. Les symboles culturels, d'un autre côté, s'emploient pour exprimer des vérités éternelles. À travers le temps, ils ont subi des transformations et un plus ou moins grand développement conscient. Mais, à la fin, ils se sont convertis en images collectives acceptées et intégrées par les sociétés civilisées. D'où le concept d'inconscient collectif.

Jung, comme on peut le vérifier, défend une évolution de l'esprit, conscient et inconscient, de la même façon que le darwinisme a proposé l'évolution des êtres vivants. Une citation de Jung dans *L'Homme et ses symboles* permet d'éclaircir cette idée : « Nous ne supposons pas que chaque animal qui vient de naître crée ses propres instincts comme une acquisition individuelle, et nous ne devons pas supposer que les individus humains inventent leurs formes spécifiquement humaines, chaque fois que l'un d'entre eux naît. Pareillement aux instincts, les modèles de pensée collective de l'esprit humain sont innés et hérités. Ils fonctionnent quand l'occasion se présente, avec la même forme approximative chez nous tous. »

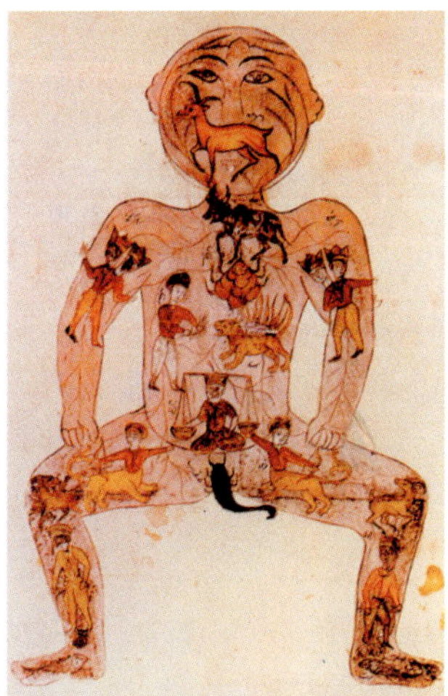

Les théories de Jung sont étroitement liées à une ample tradition philosophique qui débute avec les idées platoniciennes, soit une perspective selon laquelle la réalité, en essence, est formée de préconceptions innées à l'être humain, et non par ce que nos sens captent. Cette pensée est également développée par le philosophe Kant.

Les rêves peuvent nous procurer quelques-unes des plus belles expériences de notre vie.
Le baiser *(Gustav Klimt, 1907)*

Celui-ci affirmait qu'il semble impossible de connaître la réalité, puisque notre structure de connaissance nous permet seulement d'apercevoir des représentations du réel, et non le réel en lui-même.

Pour ceux qui se demandent s'ils peuvent trouver dans les songes une révélation sur le sens de la vie, la réponse est oui. De nombreuses personnes qui ne montraient pas *a priori* un grand intérêt pour leur dimension spirituelle, ont découvert dans leurs propres rêves une vérité fondamentale. Dans beaucoup de cas, ces expériences ont d'ailleurs contribué à développer et à revitaliser leur existence.

Si nous nous rappelons et valorisons ce type d'images comme elles le méritent, des rêves importants nous rendront visite plus fréquemment pour nous servir de guides et nous inspirer.

Concernant l'interprétation des rêves, Freud et Jung ont été les penseurs les plus influents de la pensée occidentale. Il serait cependant injuste d'omettre le travail d'autres psychanalystes qui ont aussi développé des théories intéressantes.

Fritz Perls et les projections personnelles

Selon Jung, le cercle est une image archétypale étroitement associée aux idées de plénitude et de totalité.

L'un d'eux est Fritz Perls. Ses théories sont basées sur l'idée que le symbolisme onirique est le fruit de la création personnelle de chacun de nous. Ce psychanalyste était convaincu que, pour déchiffrer les rêves, il fallait partir du fait que tous les personnages et objets y figurant étaient des projections de l'individu même. Ce qui revient à dire que tous les symboles sont des représentations de fragments de notre personnalité que nous ne sommes pas capables de reconnaître dans un état de pleine conscience.

Perls assurait, d'un autre côté, que les songes étaient directement liés à des expériences accumulées, et non à des pulsions instinctives innées, comme Freud le pensait.

L'activité onirique serait donc similaire au matériel que beaucoup d'écrivains utilisent dans leurs œuvres, provenant de leurs propres expériences restées possiblement inachevées, ou ayant été reportées.

La partie la plus intéressante probablement du travail de Perls est son système d'interprétation des rêves. Étant donné que, selon sa théorie, chaque élément symbolique représente une partie de la propre personnalité du rêveur, celui-ci est le seul à posséder une véritable aptitude pour commenter convenablement ses pensées oniriques. Une personne rêvant qu'elle passe la journée dans une maison de campagne sera donc la seule à savoir quels aspects de sa personnalité sont représentés à travers la cheminée qui fume, le paysan qui ne cesse de parler tout bas ou à travers la houe suspendue au mur de l'étable.

Les idées de Perls ont ouvert de nouvelles perspectives par rapport aux thèses de Freud et de Jung, puisque, pour la première fois dans l'histoire de la psychologie moderne, liberté était donnée à l'individu de décrypter ses rêves en fonction de son propre langage symbolique. Il est important de noter que, malgré tout, Perls n'essayait pas d'éliminer la figure du thérapeute. Il a simplement modifié son rôle en celui de conseiller apportant des suggestions mais n'imposant, en aucun cas, son critère analytique.

La méthode de travail de Perls s'est concentrée sur une série d'exercices dénommés *role play* (jeu de rôles), pouvant être mis en pratique par n'importe qui. Cela consiste, fondamentalement, à méditer attentivement sur les personnages et les objets les plus significatifs de la scène onirique et à essayer de trouver leur rapport avec les aspects cachés de notre personnalité. Cette technique semble très pratique pour prendre conscience des images oniriques et savoir pourquoi, parfois, elles ont un tel impact sur nous.

Existentialisme et émotions

Un autre psychologue à avoir pris un chemin différent du parcours de Freud et Jung est Medard Boss. Boss repoussait l'idée selon laquelle les rêves s'exprimaient sous forme de symboles, comme l'avait affirmé Jung. Il niait également qu'ils eussent un contenu latent et un autre manifeste, comme Freud le soutenait. Boss appartenait au courant existentialiste et pensait que chaque personne choisissait ce qu'elle voulait être. Il était convaincu que les songes étaient capables de faire affleurer l'état existentiel de l'individu. D'après lui, la seule interprétation possible des rêves était leur lecture littérale, tels que la scène onirique les présentait, sans espérer en tirer une signification différente. Cette méthode semble utile pour les songes qui reproduisent avec exactitude des situations de la vie réelle. Cependant, des études réalisées par ses prédécesseurs indiquent qu'il existe des songes qui nécessitent quand même une analyse très profonde pour en comprendre le sens. Si leur explication se fonde seulement sur ce que présente la scène onirique, on court le risque de ne pas en percevoir les significations les plus importantes.

Le mystère fait partie de l'essence des rêves et nous parviendrons difficilement à dévoiler tout leur sens.
House of stairs *(M. C. Escher, 1951)*

Est-il nécessaire d'être spécialiste pour interpréter nos rêves ? Jung pensait que oui, que c'était indispensable, comme il l'a écrit dans *L'Analyse des rêves* (1928-1929) : « Il semble impossible pour quiconque ne possédant pas de connaissances en mythologie, folklore, psychologie des primitifs et religion comparée, de capter l'essence des processus oniriques. » De plus, Jung pensait qu'un individu normal ne pouvait déchiffrer ses propres rêves parce que ceux-ci abordent des aspects du rêveur qui sont ignorés de lui même. Ses thèses, donc, ne donnent pas trop d'espoir aux néophytes qui, bien que manquant de connaissances étendues, aspirent à mieux se comprendre à travers leurs songes.

S'il n'est pas question de réfuter ici les thèses de Jung, nous avons cependant vu que d'autres spécialistes en la matière présentent des opinions différentes à ce sujet. D'une part, la technique de libre association de Freud peut être, en principe, pratiquée sans aucun danger par des non-spécialistes. D'autre part, les psychologues existentialistes considèrent que les interprètes des songes doivent étudier à fond le contenu manifeste de ceux-ci, en écartant toute construction théorique en rapport à la nature de l'esprit. En effet, selon Boss, Craig et les autres, ces théories ne sont absolument pas nécessaires à la compréhension des phénomènes oniriques.

Lorsque nous nous demandons qui nous devons croire, la réponse définitive semble impossible à trouver ; une bonne idée consiste encore à nous occuper de notre propre logique. Il est clair que la

Trouver la bonne interprétation d'un rêve nous fait éprouver un sentiment semblable à celui que nous avons quand nous découvrons la solution à l'énigme qui nous maintenait en haleine.

connaissance spécialisée est d'une grande utilité lors d'une analyse approfondie de nos pensées oniriques. Ce serait une bêtise de nier combien l'étude de l'histoire des religions, l'anthropologie, la psychologie et la mythologie de l'humanité peut enrichir le déchiffrage de leur contenu. Il semble évident que n'importe quel individu souhaite disposer de tous les moyens à sa portée pour se connaître lui-même.

Dans tous les cas, le mystère fait partie de l'essence des rêves et nous arriverons difficilement à dévoiler tout leur sens. La psychologie n'est pas une science exacte et bien des fois, dans ce domaine, deux et deux ne font pas quatre. C'est pourquoi, il nous reste à nous laisser guider par ce qui nous semble utile. Une méthode concrète d'interprétation directe qui nous aide à mieux nous comprendre peut alors être considérée comme le bon chemin. Jung lui-même disait que, en psychologie, le vrai doit être associé à l'utile. Une option consiste à être attentif à nos propres émotions et à leurs représentations physiques en nous. Si nous trouvons la bonne interprétation, nous nous sentirons d'une manière semblable à celle que nous éprouvons quand nous découvrons la vérité de l'énigme qui nous maintenait en haleine : le même fourmillement joyeux parcourra tout notre corps. Bien que cela ne doive pas nécessairement se passer ainsi, puisque cela dépend de chaque personne, et qu'en plus il soit très difficile de décrire ces sensations, il est cependant certain qu'un décodage satisfaisant produira en nous un sentiment tout à fait particulier. Nous serons alors dans le juste. Cette nouvelle information – que nous possédions déjà d'une manière latente – se présentera à nous.

Il est aussi probable que l'analyse ne conduise parfois vers aucune réponse que le rêveur reconnaisse comme sienne. Il y a des rêves qu'il est très difficile d'interpréter. Peut-être est-il bon de laisser passer quelques jours pour parvenir à une analyse plus objective. Les jours passant, nous pourrons nous éloigner davantage des éléments du rêve qui nous ont le plus impressionné pour capter leur essence. Bien que ce ne soit que partiellement, nous pouvons presque toujours, à travers les songes, obtenir des informations à propos de nous-même, utiles pour mieux nous connaître. Parfois, le déchiffrage semble attendre que certains événements aient lieu dans la vie quotidienne pour se faire.

Lucid Dreaming

« À l'état de veille, le rêve gagne imperceptiblement le sujet engendrant un oubli ou un souvenir. Une image vague est alors transférée vers un plan de la conscience qui ne peut l'accueillir. Mais si elle est déplacée vers un plan approprié de la conscience, où celle-ci entre en symbiose avec l'âme, l'image devient alors un élément de création dans le processus de la vie personnelle. »

Maria Zambrano

La technique du « rêve lucide »

Ce type de songes permet, en résumé, au dormeur d'y participer consciemment, c'est-à-dire de se rendre compte subrepticement qu'il rêve et qu'il peut utiliser les éléments de la scène onirique selon ses caprices et à son bénéfice. À cet égard, les rêves lucides renforcent beaucoup la créativité car ils sont l'occasion idéale d'inventer, concevoir et réaliser sans aucune limite, ni aucune restriction. Les propriétés curatives de ces songes sont aussi fondamentales. La vie de n'importe quel individu peut s'améliorer en dormant : en prenant contact directement avec le matériel de l'inconscient, il semble plus facile de se découvrir soi-même et de progresser intérieurement.

Mais qu'est-ce qu'un rêve lucide ? Vous l'avez peut-être une fois déjà expérimenté. Vous dormez et votre esprit entre dans un rêve dans lequel un inconnu, pour prendre un exemple, exige à grands cris que vous partiez de votre propre maison. L'invraisemblable de la situation fait que, tout à coup, vous vous dites à vous-même : « Ça n'est qu'un rêve. »

La vie de tout individu peut s'améliorer en dormant, car, en prenant contact directement avec le matériel de l'inconscient, il semble plus facile de se découvrir soi-même et de progresser intérieurement.
Flaming June *(Frederic Leighton, 1895)*

Les rêves lucides sont très stimulants, surtout parce qu'ils permettent au rêveur de contrôler ses réactions dans l'épisode onirique, même s'il s'agit d'un cauchemar.

Les experts définissent ce phénomène comme « une activité onirique pré-lucide ». Mais cette situation peut également se manifester d'une façon beaucoup plus évidente. Dans ce cas, on sait non seulement qu'on rêve, mais en plus, on peut employer sa conscience pour changer le déroulement du rêve à son gré. Dans l'exemple antérieur, nous aurions pu demander à l'inconnu qui il est et pourquoi il nous expulse de notre propre maison.Il faut toutefois dire que la lucidité onirique n'est pas du tout quelque chose d'habituel, malgré les enquêtes réalisées montrant que soixante-dix pour cent des gens affirment déjà avoir fait un songe de ce genre. La plupart des personnes interrogées confondent probablement les images lucides avec les pré-lucides, ce qui explique qu'elles aient eu la vague sensation d'être en train de rêver.

Maintenir longtemps la conscience éveillée pendant que nous naviguons dans nos océans oniriques est compliqué. Quand on fait des songes lucides, il est normal qu'on finisse par se réveiller soudainement ou, sinon, qu'on retourne rapidement à l'état inconscient. La lucidité est seulement intermittente. De plus, une fois que nous avons fait un rêve comportant ces caractéristiques, plusieurs années peuvent s'écouler avant d'en faire un autre similaire. Ce caractère exceptionnel fait que beaucoup de personnes considèrent que les rêves lucides sont les plus stimulants, surtout parce qu'ils permettent au dormeur de contrôler ses réactions à l'intérieur de l'épisode onirique, même s'il s'agit d'un cauchemar.

Malheureusement, on ne sait pas encore grand-chose sur ces processus oniriques, bien que l'on croie qu'ils se produisent plus fréquemment au petit matin. En effet, cette période facilite la prise de conscience chez l'individu que son esprit est en train de concevoir un événement improbable ou vraiment impossible (se voir élever en l'air un avion par la force du poignet, par exemple).

Les rêves lucides sont-ils bénéfiques ? Bien sûr, puisque l'individu qui en fait l'expérience, tout en se rendant compte que son esprit est conscient, contemple avec satisfaction l'accroissement de sa sensation de liberté ainsi que le développement du contrôle sur lui-même. Certains experts vont plus loin en ce sens et assurent que, quand on a appris à dominer les événements oniriques, il semble beaucoup plus simple de résoudre les problèmes quotidiens et de faire face aux angoisses. Ces songes peuvent donc contribuer à notre croissance spirituelle.

D'un autre côté, leur potentiel peut également nous aider à traiter convenablement les cauchemars les plus terrifiants. Ainsi, la lucidité nous permet-elle d'affronter les images menaçantes, pas pour les détruire, mais pour les comprendre. Selon certains psychologues comme la célèbre psychanalyste américaine Gayle Delaney, le mieux pour affronter un cauchemar n'est pas de le convertir en rêve agréable. Au contraire, les personnes qui rêvent de façon lucide disposent d'une option plus appropriée : demander directement aux personnages oniriques qui les terrorisent tant ce qu'ils veulent ou ce qu'ils représentent. Cette expérience peut non seulement aider à transformer les méchantes figures en personnages amicaux, mais elle permet aussi de discerner quelles parties de la personnalité du rêveur sont représentées par l'image originellement menaçante. Avec un bon entraînement, cela apportera assurance et confiance au réveil.

Comment tout a commencé

L'expression « rêve lucide » a été forgée en 1898 par Frederik Van Eeden, alors qu'il utilisait le mot « lucide » dans le sens de « clarté mentale ». Nous pouvons donc dire qu'un rêve lucide est celui pendant lequel « le rêveur devient conscient qu'il rêve ». Cette définition, donnée par la chercheuse Celia Green en 1968, est actuellement la mieux acceptée par les experts. De toute façon, l'étude de cet événement qui a lieu pendant le sommeil provient de la Grèce antique. Au IVe siècle avant J.-C., Aristote y fait sa première référence écrite dans son *Traité des rêves* : « Quand quelqu'un dort, quelque chose dans sa conscience lui signale que tout ce qui se passe n'est qu'un rêve. »

Saint Augustin, en 415 après J.-C., utilise le récit d'un rêve lucide pour justifier la vie après la mort. Plus tard, au VIIe siècle, le bouddhisme tibétain étudie le yoga du rêve, dans lequel le moine

Dans les rêves lucides, nous sommes conscients que nous rêvons. La sensation que le temps passe, dans un rêve normal, est due aux changements soudains de décors. Dans les rêves lucides, en revanche, le sens critique du rêveur lui fait se poser des questions sur le passage du temps qu'il n'a pas éprouvé.

s'entraîne au rêve lucide comme si cela faisait partie de son développement spirituel. Malgré tous ces précédents, l'étude du rêve lucide, comme nous l'entendons de nos jours, ne se fit pas avant le XIXe siècle, avec le marquis d'Hervey de Saint-Denys. Ce chercheur publia en 1867 *Les rêves et les moyens de les diriger*, dans lequel il démontrait qu'on peut apprendre à rêver consciemment. Il devint par ce fait le fondateur de la première série d'études sur le rêve lucide, bien que ses découvertes aient été remises en cause postérieurement par de nombreux chercheurs.

Beaucoup plus systématique et objective que le marquis d'Hervey de Saint-Denys fut la psychologue anglaise Mary Arnold-Forster (1861-1951). Dans son livre, *Studies in Dreams* (1921), elle décrivait les techniques de lucidité et de contrôle des rêves qu'elle avait expérimentées. Cette chercheuse s'intéressait spécialement à « l'apprentissage du vol » dans les rêves lucides, exercice qu'elle pratiquait elle-même depuis l'enfance.

Un autre aspect essentiel de son travail a été sa thérapie des cauchemars. Elle apprit à reconnaître que ses rêves terrifiants étaient « seulement des rêves ». Elle a ainsi aidé beaucoup d'enfants à surmonter leurs cauchemars grâce au rêve lucide, en leur apprenant les techniques pour transformer le rêve désagréable en rêve agréable. Son attitude critique à l'égard des théories freudiennes, particulièrement celle de l'hypocrisie et de la censure, fit que le génie de Mary Arnold-Forster fut relégué dans l'oubli. Même des années après, ses découvertes ne furent jamais reconnues à leur juste valeur.

La méditation est un bon moyen de stimuler la lucidité dans les rêves.

À travers les techniques du rêve lucide, nous pouvons surmonter nos cauchemars en les transformant en rêves plaisants et agréables.

Le rêve lucide, aujourd'hui

Les recherches actuelles sur la lucidité, qui ont par ailleurs beaucoup progressé au cours des cinquante dernières années, ont conduit à reléguer d'anciennes théories. On pensait traditionnellement que les rêves se déroulaient en un moment court, bien que de longues histoires y eussent lieu. Cependant, après avoir étudié en laboratoire l'expérience subjective du rêveur, le temps estimé du rêve lucide était, dans tous les cas, très proche du temps réel (LaBerge, 1980-1985). La sensation qu'il s'est écoulé beaucoup de temps est due à des changements subits de décor au cours des rêves. En 1982, une étude des psychologues Stephen LaBerge et William Dement a démontré que, dans le rêve lucide, on contrôlait volontairement la respiration. Cela a été vérifié avec trois rêveurs lucides, qui pouvaient respirer rapidement ou retenir leur respiration pendant l'expérience, sans souffrir d'aucun trouble au cours du rêve.

D'un autre côté, l'un des sujets les plus communs du rêve lucide est l'activité sexuelle. LaBerge, Greenleaf et Kedzierski (1983) ont réalisé une expérience pilote sur la réponse physiologique lors des rêves lucides à caractère sexuel. Le protocole expérimental voulait que le rêveur lucide effectue des signaux oculaires dans les moments suivants : quand il entrait en lucidité, quand il commençait l'activité sexuelle dans le rêve et quand il éprouvait un orgasme. Les chercheurs ont vérifié que le corps réagissait sexuellement de la même façon, qu'il soit éveillé ou durant le rêve lucide.

La méditation est aussi une bonne façon de stimuler la lucidité dans les rêves. Avant de vous coucher, choisissez un lieu tranquille, asseyez-vous sur une chaise droite ou à même le sol avec les jambes croisées. Baissez les paupières de sorte qu'une légère frange de lumière pénètre dans vos yeux, ou fermez-les complètement si cela ne provoque pas en vous de somnolence. Essayez ensuite de vous

Les situations, personnages ou objets qui se présentent en rêve, mais qui sont impossibles dans la réalité, sont précisément ceux qui réveillent le sens critique du rêveur et l'amènent à la lucidité.
The meaning of life, Hipgnosis

détendre durant cinq minutes environ (à mesure que vous progresserez en pratique, vous pourrez allonger les séances). Concentrez-vous sur une seule stimulation, en fixant votre attention sur un point déterminé. Quand vous aurez fini l'exercice, mettez-vous directement au lit en essayant de ne pas perdre le relâchement obtenu. La méditation vous aidera à vous concentrer pendant le rêve, ce qui vous permettra de reconnaître les incongruités apparaissant dans vos pensées oniriques. C'est le point de départ pour rêver avec lucidité.

Une autre méthode pour induire ce type de rêves consiste à se donner pour objectif d'effectuer une tâche tandis que nous dormons. Tout en rêvant, nous essaierons de réaliser ce travail, ce qui nous permettra d'avoir conscience que l'activité que nous réalisons (dans le cas où nous rêverions finalement de ce nous nous sommes proposé de faire) n'est pas autre chose qu'un rêve.

Une variante de cette technique (cela implique aussi d'assumer une tâche) consiste à laisser un verre d'eau dans la salle de bains et de manger quelque chose de très salé avant de se coucher. Si vous suivez cette méthode, il est tout à fait normal que pendant la nuit vous ayez soif. Étant donné que votre corps se montrera réticent à se réveiller et à se rendre à la salle de bains, le déplacement restera incorporé à votre rêve. Cet état proche de la lucidité vous fera prendre conscience que vous rêvez.

Suis-je en train de rêver ou non ?

Quand dans la vie quotidienne apparaît de façon répétitive une personne, un sentiment ou une pensée, la probabilité que nous en rêvions augmente. Le contenu des rêves est toujours très influencé par le contenu de la journée. Une action réalisée dans la journée a d'autant plus de probabilité de survenir oniriquement qu'elle est précise. C'est pourquoi, si nous nous demandons fréquemment « est-ce que je rêve ? », nous finirons immanquablement par nous poser la question en rêve. Le problème se pose quand la sensation de réalité dans le rêve est si forte qu'elle nous trompe de nouveau. C'est pour cette raison qu'il semble nécessaire de répéter le test de réalité que nous proposons plus loin.

Le Dr Consuelo Barea montre qu'il y a surtout deux techniques appropriées pour induire le rêve lucide la nuit. Il s'agit de l'autosuggestion et de l'entrée directe dans le rêve sans perte de conscience, technique provenant du yoga tibétain.

Le nombre de fois où les stimulations se répètent dans le rêve a des répercussions conséquentes sur leur contenu. La qualité de ces stimulations joue aussi un rôle important. Un événement qui nous impressionne, qui nous choque en grande partie, en ayant sur nous un fort impact, est un sujet susceptible d'apparaître dans nos rêves, même une seule fois. La façon dont on nous parle, dont l'information nous parvient, peut être hautement suggestive et entrer de façon directe dans notre inconscient.

La mémoire prospective est une variante de cette aptitude. Elle consiste à se donner un ordre, l'oublier et l'accomplir quand le moment opportun arrive. Un exemple de cette mémoire est donné par les personnes capables de se réveiller sans réveil, à l'heure choisie. Quand l'ordre de lucidité onirique est donné avec force et intensité, il peut arriver d'une façon directe à l'inconscient. Il suffit à certaines personnes, pour être capables de faire un rêve lucide, d'en avoir entendu parler une première fois. Si cela peut certainement sembler intéressant, il est beaucoup plus utile d'éduquer sa propre mémoire prospective, de façon à savoir se donner à soi-même un ordre de manière efficace.

Entraînement

Le processus d'entraînement au rêve lucide requiert une augmentation constante de l'activité onirique. On peut atteindre tout à coup

Lorsque dans la vie quotidienne apparaît de façon répétitive une personne, un sentiment ou une pensée, la probabilité d'en rêver augmente. Cela arrive parce que le contenu de nos rêves est très influencé par le contenu de notre journée de veille.

Pratiquer la lucidité onirique nous donne les clés pour découvrir tout ce qui nous préoccupe et nous hante sous forme de cauchemars.

un niveau beaucoup plus élevé de lucidité et de contrôle mais, si cela arrive par hasard, sans avoir suffisamment travaillé, la réussite n'est pas assurée pour les songes postérieurs. Les progrès sont acquis quand on travaille la lucidité, en insistant sur les techniques d'induction. Dans ce cas, les avancées concernent également notre répertoire onirique normal. C'est ainsi que dans des rêves non lucides, nous réussissons à agir aussi de façon spontanée, en suivant ce qui a été appris dans la lucidité. Si nous nous entraînons, par exemple, dans le cadre de rêves lucides à affronter un personnage onirique qui nous terrorise, nous finirons par répondre, avec courage et de façon automatique, à ce personnage, sans faire de rêve lucide.

Cette pratique nous donnera les clés pour découvrir tout ce qui nous préoccupe à l'état de veille et qui est représenté dans nos rêves d'inquiétude et nos cauchemars. En nous exerçant à la lucidité onirique, nous apprendrons à tirer le meilleur parti de cette source d'inspiration et de créativité.

Dans l'encadré suivant, nous montrons les étapes à suivre pour s'entraîner dans la pratique du rêve lucide. L'information provient des études du Dr Consuelo Barea qui figurent dans son livre *El Sueño Lúcido (Le rêve lucide)*.

Comment vivre des rêves lucides

1. Réalisation de techniques d'induction. On pratique l'une des techniques antérieurement citées avec l'intention de faire un rêve lucide (l'autosuggestion, par exemple). Vous pouvez la réaliser pendant la journée, avant une sieste éventuelle, en allant vous coucher la nuit, ou le matin.

2. Augmentation graduelle du niveau d'étrangeté onirique.
– Niveau 0. Aucune étrangeté devant le signe onirique.
– Niveau 1. Étrangeté ponctuelle sans chercher d'explication.
– Niveau 2. Étrangeté et recherche superficielle d'explication.
– Niveau 3. Lucidité : « Je rêve. »
L'objectif est d'arriver au niveau trois avec la pratique des techniques antérieures.

3. Test de réalité. Arrivé au minimum au niveau 1, il faut s'habituer à pratiquer un test de réalité dans le rêve. Celui-ci peut être visuel, comporter des lois physiques ou temporelles. Il faut que vous questionniez, pour un instant, la réalité ou la cohérence de ce que vous voyez ou de ce qui arrive, selon votre notion du temps et de l'espace. Si quelque chose vous semble étrange dans l'évaluation d'un de ces facteurs, un signal d'alarme sera tiré en vous.

4. Prolongation de la lucidité. La lucidité atteinte, il faut essayer de l'étirer au maximum pour en tirer le plus d'informations. La voie à suivre est le dialogue interne avec les personnages de la scène onirique et avec les pensées que vous aurez à l'intérieur du rêve.

5. Contrôle. Lorsque la lucidité a été obtenue il y a déjà un moment, et qu'il semble que cela va continuer, on peut commencer à s'entraîner au contrôle :
– orientation espace-temps ;
– changement d'attitude personnelle ;
– changement de lieu, de personnages, d'événements...

6. Entrer et sortir d'un rêve. Toutes les étapes antérieures une fois réussies, nous accéderons à des moments oniriques dont nous souhaiterons nous souvenir. Pour cela, nous devons apprendre à nous réveiller à l'intérieur même du rêve.

La kabbale : les rêves dans la tradition hébraïque

Une sagesse lointaine

La kabbale est une tradition ésotérique du judaïsme. Cependant, bien que le judaïsme ait été l'une des principales matrices de son développement, des sources archaïques de la kabbale – et parmi les plus significatives – proviennent également d'autres cultures anciennes : Égypte, Chaldée, Perse et même Grèce.

La kabbale, en s'appuyant sur des méthodes de recherche et une réflexion morale, définit la position de l'être humain dans l'univers ; elle enseigne de quoi traite le monde spirituel et comment on peut se mettre en contact avec les états supérieurs. Sa sagesse explique pourquoi l'homme existe, pourquoi il naît, pourquoi il vit, quel est son but, d'où il vient et où il va lorsqu'il termine sa vie. La kabbale vise, en définitive, le sens interne et caché des choses, ce que nous transmettent les rêves, entre autres, et tout ce qui est énigmatiquement en rapport avec eux.

Les kabbalistes ont depuis toujours cru que l'action de dormir et celle de rêver jouaient un rôle fondamental dans nos vies, et qu'elles étaient une contribution directe à notre santé physique et émotive. Conformément à sa conception belle et divine du corps humain, le mysticisme juif considère que dormir – comme manger ou boire – est chargé d'une profonde intention spirituelle. En dormant, nous renforçons la résistance de notre corps et sommes capables de percevoir des influences élevées.

Selon les maîtres du hassidisme, avoir un repos satisfaisant est nécessaire pour une existence harmonieuse ; certains moments doivent nous servir à souffler et à conserver nos pouvoirs intérieurs

Les kabbalistes associent les rêves au symbole central de leur tradition : l'Arbre de vie ou des Sephiroth.
Arbre de la Vie *(Gustav Klimt, 1909)*

Pour les kabbalistes, pendant notre sommeil, notre esprit se trouve plus réceptif à la créativité et notre conscience se ferme pour laisser entrer l'inspiration divine.

dans de bonnes conditions. En nous privant de notre repos nocturne, nous punissons notre intégrité physique.

De nos jours, nous avons presque oublié comment trouver le sommeil et l'usage de sédatifs et de médicaments s'est accru pour y parvenir. Pour les kabbalistes, cela dénote un déséquilibre intérieur évident. L'une des pratiques les plus communes et anciennes de la kabbale est toutefois de prier à minuit. Son origine remonte au Moyen Âge et sa méthode a été bénéfique à de nombreux adeptes de la tradition ésotérique juive. À minuit pile, et après quelques heures de sommeil, commence la méditation à travers des chants et des hymnes, en approfondissant les mystères racontés par les livres sacrés.

L'un des avantages de cette technique est le silence dont nous jouissons à ces heures. De plus, il est prouvé que notre créativité et notre rendement augmentent considérablement après les périodes de sieste ou de repos. La pratique de la prière à minuit ne doit cependant pas être réalisée si nous nous sentons fatigués ou devons trop forcer notre esprit ; dans les deux cas, il vaut mieux la laisser pour une autre occasion et se reposer.

> « Un rêve non interprété est comme une lettre qui n'a pas été ouverte »

L'un des livres kabbalistiques par excellence est le Zohar ou *Livre de la Splendeur*, qui souligne l'importance des rêves, en les situant au niveau de nos états conscients. Cet ouvrage exprime aussi l'idée que l'interprétation d'un rêve est presque plus précieuse que le rêve en lui-même. C'est pour cette raison qu'il existe une série de règles à suivre pour déchiffrer les messages oniriques que nous verrons brièvement plus loin.

Selon le Zohar, « Un rêve non interprété est comme une lettre qui n'a pas été ouverte ». Au lieu d'ignorer ou d'écarter nos rêves pour leur manque de pertinence dans la vie réelle, nous devons avoir l'honnêteté de les affronter. « Un rêve dont on ne se souvient pas peut également ne pas avoir été rêvé. » Il faut donc vraiment prendre en compte les messages oniriques reçus. En outre, pour les kabbalistes, les songes ne sont pas une somme hétérogène ou un cumul d'expériences inexplicables. Au contraire, ils sont le reflet de notre esprit en état de veille. Nos préoccupations de la journée s'expriment la nuit, dans nos pensées oniriques. Et ce sont précisément celles-ci

Le temple de Salomon fut construit à partir des mesures que Dieu donna à David. Comme ce dernier avait les mains tachées de sang, c'est Salomon qui édifia un temple où tous les matériaux et la géométrie ont un sens. Le kabbaliste n'appréhende pas seulement la ville à l'intérieur de ses murs physiques, mais aussi sur un plan métaphysique et spirituel faisant apparaître sept visions distinctes de Jérusalem.

qui révèlent nos véritables émotions quotidiennes. Elles deviennent de cette façon une voie pour découvrir la profondeur de notre être.

D'après la pensée kabbalistique – un curieux mélange de raison et de poésie –, les rêves doivent être décryptés à partir de quelques règles simples : la même méthode sert à n'importe quel humain, quelle que soit sa condition.

La clé d'une telle interprétation est de comprendre chaque aspect qui constitue séparément le rêve. D'une manière similaire aux théories freudiennes, la kabbale indique que, pendant notre sommeil, notre esprit travaille à partir de significations symboliques. Les figures qui nous apparaissent représentent, de façon abstraite, nos émotions et pensées les plus intimes.

Le Zohar interprète suffisamment de symboles oniriques. Il précise, par exemple, que « toutes les couleurs que nous voyons dans les rêves bénéficient d'un bon présage, à l'exception du bleu ». La kabbale a devancé à son époque, en ce sens, la psychologie actuelle, en affirmant que les couleurs conservent une relation étroite avec la profondeur de nos sentiments. De fait, on dit que les gens qui rêvent « en couleur », et s'en souviennent, sont plus en contact avec leur monde intérieur. De même, comme l'observe le Zohar, les couleurs sombres sont associées à la tristesse.

Selon la perspective des kabbalistes, les rêves se rapportent au symbole central de leur tradition : l'Arbre de vie ou des *Sephiroth*. Si nous nous référons aux descriptions du *Sefer Yetzirah* ou *Livre de la Création*, texte mystique vieux de plus de 1 500 ans, l'Arbre de vie

L'Arbre de vie, selon la kabbale, se divise en cinq niveaux : le premier et le plus élevé est Keter *(Couronne). À un niveau inférieur, respectivement à droite et à gauche, se trouvent* Hokhmah *(Sagesse) et* Binah *(Compréhension), et juste au centre* Daat *(Connaissance). Le niveau suivant se compose de* Hesed *(Compassion) et* Geburah *(Jugement) et, au milieu des deux, un peu plus bas,* Tiferet *(Beauté). Dans la troisième triade, on trouve* Netzach *(Victoire) à droite,* Hod *(Gloire) à gauche et* Yesod *(Fondement) au milieu.*

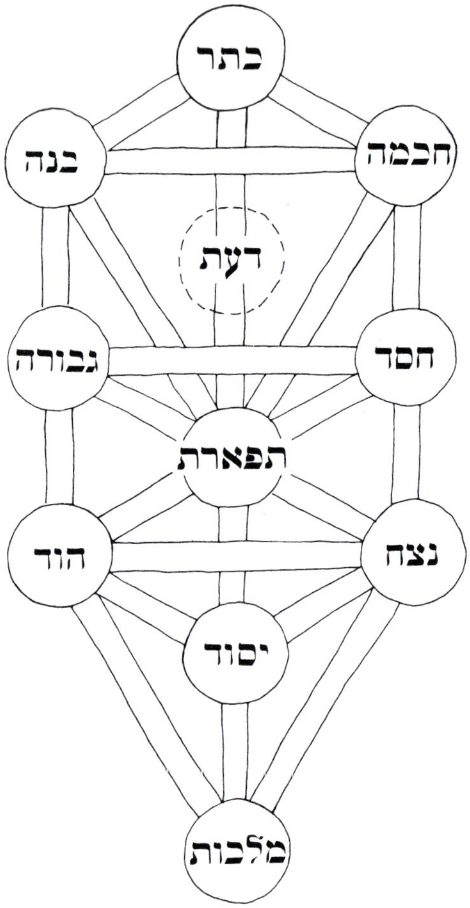

comprend dix forces indépendantes, mais reliées entre elles, appelées *Sephiroth* (*Sephira* au singulier). Elles sous-tendent tous les aspects du cosmos et proviennent de Dieu.

Le terme « *Sephira* », qui ne possède d'équivalent dans aucune autre langue, provient du mot hébreu « raconter » ou « dénombrer ». *Le Livre de la Création* affirme : « Seulement dix *Sephiroth* : dix et non neuf, dix et non onze. Compréhensibles avec de la sagesse et des sages compréhensifs. »

Dans la plupart des systèmes kabbalistiques, chaque *Sephiroth* est associé à de multiples attributs et symboles, en plus d'une couleur, une note musicale et un endroit à l'intérieur du corps humain, tous bien spécifiques. En général, la structure de l'Arbre de vie est divisée en cinq niveaux.

Les cinq niveaux de l'Arbre de vie

Le premier et le plus élevé est *Keter* (Couronne), la plus grande des forces, le principal pouvoir générateur de l'univers. Au niveau inférieur, respectivement à droite et à gauche, se trouvent *Hokhmah* (Sagesse) et *Binah* (Compréhension), correspondant aux qualités de l'intelligence active et réceptive. Ensemble, ils forment une triade de qualités qui, juste au centre, possède un récipient d'énergie connu comme *Daat* (Connaissance). Souvent, ce dernier est considéré comme un intermédiaire qui les unit, ou bien la synthèse de l'ensemble de leurs attributs.

Le niveau suivant se compose de la deuxième triade sacrée de l'Arbre de vie : à la droite, il y a *Hesed* (Compassion), à la gauche, *Geburah* (Jugement) et, au milieu des deux, un peu plus bas, *Tiferet* (Beauté). Les attributs de Compassion et Jugement sont nécessaires pour maintenir l'équilibre de l'univers ; d'un autre côté, la Beauté est la sphère vitale de l'énergie – décrite comme la plus grande présence que nous pouvons apercevoir de Dieu sur le plan terrestre.

Dans la troisième triade, on trouve *Netzach* (Victoire) à droite, *Hod* (Gloire) à gauche et *Yesod* (Fondement) au milieu. Normalement, *Yesod* est défini comme le pouvoir générateur de l'univers matériel ; en revanche, les deux autres *Sephiroth* ne possèdent pas de définitions aussi concrètes. Selon l'une d'entre elles, *Netzach* se rapporte à l'écoulement de l'énergie physique – comme l'euphorie corporelle qui se déploie en courant, sautant ou riant – alors que *Hod* renvoie à la contention de cette énergie, incluant la négation et l'ascétisme du corps.

Finalement, nous trouvons le *Sephira* qui complète la structure : *Malkut* (Royaume). Cette essence symbolise habituellement le domaine de la nature et de l'humanité, en plus de se rattacher à *Shekinah*, la figure féminine de la Divinité. Selon les enseignements anciens des mystiques juifs, chaque fois que nous agissons avec l'intention et la dévotion correctes, nous convoquons la présence divine autour de nous.

Les kabbalistes identifient également trente-deux « chemins » ou situations vitales (comme l'extase, le défi, l'obstruction et l'harmonie) qu'ils connectent avec chaque *Sephira*. Curieusement bien qu'il ne s'agisse pas d'une simple coïncidence, le nombre trente-deux est le chiffre exact obtenu en ajoutant les vingt-deux lettres de l'alphabet hébreu aux dix *Sephiroth*. À partir de la valeur numérique des mots hébreux (chaque lettre possède un nombre qui lui est associé), un symbole onirique dominant est déduit et la caractéristique psychologique qu'il comporte (la Couronne, par exemple, représente

Le candélabre juif ou « Menorah », fabriqué en une seule pièce d'or, est pour la kabbale aussi bien un objet de contemplation que de culte. Il symbolise le Monde divin de l'Émanation.

Six étapes pour l'exploration de nos rêves

En suivant ces six étapes de la kabbale, nous pourrons analyser facilement nos propres rêves :

1. Ayez toujours un carnet et un stylo à côté du lit. De cette façon, indépendamment du moment auquel vous vous réveillerez, vous pourrez noter votre rêve, et vous rendormir. Même si le rêve vous fascine vraiment, ne croyez pas que le matin suivant vous vous en rappellerez.

2. Notez le rêve de la manière la plus concrète possible. Une chose qui semble à première vue banale, avec le temps, peut devenir une référence essentielle.

À mesure que nous créerons notre propre base de données oniriques, nous nous rendrons compte que certains sujets et images se répètent assidûment, et que cela a une importance particulière par rapport à notre vie quotidienne.

3. Décrivez vos rêves au présent et assurez-vous que vous incluez l'émotion que vous avez éprouvée. Les sentiments que provoquent en nous les scènes oniriques semblent déterminants pour la lecture des rêves. C'est pourquoi, si vous dites que vous marchez dans la rue et que, tout à coup, vous vous trouvez face à un mur, ajoutez aussi ce que vous avez senti en le voyant sur votre chemin.

4. Une fois le rêve décrit, faites une liste des symboles qui y apparaissent (montagne, voler, l'amour, enfourner...) et notez à côté l'impact émotionnel qu'ils ont eu sur vous (utilisez une échelle de un à cinq ; 1 = émotion minimale, 5 = émotion intense).

5. Commencez par le symbole qui possède la plus grande charge émotive et cherchez-le dans la liste des interprétations kabbalistiques que nous incluons à la fin de ce chapitre.

Chaque symbole se présente avec une triple description : sa signification particulière, sa signification par rapport aux forces de l'Arbre de vie, et le conseil qu'il propose pour la vie ordinaire. Tout cela vous aidera à élucider le mystère onirique et à agir en vous basant sur lui.

6. Réfléchissez pendant quelques minutes à ce que vous avez appris de l'interprétation kabbalistique de vos symboles oniriques. Ensuite, pensez à un seul message concret et bien défini du rêve. Conservez-le à l'esprit et continuez vos activités habituelles à partir de ces idées et de vos nouveaux objectifs.

la sagesse). On peut ainsi connecter chaque rêve à l'une des trente-deux situations vitales mentionnées.

Lorsqu'une interprétation déterminée cadre bien avec un rêve, celui-ci devient un tremplin vers la réalisation de nos projets. Selon le mysticisme juif, nous vivons dans une sphère d'action, et ce que nous faisons est très important pour notre vie sur terre. Quand nos rêves sont compris, nous avons besoin d'agir à partir d'eux, de transférer leur message sur notre quotidien, nos projets et nos objectifs. L'une des façons de mettre en pratique tout cela est d'annoter ce que nous faisons au jour le jour dans un cahier, et d'observer notre évolution. Nous pouvons également solliciter une aide et un conseil auprès des personnes proches qui nous accompagnent dans notre voyage à travers la vie.

Le Zohar ou Livre de la Splendeur *recommande d'évacuer nos rêves en en faisant part aux personnes pouvant nous aider à élucider leurs messages oniriques.*

Partager les rêves

Nous devons être sélectifs quand il s'agit de faire part de nos rêves aux autres. Pour les kabbalistes, les affaires oniriques ne peuvent pas être discutées avec n'importe qui. En effet, des étrangers ou des compagnons de fortune pourraient dénaturer ou embrouiller les messages. Le Zohar nous avertit de révéler nos rêves seulement à nos véritables amis. Mais il évoque aussi l'importance de les évacuer et de ne pas les enfouir à l'intérieur de nous : « Lorsqu'une personne a fait un rêve, elle doit s'en défaire devant ses amis. »

Il existe une ancienne pratique kabbalistique, connue comme le « jeûne du sommeil », qui se pratique après les expériences oniriques augurant des inconvénients, problèmes et difficultés. Le mauvais présage n'étant pas irrévocable, on recommande de jeûner et de méditer le jour suivant pour que la personne retrouve son équilibre intérieur, dont l'instabilité a provoqué l'anxiété onirique. Cela nous aidera à mieux nous accorder avec nos sentiments profonds. Normalement, quand le rêveur termine sa journée de jeûne et de méditation, il se réunit avec trois bons amis. Alors, il récite à haute voix des phrases encourageantes des Écritures, pour attirer des vibrations positives vers sa conscience.

L'étoile de David à double triangle, appelée par les kabbalistes « Sceau de Salomon », symbolise l'harmonie des éléments opposés, la sagesse surhumaine et le gouvernement par la grâce divine.

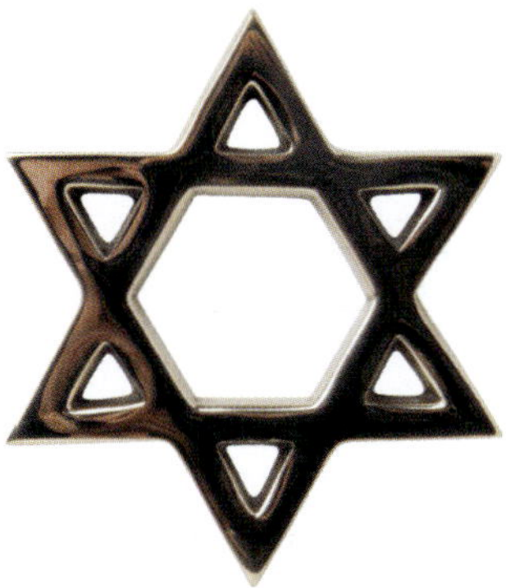

La kabbale explique aussi que les rêves évoquant la maladie, la mort ou la destruction, doivent être pris très au sérieux car ils renvoient aux conflits émotifs dont nous souffrons intérieurement que nous pouvons comprendre et résoudre grâce à une interprétation correcte. Selon le *Livre de la Splendeur* (le Zohar), « un homme n'est pas averti en rêve sans raison. » De la même façon, les progrès actuels en matière de recherche onirique et scientifique démontrent que, souvent, nos songes signalent notre état de santé avant même les médecins.

L'« incubation onirique » : comment obtenir conseil des rêves

La kabbale nous apprend à questionner nos rêves pour obtenir leur conseil : avant de nous mettre au lit, nous devons écrire – de la manière la plus concrète et brève possible – une question qui résume notre inquiétude ou dilemme. Immédiatement après, et pendant quelques minutes, nous devrons nous concentrer sur elle et demander à notre rêve de nous fournir une réponse. Cette technique qui s'appelle « incubation onirique » existait déjà dans la Grèce antique et parmi les communautés indiennes d'Amérique du Nord.

Cette expression s'emploie également aujourd'hui dans certaines consultations psychologiques. Il ne faut pas oublier que la réponse que nous cherchons ne doit pas nécessairement parvenir la nuit même. Il se peut que nous y voyons plus clair dans un autre rêve, au bout de quelques jours.

Le Zohar dit aussi : « Il n'y a pas de rêve qui ne soit mêlé à quelque fausse histoire, étant ainsi une combinaison de vrai et de faux. » Dans ce livre, nous ne ferons pas référence aux supposés « messages de l'espace extérieur » qui pourraient intervenir dans les rêves. Non pas parce qu'ils n'existent pas (bien que dans une très petite proportion), mais parce que leur explication exigerait un autre livre comme celui-ci.

Pour les kabbalistes, les rêves sont l'origine de la connaissance paranormale. Toujours selon le Zohar, « un rêve est plus précis qu'une vision et peut expliquer ce que celle-ci dissimule ». Pendant notre sommeil, notre esprit est beaucoup plus réceptif à la créativité et notre conscience se ferme pour laisser entrer l'inspiration divine. Cela arrive quand nous sommes suffisamment ouverts à elle et que nous avons cessé d'être aveuglés par les doutes et les désirs de la vie quotidienne.

Le facteur qui détermine le pouvoir visionnaire des songes est l'état de notre esprit durant la veille. La tradition mystique juive établit un rapport entre la perception onirique extrasensorielle et notre état émotionnel, et surtout avec notre degré de satisfaction, de

La tradition mystique juive établit un rapport entre la perception onirique extrasensorielle et notre état émotionnel. Elle affirme que plus nous sommes sereins, moins l'inquiétude et l'anxiété nous affectent. Bien au contraire, nous réussirons à faire des rêves « élevés » de connaissance et nos aptitudes psychiques deviendront évidentes.

calme, de lucidité et de compassion. En effet, plus nous serons sereins en dedans, et moins les fantasmes sans fondement, comme l'inquiétude et l'anxiété, nous préoccuperont. Nous accéderons davantage à des rêves « élevés » de connaissance : nos aptitudes psychiques deviendront évidentes.

Freud et Jung ont également pris en compte la capacité clairvoyante des rêves dans leurs recherches. La kabbale maintient donc un contact direct avec la psychologie moderne. Il est clair que derrière les rêves se dissimulent beaucoup d'informations. Les kabbalistes ont toujours perçu dans les expériences oniriques une grande source de compréhension. Comme le dit le Zohar : « La nuit, toutes les choses reviennent à leurs racines et à leurs origines. »

Petit dictionnaire des rêves de la Kabbale

ABÎME. Danger relatif à une situation émotionnelle intense. Nous devons être prudents lorsque nous entrons en relation avec les autres, dans des moments de grande émotivité.
ACADÉMIE. Elle dénote une connaissance, spécialement de nature philosophique et métaphysique. L'étude approfondie sera favorable au rêveur.
AGNEAU. Soumission et douceur. Un berger dirigeant son troupeau signale que nous sommes spécialement précautionneux.
AIGLE. Imagination et créativité. S'il vole très haut, il représente une plus grande émergence de ces qualités ; un nid d'aigle est un lieu sûr pour les renforcer.
ALPHABET JUIF. Chacune des vingt-deux lettres a une signification particulière. Dans les rêves, elles indiquent une communication élevée.
ANGE. Une caractéristique élevée, comme l'amabilité, la compassion ou la guérison, se trouve dans la vie du rêveur. La rencontre directe avec un ange indique que nous devons renforcer ladite qualité.
ARBRE. Vie et connaissance spirituelle. Un arbre en fleur représente aussi le succès mérité ; nu, il dénote un manque de réussite.
ARC-EN-CIEL. Protection et sécurité divines. C'est un symbole encourageant pour la vie du rêveur.
AURORE, LEVER DU SOLEIL. Il s'agit d'un nouveau commencement ; il est possible que ce soit une relation ou un emploi.
AUTOROUTE, ROUTE. Elle symbolise le chemin ou le voyage vital. Si elle est passante, cela signifie que le rêveur jouit de relations étroites avec les autres. Dans le cas contraire, cela dénote la solitude.

BÉBÉ. Quelque chose naît, une relation possiblement.
BOUCHE. La parole humaine et sa capacité à créer de l'harmonie ou du conflit. Le rêveur devrait prêter attention à l'effet provoqué par ses mots. Une bouche blessée symbolise un manque d'habileté communicative.
BOUGIE. C'est l'âme humaine. Une bougie qui brille représente une âme forte ; une bougie qui s'éteint peu à peu indique une faiblesse de caractère.
BRAS. Force et prouesse. Le rêveur a du pouvoir dans une situation particulière. Un bras blessé symbolise l'affaiblissement de ce pouvoir.

CADAVRE. Quelque chose est mort et se détériore dans notre vie. Nous devons déterminer ce que c'est et agir immédiatement pour « l'enterrer ».
CÉCITÉ. Le rêveur ne peut, ou ne veut, pas voir la vérité sur un aspect de sa vie. Les rêves dans lesquels nous sommes entourés d'obscurité ont le même sens.
CERCUEIL, TOMBE OU CIMETIÈRE. Quelque chose est mort dans la vie du rêveur. Tout ira bien s'il l'accepte et poursuit son chemin avec courage.
CERF-VOLANT. Un grand changement va arriver dans la vie du rêveur. Il sera bénéfique, mais peut comporter la perte subite de quelque chose, un bouleversement ou un changement inattendu.
CHAMP VERT. La vie du rêveur est pleine de vitalité et d'objectifs positifs.
CHANTER. Gratitude. L'action de chanter, que ce soit le fait du rêveur ou d'autres personnes, signifie que l'on divulgue quelque chose de digne de reconnaissance et motif à célébration.
CHEVEUX. Virilité et sexualité. Épais et voluptueux, ils dénotent la sensualité et tout le contraire, si nous les perdons. Se coiffer est une marque de vanité.
CHÈVRE. Grande capacité de dépassement et de résistance. Le rêveur a besoin de développer d'autres qualités élevées comme l'imagination ou la sensibilité esthétique.
CIEL. Un monde spirituel : l'intangible, le pur, le subtil et le mystique de la vie. Un ciel dégagé exprime la clarté ; nuageux, il reflète la confusion.
CLAUDICATION. L'incapacité à résoudre une situation déterminée, provoquée par nous-même, ou par des circonstances extérieures.

PETIT DICTIONNAIRE DES RÊVES DE LA KABBALE

COLOMBE. Paix en général ; résolution pacifique d'une situation en particulier.

COUPE OU CALICE. Bénédiction divine ; très positive si la coupe est en or ou en argent. Une coupe cassée signifie que la bénédiction sera repoussée.

DAGUE OU ARME. Violence personnelle. Cela dénote que le rêveur est furieux et nourrit en lui des sentiments d'agressivité.

DANSER. Joie et divertissement dans la vie du rêveur.

DÉMON. Il symbolise les basses passions comme la jalousie, le ressentiment ou la vengeance. Le rêveur doit les écarter de sa vie le plus tôt possible.

DENTS. Vitalité physique. Perdre ses dents est un avertissement concernant la santé du rêveur.

DÉSERT. Aridité spirituelle dans un aspect de la vie du dormeur. Une manière de l'éviter est de chercher la manière d'obtenir plus de productivité et de richesse spirituelle.

DORMIR. Ignorance, passivité et retrait. Dans son interprétation la plus positive, cela représente l'attente sans hâte. S'endormir symbolise également la perte de conscience et de perspicacité.

DRAGON OU MONSTRE. Forces démoniaques ou spirituellement négatives, comme la magie noire ou la malveillance. Le rêveur doit éviter toute chose dans sa vie en rapport avec ces aspects.

ÉCHO. Tout ce que nous faisons résonne et a une répercussion sur les mondes cachés. Les rêves de ce type nous rappellent cette vérité spirituelle.

ESCALIER. Un développement du caractère et de la croissance personnelle.

ENFANT. Il représente l'innocence et l'ingénuité, l'envie d'apprendre qui fait du bien au développement intellectuel. Il marque l'importance que le rêveur confère à cette vertu.

ÉTOILE BRILLANTE. Divinité. Proximité d'événements favorables et de chance.

ÉTUDE. Acquisitions de connaissances, surtout spirituelles. C'est un rêve positif qui indique que le dormeur se développe intérieurement.

FAIRE L'AMOUR. Extase de l'âme lorsqu'elle se réfère à une union avec Dieu.

FAIM. Privation physique ou émotionnelle. Le rêveur ressent une nécessité corporelle ou sentimentale non satisfaite.

FEU. Jugement divin des imperfections et des mauvais actes du rêveur. Le feu indique aussi un besoin de propreté morale exhaustive et une auto-purification.

FIRMAMENT. Ordre divin dans l'univers déplacé sur la vie du rêveur.

FLEUVE, RUISSEAU. La spiritualité vitale coule correctement. Bientôt arrivera un changement positif, une grande expérience.

FONTAINE. Bon état émotionnel, vitalité. Plus l'eau jaillit, plus grande est la capacité du rêveur à exprimer des émotions positives, comme la gratitude et la compassion.

GAZELLE. Décision précise et fine que le rêveur doit prendre. Symbole très positif.

GÉANT. Égolâtrie, orgueil et arrogance. Le rêveur, ou quelqu'un de proche de lui, se comporte de façon peu généreuse.

GRIMPER. Le rêveur cherche une plus grande satisfaction dans sa vie. Cette image est très positive et signifie une croissance intérieure et une progression.

GROTTE. Lieu où se réfugier devant une situation menaçante ou stressante.

HORIZON. Avenir proche. Un horizon éblouissant représente la chance ; sombre, il annonce des problèmes.

JAMBE. Résistance ; spécialement dans les voyages à pied. Elles signifient que le rêveur a la force nécessaire pour résoudre avec succès une situation problématique.

Petit dictionnaire des rêves de la Kabbale

JOUER D'UN INSTRUMENT DE MUSIQUE. Exaltation et plaisir spirituel ; également une expérimentation du sacré à travers une activité esthétique.
JOYAU. Illumination divine. Plus il sera beau ou brillant, plus grande sera la spiritualité qui resplendira sur notre vie.

LAMPE. Connaissance spirituelle et sagesse. Le Zohar évoque une lampe d'obscurité, qui est associée au malheur et à la discorde.
LETTRE QUI N'A PAS ÉTÉ OUVERTE. Le rêveur n'a pas écouté un message d'importance suprême. Il est nécessaire qu'il prête une attention immédiate à toute communication qu'il reçoit dans sa vie présente.
LION. Courage et force spirituelle. Traditionnellement, le lion représente aussi le peuple juif. L'image du lion frôlant ses petits avec le museau indique que nous transmettons du courage aux autres.
LIVRE OU PARCHEMIN. La connaissance est proche.
LUMIÈRE. Divinité, sainteté et sagesse. C'est un symbole supérieur.
LUNE. Rêverie, intuition et réceptivité dans l'âme du rêveur. Traditionnellement, elle est rattachée aux aspects cachés de l'âme, comme l'imagination et la créativité. Elle est également associée à la féminité.

MALADIE. Le rêveur manque d'équilibre dans sa vie et, bien vite, il peut connaître un désordre physique ou émotionnel.
MARCHÉ. Soutien de l'existence humaine. Il indique notre préoccupation concernant la façon de gagner notre vie.
MATIN. État spirituel de satisfaction et de joie. Il est aussi associé au plaisir physique, au bien-être et à la guérison.
MER HOULEUSE. Orgueil et arrogance. Ce rêve indique que le rêveur doit cultiver son humilité.
MONTAGNE. Lieu d'inspiration divine et de révélation. Elle signale que le rêveur a besoin de trouver ce lieu dans sa vie.

NAVIRE DE CROISIÈRE. Croissance spirituelle supérieure et transformation. Si le bateau se déplace calmement sur des eaux tranquilles, le dormeur ne trouvera presque pas d'agitation dans sa vie. Les vagues turbulentes, en revanche, présagent une tension.
NOCE. Engagement spirituel, peut être relatif à un champ d'étude, à la formation ou à un effort à long terme.
NUIT. Jugement et qualités sombres. La nuit est habituellement associée aux forces démoniaques et à la négativité émotionnelle. Cependant, minuit représente un temps d'étude mystique et de contemplation.

OASIS. Un lieu de rajeunissement et de réapprovisionnement. Elle signale la fin de la sensation de stérilité spirituelle dans la vie du rêveur. C'est un symbole positif.
OBSCURITÉ. Absence de la divinité et de sainteté. Ignorance. Plus il y a d'obscurité dans le rêve, moins le dormeur recevra d'illumination spirituelle.
OBSÈQUES. Quelque chose est mort dans la vie du rêveur : un emploi, une relation ou même une croyance importante.
ŒIL. Un œil humain représente chez le rêveur un bon discernement concernant une affaire ou une situation. Si l'œil est blessé ou aveugle, cela signifie le contraire.

PALAIS. Demeure du divin. Le rêveur devrait chercher plus consciemment le côté sacré de sa vie quotidienne.
PARTIES GÉNITALES. Capacité génératrice, puissante créativité du rêveur.
PERDRE (SE). Le rêveur s'est égaré, s'est écarté de la mission de son âme et de son objectif dans la vie. Il doit retrouver l'orientation spirituelle, par-dessus tout.
PLANÈTES. Forces subtiles et cachées dans la vie du rêveur. Traditionnellement, la vision de ce symbole était astrologique. On croyait qu'il exerçait une influence concrète sur nos expériences quotidiennes.
POISSONS. Abondance et bénédiction matérielle dans la vie du rêveur. L'argent, les biens immeubles ou autres possessions du dormeur se trouveront augmentés.

Petit dictionnaire des rêves de la kabbale

PONT. Transition d'une situation ou d'un point de vue vers un(e) autre. Le rêveur expérimente un changement positif dans sa vie ou dans son comportement.
PORTE. Une barrière qui peut se dépasser au moyen de la volonté. Les portes fermées symbolisent le fait que le rêveur n'a pas l'attitude correcte pour entrer réellement dans une situation déterminée.
POUSSIÈRE. Humilité devant la grandeur de Dieu. Elle est associée au destin et nous rappelle que nous devons cultiver les qualités de déférence et de soumission.

REINE. Amour divin et compassion. Sa présence onirique confirme l'importance des dites caractéristiques dans la vie du rêveur.
RÉVEILLER (SE). Le rêveur retrouve la clarté, la perspicacité et l'énergie personnelle pour réaliser quelque chose dans sa vie.
ROI. Pouvoir et jugement divins. Il souligne l'importance des qualités mentionnées dans la vie du rêveur.

SAUVAGE. Absence de civilisation. Lieu de pouvoir et de danger potentiel.
SERPENT. Déception et malveillance, déguisées en sincérité et attention. Il avertit le rêveur qu'il y a quelqu'un, ou quelque chose, de potentiellement dangereux dans sa vie.
SOIF. Désir spirituel. Elle représente le fait que le rêveur ne reçoit pas la satisfaction spirituelle à laquelle il aspire.
SOLEIL. Volonté et intention. L'aube représente la naissance de quelque chose de nouveau dans la vie du rêveur. Le coucher de soleil indique qu'une affaire se termine. Le soleil est aussi traditionnellement associé à la masculinité et à ses traits les plus caractéristiques, comme l'entêtement – dans un sens aussi bien positif que négatif.
STAGNER DANS L'EAU. Blocage de la vitalité, surtout dans le sens spirituel.
SURDITÉ. Le rêveur ignore les bons conseils d'une amitié ou d'un être aimé. Nous ne voulons pas entendre une vérité que l'on nous communique dans la vie réelle.

TERRE. Le monde est un environnement vital, où toutes les créatures doivent lutter pour leur existence. Le rêveur a trop de préoccupations mondaines.
TOMBER. Le rêveur tombe à un niveau inférieur de conscience et ressent des émotions négatives comme la rage, l'orgueil ou la peur. C'est, sans exception, un symbole négatif.
TORTUE. Chance dans la vie du rêveur.
TRÉBUCHER. Impatience et hâte excessive dans les affaires quotidiennes. On a besoin de calme et d'équilibre pour écarter la possibilité d'une chute sérieuse.
TRÔNE. Manifestation physique du divin. Il indique que le rêveur devrait être plus conscient du côté sacré de son corps.

VENT FORT. La force du changement. Rêver de cet élément signifie que la vie du dormeur va subir une métamorphose totale. Les ouragans indiquent que ce changement sera très sauvage.
VERGER. Vivacité dans l'attitude et les croyances. Cela révèle d'excellentes perspectives et une croissance spirituelle.
VIEILLARD. Sagesse permanente, spécialement religieuse. Le rêveur doit chercher cette qualité dans sa vie.
VOLER. Délivrance des préoccupations mondaines. Cela signifie aussi que le rêveur devrait utiliser son imagination pour avoir une plus grande sensation de liberté face aux problèmes banals.
VOYAGE. Le chemin présent du rêveur. Si la scène du rêve semble étrange, il s'agit d'une situation ou d'un défi nouveaux. La présence de compagnons est un bon signe ; leur absence, en revanche, dénote un isolement.

Analyse et interprétation

*« Si un homme traversait le Paradis en rêve
et qu'on lui donnait une fleur comme la preuve qu'il a bien été là,
et si après s'être réveillé, il trouvait cette fleur dans sa main...
que se passerait-il ? »*

Samuel Taylor Coleridge

Une mythologie à la mesure, une symbolique personnalisée

Générateurs de messages, les rêves ont leur propre langage symbolique. Il s'agit d'un langage difficile à comprendre en raison de leur plus ou moins apparente irrationalité, des difficultés pour en éclaircir les recoins obscurs (même lorsqu'ils nous apparaissent très colorés ou très brillants), mais aussi pour des questions objectives autant que subjectives, que nous soyons le principal protagoniste ou – précisément – parce que nous ne le sommes pas.

Pourquoi de telles difficultés ? Pourquoi cet intérêt pour réussir à les déchiffrer ? Certains experts émettent l'idée que cela découle probablement de la « nature complexe, émotive et vectorielle du symbole ». Et aussi du fait que le rêve « symbolise l'aventure individuelle et que c'est l'une des expressions les plus libres ou impudiques de nous-même ».

On assure même que les songes remplissent une fonction tellement vitale que la mort ou la démence peuvent sanctionner un manque total d'activité onirique. En outre, ils servent de soupape de sécurité aux impulsions réprimées durant le jour ; ils font émerger les affaires ou les problèmes à résoudre ou suggèrent des solutions en les représentant.

Leur fonction sélective, comme les choix de la mémoire, soulage la vie consciente et aide souvent à établir une espèce d'équilibre

Le rêve symbolise une aventure individuelle. Il est l'une des expressions les plus libres et impudiques de nous-même.

Le rêve est l'un des meilleurs éléments d'information existant sur notre état psychique. Rêver d'images floues, ou peu nettes, indique l'incapacité du rêveur à comprendre et à déchiffrer ce qui se passe autour de lui.

compensatoire. L'une des tâches des thérapeutes ou des interprètes des rêves est précisément de découvrir tout cela et de travailler avec de telles connotations, de façon à retrouver la relation entre la situation consciente vécue et les images du rêve.

Parfois, la séparation entre rêve et réalité peut prendre des nuances maladives et révéler des disproportions. La compensation se produit, selon Freud, « de manière horizontale et sur le même plan que la sexualité », alors que pour Jung ledit rééquilibrage se rend dans la verticalité, « comme s'il s'agissait d'un voilier, entre la voile et la quille ».

Le rêve est l'un des meilleurs éléments d'information existant sur notre état psychique, puisqu'il nous offre une image instantanée de notre situation existentielle dans le temps présent, à travers des symboles vivants. Pour le dormeur, il s'agit d'une image – souvent insoupçonnée – de lui et de son « soi-même ». Toutefois, toute cette information est en même temps voilée, d'une façon tout à fait similaire à celle d'un symbole, par d'autres images et d'autres sujets.

Durant le rêve, les processus d'identification circulent sans contrôle. La personne s'identifiera à un autre être, homme ou femme, animal ou plante, véhicule ou planète. Une analyse sérieuse des rêves oblige à discerner minutieusement ces identifications et à les éclaircir, en en découvrant les causes et les objectifs, et en aidant le rêveur à retrouver le chemin de sa propre identité. Le songe active les processus d'individuation et contribue à construire et à exprimer la totalité de la personne.

Analyse des rêves

Pour étudier et comprendre les rêves, nous nous basons en Occident sur l'analyse et l'interprétation. L'analyse des symboles oniriques repose sur un triple examen :
– le contenu du rêve (les images et leur dramaturgie) ;
– la structure du rêve (un ensemble de relations déterminées dans des images distinctes) ;
– le sens du rêve (son orientation, sa finalité et son intention).

Le contenu

Il provient de cinq types d'opérations spontanées :

1. élaboration des données de l'inconscient pour les transformer en images ;

2. condensation en une image ou en une succession d'images ;
3. déplacement de l'affectivité (transfert) sur ces images de substitution, par la voie de l'identification, du rejet ou de la sublimation ;
4. dramatisation de cet ensemble d'images et de charges affectives dans une portion de vie plus ou moins intense ;
5. symbolisation qui dissimule derrière les images du rêve d'autres réalités différentes de celles directement représentées.

L'analyse onirique devra trouver le contenu latent de telles expressions psychiques qui voilent les besoins, les contraintes, les pulsions, les ambivalences, les conflits ou les aspirations enterrées dans les profondeurs de l'âme. Ces expressions et leur dynamique s'accompagnent également d'une tonalité, c'est-à-dire de la charge émotive et anxieuse qui nous affecte.

La structure

Établir la structure d'un rêve est une tâche habituellement complexe car des fantasmagories variées peuvent recouvrir des structures identiques (ajustées selon le même schéma profond) et des images semblables peuvent également apparaître dans différentes structures. Pour faciliter cette étude, une structure en forme de drame en quatre actes a été conçue :

1. exposition et personnages, lieu géographique, époque, décors ;
2. action et drame qui y sont annoncés ;
3. péripéties du drame ;
4. évolution du drame jusqu'à sa résolution, le relâchement des tensions ou sa conclusion.

L'une des difficultés pour l'étude de la structure du songe est qu'il faut l'explorer sur des plans distincts, qui ne sont pas à leur tour exempts d'interférences entre eux. Le plus profond concerne des questions communes illustrant des craintes ou des angoisses si fondamentales et tellement partagées comme la survie, la mort, la douleur, la solitude ou la folie. Mais les rêves (en plus !) interviennent également, et interfèrent, sur la complexité du monde et les difficultés d'adaptation, ou sur le sens ou le destin de l'existence.

Cet univers symbolique fait clairement apparaître certaines relations, comme celle qui se joue entre ascension et lumière, ou entre intégration et chaleur.

En tout cas, intuition mise à part, les spécialistes assurent qu'il y a suffisamment d'informations pour composer une grille avec laquelle explorer le symbolisme onirique de façon assez scientifique.

Le sens

On considère que tout rêve possède un sens. C'est pourquoi celui-ci peut être recherché « vers l'arrière », dans la cause même dudit rêve (c'est la méthode freudienne ou rétrospective) ; ou bien « vers l'avant », en fouillant l'intention réalisatrice du rêve (c'est la méthode junguienne ou prospective).

L'interprétation des rêves

Freud assurait que « l'interprétation des rêves est la voie royale pour parvenir à la connaissance de l'âme ». Aujourd'hui cela semble exagéré, bien que ce soit, il est vrai, un outil très important de connaissance de soi individuel, et que leur dramaturgie, spontanée et incontrôlée, « échappe à la responsabilité du sujet ». C'est comme s'ils existaient réellement en dehors de la propre imagination, avec le sentiment d'identité dissous, et les perspectives et perceptions de la réalité transformées.

Les ethnologues ont pleinement contribué à éclaircir les secrets des songes : « Le rêveur va chercher tous les accessoires de ses rêves dans la vaste panoplie de représentations collectives que sa civilisation lui fournit. La porte est donc toujours ouverte entre les deux moitiés de la vie de l'homme : des échanges incessants entre le rêve et le mythe ont lieu, entre les fictions individuelles et les contraintes sociales ; le culturel pénètre le psychique et le psychique s'inscrit dans le culturel. » (Roger Bastide)

L'interprétation du rêve comme le déchiffrage du symbole ne répondent pas seulement à une curiosité de l'esprit. Ils élèvent à un degré supérieur les relations entre le conscient et l'inconscient et améliorent leurs réseaux de communication.

« L'interprétation des rêves est la voie royale pour parvenir à la connaissance de l'âme. »
Sigmund Freud

Un décryptage sérieux exige de connaître l'univers symbolique des différentes cultures, antiques et actuelles, aussi bien que le symbolisme psychique personnel de chaque rêveur.

Bien que cela se passe seulement dans ce sens, et sur le plan du psychisme le plus conventionnel, l'analyse onirique ou symbolique est l'une des voies d'intégration de la personnalité. Un individu plus lucide et plus équilibré tend à remplacer la personne partagée entre ses désirs, ses aspirations et ses doutes, et qui ne se comprend pas elle-même. « La synthèse de l'activité psychique consciente et de l'activité psychique inconsciente constitue l'essence même du travail mental du créateur. » (C. A. Meier)

Dans l'interprétation, il est important et très utile de connaître l'univers symbolique et mythologique des différentes cultures, antiques et actuelles, parce que tous ces éléments, artistiques ou religieux, sont fondamentalement les mêmes que ceux du monde des rêves. Mais il convient de rappeler que toutes ces images et valeurs symboliques sont en symbiose dans un environnement psychique, également porteur (à son tour, lui aussi) de symboles. Il est donc obligatoire d'ordonner et de synthétiser tous ces éléments si l'on veut faire un décryptage sérieux. De plus, on doit prendre en compte le fait que :

1. Le rêveur est au cœur de son rêve. « Il est rêvé par nous et à travers nous ; le rêve est le théâtre dans lequel le rêveur est à la fois acteur, scène, souffleur, producteur, auteur, public et critique » (Jung).
2. Le rêveur est au cœur d'une histoire. L'interprétation des symboles oniriques exige que chaque élément de l'analyse renvoie à un contexte, soit éclairci par des associations spontanées et même amplifié, comme on fait dans un film.

Il existe deux moyens très utiles :

Les associations. Le rêveur est invité à exprimer spontanément tout ce qu'évoquent en lui les images, les couleurs, les expressions, les mots de son rêve, aussi bien isolément qu'en groupe. C'est de

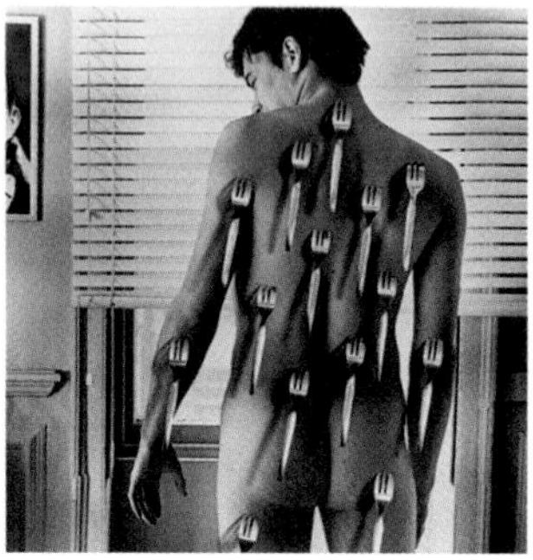

« Le rêve est le théâtre dans lequel le rêveur est à la fois acteur, scène, souffleur, producteur, auteur, public et critique. » (Jung)
« Fourchettes dans le dos » (Hipgnosis, *1982*)

cette façon que se manifestent les liens latents ou les nœuds émotifs insoupçonnés. Cependant, ces associations ne sont généralement pas totalement fiables face à une interprétation onirique au sens strict.

L'amplification. Il s'agit de donner au rêve analysé le maximum de résonance ; l'amplifier pour mieux « le voir », comme si nous regardions la projection agrandie de l'architecture d'un cristal de neige ou des veines d'un marbre.

Pour pénétrer les secrets du rêve, cette amplification peut être le fait du rêveur lui-même, et dirigée de façon minimale. Mais l'interprète peut aussi la réaliser, en se basant sur le trésor des ressources ethnologiques, mythologiques ou symboliques des sciences humaines. De tels moyens, issus tant du folklore que des traditions religieuses, permettent de mettre le contenu du rêve en relation avec le patrimoine psychique et humain en général.

Thérapie avec les rêves

L'onirothérapie, ou pratique thérapeutique consistant à rêver éveillé, a engendré l'« onirodrame ». Cette technique prend la forme d'une rêverie dirigée à partir d'une image ou d'un thème, suggérés par le thérapeute ou l'interprète spécialiste des rêves. En général, on propose des thèmes extraits des symboles d'ascension et de descente. Comme le souligne André Virel, « l'onirodrame utilise la faculté que l'être humain a dans un état hypovigile, de vivre dans un univers archaïque, dont il ne soupçonne même pas l'existence quand il est en état de veille. Le rêve nocturne ne lui en donne d'ailleurs qu'une idée très infidèle et décousue.

« La technique comporte un premier temps de relaxation conduite scientifiquement, qui détermine l'apparition d'ondes alfa. Le sujet reçoit la consigne de verbaliser une à une les images qui lui apparaissent, ou ce qu'il ressent. L'expérience montre que de tels états sont vécus, c'est-à-dire que la personne possède un Je corporel imaginaire qui agit sur un monde fantasmatique sur lequel elle projette les structures de son Moi archaïque. C'est l'une des façons de voir apparaître, chez certaines personnes moins prédisposées à l'imagination que d'autres, des séquences d'images et des situations qui peuvent se superposer aux données mythologiques ou psychosociologiques des stades les plus primitifs de l'humanité ».

Classification des rêves

Voici une classification simple, conçue pour faciliter leur étude :

• Rêve prophétique ou didactique. Avertissement plus ou moins déguisé concernant un événement critique, passé, présent ou futur ;

l'origine de ces songes est souvent attribuée à une force de type céleste.

• Rêve initiatique. Celui du chaman – comme il est décrit dans le livre bouddhiste tibétain le Bardo Thödol – chargé d'efficacité magique et destiné à introduire dans un autre monde par une connaissance et un voyage imaginaires.

• Rêve télépathique. Celui qui met en communication avec la pensée ou les sentiments de personnes ou de groupes éloignés.

• Rêve visionnaire. Il transporte vers un monde « imaginal » (H. Corbin), dont la pleine conscience s'est perdue en Occident, excepté dans les témoignages très peu abondants de type mystique. Le présage est écarté : dans ce cas, il s'agit d'une vision.

• Pressentiment. Le rêve de pressentiment laisse entrevoir une possibilité entre mille.

• Rêve mythologique. Version ou reproduction d'un grand archétype ; il reflète une angoisse fondamentale ou universelle.

Dans les rêves visionnaires, nous nous transportons vers un monde « imaginal », presque mystique.

Vivre les rêves

« Maintenant le roi rêve. De qui rêve-t-il ? Le sais-tu ?
– Personne ne le sait.
– Il rêve de toi. Et s'il cessait de rêver, qu'est-ce qu'il t'arriverait ?
– Je ne sais pas.
– Tu disparaîtrais. Tu es une figure dans un rêve. Si ce roi se réveillait, tu t'éteindrais comme une bougie. »

Lewis Carrol, *À travers le miroir*

Le côté spirituel

Nous avons balayé les approches très diverses qui, dans différentes époques et cultures, ont permis à l'humanité d'aborder le monde des rêves et d'essayer de comprendre leur sens et leur signification. Avant de terminer ce petit parcours, nous nous concentrerons un instant sur leur côté spirituel. Certains considèrent que les rêves ont tendance à nous guider vers la profondeur de notre être, où nous pouvons boire à la source de la spiritualité sincère. Le but de cette source n'est pas que nous nous découvrions, mais de nous rappeler qui nous sommes et pourquoi.

Nous avons commenté et analysé différentes facettes des rêves : leur explication plus ou moins scientifique, les études sur leur mystérieux caractère ainsi que l'incroyable capacité qu'ils possèdent de nous donner une vision différente de notre intériorité. Pour achever cette première partie, il nous a paru opportun d'inclure, de façon très brève, quelques notes sur la relation que certains de nos rêves ont avec le sens ultime de la vie, soit parce que nous apprenons quelque chose qui enrichit notre âme, soit parce qu'ils complètent notre connaissance.

Certains rêves ont tendance à nous guider vers la profondeur de notre être, où nous pouvons boire à la source de la spiritualité sincère.

Selon la culture de l'Égypte ancienne, les dieux ont créé les rêves pour guider les hommes lorsqu'ils ne savent ou ne peuvent pas voir l'avenir. Pour les Indiens d'Amérique du Nord, le rêve est le signe ultime et décisif de l'expérience. Il est à l'origine des liturgies : il fonde l'élection des prêtres et donne la qualité du chaman ; on peut en déduire la science médicale, le prénom qu'on donnera aux enfants ainsi que les tabous. Le rêve décide les guerres, des parties de chasse, des condamnations à mort et de l'aide à apporter. Seul le rêve pénètre l'obscurité eschatologique. Il est, comme le confirme la tradition, le seau de la légalité et de l'autorité.

Pour les Bantous du Kasaï (Congo), certains rêves sont rapportés par les âmes pendant qu'elles se séparent du corps dormant et vont bavarder avec les âmes des morts. Ces songes ont un caractère prémonitoire pour le rêveur. Ils peuvent aussi constituer de véritables messages des morts adressés aux vivants et susceptibles d'intéresser donc l'ensemble de la communauté.

Rêves et méditation

Pour de nombreux peuples, le rêve est un véhicule de l'esprit qui résout les conflits intérieurs. De plus, il pacifie et donne espérance et vitalité à celui qui rêve, exprimant une forte union avec le sacré.

La tradition culturelle d'Orient se rattache autrement au monde onirique. Dans l'enseignement des yogis, tels que Sri Chinmoy par exemple, la pratique de la méditation est proposée comme le moyen le plus approprié pour élargir les horizons de notre conscience, et donc augmenter la qualité de notre relation avec les rêves.

Pour commencer à méditer, il suffira de choisir une posture confortable et de contrôler notre esprit, en évitant toute pensée pouvant nous distraire.

La technique pour méditer que nous proposons est simple, mais doit être constante et prise au sérieux. La meilleure heure pour méditer est tôt le matin (à 3, 4 ou 5 heures du matin). Après une douche, nous devons nous asseoir ou nous allonger, puis nous concentrer sur notre nombril. À aucun moment, nous ne devons penser à nos rêves. Il faut ensuite imaginer une roue sur le nombril, tournant à grande vitesse pendant 30 minutes, puis dormir près de quarante minutes. Si la méditation a été sérieuse et provient du plus profond du cœur, les rêves seront divins, dynamiques, beaux, émouvants et pleins de couleurs. Ils porteront sur les anges ou les divinités, sur notre vie spirituelle, ou sur des choses qui nous inspirent.

Une autre possibilité est de méditer environ 10 minutes avant de se coucher. Ce qui est clair, c'est que pendant que nous éprouvons

Le rêve est pour de nombreux peuples un véhicule de l'esprit qui résout les conflits intérieurs. En plus, il pacifie et donne espoir et vitalité à celui qui rêve, en exprimant une forte union avec le sacré.

ces émotions divines, les portes de notre conscience s'ouvrent à des mondes ou des plans supérieurs.

Diverses techniques y sont également décrites pour méditer : laisser l'esprit vide, l'esprit concentré sur sa propre respiration ainsi que sur un objet… Nous avons choisi cette dernière méthode qui est très facile à apprendre et à pratiquer.

Méditer avec l'esprit concentré sur un objet

Avant tout, il faut choisir un lieu tranquille, dans lequel nous pouvons être au calme et en silence entre 15 et 30 minutes au minimum. Nous choisirons également une posture dans laquelle nous nous sentirons à l'aise, par exemple assis. Nous n'avons pas à nous prendre pour des santons sur l'Himalaya, assis dans la posture parfaite du lotus, après quelques semaines de jeûne et sur le point de parvenir à l'illumination. Il suffira plutôt ici de contrôler l'esprit et d'éviter toute pensée qui pourrait nous distraire. Est-ce que cela semble facile ? Essayez…

1. Nous placerons une fleur, une bougie, ou un objet agréable en face de nous, à une certaine distance (un peu plus d'un mètre peut convenir). Il s'agit de concentrer toute notre attention sur l'objet choisi, tout en prenant conscience de notre propre respiration. Il ne faut même pas la forcer, mais observer comment la cage thoracique monte et descend sans tenter de la contrôler.

2. Nous nous concentrons sur l'objet. Si certaines pensées traversent l'esprit, il ne faut absolument pas lutter contre elles, mais les laisser s'écouler sans cesser de nous concentrer sur l'objet un seul un instant. Nous observerons ses détails et fermerons lentement les yeux jusqu'à ce que son image disparaisse. Si, après avoir fermé les yeux, l'objet de la méditation n'est pas vu clairement, nous répéterons le processus.

3. Les yeux déjà ouverts, on réalise quelques respirations profondes et lentes avant de commencer à mouvoir lentement le corps pour abandonner la méditation.

Pour tous les Indiens d'Amérique du Nord, le rêve est le signal le plus important de l'expérience vitale. Il détermine l'élection des prêtres et la qualité du chaman ou homme de connaissance. Le rêve détermine l'autorité.

Les dreamcatchers ou « attrape-rêves » sont de belles roues de guérison, élaborées artisanalement, et qu'on offre d'habitude aux amoureux, aux amis, à l'occasion d'une naissance ou d'une célébration. Selon la légende, ils servent à attraper les cauchemars dans le filet pour ainsi les dissoudre.

La légende de l'« attrape-rêves »

Il y a longtemps, lorsque le monde était jeune, un vieux chaman des Indiens Lakota eut une vision pendant qu'il se trouvait au sommet d'une montagne élevée. Dans sa vision, Iktomi, le Grand Farceur et Maître de la Connaissance, lui apparut sous la forme d'une araignée et se mit à lui parler dans la langue sacrée. Pendant qu'il parlait, l'araignée prit du saule le plus vieux un cercle qui avait des plumes, des poils de chevaux, des perles et des offrandes, et commença à tisser une toile d'araignée à l'intérieur.

Iktomi lui parla des cycles de la vie : comment les humains commencent leur vie en tant que bébés, puis marchent à travers l'enfance jusqu'à l'âge adulte et, ensuite, devenus vieillards, doivent à nouveau être traités comme des bébés, pour terminer le cercle.

Dans les cultures anciennes, proches de la nature, comme celles des Indiens nord-américains, on emploie habituellement des « instruments de protection » comme les dreamcatchers ou « attrape-rêves ».

« Mais dans chaque étape de la vie, continua de dire Iktomi en tissant la toile d'araignée, il existe beaucoup de forces, certaines bonnes et d'autres mauvaises. Si tu écoutes les bonnes, elles te guideront vers la direction correcte. Mais si tu écoutes les forces malignes, elles te feront du mal et te guideront vers la direction erronée. Ainsi, les forces peuvent aider ou interférer dans l'harmonie de la Nature. » Pendant que l'araignée parlait, elle continuait à tisser la toile vers le centre du cercle.

Quand Iktomi eut terminé de parler, il remit au vieux chaman des Lakota la toile d'araignée qu'il avait tissée et lui dit : « Ce filet est un cercle parfait avec un trou en son centre. Employez-le pour aider votre peuple à parvenir à ses objectifs en faisant un bon usage de ses idées, rêves et visions. Si vous avez confiance dans le Grand Esprit, le filet attrapera les bonnes idées alors que les idées négatives glisseront par le trou ».

Le vieux chaman communiqua la vision à son peuple et, encore aujourd'hui, de nombreux Indiens suspendent un attrape-rêves au-dessus de leur lit pour qu'il protège leurs rêves et leurs visions.

Les bonnes forces sont attrapées dans le filet et envoyées près des personnes, alors que le mal surgi dans les rêves se glisse à travers le trou et cesse de faire partie de leurs vies.

Selon les Indiens d'Amérique du Nord, l'attrape-rêves soutient le destin futur de chaque individu.

Comment fabriquer un attrape-rêves

Si vous êtes intéressé par la fabrication d'un attrape-rêves, vous aurez besoin de :

– 1 anneau en bois de 20 centimètres de diamètre (vous pouvez l'acheter dans les magasins d'arts plastiques ou de travaux manuels) ;

– 2 mètres de fil à broder à trois brins ;

– 1 aiguille fine (elle doit pouvoir passer dans les perles), mais à large tête.

Pour décorer : des perles en cristal ou en bois ; des plumes ; des coquillages marins ou des coraux ; des feuilles séchées de diverses couleurs ; des fleurs en soie ; des bouts de bois ; des rubans ; etc.

- Divisez l'anneau de bois en huit parties égales et marquez-les avec un crayon.
- Enfilez l'aiguille et attachez avec fermeté le fil au point A. Assurez-vous toujours que le fil reste bien tendu.

Figure 1

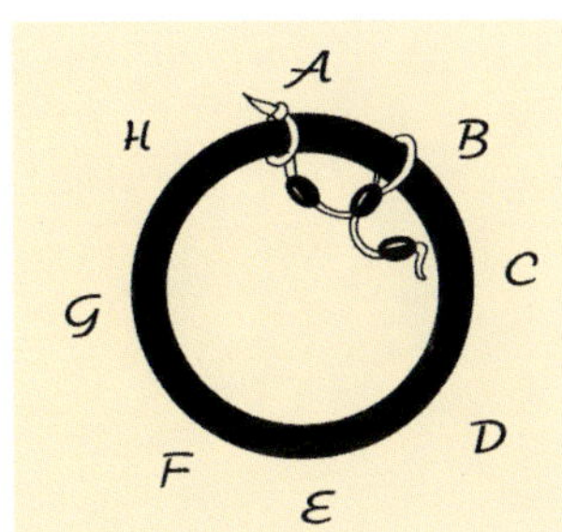

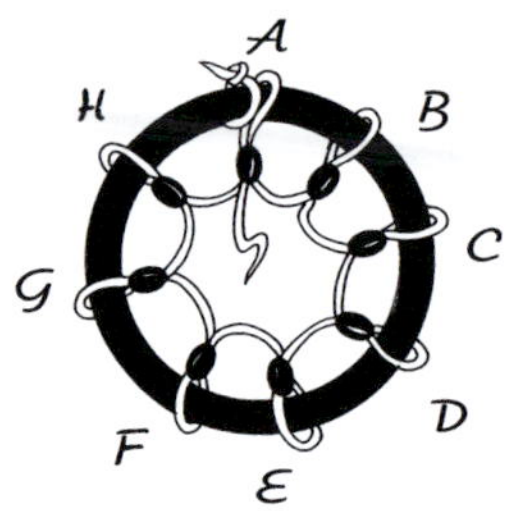

Figure 2

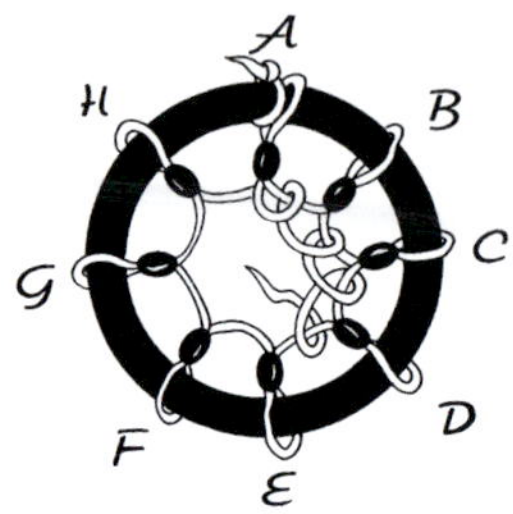

Figure 3

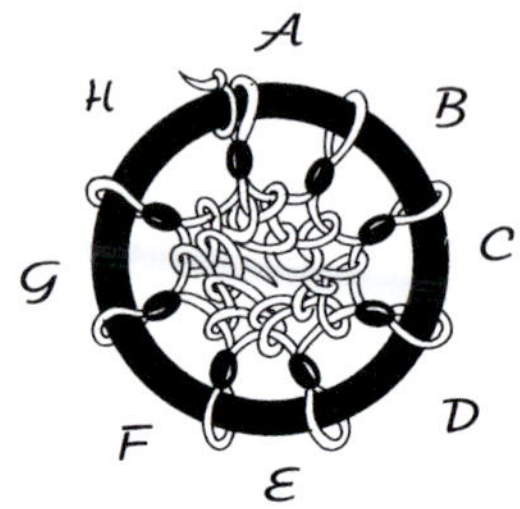

Figure 4

Introduisez deux perles et passez le fil par le point B dans le sens des aiguilles d'une montre. Refaites passer l'aiguille et le fil par la deuxième perle de façon à enfiler une troisième perle pour rejoindre ensuite le point B (figure 1). Répétez cette opération le long de l'anneau en bois jusqu'à finir au point H.

- Repassez ensuite l'aiguille à l'intérieur de la première perle et glissez le fil à nouveau par le point A (figure 2).
- En suivant le même sens horaire antérieur, passez l'aiguille entre la première et la deuxième perle, en tournant ainsi autour du premier anneau en fil, puis entre la deuxième et la troisième perle. Continuez jusqu'à atteindre le point H.
- Une fois le premier anneau en fil terminé, reprenez les mêmes étapes antérieures pour créer, à l'intérieur, le deuxième anneau (figure 3).
- Continuez à faire des anneaux en fil de plus en plus petits.
- Quand l'attrape-rêves sera fini, vous observerez un cercle parfait au centre. Attachez une corde en faisant un dernier nœud (figure 4) et laissez-la pendre environ de 30 centimètres. Vous pourrez ainsi y introduire des perles, les plumes, etc., grâce à des rubans et des nœuds.

Un oreiller favorisant les rêves

Ces oreillers réduisent le stress et aident à apaiser le sommeil. Il faut pour cela :

– 2 pièces en tissu doux de fibre naturelle (65 x 30 cm, approximativement) ;

– 2 pièces de mousseline pour le sachet de plantes médicinales ;

– une aiguille et du fil.

Pour le rembourrage : du coton, du kapok (tissu naturel imperméable). Plantes médicinales : camomille, lavande et pétales de roses, à parts égales ; quelques gouttes d'huile essentielle de lavande.

- Mettez toutes les herbes dans un récipient et ajoutez une ou deux gouttes d'huile essentielle. Mélangez bien.
- Cousez les deux pièces de mousseline pour le sachet d'herbes, en laissant un côté ouvert. Introduisez les plantes médicinales et recousez jusqu'à ce que ce soit complètement fermé.
- Cousez les deux pièces en tissu pour l'oreiller avec leur face externe vers l'intérieur (comme cela est indiqué dans la figure 1), en laissant un côté ouvert pour introduire le rembourrage.
- Retournez le tissu et remplissez avec le matériel de rembourrage. Introduisez le sachet d'herbes au centre, finissez de remplir et cousez jusqu'à ce que l'oreiller soit bien fermé.

Le test des rêves

Quel est votre niveau de lucidité onirique ? Êtes-vous un rêveur distant, réaliste ou lucide ? Avec ce test, vous pourrez découvrir quelle relation vous avez avec vos rêves et quel est votre degré d'implication dans votre activité onirique.

1. Avez-vous l'habitude de vous souvenir de vos rêves ?
a) Pratiquement jamais.
b) Seulement d'un rêve qui m'a impressionné.
c) Assez fréquemment.

2. Que retenez-vous de ces épisodes ?
a) Une image isolée.
b) Des scènes concrètes, pas toujours définies.
c) Je me rappelle suffisamment de détails de ce qui est arrivé.

3. Comment sont les images ?
a) Toujours en noir et blanc.
b) Parfois en noir et blanc, parfois en couleurs.
c) Toujours en couleurs.

4. Qui joue le rôle principal ?
a) Des tierces personnes.
b) Parfois je suis l'observateur et parfois le protagoniste.
c) Je suis presque toujours le protagoniste de l'épisode.

5. Avez-vous toujours conscience de ce que vous faites ?
a) Non, le rêve dicte mes mouvements.
b) Seulement à des moments très concrets.
c) Oui, je suis conscient de mes actes.

6. Les lieux où se déroulent les épisodes sont-ils très détaillés ?
a) Non, ils sont vagues et indéterminés.
b) Je reconnais les lieux, mais je ne peux discerner les détails.
c) Oui, exactement comme dans la vie réelle.

7. Remarquez-vous des éléments étrangers ou incohérents ?
a) Non, pendant le rêve, tout me semble normal.
b) Je détecte quelques incohérences : des portes ou des fenêtres

qui ne sont pas à leur place, des personnes qui changent de rôle, une distorsion des dimensions et des perspectives, etc.
c) Oui, c'est ce qui me permet de me rendre compte que je rêve.

8. Avez-vous un pouvoir de décision pour changer le cours du rêve ?
a) Jamais.
b) À certains moments – par exemple, au point culminant d'un cauchemar –, je suis capable d'interrompre l'épisode.
c) Oui, parfois j'ai suffisamment d'autonomie pour décider de mes mouvements à l'intérieur du rêve.

9. Rêvez-vous parfois que vous vous réveillez pour vérifier par la suite que vous continuez à dormir ?
a) Jamais.
b) Parfois.
c) Souvent.

10. Réussissez-vous à déterminer le sujet du rêve ?
a) Jamais.
b) À très peu d'occasions.
c) Oui, quand je suis très intéressé(e) par quelque chose de concret.

Nombre de points : A : 0 point ; B : 1 point ; C : 2 points

Moins de 10 points
Votre relation avec les rêves est distante. Vous ressentez les épisodes oniriques comme si c'était des sensations ou des images floues. Écrire un journal peut être d'une grande aide pour approfondir vos voyages oniriques.

De 10 à 20 points
Vous êtes un rêveur « réaliste ». Les scènes de vos rêves sont assez solides, bien qu'elles n'atteignent pas la lucidité. Si vous désirez améliorer la qualité de vos rêves, vous pouvez avoir recours à la méditation avant de vous coucher.

Plus de 20 points
Vous êtes potentiellement un rêveur lucide. Vous avez un niveau de conscience important au cours des épisodes. C'est pourquoi vous pouvez voyager à travers eux presque à volonté. De la même manière, vous êtes susceptible d'avoir des rêves prémonitoires ou de communiquer avec d'autres personnes en rêve.

CONNAÎTRE

Les Rêves
de A à Z

L'interprétation des rêves : comment utiliser ce guide

Des messages subjectifs

Comme nous l'avons évoqué dans la première partie, ce dictionnaire ne peut pas être simplement pris au pied de la lettre. Les rêves de chacun sont complètement individuels, de sorte qu'un livre ne peut pas nous dire quel sens a pour nous un rêve déterminé ou un symbole. Il faut soi-même faire l'interprétation. C'est l'attitude que ce manuel essaie d'induire chez le lecteur, son objectif étant de donner une orientation de départ.

Les facteurs influençant l'interprétation de nos rêves sont le contexte quotidien, les souvenirs du passé, les aspirations, les peurs, les soucis, le caractère... Bien que beaucoup de choses coïncident avec l'expérience collective, le langage des rêves est particulier à chacun et non transférable. Ainsi, tout élément différent, aussi petit soit-il, peut changer le décryptage final du songe ou, du moins, le nuancer notablement. La signification onirique que nous proposons de chaque symbole permettra d'orienter notre interprétation et de déchiffrer ce que notre inconscient essaie de nous dire.

Pour que l'analyse soit plus simple, nous avons également inclus quelques interprétations de rêves particuliers, pour lesquels nous avons tenu compte non seulement des éléments de l'épisode onirique, mais aussi de la situation vitale concrète du rêveur – ses peurs, ses préoccupations, les circonstances externes qui l'entouraient au moment où le rêve s'est produit, etc.

Pour analyser correctement votre rêve, vous devez remarquer l'élément le plus significatif qui y apparaît : cela peut être un objet, une histoire, un personnage... Avec la pratique, vous saurez instinctivement sur quoi vous concentrer. Cependant, si après réflexion, vous ne trouvez aucun sens à cet élément, changez-en.

Le langage de vos rêves

Après avoir découvert quel est l'élément essentiel de votre rêve, cherchez son sens dans la partie alphabétique de ce livre. Tenez

Le langage onirique de chacun est particulier et non transférable. Le contexte quotidien, les souvenirs, les aspirations, les peurs, les soucis, le caractère... sont des facteurs influençant l'interprétation de nos rêves.

compte du fait que l'atmosphère est, fréquemment, aussi importante que le thème : si, par exemple, vous rêvez que vous avez perdu une valise et que vous la cherchez en vain, la perte et l'idée de recherche sont probablement aussi pertinentes que le fait que ce soit une valise – et non un autre objet – qui figure dans votre épisode onirique. Les sensations que ce rêve produit en vous seront également très significatives : vous sentez-vous angoissé ? Perdu ? Ou, au contraire, restez-vous calme à chaque instant ?

Il faut aussi bien faire la distinction, dès le début, entre ce qui est relatif aux événements récents (gravés dans notre mémoire immédiate) et l'information la plus importante. Ce qui nous est arrivé le jour d'avant, ou ce que nous préparons pour le jour suivant, peut se voir reflété dans nos rêves et, en conséquence, nous désorienter. Ainsi, les rêves évoquant des faits proches n'ont habituellement pas d'autre sens que le sens littéral.

Enfin, il est recommandé de parler de nos activités oniriques avec des personnes proches qui sont intuitives, car leur opinion peut nous ouvrir, sans aucun doute, les portes du songe. Souvent, une vision plus objective peut nous faire découvrir des choses sur nous dont nous ne sommes même pas conscient.

Deux interprétations : psychologie et ésotérisme

L'interprétation des rêves favorise la connaissance de nous même, en nous permettant de mieux comprendre notre état psychologique. Il n'existe naturellement pas qu'une seule interprétation correcte pour tout le monde. La lecture se fera par un chemin ou un autre, selon chaque rêveur et les circonstances du moment. Avec l'aide des symboles les plus communs, nous commencerons par découvrir le message que notre inconscient veut nous transmettre.

Dans les pages qui suivent, nous proposons une longue liste d'entrées, avec la signification et le symbolisme auxquelles elles renvoient. Vous observerez que certains mots incluent, en plus de l'explication psychologique (◘) commune, une autre plus énigmatique : le point de vue ésotérique (◎).

D'un côté, c'est le sens psychologique s'appuyant principalement sur les théories de Freud et de Jung (exposées dans la première partie du livre) qui est développé, en tenant également compte des autres progrès réalisés en matière psychologique. De l'autre, c'est le sens ésotérique provenant de la tradition et des croyances des civilisations antiques qui est présenté.

A

Abandon Ce rêve est lié au fait de laisser quelque chose derrière soi, ainsi qu'à l'ouverture de nouveaux horizons. Très souvent, la sensation d'abandon est associée à celle de fuite ; ce qui évoque la lâcheté devant une situation déterminée. En revanche, si l'abandon produit un sentiment de joie, c'est le signal qu'il y a des espoirs d'avenir. || Rêver qu'on nous abandonne, en général, augure de problèmes et de difficultés ; cela signifie que nous nous sentons négligé ou délaissé émotionnellement. Mais le ressentiment que nous éprouvons depuis l'enfance peut aussi en être à l'origine. Cela reflète normalement un besoin d'expression de soi ou de compréhension face aux autres. || Si la personne qui abandonne est la mère, les problèmes pourraient être de caractère matériel ; en revanche, si celui qui abandonne est le père, cela témoigne habituellement d'un manque de volonté pour parvenir à nos objectifs. Nous pouvons aussi solliciter un conseil à propos d'un aspect de notre vie ou bien chercher quelqu'un ayant une certaine autorité et qui nous montre le chemin à suivre. Mais si c'est notre partenaire qui nous quitte, nous devrons affronter toutes sortes de problèmes engendrés par notre faute. Quand le dormeur est la personne abandonnée, le rêve exprime alors le sentiment d'insécurité, causé par le désir de posséder la personne qui nous tourne le dos. Il Enfin, si c'est nous qui quittons quelqu'un ou quelque chose, l'inconscient nous pousse à changer d'ambiance et d'habitudes, car nous nous sentons attaché à des principes et à un environnement déterminé. || Faire ce type de rêve après la mort d'un être cher, démontre que nous commençons à nous remettre de la douleur et à accepter nos sentiments de colère, de dépression, de peur et même d'abandon.

Abandonner quelque chose de désagréable est un indice de bonnes nouvelles sur le plan économique. Abandonner quelqu'un que l'on apprécie annonce des temps agités à venir. || Dans le cas où nous serions nous-même la personne abandonnée, la réconciliation ne tardera pas à arriver.

Abaque Cet élément représente un effort mental pour développer des activités intellectuelles. Il indique également la nécessité de compter, de mettre en ordre ou de revoir les comptes. Il peut être perçu comme le désir de faire un inventaire des possessions, à la fois matérielles et spirituelles.

Abbaye Tous les édifices religieux qui figurent dans les rêves peuvent être interprétés, plus ou moins, de la même façon. L'abbaye symbolise les doutes ou les inquiétudes qui sont sur le point d'émerger dans les domaines intellectuel, moral ou spirituel de notre vie. || Quand un édifice apparaît dans un rêve, il représente habituellement aussi le rêveur lui-même, son corps, les différents niveaux de son esprit. Une abbaye est un lieu sacré et peu fastueux, comme notre véritable Moi. || Si l'abbaye est antique, il est conseillé de consulter les vieilles histoires de la tradition celte et des premiers chrétiens. Les connaissances précieuses qu'elles transmettent contribueront à notre éveil spirituel.
Même si la plupart des croyances assurent que rêver d'une abbaye est un bon présage, il existe plusieurs superstitions différentes à ce sujet. Si c'est une jeune femme qui fait ce rêve, cela prédit une maladie. Si l'abbaye est en ruine, cela signifie que nos projets échoueront. Cependant, si le chemin pour y accéder est bloqué, alors nous serons à l'abri d'une erreur pénible.

Abbé La figure du moine ou de l'abbé est associée à celle du sage. Elle apparaît à des moments de doute et peut signifier le besoin de s'adresser à une personne compétente, ayant la capacité d'écouter, de comprendre et d'orienter le rêveur, qui ne peut résoudre le problème par lui-même.

Des traditions anciennes assurent que rêver d'un abbé signifie qu'une maladie va survenir ou que quelqu'un prépare une conspiration. Rêver d'une abbesse suppose, en revanche, de solides amitiés.

Abcès Il peut s'agir d'une douleur physique réelle ; c'est la première chose à laquelle on doit penser. Dans les autres cas, les abcès sont toujours indésirables. Le fait qu'ils apparaissent en rêve peut nous signaler que quelque chose en nous-même nous incommode et nous déplaît. Cela peut aussi nous annoncer des problèmes à venir ou bien souligner des situations qui doivent mûrir pour être définitivement résolues.

C'est un présage de richesse pour les amis et les membres de la famille. En revanche, pour le dormeur, cet élément onirique prévoit des problèmes de santé.

Abdomen La cause de ce rêve peut être physiologique : une gastrite ou une mauvaise digestion. Du point de vue émotionnel, il renvoie à quelque chose qui ne nous est plus supportable et que nous désirons éloigner de nous. || L'interprétation varie selon la taille de l'abdomen. Ainsi, s'il est enflé, cela montre que le sujet est conscient de ses obligations personnelles ou sociales ; s'il est plat, c'est synonyme de pertes et de problèmes économiques ; s'il grossit, c'est parce que chaque jour les charges sont de plus en plus lourdes et qu'on ne voit pas la manière d'en finir avec elles ; et s'il est plissé, cela augure une trahison. || Un abdomen qui saigne annonce la probabilité d'un accident ou d'une tragédie dans la famille ; s'il appartient à un enfant, alors une contagion pourrait avoir lieu très vite. || Des connotations sexuelles sont également attribuées à l'abdomen. Chez une femme, par exemple, il annonce un désir de maternité.

Selon le folklore traditionnel, rêver de son propre abdomen laisse présumer non seulement de bonnes choses à venir – et pour lesquelles nous devrons faire des efforts – mais également une infidélité. La figure de l'abdomen prévient, par ailleurs, de possibles mensonges.

Abeille Grâce à leur travail comme productrices de miel, les abeilles symbolisent, depuis l'époque de l'Égypte ancienne, des valeurs comme l'application au travail et la richesse. Rêver d'abeilles est donc habituellement un signe de prospérité. Si nous rêvons concrètement qu'elles fabriquent du miel ou qu'elles recueillent du pollen, il y a de grandes chances pour que nous obtenions des succès matériels à court terme. Les associations et le travail en équipe nous seront bénéfiques et rentables. || Voir des abeilles laborieuses en rêve peut aussi faire référence à notre rythme actuel de travail ; peut-être que nous n'obtenons pas de bons résultats par rapport au temps et à l'énergie que nous employons. || D'un autre côté, voir des abeilles dans une fleur annonce l'arrivée d'un nouvel amour dans notre vie.

Rêver d'abeilles est considéré comme étant de bon augure pour la santé, la force, l'abondance et la prospérité. En général, une seule abeille promet des fiançailles et des enfants ; de nombreuses abeilles, des affaires fructueuses ; si elles travaillent, de bons espoirs, et si elles forment un essaim, des gains abondants. Cependant, tous les rêves relatifs aux abeilles ne sont pas pour autant positifs. Rêver qu'elles nous piquent nous avertit que nous pourrions être l'objet de calomnies ; tuer l'une d'entre elles signifie que nous ne pourrons pas éviter de tomber dans la misère. || Une superstition populaire très répandue recommande de ne jamais chasser les abeilles, mais au contraire de laisser les fenêtres ouvertes pour qu'elles entrent dans la maison. De cette façon, nous serons à l'abri des ennemis.

Abîme La plupart des peuples premiers voyaient l'abîme comme des zones de profondeur marine ou terrestre. Chez les Celtes, l'abîme se situait à l'intérieur des montagnes ; en Irlande et au Japon, il se trouvait au fond de la mer et des lacs ; et chez les peuples méditerranéens, il se trouvait au-delà de l'horizon. || Chaque personne a ses problèmes et son propre abîme quotidien (dans lequel nous tombons de temps en temps, victimes de l'anxiété). Les situations de conflit, si elles ne sont pas enrayées assez tôt, peuvent se convertir en quelque chose d'« abyssal ». Ce rêve nous indique ainsi que nous sommes au bord de quelque chose, mais nous avons peur de faire le pas décisif. Il est important de découvrir en quoi consiste cette peur et pourquoi nous nous sentons si mal. || Un abîme sombre peut symboliser notre Moi inconnu. Pour peu, qu'en plus nous soyons angoissé, cela ne nous plaira sûrement pas de découvrir ce que nos sentiments et craintes cachés ont à nous révéler. || Les songes portant sur les abîmes sont généralement accompagnés d'une sensation de vertige. Un vertige qui peut être physique, si nous sommes étendu au bord du lit ; émotif, par manque de contrôle de nos sentiments à l'égard des autres personnes ; existentiel, car engendré par l'absence d'objectifs donnant un sens à notre vie. Ce vertige peut être rattaché directement à notre situation actuelle : peut-être avons-nous besoin de prendre une décision sans savoir quelle option est la mieux appropriée. Dans ce dernier cas, il est conseillé de s'accorder le temps suffisant pour bien choisir et éviter ainsi tout type de précipitation.

En général, un abîme pronostique des difficultés financières. Il faut être très prudent avec les affaires traitées les jours suivant le rêve. Selon les croyances anciennes, ce rêve laisse présager des problèmes d'amour, de travail ou de santé. Il est recommandé d'être prévoyant.

Ablution Les ablutions (rituel qui consiste à se baigner dans une eau propre) sont un symbole de purification. Anciennement, on considérait que cette pratique aidait à éliminer les démons intérieurs. || Dans le domaine onirique, les ablutions sont le symptôme de la grande vitalité dont nous jouissons pour réaliser des affaires dans lesquelles un esprit d'entreprise est requis. Il est évident que, si l'eau est trouble, c'est le signe que, malgré nos bonnes intentions, il faudra surmonter des adversités de toutes sortes.

Aboiement Tout comme les hurlements, les croassements et rugissements, ils constituent un signal d'alarme, surtout si l'on ne sait pas d'où ils proviennent. Ils reflètent un sentiment d'insécurité et de crainte envers la possible influence de facteurs externes négatifs.

Abondance Comme cela arrive parfois avec quelques symboles, l'interprétation de l'abondance dit le contraire de ce que cet élément manifeste. Si rêver de richesses matérielles est fortement agréable et plaisant, il faut toutefois prendre ce type d'images oniriques avec la précaution requise. La possession temporaire peut nous amener à penser que cette acquisition est définitive. Mais, comme chacun sait, ce n'est pas le cas et notre culture l'a parfaitement assumé depuis l'épisode où Joseph interprétait un rêve du Pharaon dans lequel sept vaches maigres engloutissaient sept vaches grasses (la parabole symbolise l'alternance de la prospérité et de la pénurie). || En fin de compte, un rêve de cette sorte peut vouloir nous rappeler que nous ne devons pas nous installer dans une situation d'abondance. En effet, il est tout à fait possible que celle-ci bascule en période de pénurie.

Ce rêve prévoit une fausse sécurité, une abondance extérieure, qui en réalité ne comporte que de la misère. Dans le cas où un tel sort est partagé avec un ami, il s'agit d'un présage heureux de réussite, de satisfaction et de joie.

Abreuvoir Un animal étanchant sa soif dans un abreuvoir est synonyme de tranquillité. Cela annonce de bonnes nouvelles, concrètement de type économique. Mais si l'abreuvoir est sec, cela veut dire que nous sommes sur le point de subir des pertes de capital. || Si nous sommes le buveur, nous devrions déduire que ce n'est pas le meilleur endroit pour calmer notre soif. Il faudra changer les méthodes que nous utilisons pour couvrir nos besoins dans la vie réelle. Cela signale, par conséquent, que nous devons chercher d'autres sources plus appropriées pour s'abreuver.

Selon la tradition, rêver d'un abreuvoir présage un héritage à venir. S'il est sale, cela indique la naissance prochaine d'un enfant ; s'il est sec, des mystères qui s'éclairciront et, si des chevaux y boivent, des joies futures.

Absolution Rêver que nous sommes acquitté (par une personne, un tribunal ou tout autre institution, religieuse ou laïque) laisse augurer d'une amélioration de l'attitude des autres envers nous. Il se peut également que l'on se donne soi-même l'absolution. N'oublions pas que beaucoup de personnes sentent que le juge le plus sévère se trouve à l'intérieur d'elles-mêmes.

Abstention Rêver que nous sommes devant de grandes quantités de nourriture ou de boisson, mais que nous n'arrivons jamais à les goûter, indique une situation d'abstinence. D'habitude, ce songe est récurrent, surtout dans des périodes de régime, ou chez les personnes essayant de surmonter un type d'addiction. Il représente l'énorme effort que le rêveur réalise pour atteindre son but. Parfois, un ex-fumeur rêve qu'il a une cigarette à la main et, sans savoir comment, en a déjà fumé la moitié. Le rêve s'achève presque toujours d'une manière violente. Le dormeur se réveille terrorisé, en sentant que tous ses efforts sont perdus. Il peut s'agir de signaux de l'inconscient visant à ce que l'individu ne se fie pas trop à son assurance et reste vigilant afin de ne pas tomber à nouveau dans cette addiction.

Acacia C'est un arbre d'une grande importance symbolique. En Égypte ancienne comme pendant l'ère chrétienne, son caractère spirituel était associé à l'immortalité de l'âme. Selon le déroulement du rêve, voir ou être près d'un acacia fleuri représente un moment de calme et de croissance spirituelle. D'un autre côté, le fait que l'acacia perde ses feuilles peut signaler la crainte de la vieillesse ou l'expérience d'une sensation de perte.
Cet arbre suggère une force intérieure. La personne qui rêve d'un acacia ne se laissera pas abattre par l'adversité et recevra vite de bonnes nouvelles.

Académie Si le rêveur n'est pas en âge scolaire, l'école évoque toujours une frustration pour des projets non réalisés, ainsi que le besoin permanent d'apprendre des personnes de notre entourage. || Rêver que l'on dirige une école montre que, même si l'on acquiert des connaissances dans la vie réelle, celles-ci ne sont pas bien assimilées ni appliquées de manière correcte.

Acanthe C'est une plante à épines et aux fleurs délicates. Au Moyen Âge, elle était considérée comme un symbole de douleur et de péché. En rêve, elle indique une situation qui semble agréable et difficile à la fois. Une autre interprétation possible peut être le triomphe obtenu après un grand effort.

Accaparer Cet élément fait référence à une situation de non-conformisme ou d'insatisfaction par rapport aux biens personnels, à l'environnement ou aux personnes qui nous entourent.

Accident Même si certaines études ont vérifié que dans de nombreux cas les rêves prémonitoires prédisent des catastrophes ou des accidents, notre activité onirique est souvent une manifestation de nos craintes et nos angoisses secrètes. Par conséquent, les rêves dans lesquels des accidents se produisent ne doivent pas être pris, nécessairement, au pied de la lettre, puisqu'ils mettent habituellement en relief une situation de conflit dans laquelle nous sommes plongé. Ainsi, si nous sommes victime d'un accident, il y a peut-être quelque chose dans notre vie réelle qui ne marche pas comme cela devrait, ou peut-être que nous assumons trop de risques. Parfois, il est nécessaire de revoir notre existence et d'essayer d'améliorer les erreurs que nous commettons. || Quand il s'agit d'un accident de voiture ou de train, le sinistre indique des jugements précipités, ce qui peut laisser présager de futures disputes. En revanche, si nous rêvons d'une catastrophe aérienne, l'inconscient nous renvoie un symbole d'irrationalité évident (le rêveur se refuse à voir la réalité comme elle est). || Si l'on conduit à une grande vitesse, le rêve essaie probablement de nous dire de prendre la vie plus calmement et de ne pas nous précipiter. Quand la victime de l'accident est une autre personne, nous devons chercher la réponse dans nos sentiments. Il se peut que l'envie ou la haine que nous vouons à cet individu trouve dans les rêves leur unique issue de secours. || S'il s'agit d'un accident domestique, la situation conflictuelle n'est pas très éloignée de l'entourage quotidien de la personne. || Enfin, les catastrophes causées par des éléments naturels comme le feu ou l'eau (incendies, inondations, tremblements de terre) ont habituellement une relation avec un fait qui nous a récemment impressionné.
Il est recommandé d'être attentif pendant vingt-quatre heures après le rêve. Selon certaines traditions oniriques, les accidents de mer sont associés à des relations amoureuses. Sur terre, ils symbolisent des problèmes concernant des affaires. Être témoin d'un accident dénote la lâcheté ; porter secours à un accidenté, la trahison d'un ami. || Selon la tradition gitane, ce rêve constitue un avertissement pour éviter que l'accident rêvé ne devienne réalité.

Acclamation Être acclamé sans apercevoir le visage des auteurs des acclamations veut dire que nous sommes en danger (la vanité nous nuit). En revanche, si les acclamations sont faibles et si nous distinguons les visages de ceux qui nous félicitent, c'est que le succès sera fugace et servira seulement à flatter notre ego.

Accordéon Interpréter une mélodie monotone avec un accordéon est un avertissement de l'inconscient nous signalant que nous nous plaignons trop, attitude qui fait fuir ceux qui peuvent nous aider. Si, au contraire, nous écoutons jouer de cet instrument, cela signifie que nous sommes l'objet de plaintes infondées d'autres personnes.

Accoster Ce type de rêve signale la nécessité de changer notre style de vie ou nos croyances morales. Être accosté et se sentir victime signifie que, même si nous désirons opérer un changement profond (notre existence ne nous satisfait pas), nous ne sommes pas capable de le réaliser. Quand la sensation produite par cette rencontre est agréable, il convient d'être attentif aux propositions que l'on nous fait ou à nos propres intuitions. En revanche, si les sentiments sont désagréables, il faudra éviter de se précipiter au moment de prendre des initiatives dans la vie réelle. || Il peut aussi arriver que ce soit nous qui abordions quelqu'un. Si cette opération réussit, tout indique que le moment de réaliser ces changements est arrivé.

Accouchement Dans la plupart des cas, cet acte indique de profonds désirs de devenir parents. Mais il peut aussi suggérer la naissance d'un projet ou d'une entreprise qui se préparait depuis un certain temps. Le dénominateur commun de ce type de rêves est l'effort et la souffrance précédant toute naissance.
Un accouchement facile est un indice de prospérité et de joie. S'il se complique, alors des temps difficiles sont à prévoir.

Accueillir Rêver que quelqu'un nous accueille favorablement signifie que nous recevrons la protection nécessaire. Mais, si nous ne sommes pas les bienvenus, nous devrons nous méfier des conseils que nous recevrons dans les jours suivants.

Accumuler Ce type d'images possède une signification inversée : ainsi, si nous rêvons que nous accumulons de l'argent, nous devrions faire attention car les pertes financières sont proches. Entasser des objets augure de désagréments.

Accuser Si nous faisons l'objet d'accusations publiques en rêve, il est très probable que nous nous sentons coupable dans une affaire à caractère éthique ou moral. Si cela se passe devant notre famille, c'est peut-être que nous ne sommes pas assez conséquent. Si l'accusation se produit en privé, c'est peut-être que nous avons depuis un certain temps un remords.

Acide Cette substance corrosive peut indiquer des relations compliquées et même dangereuses avec l'entourage. Ainsi, la prudence est de mise quand il s'agit de se lier aux autres ; un conseil pourrait être interprété comme une critique et se retourner contre nous.
Les rêves de liqueurs acidulées révèlent chez une femme une immersion prochaine dans des situations angoissantes.

Acier Dur, résistant, inflexible, ce métal assume dans le rêve le rôle symbolique de la persévérance et de la résistance au moment d'affronter des difficultés. En général, les images dans lesquelles l'acier apparaît sont généralement positives pour le rêveur, car elles dénotent la réussite et les objectifs atteints.
Rêver que nous touchons de l'acier est une promesse de sécurité dans la vie ; le fondre révèle la persévérance ; le casser est une promesse de victoire sur de puissants adversaires ; le vendre est un présage d'héritage ; essayer de le plier sans y parvenir témoigne d'un manque de confiance du dormeur pour remporter une épreuve.

Acrobate L'acrobate symbolise l'inversion, c'est-à-dire le besoin qui se présente dans toutes les crises (personnelles, morales, collectives, historiques) de renverser une situation. C'est pour cela que se voir soi-même, ou un acrobate, en train de faire des pirouettes en rêve nous prévient de l'entrée dans une situation d'instabilité. Ce type de rêves implique donc un risque. || Si la sensation semble désagréable au rêveur, il faut craindre que le déséquilibre qu'il traverse dans la vie réelle finisse par lui être préjudiciable (des pertes financières, par exemple). Dans ce cas, le dénouement du rêve correspondra aux événements futurs de l'état de veille. Au contraire, si les acrobaties dont nous rêvons nous semblent agréables du point de vue esthétique, nous sortirons probablement fortifiés de la situation conflictuelle qui nous préoccupe. Et le plus important, c'est que nous distinguerons clairement notre orientation authentique dans la vie.
La tradition populaire attribue à l'acrobate une valeur d'inversion. La situation tend à se retourner : les adversités se convertissent en joies, le bonheur se transforme en obstacles.

Acteur/actrice Rêver qu'on joue un rôle en tant qu'acteur, ou actrice, signale un malaise avec notre propre personnalité, et donc un besoin de jouer ou de feindre pour réussir. Adopter le masque de l'acteur peut être utile pour ne pas être blessé par les agressions des autres, mais cette attitude dissimule souvent notre véritable façon d'être. || Rêver que nous avons oublié notre rôle dans une pièce exprime le fait qu'il nous est difficile de nous adapter aux situations du quotidien. Si ce n'est pas nous qui interprétons le rôle, mais d'autres personnes, nous devrons être vigilants face aux mensonges ; il est possible que quelqu'un de notre entourage dissimule ses véritables intentions.

Adam et Ève Les figures d'Adam et Ève prédisent qu'un fait mémorable éloignera nos espérances de réussite. Les voir tous les deux dans le jardin signifie que trahison et mauvaise foi se combineront pour chasser la chance.

Adieu Cet élément indique toujours le désir du rêveur de réaliser un changement important dans sa vie. Il faut être attentif au sentiment que produit l'adieu onirique : il peut être agréable de lâcher les vieilles amarres et de prendre une nouvelle direction, mais il se peut aussi que les adieux soient douloureux. || Lorsque nous disons adieu en rêve, c'est que l'inconscient nous prévient de la nécessité de nous éloigner de quelque chose ou de quelqu'un qui nous fait mal, mais que nous refusons d'abandonner.

Admettre Ce rêve constitue un signal d'alerte demandant au dormeur la rectification de ses attitudes, jugements ou actions à l'état de veille. L'esprit du rêveur n'est pas satisfait de lui-même et l'inconscient le lui manifeste de cette façon.

Adopter Si la personne qui rêve n'a pas d'enfants dans la vie réelle (malgré son désir), ses pensées oniriques reflètent simplement cette volonté non réalisée. Si ce n'est pas le cas, l'adoption peut signifier que nous acceptons des responsabilités qui ne nous correspondent pas. Ce comportement, qui provoque l'admiration des autres, nous rend par conséquent l'existence difficile. D'autre part, ces images sont habituellement rattachées à la stérilité et au manque de confiance en nos propres capacités. Nous devrions donc nous faire davantage confiance et essayer de développer les aspects créatifs de notre personnalité.

Rêver d'être adopté assure un avenir favorable. Adopter un enfant augure l'accumulation de richesses à la maturité, ou un héritage s'il s'agit d'un parent.

Adultère Tromper notre partenaire signifie que nos relations personnelles ne nous satisfont pas du tout et que nous avons des difficultés qui peuvent aller au-delà du domaine sentimental. Peut-être notre sexualité nous préoccupe-t-elle ou désirons-nous quelque chose qui ne nous convient pas vraiment. || L'adultère peut également refléter le besoin de dépasser certains préjugés ou refoulements. Il est ainsi très utile d'examiner les caractéristiques de la personne avec laquelle nous trompons notre partenaire. Cela mettra en évidence nos besoins actuels, et donc les motifs de l'insatisfaction qui est à l'origine de ce rêve. Il faut également ajouter que, les jours précédant une noce, les fiancés font dans la plupart des cas des rêves adultérins. Ainsi, à mesure que la date du grand jour s'approche, les futurs époux imaginent généralement pendant leur sommeil qu'ils ont toujours des relations sexuelles avec des tierces personnes. Ces scènes sont directement liées à la crainte et à l'angoisse que produit chez de nombreux individus l'imminence d'un engagement comme celui du mariage.

Si un homme rêve de relations extraconjugales, une action de type judiciaire aura lieu ; si c'est une femme, elle perdra l'affection de son mari.

Adversaire Affronter un adversaire reflète à la fois la crainte et la décision de faire face aux problèmes et aux limitations. Il est probable qu'un aspect de nous-mêmes, déplaisant et ayant créé en nous un conflit intérieur, soit ainsi représenté. Il est important d'être attentif à la façon dont se déroule l'affrontement, car cela nous indiquera comment nous nous sentons dans la vie réelle.

On dit que battre un adversaire en rêve porte malchance. En effet, cela signifie que nous avons des amis malicieux qui finiront par nous faire du mal dans la vie réelle.

Adversité L'adversité signifie que, dans la vie réelle, nous avons besoin de répondre rapidement à une situation ou à un défi. En termes oniriques, cela implique généralement une pulsion créative et de l'énergie positive. Cela peut aussi être attribué au fait que nous sommes fatigué et avons besoin de récupérer des forces.

Affaire Le rêve peut nous avertir de prendre une attitude plus stratégique dans notre vie. Nous devrions être davantage rusé, provocant ou prudent. La question est de profiter de l'expérience que nous avons et de l'employer en notre faveur. || Si dans le songe les affaires vont bien, c'est que nous sommes probablement à l'aise dans notre situation à ce moment. Si c'est le contraire et qu'il y ait des problèmes, cela veut dire que nous manquons d'assurance.

Si l'on faisait ce rêve dans l'Antiquité, les sages recommandaient d'être vigilant face aux gens malhonnêtes.

Affiche Une affiche onirique est un message direct de l'inconscient. Il est important de savoir si nous avons pu la lire et si nous nous souvenons de ce qui était écrit ou dessiné, car c'est ici que se concentrent les clés pour l'interprétation du songe. Parfois, l'inconscient se sert de jeux de mots et de phrases pour nous dire quelque chose. Si, au lieu des mots, c'est une image qui apparaît, il est alors nécessaire d'étudier sa symbolique. Les autres symboles et le contexte de la scène onirique sont tout aussi essentiels pour l'interprétation correcte du rêve.

Affûteur Ce personnage affûte les couteaux, prépare les armes pour le combat. Son apparition en rêve peut être interprétée comme l'avènement de disputes et de désaccords. Mais il possède cependant aussi un sens positif : il dénote l'assurance et la préparation pour affronter les situations difficiles.

Âge Le poète William Blake affirmait que « le progrès est le châtiment de Dieu ». Le chemin de la vie est une expérience personnelle qui implique souvent la perte progressive des valeurs de l'enfance. || Les rêves relatifs à l'âge peuvent avoir plusieurs sens différents. Rêver que nous sommes jeune exprime le besoin de revoir le passé. Un certain problème de l'enfance et de l'adolescence qui n'a pas été résolu resurgit maintenant. En revanche, si nous sommes plus âgé que dans la réalité, tout semble indiquer que nous essayons d'anticiper les événements. Dans ce cas, l'inconscient nous rappelle que nous devons vivre au jour le jour intensément, sans trop penser à ce qui adviendra.
Rêver de personnes à l'âge avancé porte chance. Si c'est nous qui vieillissons, cela annonce un échec. Si c'est un ami qui vieillit, le rêve nous avertit que c'est lui qui nous décevra. || Rêver de jeunes gens, en revanche, est un pronostic de réconciliation familiale et de moments favorables pour commencer de nouvelles entreprises. Rêver qu'on redevient jeune prédit que nous ferons de grands efforts pour retrouver les occasions perdues. Pour une mère, revoir son enfant adulte comme un bébé, ou un enfant, annonce la guérison de vieilles blessures et le retour des espoirs de la jeunesse.

Agate En rêver témoigne du fait que nous nous sentons désemparé, et donc que nous cherchons à ce que les autres nous aident à résoudre certains problèmes. || Si dans la vie réelle, le rêveur se consacre à des tâches agricoles, cette pierre augure alors de bonnes récoltes.

Agenda Un agenda symbolise une personnalité extrêmement minutieuse. Si le dormeur se perçoit lui-même en train de l'utiliser, alors il est probable que des événements pouvant changer sa vie se produisent. Le perdre ou le déchirer est, en revanche, le signe de projets qui ont échoué et de retards dans les affaires.

Agneau Il exprime la pureté, l'innocence et la douceur, c'est-à-dire notre véritable Moi.
Tous ces attributs sont positifs. Mais, il peut également représenter l'ignorance et l'aveuglement.
Le sacrifice de l'agneau de Dieu enlève le péché du monde. En termes psychologiques, il représente le désir d'obtenir le pardon.

Agoniser Ce songe augure un changement radical dans la vie de celui qui éprouve cette sensation. Ainsi, si nous sommes malade et rêvons que nous agonisons, nous nous remettrons très probablement vite. En revanche, être parfaitement sain est le signal qu'une maladie nous menace. Et si c'est une autre personne qui agonise, son attitude envers nous changera du tout au tout.
Se voir soi-même agoniser est, selon certaines clés interprétatives, un signe de maladie, de douleur ou de perte d'héritage ; pour d'autres interprétations, c'est un bon présage de longévité. Voir agoniser un inconnu annonce des bénéfices inespérés.

Agression Les situations dans lesquelles le rêveur agresse, ou est agressé par d'autres, démontrent un moment difficile et un milieu hostile pour lui. Il est possible qu'il conserve à l'intérieur de lui-même des opinions négatives qu'il a peur d'exprimer ouvertement.

Agriculteur La profession d'agriculteur possède une signification particulière : d'une part, son travail consiste à extraire les fruits de la terre (avec la charge symbolique que cela représente), d'autre part, son activité s'adapte aux quatre saisons de l'année, c'est-à-dire à l'ordre cosmique reproduit par le calendrier. En termes strictement oniriques, rêver de thèmes reliés à l'agriculture reflète l'intérêt que nous portons à la fois au développement de notre propre personnalité et à notre comportement devant la vie. Rêver d'un champ bien soigné et fertile indique le bonheur et la joie. En revanche, si le champ est sec et abandonné, notre bonheur est suspendu à un fil à cause de notre négligence.
Dans le mysticisme préhistorique, la figure de l'agriculteur est rattachée à l'un des principaux rites humains : enterrer les morts.

Ainsi, comme pour la graine enterrée sous la terre, l'homme attend que le défunt retourne à la vie sous une forme nouvelle.

Aider L'interprétation de ce rêve peut amener le rêveur à se rendre compte que certaines choses ou certaines personnes réclament son attention. Elle peut aussi souligner son propre désir d'être sollicité par les autres et qu'on s'occupe de lui. Ce rêve est presque toujours lié à un besoin d'affection.

Aigle L'aigle est l'un des symboles les plus universels qui existent. C'est un animal fort, exprimant notre robustesse sur les plans intellectuel ou spirituel. Cet oiseau signale que nous avons des aspirations élevées, normalement de conquête, pouvoir et maîtrise. Le rêve est positif si nous nous identifions à l'animal, et négatif lorsqu'il nous transmet la crainte ou la douleur. || Si nous nous sentons des aigles et que nous contemplons tout d'en haut, nos pensées oniriques dénotent alors des sentiments de libération. Si à cela s'ajoute cette contemplation de l'aigle volant de façon solennelle en haut du firmament, cela veut dire que, dans la réalité, nous sommes sur le point de tout quitter pour un but ou un idéal. En revanche, un aigle volant avec une proie nous avertit qu'une relation va directement devenir hostile. Si l'aigle nous attaque, il est possible qu'un malheur nous affecte. || L'altitude du vol de l'oiseau est proportionnelle à l'importance des événements à venir. De la même façon, la rapidité du vol indique la vitesse à laquelle ces mêmes faits vont se dérouler. || Enfin, chez un adolescent, rêver d'un aigle en train d'attaquer le dormeur pourrait symboliser les problèmes émotionnels que celui-ci affronte, aussi bien que son incapacité à assumer les responsabilités d'un amour mûr.

On croyait anciennement que les aigles étaient les messagers de Dieu. Notre aigle onirique pourrait, en ce sens, être le messager de notre inconscient. || D'autre part, de nombreuses histoires mythologiques font référence à cet animal (l'aigle et le lion ; l'aigle et le serpent), en opposant les psychologies : le spirituel face à l'animal ; le masculin face au féminin ; le conscient face à l'inconscient ; la pensée face à l'instinct... On dit également que rêver d'un aigle présage la renommée et la fortune. Voir un aigle apaisé, et l'entendre parler, est un songe favorable. Un aigle mort annonce des difficultés. Tirer dessus est toujours un signe de perte ; l'enfermer dans une cage, une grande honte familiale ; le sortir du nid, un danger ou une menace. Enfin, un aigle blanc promet un héritage considérable.

Aiguille Les aiguilles symbolisent les petites douleurs (angoisses) que chaque personne rencontre sur le chemin de la vie. Des aiguilles en forme de petits crochets renvoient aux intrigues qui se trament dans notre dos. Si nous apparaissons en train de coudre ou tisser, cela veut dire que nous avons besoin soit d'être plus actif soit de réparer le mal que nous avons pu causer à quelqu'un. Si nous nous piquons avec une aiguille, la douleur sera la même que pour toutes ces petites choses de la vie réelle qui nous inquiètent ou nous attristent. Un rêve de cette nature pourrait nous rappeler, en définitive, que nous avons la capacité de tirer parti des difficultés, en les transformant en apprentissage fondamental de l'existence.

Les aiguilles sont généralement associées à la déception. Dans de nombreuses traditions, on croit que prononcer le mot « aiguille » au réveil le matin annonce la malchance.

Aiguille d'une montre Regarder attentivement les aiguilles d'une montre, ou écouter le son qu'elles font en se déplaçant, produit presque toujours une sensation d'angoisse. Le rêveur est obsédé par le passage du temps. Il se peut que nous en manquions pour réaliser un travail que nous nous sommes fixé, ou bien que nous nous sentions coupable d'avoir perdu des heures très précieuses en choses superflues. (Voir Horloge)

Aiguillon Les piqûres, quel que soit l'insecte, représentent les petits désagréments de la vie quotidienne, ceux qui peuvent déstabiliser le sujet au moment le plus inattendu. La vision onirique conseille donc la prudence comme étant la meilleure façon d'éviter que ces petites disputes ne deviennent de grands problèmes.

Ail En tant que symbole onirique, l'ail suggère le besoin de se défaire des apparences pour faire ce que nous considérons comme le plus adéquat. Malgré son odeur désagréable, c'est un aliment aux propriétés curatives considérables.

C'est un indice de disputes, d'aventures et de relations érotiques. Le toucher promet de bonnes affaires ; avoir une forte odeur d'ail laisse pressentir le dévoilement de secrets.

Aile Les ailes symbolisent, depuis des temps immémoriaux, la spiritualité, l'imagination et la liberté. Ainsi, déjà dans la Grèce ancienne, apparurent quelques animaux fabuleux comme Pégase, un cheval ailé. Selon le symbolisme chrétien, les ailes sont le soleil qui illumine toujours l'intelligence des justes. || En termes oniriques, les ailes augurent la réussite, la réalisation des objectifs et le dépassement des difficultés. C'est pourquoi ce type d'images doit encourager la personne à se lancer dans l'action (c'est l'heure de se mettre à voler !). || Enfin, les ailes sont aussi un symbole qui apparaît lors des projets de grands voyages. Étant donné qu'elles représentent également l'imagination et la connaissance, en rêver est un bon présage pour les épreuves ou les examens que nous devons affronter.

Aimant Cet élément symbolise une attirance mystérieuse qui va au-delà de la propre volonté du rêveur. Elle se réfère presque toujours à l'attraction physique entre deux personnes, qui peut être aussi fascinante que dangereuse. Ce rêve est interprété parfois comme un appel à la précaution.

Air Des quatre éléments, l'air et le feu sont considérés comme actifs et masculins, tandis que l'eau et la terre sont passifs et féminins. Dans les cosmogonies élémentaires, on donne parfois priorité au feu en tant qu'origine de toutes les choses, mais la croyance en l'air comme fondement est plus généralisée. Dans le domaine onirique, l'air fait allusion à la communication, à la raison, à la logique et surtout à l'imagination. Rêver que nous sommes transporté par les airs indique que nous commençons à voir clair dans nos affaires et que nous prenons du recul par rapport à nos problèmes. L'air, de fait, nous aide à établir un équilibre entre les actions et les émotions. || Si l'air est froid, c'est peut-être parce que nous jugeons injustement quelqu'un de notre entourage qui nous apprécie. En revanche, si nous rêvons d'un air humide (ou de vapeur), cela veut dire que nous ne pensons pas de façon lucide. Nos décisions peuvent donc être erronées. La brise, en outre, est un esprit inspirateur et une force qui donne vie.
L'air propre et clair est, depuis l'Antiquité, un présage sérieux de prospérité, de joie et de chance, mais aussi d'amitié et de réconciliation. Cependant, certains vieux livres sur les songes rapportent que rêver d'air signifie que nos espoirs vont s'évanouir.

Alarme Comme dans la vie réelle, les alarmes oniriques sont des signaux de danger qu'il faut pendre en compte pour éviter des situations désagréables, surtout si ces images sont fréquentes.
Ces alarmes peuvent être des sirènes, des sifflets, des cris ou des signaux lumineux. Dans ce dernier cas, si elles sont situées à une porte ou une fenêtre, cela veut dire que des personnes de confiance pourraient nous trahir. Si c'est nous-même qui donnons l'alarme, alors nous devons réaliser nos projets le plus vite possible, car ils risqueraient d'être affectés par certaines situations à venir.

Alchimie Selon Carl Jung, l'art de l'alchimie était un système de symboles à travers lesquels se réalisait la transformation de l'individu. La personnalité de ce dernier passait d'un état fondamental (plomb) à un autre état spirituel (or). Jung considérait ainsi que les symboles de l'alchimie étaient des images archétypales de l'inconscient. Faire ce rêve, par conséquent, signale probablement un changement intérieur.
L'alchimie était, au Moyen Âge, ce que la psychologie est pour nous aujourd'hui. Son symbolisme est encore identifié au progrès intérieur réalisé grâce à l'inconscient.

Alcool Il représente l'union des éléments opposés : l'eau et le feu. La force vitale des deux se complète et produit un résultat explosif. C'est un élément purificateur, mais aussi une voie pour l'ivresse.

Algue Les algues de nos visions oniriques peuvent avoir des interprétations très diverses. Si nous les ramassons ou simplement les trouvons, c'est que nous n'agissons pas sensément et devrions pour cela reconsidérer notre façon d'agir. Lorsque ce sont les autres qui les ramassent, cela signifie que certains de nos secrets seront divulgués par des personnes de notre entourage qui cherchent à nous nuire. || Rêver qu'on mange des algues indique qu'on rassemble toutes nos forces pour faire face à l'adversité. Si on ne fait que les goûter, et donc qu'on les laisse perdre, il se peut qu'une affaire échoue.

Aliment Dans les scènes oniriques, l'aliment représente les besoins corporels et spirituels. Il prend une importance spéciale lorsque nous le portons à la bouche, c'est-à-dire quand nous nous alimentons. Le type de nourriture que nous donnons au corps et à l'âme devient, à la longue, notre matériau vital. Refuser des aliments en rêve exprime le non-conformisme devant des éléments externes.

Alphabet Réciter l'alphabet pendant notre sommeil désigne le besoin de mettre en ordre les idées, mais aussi le gaspillage de nos dons dans le passé, par négligence ou indifférence.

Amande En rêver signifie que nous passerons de bons moments après avoir surmonté quelques difficultés. Toutefois, si celles-ci sont amères, nous pourrions avoir à pâtir de problèmes de natures diverses, qui nous rendront tristes pendant une période. Si ce fruit sec semble abîmé, nous connaîtrons une grande désillusion dans la concrétisation de nos désirs.

Amandier Fleuri, il annonce l'arrivée du printemps. Ses fleurs blanches sont belles, mais en même temps délicates et fragiles. L'amandier est associé au sentiment de renaissance ou de renouvellement. Malgré tout, la fragilité de ses fleurs indique la crainte que les projets ne soient pas durables.

Amarrer voir **Attacher**

Ambulance L'ambulance, symbole de secours, est de bon augure. Si le rêveur exerce dans la vie réelle un métier dangereux, le sens de l'ambulance n'a pas de caractère prémonitoire. Il s'agit d'un avertissement concernant le besoin de travailler avec les mesures maximales de sécurité.

Âme Voir que notre âme se sépare de notre corps pendant notre sommeil nous alerte du danger de perte d'identité pour des intérêts mesquins. Si, au contraire, notre âme ne fuit pas et qu'une autre s'introduit en nous, cela annonce alors l'arrivée d'un ami que nous n'avons pas vu depuis un certain temps. || Débattre en rêve de l'immortalité de l'âme signale chez le sujet l'acquisition prochaine de nouvelles connaissances grâce à d'autres personnes.

Ami Rêver d'un ami est habituellement favorable à nos intérêts. En général, c'est signe de confiance et de soutien, en plus d'espérance et de consolation. L'apparence de l'ami révélera l'état de nos relations : le voir en bonne forme indique que l'amitié est solide ; en revanche, s'il est affaibli, cela signifie que la relation que nous entretenons avec lui est en déclin. Rendre visite à celui que nous avons vu en rêve n'est alors jamais de trop ! || Ce rêve nous recommande également d'être vigilant : cet ami onirique représente probablement une part de notre personnalité que nous n'acceptons pas ou craignons. Nous devons faire tout notre possible pour intégrer cette part à notre caractère et en tirer le meilleur.

Rêver d'un véritable ami annonce de bonnes nouvelles. Si notre ami traverse des difficultés, les nouvelles ne seront pas favorables.

Amour Pour une interprétation correcte de ce rêve, nous devrons d'abord identifier la personne qui nous aime dans le rêve ainsi que l'objet de notre amour. En général, l'amour onirique représente le désir d'une relation idéalisée et difficile à trouver. Cela peut tout aussi bien être un rappel afin que nous soyons davantage attentif à notre partenaire et que nous ne négligions pas son amour.

Rêver que nous sommes aimé et heureux laisse présager la pénurie. En revanche, rêver que nous sommes malheureux ou rejeté annonce généralement des jours heureux.

Amoureux L'interprétation est habituellement littérale, le rêve ne faisant que reproduire exactement la même situation que dans la réalité. Il est très fréquent pendant l'adolescence et reflète presque toujours la joie, l'éveil de nouvelles sensations, le manque d'assurance en soi, le besoin d'approbation, la peur de l'abandon ou du changement d'attitude chez la personne aimée. (Voir Amour)

Amputation Rêver que nous avons un membre amputé représente une incapacité à réaliser une des activités que normalement nous développons avec celui-ci. Derrière tout cela, se cache une crainte que nous devrions essayer de surmonter.

Amulette Cet élément montre que le rêveur croit au hasard, à la fortune et par conséquent à la malchance. Cette image indique aussi qu'un « esprit infantile » nous domine sur le moment, et donc qu'il vaut mieux ne pas prendre de lourdes décisions pratiques. C'est en revanche une bonne opportunité pour le jeu et l'imagination. L'amulette est également un symbole qui témoigne du désir de contrôler ou manipuler quelque chose ou quelqu'un.

Ancêtre voir **Grands-parents**

Ancre L'ancre transmet une force stabilisatrice. Elle apparaît ordinairement quand nous avons besoin de sécurité ou d'une influence décisive dans notre vie. D'un autre côté, elle comporte des connotations négatives puisqu'elle peut représenter une attache qui nous retient et restreint notre liberté. Nous nous sentons peut-être attachés à une relation ou à un problème. Rêver que nous jetons l'ancre est le signal que nous devons nous arrêter pour méditer. Et si nous la levons, c'est que le moment de se mettre en marche est arrivé. || Selon l'interprétation freudienne, rêver d'une ancre indique que nous sommes enchaîné à la figure maternelle (la mer serait la mère).

De vieilles croyances assurent que, si une femme fait ce rêve, l'un de ses fils deviendra marin. On dit aussi que cela porte chance au marin qui en rêve. Autrement, cela dénote un changement de résidence ou des voyages à l'étranger. Habituellement, les présages qui lui sont associés sont bons, sauf si l'ancre apparaît cachée sous l'eau car cela exprime une déception.

Âne Cet animal augure généralement des difficultés de tout type. Et pourtant, en fonction de son aspect, le sens du rêve variera. Ainsi, s'il est gros et chargé, il présage la réussite et les gains matériels, tandis que s'il est maigre, c'est tout le contraire qui se produira. || Un âne mort est un mauvais signal qui prévoit non seulement l'échec de nos entreprises, mais aussi la banqueroute et la misère. Si l'animal nous poursuit, cela veut dire que dans la réalité nous avons peur de quelque chose et que nous serons sûrement victime d'un mensonge ou scandale. Enfin, monter dessus est le signal que nous prenons le bon chemin pour atteindre nos objectifs, même si cela prend du temps. Si le fait de monter un âne est un fait involontaire de notre part, cela pourrait indiquer des disputes avec les personnes proches.

Ange Depuis toujours, les anges ont été considérés comme des messagers de Dieu. Sur le plan psychologique, ce rêve pourrait être un message de ces parties de nous-même qui veulent nous guider vers la satisfaction et le bonheur. || Les anges symbolisent également l'invisible, les forces cachées. Rêver d'eux, dans ce cas, indique que nous avons entrepris un nouvel itinéraire au cours de notre évolution personnelle. Ils nous avertissent ainsi que nous avons de grandes opportunités de nous réaliser et que nous ne devons pas les rater. Un ange d'apparence sinistre doit être considéré comme l'indication d'un dysfonctionnement dans la vie réelle. Il est important d'en prendre note et de nous appliquer à résoudre ce problème. || Enfin, rêver d'un ange de la mort n'est pas un mauvais présage. Il est très probable que notre propre anxiété soit à la recherche d'un moyen d'expression.

L'ange onirique est un présage de chance en amour, dans les relations et les amitiés. Quand il y en a plus d'un, cela signifie que nous recevrons un héritage ; un ange entrant dans notre maison prédit une bonne santé.

Analyse du rêve

Ange

Le rêve de Ruth : « C'était la nuit. Je me trouvais sur la terrasse lorsque je vis voler un ange. Il était très beau, de robuste complexion, portait de longues boucles blondes, et mesurait plus de deux mètres. Il portait comme unique vêtement une longue tunique transparente qui laissait deviner un corps musclé et athlétique. Sa présence m'impressionna et je ressentis à ce moment un amour profond. Je n'avais jamais eu cette sensation dans un rêve. Il restait suspendu en l'air à me regarder et souriait. C'est alors qu'il me dit : "Ruth, ouvre-moi la porte. Je veux entrer dans ta maison." Je me suis réveillée avec un fourmillement dans le ventre très agréable. »

Les anges oniriques sont souvent porteurs de messages divins. Pendant plus de deux ans, Ruth avait maintenu les portes de son cœur fermées. Ayant souffert d'une trahison amoureuse, elle n'était pas prête pour un nouvel amour. Au moment du rêve, José était apparu dans sa vie, et avec lui un torrent de sensations romantiques. Cependant, Ruth se montrait dure et méprisante avec lui. Il avait beau lui plaire, elle avait peur de retomber amoureuse. L'ange lui demandant l'autorisation d'entrer dans sa maison représentait son inconscient désireux de laisser naître à nouveau l'amour. Tomber amoureux en rêve est un reflet de notre désir d'accéder à une relation profonde et sincère.

Animal Les animaux représentent, en général, les qualités ou défauts auxquels ils sont traditionnellement associés. Ainsi, nous pourrions dire que le chien représente la fidélité, la colombe la paix, la tortue la longévité, le tigre le pouvoir, etc. De même que pour les autres entrées de ce dictionnaire, il faut cependant toujours prendre en compte la situation personnelle du rêveur. Si, par exemple, celui-ci a été mordu par un chien, son inconscient associera difficilement la figure du chien à la fidélité. || En outre, les animaux font référence à notre instinct le plus primaire et à nos désirs basiques. Le rêve peut attirer notre attention sur un aspect de notre nature que nous refoulons ou sous-évaluons. Dans tous les cas, il nous avertit que nous devons essayer d'être plus spontané et moins rationnel. || Si nous rêvons que nous mangeons un animal, cela veut dire que nous assimilons sa sagesse naturelle. Si nous luttons contre lui, c'est que nous avons des problèmes avec cette part de nous-même enfouie, refoulée par la conscience. Si l'animal garde un trésor, c'est que les passions matérielles nous empêchent de nous réaliser spirituellement.

Leur signification varie selon qu'il s'agit d'animaux domestiques ou sauvages. Alors que l'animal sauvage est un indice d'ennemis secrets et de problèmes professionnels, l'animal domestique annonce le retour d'amis absents et une réconciliation. Les posséder, les alimenter et les soigner, particulièrement s'il s'agit de ruminants, signale l'abondance et les bonnes affaires. Les animaux dotés de cornes augurent le bonheur.

Antenne Au moyen d'une antenne, nous pourrons augmenter davantage le nombre de nos perceptions. Rêver de cet élément semble indiquer que nous devons être attentifs à des informations qui peuvent nous être très utiles.

Anxiété Personne n'a encore découvert la fonction qu'ont les rêves dans notre vie. Certains scientifiques croient que nous dormons pour pouvoir rêver, car les rêves mettent en ordre toutes nos émotions. Diverses expériences ont déjà montré que les gens privés de sommeil présentent de grands désordres émotionnels (une anxiété démesurée par exemple). Les rêves, par conséquent, nous apportent un équilibre psychologique. || Il est très habituel de faire des rêves exprimant l'angoisse et les émotions que nous ne pouvons canaliser dans la vie réelle. D'après Freud, ils dénotent l'agressivité et le ressentiment réprimés. Beaucoup d'entre eux, de fait, proviennent de l'étape infantile. Ainsi, là où apparaît cette anxiété onirique, il est recommandé de rechercher les sentiments profonds qui, réellement, la provoquent.

Certaines croyances assurent que les rêves d'angoisse indiquent tout le contraire de ce qu'ils expriment : il ne manque pas grand-chose pour que nos inquiétudes se résolvent. Et, dans une certaine mesure, plus nous exprimons nos peurs dans les rêves, plus nous nous approchons de leur dissipation.

Aphonie Lorsque, dans un rêve, nous restons sans voix ou que nous parlons si bas que les autres ne peuvent pas nous entendre, cela veut dire que nous sommes en train de perdre notre capacité de décision et la confiance en nous-même.

Appareil photo Les appareils photo représentent le rêveur en personne. La vision obtenue à travers l'objectif est probablement plus impartiale que la vision obtenue à travers un œil. Par conséquent, rêver que l'on photographie quelque chose ou quelqu'un indique sûrement un désir de voir cette chose, ou cette personne, d'une façon plus objective et moins émotive que nous ne sommes capable de le faire dans la vie réelle. Ce songe illustre notre désir de bien saisir une personne ou une situation déterminée. Si l'appareil ne fonctionne pas, ou que l'image n'apparaît pas lorsque l'on révèle la photo, c'est que dans la réalité on fuit peut-être quelque chose. || Cela peut également renvoyer à notre désir de revivre le passé ou de le conserver pour toujours.

Appel Cet élément peut s'interpréter diversement, suivant les événements qui se dérouleront dans le rêve, ainsi que les personnages y figurant. Si c'est le rêveur qui appelle, cela illustre le besoin de recevoir de l'aide extérieure à un moment déterminé. Entendre un appel et ne pas y faire attention, ou ne pas pouvoir y répondre, révèle un sentiment de culpabilité causé par un comportement indolent ou léger. Répondre à un appel, en revanche, signale la disposition à offrir de l'aide aux personnes de l'entourage. || En outre, il se peut que notre inconscient essaie d'attirer notre attention. Quelque chose d'important peut arriver sans que nous en soyons conscient.

Rêver que quelqu'un frappe à la porte nous alerte du fait que bientôt la meilleure des fortunes nous sourira.

Appétit Il est possible que le rêve renvoie au fait que nous soyons allé au lit en ayant encore faim. Mais les rêves se référant à l'appétit peuvent toujours suggérer le besoin de plus d'amour et d'affection ou le besoin d'exprimer nos émotions. Dans tous les cas, rêver que nous avons de l'appétit met en évidence l'envie de vivre, ainsi qu'un important courant d'énergie.

Avoir grand appétit signale l'éloignement des amis et des membres de la famille ; ne pas en avoir présuppose l'arrivée d'une mauvaise nouvelle.

Aquarelle Eau trouble et colorée, l'aquarelle est le reflet de notre perception très déformée de nous-même, situation qui peut être engendrée par une confusion émotive. Pour en sortir, il ne faut pas se compliquer la vie et agir avec plus de spontanéité et de simplicité.

Aquarium Comme toujours, l'interprétation correcte de ce type de rêves dépend des détails. Ainsi, voir un aquarium d'eau claire avec des poissons nageant dedans révèle un état d'âme heureux et tranquille. En revanche, si l'eau est sale ou que les poissons se montrent nerveux, la scène onirique peut nous fournir des pistes concernant nos pulsions réprimées. Des poissons morts dans l'aquarium signalent de vaines espérances et des contrariétés.

Aqueduc Pour peu que nous rêvions d'un aqueduc en bon état de conservation ou en usage, alors un futur prospère et riche en biens de tous genres nous attend. Si, en revanche, il est inachevé ou en mauvais état, c'est possiblement un signe de pauvreté et de période de difficultés.

Araignée Cet insecte fait converger trois sens symboliques distincts qui, parfois, se superposent : celui de la capacité créatrice (l'araignée tisse sa toile), celui de l'agressivité (en raison de son instinct prédateur) et celui qui est lié à la toile (en tant que réseau spiral doté d'un centre). Rêver d'une araignée peut être interprété de bien des façons. Dans la plupart des cas, c'est un rêve négatif, puisque la toile symbolise le piège dans lequel nous nous précipitons. Elle symbolise également la solitude, le manque de communication et les disputes. Par ailleurs, si l'araignée a tissé une belle toile qui provoque en nous de l'admiration lorsque nous la contemplons, cela signifie que les forces de l'univers agiront en notre faveur. C'est le moment d'intervenir puisque nous disposons de tout notre potentiel. || Les araignées oniriques peuvent également représenter nos peurs. Nous nous sentons peut-être pris dans une toile de déception ou d'émotions agitées. Sigmund Freud pensait que les araignées représentaient les mères surprotectrices qui consument leurs enfants (victimes innocentes) par un sentiment de possession (toile).

La phobie des araignées est une réaction instinctive des hommes depuis les temps ancestraux où les araignées vénéneuses étaient communes. Le rêve ne fait que ranimer cette peur pour exprimer le fait que certaines choses de la vie réelle nous attristent. D'autres croyances anciennes, toutefois, considèrent que rêver d'araignées est un bon présage.

Arbre Il représente dans le sens le plus large la vie du cosmos : sa densité, sa croissance, sa prolifération, etc. En termes oniriques, c'est la formation de notre personnalité. Ainsi, l'essence de l'arbre et l'état dans lequel il se trouve refléteront l'état de notre esprit et de notre spiritualité. Si l'une de ses parties a été endommagée, alors certains aspects de nous-même en auront souffert. Les branches sont, en ce sens, nos fonctions supérieures ; le tronc, notre rôle social ; et les racines, les ciments de notre façon d'être et de notre inconscient. || Un arbre feuillu et robuste, par conséquent, symbolise l'assurance et la créativité, ainsi que la protection matérielle et spirituelle. Mais un arbre faible et dépouillé de ses feuilles indique que nous ne prenons pas un bon chemin et que nous manquons de l'expérience suffisante pour réaliser ce que nous nous proposons. || En outre, rêver que nous plantons un arbre, ou bien qu'il est en fleurs, est un signal de fécondité ou de maturité intérieure.

Selon la tradition, l'arbre symbolise le temps : les racines sont le passé et les branches le futur. Il est possible que le songe soit prémonitoire ou exprime nos espoirs et craintes du futur. Si nous grimpons à un arbre, alors nous serons chanceux.

Arc-en-ciel C'est une image d'espoir et de prospérité. Après une étape de pénombre, l'arc-en-ciel prédit la rédemption et les bonnes nouvelles. Bientôt nous vivrons une période de paix et de tranquillité dans laquelle la réussite nous sourira et nos désirs deviendront réalité. || Cet élément est aussi associé à la recherche de la connaissance de soi. L'arc-en-ciel symbolise un pont entre le ciel et la terre, c'est-à-dire notre Moi terrestre et notre Moi illuminé ou supérieur.

Si l'arc-en-ciel apparaît brillant et coloré dans nos rêves, les Gitans prédisent un changement bénéfique. Si sa couleur est éteinte, quelque chose va alors se détériorer.

Argent (métal) Cet élément se rapporte à la lune, la couleur blanche, l'eau, la passivité, le féminin et la sincérité. Il représente quelque chose qui a de la valeur pour le rêveur : peut-être ses besoins économiques ou bien ses moyens émotionnels. Sa présence onirique est positive sauf lorsqu'il a noirci. En effet, dans cet état il augure alors de graves pertes. (Voir Eau, Blanc, Nudité, Argent (monnaie) et Femme)
L'argent n'est pas considéré comme un métal d'une grande valeur. Trouver dans un rêve de l'argent dans un porte-monnaie présage des pertes économiques.

Argent (monnaie) Il est le symbole de tout ce que nous désirons intimement mais que nous refoulons avec tant de force que notre esprit n'ose pas mentionner son nom. Il est donc fréquent que ce type de rêves se réfère à des amours illicites. || Si nous gagnons de l'argent, c'est le signe que celui-ci a plus de valeur pour nous que nous ne le pensions, mais aussi que nous nous trouvons dans une période très créative. Au contraire, rêver qu'une personne de notre connaissance nous dérobe une quantité d'argent veut dire que nous avons exagéré nos sentiments envers elle. || Perdre de l'argent, si cela est accompagné d'une sensation d'angoisse, révèle la crainte de perdre quelque chose que nous considérons comme très important. Ne pas l'avoir pour payer ses dettes signale que nous administrons mal notre énergie. Finalement, l'accumuler dénote une forme d'égoïsme ; le partager, la générosité.
Autrefois, on croyait que trouver ou recevoir de l'argent en rêve était un signe de chance. Selon d'autres croyances, cela annonce une naissance prochaine.

Arlequin Ce personnage peut représenter la dimension grotesque de notre personnalité. Si le rêve est agréable, l'inconscient nous suggère de nous moquer de nos soucis, car leur gravité est toute relative. S'il est désagréable, en revanche, c'est que notre attitude n'est pas la meilleure.

Arme Posséder une arme dénote un manque d'assurance. Nous n'avons pas confiance en nous-même, ni en nos propres forces pour nous en sortir. Si l'arme onirique parvient à tirer, cela signale une tendance marquée pour résoudre les problèmes de façon agressive. Bien que nous disposions de beaucoup d'énergie, nous l'utilisons à des fins négatives. Le rêve nous invite donc à cesser de considérer la vie comme une lutte constante. || Les armes expriment également la colère, le ressentiment et les conflits. Quand nous les utilisons contre quelqu'un de notre connaissance, cela veut dire que nous nourrissons des émotions comme la colère et la rancœur. Nous n'osons peut-être pas parler clairement avec la personne en question. Si nous ne la connaissons pas, cette personne peut représenter des aspects de nous-même qui nous déplaisent. Nous avons donc des problèmes internes qui ont besoin d'être résolus. || De plus, les épées, les flèches, les couteaux, les pistolets et les dagues sont des symboles phalliques qui dénotent l'agressivité sexuelle masculine.
Rêver d'armes est un signe de fierté et d'honneur. Les tenir à la main augure la gloire et la réussite. Les fabriquer annonce la convalescence et la reprise des forces. Assister à la fuite d'une personne armée équivaut à une victoire probable ; voir cette personne progresser dans sa fuite indique un sentiment de sécurité, et celui qui rêve n'a rien à craindre. Un tir d'arme à feu prédit des gains imprévus.

Armée Cet élément manifeste notre tentative de diluer notre responsabilité dans la communauté à laquelle nous appartenons. || Ce type d'images peut aussi représenter nos collaborateurs ou amis. Selon l'aspect que présente l'armée, nous saurons à quel point nous pouvons avoir confiance en eux pour nous aider en cas de nécessité.
Selon la tradition gitane, une armée victorieuse augure la réussite ; une armée battue, de mauvaises nouvelles.

Armoire Une armoire représente le lieu où nous conservons nos véritables sentiments. Ce rêve suggère que nous ressentons peut-être le besoin de dissimuler quelque chose. Nous n'affrontons sûrement pas les problèmes comme nous le devrions. Si l'armoire est cachée, sa localisation reflétera des difficultés dans les relations avec les autres. Et si elle est désordonnée, cela signifie que nous souffrons de problèmes affectifs. En revanche, le fait qu'elle soit propre, organisée et remplie de belles choses, certifie la bonne santé de notre esprit et la possession d'une grande richesse intérieure.
Selon certaines croyances sur l'interprétation des rêves, une armoire pleine présage la chance ; c'est tout le contraire, si elle est vide.

Armure Porter une armure doit être interprété comme une façon de nous défendre de l'extérieur. Nous craignons d'être

blessé et, pour cette raison, nous nous protégeons en cachant nos sentiments. Une armure peut également symboliser la dureté et la résistance devant l'adversité. Cela n'est pas toujours positif, puisque, dans ce cas, le rêveur s'enferme habituellement dans sa carapace. Il est probable qu'un individu portant une armure ou une protection n'est pas dans une interaction spontanée avec les autres. Dans les rêves, ces instruments de défense sont des symboles qui démontrent l'anxiété. Nous devons nous demander à nous-même de quoi nous voulons nous défendre. Si nous fouillons en nous, il se peut que nous découvrions qu'il n'est pas nécessaire d'être autant protégé. Avec un peu de confiance en soi et d'assurance, nous pourrons surmonter cette situation. || Une armure qui ferait référence à un événement que nous allons affronter dans la réalité peut signifier que nous sommes courageux et bien préparé.
◎ Rêver que nous portons une armure lourde exprime l'idée que nous prenons la vie trop au sérieux, sans en profiter. || Les personnes croyant en la réincarnation interprètent cet élément comme un vestige de vies antérieures. Si durant le songe des faits historiques sont révélés, il serait intéressant de vérifier leur authenticité. Peut-être que nous nous souvenons de notre passé le plus lointain...

Arracher ◘ Cette action violente reflète la frustration ou les sentiments refoulés. Ce que nous arrachons nous permettra de nous rapprocher de l'origine du conflit.

Arrière ◘ Rêver de marcher en arrière signifie que nous reculons dans la vie. Ce que nous recherchons est chaque fois plus éloigné de nous. Il se peut que nous nous sentions perdant, incapable d'atteindre nos buts. Grâce au signal d'alerte transmis par ce rêve, nous devons commencer à prendre des mesures. Par ailleurs, cela exprime peut-être le fait qu'il est préférable de se retirer. Parfois nous perdons notre temps à lutter pour quelque chose qui n'en vaut pas la peine. Une bonne option est de rester en arrière de façon momentanée, pour retrouver des forces et ensuite revenir avec plus de vigueur et d'enthousiasme.
◎ Certaines sociétés tribales considèrent qu'il est possible de faire fuir les esprits malins en changeant ses habitudes. Ainsi, marcher en arrière est une manière de les embrouiller. En termes oniriques, cela dénote donc que nous sommes sur le chemin de la chance.

Arrivée ◘ C'est un événement qui marque le début de situations nouvelles. Que le rêveur arrive quelque part, ou bien que quelqu'un survienne soudain dans son environnement quotidien, ce rêve est propablement provoqué par un état de léthargie et de monotonie prolongé. Le dormeur souhaite probablement un événement inattendu qui changerait le cours des jours.

Arrosoir ◘ Cet élément, lié à la fertilité de l'eau, reflète également le travail laborieux qui espère obtenir des récompenses à long terme. Son image étant associée, notamment, à la plainte irrépressible, sa signification serait similaire à celles du Défoulement ou de Déborder.
◎ Selon la symbolique ésotérique de l'eau, rêver qu'on arrose présage des gains. S'il s'agit plus particulièrement de fleurs, cela indique l'imminence d'un nouvel et heureux amour pour le rêveur.

Artiste ◘ Nous avons tous besoin, sans exception, d'être aimés et reconnus par les autres. Ce rêve peut représenter notre côté le plus créatif et intuitif. Nous avons probablement besoin de nous exprimer depuis une perspective créative. Pour ceux qui rêvent d'être artistes, cette ambition est encore plus patente. Elle peut également nous indiquer comment sublimer les émotions que nous ne sommes pas capables de manifester. || Si nous sommes en train de peindre un tableau, celui-ci peut représenter la description que nous faisons de notre situation sur le moment. Nous y verrons ainsi bientôt plus clair.
◎ Nous avons probablement besoin de revoir rapidement nos projets afin d'être reconnu. Si dans le rêve nous parlons d'art, nous obtiendrons peut-être une promotion professionnelle.

Ascenseur ◘ Les ascenseurs représentent les montées et les descentes dans l'échelle sociale ou professionnelle. Si l'ascenseur est vide, cela signale que nous avons perdu une opportunité. S'il est plein, c'est que de nombreuses personnes aspirent à occuper la même place que nous. Le fait de rester enfermé dedans peut signifier que nous refusons d'évoluer. Si l'ascenseur monte depuis le sous-sol, cela signifie que certaines idées présentes dans le rêve proviennent de notre inconscient. Le fait de monter indique l'accès à un point de vue plus élevé et plus objectif. Nous serons plus rationnel, mais, à aucun moment, il ne faut oublier nos instincts et nos désirs.
◎ Selon certaines croyances modernes sur l'interprétation des rêves, le présage sera bon si l'ascenseur monte et mauvais s'il descend.

Asperge Sa forme phallique la convertit indubitablement en un symbole de l'organe sexuel masculin.

Voir des asperges hors de terre est une promesse de prospérité ; les cultiver est un synonyme de bonheur futur ; et les manger augure un bonheur domestique.

Asphyxie Une situation dans la vie réelle nous écrase émotionnellement et nous ne parvenons pas à la surmonter par nos propres moyens. Il se peut qu'elle soit provoquée par l'exigence du partenaire amoureux ou d'un père surprotecteur. Tout cela empêche notre croissance psychologique. Il est très important que nous rétablissions notre sens de l'identité pour retrouver une liberté d'action. (Voir Noyer (se)

Selon certaines croyances sur l'interprétation des rêves, ce songe annonce la tristesse et une santé faible.

Assassinat Rêver que nous assassinons quelqu'un, révèle un grave conflit entre nos aspirations et les normes morales que nous nous voyons obligé de respecter. Ce type de rêves doit être analysé très soigneusement car il indique le besoin d'approfondir notre dimension intérieure pour ne pas arriver à une situation de violence réelle. Si nous assassinons en rêve quelqu'un que nous connaissons, nous nourrissons probablement un type de ressentiment envers cette personne. En outre, la personne assassinée pourrait aussi être une facette de nous-même que nous essayons de refouler ou de détruire. Si nous sommes les victimes, c'est parce que nous sommes peut-être soumis à nos émotions. Nos propres instincts que nous refusons de reconnaître peuvent chercher à s'extérioriser.

Certaines interprétations affirment que ce songe présage la tristesse. Cependant beaucoup d'autres soutiennent que l'acte d'assassiner quelqu'un est curieusement la promesse onirique d'une joie inespérée, d'une sortie de maladie ou d'une période malheureuse.

Assembler L'action de rassembler plusieurs morceaux renvoie à une situation où le rêveur se perçoit comme médiateur, ou conciliateur, entre des personnes ou des groupes en conflit. C'est un indice de relations stables et d'engagements fermes.

Asseoir (s') Le rêve peut vouloir nous faire comprendre que nous prenons une attitude trop passive devant une affaire réelle. Ce manque d'action finira probablement par nous causer des soucis.

Être assis sur un siège surélevé signifie que nous aurons de la chance. S'il est bas, cela augure des désillusions.

Assiette Si nous avons une grande faculté de dévouement aux autres, il est probable qu'une assiette est apparue dans l'un de nos rêves. Et ce n'est pas pour rien : cet élément exprime notre disposition à servir nos semblables. || Si l'assiette est pleine de nourriture, elle représente alors l'aliment que nous avons en nous (la tendresse, la solidarité, etc.) ; en revanche, si l'assiette est vide, nous devrons chercher la façon de la remplir. || Si nous lavons une grande pile d'assiettes, le rêve peut suggérer un certain ennui et une monotonie. Rêver que nous cassons des assiettes est, en revanche, un mécanisme de l'inconscient pour décharger la tension accumulée et nous fournir un peu de calme et de tranquillité.

Rêver d'assiettes est un présage optimal de santé et de richesse. Il ne nous manquera jamais une assiette à table.

Assourdir Cela peut être la manifestation d'une souffrance physique de l'oreille. Si ce n'est pas le cas, c'est un avertissement de l'inconscient signalant une attitude négative envers les personnes qui nous entourent. Cela peut aussi s'interpréter comme un symbole d'isolement exprimant l'impossibilité de communiquer de façon saine avec les autres.

Asthme voir **Noyer (se)**

Atelier Nous assumons peut-être en ce moment une nouvelle responsabilité professionnelle ; le rêve nous fournit alors des indices et des outils nécessaires pour améliorer nos méthodes. Par ailleurs, rêver d'un atelier rempli d'ouvriers signifie que bientôt des projets très ambitieux se réaliseront. S'il est vide, en revanche, nous devrons nous intéresser davantage à notre travail. || Si c'est nous qui dirigeons l'atelier, nous disposerons de moyens pour sortir de la situation actuelle.

Rêver d'ouvriers ou d'un atelier est un très bon signe. Cela augure le bonheur dans les affaires et en amour.

Athlète Rêver que nous sommes des athlètes signifie que nous devrions aider davantage nos semblables sans rien attendre en échange. Un athlète qui trébuche nous transmet peut-être un signal d'alarme.

Attacher Attacher quelque chose signifie que nous extériorisons le désir d'attacher une chose afin qu'elle ne s'échappe pas. En général, nous essayons d'attacher les personnes dont nous dépendons. Parfois, c'est à nous-même que nous nous attachons par des refoulements de toutes sortes.

Atterrissage Rêver que nous atterrissons avec un avion indique que nos conflits ou fantasmes commencent à se déplacer vers le monde réel. Si nous ne parvenons pas à atterrir, c'est parce que nous pensons trop aux problèmes qui nous préoccupent. En outre, un avion qui réussit à atterrir après une chute dans le vide suggère que nous nous trouvons devant un conflit d'envergure que nous résoudrons de façon heureuse.

Aube Contempler les premières lueurs du jour représente le triomphe sur les doutes, les cauchemars et les troubles. Le lever du jour annonce le commencement d'une période de grand bonheur pendant laquelle nous pourrons mener nos actions comme bon nous semble. Ce rêve est signe d'espoir et d'optimisme.
Dans l'Égypte ancienne, le lever du jour était associé au jour du nouvel an et au début du monde. Depuis le commencement des temps, l'humanité a rendu un culte au soleil levant en tant que symbole divin, d'espoir et de renaissance.

Auberge C'est une image positive, surtout si l'auberge est pleine de personnes. Cet élément pousse le dormeur à poursuivre ses projets avec la plus grande énergie possible : même dans les pires moments, il pourra compter sur le soutien nécessaire pour atteindre son but. || Voir une auberge vide est, en revanche, signe de malheur et de mauvaises affaires. Se voir soi-même à sa recherche signifie que nous avons besoin de temps pour réfléchir à nos affaires.

Aumône Le fait que l'on nous fasse l'aumône en rêve signale l'échec d'un projet financier que nous avons en cours. Cependant, cela signifie aussi que nous nous contentons de peu. || Bien qu'un rêve comportant de telles caractéristiques ne semble posséder que des connotations financières, il est cependant certain qu'il peut aussi avoir des rapports avec le domaine spirituel. || Demander l'aumône, sans qu'on nous la donne, révèle la traversée d'une période de précarité. En revanche, si c'est nous qui la faisons à une autre personne, cela augure probablement de gains inattendus.
L'aumône présage des difficultés surmontées, ainsi que la longévité.

Autel Un autel peut suggérer le recueillement, l'adoration ou l'exaltation pour les personnes les plus religieuses. Il présage également de noces prochaines. Mais s'il est en ruine, il reflète la désolation et la perte des valeurs morales. Du point de vue religieux, l'autel comporte diverses significations. Comme c'est un lieu sacrificiel, le rêve peut donc faire référence à un sacrifice que nous devons faire, ou à quelque chose que nous avons sacrifié pour une bonne cause. Il ne s'agit pas toujours de quelque chose de matériel. Parfois, il est nécessaire de sacrifier son propre ego et d'exprimer davantage ses véritables sentiments. || Un autel est aussi le symbole du mariage entre le conscient et l'inconscient. L'union de ces opposés favorise la création d'une personnalité unique et forte.
Rêver que l'on est dans une église est un mauvais présage : cela annonce des erreurs accompagnées de repentir. Un prêtre derrière l'autel annonce des disputes et des problèmes domestiques ou professionnels. Mais, si l'église est perçue de l'extérieur, la fortune et la bénédiction ne tarderont pas à arriver.

Autobus En tant que moyen de transport collectif, l'autobus symbolise le besoin de partager des projets, des idées ou des pensées. Rêver de ce véhicule indique que nous devrions nous lier plus souvent aux êtres que nous aimons, et fuir l'isolement qui nous menace. Au contraire, si nous nous percevons comme le seul occupant de l'autobus, cela veut dire que nous sommes très timide ou égoïste. Le rater dénote un espoir de changement manqué ou un désir de sortir de la situation actuelle, mais sans pour autant que la nouvelle orientation soit bien claire.

Automne C'est une époque sereine qui suggère la paix et la mélancolie. L'automne invite à la réflexion, à la connaissance reposée, à la maturation intérieure. Après l'éclat de l'été, cette saison inspire une certaine décadence élégante. Peu à peu, on voit l'hiver approcher ou, ce qui revient au même, la fin de la vie. L'automne, tourné vers l'introspection, permet d'affronter ce terme inévitable en valorisant positivement ce que nous avons eu, sans penser à ce qui nous manquera dans un certain laps de temps. Ce rêve nous incite, par conséquent, à utiliser les connaissances et expériences passées pour résoudre les problèmes du présent. || Les songes renvoyant à cette saison de la chute des feuilles sont reliés souvent à cette étape de la vie proche de la vieillesse ou à la crainte de son arrivée. Ces rêves arrivent habituellement aux personnes d'âge moyen et, bien qu'ils soient souvent mélancoliques, ils sont rarement profondément tristes. Ils symbolisent une réconciliation avec l'âge comme partie naturelle du cycle de la nature.

Autopsie Une autopsie représente un désir sincère d'introspection personnelle. Ce type d'images est une invitation à mieux nous connaître, en tirant le plus grand profit de toutes les expériences. Le fait que ce soit sur nous ou sur d'autres personnes que l'on pratique l'autopsie n'a pas d'importance. Dans tous les cas, le cadavre représente la personne qui rêve.

Autorité Les rêves dans lesquels apparaît l'autorité symbolisent le niveau de refoulement du rêveur. Ils indiquent presque toujours l'existence d'un conflit. (Voir Poignarder et Assassiner)

Autoroute Voyager sur une autoroute au cours d'un rêve doit être interprété comme un signal positif. Cette image indique que nous disposons de tous les moyens nécessaires pour résoudre nos problèmes. Cependant, où que nous allions, nous ne pourrons éviter de payer le prix de nos erreurs. Nous devons, par conséquent, répondre aux engagements sans leur tourner le dos.

Autruche Elle représente la négation de la réalité lorsque celle-ci est défavorable, car ledit animal cache la tête dans un trou lorsque des problèmes se présentent. Ce type de rêves nous avertit que nous devons être plus sincère et affronter les aléas de la vie, même si cela nous est pénible.

Avalanche Ce genre de rêves reflète les imprévus qui peuvent surgir sur le chemin. Nous rêvons d'avalanche quand nous craignons un désastre ou un échec. D'une façon intuitive, nous pouvons avoir découvert dans notre projet une imperfection qui a besoin d'être corrigée. Il est recommandé d'essayer d'identifier les autres images du songe pour leur donner un sens qui puisse éclairer notre crainte. || S'il s'agit d'une avalanche de terre ou de pierres, il convient de veiller à nos finances. Si, en revanche, c'est une avalanche de neige, cela veut dire que nous courons le risque d'enterrer les relations que nous avons avec notre partenaire amoureux. Une authentique tourmente passionnelle est donc en perspective.

Certaines traditions assurent que ce rêve porte chance, surtout si nous finissons enseveli sous la neige. Il augure des bénéfices et la santé. Dans le cas où ce seraient les autres qui subissent l'avalanche, cela indique un changement d'entourage.

Avare Les visions oniriques où figure un avare sont très négatives : non seulement elles annoncent l'abandon du rêveur par les êtres aimés, mais aussi la pauvreté et la maladie. Il est conseillé de veiller à l'attitude que nous avons avec notre entourage pour éviter de tomber en disgrâce.

Avenue Plus l'avenue du rêve est large, plus nous sommes satisfait de notre vie. Cela peut aussi indiquer la solution rapide d'un conflit.

Une avenue droite est un symbole d'espoir ; elle annonce la prospérité, la naissance et l'amour durable. Mais si elle est anguleuse, avec des courbes, elle annonce la désillusion et l'amertume dans un aspect de notre vie.

Aveugle Rêver que l'on devient aveugle indique que nous nous trouvons inapte à juger ou à apprécier un fait déterminé, car nous refusons de voir sa véritable face. Nous sommes peut-être en train de rejeter quelque chose de notre propre personnalité. Il ne faut jamais perdre de vue que c'est la vérité qui nous éloigne du douloureux esclavagisme de l'ignorance. Il vaut mieux donc avoir les yeux grands ouverts. || Aider un aveugle, d'un autre côté, manifeste la bonne disposition à s'occuper des besoins des autres.

Dans la Grèce antique, le devin Tirésias était aveugle. L'aveuglement onirique, dans ce sens, représente la préférence attribuée à la vision intérieure sur la vision extérieure. Une telle cécité symbolise en cela la sagesse et la connaissance de soi.

Avion Tous les songes mettant en scène des aéronefs (avions, vaisseaux spatiaux, ballons, etc.) symbolisent le désir de dépassement, l'ambition et le besoin de s'élever. Ainsi, voir un avion exprime le fait que nous surmontons nos problèmes et que nous désirons une promotion rapide dans le domaine professionnel, social ou spirituel. En revanche, s'il s'écrase, cela signifie que nous utilisons des procédés incorrects pour progresser. || Si nous nous imaginons voler dans un avion, il est probable que nos souhaits sont utopiques et, par conséquent, condamnés à l'échec. || Il est, par ailleurs, possible que l'avion soit un avis de départ ou

de voyage imminent dans notre vie, qui peut être provoqué par le simple fait de vouloir prendre quelques vacances. Ce changement peut inclure un nouveau travail, une nouvelle relation ou une aventure. || Rêver qu'un avion a un accident signifie que nous sommes très ambitieux et que nous nous sommes fixé des objectifs trop élevés. Sur le plan matériel et spirituel, nous attendons de nous-même plus que nous ne devrions, et nous ne nous sentons pas du tout capable d'atteindre nos objectifs. (Voir Atterrissage)
Selon les croyances modernes en matière onirique, ce rêve signifie que bientôt nous recevrons de l'argent. Si nous sommes les pilotes, les affaires que nous avons entre les mains seront fructueuses. Si l'avion s'écrase, elles échoueront. || D'après la tradition gitane, rêver d'un avion signifie que nous devons partager nos projets avec la famille et les parents.

Avocat Rêver de jugements dans lesquels apparaissent des avocats ou avoir recours à l'un de ces professionnels pour résoudre un problème est synonyme d'insécurité. Les pensées oniriques de ce type soulignent un manque de confiance devant une situation, car nous ne percevons pas avec clarté certains aspects de celle-ci. Il est donc question de reconsidérer nos projets et la façon de les mettre en pratique. Si dans le rêve, l'avocat résout heureusement les problèmes, il y a de fortes chances que nous trouvions une aide pour atteindre nos objectifs.

Avortement Un avortement (le nôtre ou celui d'autrui) signifie qu'une situation préoccupant le rêveur n'arrivera pas à bon terme de la façon dont il l'aborde. Il est donc conseillé de changer de tactique, d'élaborer de nouveaux projets sur des bases plus solides et d'aborder les problèmes sous un nouvel angle, sans se fier aux apparences. Ce n'est pas pour rien que l'on parle de projets avortés.
Cela indique une délivrance, la fin d'une peine, de charges qui ne pèseront plus sur le rêveur.

B

Bactérie Le fait que cet élément figure dans nos rêves est synonyme d'altération. En effet, ces organismes microscopiques provoquent des changements dans le corps humain. || Les bactéries annoncent généralement des relations sentimentales confuses. Elles signifient également que ce n'est pas le meilleur moment pour prendre de grandes décisions.

Bagage Notre bagage symbolique n'est pas autre chose que le matériel que nous considérons comme indispensable pour « voyager » à travers la vie. C'est pour cette raison que perdre ses bagages met en évidence la crainte de ne pas parvenir à réaliser ce que l'on se propose, faute de moyens, de connaissances ou de capacité. Si les bagages sont trop lourds et que nous pouvons à peine les déplacer, cela indique que nous avons besoin de lâcher du lest et de revoir nos valeurs. || Les confier à une autre personne peut exprimer notre désir de nous défaire de certaines responsabilités.
Parfois nous supportons trop de charges matérielles, de désirs, de soucis et de besoins. Ce poids ne fait que retarder notre progrès spirituel. Plus ces bagages seront petits, plus notre voyage vital sera plaisant.

Bagarre C'est le résultat d'une situation qui a atteint ses limites et qui ne peut se résoudre de façon pacifique. Sa signification rejoint celle de la Dispute ou de la Guerre. Mais cet élément peut également être associé au Défoulement. Le rêveur se sent incommodé ou agressé par quelqu'un de son entourage, mais à l'état de veille il ne veut, ou ne peut, pas exprimer son désaccord. C'est ainsi que l'inconscient livre une bataille interne et la représente sur une scène onirique.

Bague Comme toutes les figures rondes et fermées, la bague symbolise la continuité et la totalité. C'est pour cela qu'elle sert d'emblème au mariage et, qu'en plus elle représente le lien d'union à une filiation déterminée, un groupe ou une société. Elle procure également sécurité et pouvoir en raison du soutien qu'elle symbolise. || La présence d'un anneau dans nos rêves augure un engagement ou une déclaration d'amour, ainsi que la consolidation d'une société. Il est certain que ce qui arrivera à l'anneau dans le rêve pourra également arriver à ce qu'il est censé représenter. Ainsi une alliance rompue présage-t-elle un divorce ou une séparation ; la perte de l'anneau augure-t-elle des disputes avec la personne qui nous l'a donné ; le fait de la passer à une autre personne dénote-t-il le désir d'exercer une emprise sur elle. || Les bagues, en plus de ce qui vient d'être dit, dénotent la loyauté envers nos propres principes et idéaux. Elles peuvent aussi se référer à un serment ou à une promesse. Enfin, parce qu'elles sont le symbole de l'éternité, sans début et sans fin, elles représentent notre véritable Moi.
La teneur du présage varie si l'on nous remet l'anneau ou si, au contraire, nous le perdons. Dans le premier cas, les augures sont bons. Dans le second, les problèmes viendront à nous. Lorsque nous trouvons la bague par hasard, cela veut dire que nous aurons bientôt un nouvel ami ou un nouvel amant. Pour finir, certaines traditions affirment que rêver que l'on nous donne un anneau signifie la rupture d'une promesse.

Baie Cet élément représente un lieu retiré et sûr. Il peut manifester un soulagement en période de tourmente. Mais il peut également être interprété comme une situation de paralysie, d'immobilité, d'arrêt d'activité et de développement.

Bâillement Imaginer que nous bâillons en rêve met en évidence un désintérêt pour ceux qui nous entourent, avec les problèmes que cela provoque dans nos relations. || Voir d'autres personnes bâiller prédit la maladie et la pauvreté chez les êtres qui nous sont chers.

Bâillon La bouche bâillonnée exprime l'idée que, concernant une affaire déterminée, nous ne pouvons nous exprimer comme nous le sentons. Il peut également y avoir quelque chose d'important que nous souhaitons dire mais nous ne savons pas de quelle manière. || Le sens du rêve peut cependant être le contraire : notre inconscient nous avertit peut-être de nous taire. (Voir Bouche)

Les rêves dans lesquels apparaît un obstacle qui rend difficile la communication présagent habituellement des malentendus. Nous devons être vigilant avec les racontars.

Bain Le fait de s'immerger dans l'eau emprunte son symbolisme à celui de l'Eau, bien que l'action de se baigner ne soit pas seulement associée à la purification. En effet, cette action illustre également le concept de régénération. Nous pouvons en déduire que, si nous rêvons que nous prenons un bain, c'est que nous devons permettre à certains sentiments d'affleurer librement en nous pour vivre de façon plus harmonieuse. || Si le bain est agréable, cela indique que l'on est proche de l'harmonie mentionnée. En revanche, si l'eau est trop chaude ou trop froide, cela signale parfois en nous un manque d'honnêteté. || Dans le cas où nous ne serions pas à l'aise avec nos propres sentiments, prendre un bain revient à faire un ménage psychologique. L'eau figure notre nature émotionnelle et l'acte de se baigner symbolise le fait de vouloir se défaire de vieilles attitudes, de négativité, de culpabilité... || Certains suggèrent que, dans ce rêve, l'eau du bain est comme l'eau de l'utérus de notre mère. Notre désir est celui de revenir à cette sécurité et cette chaleur.

Autrefois, on pensait que se laver avec de l'eau éradiquait non seulement la saleté du corps, mais aussi les péchés de l'âme. Aujourd'hui, en revanche, se baigner et se laver signifient que nous expulsons notre chance. || Préparer un bain laisse augurer la victoire dans une bataille.

Balai Balayer peut indiquer le besoin d'éliminer tout ce qui nous perturbe, que ce soit dans le travail, dans les relations avec les autres ou en nous-même. Le message onirique est évident : cacher les détritus sous le tapis n'est absolument pas une solution. Il faut réfléchir à la manière d'affronter ses propres problèmes. (Voir Balayer)

Balance Cet instrument symbolise la justice, c'est-à-dire le sens de l'équité entre le châtiment et la faute. En termes oniriques, la balance met en évidence notre désir de mesurer, soupeser, mettre à l'épreuve ou juger un aspect de notre personnalité ou de notre vie. Si nous évaluons le pour et le contre d'une situation, le rêve nous aidera à prendre la décision adéquate. || Peser quelque chose d'important, ou être soi-même dans une balance, exprime l'idée que nous devons voir les choses d'un point de vue plus équilibré, sans trop d'émotions. Ainsi, il vaut mieux ne pas se précipiter et réfléchir avec calme avant d'agir. || Enfin, la vision onirique d'une balance vide signale des problèmes d'affirmation de soi.

Depuis l'Antiquité, la balance a été le symbole de la justice. Pour les Égyptiens, c'était l'instrument qui servait au dieu Anubis à peser le cœur des hommes. Le rêve peut, en outre, nous dire que justice sera rendue dans une affaire. || Dans tous les cas, la balance est associée aux gains, à la justice et au bonheur.

Balançoire La psychanalyse a tendance à relier la balançoire à l'auto-érotisme. Elle interprète la peur du balancement ou la nausée que celui-ci peut produire comme l'expression des inhibitions infantiles.

Rêver que nous nous balançons avec notre partenaire prédit un mariage heureux et une famille nombreuse ; le faire en solitaire dénote l'égoïsme et l'infidélité ; une chaîne cassée annonce la naissance dans peu de temps d'un enfant. || Voir une balançoire arrêtée est un indice de joie intense, mais brève.

Balayer Ce geste équivaut à se défaire des idées et attitudes anciennes. Il faut écarter ce qui ne sert plus à rien pour pouvoir commencer une nouvelle étape vitale. || Rêver que l'on balaie comporte également diverses significations en fonction du lieu dans lequel cela se passe : la chambre personnelle annonce une bonne issue pour les projets amoureux ; la maison désigne le besoin d'agir sur un problème quotidien ; et un local de rangement exprime l'épuisement dû au fait de ne pas pouvoir assumer tout le travail. || Dans le cas où le rêveur devrait balayer sans y parvenir, il pourrait lui arriver assez rapidement de grands désagréments.

Analyse du rêve

Balançoire

Le rêve de Joana : « J'avais dix ans et je me balançais sur la balançoire d'un parc. Mon père me poussait et moi je me propulsais vers l'avant avec force, en étirant les jambes. De la pointe de la chaussure, je pouvais presque toucher les nuages. J'étais heureuse. Je me sentais légère et puissante. Soudain, je me suis retournée et je n'ai plus vu mon père. J'ai pris peur et j'ai eu le vertige. J'ai eu beau l'appeler de toutes mes forces, il n'est pas apparu. »

Joana fit ce rêve deux jours après avoir reçu une proposition de mariage. Elle n'en finissait pas de se décider ; pourtant elle connaissait très bien son fiancé et en était très amoureuse. Mais l'idée de se marier la faisait se sentir très adulte, malgré sa jeunesse – elle n'avait que vingt ans – et par conséquent lui faisait regretter son enfance. Le balancement de la balançoire et le plaisir que lui procurait le fait d'aller très haut expriment son désir de liberté. Cependant le fait que ce soit son père qui la pousse et veille de près à ce qu'elle ne tombe pas, révèle son sentiment d'insécurité et son désir de protection.

Se balancer en rêve est interprété comme un symbole d'indécision ; nos affaires sont sur la corde raide et se balancent d'un côté de l'autre sans parvenir à se poser quelque part. L'inconscient de Joana l'encourageait à prendre les rênes de sa vie et à décider par elle-même, en coupant les liens familiaux – son père disparaît du rêve –, et en assumant sa maturité.

◎ Selon une croyance, balayer la poussière de notre maison entraîne aussi le risque de balayer la chance. Ce rêve possède donc des connotations négatives.

Balbutier ⊙ Balbutier en rêve est le signal que notre inconscient nous envoie pour nous dire que nous devons contrôler nos paroles. Il est également possible que nous parlions avec légèreté de choses qui ne sont pas toujours très claires à nos yeux. || Le fait que ce soit quelqu'un d'autre qui balbutie dénote une opinion péjorative envers cette personne, ou bien notre incapacité à comprendre ses arguments.

Balcon ⊙ Ce rêve révèle les énormes possibilités que nous réserve la vie. Nous avons juste à nous pencher au balcon de nos désirs, puisque nous disposons de tout le nécessaire pour atteindre les objectifs que nous nous sommes fixés. || Si, au contraire, nous rêvons que nous tombons d'un balcon, il serait bien d'être vigilant : nous risquons de perdre une grande opportunité par précipitation ou manque de prévoyance. || Enfin, si nous nous trouvons sur un balcon avec une autre personne, cela indique que nous parviendrons à améliorer notre situation actuelle, mais que nous devons nous garder d'éprouver de l'envie.

Baleine ⊙ La baleine est un symbole de force gigantesque mais désintéressée, dont le pouvoir protecteur nous sera bénéfique. Ainsi, rêver qu'une baleine s'approche de nous augure un grand événement qui changera un aspect de notre vie, que ce soit dans le domaine personnel ou professionnel. || Si nous tombons dans la mer et qu'une baleine nous avale, cela signifie que nous traversons une situation difficile, dont nous sortirons, toutefois, rapidement. Une renaissance positive se profile dans un aspect de notre vie.

◎ Relié à la naissance, ce cétacé aperçu en rêve annonce un événement joyeux.

Balle ⊙ Jouer avec une balle révèle le désir de fuir les responsabilités en cherchant peut-être à se réfugier dans le passé. || Cependant, le rêve pourrait aussi avoir des connotations sexuelles, surtout chez les hommes. Le rêveur devra s'interroger sur ce qu'il a ressenti : était-il le gagnant de la partie ou, au contraire, se faisait-il toujours avoir ? Avait-il la maîtrise de la balle ou courait-il continuellement derrière elle ? Les réponses lui donneront des clés pour interpréter sa situation dans le jeu de la vie.

Balle de plomb ⊙ Rêver d'une balle de plomb révèle la traversée d'un moment délicat dans la réalité. Si le sujet ne mûrit

Analyse du rêve

Balayer

Le rêve de Claudia : « J'étais en train de balayer énergiquement ma maison. Mais plus je balayais, plus il y avait de poussière et de saletés qui sortaient de tous les coins. Je consacrais tous mes efforts à cette tâche et passais tout le rêve à balayer. Mais j'avais beau m'obstiner, je ne parvenais pas du tout à nettoyer le sol. Je me suis réveillée harassée de fatigue. »

Il s'agit d'un rêve épuisant qui indique que nous agissons en étant démotivé et que nous gaspillons notre énergie dans des choses qui ne nous apporteront aucun bénéfice. Au moment où Claudia fit ce rêve, elle investissait alors tous ses efforts à restaurer une ancienne maison familiale qui était en très mauvais état, malgré les recommandations de l'architecte et de ses enfants qui lui conseillaient de l'abattre et de la reconstruire. Claudia n'avait pas d'argent pour entreprendre une réforme si coûteuse et investissait donc toutes ses économies à la restaurer superficiellement. Au bout de quelques mois, des fissures commencèrent à apparaître de tous les côtés et, devant la crainte d'un effondrement, les travaux furent suspendus.

pas bien ses décisions, il peut se voir entraîné dans des affaires troubles.

Ballon Rêver d'un ballon invite à réfléchir sur les idées de totalité, de liberté et de légèreté. Nous devons donc méditer avec sérénité et contempler ce qui nous préoccupe avec une vision plus large. || S'il s'agit d'un ballon d'enfant et qu'il s'échappe des mains du rêveur, il se peut que dans la vie réelle celui-ci laisse échapper de bonnes idées. En revanche, si le dormeur le laisse s'échapper pendant qu'il admire son envol, cela indique un progrès intellectuel. Mais si le ballon éclate, cela dénote des pensées superflues. || La vision du globe terrestre augure des voyages d'ici peu, bien que cela puisse également révéler un désir démesuré de pouvoir. || Monter dans un ballon en rêve indique, par ailleurs, que nous traversons un bon moment, mais que nous ne devons pas perdre de vue la réalité quotidienne.

Rêver d'une traversée en ballon augure un voyage malchanceux. Par ailleurs, cela peut aussi signifier que nous voyons tout depuis un point de vue supérieur. L'état du paysage se trouvant au-dessous de nous peut nous en dire long sur notre vie et notre situation.

Bambou C'est une plante au contenu symbolique important, tant au Japon que dans certaines cultures d'Afrique et d'Amérique. Au cours de l'histoire, le bambou a été utilisé pour éloigner les mauvais esprits, fabriquer des instruments musicaux sacrés et comme arme dans les cérémonies religieuses où se pratique le sacrifice. Sa présence en rêve est un signal de bien-être et de bons augures. || Le bambou est associé au succès dans les affaires et à l'harmonie avec l'entourage.

Banane C'est l'un des symboles phalliques les plus connus, autant pour sa forme, que pour sa texture.

Bandage Le bandage symbolise la douleur et l'aveuglement. Cet élément pourrait nous dire que quelqu'un essaie de s'enrichir au prix de notre souffrance. De même, il peut suggérer que nous ne voyons pas clairement la situation dans laquelle nous nous trouvons, ce qui pourrait nous causer des désillusions économiques et affectives.

Bandit Du point de vue symbolique, un bandit n'est pas égal à un voleur. Ce dernier se caractérise par le fait de voler les biens d'autrui tandis que la figure du bandit (le mythe en fait un personnage légendaire habitant dans les bois) est interprétée positivement, parce qu'elle incarne le justicier qui vole les riches pour donner aux pauvres. Ainsi, le bandit représente-t-il habituellement une force cachée qui essaie de rétablir la justice en nous devant des normes ou des obligations excessives que nous nous voyons obligé d'assumer. || L'agression de bandits révèle chez la rêveuse une crainte inconsciente de sa propre sexualité, perçue comme trop inhibée, étouffée, ou au contraire, émergente, voire coupablement insatiable.

◎ Il s'agit d'un songe dont le sens est à inverser : il présage le contraire de ce que l'on rêve, c'est-à-dire la sécurité et la protection.

Banque ◘ Cet élément représente notre réserve de moyens, richesses et énergie accumulée. C'est pour cette raison que rêver de conserver de l'argent, des bijoux ou des objets de valeur dans une banque témoigne d'un besoin évident de protection et de sécurité pour faire face aux problèmes de la vie. En revanche, si nous retirons de l'argent, nous aurons alors la force et la confiance suffisantes pour affronter ces difficultés. || Les banques, et surtout les coffres-forts, illustrent notre magasin intérieur, notre dépôt de potentiel psychologique. L'inconscient nous indique que nous commençons à utiliser nos réserves d'aptitudes et d'énergie, notre talent en définitive. || Le songe peut également avoir un sens plus littéral : nous ne devons pas nous inquiéter de la sécurité de nos biens, puisqu'ils sont bien gardés. || Si nous rêvons que nous volons une banque, c'est peut-être que nous mettons trop d'ardeur dans quelque chose et que nous courons le risque d'échouer par manque de moyens.
◎ Si nous plaçons de l'argent à la banque, nous recevrons bientôt une aide économique. Voir les coffres vides laisse augurer, en revanche, de problèmes financiers inévitables.

Banquet ◘ Si la personne qui fait ce rêve est religieuse, le banquet symbolise la nécessité de partager les plaisirs spirituels avec d'autres individus. Au contraire, si le rêveur n'est pas spécialement dévot, cet élément augure le début de nouvelles relations, la rencontre avec des parents ou l'établissement de nouveaux contacts dans le monde professionnel.
◎ Participer à un banquet fait craindre des pertes économiques. En revanche, le banquet nuptial est une promesse de prospérité.

Baptême ◘ La présence de cet élément dans un rêve augure le commencement d'un amour ou bien la transformation totale d'une relation. C'est le protagoniste de ce baptême qui nous indiquera la nature de cette nouvelle naissance. || Nous pouvons, par ailleurs, tout aussi bien être la personne ou le bébé qui est baptisé. Notre Moi supérieur est en train de bénir alors l'étape suivante de notre vie : nos espoirs et nos objectifs. Il s'agit, en définitive, d'un renouvellement de notre attitude et de notre approche des autres. Nos conceptions anciennes et négatives à cet égard meurent. Ainsi, nous serons bientôt chanceux et nous aurons des satisfactions. || Ce songe possède une interprétation spirituelle lorsqu'il fait référence à la rénovation de notre foi en Dieu.
◎ Si nous buvons de l'eau sacrée du baptême, nous deviendrons alors de grands et célèbres chanteurs.

Baraque ◘ Reflet d'une existence pauvre et hors normes, la cabane met en évidence les désirs d'évasion du dormeur, incapable d'affronter les problèmes de la vie quotidienne. || S'y sentir joyeux signifie que des moments pénibles de grande souffrance approchent. Mais s'y sentir malheureux sera, au contraire, un encouragement à nous réorienter et à progresser.

Barbe ◘ Se raser la barbe peut signifier que nous sommes impliqué dans une situation qui requiert une action directe et énergique. Nous devrions donc être plus expéditif avec nos décisions. || Au contraire, rêver d'une longue barbe généreuse représente la sagesse et la créativité. Si nous nous laissons guider par l'intuition créatrice, nous réussirons à concrétiser nos objectifs. Plus la barbe est longue, plus grandes seront nos possibilités de réussite. || La barbe symbolise également l'homme primitif et sauvage que nous avons en nous, notre côté sexuel le plus indompté. Selon Freud, les hommes qui rêvent du rasage de leur barbe craignent de perdre leur confiance en eux dans le domaine sexuel. En revanche, une femme qui rêve que la barbe lui pousse montre son désir d'adopter un rôle plus masculin, sur son poste de travail par exemple. || Un vieillard à la barbe longue et grisâtre signale que notre inconscient veut nous transmettre des conseils pour augmenter notre connaissance et compréhension des choses.
◎ Une barbe longue et touffue dénote l'honneur et l'éloquence ; mais si elle est excessivement longue, c'est un signe de procédures judiciaires et de pertes. Courte, elle augure des litiges et désaccords familiaux. || Concernant la couleur, une barbe châtaine révèle des malheurs ; une barbe rousse, des fausses amitiés ; une barbe blonde, la réussite ; une barbe noire, la douleur et dorée ou argentée, la richesse.

Baril ◘ Rêver d'un baril, quel que soit son contenu, annonce la prospérité et l'abondance.

Barrière ◘ Comme les murs et les grilles, la barrière symbolise l'impossibilité d'accéder à quelque chose. La réitération de cette image témoigne d'une incapacité à avancer dans la voie empruntée. La zone que nous ne pouvons rejoindre à cause de la barrière est la réalité supérieure que nous cherchons à atteindre. || Il y a peut-être un obstacle sur notre chemin pour obtenir ce que nous désirons réellement dans la vie.

Bas Ils sont un symbole de la séduction érotique. C'est le contexte du rêve qui nous indiquera clairement leur sens.

Des collants signalent un préjudice et des pertes financières ; les enfiler renforce le pronostic de pertes financières ; les enlever, au contraire, dénote la chance. Des collants troués révèlent des espoirs vains et une mauvaise administration du foyer. Les collants en soie annoncent un luxe de durée brève ainsi que des pertes ; des collants en coton, un bien-être modeste. Voir des bas suspendus exprime une fausse apparence de richesse ; les laver est une promesse de gains.

Bataille Dans un contexte onirique, cette image est toujours le signal d'un conflit. Son interprétation dépend de la place qu'occupe le rêveur dans la scène : si c'est un observateur, s'il participe, s'il gagne, s'il perd ou s'il marche seul sur un champ de bataille. Le lieu où se déroule la lutte est associé à l'environnement du rêveur dans la vie réelle. Il faut être, en outre, attentif aux sentiments de triomphe ou de défaite pour comprendre le message de l'inconscient.

Bateau Dans l'Antiquité, les bateaux étant associés à certaines déités furent des objets de culte, notamment en Mésopotamie, en Égypte et en Crète. || Du point de vue onirique, les bateaux symbolisent la capacité de communiquer avec des personnes qui, en raison de leur façon de penser, sentir et vivre, se trouvent très éloignées de nous. || C'est pour cela que rêver que nous faisons une traversée en bateau annonce le commencement d'une nouvelle étape dans notre vie ou une nouvelle relation amoureuse. Au contraire, un bateau qui fait naufrage nous avertit du danger d'une rupture sentimentale. || Cet élément peut aussi représenter un voyage à travers nos émotions. Selon la condition et l'état de l'eau, la signification du rêve change. Si elle est agitée, cela veut dire que nous nous sentons tendu par rapport à nos sentiments. Si elle est calme, c'est que nous vivons tranquillement. Si nous perdons la trace du bateau, c'est que nous avons probablement perdu une belle opportunité. (Voir Eau, Navire et Naufrage)

Dans la mythologie, les bateaux sont le moyen de se rendre d'un monde à un autre. Au vu de ce symbolisme, le rêve manifeste le passage entre différentes étapes personnelles. Il est possible que nous soyons en train de réaliser un changement décisif dans notre vie.

Bâton C'est un instrument de pouvoir, et par conséquent un symbole de volonté et d'action. Une scène onirique où nous tenons fermement un bâton suggère que nous avons décidé de nous mettre à l'œuvre pour résoudre un problème. Mais, en revanche, le fait que l'on nous frappe avec ce bâton peut annoncer un conflit engendré par un manque d'initiative.

Bazar Cet élément est un indicateur de trouble et de confusion concernant nos valeurs et notre orientation dans la vie.

Beauté Si nous rêvons d'atteindre la beauté parfaite, c'est que nous essayons de rendre réelle une chimère, une utopie. La beauté est un attribut passager, quelque chose d'éphémère.

Bébé Rêver d'un bébé signifie que nous nous sentons heureux et vivant avec l'envie de créer. En effet, cela représente quelque chose de nouveau dans nos vies qui suscite notre attention, ainsi que des idées ou des sentiments nouveaux qui affleurent en nous. || Cet élément peut d'autre part révéler un désir profond de revenir aux origines et de découvrir notre véritable personnalité. Dans ce sens, il symbolise la nature pure et non corrompue de chacun. Mais il est aussi possible que ce rêve manifeste notre innocence face à une accusation qui nous préoccupe. || Être transformé en bébé peut refléter un besoin d'affection et de protection. || Évidemment, ce songe exprime probablement aussi nos propres instincts paternels ou maternels avec l'envie qu'ils deviennent réalité. (Voir Mère, Femme et Sein)

À notre grand étonnement, la plupart des livres anciens sur les rêves n'associent pas les bébés à la grossesse. Au contraire, une femme qui rêve qu'elle s'occupe d'un bébé sera déçue par une personne en qui elle a confiance.

Bec Sa symbolique complexe est en rapport avec la capacité de communication, l'alimentation et l'agressivité. Un bec qui remplacerait notre bouche signale un conflit autour de l'image de soi. En voir un sur une autre personne peut signifier l'exaltation d'une caractéristique déterminée qui nous semble gênante et exagérée. Les autres symboles ainsi que l'entourage de la scène onirique faciliteront l'interprétation de ce rêve.

Béquille Dans de nombreux cas, les béquilles représentent une amitié solide et valable, car elles symbolisent un support (moral ou économique) extérieur à nous. C'est la raison pour laquelle d'ailleurs elles sont si fréquentes dans les peintures de Salvador Dali. Il se peut que le rêve questionne le soutien que nous recevons des personnes qui nous entourent dans la vie réelle ou celui que nous offrons aux autres.

Berceau Vide, il signale la nostalgie, l'insécurité et l'insatisfaction envers soi-même. Au contraire, bercer un enfant représente, sans aucun doute, le bonheur conjugal.
Symbole de l'utérus maternel, le berceau onirique promet un mariage imminent. Si un bébé s'y trouve, cela signifie la fécondité.

Berger Il symbolise le guide des âmes car il conduit un troupeau. Il apparaît dans nos rêves lorsque l'inconscient attire notre attention sur le potentiel dont nous disposons en tant que leader ou chef.

Beurre Par sa texture, c'est un symbole de douceur et de facilité. Le beurre, qui fond sous la chaleur, se fond aussi à l'intérieur de nous. Cela pourrait indiquer qu'une situation angoissante arrive à sa fin.

Bibliothèque En tant que symbole de nos connaissances et expériences, on doit s'intéresser à la façon dont elle est présentée dans nos rêves. Une bibliothèque vide signifie qu'il nous faut apprendre pour atteindre nos objectifs. Une bibliothèque qui nous appartient suggère le besoin d'avoir recours à ce qui est déjà acquis. Si elle est à autrui, elle indique alors la nécessité de nous informer ou d'étudier plus à fond le thème qui nous préoccupe dans l'actualité. || Cet élément onirique représente aussi le monde des idées que nous avons créé en nous. Si dans le songe les personnes de la bibliothèque parlent ou que nous avons des difficultés pour trouver un livre concret, c'est que nous devons nous concentrer davantage.
Selon certaines croyances, ce rêve annonce que nous décevrons nos amis.

Bicyclette Elle révèle le besoin de nous mettre en relation avec des gens qui se trouvent loin de nous. Mais, à la différence d'autres véhicules, l'énergie impulsée par une bicyclette exige des efforts de notre part. C'est pourquoi ce songe nous avertit du fait que nous ne disposons que de nos propres moyens, et qu'il ne faut donc attendre de l'aide de personne.
Circuler à bicyclette est une promesse de joie, de bonheur et d'assurance en soi.

Bière Cet élément représente la récompense après un dur labeur. Le songe dans lequel il figure nous invite à faire des efforts dans nos activités.
En rêve, cette boisson augure le succès, les célébrations et les gains.

Bifurcation Une bifurcation ou un carrefour constituent un message clair : il faut choisir, prendre une direction vers laquelle diriger ses actions. L'inconscient nous dit que le moment de prendre des décisions ne peut pas être retardé davantage. Tout ceci peut sembler dur et douloureux, mais il faut agir vite !
Autrefois, les criminels étaient pendus aux croisements des chemins afin que de nombreuses personnes puissent observer les funestes conséquences de l'accomplissement d'un délit. Du point de vue onirique, la bifurcation représente le crime, le châtiment et la mort. Cependant de nombreux livres sur les rêves affirment que cela fait aussi allusion à une importante décision à prendre.

Bijou Dans beaucoup de cultures, les bijoux illustrent des vérités spirituelles. Ainsi les pierres précieuses, les colliers ou les bracelets sont un symbole de savoir supérieur. Mais, attention !, nous ne devons pas pour autant nous bercer d'illusion : dans les rêves, le caractère positif de ces attributs est inversé à cause de la vanité de la personne qui porte ces bijoux. || Ces éléments oniriques nous avertissent de ne pas nous fier aux apparences. Derrière une image attractive peut se dissimuler une situation trompeuse, voire dangereuse. Des bijoux cassés expriment un net sentiment de frustration. || Mais d'autres interprétations voient de la sincérité dans les bijoux. Ceux-ci peuvent d'ailleurs représenter la patience, la créativité, la compréhension, la paix et l'amour. D'ailleurs, traditionnellement, l'or et les diamants étaient la partie incorruptible de l'être ; les rubis dénotaient la passion ; les émeraudes, la fertilité ; les saphirs, la vérité.
Ce rêve annonce la chance.

Billard Rêver de ce jeu comporte des connotations négatives : cela annonce l'arrivée de problèmes dans le domaine matériel, et même d'échec dans les affaires. || Si la table de billard est prête, mais que personne ne joue, un ami pourrait bien essayer de nous trahir. Si c'est une femme qui joue, des tensions importantes sont à craindre dans le couple.

Billet Cet élément peut représenter le début de toute une série d'événements psychologiques. Nous nous sommes peut-être donné la permission d'explorer notre inconscient. || Le billet symbolise également l'accord que nous avons obtenu pour un nouveau projet. Dans ce cas, nous savons la direction que doit prendre notre vie. Un billet perdu peut signifier que nous ne nous sentons pas sûr et sommes déconcerté au sujet du lieu vers lequel nous allons, ou peut-être considérons-nous que nous ne sommes pas assez préparé. || Cependant, le sens onirique varie suivant le type de billet rêvé : un billet de banque annonce des dépenses imprévues et des procès, pour des raisons économiques, que l'on perdra sûrement ; un billet de loterie évoque le danger de laisser le hasard diriger nos affaires ; un billet de train indique la patience lors de l'ascension sociale ; un billet de théâtre, la volonté d'évasion devant la réalité quotidienne. || Voyager en classe économique avec un billet de première exprime la sensation du rêveur d'occuper un lieu social ou professionnel très au-dessous de celui qui lui correspond.

Nous recevrons des nouvelles qui éclairciront notre situation.

Biscuit Des biscuits sucrés suggèrent que l'on donne trop d'importance aux affaires frivoles et banales : il y a trop de plaisir et peu d'efforts dans notre vie.

Faire des biscuits pronostique une période de disputes familiales concernant des affaires banales, ainsi qu'une mauvaise santé. Chez une femme jeune, les fabriquer exprime son grand souci de ne pas trouver le partenaire idéal. Les manger, en revanche, suggère que l'on pourra adoucir les mauvais moments grâce au soutien des amis et des membres de la famille. Les sortir du four invite le dormeur à avoir de l'espoir.

Bison Cet animal symbolise la prospérité et l'abondance. Le rêve est interprété comme la réalisation réussie d'un objectif pour lequel on a dû lutter longuement. || Chasser un bison équivaut à obtenir à la fois nourriture, protection et reconnaissance sociale.

Bistouri Le bistouri nous invite à agir avec précision, décision et fermeté pour mettre fin à une situation préoccupante.

Blanc Dans les rêves, la couleur blanche peut être symbole de vie ou de mort. Dans le premier cas, le blanc représente la pureté, la virginité et l'espoir. En outre, peindre en blanc la maison illustre le besoin de nous purifier et de retrouver quelque chose que nous avons perdu. || Rêver en noir et blanc indique une étroitesse d'esprit et un manque d'enthousiasme. Nous devrions essayer de vivre plus intensément.

Blasphème C'est le signe de la rébellion face aux obligations autoritaires dont l'origine peut se trouver chez d'autres personnes ou en nous-même.

Blé Un champ de blé augure la richesse ainsi que l'aboutissement de nos projets. Notre bien-être sera proportionnel à la quantité de blé apparaissant dans le rêve. Ce type d'images nous assure que les efforts sont toujours récompensés.

Blessure Les blessures mettent en évidence les dommages psychiques (faits à notre orgueil, notre dignité, notre susceptibilité, etc.) que nous avons subis devant les autres. C'est précisément là que se trouve la cause de notre peur : nous redoutons que ceux qui nous entourent découvrent nos blessures. Si nous nous résignons à souffrir en silence, la seule chose que nous obtiendrons avec cette attitude sera d'alimenter notre rancœur et notre ressentiment. (Voir Cicatrice)

Rêver d'être blessé par un poignard signifie être agressé, ou bien subir une opération chirurgicale. Être blessé par une épée est une promesse de bénéfices. Si la blessure est provoquée par des inconnus, des problèmes inattendus surgiront. Mais si elle cicatrise rapidement, cela indique que le rêveur sortira de ce mauvais pas avec ses propres forces. Une blessure infligée par des personnes connues prédit des héritages.

Bleu Cette couleur représente les idéaux spirituels, la vertu, la vérité et la beauté. Elle symbolise nos émotions et nos sentiments. C'est pour cette raison que les rêves où elle prédomine traiteront probablement de notre vie affective. Selon Freud, le bleu dénote un bon équilibre psychique.

Le bleu clair est un signal d'amitié, de sentiments purs, doux et platoniques. Le bleu foncé est un indicateur de bonne santé.

Bœuf Pour des raisons évidentes, cet animal est le symbole du sacrifice, de la souffrance, de la patience et du travail.

Parce qu'il représente aussi la sécurité, mais également la lenteur dans les actions, il est doté de connotations à la fois positives et négatives.

Symbole de la force physique docile soumise à la raison, le bœuf occupait dans la religion égyptienne une place déterminante : Apis, d'aspect bovin, était le dieu de la fécondité. || Selon l'interprétation ésotérique moderne, rêver de bœufs signifie que l'on se sent obéissant ; les manger souligne la perte et la souffrance ; les faire paître manifeste le bonheur ; les voir attelés à la charrue augure des succès et des gains et tirer un chariot, l'apparition d'amis influents et d'associations professionnelles.

Bois (de chauffage) Comme le feu, le bois est associé à des valeurs comme l'ardeur, la volonté et le courage. C'est pour cette raison que des tas de bois prédisent une aide providentielle qui va nous arriver, ou bien une circonstance fortuite qui nous permettra de continuer nos projets. || Si le bois est mouillé, et qu'on ne peut pas allumer le feu, nous devons faire attention : nos émotions peuvent interférer avec la réalisation de nos objectifs au point de les faire échouer.

Bois (matière) Il symbolise la matière première à partir de laquelle nous pouvons créer de nouvelles formes sans qu'elle perde sa résistance. Le bois représente donc la formation de la personnalité tout au long de la vie. Le sens de ce rêve varie en fonction du type de bois. Ainsi les branches sèches reflètent-elles une faible personnalité et présagent-elles des maladies. Transporter les branches sur les épaules augure des efforts et des souffrances qui donneront peu de fruits. Au contraire, voir le bois coupé et prêt à l'usage (que ce soit en tant que bois de chauffage ou pour la fabrication de meubles ou de sculptures) traduit la maturité et la préparation.

Bois (forêt) Le bois symbolise l'inconscient, les angoisses, les instincts et les passions cachées. S'il est accompagné d'une sensation de paix, de plénitude ou d'exubérance, il indique que nous sommes sûr de nous-même et que nous nous sentons satisfait de notre personnalité. Mais ressentir beaucoup de peur et d'angoisse ou se perdre dans le bois est un signal de craintes, de refoulements, de complexes. || Les oiseaux et les animaux que nous trouvons dans le bois représentent nos instincts et nos émotions. Finalement, rêver que nous sommes dans un bois obscur et que nous essayons de trouver le chemin du retour dénote notre envie de faire un pas décisif dans notre vie.

La trame de nombreux contes pour enfants – comme celle de Hansel et Gretel ou Blanche-Neige – se déroule dans un bois. À l'instar des rêves, ces histoires symbolisent l'exploration de l'inconscient. || Selon une interprétation ésotérique, se perdre dans un bois augure des troubles ; s'y cacher, des malheurs imminents ; le traverser, une promesse d'héritage ; se promener, la joie. Un bois coupé, en revanche, est un indice de richesse.

Analyse du rêve

Bois

Le rêve d'Ana : « J'étais sur le chemin du bureau dans les rues habituelles, mais la fumée de la ville ne me laissait pas respirer et je pouvais à peine voir où je marchais. Soudain, je me suis retrouvée au milieu d'un bois luxuriant. Je savais que, en suivant le sentier, j'arriverai à ma destination. Ainsi confiante et heureuse, je décidai de profiter du paysage, en allant d'un pas léger. Dans le rêve, je pouvais identifier les différentes espèces d'arbres et de fleurs, ainsi que les oiseaux qui s'approchaient de moi avec de joyeux gazouillis. Je me sentais pleine de vitalité. Je me suis réveillée avec une sensation de paix très agréable, comme si j'avais profité de vacances réconfortantes. »

Ana fit ce rêve deux jours avant qu'on lui diagnostique une affection respiratoire chronique. En plus d'être prophétique – la fumée de la ville ne la laissait pas respirer –, le rêve d'Ana l'avertissait d'un besoin pour son organisme : de l'air sain et pur. Le fait de marcher confiante et d'un pas assuré reflète sa force et la rapidité avec laquelle le problème se résout. Quelques mois après, on accorda à Ana une mutation dans un village de montagne doté d'un climat plus approprié à sa santé.

Boisson Parfois, le fait d'avoir soif ne comporte pas de véritable sens symbolique. Il peut simplement arriver que nous éprouvions cette exigence physique et que nous l'ayons incorporée à nos épisodes oniriques. Mais si nous écartons cette option, avoir soif et boire de l'eau signifient généralement la satisfaction d'un besoin pressant. Boire du vin ou des liqueurs, au lieu de boire de l'eau, est un signal de joie, d'enthousiasme et de créativité.

Boire dans un verre transparent annonce le dévoilement de secrets ; dans un joli récipient, la libération d'un poids et la tranquillité. Une boisson sucrée augure le bonheur tandis qu'une boisson amère présage un léger mal-être. Boire de l'eau fraîche est un signe de bonheur alors que boire de l'eau chaude annonce le début d'une maladie.

Boîte Lorsqu'on ouvre une boîte, ce qui était jusqu'alors caché est dévoilé. Ainsi ce rêve pourrait être un symbole d'exploration intellectuelle, car nous découvrons le contenu de notre psyché. Si ce que nous trouvons dans la boîte nous déplaît, c'est peut-être parce que cela renvoie à nos peurs et à ce que nous cherchons à dissimuler de nous-même. || S'il s'agit d'un coffre, ce que nous gardons dedans sera notre intimité la plus précieuse, probablement nos meilleures qualités. || Le mythe grec de la boîte de Pandore représente la partie maligne de la femme qui aspire à tout posséder. Selon l'analyse à la fois psychologique et onirique, il s'agit de la peur que ressent l'homme devant la face obscure et féminine de sa nature. Cela peut aussi renvoyer à la manière dont l'inconscient projette les complexes et les attitudes négatives dans la vie réelle.

Selon les augures, si nous forçons un coffre-fort dans le but de l'ouvrir, nous n'épouserons pas la personne que nous aimons actuellement. Si ce coffre est vide, nous nous marierons bientôt ; s'il est plein, nous nous marierons tardivement.

Boiteux Le fait de boiter signifie que quelque chose nous empêche d'avancer et d'atteindre ce que nous cherchons à obtenir, ou bien que nos projets prendront du retard.

Bombe Être victime d'une bombe est le signal clair qu'une situation que nous ne dominons pas peut éclater si nous ne prenons pas les mesures nécessaires. Il faudra pour cela rectifier certaines de nos règles de comportement. Si c'est nous qui posons la bombe, cela veut dire que nous perdons le contrôle et que nous refusons d'accepter les responsabilités. || Ce rêve exprime également notre état intérieur. Il se peut que nous voulions exploser de rage parce que quelque chose nous affecte. Il en est de même avec tous ces sentiments et émotions que nous refoulons : si nous ne les manifestons pas, ils finiront par exploser un jour ou un autre.

Selon les croyances concernant les rêves, une dispute finira bien.

Bonbon Les scènes oniriques dans lesquelles nous mangeons des bonbons annoncent des plaisirs, mais aussi la nécessité d'assumer des frais occasionnés par des caprices superflus. S'ils sont rances, nous devrons être précautionneux avec notre santé, car nous avons de gros risques de tomber malade. || Se faire offrir des bonbons signale que nous serons adulé par quelqu'un dont nous ne connaissons pas les intentions. Il faudra donc être attentif à ses manœuvres. Mais si au contraire, c'est nous-même qui les fabriquons, alors on récoltera les bénéfices d'un travail dur.

En général, les bonbons augurent des affaires prospères ; les recevoir signale des mensonges ; les acheter, de légers contretemps.

Bonnet En rêver annonce le succès de nos propres opinions sur celles imposées par les autres. || Chez une femme, le porter augure un temps de divertissement et de resserrement des liens ; mais, si c'est son partenaire qui le porte, elle devra être vigilante devant son inconstance. Un bonnet de nuit est synonyme d'agitation et de nervosité ; si c'est un bonnet pour femme, il prévoit le mariage ; s'il est élégant, des affaires fructueuses ; neuf, une période d'insécurité ; vieux ou déchiré, des humiliations.

Bossu Le dos symbolise la force physique et la résistance. Lorsqu'il est voûté – comme chez les bossus –, il reflète une faiblesse de caractère et une insatisfaction émotionnelle. Se voir doté d'une bosse peut donc indiquer que nous cachons quelque chose et que nous nous sentons peu sûr.

Botte Les bottes sont un signe de pouvoir ou de possession. Les bottes militaires dénotent la maîtrise au moyen de la force et de la violence. Les bottes de montagne suggèrent,quant à elles, le risque et l'effort. Les bottes luxueuses signalent des biens matériels.

Bouche Elle est liée à la capacité de communiquer avec les autres, mais aussi de respirer, de manger, de boire et d'embrasser, c'est-à-dire d'établir toute relation avec l'extérieur. || Lorsque nous parlons, nous avons le pouvoir de caresser ou de donner des coups à nos interlocuteurs avec nos mots. C'est pour cela que le rêve nous rappelle peut-être que nous n'aurions pas dû dire quelque chose ou que nous avons besoin d'exprimer certains sentiments oralement. || De même, si nous rêvons que nous nous lavons la bouche ou que nous nous brossons les dents, cela signifie que nos paroles ne correspondent pas à nos véritables sentiments. Une bouche charnue indique le désir refoulé d'entretenir une relation affective. Au contraire, fermer la bouche et ne proférer aucune parole, lorsqu'une autre personne nous parle, reflète un refus de communiquer et un profond rejet envers cette personne. || D'après Freud, en plus d'un symbole sexuel, la bouche représente une fixation infantile immature pour agresser verbalement.

Rêver d'une grande bouche présage des richesses tandis qu'une petite prédit la pauvreté. Voir quelqu'un avec la bouche tordue ou déformée augure une dispute familiale.

Boucle d'oreille Selon la culture d'appartenance, les boucles d'oreilles peuvent indiquer un certain rang social. Mais il s'agit également d'un élément reflétant la relation du rêveur à l'image qu'il projette de lui-même. Son sens est associé à celui de la Décoration. Les boucles d'oreilles font également allusion à la frivolité et à la légèreté.

La tradition ancestrale raconte qu'à travers les trous pratiqués dans le lobe de l'oreille, pour y introduire les boucles, sortent toutes les mauvaises humeurs et les énergies négatives du corps. La tradition la plus moderne, quant à elle, attribue à cette vision onirique un présage de mort.

Boue La boue comporte deux interprétations opposées. D'une part, elle symbolise ce qui est sale et indésirable sur les plans moral et matériel. Rêver que l'on marche sur un terrain fangeux signale aussi les difficultés que traverse le rêveur dans la réalité. La peur de se tacher indique la crainte de se voir impliqué dans des affaires qui semblent désagréables ou troubles. || D'autre part, la terre et l'eau se conjuguent dans la boue, matériau doux et malléable, bon pour la fabrication d'ustensiles domestiques et au déroulement d'activités créatives. Ce mélange de terre (c'est-à-dire le concret et le solide) et d'eau (les sentiments) est relié au biologique et à la naissance. || C'est pourquoi la boue est liée aux appétences physiques ou matérielles du dormeur. Ainsi rêver que nous nous roulons dans la boue reflète nos désirs de vivre des expériences amoureuses positives. Cela peut cependant aussi symboliser le besoin d'être plus réaliste et de garder les pieds sur terre. || La boue, comme matière première pour la créativité artistique, suggère la capacité de faire des projets. Une boue liquide qui salit les rues, les objets et nous-même signifie que nous devrions revoir nos sentiments et ne pas nous laisser guider par les passions méprisables.
L'interprétation du rêve dépend du contexte de la scène onirique, des faits qui s'y déroulent et surtout des sensations et sentiments qu'ils produisent chez le rêveur (agréables ou désagréables).

Bouée Cet élément qui représente une planche de salut dans une situation désespérée appartient à un rêve d'espoir. En effet, le dormeur a la possibilité de s'en sortir. La bouée indique aussi le besoin de chercher un soutien.

Bougie Allumée, elle illustre notre tentative d'établir une connexion avec l'essence de notre être. Éteinte, elle nous suggère d'utiliser notre énergie dans des choses positives, dans des activités qui nous sont directement bénéfiques. Nous gaspillons possiblement notre potentiel dans des choses qui ne nous apportent aucune satisfaction.

Bouillir En général, il s'agit plutôt d'un symbole de transformation positive. Cet élément signale un état favorable dans le processus de guérison d'une maladie. Il peut aussi exprimer le retour d'une relation qui s'était refroidie.

Bouillon Quel que soit son aspect, le bouillon est un signe positif. Ainsi le boire augure-t-il une relation heureuse et durable pour les amoureux, ainsi qu'un soutien inconditionnel des amis et de l'harmonie dans le foyer. || Un bon bouillon annonce la guérison des malades tandis qu'un bouillon de très mauvais goût signifie que nous traverserons un mauvais moment. Enfin, préparer un bouillon est synonyme de confiance en soi et d'indépendance.

Bouleau Le bouleau a été toujours considéré comme un arbre sacré en Europe orientale et en Asie centrale. Dans l'Antiquité, on croyait que sa présence faisait fuir les mauvais esprits.

On l'utilisait, en outre, comme canal de communication entre les dieux et les hommes. Lorsque cet arbre figure dans un rêve, il représente le début d'importants projets. La forme de son tronc, droit ou tordu, peut indiquer si les affaires à entreprendre sont en bonne ou mauvaise voie.

Bouquet Un bouquet de fleurs est un hommage à l'amitié, la sincérité, la courtoisie et l'affection. (Voir Fleur)

Boussole Notre inconscient peut nous montrer le chemin, soit parce que nous n'apprécions pas la direction prise par notre vie, soit parce que nous avons besoin de temps pour nous réorienter. Ce rêve nous dit que l'aveuglement que nous ressentons prendra bientôt fin. || Si la boussole est désorientée, et donc l'orientation incertaine, il est probable que nous devions changer de direction. D'autres éléments apparaîtront peut-être dans le rêve nous suggérant des alternatives de futur.
Pour le feng shui, les huit directions de la boussole symbolisent huit qualités distinctes. Le sud est la renommée, la fortune et la reconnaissance ; le sud-ouest, le mariage, le bonheur dans l'amour et les relations ; l'ouest, les enfants et la créativité ; le nord-ouest, la connaissance, l'étude et l'introspection ; l'est, la famille, les vieilles personnes, les gens qui ont de l'autorité et la santé ; et le sud-est, enfin, la richesse et la prospérité.

Bouteille Sans le vouloir, nous mettons parfois nos émotions « en bouteille », empêchant ainsi qu'elles s'expriment librement. Ce rêve peut être une invitation à être plus spontané et à ne pas refouler nos sentiments. || Cependant, le contenu de la bouteille illustrera notre situation. Rêver d'une bouteille pleine d'eau est un symbole de prospérité et de joie ; si elle contient de la liqueur, cela indique que nos sentiments ne sont pas sincères et augurent des incidents désagréables avec la personne aimée ; si elle contient du champagne, c'est que nous avons besoin de nous ouvrir socialement ; si c'est du poison, cela représente des pensées malveillantes de notre part ; si c'est du vin rouge, c'est que la bouteille exprime nos passions ; si le contenu est du lait, cela démontre notre besoin d'avoir de nouvelles idées. || Les bouteilles vides expriment des désillusions amoureuses, la maladie ou les contretemps dans nos projets. Il se peut que nos moyens intérieurs se soient épuisés et que nous nous sentions vides. Malgré les déceptions, nous devons essayer de nous remettre et de continuer ; les rêves nous indiqueront peut-être le chemin pour y arriver.

Boutique Un commerce peut symboliser le choix d'opportunités et de récompenses offertes par la vie. Mais rêver que la boutique est fermée, ou que nous n'avons pas suffisamment d'argent pour nos achats, indique que nous nous sentons incapable d'obtenir ce que nous voulons. Le rêve recommande, en ce sens, de ne pas nous fixer de buts si élevés et d'être plus réaliste. || Si la boutique a l'apparence d'une tente, alors il s'agit d'un symbole d'évasion et de protection. Cette image onirique peut tout à fait annoncer un certain malaise, expérience dont nous tirerons toutefois une leçon. Cet élément peut aussi bien nous suggérer de nous isoler pour nous connaître plus à fond.
Pour un commerçant, rêver d'une boutique est un signe de malchance : cela veut dire qu'il subit la pression des créanciers. Pour les autres personnes, cela présage la prospérité, surtout si nous n'achetons rien. Si nous rêvons, par ailleurs, que nous travaillons dans une boutique, la chance nous sourira.

Bouton Rêver qu'il nous manque des boutons sur nos vêtements signifie que nous avons tendance à négliger nos affaires et amitiés. En revanche, les coudre dénote un effort pour surmonter nos erreurs.

Boutonner Cette action revient à se fermer, à se protéger. C'est peut-être un indicateur montrant que le milieu extérieur semble hostile et que le rêveur a besoin de se défendre. Cependant, cela peut également être interprété comme le rejet de nouvelles possibilités offertes par notre environnement.

Bracelet Voir **Bague**

Brancard Cet élément annonce des maladies et des accidents. Le rêve nous livre des pistes afin que nous prenions les précautions adéquates pour éviter les deux situations. || Se voir utiliser un brancard exprime les inquiétudes et la détresse morale.

Branche Cet élément symbolise ce qui appartient au quotidien. Des branches en fleur augurent l'arrivée d'une période positive ; si elles sont vertes, c'est un avertissement nous invitant à ne pas prendre de décisions hâtives ; si elles sont sèches, cela indique la perte d'énergie physique ; si elles sont coupées, cela signale que nous avons oublié nos objectifs principaux. (Voir Arbre)

C

Cabane Cet élément témoigne du désir de vivre en contact avec la nature. La cabane augure une période de paix et de tranquillité. Mais si le rêveur est un adolescent, cet élément exprime la peur d'accepter les responsabilités. || Rêver que nous nous réfugions dans une cabane est une promesse de joie et de sérénité après une période douloureuse.
D'un point de vue ésotérique, la cabane est assimilée à la solitude, à la précarité ou à la misère. Située dans un bois, elle dénote à la fois le repos et le travail qui conduit à un bonheur modeste.

Cabas Un cabas plein est un pronostic de chance, de réussite et de bonheur ; s'il est vide en revanche, il est synonyme de pertes économiques et de maladie. Un cabas vieux et en mauvais état prédit un retard dans la réalisation des objectifs. || La psychanalyse voit dans cet élément une image de l'utérus, et par extension de la femme.

Cabine C'est un élément synonyme d'isolement bien que ce sens puisse être nuancé en fonction du type de cabine dont on rêve. Une cabine de téléphone, par exemple, augure un appel ou une visite inattendus ; une cabine photographique, quant à elle, renvoie à la reconnaissance dans le champ professionnel ; une cabine érotique est un indicateur d'insatisfaction dans le domaine sexuel ; une cabine esthétique, une dévalorisation de la part de l'entourage. || Plus le dormeur se sentira à l'aise dans la cabine, pire sera sa situation au sein de son cercle d'amis.

Cabinet Cet élément fait allusion à l'intention de nettoyage et de purification. Il fait partie des rêves habituellement positifs dans lesquels le dormeur cherche les moyens de se défaire du superflu, de se libérer de tout ce qui est en trop, non seulement sur le plan physique mais aussi spirituel et émotionnel. Se trouver dans les cabinets peut indiquer que le moment propice est venu de se défaire des vieilles peurs, complexes et fautes, et de les surmonter. (Voir Toilettes)

Cacao Rêver de cacao comporte, dans toutes ses variantes, des connotations positives : le boire annonce un état amoureux rapide et intense ; le manger en tablette, le bonheur ; le voir en grains, des revenus inespérés.

Cactus C'est un signe négatif : comme ses épines, il reflète les moments douloureux que la personne traverse. Il se peut que quelqu'un nous pique constamment avec ses commentaires, ou bien que nous ayons besoin de nous défendre nous-même d'une certaine façon. || Cette plante met aussi en évidence une certaine pénurie dans le domaine professionnel. Si elle est en fleur, en revanche, elle annonce enfin la reconnaissance de la valeur du dormeur qui se verra promu dans son travail.
Pour les Mexicains, le cactus est aphrodisiaque et présage donc de bons moments sur le plan sentimental.

Cadavre Cet élément onirique signifie qu'une situation pourrit, que quelque chose sent mauvais et menace de nous déstabiliser. Le cadavre symbolise ce qui corrompu, les mauvaises pensées, la haine et la rancœur que l'on devrait enterrer. C'est pour cela que les rêves dans lesquels nous nous voyons converti en cadavres symbolisent le désir d'en finir avec une situation qui nous préoccupe.

Cadeau L'échange de cadeaux reflète la relation que nous avons avec notre entourage. Rêver qu'on reçoit un cadeau peut signifier que les autres ont de la considération pour nous et nous offrent leur aide. Il se peut aussi qu'un événement que l'on n'a ni provoqué, ni attendu, ait lieu dans notre vie. Dans tous les cas, cela augure une forte chance tant dans les affaires matérielles qu'en amour. || En revanche, si c'est nous qui l'offrons, deux interprétations opposées existent : d'une part cela traduit notre générosité, d'autre part cela est synonyme de tensions et de disputes de tous ordres. || La manière dont le cadeau est emballé et ce en quoi il consiste apporteront de précieuses informations complémentaires.

Analyse du rêve

Cage

Le rêve d'Éva : « Je me trouvais dans une belle cage dorée, située au bord d'une terrasse. J'avais un beau paysage devant les yeux : une vallée très verte, pleine de fleurs de toutes les couleurs et des montagnes très hautes à l'horizon. Le ciel était d'un bleu intense et brillant. Je me sentais très bien, en sécurité et heureuse dans ma cage, et je n'arrêtais pas de chanter. De ma bouche sortaient de belles mélodies dans des langues étrangères. »

Se voir enfermé dans une cage onirique signale que l'inconscient se sent réprimé, désire plus de liberté et notamment une plus grande liberté d'expression. Éva est une personne très timide, qui souffre dans des situations d'interaction sociale. Son rêve reflète ainsi – à travers la cage dorée – son confortable monde d'enfermement sur elle-même, dans lequel elle se sent sûre et à l'abri. Il s'agit d'un rêve pacificateur qui l'encourage à laisser couler ses émotions librement, comme une douce mélodie. Le paysage idyllique contemplé derrière des barreaux représente les désirs qu'Éva ne pouvait atteindre, vu sa propre inhibition. Le fait de chanter dans des langues inconnues révèle son incapacité à communiquer avec les autres et à se comprendre elle-même.

Recevoir un cadeau en rêve prédit des inconvénients. Mais si c'est nous qui le donnons, cela signifie que nous commencerons vite un nouveau projet.

Cadenas Cet élément onirique invite à la discrétion, à être fidèle et prudent avec nos mots. Mais en rêver peut également souligner le manque de communication ou l'isolement.

Cafard Les rêves comportant cet élément sont toujours négatifs. Quelque chose dans notre maison, en nous, nous répugne et nous effraie. Cela indique aussi le manque de confiance envers les personnes les plus proches. Rêver de cafards peut aussi nous prévenir d'une maladie qui n'a pas été encore diagnostiquée.

Café Prendre un café est un signal positif. Il est généralement occasionné lorsque l'inconscient perçoit une situation exigeant beaucoup d'attention de notre part.
Le café est une promesse de bonheur, de chance et de réussite amoureuse. Le torréfier augure une agréable surprise ou une visite inespérée ; le boire présage une certaine longévité.

Cage En fonction de ce qu'elle comporte à l'intérieur, la cage possède différentes significations. Ainsi, si elle contient un oiseau, le rêve présage alors amitié et amour ; il dénote aussi notre capacité à profiter de la vie. En revanche, la vision d'une cage vide exprime un net sentiment de déception et de désillusion. || D'autre part, se voir en cage signale que l'inconscient voudrait exprimer ses plaintes et que nous soumettons la conscience à une dure répression. Nous sommes devenu un juge très strict envers nous-même et nous limitons excessivement nos actes et nos pensées, ce qui nous empêche de nous manifester librement. || Voir des bêtes sauvages encagées doit être interprété comme la rétention de conflits internes qui nous tourmentent. D'une certaine façon, cette image onirique possède une ressemblance avec l'image antérieure (dans laquelle nous nous voyons enfermé dans une cage).
Si l'on nous introduit dans une cage avec des animaux sauvages, le rêve nous avertit que nous risquons d'avoir un accident.

Cahier Les cahiers scolaires rappellent le passé et nous font éprouver la nostalgie de ce qui n'existe plus. || Les annoter indique la compréhension de la réalité, l'intelligence et la chance.

Caisse ◘ Elle représente un lieu fermé où des trésors sont conservés. Ouvrir une caisse et la trouver vide illustre une déception. Une caisse ouverte signale un esprit ouvert et bien disposé. La remplir d'objets et la fermer est un signe de prévoyance. Vider son contenu indique un déménagement et des changements (tant physiques que mentaux).

Calcul ◘ Faire des calculs en rêve est le symptôme d'une grande préoccupation pour les questions économiques. Un résultat positif accompagné de la sensation de ne pas être accablé par l'effort reflète notre maîtrise de la situation. Dans le cas contraire, il peut s'agir d'un avertissement nous incitant à être plus précautionneux.

Caleçon ◘ Cet élément est étroitement lié aux désirs, craintes et fantasmes sexuels. Si le rêveur est un homme, l'état de ses caleçons indique la relation qu'il a avec sa sexualité. || Apparaître en caleçon à un moment ou un endroit inadéquats est interprété comme la peur du ridicule ou de ne pas être à la hauteur des circonstances. || En général, les sous-vêtements représentent notre attitude et les préjugés que l'on dissimule. Leur couleur détermine des significations différentes : le rouge, par exemple, dénote la passion ; le jaune, une crainte secrète. Un sous-vêtement propre reflète une bonne conduite ; en revanche lorsqu'il est sale et déchiré, il manifeste probablement que nous ne sommes pas à l'aise avec nous-même ou avec notre sexualité.
◎ Selon la tradition onirique, rêver que l'on porte des sous-vêtements présage des plaisirs défendus qui pourraient se retourner contre nous.

Calendrier ◘ C'est un élément très récurrent dans les rêves des malades en phase terminale. Le calendrier permet de nous situer avec précision dans le cours de notre temporalité, nous aidant ainsi à acquérir une certaine maîtrise sur le vertige que produit le passage du temps.
◎ Rêver d'un calendrier est une promesse d'amour, de fidélité et de constance.

Câlin ◘ Cet élément symbolise la communication sans mots. Il est possible que le rêveur ressente le besoin de connaître ou de comprendre quelque chose qui, à ce moment-là, lui échappe. Ce n'est cependant pas un rêve négatif. Bien que la communication ne soit pas verbale, l'intention de communiquer au-delà des mots est très précieuse et mérite d'être entendue.

Callosité ◘ Les callosités représentent le travail dur et l'effort. Souvent, elles peuvent indiquer une perte de sensibilité. Le moment est peut-être venu d'être plus attentif à notre vie affective.

Analyse du rêve

Calendrier

Rêve de Lydia : « J'étais assise dans une salle de mon ancienne université, en train d'écouter un cours. Je ne comprenais pas ce que je faisais là, car cela faisait des années que j'avais obtenu ma licence. Et pourtant, je prenais des notes et essayais d'être attentive aux explications du professeur. Soudain, je me concentrai sur un calendrier suspendu au tableau qui marquait la date actuelle. Ses feuilles commencèrent à se détacher et à s'envoler par la fenêtre une à une dans une rafale d'air. Le calendrier resta complètement nu. J'eus le vertige et la sensation d'être perdue. »

Lydia fut intriguée un certain temps par son rêve, jusqu'à ce qu'elle comprenne qu'il s'agissait d'un avertissement : elle devait ne pas perdre de temps et s'engager au maximum dans ses responsabilités, car les années passent rapidement. Les rêves dans lesquels le temps passe en volant – et dans ce cas, cela se passe de façon littérale puisque les feuilles du calendrier s'envolent par la fenêtre – peuvent faire allusion au désir que les années ne passent pas et que le moment que nous traversons actuellement s'éternise. Le songe de Lydia révélait également une nostalgie pour le passé et le souhait de revenir à ses années d'étudiante, quand son unique responsabilité était d'être attentive aux cours.

Calomnie Faire l'objet de calomnies nous avertit du fait que, dans la réalité, des personnes très proches pourraient bien nous trahir. || Calomnier d'autres personnes met en évidence des façons d'agir irréfléchies qui nous apporteront des problèmes.

Caméléon En raison de sa capacité à changer de couleur pour se camoufler, le caméléon désigne les trahisons de personnes très proches de nous. Un homme qui, par exemple, rêve que sa partenaire porte sur elle un caméléon est averti de l'infidélité de celle-ci. || En général, ce songe conseille la prudence envers ceux en qui nous avons confiance.

Camion Un camion neuf et bien entretenu signale un héritage éventuel, même petit. S'il est, au contraire, vieux et sale, d'importantes pertes économiques se produiront.

Campement Se voir dans un campement signifie que nos projets sont provisoires ; il nous faudra donc les analyser en profondeur pour savoir comment les orienter vers l'objectif désiré.

Cancer Rêver que l'on souffre de cette maladie n'est pas nécessairement une prophétie (s'il existe des symptômes de mal-être, un bilan de santé n'est toutefois pas de trop). Le cancer étant une tumeur, le rêve peut signifier que quelque chose de désagréable fait partie de nous et croît excessivement. Cela pourrait être, par exemple, une obsession croissante pouvant affecter la personnalité, et même la santé. || Souffrir d'un cancer en rêve illustre également l'idée que nous ne canalisons pas bien nos émotions. Cela est destructif et le rêve ne fait que nous prévenir.

Candélabre Il s'agit d'un symbole de lumière spirituelle. Les rêves dans lesquels apparaissent des candélabres sont une invitation à potentialiser toute notre sensibilité comme moyen de développement personnel.

Canne Les cannes sont des éléments fragiles et flexibles à la fois, pouvant signaler une situation d'insécurité ou d'instabilité. Couper des cannes est interprété comme un symbole de longévité. Une canne à sucre indique un degré élevé de sensualité et de sérénité. Une canne à pêche est un moyen d'obtenir de la nourriture quotidienne. Il est fondamental d'analyser les autres symboles oniriques pour procéder à une interprétation correcte du rêve.

Cannelle Cette plante aromatique est associée à la sensualité. Sa présence dans les rêves indique que le rêveur traverse une période dans laquelle sa sexualité prend une importance spéciale dans sa vie.

Cannibale Lorsque nous cherchons des valeurs divines à l'extérieur, c'est que nous voulons en fait entretenir certains aspects primitifs, même si cela ne se pratique pas dans notre société. La tradition de certains peuples de dévorer les étrangers est issue de la croyance que ceux-ci sont des dieux, et donc qu'à travers cette pratique on peut atteindre la divinité. Ce songe veut nous dire que nous sommes peut-être trop sensible aux références externes au lieu de considérer nos propres règles.

Canoë Sa symbolique a beaucoup à voir avec celle du bateau. Cependant, il peut être aussi interprété comme une situation instable, présentant des dangers difficiles à surmonter. En outre, le canoë symbolise les conditions provisoires, n'offrant ni sécurité ni appui suffisant au rêveur.

Canon C'est un indice de bataille imminente. Si le rêveur est armé d'un canon, son rêve peut avoir deux interprétations distinctes : d'une part, il est suffisamment préparé pour résoudre un problème déterminé, d'autre part il désire en finir, de façon violente, avec une situation qu'il ne peut contrôler. Un canon visant le rêveur témoigne d'une crainte démesurée pour une menace que celui-ci ne parvient à écarter.

Le sens onirique du canon est certainement celui de la guerre, de la rupture des équilibres et des associations. L'entendre constitue un signal d'effondrement.

Cape Les rêves mettant en scène une cape possèdent plusieurs interprétations. L'image de celle-ci étant associée à celle de la coupole (forme circulaire avec une ouverture dans la partie supérieure), elle exprime l'ascension, le dépassement et la croissance spirituelle. || Elle signale, en outre, l'action de se couvrir, dénotant ainsi la méfiance et le besoin d'amour. Couvrir une personne indique un désir de la surprotéger. Perdre la cape est interprété comme le signal d'un manque d'assurance ; la porter trop courte, la peur du ridicule ou le manque d'affection. Se dépouiller d'une cape symbolise l'idée de se défaire de tout le superflu. En revanche, enfiler une cape signifie que nous nous éloignons de l'essentiel et que nous ne sommes pas fidèle à notre Moi authentique (la cape, dans ce cas, a des fonctions de déguisement). (Voir Manteau et Déguisement). || Enfin, ce vêtement exprime la dissimulation et le goût du secret. Nous voulons peut-être cacher quelque chose au monde extérieur.

◎ Rêver qu'on porte une cape signale l'arrivée d'une période d'incertitude. Si elle est dotée d'une capuche, cela indique que nous devons être vigilant car quelqu'un en qui nous avons confiance peut nous trahir.

Capuche ◘ La capuche qui cache le visage procure une certaine invisibilité. Elle représente le désir de dissimulation, le souhait d'écarter une responsabilité ou un jugement négatif émanant de personnes de notre entourage. Elle exprime également la culpabilité et la honte. Voir une autre personne portant une capuche témoigne d'un manque de confiance envers elle.

Carafe ◘ Ce contenant renfermant du liquide représente les biens matériels ou spirituels. L'état de la carafe (vide, pleine, cassée ou renversée) est un reflet de la situation du rêveur dans sa vie réelle. (Voir Bouteille)

Carapace ◘ La lourde carapace de la tortue peut exprimer notre désir de protection. Il en est de même avec la coquille des œufs, dont la fragilité dénote la vulnérabilité de nos sentiments.

◎ Les carapaces présentes dans les songes augurent l'arrivée d'événements très étranges dans notre vie.

Caravane ◘ Faire partie d'une caravane onirique signale un état de déménagement physique ou spirituel. Cet élément indique une situation provisoire, un processus de changement qui nécessite un temps prolongé pour se réaliser. Voir passer une caravane, sans y participer, peut être interprété comme une situation de quiétude dans laquelle on éprouve le désir refoulé de changement.

Cardon ◘ Cette fleur, dont les pétales sont des épines, illustre l'irritabilité causée par de mauvaises expériences. Cette attitude peut être également provoquée par l'éloignement des êtres qui nous sont chers. Le fait qu'on nous offre un cardon manifeste la maltraitance que nous aurons à subir et le rejet des autres. Nous risquons même de voir nos affaires échouer et finir dans la misère.

◎ Voir un cardon indique la contrariété, les disputes et la trahison ; le planter signifie la douleur, et l'arracher par conséquent la joie ; l'offrir exprime l'ingratitude ; le ramasser, la stupidité et la paresse.

Caresser ◘ Rêver que nous caressons quelqu'un montre que peut-être nous ne traitons pas les personnes qui nous entourent comme elles le méritent. || Si c'est nous qui recevons les caresses des autres, alors c'est que nous n'avons pas dans la vie réelle toute l'affection dont nous avons besoin.

Carnaval ◘ Cet élément est associé à l'idée d'orgie et au retour temporel du chaos primitif pour libérer les tensions. Ainsi un rêve produisant une sensation de joie signale que nous devrions nous amuser davantage. Le carnaval suggère également la nécessité de compenser et d'équilibrer une vie trop ordonnée.

Carrefour ◘ Ce rêve peut s'interpréter littéralement : il nous avertit que nous devons choisir entre plusieurs chemins ou possibilités pour continuer à avancer dans la vie. L'inconscient nous conseille de ne pas ajourner davantage le moment de prendre des décisions. (Voir Bifurcation)

Carrière ◘ Les carrières sont le produit de l'activité de l'homme. || Rêver d'une carrière révèle le désir d'explorer l'inconscient (la terre). Ainsi, nous pouvons aller à la découverte de toutes ces peurs que nous avons dissimulées dans le passé et que nous osons affronter maintenant. || Dans un sens plus social, la carrière peut représenter notre préoccupation pour la bonne conservation de l'environnement.

◎ Une carrière de craie augure de difficultés financières qui peuvent se résoudre en travaillant beaucoup. La pierre d'une carrière présage un voyage.

Carte (à jouer) ◘ Parier son argent aux cartes signifie que nous cherchons à ce que ce soit le hasard qui résolve nos problèmes. L'inconscient nous prévient de l'erreur que nous commettons et nous invite à écarter l'idée que les problèmes se résolvent d'eux-mêmes. || Si nous jouons une partie de cartes, et démontrons de l'habilité et de l'adresse, ce seront alors les qualités que nous montrerons dans notre vie. Le rêve nous dit peut-être d'ailleurs d'adopter dans la vie la même hardiesse, la même stratégie et le même sens de l'opportunité que ceux que les cartes requièrent. Des jeux comme le vingt-et-un (ou « blackjack ») montrent que nous ne devons jamais laisser échapper les bonnes occasions. D'autres soulignent le besoin de patience à l'heure de conclure des affaires. || Il faut prendre en compte également un autre détail important : l'origine symbolique du jeu de tarot. Le jeu de 56 cartes se compose de 4 groupes (denier, bâton, épée et coupe) de 14 figures chacun. Le denier symbolise les forces matérielles ; le bâton, le pouvoir de commandement ; la coupe, l'amour ; l'épée, l'action. Cette symbolique doit être prise en compte si l'on reconnaît dans le rêve l'un de ces groupes. (Voir Jeu, Loterie, Loto sportif et Roulette)

Dans un autre jeu de cartes traditionnel, chaque figure a également une signification. En termes oniriques, les carreaux représentent la richesse ; les trèfles indiquent le travail ; les cœurs augurent le bonheur en amour ; et les piques, enfin, présagent de futurs problèmes.

Carte (géographique) Cet élément signifie que nous avons perdu le nord. Nous désirons changer d'ambiance et de situation car nous ne sommes pas satisfait de notre vie actuelle, mais nous n'avons pas de direction précise. Ce rêve met en évidence le besoin de méditer longuement pour conduire notre vie de façon à ce qu'elle soit en cohérence avec notre personnalité.

Cascade Signal d'abondance et de vitalité, c'est un flux continu d'éléments qui se renouvellent. La cascade désigne des faits qui s'enchaînent de façon saine. La vie au jour le jour se passe de façon joyeuse et sans monotonie. Cependant, le contexte onirique et la situation de la cascade sont déterminants pour l'interprétation du rêve. Si l'on nous pousse ainsi vers une cascade alors que nous sommes sur un bateau, cela signifie que nous ne contrôlons pas notre excitation et nos sentiments. Il se peut que nous ayons dépassé nos limites.

Ce rêve renvoie à deux interprétations traditionnelles : nous serons invité dans un endroit amusant ou bien des rumeurs courront sur nous.

Casque Dans la symbolique héraldique, le casque est un emblème de pensées élevées. Porter un casque confère en soi une invisibilité, comme cela se passe avec le chapeau ou le chaperon. Rêver de cet élément dénote le besoin de se cacher et de se protéger.

Castration Chez un homme, cela dénote la crainte d'avoir perdu la virilité ou de se sentir sexuellement opprimé.

Le mythe dans lequel Saturne castre son père représente la peur de vieillir et le désir de remplacer la figure paternelle.

Catastrophe Rêver d'une catastrophe peut signaler un début de transformation psychique. Une transformation qui, comme les autres, naît de la destruction d'un processus antérieur. || Son élément dominant (air, feu, eau, etc.) peut nuancer le symbole que l'inconscient veut nous transmettre. Plus la catastrophe dont nous rêvons est intense, plus le changement qui se produira sera grand.

Cathédrale Voir **Abbaye** et **Château**

Cauchemar Si nous faisons des cauchemars, c'est évident que le manque d'assurance, les craintes et les inquiétudes nous atteignent. Cependant, pour interpréter correctement ce type de rêves, nous devrions essayer de nous rappeler si nous avons vu récemment un film d'horreur, ou lu un récit effrayant qui nous ait affecté inconsciemment. || Ces mécanismes narratifs ont la capacité de réveiller des points sombres du passé, refoulés dans l'inconscient. Leur fonction est donc de nous rappeler quels genres de situations nous effraient.

Cavalier L'image de l'homme sur le cheval, symbole des vertus qui sont parvenues à dominer les instincts et les passions, est interprétée comme l'expression d'un sentiment de réussite et de fierté. Le rêveur a avancé sur le chemin de sa croissance spirituelle. En outre, cet élément onirique pronostique la réception de nouvelles ou de cadeaux inattendus, d'ici peu. Si l'auteur du rêve est une femme, celle-ci rencontrera des problèmes familiaux pour avoir voulu se marier avec un homme de condition inférieure. Voir un cavalier tomber de cheval est le signe d'un échec en affaires et de pertes économiques importantes. || Si le dormeur est le cavalier, il verra non seulement ses relations affectives et familiales s'améliorer, mais aussi son prestige professionnel.

Aider le cavalier à monter en selle est une promesse de bonheur. Mais s'il en descend, cela augure la perte d'un ami. Le chevalier médiéval évoque les intrigues amoureuses.

Cave Les édifices représentant la personnalité du rêveur, la cave, comme toute autre pièce souterraine, est un symbole de l'intérieur du corps et des niveaux mentaux les plus profonds. Elle est donc associée à la partie cachée de notre être, celle que l'on tient jalousement à l'écart du regard d'autrui. C'est l'entrepôt de nos peurs, problèmes et sentiments de culpabilité ou de peine. Une fois que nous aurons réussi à révéler le contenu de ce dépôt, il n'y aura aucun pouvoir qui puisse nous résister. || Du point de vue onirique, rêver d'une cave pleine de nourriture ou de trésors signifie que nous disposons de moyens suffisants pour résoudre nos problèmes. Autrement dit, nous n'avons pas besoin de demander de l'aide extérieure. En revanche, si nous apercevons une cave pleine de vieilleries, c'est que nous jugeons peut-être de façon erronée notre situation actuelle. Nous devrions donc nous abstenir de participer à des affaires peu claires.

Selon la croyance populaire, rêver d'une cave pleine de vin signifie que nous obtiendrons des bénéfices de personnes peu fiables.

Caverne Cet élément sert de base à certaines identifications : la caverne médiévale, par exemple, fait allusion au cœur humain comme à un « centre » spirituel. Dans ce cas, la caverne représente l'inconscient, notre monde subjectif, les expériences et les connaissances accumulées avec les années, qui nous permettent d'accéder à la maturité. C'est un rêve, par ailleurs, très fréquent à l'adolescence. Ce qui se passe à l'intérieur de la caverne révèle quels aspects de notre être sont en train de mûrir. || Dans d'autres interprétations, la caverne représente l'utérus ou la sexualité féminine. Ce que nous y rencontrons montre ce que l'inconscient fera naître en nous : qualités, idées, attitudes, etc.

De nombreux monstres et dragons de la mythologie, qui habitent des cavernes où ils gardent un grand trésor, symbolisent l'idée selon laquelle, avant de gagner la récompense spirituelle, il faut combattre la peur de l'inconscient. || La caverne peut également illustrer le souvenir d'une enfance traumatique qui a été banni de la mémoire consciente.

Ceinture Symbole de la protection du corps, la ceinture est une allégorie de la virginité. En outre, comme toutes les figures rondes et fermées, la ceinture représente la continuité et la plénitude. C'est pour cela qu'elle sert d'emblème matrimonial et, que, de plus, elle illustre le lien qui nous unit à une filiation déterminée, un groupe ou une société. Elle confère par ailleurs la sécurité et le pouvoir par le soutien qu'elle représente. || Un rêve contenant un tel élément peut cependant aussi prévenir de douleurs abdominales dues à une position nocturne inadéquate.

Une belle ceinture de grande valeur, suivant la tradition onirique ancienne, est un signal de chance. Ornée de pierres précieuses, elle annonce la naissance d'un enfant. || Une ceinture cassée constitue un très mauvais augure pour la vie des enfants.

Célèbre Les personnes figurant dans ce songe peuvent être des aspects de nous-même dont ne nous sommes pas conscient. Le personnage célèbre en question rassemble tout ce que nous aimerions être. Nous devrions nous demander quelles qualités symbolise ce personnage pour nous. Souvent, ce sont des caractéristiques que nous avons besoin d'incorporer à notre comportement et à notre vie. || Si nous rêvons que nous sommes une personne célèbre, peut-être exigeons-nous une reconnaissance de nos réussites ou avons-nous besoin de l'admiration des gens qui nous entourent.

Cendre Quand le feu est éteint, il reste les cendres. Peut-être sentons-nous que tout le meilleur de notre vie a déjà eu lieu et qu'il ne nous reste rien qui vaille la peine. Nous pouvons également rester accroché au passé, ou revenir sur quelque chose qui est déjà terminé. Les cendres peuvent également représenter l'échec d'une relation ou d'une affaire. || Souvent, elles sont identifiées à la mort et à la dissolution des corps. C'est à elles qu'est soumis tout ce qui entre en contact avec le feu de la vie. D'après la tradition hindoue, les cendres sont un symbole d'indestructibilité. Dans un rêve, elles figurent d'ailleurs notre partie irréductible.

Les cendres augurent des désagréments : mauvaises récoltes, affaires qui échouent et enfants qui causent des problèmes à leurs parents. Cependant, pour les Gitans, ce songe signifie que nous cessons enfin de nous lamenter sur les opportunités perdues dans le passé. || Dans de nombreuses sociétés tribales, les cendres sont, en outre, un symbole de fertilité et de chance. En Angleterre et aux États-Unis, on croit qu'elles protègent des esprits malins.

Cercle Le cercle ou le disque est souvent un emblème solaire. Il symbolise également très souvent le ciel, la perfection et l'éternité. Selon Jung, le carré représente l'état pluriel de l'homme qui n'a pas atteint l'unité intérieure (perfection), tandis que le cercle correspond à cette phase finale. La relation entre le cercle et le carré est très fréquente dans les représentations spirituelles universelles, spécialement dans les mandalas de l'Inde et du Tibet, comme dans les emblèmes chinois (yin et yang). Le

cercle représente également l'idée de protection, surtout quand nous rêvons que nous sommes à l'intérieur de lui.
Pour le peuple chinois, les cercles possèdent un bon feng shui. Les présages liés à cet élément onirique sont donc toujours bénéfiques. || Symbole de victoire, un cercle en or prévoit une succession d'événements positifs alors qu'un cercle en fer prédit la victoire sur les ennemis.

Cercueil Bien que, *a priori*, tout semble indiquer le contraire, rêver d'un cercueil est un bon présage. En effet, cet élément représente la fin d'un cycle et le début d'un autre, ainsi que la libération d'une situation oppressive. Voir en rêve un cercueil occupé par une personne que nous ne connaissons pas, ou que nous ne voyons pas, indique que nous sommes en train de nous défaire de choses inutiles. Si nous connaissons l'individu en question, cet épisode peut révéler notre préoccupation pour sa santé.
L'interprétation de ce rêve varie en fonction de la personne enfermée dans le cercueil. Ainsi, s'il s'agit de notre partenaire amoureux, cela augure une fidélité éternelle ; un enfant annonce une douleur sans espoir ; notre propre mère prédit des ennemis capables de pardonner les offenses.

Cerf Étant donné la ressemblance entre ses cornes et les branches des arbres, cet animal est habituellement lié, sur le plan symbolique, à l'Arbre de la vie. En vertu de ses grands bois, il représente également l'élévation. C'est pour cela d'ailleurs qu'il est identifié à l'idée de noblesse. Sa présence dans un songe peut être relative à une promotion professionnelle.
La vision onirique de cet animal dans la forêt signale de futurs bénéfices. Un cerf en train de galoper est de bon augure pour les affaires. Des cerfs en train de lutter entre eux dénotent l'acquisition de pouvoirs. Les voir mourir est un présage de bien-être. En avoir un dans le jardin annonce des mésaventures. En revanche, un troupeau de cerfs augure de bonnes et de nombreuses amitiés.

Cerf-volant Le fait de voir un cerf-volant ou une étoile filante révèle des situations passagères et fugaces. Appliqué aux relations avec les personnes, le message est clair : nos amitiés ou liens amoureux sont gouvernés par l'instabilité. || Faire voler un cerf-volant pour enfants exprime nos espoirs idéalistes. Cette association est tout à fait logique si nous nous souvenons des difficultés que nous avions à manœuvrer avec succès un cerf-volant quand nous étions enfant. || Par ailleurs, cet objet symbolise le désir de nous libérer des problèmes et de profiter d'une vie avec moins de responsabilités. De même, le fait de l'attraper par une corde manifeste notre désir de contrôler notre existence ou de monter une affaire commerciale.
Le rêve du cerf-volant est un présage de bonne santé. Si celui-ci s'écrase ou bien que sa corde se casse, cela augure des problèmes financiers.

Cerise L'image des cerises est associée aux désirs et aux sentiments les plus intimes de l'individu. Bien qu'elles soient chargées d'une importante sensualité, les cerises sont également liées à de forts désirs matériels et spirituels.
Elles sont presque toujours des indices de bien-être physique et émotionnel. Les ramasser comme les manger augure la joie, de bonnes nouvelles et une naissance ; les voir tomber signale un amour à venir. Le cerisier est aussi un présage de bonheur.

Chaîne Les chaînes symbolisent l'ordre logique des événements. Le rêve nous invite, dans ce sens, à regarder le passé pour résoudre les problèmes présents et futurs. || Si nous rêvons que nous sommes enchaîné, en revanche, c'est qu'une partie de nous se sent retenue. Nous devons lui laisser la liberté de pouvoir s'exprimer. Si c'est une autre personne qui est enchaînée, alors nous devons découvrir quelle facette de notre caractère elle représente. Il faut de même penser, dans le cas d'un animal, à l'aspect de notre nature que nous refoulons. Si c'est un taureau, ce sera notre sexualité ; si c'est un chien, c'est peut-être notre colère ; et si c'est un éléphant, notre incapacité à faire usage de notre force et de notre sagesse.
Rêver que nous sommes enchaîné augure une injustice dont nous serons victime.

Chaise Cet élément indique une halte sur le chemin. La chaise peut être la réponse de l'inconscient à un état de fatigue physique, ou bien le besoin du rêveur de faire une pause et de réfléchir à la direction que sa vie a prise. Dans tous les cas, la situation dans laquelle il évolue à l'état de veille, ainsi que l'interprétation des autres symboles figurant dans la scène onirique, serviront à comprendre le message et à prendre la décision la plus appropriée.

Châle Ce vêtement dissimule la personnalité. En rêver annonce la protection de la part d'un ami. Le perdre signifie que l'on reste nu devant les autres et qu'on est victime de leurs commérages.

Chaleur Une chaleur étouffante indique que nous disposons de beaucoup d'énergie, même si nous ne l'utilisons pas de façon adéquate. Ce rêve peut exprimer une tendance à l'agressivité et au conflit. Nous nous méprisons et faisons endosser aux autres nos propres insatisfactions. Se brûler ou éprouver une sensation de brûlure est le signal d'un manque de contrôle de nos instincts.

Chameau C'est un animal symbole de persévérance, frugalité et résistance, ainsi que d'obstination et esclavage héroïque. Ce songe n'est pas fréquent même s'il constitue un bon présage : la réalisation des objectifs, ainsi que des entreprises menées avec ténacité et le sens du travail bien fait. (Voir Animal)
Cet élément augure des réussites importantes pour le rêveur.

Champ L'extension d'un champ peut exprimer notre soif de liberté. Un lieu fertile symbolise également la potentialité de notre croissance personnelle. La terre, dans ce cas, est la figure maternelle : elle représente nos instincts et doit produire la croissance. || Cet élément onirique dénote, par ailleurs, notre volonté d'être en contact avec la nature. Quand les difficultés quotidiennes nous envahissent, reprendre son souffle dans un champ a de grandes vertus thérapeutiques. Ainsi, la nature est capable de nous alimenter et de nous reconstruire intérieurement.
Suivant la tradition gitane, un tel rêve augure beaucoup de travail. Si le champ est plein de mauvaises herbes, la récompense sera petite. S'il est plein de trèfles, alors nous nous ferons bientôt de nouveaux et bons amis.

Champagne Une bouteille juste ouverte de champagne est un symbole sexuel identifié habituellement à l'éjaculation. Elle peut aussi faire référence à une célébration ou à une réussite personnelle. L'effervescence de cette boisson dénote la créativité à l'intérieur de nous.
Ce songe augure des difficultés dans les affaires. Toutefois, s'il met en scène une noce, il annonce alors un amour heureux.

Champignon Doté d'une riche symbolique, il représente la détermination du vivant à naître, grandir et perdurer dans le temps. Il possède, en outre, des facultés curatives, aphrodisiaques et hallucinogènes. Son interprétation complexe dépend du contexte dans lequel se déroule le rêve et des autres éléments qui y figurent.

Chanson La musique en général, et les chansons en particulier, aident à supporter les peines avec plus de courage. Les rêves, dans ce cas, nous invitent à nous en servir pour sublimer les malheurs et partager les joies. || Oublier les paroles, ou chanter faux, pourrait nous avertir de ne pas chercher à éviter les difficultés d'une tâche que nous commencerons prochainement. || Bien sûr, ce que nous chantons (que ce soit quelque chose de rythmé, triste, drôle...) est d'une grande importance : cela nous donne une idée très fiable de notre état d'esprit dans la réalité. Une chanson apprise dans l'enfance fera peut-être référence à un ancien problème ou à une inhibition. || Chantonner pendant notre sommeil est, en revanche, un signal d'affliction ; notre Moi interne essaie de nous consoler en roucoulant une douce mélodie.
Les chansons oniriques augurent un bonheur serein ; écouter quelqu'un chanter assure des affaires prospères.

Chanter Ce songe exprime nos sentiments du moment. Le genre de la musique et les paroles de la chanson nous donneront beaucoup d'informations sur nous. (Voir Chanson)
Chanter peut être un acte spirituel. Tagore ne disait-il pas d'ailleurs : « Dieu me respecte quand je travaille, mais il m'aime quand je chante. »

Chapeau Parce qu'ils servent à couvrir la tête, ils sont le symbole de ce que cette dernière renferme (c'est-à-dire la pensée). De même, ils font référence au rôle que nous jouons dans la vie. Et si nous en changeons, cela indique un changement d'attitude et de direction dans notre existence. Il se peut que nous réfléchissions au fait d'assumer plus de responsabilités dans le travail, ou de chercher un poste de travail distinct. || Selon Freud, les chapeaux (et les gants) représentent les organes génitaux féminins, en raison de leur capacité à entourer une partie du corps. En revanche, Jung considérait que le chapeau, à la différence de la couronne, confère aux personnes un comportement déterminé. Ainsi, le type de chapeau diversifie les significations du rêve. Un chapeau haut de forme manifeste notre désir d'être en bonne santé ou bien notre trop grande prétention ; une casquette de base-ball témoigne de notre volonté d'être plus jeune et plus athlétique ; un chapeau de paille traduit notre espoir d'adopter une attitude plus naturelle et insouciante devant les choses ; une casquette militaire indique un excès d'autoritarisme. Enfin, porter un chapeau ridicule constitue un avertissement concernant notre posture grotesque dans la situation onirique représentée. || En général, imaginer que nous portons un chapeau montre un manque d'assurance dans ce que nous faisons et la peur d'être jugé par les autres.

◎ Selon les prédécesseurs de Freud, une femme qui rêve qu'elle porte un chapeau d'homme désire maintenir des relations avec le propriétaire dudit chapeau. Enfin, rêver que nous perdons un chapeau signifie que nous nous marierons bientôt.

Charbon ◘ Le charbon symbolise l'énergie cachée qui ne se libère qu'au contact du feu. Ce rêve est une invitation à continuer la lutte. Malgré les adversités, nous pouvons laisser libre cours à l'énergie, la chaleur ou la lumière qui existaient déjà en nous.

◎ Voir du charbon est un signal de richesse ; le manger, de maux. Le charbon ardent augure l'amour, mais aussi la honte et les reproches associés à des aspects érotiques.

Charcuterie ◘ L'interprétation onirique dépend du contexte du rêve et des autres éléments y figurant. Relié, selon le cas, à la symbolique de la Nourriture ou à l'acte de Dévorer, cet élément peut également avoir des connotations sexuelles, représentées dans son apparence phallique. En ce sens, manger de la charcuterie ou la rejeter indique la relation du rêveur à sa propre sexualité.

Charge ◘ Se voir porter une charge très lourde en rêve est un signal évident de fatigue. Le dormeur se sent accablé physiquement, mentalement ou émotionnellement. Son inconscient l'avertit qu'il a besoin de repos.

Chariot ◘ L'une des principales analogies symboliques de l'humanité est le chariot et son rapport à l'être humain. Le conducteur représente le Moi de la psychologie junguienne ; le chariot, le corps et la pensée ; les chevaux sont les forces vitales ; les rênes, l'intelligence et la volonté. Le sens global du rêve est, en ce sens, semblable à celui de la Voiture. || D'autre part, le chariot représente le progrès lent, mais certain. Le fait d'être entouré de pionniers peut souligner le désir d'explorer notre inconscient ou d'adopter un style de vie plus excitant.

◎ Conduire le chariot d'une autre personne augure la pauvreté. En revanche, si c'est le nôtre, cela signifie que nous serons riche.

Charpentier ◘ Pour exercer le métier de charpentier, de bonnes aptitudes manuelles sont requises ainsi qu'un certaine sensibilité artistique. Le songe nous dit que nous devrions potentialiser ces qualités pour progresser.

Chasse-neige ◘ Imaginer une machine de ce type est un bon symptôme : cela exprime l'arrivée de moyens qui nous permettront d'atteindre les objectifs fixés. || Cependant, si le chasse-neige est en panne, ou incapable de faire son travail, nous échouerons malgré les moyens adéquats dont nous avons disposé.

Chasseur ◘ Certaines cultures associent la chasse à l'insatiable incontinence de l'homme devant ses désirs. Mais de tels songes révèlent aussi une soif d'évasion hors des problèmes et, en même temps, une volonté de rébellion contre ces mêmes problèmes. La lecture que nous devrions le plus souvent faire de cette vision onirique est que, au lieu de se battre contre quelque chose, nous devrions nous habituer à cohabiter en sa présence. En effet, l'agressivité que nous affichons ne nous servira à rien. || Tuer un animal pendant la chasse signifie peut-être que nous essayons de détruire une partie instinctive de notre personnalité.

◎ Selon la tradition populaire onirique, chasser un lièvre indique que nous aurons des problèmes. Si c'est un renard, un ami nous décevra. En revanche, si c'est un cerf, nous ferons la conquête de la personne que nous aimons.

Chat ◘ C'est le symbole du féminin. Rêver qu'un chat cherche les caresses nous signale que quelqu'un essaie de nous séduire. S'il nous griffe, nous devons nous attendre à des jalousies professionnelles. || La couleur de l'animal détermine son symbolisme secondaire. Ainsi, les chats noirs sont-ils habituellement associés aux ténèbres et à la mort, bien que ce genre d'analogie ne s'adresse qu'aux personnes superstitieuses.

◎ Dans la mythologie, la figure du chat était associée aux dieux de la fertilité, qui représentaient le pouvoir et la sagesse de la nature. D'une façon similaire, pour les Égyptiens, les chats étaient sacrés et veillaient sur les âmes des morts. Ce ne fut qu'avec l'arrivée des chrétiens qu'on commença à les considérer comme les animaux maléfiques des sorcières. C'est pour cette raison que de nombreux livres sur les rêves soutiennent que les chats présagent des problèmes.

Châtaigne Ce fruit, associé à l'hiver et à la pénurie, suggère l'idée de prévision.
Considérée dans le passé comme un aliment valable pour les défunts, la châtaigne est représentative d'une vie longue, d'une bonne santé et de protection. Certaines traditions nordiques conseillent d'en avoir toujours une dans la poche en guise de talisman et d'amulette contre les maladies, et de la renouveler chaque année.

Château En général, le château est le symbole de la force spirituelle et de la vigilance. Son analyse est complexe parce qu'elle rejoint aussi celle de la Maison. Le fait qu'il se trouve placé au sommet d'une colline fournit des informations complémentaires. Sa forme, son aspect et sa couleur ainsi que son apparence sombre ou lumineuse apportent des détails supplémentaires pour son interprétation. Le sens de ce songe est habituellement celui de la protection et du pouvoir. Le château en tant que forteresse solide permet également l'introspection, la créativité et la contemplation spirituelle. Tandis que la maison représente l'organisme, le château symbolise l'âme. || Rêver d'un château peut aussi mettre en évidence un besoin d'isolement qui, selon son aspect, pourra être positif ou négatif. || Voir le château de l'extérieur signifie qu'il nous reste encore du chemin à parcourir mais que, au bout de celui-ci, nous atteindrons notre but. Si nous rêvons que nous vivons à l'intérieur, nous accéderons prochainement à la richesse spirituelle. || Si le château semble impénétrable, cela signifie qu'il nous est difficile de connaître notre intériorité.
Voir un château fortifié signifie la protection et la vertu ; et s'il est fermé, la résistance ; y entrer, l'espoir incertain ou l'adversité inattendue ; l'habiter augure la richesse ; l'assiéger est un signal de victoire sur les ennemis, tant physiques que spirituels.

Chauffeur Si le rêveur lui-même conduit l'automobile, cela signale des souffrances et des contrariétés. Mais si quelqu'un d'autre conduit, cela signifie alors l'éventualité d'une relation amoureuse intense.

Chaussette Ce sont des accessoires qui gardent une relation étroite avec l'état de bien-être ou d'inconfort de l'individu. Si elles apparaissent avec des trous et sales, elles sont alors un signal de gaspillage : le rêveur dépense plus qu'il ne peut se le permettre. Neuves et propres, elles indiquent une situation confortable et aisée. Les enlever est interprété comme le besoin d'un changement que nous voulons opérer, mais nous ne savons pas encore de quelle façon.

Chaussure Les chaussures représentent les choses « basses », aussi bien dans le sens de l'humilité que de la mesquinerie. Rêver que l'on achète des chaussures manifeste un besoin de protection. Si les chaussures sont étroites et nous font mal, c'est que nous ne sommes pas encore prêt à donner tout ce que l'on attend de nous. En revanche, si elles sont trop grandes pour nous, cela signifie que nous avons beaucoup de moyens à notre portée, mais nous ne savons pas comment les utiliser de façon adéquate. || Les vêtements ou accessoires dans lesquels s'introduit une partie du corps était pour Freud des symboles sexuels. Les contes de fée utilisent d'ailleurs le même langage. Lorsque Cendrillon glisse son pied dans la chaussure, elle ne fait que mettre en évidence son désir sexuel envers le prince.
Selon les croyances populaires, perdre une chaussure présage une maladie. Cette croyance peut provenir d'une ancienne coutume anglaise qui consistait à brûler une vieille chaussure malodorante dans la cheminée pour faire fuir les possibles infections domestiques. Enfin, les chaussures recouvertes de poussière sont un pronostic de voyage inattendu ; celles qui sont brillantes prédisent le bonheur en amour.

Chauve La calvitie – la nôtre comme celle d'autrui – est toujours de mauvais augure. Rêver de perdre nos cheveux peut signifier que nous sommes trop préoccupé par notre aspect physique, ou par ce que les autres pensent de nous. Nous nous sentons peut-être anxieux et peu sûr de nous. Nous ne croyons pas détenir suffisamment de pouvoir pour affronter des situations déterminées. || Par ailleurs, voir un homme chauve signale à la fois la nécessité d'être vigilant devant une éventuelle escroquerie, et l'arrivée de mauvaises nouvelles concernant un procès qui nous est défavorable. Si le rêveur est une femme jeune, elle devra être prudente avec un prétendant. || Chez un homme, rêver d'une femme chauve témoigne d'une relation tendue avec son épouse. Si c'est lui qui est chauve, il exprime alors son inquiétude par rapport à sa propre virilité. Enfin, la calvitie sur le front signifie que nous pourrions faire l'objet de moqueries au sein de notre groupe d'amis ; et dans la partie postérieure du crâne, la pauvreté assurée si nous ne sommes pas prudent en affaires.

Analyse du rêve

Chat

Le rêve de Marthe : « J'étais en train de caresser Gea [sa jolie petite chatte persane], quand elle se tourna vers moi et me dit : "jolie, très jolie". J'étais enchantée que ma chatte sache parler, j'avais toujours su qu'elle était très intelligente... mais quelque part c'était trop ! Soudain, sa face féline se transforma en celle de Juan. Maintenant, elle ne parlait plus, elle émettait de terribles jappements et de l'écume sortait de sa bouche. J'essayai de l'embrasser et de la tranquilliser, mais elle m'échappa des mains comme un lézard. »

L'une des forces les plus magiques et intenses de notre monde onirique est celle de la transformation : les animaux qui deviennent des personnes ; les personnes qui se transforment en arbres, monstres ou en d'autres personnes ; les édifices qui disparaissent... Ces transformations sont, presque toujours, un signal de changements psychologiques dans nos vies. Quand Marthe fit ce rêve, elle venait d'avoir une petite dispute avec son fiancé. Ce rêve l'avertissait d'avoir plus de considération et de faire plus attention à lui. Rêver qu'un chat recherche nos caresses signale qu'une personne essaie de nous séduire ou qu'elle se sent fortement attirée par nous. Dans le cas de Marthe, c'était le reflet de la dévotion et de l'amour que son fiancé ressentait pour elle. Cependant, le fait de se transformer en chien féroce, d'abord, puis en lézard fuyant, signale que l'affection aussi pouvait s'évanouir ou se transformer en rancœur si elle n'y mettait pas du sien.
Le fait qu'elle caresse doucement sa chatte et que celle-ci lui parle pour faire son éloge traduit la capacité de Marthe à transmettre de l'affection et la certitude que tout s'arrangera par le dialogue.

◎ Les cultures européennes comme américaines considèrent que la vision onirique d'une calvitie est synonyme de pertes économiques. Certains peuples africains y voient toutefois un augure très prometteur.

Chauve-souris ◘ Sa présence suscite la crainte étant donné que c'est un animal qui vit dans l'obscurité. Alors qu'en Chine c'est un emblème de bonheur et de longue vie, ici elle est généralement associée à la peur et à minuit. || Les chauves-souris, en outre, partagent la symbolique du désir sexuel avec le démon. Du point de vue onirique cependant, elles représentent généralement quelqu'un qui épuise le rêveur, en lui faisant perdre la confiance en lui. || Elles véhiculent également un élément lié à la claustrophobie (les chauves-souris vivent dans des cavernes et dans l'obscurité). Le dormeur a peut-être peur d'affronter quelque chose qui est relié à sa vie émotionnelle.
◎ Ce rêve annonce des désastres. Les chauves-souris présagent des offenses et la mort. Du fait de leur cécité, ces animaux sont aussi considérés comme des prophètes prévenant de dangers oculaires. || D'autres croyances disent que porter sur soi un os de chauve-souris est le meilleur antidote pour se libérer de la malchance. Dans certaines régions d'Europe, on pense que porter l'œil droit d'une chauve-souris dans la poche d'un gilet concède l'invisibilité à son porteur.

Chef ◘ La figure du chef possède plusieurs connotations. D'une part, elle représente le manque de confiance en nous et la peur de prendre des initiatives personnelles. C'est le symbole de l'oppression et de l'infériorité. D'autre part, la présence du chef peut être interprétée comme un guide interne neutralisant nos impulsions instinctives et nous faisant agir avec plus de précautions.
◎ Les premiers livres sur l'interprétation des rêves furent écrits pas des gens de classe supérieure affirmant que ce rêve était un signal d'incompétence. En revanche, si le chef était le rêveur lui-même, alors cela augurait une rapide ascension sociale.

Chemin ◘ Il peut s'agir d'une invitation à orienter notre vie dans un sens positif. Si nous voulons des changements, alors il nous faudra agir. (Voir Raccourci et Avenue)
◎ Un chemin large et plat dénote, de façon étonnante, des problèmes émotionnels. Le fait qu'il soit abrupt, en revanche, augure un mariage heureux.

Cheminée Une cheminée sans feu prédit une période ennuyeuse dans notre vie : nous pourrions nous voir impliqué dans des procès et des disputes pour des biens économiques. Si elle est allumée, elle est alors synonyme de paix dans le foyer. || Une cheminée délabrée signale qu'un malheur pourrait s'abattre sur la famille ; si nous l'abattons nous-même, c'est que le danger de perdre des objets matériels est réel. Si elle est recouverte de lierre, cela veut dire que l'on vivra des moments heureux mais éphémères. Si les cendres jouent un rôle dans le rêve, alors la tristesse sera certaine. Descendre par une cheminée annonce des tensions entre amis ; mais monter par elle souligne notre aptitude à fuir les commérages.

Chemise En contact continu avec la peau, ce vêtement indique un besoin de communication et d'affection. Rêver que nous portons une chemise trouée signifie que nous risquons de subir une perte sentimentale. || La chemise reflète également la façon dont nous nous présentons aux autres, c'est-à-dire notre image. Parfaitement repassée et complètement boutonnée, elle montrera notre conservatisme ; ouverte et portée hors du pantalon, elle exprimera notre esprit libre et peu conventionnel.
La tradition gitane considère que, plus la chemise de notre rêve est colorée, meilleur sera notre sort.

Chemisier Ce vêtement symbolisant l'image que le rêveur projette socialement, son style ou son état en diront donc long sur la façon dont il se voit devant les autres. Si le chemisier est taché ou déchiré, il se sentira incompris et manquant d'assurance ; s'il est élégant, il aura la sensation d'être heureux dans l'environnement familial ; si c'est une blouse de travail, il aura le sentiment d'être actif avec des expectatives de progression professionnelle prochaine. || Chez la femme, le chemisier a toujours un sens négatif, puisqu'il annonce des commérages contre elle émanant de personnes très proches.

Chêne Cet arbre robuste symbolise la sagesse et la force, tant physique que morale. || Dans les rêves, il doit être interprété comme la présence d'une grande énergie intérieure qui nous permettra d'affronter toutes les difficultés. C'est aussi l'arbre sacré privilégié des dieux (à Dodone, un sanctuaire oraculaire était dédié à Zeus et à la Déesse-Mère ; les prêtres et les prêtresses interprétaient le bruissement du feuillage des chênes sacrés). Les Celtes, qui en ramassaient le gui, lui attribuaient de grands pouvoirs.
Un chêne feuillu et robuste présage la longévité, la prospérité et une vieillesse heureuse. Y grimper augure une grande énergie. Les branches représentent la force et le courage de celui qui rêve. Le fait qu'il n'ait pas de feuilles augure une perte de biens. Un chêne abattu fait craindre des dangers pour les finances du dormeur ; élagué, il prévoit une infidélité conjugale. Un chêne sec ou mort signifie que notre caractère faiblit ostensiblement.

Chenille Elles sont l'emblème de ce qui s'est corrompu. En rêver est habituellement désagréable et angoissant. || Cependant, comme chacun sait, les chenilles se transforment en papillons. Cela nous rappelle que nous ne devons pas nous torturer à cause de nos défauts. En effet, les enfants et même les adultes peuvent parvenir à changer et se transformer en êtres beaux et merveilleux. (Voir Vers, Papillon et Métamorphose)

Chèque Remettre un chèque à une personne inconnue est un mauvais signal augurant des problèmes économiques et des dettes en suspens. || Recevoir un chèque, en revanche, implique l'arrivée d'une somme d'argent inattendue qui soulagera notre budget. Le dépenser signifie des gaspillages probables dans la vie quotidienne.

Chercher Ce que nous nous recherchons en rêve peut être de caractère physique, émotionnel, intellectuel ou spirituel. Il s'agit peut-être d'une nouvelle solution pour un problème. || Chercher quelqu'un de connu manifeste des sentiments d'angoisse par rapport à la relation que nous avons avec cette personne dans la réalité. Il est possible que nous souhaitions en définitive terminer par une séparation affective. || Il semble important de se demander si ce que nous cherchons en vaut vraiment la peine. Dans le cas où la réponse serait négative, le rêve reflète notre perte d'illusion et d'espoir.
Il s'agit généralement d'un rêve spirituel. Des mythes comme celui du roi Arthur en quête du saint Graal décrivent le processus de transformation intérieure de l'être.

Chérubin Ils appartiennent à l'une des neuf catégories d'anges figurant dans les Saintes Écritures. Parce que leur fonction consiste fondamentalement à insuffler de l'amour et de la sagesse dans le cœur des hommes, rêver d'eux doit être interprété comme une invitation à l'altruisme et à vivre les émotions de façon désintéressée. || Les chérubins annoncent des situations heureuses, liées aux valeurs les plus élevées de notre personnalité. Nous disposons des éléments nécessaires pour faire un grand saut et grandir.

Cheval Cet animal a toujours été un animal mythique. Autrefois – particulièrement en Angleterre et en Allemagne –, rêver d'un cheval blanc était considéré comme un présage de guerre. || Selon Jung, le cheval exprime le côté magique de l'homme, l'intuition de l'inconscient. La croyance selon laquelle ses fers portent chance provient précisément de ce caractère magique. En raison de leur vitesse, les chevaux peuvent aussi incarner le vent, le feu et la lumière. || Rêver de chevaux signifie que nous pouvons dominer nos passions et que, par conséquent, notre volonté tient les rênes de nos actes. Si le cheval s'emballe, cela veut dire que nous avons perdu le contrôle et que nous nous laissons entraîner par nos passions. || Si nous sommes effrayé, cela indique que nous craignons aussi nos instincts les plus naturels. || Les chevaux sont aussi des symboles sexuels et, selon Freud, ils représentent des aspects terribles de la figure du père. En définitive, les chevaux sont les forces sauvages de notre psyché, dont la nécessité primordiale est que nous les dominions mais, en même temps, que nous ne les réprimions pas.

Dans certains mythes et contes de fée, les chevaux ont la capacité de parler comme les humains. Si cela se passe dans le rêve, il s'agit de la voix de notre inconscient qui communique avec nous. Selon la prophétie onirique la plus commune, les chevaux apportent des nouvelles d'un lieu lointain. Si, dans notre songe, ils sont en train d'être ferrés, c'est que bientôt la meilleure des fortunes nous sourira.

Chevaucher Cette action symbolise la dualité entre l'esprit et les instincts. Le message transmis par l'inconscient va donc concerner notre intellect ou, plus fréquemment, notre activité sexuelle. Ainsi, galoper à toute bride signifie que nous devrions laisser plus de liberté à nos sens. Selon que nous maîtrisons le cheval ou qu'il s'emballe, nous saurons si nous sommes capable de contrôler nos sens. (Voir Cheval)

Les croyances concernant les rêves estiment que ce songe est un bon présage, surtout si quelqu'un que nous apprécions monte à cheval avec nous.

Cheveu Bien qu'il renvoie à un sentiment de vanité, le cheveu symbolise la force supérieure de la volonté et de la connaissance. Le fait de nous voir avec des cheveux longs et sains indique que nous nous sentons capable d'accéder à la réussite. Au contraire, rêver qu'ils tombent ou qu'on nous les coupe reflète la crainte et un sentiment d'insécurité, et augure une perte de prestige et de pouvoir. Se couper volontairement les cheveux exprime cependant la libération, le renoncement et le sacrifice. || Se faire raser la tête signifie que nous nous défaisons de tout ce qui est terrestre pour chercher la pureté de l'esprit. Concernant le sentiment de vanité mentionné plus haut, le fait de se faire coiffer les cheveux révèle le souci de notre image extérieure. || Si nos cheveux sont libres, à la merci du vent, cela veut dire que nous avons besoin de plus de liberté pour exprimer nos sentiments. Le duvet corporel, quant à lui, symbolise la force primitive et instinctive.

Se couper les cheveux peut montrer un certain conformisme. Dans le passé, on coupait les cheveux aux prisonniers, soldats et garçons qui allaient à l'école. Quand les Beatles adoptèrent les cheveux longs dans les années 1960, ils exprimaient inconsciemment une révolte générationnelle.

Cheveu blanc Les cheveux blancs symbolisent les soucis, les temps difficiles, et peuvent aussi révéler la peur du vieillissement et de la solitude. Ils témoignent également du fait que le rêveur affronte un problème dont la solution est hors de ses possibilités.

Cheville Se tordre la cheville en rêve signifie que nous sommes sur le point de commettre une erreur importante dans une affaire qui nous concerne. || Cette vision reflète aussi notre difficulté à prendre des décisions du fait de notre manque d'assurance.

Chèvre La chèvre sauvage transmet une idée de liberté et d'agilité. Le bouc, qui représente la puissance sexuelle, est associé pour certains au diable, et comporte donc logiquement des connotations négatives. Il signifie que nous nous jugeons et nous nous condamnons nous-même.

Dans tous les cas, cet animal a une interprétation ésotérique négative. Ainsi posséder une chèvre annonce le mal-être ; la traire indique une maladie dans la famille ; l'égorger, la misère. Les seules exceptions à cet aspect négatif sont représentées par la chèvre blanche, qui promet la chance, et par la possession d'un grand troupeau, indicateur de richesse.

Chewing-gum La gomme à mâcher étant un symbole érotique, en rêver signale des désirs refoulés qui cherchent à être assouvis. || Marcher sur le chewing-gum jeté par une autre personne met en évidence notre dépendance envers elle ; le fait que quelqu'un d'autre marche sur le nôtre exprime le danger de ne plus recevoir l'aide des autres parce qu'on les dérange continuellement avec nos demandes.

Chien Tout au long de l'histoire, les chiens ont aidé l'homme à chasser et à conduire ses troupeaux. Emblèmes de la fidélité, de l'amitié et de la compagnie, ils signalent en outre que nous vivons en bonne intelligence avec notre propre nature. || Rêver d'un chien peut refléter le désir de se sentir aimé et protégé, d'avoir quelqu'un avec qui partager la vie. || Toutefois, en fonction de la façon dont le chien apparaît dans le songe, l'interprétation de sa signification change. Rappelons-nous qu'il s'agit d'un animal qui se comporte de façon agressive si nous ne savons pas comment le traiter ou s'il considère que nous menaçons la propriété qu'il défend. Dans ce cas, il manifeste probablement un conflit intérieur avec notre côté le plus instinctif. S'il tire sur la laisse à laquelle il est attaché, cela signifie que nos émotions sont sur le point d'exploser. Nous avons peut-être besoin d'extérioriser notre colère par rapport à une affaire qui nous attriste.
Selon l'oniromancie, ce rêve augure une chute. La tradition affirme qu'un chien gentil, joyeux et bien éduqué, prédit des désillusions. Si l'animal aboie et mord, le rêve annonce alors des injures, des trahisons et des situations adverses.

Chimère Il s'agit d'un fantasme, de quelque chose d'inaccessible. La chimère – un animal mythologique à tête de lion, corps de chèvre, et queue de dragon – représente la perversion. En effet, elle nous invite à avoir confiance en nos délires, au détriment de la réalité. || Dans un cas extrême, la chimère peut nous conduire à une perte de contact avec le monde réel. Cependant, en rêver ne peut pas non plus être considéré comme toujours totalement négatif : cela reflète simplement le besoin de vivre quelque chose de distinct, de lutter contre la monotonie qui nous tenaille. L'inconscient nous incite à utiliser notre imagination.

Chinois Un Chinois présage un voyage difficile, mais nécessaire, dont dépendra la réussite de nos projets. Si un accord est conclu avec cette personne, notre prestige sera accru. La présence de plusieurs Chinois indique cependant que l'affaire pourrait échouer.

Chiot Il manifeste le désir d'enfant chez des personnes qui n'en n'ont pas et, chez ceux qui sont déjà parents, la préoccupation pour tout ce qui concerne les enfants. || Si le chiot est sain et bien formé, il augure le bien-être ; mais s'il est malade et sale, il prédit la possibilité qu'un enfant tombe malade.

Chocolat La présence onirique de chocolat augure la prospérité et la sérénité pour nous comme pour nos proches. Toutefois s'il est rance, cela présage des maladies ou tout autre genre d'infortune.

Chômage C'est un élément qui renvoie nécessairement à la situation professionnelle du rêveur. Il indique une période de paralysie, volontaire ou non, qui se vit avec impatience et anxiété. Il conviendrait d'étudier les circonstances qu'engendre ce type d'angoisse pour essayer de sortir de cette période d'attente que l'inconscient montre en rêve.

Chouette Cet oiseau représente la nuit, la crainte, le froid et la passivité. Parce que c'est un rapace nocturne qui est précis dans ses actions, il symbolise la sagesse. C'est par ailleurs un animal qui sait attendre avant d'agir. || Le hibou comme la chouette nous préviennent d'être vigilant et de bien ouvrir les yeux : il est possible qu'une personne essaie de nous mentir ou nous promette quelque chose qu'elle ne peut accomplir.

Christ Chaque personne possède ses propres associations avec cette figure, selon son influence religieuse. Le symbole du Christ, comme le Christ lui-même, représente la perfection du Moi, le martyre, la souffrance universelle ou la résurrection.
Il existe divers chemins pour accéder à la vérité spirituelle, comme il y a aussi de nombreuses religions pour parvenir au dieu de chacun.

Cicatrice Les cicatrices symbolisent les imperfections morales et physiques, les souffrances et la rancœur.

Ciel Cet élément symbolise nos aspirations, nos désirs les plus profonds, le sens ultime de nos actes. Ce n'est pas pour rien que le ciel est toujours – sauf en Égypte – associé au masculin, à ce qui est actif et à l'esprit (la terre étant, en revanche, liée au féminin, au passif). Contempler dans nos rêves le ciel à la lumière du jour est un signal d'ouverture et de clarté dans la poursuite de nos objectifs. Un ciel nocturne, quant à lui, exprime l'ordre et l'équilibre lorsqu'il est étoilé. || Pour Jung, le ciel est, à la nuit tombée, le lieu le plus approprié pour que l'homme y projette son inconscient. Le symbolisme des constellations et les signes du zodiaque sont par conséquent des expressions archétypales de son monde intérieur.

◎ De nombreuses croyances concernant les rêves s'accordent sur le fait que rêver d'un ciel bleu présage la chance ; s'il est nuageux, c'est tout le contraire. || Certains pensent que la vision onirique d'un ciel de couleur rouge augure un désastre national.

Cierge ◘ Cet élément symbolise les efforts que nous devons faire pour connaître ce qui nous entoure, ainsi que l'écoulement du temps qui se consume lentement. Il véhicule des idées de lourdeur et de lenteur.

◎ Un cierge allumé annonce un mariage ou une naissance. Le voir brûler lentement est un indicateur de bonne santé. Mais s'il se consume rapidement, cela augure une maladie.

Cigogne ◘ Symbole de la fécondité et de la maternité, des cigognes volant en couple augurent le bonheur familial et les naissances. Si cet oiseau vole seul, c'est un échec probable de nos projets ; et s'il est mort, une fin heureuse après une dangereuse menace.

Cime ◘ Cet élément indique les buts que le rêveur s'est imposés à lui-même. Arriver à la cime signifie que l'on se sent sûr et satisfait de ses propres réussites. Apercevoir la cime d'en bas représente l'effort qu'il faut faire pour y parvenir. Le fait de tomber d'en haut avertit probablement le rêveur qu'il n'est pas prêt à entreprendre le chemin ou bien qu'il craint autant l'échec que le succès de son entreprise.

Cimetière ◘ Il s'agit d'une invitation à réfléchir sur un état terminal. Le fait que ce rêve se répète souvent peut révéler une peur injustifiée. (Voir Pendu et Cadavre)

Cire ◘ C'est un élément doté de multiples connotations magiques. Son caractère malléable et sa réaction à la chaleur symbolisent les processus de transformation. L'interprétation dépend, en grande mesure, de ce qui se passe avec la cire. Elle peut signifier union, passion, guérison de maladies, disposition pour des activités créatives, ou bien sentiments de perte et de deuil.

◎ L'interprétation reste notablement influencée par la couleur. La cire blanche augure un mariage et une bonne santé ; jaune, des mensonges et la présence éventuelle à des funérailles ; rouge, la vente d'immeubles. Voir fondre la cire est un signal de pertes financières et de deuil.

Cire à cacheter ◘ Elle est associée à la durabilité des engagements. Cacheter une enveloppe avec de la cire montre l'intention de respecter scrupuleusement les promesses. L'ouvrir signale la rupture, le changement d'opinion à un moment inattendu.

Ciseaux ◘ Leur présence indique notre désir de mettre fin ou de couper court à une relation, une activité ou un aspect de nous-même. Même s'ils soulignent notre esprit énergique et décisif, nous devons toutefois en finir dès que possible avec cette situation qui risquerait de nous être particulièrement préjudiciable. || Les ciseaux, qui ne sont pas un élément onirique très fréquent, peuvent aussi exprimer la naissance d'un projet professionnel en équipe.

◎ Dans la tradition onirique, les ciseaux sont interprétés comme un ennemi qui nous fera du mal. Mais s'ils sont propres et reluisants, nous n'avons rien à craindre.

Citron ◘ Ce rêve nous incite à aller de l'avant malgré les difficultés ; nous pouvons aussi apprendre des événements désagréables et amers, si nous savons en extraire le jus.

◎ L'acidité du jus de citron et l'aspérité de son écorce sont en fait un symbole de trahison, de mensonge et d'amertume. Boire une citronnade rafraîchissante, en revanche, augure la réussite et des gains inattendus.

Classe ◘ Il peut s'agir d'une continuation de l'activité intellectuelle que nous exerçons le jour et dont nous avons de la peine à nous déconnecter. Pendant notre sommeil, nous continuons à assimiler l'information que nous avons apprise. || Toutefois, le rêve peut également vouloir nous dire que nous ennuyons les autres quand nous nous adressons à eux. En effet, il semblerait que nous cherchions à les endoctriner. Nous devrions, dans ce cas, changer notre façon de nous lier aux autres.

◎ Une étrange et ancienne croyance britannique affirme que, si nous rêvons que nous donnons un cours de poésie, tous nos rêves deviendront réalité.

Clé Cet élément symbolise la solution à un problème. Il se peut que le rêve nous donne la piste adéquate pour en finir avec les obstacles qui nous empêchent de progresser. || Ouvrir une porte avec une clé implique l'arrivée de changements importants dans la vie du sujet. L'utiliser pour fermer signale, au contraire, la peur du renouveau. || Casser une clé exprime une rupture de la relation dans le couple ; la perdre annonce des retards et même l'incapacité à atteindre les objectifs fixés. Jeter les clés pronostique le commencement d'une période de commérages dans laquelle nous sommes impliqué. Enfin, posséder des clés en grande quantité prédit l'acquisition de connaissances nombreuses et variées.

Trouver une clé en rêve annonce la chance. Et si nous trouvons tout un jeu, alors les relations dans le domaine des affaires seront très fructueuses.

Cloche Il s'agit d'une annonce sonore ou d'un appel adressé à l'esprit lors d'une occasion extraordinaire (laquelle peut être joyeuse ou triste). Sa position suspendue renvoie au sens mystique de tous les objets suspendus entre le ciel et la terre.

Selon certaines croyances, entendre les cloches en rêve annonce une existence heureuse, une vieillesse sereine ou un mariage rapide.

Cloison Construire une cloison est généralement un bon signal, annonciateur de changements très positifs dans la vie du rêveur. Cependant, si sa construction répond au désir de nous isoler, c'est qu'il existe un problème de communication avec les autres qui risque de nous conduire à la solitude. || Abattre une cloison révèle, en revanche, notre volonté de nous ouvrir à d'autres personnes, et d'entamer de nouvelles relations sociales ou affectives.

Clôture Il se peut que nous ressentions l'existence de barrières obstruant notre chemin. Notre capacité d'action ou d'expression se trouve, en ce sens, clôturée. Une relation insatisfaisante dans laquelle nous ne pouvons nous comporter comme nous sommes réellement peut en être la cause. Notre travail comme notre situation peuvent restreindre notre développement personnel. Il est de notre devoir d'essayer d'abattre ces clôtures et barrières pour laisser affleurer notre identité sincère.

L'ancienne tradition onirique considérant la clôture comme un obstacle, ce rêve augure de futures difficultés.

Clou Les clous annoncent une maigre récompense après un dur labeur. Cependant, s'ils sont neufs et brillants, cela signifie que le dormeur sera doté des meilleurs moyens pour accomplir sa tâche. Mais s'ils sont vieux, cassés et oxydés, alors ils signalent des maladies et des mauvaises relations affectives avec les autres. || Travailler avec des clous annonce la participation à une tâche qui nous apportera de grandes satisfactions ; les trouver est la prédiction que nous verrons nos désirs accomplis et les enfoncer prévoit que nous serons victime des commérages de quelqu'un qui nous méprise.

À partir de l'époque romaine, le fer a été considéré comme un métal sacré. Rêver d'un clou en fer oxydé augure la chance.

Clown Comme le bouffon, le clown représente l'opposé de l'autorité. Il symbolise l'instinct, la désinhibition et l'infantilisme. || Rêver d'un clown anonyme nous alerte de la fausse camaraderie d'autres personnes. Si le clown a les traits de quelqu'un de connu, c'est justement l'individu contre lequel le rêve nous prévient. || Si nous nous déguisons nous-même en clown, nous devons être vigilant, car notre attitude fera que les gens ne nous prendront pas au sérieux. Ils croiront peut-être que nous sommes toujours en train de faire semblant et de cacher nos sentiments. || Si le rêve est agréable, il n'y a rien à objecter : l'inconscient nous suggère simplement de rire de nos préoccupations car leur gravité est relative.

Dans les cartes du tarot, le mat (le fou) est représenté comme le joker de l'ensemble des cartes. Il met en évidence le côté inconscient de la personnalité avec tout son potentiel de transformation.

Cochon C'est un symbole de désirs impurs, basses passions, luxure, saleté, ignorance, entêtement, gloutonnerie et mauvaise éducation. || Un cochon couvert de boue signifie que nous nous laissons guider par les instincts les plus primaires. En revanche, s'il est propre, il peut être interprété comme un symbole de pragmatisme et d'utilité. Comme chacun sait, l'alimentation humaine tire profit de toutes les parties de cet animal.

Les cochons ont été, pendant très longtemps, le thème principal de croyances négatives. D'ailleurs, les pêcheurs pensent que si quelqu'un prononce le mot « cochon » avant d'aller travailler, la pêche sera mauvaise. Et pourtant, ces créatures oniriques augurent de très bonnes nouvelles ou un coup de chance.

Cœur Dans le schéma vertical du corps humain, il existe trois points fondamentaux : le cerveau, le cœur, le sexe. Le cœur en est le point central. Ce n'est pas un hasard si c'était l'unique viscère que les Égyptiens laissaient à l'intérieur de leurs momies. La vie, les sentiments et la sagesse se concentrent symboliquement dans cet organe. En plus, c'est un archétype très ancien de l'amour. || Le rêve décrit probablement notre facette émotionnelle et avec quels sentiments nous l'abordons. Si le cœur a souffert quelque dommage, qu'il a été opéré, ou blessé par balle, cela signifie que nous sommes dans une mauvaise passe. Dans ce cas, les autres éléments apparaissant dans la scène onirique contiennent habituellement des conseils et des recommandations que nous devons suivre. Enfin, si le cœur est en parfait état, c'est que nous nous sentons très bien.

En Inde, le cœur est le symbole de l'amour divin. Il représente également nos motivations les plus intimes.

Coffre C'est un endroit intime où l'on garde les trésors les plus précieux, qu'ils soient matériels ou spirituels. Cet élément est également associé à l'utérus et, par conséquent, à la maternité, la dépendance et la surprotection. L'ouvrir augure la découverte de secrets importants. Le fait qu'une autre personne l'ouvre signale la crainte que nos secrets ne soient révélés. Le trouver vide est le signe d'une déception. (Voir Armoire)

Coiffer (se) Cette action indique que notre apparence physique nous préoccupe. Ce type d'images doit nous mettre en alerte : se pomponner de façon exagérée exprime l'hypocrisie dans les relations humaines. Modifier notre image nous permet d'éviter momentanément d'affronter nos carences. Tôt ou tard, cependant, le masque devra tomber et notre déguisement ne pourra pas dissimuler plus longtemps la réalité.

Colère Les rêves nous donnent l'opportunité d'exprimer ces sentiments et émotions que nous refoulons dans la réalité. Nous nourrissons peut-être en nous une certaine agressivité que nous méconnaissons. Le rêve peut nous avertir, en ce sens, d'arrêter d'être un sujet passif et de commencer à passer à l'action. Il est, de même, possible que nous renfermions des sentiments de dévalorisation ou de jalousie à l'égard de quelqu'un de notre entourage. || Une personne furieuse envers nous peut symboliser tout ce qui nous déplaît de notre propre personnalité.

La colère dans les rêves présage un défi vital à affronter. Elle augure, en outre, des déceptions et des critiques concernant le caractère du dormeur. Se mettre en colère contre un étranger signifie que nous recevrons de bonnes nouvelles inattendues. Il s'agira probablement d'une invitation.

Collier Symbole de l'union entre le donneur et le receveur, sa présence dans les rêves prédit des relations passionnées sur le terrain érotique, ainsi que le bonheur familial. || Posséder un collier annonce la richesse, même si celle-ci est éphémère (surtout si le sujet laisse ses affaires aux mains du hasard).

Un collier en or révèle la réussite matérielle ; de saphirs, les calomnies ; de diamants, la profusion d'ennemis ; et de perles, des tensions dans le couple.

Colline Une élévation du terrain nous permet de contempler notre entourage avec plus de clarté. Escalader une colline avec enthousiasme manifeste une amélioration de notre situation professionnelle ou sociale. || Mais cela peut aussi représenter un obstacle que nous devons surmonter dans la réalité. La peine que nous aurons à monter sur la colline sera fonction des nombreux ou faibles moyens que nous possédons pour atteindre nos objectifs.

Dans ce cas, les croyances populaires sont en accord avec l'interprétation psychologique.

Colombe Cet oiseau est, comme chacun sait, symbole de paix ainsi que de tendresse, de fidélité et d'espoir. La colombe représente aussi la spiritualité, l'amour platonique et l'âme libre.

Sa présence onirique augure le bonheur dans les relations amoureuses. Si la colombe apparaît en plein vol, nous recevrons sans doute des nouvelles d'un être aimé.

Colonne Une colonne symbolise le soutien et la fermeté. L'image de deux colonnes, en revanche, représente les opposés vitaux et l'équilibre : le couple et le mariage, le sentiment et l'action, le père et la mère, etc. || Selon l'interprétation onirique, les deux colonnes matérialisent la stabilité éternelle ; l'espace creux entre les deux permet l'accès à ce qui est éternel. Si l'une des deux s'effondre, cela signifie que nous perdons l'équilibre, soit en raison d'une maladie ou bien parce que nous avons abandonné nos convictions.

La vision d'une colonne est une promesse de prestige et d'amis influents ; de nombreuses colonnes alignées prédisent les honneurs et le pouvoir. Assister à la cassure d'une colonne indique la perte d'amis, le malheur ; y grimper assure la popularité et le renouvellement ; en tomber annonce la perte d'amis.

Commander Cette action montre que nous prenons le contrôle dans plusieurs aspects de notre vie réelle. Commander à un chien en rêve peut faire référence à notre nature sexuelle. || Si c'est nous qui sommes commandé, nous devons alors nous demander à quels principes psychologiques nous obéissons, et s'ils nous mènent sur le bon chemin.

Ce rêve peut représenter nos désirs de commander. La tradition orientale considère, en ce sens, qu'un individu dominé par ses désirs ne parviendra jamais à être heureux. Le bonheur appartient aux personnes qui savent se commander à elles-mêmes et mettre des limites à leurs propres prétentions.

Commérage Écouter les commérages d'autres personnes est un indice évident de racontars surgissant dans notre entourage et pouvant nous porter préjudice. || Si c'est nous qui les divulguons, il est alors manifeste que nous nourrissons de mauvaises intentions envers les autres.

Compétition Participer à une compétition avec des inconnus signale de petites dépenses occasionnées par un voyage inattendu ; une compétition avec des collègues de travail désigne des problèmes pour une promotion professionnelle ; et avec des membres de la famille, de fortes disputes qui pourraient finir violemment. || Gagner de l'argent en pariant sur une compétition est un signe positif : nous nous sortirons bien de n'importe quel problème. Mais perdre cependant cet argent signifie que nous devrons nous soumettre à ce qui est imposé par les autres.

Compte La symbolique de cet élément est similaire à celle de l'Abaque. Il est interprété comme un signal de précaution. On dit communément qu'on compte quand il y a pénurie. Il se peut qu'il désigne une période de la vie dans laquelle nous ressentons le besoin d'être prévoyant au moment de dépenser, ou de livrer nos sentiments.

Conseil Donner des conseils annonce une rupture ; les recevoir, une récompense et des amis fidèles, les solliciter, un succès assuré. Un conseil de famille est un triste présage de disputes ; un conseil de guerre dénote des souvenirs pénibles ; un conseil d'État assure une protection. (Voir Grands-parents)

Construction C'est une image qui possède des connotations communes à toute l'humanité. Construire en rêve indique l'intention d'entreprendre quelque chose. Le rêveur traverse des circonstances favorables ; il est apte à entamer de nouveaux projets. Une construction inachevée, ou en ruine, peut être le reflet d'une situation indésirable dans la vie réelle du dormeur.

Rêver que nous bâtissons quelque chose de nos mains augure, en général, l'abondance et des changements rapides. Cependant, la signification onirique dépendra du type de construction. Édifier de grands édifices révèle des projets grandioses ; construire des petites maisons désigne des ennuis, des disparitions et des maladies d'amis ou de parents. Construire une tombe promet un amour fidèle et éternel ; en revanche, édifier une église ou un autel indique un danger grave pour le rêveur.

Coq Symbole solaire, cet oiseau du matin est aussi l'emblème de la vigilance et de l'activité. Pendant le Moyen Âge, il fut une icône chrétienne de grande importance, comme le démontre sa représentation massive dans les girouettes placées dans les situations les plus élevées, comme les tours de cathédrales (allégorie de la surveillance et de la résurrection). || Rêver d'un coq annonçant le matin peut être interprété comme une renaissance, comme le début d'une nouvelle étape dans notre vie. || Le freudisme l'identifie à la pure sexualité masculine, agressive et orgueilleuse. L'école junguienne reconnaît en lui un symbole de lumière, de naissance, en raison de sa connexion étroite avec l'aube.

En général, le chant d'un coq est associé à l'arrivée de bonnes nouvelles et à la réussite amoureuse.

Coquelicot Cette fleur symbolise la sérénité et les plaisirs simples, surtout après une période de surmenage pour le rêveur. Cependant, elle peut également représenter l'arrivée d'une phase de plaisirs éphémères et de mensonges possibles de la part de notre entourage. En tout cas, sentir un coquelicot révèle la lassitude de se battre contre les malheurs et le besoin de vivre des moments plus agréables, même brefs et superficiels.

Coquille Associé à la sexualité féminine, la fécondité, la fertilité, cet élément à fort contenu érotique se trouve de plus relié à l'eau de mer, à l'origine de la vie. Il peut s'interpréter comme un désir sexuel refoulé, ou comme l'intention, non encore révélée, de procréer. || En outre, il ne faut pas oublier que la plus belle des déesses, Aphrodite, émergea de la mer sur une coquille. D'autre part, en Argentine la coquille représente les organes génitaux de la femme. Ces éléments permettent donc de faire une lecture clairement érotique du songe.

Sa relation avec Aphrodite, déesse de l'amour, en fait un présage de mariage et de voyages en mer. || Une coquille pleine est une promesse de succès et de joies ; vide, elle indique en revanche la perte de temps et d'argent.

Corail Sa symbolique conjugue les significations symboliques de l'arbre, du sang et de l'eau. Il signale un trésor caché et les nombreuses difficultés et risques pour y accéder. Plonger parmi les coraux est un avertissement nous invitant à être précautionneux.

Corbeau Sa couleur noire l'associe aux idées de commencement (nuit utérine, ténèbres primitives, etc.) ; sa capacité de voler le relie au messager divin. || Autrefois, le corbeau étant considéré comme le « commissionnaire » des dieux, une signification cosmique importante lui fut attribuée. Avec le temps, la plupart des personnes ont associé cet oiseau aux idées de malheur et de mort. Compte tenu de ce qui vient d'être dit, l'interprétation onirique fait donc du corbeau le messager de notre inconscient. Il nous effraie d'abord, avant que nous découvrions qu'il est rempli de richesse spirituelle.

Certaines croyances en relation avec la sorcellerie et la prophétie onirique affirment que les rêves dans lesquels apparaissent des corbeaux présagent le futur. || Le fait qu'il vole au-dessus du rêveur, ou sur sa maison, augure des dangers et des mauvaises nouvelles. || Rêver qu'une personne qui nous est chère se transforme en corbeau fait redouter de grandes douleurs.

Corde C'est un symbole général de connexion et d'attachement, comme la Chaîne. Si la corde nous étouffe, le rêve révèle notre peur d'affronter les problèmes. De même, attacher des objets ou des personnes est un signal de refoulement des sentiments. Mais la corde peut également symboliser le désir de s'élever spirituellement ou de gravir les échelons, tant dans le domaine social que dans le domaine professionnel.

Corne Les cornes sont des symboles de force, de fertilité et de patience, si elles appartiennent à un taureau ou à une vache. Celles du bélier représentent plutôt l'agressivité. Mais cet élément est aussi associé, comme chacun sait, à l'adultère.

Corps Le côté droit représente l'intégrité et la rationalité ; le gauche, les instincts. Toutefois, le corps dans son ensemble, nous renvoie à l'ego. || Rêver que notre propre corps est taché indique des problèmes éthiques et financiers. Gonflé, il annonce l'accroissement des richesses ; maigre, il présage la maladie ou les pertes économiques. Voir notre corps à deux endroits à la fois peut signifier que nous maintenons des relations affectives avec deux personnes simultanément. || Pour l'école freudienne, les organes à forme pointue, ainsi que tous les appendices, sont une image du pénis ; les cavités et les orifices, une image du vagin et de l'anus ; et les secrétions, une image du sperme.

En Chine, la partie supérieure du corps est comparée au ciel, et la partie inférieure à la terre. En Inde, voir son propre corps ensanglanté augure longévité, car le sang est un symbole de force.

Costume Cet élément peut représenter notre désir d'impressionner quelqu'un. Cela manifeste probablement le bon état de notre confiance en nous, ou le côté que nous montrons sur le terrain professionnel.

D'après la tradition gitane, porter un costume en rêve augure des réussites.

Côte Monter une côte est le signal de l'effort que le dormeur, dans la vie réelle, réalise ou doit réaliser pour atteindre un but désiré. Le contexte du rêve, ainsi que l'interprétation des autres symboles oniriques de la scène, nous permettront de mieux comprendre le message que l'inconscient essaie de nous transmettre.

Côtelette Rêver d'une côtelette crue dénote des difficultés pour atteindre les objectifs fixés. Si elle est cuisinée, cela veut dire que nous aiderons les autres à les atteindre. || Voir quelqu'un manger une côtelette grillée augure des malheurs et des trahisons. (Voir Viande)

Coton Psychologiquement, le coton représente la protection – souvent excessive – que nous offrent les personnes qui nous aiment.

La façon dont il apparaît fera varier sa signification divinatoire : filé, il annonce la réussite professionnelle ; en balles, des problèmes familiaux ou dans les affaires ; brut, des agissements hypocrites et même des trahisons dans notre entourage. Les champs de coton signalent des époques prospères pour les affaires. Leur récolte apportera de la richesse et de l'abondance à ceux qui se consacrent aux tâches agricoles.

Cou Il représente l'union du corps et de l'âme. Rêver de douleurs dans le cou peut signaler une souffrance physique réelle. Et si ce n'est pas le cas, le cou endolori peut illustrer un mal-être spirituel occasionné par un genre de vie, ou une activité, qui ne correspond pas aux véritables désirs et penchants du rêveur.
Plus le cou est long et beau, plus la prospérité augurée est grande. Se laver le cou est une promesse de bonne santé.

Coucher (se) Les rêves dans lesquels nous sommes couché indiquent une période d'incertitude ou d'attente devant des problèmes que nous ne nous sentons pas capable d'affronter sans aide. || Si nous sommes allongé à la belle étoile, ce qui nous fait souffrir n'est qu'un souci passager dépourvu de la gravité que nous imaginions. Partager notre lit avec une personne du même sexe, reflète, outre l'incertitude mentionnée, notre préoccupation pour ce que les autres peuvent penser de nous. En revanche, si la personne avec laquelle nous sommes couché est une personne du sexe opposé, tout laisse à penser que les problèmes seront bientôt résolus.

Couler Cela signifie parfois que les sentiments et les soucis accaparent tout notre être, ou que nous redoutons la fin de quelque chose qui nous importe beaucoup : une relation ou une affaire commerciale, par exemple. Ce rêve pourrait traduire notre déception concernant un aspect de notre vie.
D'après certains astrologues, ce rêve signale des dépenses excessives.

Couleur Les couleurs figurant dans les rêves expriment nos impulsions intimes et, précisément pour cette raison, complètent leur signification. Les psychologues font souvent réaliser à leurs patients un test de couleurs pour vérifier leur état émotionnel. Un expert en feng shui utilise également chez lui la couleur qui attire le plus la chance. || Cependant, l'interprétation de chaque couleur varie selon l'individu, car chacun de nous possède des associations chromatiques personnelles. || Les couleurs primaires sont le jaune, le bleu et le rouge. Toutes les autres tonalités sont le résultat de leur combinaison. Chaque couleur, comme nous le verrons ensuite, possède une double signification. C'est la situation du rêveur qui détermine laquelle convient. Le rouge, couleur de la force vitale, représente la passion et la sexualité, bien qu'il puisse aussi dénoter la colère et le sang. L'orange, qui exprime le raffinement des passions, est associé à l'équilibre et aux soins. Le jaune est relié à l'inspiration artistique, mais dans certains cas il signifie la lâcheté. Le vert, couleur de la nature, apporte espoir et vie nouvelle, bien que parfois il exprime la jalousie et l'envie. Le bleu représente tout ce qui est spirituel ; il implique l'harmonie et (comme le ciel) la liberté, même si, parfois, il manifeste les sentiments de tristesse. Le violet est la couleur de la royauté et de la connaissance spirituelle. Le noir dénote la dépression et l'inconscience. Enfin, le blanc symbolise la pureté.
Pour un médium, tout être vivant possède une aura (un champ énergétique autour du corps) d'une certaine couleur. La signification onirique des couleurs est en ce sens reliée à la valeur spirituelle traditionnelle qui leur est associée. Ainsi le rouge est-il la sensualité ; l'orange, la propreté ; le jaune, l'inspiration ; le vert, le recouvrement de la santé ; le bleu, la guérison ; le violet, la clairvoyance ; le noir, la maladie ; le marron, la stabilité ; et le blanc, la spiritualité.

Couleuvre Ce genre de serpent sans venin signifie que les problèmes quotidiens, même de légère gravité, peuvent devenir très lourds. Ces difficultés finiront lorsque nous tuerons la couleuvre.

Couloir Cet élément signale un état de transition. Le rêve qui l'intègre peut être agréable, ou terrifiant, selon l'aspect fluide ou tortueux de son tracé, ainsi que l'existence de lumière ou non au bout du couloir. L'analyse de tous les éléments figurant le long du couloir est intéressante car ils reflètent l'état émotionnel du rêveur à ce moment-là du déplacement. Cependant, la clé interprétative définitive se trouve dans les sensations survenant sur le chemin vers l'inconnu. || Courir le long d'un couloir sans en apercevoir, à aucun moment, la fin peut traduire le besoin de fuir une situation angoissante, trop récurrente dans la réalité. De même, le couloir peut renvoyer aux comportements que nous devons laisser derrière nous pour passer d'une phase vitale à une autre.
Les couloirs et passages sont des endroits où l'énergie se déplace rapidement mais ne s'accumule jamais. Ce rêve, par conséquent, peut exprimer le risque de perdre toute notre énergie et notre vitalité.

Coup Recevoir des coups de la main d'autrui symbolise les contrariétés que nous aurons à supporter. Si nous ne voyons pas notre adversaire, cela annonce la fin des problèmes. Asséner nous-même les coups illustre les désagréments que nous infligeons aux autres. Frapper quelqu'un, de surcroît, présage des disputes. || Heurter en rêve quelque chose et se donner ainsi un coup indique que nos actes et nos idées sont inconsistants. De toute façon, nos possibilités de réussite sont fonction de notre capacité à encaisser les coups. (Voir Gifle)

Coupe La coupe, surtout quand elle a une forme de calice, est traditionnellement identifiée au cœur humain, lequel peut s'associer à d'autres symboles comme l'amour, la révélation et l'immortalité. Elle est parfois considérée comme un symbole sexuel féminin. || Si la coupe est pleine de vin, le songe aura un sens spirituel. Trinquer avec une personne reflète notre désir de partager avec elle l'amour et le bonheur. (Voir Boisson)

Le rêve peut faire référence au calice sacré et à la recherche d'aliment spirituel. Une coupe peut également représenter l'amour et la sincérité. Dans les cartes du tarot, les coupes symbolisent notre vie émotionnelle. Les augures, à ce titre, sont généralement assez bons.

Couper Cette action signifie casser et séparer. Il peut s'agir de la représentation allégorique de notre situation réelle : peut-être une relation rompue, ou la fin d'un mode comportemental. (Voir Bistouri)

Si c'est nous que l'on coupe, c'est qu'un ami nous trahira.

Couple Ce rêve exprime généralement le besoin de réunir la partie masculine et la partie féminine de notre esprit. Il s'agit d'une référence à notre autre Moi. Si le rêveur est une femme, le rêve est une allusion à la partie la plus masculine et rationnelle de sa nature ; si c'est un homme, le rêve fait référence à sa partie la plus intuitive et la plus féminine. || Le rêve peut également renvoyer au comportement que nous adoptons envers notre partenaire amoureux, ou envers notre propre sexualité. Le contexte et les autres éléments oniriques sont d'une grande importance pour une analyse approfondie.

La tradition alchimiste cherchait la transformation spirituelle de la psyché. La conjonction de nos aspects féminins et masculins, en ce sens, fait surgir un être unique symbolisant la totalité.

Cour Son apparition dans nos activités oniriques est un bon signal : la cour présage des unions sentimentales fortes et durables. Cependant, si elle est vide, sale, ou bien encombrée de vieilleries abandonnées, le songe n'est alors pas si positif. Dans le premier cas, des pertes économiques considérables pourraient être subies ; dans le second, d'abondants commérages nous porteront préjudice.

Courge Sa figure est associée à l'abondance et au bonheur domestique. C'est également un symbole de guérison et de sagesse quotidienne. Il faudrait cependant interpréter les autres symboles du rêve pour être sûr de son sens. Dans tous les cas, la courge est un bon augure.

Manger des courges est un signe de calme, de tranquillité et de bonnes nouvelles.

Courir Rêver que nous courons, quelle qu'en soit la cause, sans atteindre notre but, est un signal d'angoisse et de nervosité. Ce rêve indique que nous devrions veiller à notre santé tant physique qu'émotionnelle. Cependant, si la sensation est agréable, courir augure des succès. (Voir Étouffer)

Couronne Être couronné symbolise le triomphe et le dépassement. Si la couronne dont nous rêvons est en fleurs, elle annonce des plaisirs à venir ; si elle est en fleurs d'oranger, le mariage ; en lierre, l'amitié ; en or, la dignité ; en olivier, la sagesse ; avec des épines, le sacrifice.

Course Si nous sommes constamment pressé, ce rêve pourrait être une représentation allégorique de notre vie. Il révèle, en plus, le besoin de se comparer aux autres et donc une personnalité compétitive. En réduisant la vitesse, il est tout à fait possible que nous réussissions davantage. La tortue qui avance lentement l'emporte sur le lièvre impulsif. Mais cette vision peut également indiquer que nous courons trop de risques ou dépensons une énergie excessive.

Si nous courons ou que nous conduisons une voiture, c'est que bientôt nous recevrons des nouvelles. Et si nous gagnons la course, celles-ci seront merveilleuses.

Couteau Ce symbole onirique est associé aux idées de vengeance et de mort, mais aussi de sacrifice. La petitesse de la lame de couteau signale le caractère primaire de celui qui le manie. De la même façon, la longueur de son manche montre la stature spirituelle de son possesseur. Si c'est nous qui le manions contre quelque chose ou quelqu'un, nous devons alors chercher à l'intérieur de nous ce qui nous préoccupe, ou nous dérange tant, pour avoir recours à la violence. Se battre avec un couteau augure un possible conflit lié à nos idéaux. Cet élément représente une coupure, une blessure, ou une rupture violente, probablement due à une trahison. || Les couteaux sont également considérés comme des symboles sexuels masculins. (Voir Poignard)

◎ Rêver d'un couteau de cuisine porte chance. Tout autre type de couteau avertit d'éventuels dangers à venir.

Analyse du rêve

Couteau

Le rêve de Véronique : « Je marchais tranquillement dans la rue, confiante et tranquille, lorsque soudain apparut devant moi un braqueur, un couteau à la main. Il me dit de lui donner mon sac si je ne voulais pas qu'il utilise l'arme. Je réagis rapidement en lui prenant la main, mais ses doigts se transformèrent en couteaux affilés. Bien que j'eusse très peur, je lui pris l'autre main et lui criai "Non !". Le braqueur disparut alors à l'instant même. »

Véronique fit ce rêve alors qu'elle traversait un moment professionnel difficile. Elle venait d'être mutée dans un autre département. Elle ne se sentait pas rassurée et pensait qu'elle ne serait pas capable d'assumer ses nouvelles fonctions. De plus, son nouveau chef ne semblait pas très content d'elle. Le couteau, ou tout autre ustensile coupant, nous indique un éventuel conflit relatif à notre valeur personnelle.

Le rêve avertissait Véronique des difficultés qu'elle aurait à traverser pour défendre son espace professionnel. Toutefois, son attitude dans le rêve lui montra qu'elle avait les capacités et la force pour surmonter cela. Loin de s'effondrer, elle travailla très dur pour gagner la confiance de tous. Quelques mois plus tard, son chef reconnut sa valeur avec une promotion.

Couvent ◘ Cet élément représente le besoin de fuir les conflits de la vie, révélant ainsi l'immaturité du protagoniste du rêve.

◎ Rêver d'un couvent est une promesse d'amour secret. Le voir signifie la paix ; y résider, la vieillesse sereine.

Crabe ◘ Du fait du mouvement rétrograde qui les caractérise, ces animaux sont un symbole d'indécision et de doute. Devenus protagonistes de nos visions oniriques, ils doivent être interprétés comme un avertissement : nous ne devons pas nous laisser guider par des préjugés qui nous empêcheront d'avancer.

◎ C'est le signe astrologique du Cancer : dur au cœur tendre, romantique et amoureux du passé (de fait, il marche en arrière). || Son apparition onirique présage des disputes et des séparations, surtout s'il est rouge ; noir, il désigne du retard dans les affaires.

Cracher ◘ Nous avons peut-être besoin de nous défaire de quelque chose, ou bien nous croyons que c'est l'heure de faire un nettoyage spirituel. L'action de cracher peut aussi dissimuler la colère et le mépris.

◎ Rêver de cracher pronostique la triste fin d'entreprises apparemment fructueuses. Voir d'autres personnes cracher prédit le dégoût et des désaccords. || Les personnes les plus superstitieuses croient que, après un rêve augurant la malchance, il faut cracher trois fois au réveil pour que le présage disparaisse.

Crapaud ◘ Ce rêve a la même signification que celui de la Grenouille, mais seulement dans ses aspects les plus négatifs.

Cravache ◘ C'est un symbole de pouvoir devant les autres. Le fait d'avoir une cravache dans la main peut être interprété comme un signe d'assurance, mais aussi comme une attitude intransigeante envers l'entourage du rêveur dans la vie quotidienne. En revanche, être frappé par une autre personne avec une cravache reflète à la fois la peur et un complexe d'infériorité.

Cravate ◘ Accessoire masculin, la cravate est un symbole de virilité, mais aussi d'esclavagisme.

◎ D'après une interprétation ésotérique, la cravate symbolise les doutes. La nouer peut aussi révéler un désir de fuir des normes trop rigides.

Crayon Cet élément est particulièrement intéressant pour ceux qui réalisent des activités créatives puisqu'il s'agit d'un symbole d'expression de soi. Prendre des notes, ou dessiner quelque chose, exprime le désir de concrétiser des idées dispersées, d'ordonner et de donner forme à des projets commençants. Parfois, ce qui est écrit ou dessiné est une information clé pour la concrétisation d'un travail réel.

Utiliser un crayon ou un stylo qui n'écrit pas signifie qu'on nous accusera d'immoralité.

Créancier Imaginer qu'on exige de nous le paiement d'une dette témoigne de l'usage incorrect de nos biens matériels ou intellectuels ainsi que de la sensation d'être poursuivi par les problèmes économiques dans la réalité. Nous devons être plus modéré quand nous utilisons nos biens pour éviter de futures complications.

Crème C'est le symbole de la douceur et de l'inconsistance. Rêver de la manger annonce des moments agréables qui dureront peu. Si nous la battons, il est évident que nous contrôlons notre propre vie. Mais si nous ne faisons que la regarder, c'est que nous attendons que les autres agissent pour nous. En outre, si la crème est servie à table, nous vivrons des périodes de prospérité dans les affaires.

Cri Les cris que nous entendons ou émettons au cours d'un rêve signalent un danger. Ils font habituellement référence à la présence proche d'une menace ou de quelque chose pouvant compromettre notre sécurité (qu'elle soit physique ou émotionnelle). || En général, en criant, nous libérons une forte tension intérieure. Ce rêve peut nous alerter de la situation limite dans laquelle nous nous trouvons, situation créée par des pressions de toutes sortes.

Crime Voir **Poignarder**

Cristal Comme les pierres précieuses, le cristal est un symbole de l'esprit et de l'intellect. Il représente aussi, par sa transparence, la sincérité. Le cristal, en tant qu'élément onirique, peut être notre Moi le plus pur et le plus éternel. Le regarder attentivement revient à observer l'intérieur de nous-même pour découvrir le véritable destin qui nous correspond.

Les cristaux sont reliés à la paix, l'harmonie et les pouvoirs curatifs de l'esprit. En rêver signifie qu'ils constituent notre potentiel caché.

Crochet Cet élément exprime notre besoin de nous occuper d'affaires que nous avons négligées avant qu'il ne soit trop tard. || Subir une agression avec un crochet nous signale que ces affaires justement nous sont très désagréables. Nos relations personnelles, en outre, pourraient se raréfier du fait que l'on soit obligé de se charger de ces affaires.

Crocodile En raison de son agressivité et de son pouvoir destructeur, le crocodile signifiait déjà pour les anciens Égyptiens, la colère et la méchanceté. Cette idée a survécu jusqu'à nos jours. Rêver d'un crocodile illustre donc les penchants sombres et agressifs de l'inconscient : trahisons, envies, rancœurs, etc.

Cet élément augure une grande déception provoquée par nos meilleurs amis.

Croître Si un objet, une plante, un animal ou une personne pousse de façon démesurée, sa valeur symbolique augmentera proportionnellement à la dimension acquise. En revanche, si c'est nous qui croissons, alors notre situation actuelle pourrait bien s'améliorer dans de brefs délais.

Croix En tant que symbole présent dans toutes les cultures, cet élément possède de multiples références. Il en existe de nombreux types, chacun ayant sa propre signification. La croix grecque (avec les quatre bras de la même longueur), par exemple, exprime la totalité ; les Indiens d'Amérique dessinaient des croix pour représenter la partition de l'univers. Pour les chrétiens, elle signifie la souffrance, le martyre, la mort et le sacrifice. || En général, on peut y voir – dans sa représentation la plus simple – quatre points cardinaux et l'image du corps humain avec les bras étendus. Dans le premier cas, nous devons interpréter ce rêve comme le besoin de prendre une décision concernant un sujet qui nous préoccupe. En revanche, si nous associons la croix au corps humain, alors cela nous suggère de retrouver l'équilibre et d'être plus conséquent avec nous-même.

D'un point de vue mystique, la croix symbolise la division en quatre de la nature : quatre saisons, quatre points cardinaux, quatre éléments... Autrefois, la croix figurait l'idéal corporel de l'homme. On l'associait également au pouvoir de la vie des arbres.

Cruche Son image fait allusion à la sexualité féminine. Son contenu symbolise tout ce que l'amour peut offrir. Une cruche pleine indique la disposition d'une femme à donner de l'amour et de l'affection. Remplir la cruche signale le désir d'aimer une femme ; y boire, le besoin de recevoir de l'amour. La vision onirique d'une femme connue portant une cruche peut être interprétée comme l'illustration d'une attirance secrète pour elle.

Cuillère Cet élément comporte une promesse de bien-être et de bonheur. Perdre une cuillère signifie la crainte d'endurer des souffrances ; la partager signale un agréable moment d'affection, mais aussi la peur de révéler les recoins les plus intimes du rêveur. || Enfin, une louche exprime probablement le désir de générosité envers les personnes de notre entourage.

Cuir Il s'agit d'une matière noble, représentant la protection et le bien-être. Les rêves où il figure sont presque toujours positifs, sauf si le rêveur voit un cuir déchiré et sale, ou qu'une pièce de cuir de valeur disparaît.

Cuirasse Voir **Armure**

Cuisine La nourriture que nous préparons dans la cuisine est l'aliment spirituel que nous offrons à notre propre corps.
Si la cuisine est propre et ordonnée, ce rêve présage l'harmonie et la compréhension au sein de la famille.

Cuisiner Une cuisine nous révèle, en premier lieu, les moyens dont nous disposons actuellement. Tout dépend de l'état de l'équipement de cette pièce. Ce qui s'y passe correspond à notre vie actuelle. Si la nourriture brûle, c'est que malgré notre bonne volonté, il nous reste encore beaucoup à apprendre. || Cuisiner symbolise également le désir de transformer la réalité crue en quelque chose de comestible. Par ailleurs, rêver que nous cuisinons pour d'autres peut dénoter notre intention de les influencer. Nous souhaitons peut-être leur insuffler des pensées bien précises ou qu'ils dépendent de nos soins.
On a l'habitude de dire que ce songe augure de multiples visites de nos amis dans le futur.

Cyclone Le cyclone illustre toujours une force externe qui nous entraîne et que nous ne pouvons pas contrôler. Son interprétation peut être positive s'il s'agit d'une énergie qui nous pousse à réaliser un mouvement ou bien une tâche qui nous semble trop difficile. Cependant, il peut également représenter une force qui nous conduit vers un danger contre notre volonté. Pour comprendre le message de ce rêve, il faut être très attentif au sentiment de bien-être ou d'angoisse produit en nous.

Cygne D'après certains spécialistes, cet oiseau, par son élégance, son corps arrondi et soyeux et sa blancheur immaculée représente la femme nue. C'est pour cela que généralement l'image du cygne renvoie à l'apogée du désir. Rêver de cygnes invite, en outre, à réfléchir à l'harmonie et la sérénité en soi.
Le long cou du cygne fait que le songe peut avoir des connotations sexuelles. Dans la mythologie grecque, Zeus séduisit Léda, l'épouse du roi de Sparte, en se transformant en cygne.

Cyprès Malgré sa longue vie, c'est l'arbre des cimetières. Il se rapporte au passage du temps, à la mort, mais aussi à l'éternité et au recommencement de l'existence perpétuelle. Il représente également la transformation qui mène de la vie physique (périssable) à la vie spirituelle qui dure toujours. || Au Moyen Âge, il était considéré comme un signal de bienvenue. Un pèlerin qui se sentait bien accueilli dans un monastère plantait un cyprès à l'entrée, afin que les autres marcheurs sachent qu'ils seraient bien reçus en ce lieu. On peut donc en conclure que sa symbolique est très complexe.

D

Dague Elle représente une coupure, une blessure ou une rupture violente, probablement par traîtrise. Elle peut produire une douleur morale. (Voir Couteau et Poignard)

Danger Parfois, pendant le rêve, une sensation de danger alarmant nous envahit, mais ne se concrétise en rien de tangible. Il est donc possible que l'inconscient nous prévienne que nous souffrons de problèmes physiques que nous méconnaissons. À d'autres occasions, ce danger se matérialise en une situation concrète (accidents, agressions, etc.) ; auquel cas, il nous faudra élucider ce que suggère une telle menace, en particulier pour pouvoir l'interpréter.
Se trouver en danger est un indice de réussite ; éviter le danger, selon la symbolique inversée, prédit l'infortune.

Danse Danser reflète notre façon de bouger dans notre environnement proche. Cela nous permet d'harmoniser nos oppositions internes. Ce genre de rêves a généralement un sens affectif marqué. Selon son déroulement, nous pourrons tirer des conclusions applicables à nos relations sexuelles, affectives, familiales, sociales et professionnelles. || Ainsi, si nous voyons un groupe de personnes danser, cela veut dire que nous devrions être plus généreux et vivre chaque moment avec intensité, sans nous maintenir à l'écart du monde. || En revanche, danser joyeusement traduit notre joie devant le cours des événements, ainsi que notre sensation d'être libre de toute influence. Cela peut également signifier une possible amélioration de notre situation actuelle. || Danser avec la personne aimée indique que notre amour est partagé. Mais s'il s'agit d'une parade, le rêve nous avertit alors que nous devons éviter d'être hypocrite avec notre partenaire. || Voir danser un homme et une femme peut montrer l'union harmonieuse des côtés masculin et féminin de notre personnalité.
Dans un songe, la danse peut être un symbole spirituel exprimant, par exemple, la danse de Shiva, le dieu hindou de l'éternel écoulement du temps, du pouvoir de création et de destruction. || Voir danser des personnes âgées assure la réussite dans les entreprises ; danser à une noce, la maladie ; avec des parents, la chance. Cela est également de bon augure pour le prisonnier qui devrait être libéré rapidement.

Dard Voir **Flèche**

Date Si une date apparaît dans nos rêves, il est important que nous la notions. Elle peut être rattachée à un événement d'importance dans notre vie.

Datte Rêver de dattes sur leurs palmiers comporte un pronostic heureux sur le terrain affectif ; les manger annonce la grossesse ou une maternité prochaine.
Dans la Grèce antique, les épouses mangeaient des dattes pendant le banquet nuptial. En effet, leur symbolique liée à la sexualité et à la fertilité en faisait des présages d'abondance et de chance. Une croyance arabe promet la naissance d'un enfant à celui qui rêve de dattes.

Dauphin Cet animal symbolise la joie, la sincérité et l'amour désintéressé. En rêver indique le besoin de nous mettre

en contact plus souvent avec nos proches. Si nous avons des enfants, nous devrions leur consacrer plus de temps. Si le dauphin entre et sort de l'eau continuellement, cela signifie qu'une communication s'établit entre notre esprit conscient et inconscient.
◎ Cet élément prédit un changement de gouvernement.

Dé ◘ Représentants du hasard, les dés peuvent signifier la fatalité ou l'impuissance devant la vie. En revanche, si la présence de dés dans notre rêve semble agréable, c'est que l'inconscient nous recommande d'avoir confiance dans le destin.
◎ Jouer aux dés augure en général un changement de fortune et des mensonges. Gagner fait craindre des dettes, la perte de biens et des litiges. Cependant, le numéro que nous marquerons au jeu (ce peut être la combinaison de deux dés) sera déterminant pour l'interprétation du rêve. Ainsi le chiffre un dénote la trahison ; le deux, la richesse ; le trois, les surprises agréables ; le quatre, les problèmes ; le cinq, une aventure avec un étranger ; le six, la perte ; le sept, un scandale ; le huit, un châtiment mérité ; le neuf, le mariage ; le dix, le baptême ; le onze, la mort d'un membre de la famille ; le douze, une lettre.

Déborder ◘ Un récipient qui déborde peut être interprété de différentes manières : d'un côté, c'est un signal d'abondance ; de l'autre, c'est le reflet d'émotions débordantes et incontrôlées. Dans ce cas, le sens du rêve est lié à celui de Plainte et au besoin de se Défouler. Il est possible que le rêveur ait atteint les limites de sa résistance émotive et affective.

Déboutonner ◘ Cette action peut être interprétée comme un signal d'érotisme ou d'extrême timidité. Elle exprime également l'agréable relâchement des relations tendues et la confiance retrouvée en soi-même ainsi que dans les personnes qui nous entourent.

Décapitation ◘ Rêver de notre propre décapitation indique que nous n'arrivons pas à mettre en pratique les idées que nous avons. Ce rêve montre que nous n'agissons pas avec beaucoup de cohérence du fait de notre tendance à nous laisser guider par notre première impulsion. (Voir Tête)

Déchirer ◘ Déchirer ses vêtements est, dans de nombreuses religions ou cultures, un symbole de douleur ou d'humiliation. Cela présage des médisances ainsi que des brimades. Le fait que ce soient les autres qui déchirent nos vêtements peut exprimer l'offense subie en raison des commérages de notre entourage social.

Décider ◘ Prendre une décision en rêve met en évidence notre incapacité de le faire dans la vie réelle et la tension que cela provoque en nous. Si c'est une autre personne qui la prend, cela démontre que nous sommes habitué à nous en remettre aux autres, ce qui peut à la longue nous être préjudiciable.

Décomposition ◘ Une chose en train de se décomposer ou de pourrir peut illustrer la perte d'intérêt du rêveur pour ce qu'il fait dans la vie réelle. Cela indique un moment propice pour abandonner un projet assez peu prometteur ou qui a tourné court pour un motif quelconque. Il est très important de se concentrer sur ce qui pourrit dans le rêve car cela peut faire allusion au travail, aux affaires, à un projet ou une relation personnelle.

Décongeler ◘ Cet élément signifie le retour à la vie. Le rêve qui le comporte peut être interprété comme un moment où les conditions sont favorables pour reprendre des relations ou des projets qui étaient paralysés ou un peu lointains. C'est un rêve positif car il indique le désir de renouveler les énergies et de continuer.

Décoration ◘ Elle peut représenter un excès d'attributs, mais aussi dans une certaine mesure le soin apporté à sa propre image ou au lieu dans lequel on habite. Il est nécessaire de prêter une très grande attention au contexte du rêve car il peut être un indicateur de vanité autant que de noblesse, d'austérité ou de perte.

Décor de scène ◘ Si notre rêve a lieu sur une scène, cela signifie que nous vivons des expériences sans sentir qu'elles font partie de notre réalité. Si, dans ces images oniriques, nous nous voyons jouer la comédie, alors cela signifie que nous sommes en train de jouer un rôle dans la réalité. En raison de tout cela, l'inconscient nous dit que c'est peut-être le moment d'assumer nos responsabilités, puisque visiblement nous essayons de traverser le monde sur la pointe des pieds.

Décorer ◘ Décorer sa propre maison indique un désir de réconciliation avec nous-même ou avec les personnes dont nous avons été éloigné. Cela révèle l'intention de regarder vers l'intérieur, de retrouver des sentiments perdus et de nous sentir à l'aise avec ce que nous sommes et ce que nous avons.

Découdre Découdre quelque chose peut exprimer une désillusion ou une déception, ou peut-être un besoin de correction. Nous avons parcouru un chemin erroné et devons revenir en arrière pour recommencer dans la bonne direction.

Découragement Associé à une attitude passive ou pessimiste, le découragement exprime une certaine frustration ou fatigue. Mais si cette sensation est liée à l'optimisme, cela annonce d'éventuelles réussites importantes. Dans ce cas, le rêve nous signifie la nécessité d'être plus constant.

Déféquer L'acte de déféquer dans un rêve, aussi étrange que cela puisse paraître, a habituellement un sens très positif. Cette vision onirique exprime le besoin de réaliser un nettoyage intérieur.

Défilé Cet élément, qui suggère un passage étroit et risqué, peut contenir un sentiment d'insécurité devant des difficultés qui, à première vue, semblent insurmontables.

Défouler (se) Nous rêvons parfois que nous pleurons à chaudes larmes, que nous nous disputons ou que nous révélons une vérité cachée. Ces rêves indiquent que l'esprit ne supporte plus tout ce poids et a besoin de se soulager de manière consciente. Il est important d'être attentif à ce type de songes parce qu'ils montrent une situation limite qui doit se résoudre d'une façon sereine. Ce sont aussi des signaux d'une perte physique ou sentimentale que le rêveur n'a pas fini d'assimiler.

Déguisement Se déguiser indique que nous ne nous sentons plus à l'aise avec notre personnalité et que, par conséquent, nous avons besoin de jouer la comédie ou de feindre pour avoir du succès. Cette attitude peut cacher notre identité authentique.
Nombreux sont les mythes et histoires d'enfant qui évoquent des personnages portant des masques inamovibles. Cela démontre que parfois on peut parvenir à être ce que nous voulons en payant un prix élevé, c'est-à-dire en oubliant notre véritable Moi.

Délit Commis par nous-même, il signale le non-conformisme devant les normes que nous impose le milieu social. Il montre le désir de rébellion, mais aussi le sentiment de culpabilité qu'il comporte. Si c'est une autre personne qui commet le délit, cela indique notre désapprobation envers son attitude et ses actions.

Déluge Il s'agit d'une catastrophe qui détruit les formes mais pas les forces, rendant possible à nouveau le surgissement de la vie. Le déluge symbolise la fin d'une période car, comme la pluie, il équivaut à une purification, une régénération impliquant, dans le fond, l'idée de renaissance. || Du point de vue onirique, le déluge annonce le naufrage de nos émotions. Si nous traversons de sérieux problèmes sentimentaux, il est vivement conseillé de mettre un point final à la relation que nous vivons.

Demain Cet élément symbolise l'activité consciente, le travail et la joie ainsi que l'espoir. Contempler le matin avec courage représente le triomphe sur les doutes, les peines ou les troubles. Rêver d'un lever de soleil indique une période de très grand bonheur, dans lequel nous pourrons diriger nos actions selon notre volonté.

Déménagement Faire un déménagement indique que nous désirons changer notre façon de penser ou que nous souhaitons modifier nos habitudes. L'inconscient nous dit que nous devons réaliser une rénovation importante. Cela implique, bien sûr, l'abandon de certains aspects du passé. Si nous restons les bras croisés, nous ne rencontrerons jamais ce que nous cherchons.

Démon L'apparition du démon en rêve (qu'il ait ou non une queue) signale que nous ne devons pas tomber dans la tentation d'utiliser des moyens illicites pour atteindre nos objectifs. Cela veut aussi dire que nous sommes plongé dans une situation peu claire, trouble, ou que notre intention est équivoque. || En outre, le démon peut personnifier nos peurs, les désirs que nous refoulons, ou une mauvaise conduite dans la vie réelle. La meilleure arme dans ce dernier cas est de faire usage d'amour et d'honnêteté.
La figure de Satan apparaît aussi bien dans la tradition juive que dans les traditions islamique ou chrétienne. À l'origine, Satan représentait la fertilité et les pouvoirs de la nature. Il est possible que notre inconscient nous donne les clés (le pass) pour notre développement intérieur.

Dent L'un des rêves les plus récurrents et universels est celui dans lesquels nos dents tombent. Il peut nous avertir d'une douleur physique dont nous ne sommes pas encore conscient. De nombreux psychologues s'accordent aussi sur l'idée qu'il s'agit d'un signe évident de crainte et de manque d'assurance. Ces images oniriques se produisent généralement pendant la transition d'une étape vitale à une autre, reflétant notre inquiétude concernant notre maturation ou notre attrait sexuel. Dans le fond, nous nous sentons sans défense comme lorsque nous étions enfants et perdions nos dents de lait. || Les dents sont donc une réponse agressive aussi bien défensive qu'offensive. Pour interpréter le rêve, il nous faut être attentif à l'état de nos dents au cours de l'épisode onirique (si elles sont pointues, si elles bougent...). || En outre, des dents qui poussent augurent la prospérité sous toutes ses formes. Des dents saines signalent une bonne santé physique et mentale. En revanche, sales et en mauvais état, elles signifient que quelqu'un de notre entourage n'agit pas comme il faut. || Une dentition factice dénote une importance excessive donnée à l'apparence extérieure.
Dans une région du Soudan, une femme qui sourit en montrant beaucoup les dents est un mauvais présage. En effet, cela symbolise les crocs d'un animal sauvage qui fera peur au troupeau. || Pour les sorciers africains, la chute des dents augure la prospérité à venir. || Cependant, selon la tradition populaire, des dents qui bougent sont un indice de maladie ou de perte d'affection. Ne pas avoir de dents prédit la douleur et la mort. En revanche, si la dent tombe dans la main, l'augure est inversé : le rêveur aura un enfant ou recevra une bonne nouvelle.

Dentelle Sachant qu'il s'agit d'un travail réalisé avec soin et précaution, le songe peut être interprété comme le désir de récompenser la patience. En général, c'est un rêve plutôt positif. Cependant, il nous avertit peut-être aussi du fait que nous accordons trop d'attention à des détails sans importance. || En tant que symbole du beau et de la transparence associés à certains vêtements sexuellement provocants, ce rêve peut signaler au dormeur son désir d'être plus sexy ou son souci d'attirer l'attention de son partenaire amoureux d'une certaine façon.

Dentifrice Ce rêve est positif, car il annonce l'amélioration des relations affectives. Il faudra cependant être attentif à la couleur du dentifrice pour nuancer sa signification. (Voir Couleur)

Dentiste Son image est associée à l'idée de bien-être que l'on atteint avec la souffrance. Nous nous voyons dans le besoin de recourir à une tierce personne pour nous aider à surmonter une situation difficile, même si nous savons que cette intervention sera douloureuse.

Dernier Se voir occuper la dernière place dans n'importe quel type de situation traduit le fait que, dans notre entourage professionnel, nos opinions ne sont pas prises en compte, et que nous ne sommes pas suffisamment valorisé.

Dérober Voir un voleur en train de dérober nos biens signifie que nous avons peur de perdre ce que nous possédons. Mais si c'est nous qui volons, cela peut être le signe d'une jalousie envers quelqu'un. Il se peut que nous cherchions à nous approprier les biens et les sentiments d'autrui ; ou bien nous nous sommes fixé des objectifs tellement élevés que maintenant nous devons enfreindre les lois pour les atteindre.
Certaines croyances associent ce rêve aux problèmes amoureux.

Descendre Descendre volontairement d'un véhicule (ou d'un lieu élevé) peut signifier la fin d'une trajectoire ou d'une activité. Une étape dans notre vie se finit donc. || Si l'action de descendre est réalisée involontairement, cela veut dire que nous sommes plongé dans une situation dégradante difficile à résoudre. La descente peut donc s'interpréter de façon négative. Ce peut être un symbole d'échec, de désillusion ou de frustration. Cependant, cela peut aussi représenter l'entrée dans un monde inconnu. || En termes oniriques, descendre dans une cave signale le désir de connaître des aspects cachés de nous-même. Atteindre le fond du puits nous permettra, de même, de trouver une vérité secrète et d'être prêt à refaire surface. || En général, il s'agit de la descente vers notre inconscient, surtout s'il s'agit de cavernes, puits, tombes et caves.
Certaines légendes assurent que l'ancienne civilisation crétoise construisait des temples dans des cavernes sous le sol. C'est là que se réalisaient les danses, les cérémonies et les rituels. || Depuis le commencement des temps, le fait de descendre dans des endroits souterrains a toujours symbolisé la quête divine et spirituelle de l'être humain.

Désert Cet élément représente la mort, l'aridité et l'inexistence. Rêver de se trouver dans le désert, sans eau et souffrant de la chaleur du soleil, veut dire que nous nous sentons seul, dépourvu d'amour et de motivation. Nous devons donc commencer à donner de l'amour aux autres pour ainsi pouvoir le recevoir postérieurement. || En revanche, une sensation agréable annonce des opportunités et des projets créatifs importants. || En outre, si le désert a toujours été appréhendé comme un lieu propice à la révélation divine et à la méditation, il peut aussi se définir comme une « pure abstraction ». Cet élément peut donc renvoyer à un moment d'installation et de commencement de vie spirituelle. De grands hommes de l'histoire, comme Jésus, les lamas tibétains ou les sages hindous, vécurent de longues périodes de retraite dans des terres désertiques, pour s'approcher de leur véritable nature. Éloignés de toute distraction, ils firent la connaissance de leur intérieur divin. Notre rêve exprime les mêmes sentiments. (Voir Air, Jaune et Sable)

Dessin Cet élément représente nos projets. Plus il sera beau et précis, plus les possibilités de réussite dans nos projets seront grandes.

Dessiner Le rêve peut vouloir nous dire que nous possédons des aptitudes artistiques latentes que nous devrions manifester. Il reflète également l'idée d'exprimer des inquiétudes et des problèmes que nous désirons résoudre.

Une étrange croyance assure que, si une femme fait un dessin au crayon et ensuite l'efface, son amant lui sera infidèle.

Détachant Cet élément nous signale qu'il ne faut pas être rancunier envers ceux qui nous ont heurté.

Détective Dans la réalité, ce personnage cherche des vérités cachées. Pendant notre sommeil, nous agissons de la même façon : nous essayons de résoudre un problème et de l'aborder sincèrement. Nous percevons peut-être que quelque chose va mal ou que quelqu'un n'a pas été honnête avec nous.

Si nous sommes injustement accusé par un détective, le rêve présage que la chance et l'honneur seront bientôt avec nous.

Déterrer Ce rêve annonce généralement l'avènement d'une mauvaise période nous mettant à l'épreuve. Si ce que nous exhumons est un objet agréable, alors des surprises positives sont en perspective. || Déterrer une personne vivante signale l'éloignement d'un être cher, qui est probablement dû à une rupture sentimentale. Mais si cette personne est morte dans la réalité, alors le rêve met en évidence la nostalgie que nous ressentons pour elle.

Dettes Ce rêve nous donne l'alerte : nous devons avoir davantage confiance en nos propres opinions, puisque celle des autres nous apporteront des soucis. || Contracter des dettes annonce une période conflictuelle dans laquelle nous risquons d'être trahi par un ami. Les solder, en revanche, est un signal clair d'un tournant positif des événements.

Deuil Cette manifestation de la mort ne veut pas pour autant dire que le rêve soit prémonitoire d'un tel événement. Il fait surtout allusion au désir du rêveur de voir se terminer une situation difficile qu'il ne sait comment mener à terme. Rêver de la mort n'est pas un rêve négatif, mais presque toujours il manifeste l'intention de renaître, de se renouveler. (Voir Enterrement et Mort)

Devin Sa figure est reliée à celle de l'Abbé, du Savant et du Chef. Cela peut être une façon, pour l'inconscient, d'attirer l'attention pour réclamer de l'aide auprès de quelqu'un afin de sortir d'une difficulté. Si le devin est le rêveur lui-même, l'image onirique montre un moment d'estime de soi et de confiance en soi.

Devinette Les devinettes sont des défis qui mettent à l'épreuve l'intelligence et l'acuité mentale. En rêver signale que nous aurons probablement à affronter une situation dans laquelle nous devrons faire montre de ces deux qualités. Par ailleurs, les devinettes indiquent habituellement un manque d'orientation et le désagrément. Essayer de résoudre des devinettes dénote une participation à une entreprise qui mettra à l'épreuve notre patience. Si nous nous voyons comme le participant d'un jeu télévisé, il se peut que rapidement nous devions répondre à des questions désagréables.

Dévorer Cette action signale un degré d'anxiété élevé pour obtenir quelque chose. Voir une autre personne dévorer avec avidité traduit l'idée négative que nous avons d'elle. Être dévoré par une bête est interprété comme une crainte démesurée face à une situation ou un problème déterminé que nous ne savons pas comment traiter.

gauche, du sel. || Le rêve peut également désigner un problème que nous avons surmonté, ou bien une situation dont nous nous sommes détourné.

Douane ⊙ C'est le signe évident que nous avons terminé un processus ou une activité et que nous nous apprêtons à commencer une nouvelle entreprise. C'est le moment de revoir les expériences passées et de commencer à en tirer les conclusions pour que la nouvelle étape soit heureuse et fructueuse.

Douche ⊙ Il s'agit d'une représentation de l'énergie spirituelle et de la purification. Enfin nous sommes propre, lavé et prêt pour un renouveau. La douleur, la maladie et les soucis s'en vont par les canalisations.

◎ Cet élément peut être un symbole de guérison. Il existe justement une technique que nous pouvons tous mettre en pratique : imaginons que nous sommes sous un jet d'eau qui nous lave de l'extérieur et de l'intérieur. Tout de suite, nous nous remplissons de lumière, des pieds à la tête. Il est tout à fait possible que le rêve nous ait donné des pistes pour pouvoir réaliser notre propre nettoyage. Il ne reste qu'à l'essayer dans la vie réelle.

Douleur ⊙ La douleur dans les rêves peut être due à une cause physiologique réelle. Si ce n'est pas le cas, la douleur est interprétée comme une expiation ou une purification. Il faut endurer des souffrances pour atteindre un développement physique ou spirituel plus grand. Il n'est pas non plus superflu de jeter un coup d'œil à notre alimentation, au rythme de la vie que nous menons et à nos émotions.

◎ Selon certaines interprétations, ce songe signifie qu'une affaire sans importance peut nous rendre très malheureux. En outre, d'autres croyances assurent que nous recevrons une somme d'argent inattendue.

Dragon ⊙ Il s'agit d'une figure symbolique universelle qui se trouve dans la tradition de la plupart des peuples du monde. On peut affirmer que c'est la quintessence de tous les animaux dangereux, aussi bien réels que fantastiques. Le dragon représente, pour cette raison, l'ennemi par excellence. La lutte contre lui symbolise donc nos efforts pour nous dépasser et atteindre nos objectifs vitaux. Ce rêve est très fréquent pendant l'enfance. || Dans le cas où nous parviendrions à vaincre notre dragon onirique, nous devons interpréter cette victoire comme l'évidence que nous sommes suffisamment fort pour remplir n'importe quelle charge impliquant une responsabilité. || Par ailleurs, le dragon veille parfois à l'entrée d'une grotte contenant un trésor. Cela fait référence aux peurs qu'il nous faut dépasser par arriver à notre Moi véritable. Le dragon pourrait également être en train de garder notre spiritualité. || Pour Freud, cette figure est la facette dévoratrice de la mère. C'est la résistance qui empêche l'homme de développer l'aspect féminin de sa nature.

◎ En Chine, le dragon représente la sagesse de l'esprit et possède un pouvoir extraordinaire, en plus d'une spiritualité supérieure. En rêver est donc hautement prometteur.

Drap ⊙ Des draps propres ou neufs dénotent le succès dans les affaires et la prospérité ; le fait qu'ils soient sales ou déchirés augure la ruine économique et l'échec sentimental. || Les laver montre le désir d'entamer de nouvelles et de meilleures amitiés ; s'en couvrir signifie que l'on souhaite éviter tout type de désaccord avec l'entourage.

Drapeau ⊙ Une caractéristique importante des drapeaux est qu'ils sont placés en haut d'une perche ou d'une hampe. Cette élévation symbolise l'exaltation, la victoire et l'affirmation identitaire d'une communauté. Un drapeau ondoyant suggère que nous avons besoin de souffle pour continuer, d'un soutien qui nous apporte la sécurité. || Porter ce drapeau jusqu'à la cime d'une montagne signifie que nous atteindrons bientôt nos objectifs. Mais si nous le perdons ou qu'on nous le vole, nous risquons de perdre la position que nous affichons. || Une interprétation sexuelle est aussi possible en raison de la connotation phallique de la hampe. Si le drapeau pend mollement du haut du mât, ce peut être également un fort symbole de manque d'assurance sexuelle, d'impuissance ou de frigidité.

Drogue ⊙ Rêver que nous nous droguons, ou que nous voyons des drogues, exprime notre recherche d'évasion par des moyens dangereux qui finiront par nous éloigner de la famille et des amis. Faire souvent ce rêve nous alerte de la possibilité de tomber dans cet autre monde.

Duel ⊙ Les duels sont assez fréquents dans le monde des rêves. Il s'agit d'affrontements verbaux avec un rival. Souvent, ces disputes dialectiques indiquent l'existence de conflits sentimentaux avec le partenaire, ou bien un parent proche qui cherche à restreindre notre liberté. || Elles peuvent aussi exprimer un conflit intérieur propre, peut-être entre nos pensées conscientes et nos instincts inconscients. Nous devons, en ce sens, trouver une solution intermédiaire et ne basculer vers aucun extrême. Toute situation possède des nuances variées. Tant que nous n'aurons pas résolu ce conflit, nous n'obtiendrons pas la paix.

De nombreux contes pour enfant sont riches en symbolique onirique et illustrent des processus psychologiques. Les personnages de Lewis Carroll constituent un exemple de cela : Tweedledum et Tweedledee, en français Bonnet Blanc et Blanc Bonnet, sont deux personnages jumeaux qui n'ont pour fonction que de représenter la dualité intérieure dont souffre un être humain pendant son enfance.

Dune Les dunes présagent l'apparition d'obstacles au moment d'atteindre les objectifs fixés. Patience et astuce pour les esquiver sont recommandées. || Se coucher parmi les dunes met en évidence le fait de se rendre devant tous les problèmes, ainsi que des pertes sentimentales ou économiques évidentes.

Duvet Parce que le duvet est un symbole d'énergie et de puissance sexuelle, l'homme qui s'en voit dépourvu au cours d'un rêve manifeste son manque d'assurance devant les imprévus et sa crainte du rejet. || Chez une femme, se voir avec un duvet excessif annonce qu'une période de disputes et de contretemps se prépare.

e

Eau La psychologie attribue aux rêves d'eau le désir inconscient d'un retour au giron maternel. L'eau symbolise la vie, les sentiments, la fécondité et l'abondance. C'est pour cela que ce genre de rêves joue un rôle important, même si les significations qui leur sont attribuées sont variées. La qualité de l'eau est, par conséquent, révélatrice de notre état émotionnel. Si l'eau est claire, nos sentiments sont purs et nous traversons une étape heureusement paisible. Mais si elle est trouble, nous connaîtrons des complications personnelles ou de santé. Si elle prend la forme de vagues gigantesques et violentes, il se peut que nous sentions que nous n'avons plus la maîtrise. Si c'est une rivière, la tranquillité ou la rapidité avec laquelle elle s'écoule exprimera le calme ou l'accélération de nos émotions. || De même, voir des eaux sales et stagnantes révèle un manque de sincérité dans nos sentiments. Une eau provenant d'un lac ou d'un ruisseau indique une passivité émotionnelle. Par ailleurs, la pluie fine étant habituellement un symbole de fécondité, elle augure la réussite dans nos projets. Les pluies torrentielles, en revanche, annoncent des désirs mal canalisés et des disputes. (Voir Bateau, Naufrage et Navire)

L'eau, selon son état, peut présager des choses très différentes. Fraîche, elle dénote la fortune et la santé ; bouillonnante, la colère ou la maladie ; tiède, des problèmes passagers ; trouble, elle signale des entreprises comportant des obstacles ; stagnante et putride, la maladie ou la mort ; en mouvement, la chance et une excellente santé ; salée, elle annonce des larmes. Regarder l'eau assure d'un danger proche, toutefois écarté ; se baigner est un signal d'innocence ; verser de l'eau, de litige. || Marcher sur l'eau indique une réussite ; la voir jaillir, l'amélioration d'une situation angoissante. Enfin, l'eau d'une baignoire signifie une vieillesse heureuse.

Ébène C'est un bois précieux comportant des connotations magiques et divines. Le travailler est un signe de noblesse, de dévouement et de difficulté. Le couper indique des sentiments de rébellion, d'isolement et de solitude.

Rêver de meubles et d'autres objets en ébène annonce des malheurs et des disputes à la maison.

Ébriété Ce songe peut être interprété comme négatif puisqu'il implique la perte de contrôle précis sur des actions et des situations. Mais il peut cependant être positif s'il représente une libération des schémas et des états (sociaux, moraux, économiques, etc.) qui régissent le monde rationnel conscient. (Voir Ivre)

Échapper Ce rêve qui se produit fréquemment renvoie à l'idée de laisser quelque chose derrière nous et à l'ouverture de nouveaux horizons. Souvent, il signifie que nous n'osons pas affronter une situation déterminée dans laquelle nous devons faire face à un problème. En revanche, si cette fuite produit en nous un sentiment de joie, c'est le signal qu'il y a de l'espoir pour l'avenir et pour notre développement psychologique.

Selon l'oniromancie, un homme qui rêve qu'il échappe au danger devra bientôt affronter un problème d'une grande ampleur.

Échec Le fait de craindre un échec peut provenir de notre enfance, quand les punitions nous faisaient peur, ou que quelqu'un cessait de nous aimer. En général, l'échec est un thème onirique très récurrent possédant diverses expressions. Parfois nous nous concentrons sur ce que nous faisons mal au lieu d'orienter notre vie vers ce que nous savons vraiment faire.

Dans le passé, ce rêve possédait un sens inverse : il augurait des réussites. En revanche, rêver de réussites augurait des échecs.

Échecs (jeu) Ce jeu représente la réflexion et les stratégies employées dans la vie : les risques, la défense, l'attaque et les petits sacrifices nécessaires pour obtenir une réussite de grande portée. En rêver nous avertit donc que nous devons être patient. La réussite est assurée si nous ne succombons pas à l'impatience.

Écheveau Une bobine de fil onirique peut refléter l'embrouillement de nos idées. Nous devons les laisser circuler, sans essayer ni de les limiter, ni de les éclaircir. Le rêve illustre la faible visibilité existant par rapport à un projet que nous sommes sur le point de réaliser. (Voir Fil et Laine)

La bobine de soie signale des qualités qui enrichissent intérieurement le rêveur ; de coton, elle dénote la pauvreté et des affaires embrouillées.

Écho Entendre en rêve l'écho de nos cris signifie que nous devrions essayer de ne pas prêcher, si ce n'est par l'exemple. Et si ce n'est pas le cas, toutes nos actions – bonnes ou mauvaises – finiront pas avoir des répercussions sur nous d'une façon ou d'une autre.

Rêver que l'on entend l'écho signale des nouvelles de l'étranger. Mais si c'est le dormeur en personne qui le produit, cela augure la médisance.

Éclaboussure Il s'agit généralement d'un avertissement de l'inconscient, un appel à la précaution dès lors qu'il est question d'émettre des opinions ou des jugements qui, ensuite, pourraient se retourner contre nous.

Éclair Cet élément symbolise à la fois la force créatrice et destructrice de la divinité. Il indique un flux très puissant d'énergie qui peut être bénéfique, s'il est uni à l'eau, ou dévastateur, s'il écrase tout sur son passage. L'image de l'éclair est associée à celle de la tempête (la force violente de la pluie et du vent) qui détruit, féconde et purifie. || Il traduit un moment turbulent et difficile, après lequel le calme surviendra. Nous avons été possiblement surpris par les circonstances. || En outre, l'éclair peut détruire, mais aussi afficher son grand éclat et son illumination. Dans ce cas, il peut représenter les idées et l'inspiration que nous

Analyse du rêve

Eau

Le rêve de Lucie : « Je prenais le soleil dans une île paradisiaque au sable très fin et aux eaux cristallines. Le soleil réchauffait mon corps tandis que j'écoutais le doux murmure des vagues. Je me sentais vraiment bien, confiante et heureuse. Soudain, je vis qu'une vague énorme approchait et, sans me donner le temps de réagir, envahissait toute la côte. Le ciel devint noir et une forte tempête changea complètement le paysage. À cet instant-là, il n'y eut plus d'île, ni sable ni terre ferme. Et je me retrouvai craintive flottant dans l'eau. Soudain, je me suis souvenue que je ne savais pas nager. »

Lorsque Lucie fit ce rêve, elle venait de commencer une relation avec un homme dont elle était amoureuse depuis longtemps. La mer calme et le paysage idyllique reflétaient sa confiance et sa joie initiale. Cependant, l'eau inondant violemment la plage l'avertit qu'elle risquait de se noyer par excès d'enthousiasme. Tout rêve dans lequel l'eau est paralysée signale un danger : nous devrions accorder plus de liberté à nos émotions. Dans le cas de Lucie, la mer circulant librement – d'abord en douces vagues puis sous forme de tempête – indique qu'elle laissait affleurer ses sentiments.

Par analogie avec l'utérus et la naissance, les rêves dans lesquels figure l'eau peuvent être liés au sentiment de se préparer à une nouvelle vie ou au désir de changer ses vieilles habitudes. L'île représente l'individualisme de Lucie, sa vie indépendante et sûre qu'elle voyait menacée par l'arrivée de l'amour et le torrent débordant d'émotions que cela impliquait. La sensation de se noyer annonce un état de tension émotionnelle devant une situation nouvelle.

avons en nous. Il suggère aussi que les nombreuses forces qui agissent sur notre vie se trouvent hors de notre contrôle.

Déjà dans les récits mythologiques les plus anciens apparaissaient des dieux du tonnerre et des éclairs. On croit que leur origine se trouve parmi les divinités du Néolithique. Comme de nombreux autres symboles provenant des mythes archaïques, les éclairs possèdent des connotations sexuelles. L'éclair qui frappe le sol, représente la Terre Mère fécondée par le dieu du Ciel.

Éclaircir C'est un symbole de propreté matérielle et spirituelle. Il est associé au désir de sortir de l'obscurité et de rechercher la lumière. Dans les images oniriques, il peut être représenté de nombreuses manières : allumer une lumière dans une pièce obscure, nettoyer la maison, les vitres de la voiture, etc. En tout cas, c'est un signal du besoin que le rêveur a de dégager l'horizon, de voir avec clarté et de recommencer le chemin. Cela montre une claire intention de développement spirituel.

Éclipse Une éclipse signale des obstacles qui nous empêchent de percevoir les choses correctement. Si c'est une éclipse de soleil, le rêve peut nous indiquer que notre raison est aveuglée par les difficultés ; en revanche, s'il s'agit d'une éclipse de lune, ce sont nos émotions qui sont bloquées.

Selon l'oniromancie, il est de mauvais augure de rêver d'une éclipse : maladie, mort et perte sont en perspective.

École Retourner à l'école à laquelle nous sommes allé pendant notre enfance reflète le besoin de valoriser davantage ce que nous avons (dans ce cas, les connaissances accumulées). C'est un retour en arrière, au temps passé, qui peut cependant aider à comprendre le présent. || Ce n'est pas pour rien que nous rêvons de notre école : cela peut signifier que nous nous comportons de façon infantile. C'est pour cela que l'inconscient nous renvoie à cette époque, car il veut nous rappeler que nous devons surmonter cette étape si nous voulons regarder vers l'avant et évoluer dans la vie. L'école, en définitive, nous incite à apprendre et à accepter les leçons de la vie. || Si un professeur y apparaît, celui-ci représente l'autocensure et le contrôle de nos propres impulsions. S'il nous gronde, cela indique que nous éprouvons des sentiments de culpabilité, que nous nous considérons inférieur aux autres ou que nos mauvaises actions seront révélées. Si le professeur nous félicite, c'est que nous avons confiance en nous et en nos possibilités.

Si nous sommes le maître d'école, le rêve présage la chance. Si nous sommes l'élève, nous aurons un contretemps dans les affaires qui empirera si nous oublions la leçon onirique.

Écrire Ce rêve peut révéler nos sentiments les plus profonds et ce que nous pensons, en vérité, d'une situation déterminée. Le destinataire de notre écrit, dans ce cas, aura un lien avec ce que nous voulons exprimer. Si c'est quelqu'un d'autre qui écrit, c'est peut-être un aspect de notre véritable Moi qui veut attirer notre attention. Le contenu de l'écrit peut révéler de précieux messages de notre inconscient.

La tradition mystique souligne l'importance du silence des mots. || Rêver d'écrire présage de bonnes nouvelles de parents et d'amis. Si, dans le songe, nous écrivons avec difficulté ou douleur, cela annonce des accusations injustes.

Écriteau De nombreux rêves essaient de nous aider lorsqu'il s'agit de résoudre nos difficultés, en nous montrant quelle direction prendre dans la vie. Le destin affiché sur l'écriteau nous procurera de précieuses pistes. || Ce panneau peut aussi être un message direct de l'inconscient. Il est important de savoir si nous avons pu le lire, et si nous nous souvenons de ce qui y était écrit. En effet, c'est ici que se concentrent les clés interprétatives du rêve. (Voir Affiche)

La tradition gitane assure que rêver d'un écriteau en bois ou en pierre signifie que nous surmonterons bientôt une période d'indécision.

Écume L'écume se forme aussi vite qu'elle s'évanouit. Si nous venons de commencer une relation sentimentale, ce rêve pourrait indiquer que nous n'avons pas confiance dans la solidité de celle-ci.

Écureuil Cet animal symbolise la légèreté, les soucis insignifiants et superficiels. Il est relié à la coquetterie.

Cet élément est un présage de sacrifice, mais avec la réussite au bout. Le voir manger prédit des joies domestiques ; le capturer signale en revanche des dangers. Être mordu par un écureuil signifie des discordes au sein du couple ou avec l'enfant.

Édifier Cette action implique des idées de construction et de progrès. Se consacrer en rêve à l'édification d'une maison signifie que nous sommes en train de reconstruire notre vie et que nous avons, par conséquent, de nouveaux projets en cours. || Les édifices et les maisons oniriques sont des symboles de nous-même. Les étages les plus élevés sont notre Moi conscient ; les plus bas, notre inconscient. || Si, en descendant à la cave, la sensation est désagréable ou nous fait peur, cela veut dire qu'il y a des domaines où nous nous sentons frustré. Une bonne solution consiste à développer des activités et à faire de nouvelles connaissances. || De même, l'état de l'édifice, exprimera notre façon de nous auto-évaluer sur le plan émotionnel. S'il est en ruine, cela indique que notre image nous fait souffrir. Nous devons réaliser des choses qui nous aident à nous sentir mieux. Par ailleurs, cette construction pourrait aussi renvoyer à notre état physique. || Les différentes parties du bâtiment peuvent finalement représenter des époques vitales. Les pièces les plus modernes sont notre côté actuel et conscient ; les plus anciennes, notre passé inconscient. (Voir Construction)

◎ Les petits édifices présagent la malchance ; les grands, les changements bénéfiques dans le futur.

Édredon ◘ Son image fait allusion au confort douillet. Cet élément peut être interprété comme un besoin d'affection et de protection. Un édredon qui couvre trop manifeste un sentiment d'accablement. En couvrir une autre personne indique le soin excessif que nous offrons à quelqu'un.

◎ Rêver d'édredon prédit des conditions de vie agréables et confortables. || Chez une jeune femme, ce songe signifie que son sens pratique et sa rapidité d'esprit feront qu'un homme s'intéressera à elle et la voudra comme épouse. Si l'édredon est propre, mais comporte des trous, elle trouvera un mari qui appréciera sa valeur mais ne sera pas vraiment celui qui lui convient le plus.

Effacer ◘ Cet acte souligne la nécessité de faire une halte en chemin et de recommencer avec une énergie renouvelée, mais aussi avec l'intention de procéder à des rectifications. Le chemin est erroné, les projets n'ont donc pas abouti. Cela s'interprète comme un moment de fatigue et de défaite.

Effeuiller ◘ Cette action signale un moment propice de changement et de rénovation. L'esprit a besoin de laisser derrière lui de vielles attaches et d'entreprendre un chemin nouveau. Effeuiller peut s'interpréter comme le désir d'apprendre des choses nouvelles, de voyager et d'élargir ses horizons.

Église ◘ Elle nous met en contact avec notre harmonie intérieure car, comme chacun sait, il s'agit d'un lieu de recueillement et de méditation. Rêver que nous nous trouvons dans une église vide et solitaire suggère un besoin de solitude et d'introspection. Si, au contraire, cette église est grande et pleine de gens, le rêve nous encourage à avoir davantage confiance dans les autres, en ce que nous offre la société. Le rêve est très positif si le protagoniste prend conscience de son potentiel et se décide à chercher de nouveaux projets pour changer son futur. || L'objectif de l'architecture des édifices sacrés est de symboliser l'unité de l'âme avec Dieu. En termes psychologiques, ces édifices représentent l'esprit humain dans toute sa plénitude. (Voir Abbaye)

◎ Prier dans une église est une promesse de joie.

Égouts ◘ Ils impliquent l'obscurité et la saleté. En rêver annonce donc des disputes et des actions blâmables de la part de personnes de notre entourage. || Si dans les égouts se trouvent des objets de valeur, cela signifie que quelqu'un pourrait chercher à nous créer des problèmes et à remettre en question ce qui nous appartient réellement.

Électricité ◘ Cet élément signale un important flux d'énergie qui doit être utilisé correctement pour ne pas courir de danger. C'est un rêve positif quand il renvoie au dynamisme et au potentiel énergétique qu'il symbolise. Mais c'est peut-être aussi un avertissement de l'inconscient concernant un risque qui n'a pas encore été détecté à l'état de veille.

◎ Rêver d'électricité indique, en général, des changements soudains qui n'apporteront ni progrès ni plaisir. Si on reçoit une décharge électrique, il faudra alors faire face à un danger aux conséquences néfastes. Voir un câble ou un fil de fer par lequel passe le courant prédit que nos rivaux saboteront nos projets.

Élégance ◘ Se voir vêtu d'une façon particulièrement élégante peut signaler une négligence de notre aspect physique, ou de notre développement intellectuel dans la réalité. Voir d'autres personnes vêtues avec élégance manifeste la distance sociale ou culturelle qui nous sépare d'elles. Les sentiments que ces personnes suscitent en nous seront la clé d'une interprétation correcte.

Élément ◘ Les éléments symbolisent la somme totale de l'univers, homme inclus. Ce dernier est divisé en parties solide (terre), liquide (eau) et gazeuse (air). Chaque partie se transforme dans les deux autres au moyen de l'énergie (feu). Les qualités psychologiques du rêveur peuvent être représentées dans chacun de ces éléments. Leur équilibre dénote la plénitude et l'intégrité. (Voir Eau, Terre, Air et Feu)

En astrologie, les quatre éléments sont les qualités essentielles de l'être humain. La terre est la fertilité et la loyauté ; l'eau, l'imagination ; l'air, l'intelligence ; et le feu, l'ambition et la volonté. || Les mystiques croyaient au cinquième élément qui imprègne tout. Il s'agissait d'un état fluide d'existence appelé « éther ». De nos jours, de nombreux médiums pensent qu'il permet les voyages astraux.

Éléphant Dans le sens le plus large et universel, l'éléphant est un symbole de force et de puissance. Au Moyen Âge, cet animal était l'emblème de la sagesse, la modération, l'éternité, et même la piété. Quoi qu'il en soit, il est très probable que les scènes oniriques comportant cet animal soient positives. || Pour Jung, l'éléphant représentait l'être. Le fait qu'il n'apparaisse pas en attitude défensive exprime la partie introvertie de notre Moi.

Le peuple hindou possède un dieu avec une tête d'éléphant appelé Ganesh. Celui-ci représente la force divine qui élimine les obstacles. L'interprétation onirique occidentale, quant à elle, a toujours vu chez les éléphants un très bon signe de chance.

Élevage Tout élevage augure la richesse et l'abondance. Plus l'élevage est important, plus ce patrimoine sera grand. (Voir Troupeau)

Voir un troupeau en train de paître augure la fortune. Des animaux maigres nous préviennent de temps difficiles à venir ; s'ils sont gras, d'un futur prospère ; un troupeau important annonce de l'agitation.

Élévation Cet action indique le fait de monter pour atteindre un niveau supérieur, matériel ou spirituel. Si l'élévation est fluide et agréable, le rêveur saura qu'il se trouve dans les bonnes conditions pour atteindre ses objectifs. Si, au contraire, elle est pénible et difficile, cela signale des difficultés qui devront être surmontées.

Autrefois, rêver d'élévation sans obstacles ni contretemps comportait les meilleurs présages.

Éluder Rêver que nous éludons une responsabilité imposée signifie que, dans la vie réelle, nous endossont des responsabilités trop lourdes. Si la situation est devenue trop écrasante, nous risquons d'avoir besoin d'une libération ou d'un repos que l'inconscient nous procure pendant le sommeil.

Email Recevoir un courrier électronique annonce des changements dans les affaires personnelles, comme l'arrivée d'un ami qui s'était maintenu éloigné. En envoyer un signale le besoin de resserrer les relations avec les autres, même au risque qu'elles échouent. || Enfin, ne pas pouvoir lire les emails reflète de sérieuses difficultés de communication avec les personnes de l'entourage.

Embarquer Dans tous les cas, cela signifie le souhait d'entreprendre quelque chose de nouveau (un voyage, une relation ou un projet). Cela représente également de nouveaux désirs ainsi que des expectatives. D'autres possibilités s'offrent à la vie du rêveur. (Voir Bateau)

Embellir Cet élément renvoie aux aspects de notre personnalité qui auraient peut-être besoin d'une révision. Selon le contexte du rêve et les éléments y figurant, cela peut témoigner d'une inquiétude envers un aspect personnel, ou bien d'une attitude hypocrite à l'égard des autres.

Embrasser Cet acte, qui symbolise un rapprochement vers la personne bénéficiaire de ce geste affectif, nous montre l'attachement que nous ressentons à son égard. Peut-être s'agit-il d'une attirance que nous refoulons dans la vie réelle. || Ce type de rêves peut également provenir du sentiment de culpabilité que notre manque d'affection envers quelqu'un a engendré. || Bien que ce rêve puisse avoir un caractère sexuel, les baisers, comme nous l'avons dit, sont plutôt identifiés à l'amour et à notre manière de l'offrir aux autres. Toutefois, ils possèdent un autre type de connotation à caractère négatif, comme le baiser de la mort, ou le baiser de la trahison. Le rêve nous montre, en ce sens, nos sentiments les plus intimes

Pour la tradition gitane, les baisers augurent la fin proche d'une dispute.

Embrouiller Si les difficultés sont physiques – nous nous trouvons entre des arbustes ou des mauvaises herbes –, le rêve nous avertit qu'un problème pourrait se compliquer et nous donner mal à la tête. La façon dont le rêveur fait face à la situation et essaie de se libérer d'une situation embrouillée résume son attitude envers les faits qui se déroulent dans sa vie.

Quand l'imbroglio est de type personnel, et que nous nous voyons pris dans une situation de malentendus avec des personnes de notre entourage, le songe augure alors des relations personnelles saines, une ambiance communicative et une bonne entente.

Embuscade Cet élément exprime presque toujours la crainte de changements inattendus, pouvant avoir des conséquences négatives sur la vie du rêveur. Cela dénote un manque d'assurance et une certaine défiance à l'égard de l'entourage, mais également l'incapacité de contrôler une situation déterminée. Si le rêveur est celui qui prépare l'embuscade, le sens est alors contraire : le songe révèle la confiance en soi, le tact et l'astuce pour se mouvoir dans des situations à risque.

Émeraude Cette pierre symbolise la connaissance suprême, acquise par la contemplation des cycles de la nature et de la vie même. Elle suggère l'observation attentive des phénomènes naturels et les leçons qui peuvent en être extraites.

Pierre de Mercure (emblème de la communication avec l'au-delà) mais surtout de Vénus (amour et art), l'émeraude constitue un puissant fétiche d'amour qui augmente la libido, accélère l'accouchement et protège la vue. || Dans l'Antiquité, cette pierre précieuse prédisait une grande joie. Selon la tradition ésotérique plus actuelle, l'émeraude augure une longue attente.

Émotion Selon certains psychologues, nous rêvons pour pouvoir décharger et stabiliser nos émotions. Si ce n'était pas le cas, nous finirions par exploser. || Parfois lorsque nous rêvons, nous ressentons des émotions très fortes, impossibles à éprouver dans la vie réelle. Selon Jung, celles-ci proviennent de la partie la moins développée (l'ombre) de notre psyché.

Certaines croyances recommandent d'interpréter les rêves en inversant les émotions qu'ils ont provoquées en nous. Rêver que nous sommes furieux voudra dire, par exemple, que nous recevrons bientôt de bonnes nouvelles.

Empêchement Rêver d'un empêchement indique que le chemin choisi pour réaliser un projet n'est pas le bon. Se voir dans un fauteuil roulant peut signifier la traversée d'une période d'immobilité. Nous devons donc mettre tous nos efforts au service de la poursuite de nos buts. || Rêver de ne pas pouvoir bouger de l'endroit où nous sommes en raison de contretemps incompréhensibles traduit le dysfonctionnement de notre vie qui n'avance pas comme elle le devrait. Il convient donc de faire un bilan.

Empereur C'est le symbole du pouvoir, de la justice et de la rigueur ; l'empereur marque une ascension sociale et professionnelle. Toutefois, s'il présente de mauvaises dispositions d'esprit, le sens du rêve sera le contraire. || Les freudiens identifient cet élément à la figure paternelle, sévère et rigoureuse. || Un empereur venant d'un pays étranger nous annonce qu'il sera possible de faire un voyage qui nous apportera de grands bénéfices. Enfin, se quereller avec une autorité de ce type dénote des soucis sur le terrain amoureux.

Emploi La recherche d'un emploi pronostique des changements favorables sur le terrain professionnel. Aider une autre personne à le chercher montre que nous sommes solidaire avec les autres, même si nous délaissons nos propres avancées. || Avoir un emploi fixe et bien rémunéré signifie qu'on entame des relations plus étroites avec notre entourage et que l'on pense même à un projet commun avec l'être aimé.

Rêver que nous travaillons durement prédit l'obtention d'une récompense méritée après nos efforts. Si nous sommes sans emploi, cela signifie que bientôt un bon contrat nous sera proposé.

Empoisonner Empoisonner quelqu'un est le symptôme onirique d'une vie saturée de tensions et de conflits avec les personnes de notre entourage. Nous devons tenter une communication plus apaisée avec eux. || Être empoisonné nous alerte, en revanche, de l'arrivée de mauvaises nouvelles concernant un parent se trouvant en difficulté. || Si nous nous empoisonnons nous-même, c'est que dans la vie nos actes portent préjudice aux autres.

Encens Ce rêve a généralement des connotations religieuses ou spirituelles. Il représente l'élévation, la subtilité, ainsi que le désir de la beauté immatérielle et le recueillement en soi-même. (Voir Fumée)

Enclume Cet élément est fait pour supporter les coups du forgeron modelant le fer. Rêver de cet instrument indique que nous devons supporter la pression à laquelle nous sommes soumis, car nos efforts se verront généreusement récompensés à la longue.

Encre Parce qu'elle nous permet d'écrire et d'enrichir notre intellect, elle symbolise la prospérité. Se tacher, cependant, augure des difficultés imprévues. (Voir Difficulté, Tache et Papier)

Enfance Retourner en enfance par les rêves indique normalement un besoin de protection. C'est le désir de retourner à l'époque où notre mère s'occupait de nous sans que nous n'ayons à nous soucier de rien. Ce type d'images se produit habituellement quand nous avons peur d'affronter l'inconnu, et que l'avenir produit en nous un sentiment d'insécurité. || Si nous visitons les quartiers de notre enfance, cela peut peut-être nous aider à retrouver un aspect de notre passé qui n'a pas été totalement résolu et auquel nous devons maintenant faire face pour trouver la paix. Dans tous les cas, l'enfance permet les retrouvailles avec soi-même.

Enfant Voir un enfant en rêve signifie que nous nous sentons heureux et vivant, avec beaucoup de possibilités et d'envies de créer. C'est une façon de préparer le terrain pour de futurs changements dans notre personnalité. || Cela peut cependant exprimer le désir de revenir aux origines et de découvrir notre véritable personnalité. En outre, rêver que l'on revient à l'enfance reflète un besoin d'affection et de protection. Cela peut révéler par conséquent, une certaine immaturité devant la vie. || Selon Jung, rêver d'enfants est, en ce sens, une métaphore des choses de l'enfance que nous avons déjà oubliées. La vision onirique nous invite peut-être à réapprendre à jouer de nouveau, ou à avoir une attitude plus innocente. Un enfant peut représenter la partie de nous-même ainsi que notre potentiel les plus juvéniles. Nous reconnaissons peut-être en lui les espoirs et les idéaux que nous eûmes dans le passé. Se disputer avec lui signale que quelque chose en nous se rebelle. Si, en rêve, nous nous entendons bien avec lui, ou qu'il y a une réconciliation, cela indique que nous cédons devant certaines exigences ou conditions imposées. || Il peut également s'agir de notre propre enfant et le sens est alors littéral. (Voir Jeu, Jeunesse et Naissance)

Dans l'histoire et dans la mythologie apparaissent souvent des enfants divins qui, à la longue, deviennent des héros ou des sages. C'est le cas d'Hercule qui, bébé, étrangle deux serpents ; ou celui de Jésus, qui devient le Christ pour sauver l'humanité. Ces enfants symbolisent le véritable Moi de l'être humain : vulnérable, mais avec une grande capacité de transformation. Il est possible qu'un enfant onirique se réfère à notre potentiel spirituel.

Enfer L'idée d'enfer possède une valeur mythique et constante dans la culture humaine. L'enfer est conçu, en premier lieu, comme une forme de « vie souterraine » (vie larvée des morts au sein de la terre). C'est ensuite un lieu de tourments. D'après ce panorama, il est évident que – simplement par analogie – l'enfer peut être associé à tout ce qui est négatif dans l'existence. || Les représentations de l'enfer apparaissent dans la plupart des religions du monde, de la mythologie grecque jusqu'au christianisme. Feu, instruments de torture et démons sont ses expressions iconographiques. Il ne faut pas oublier également que l'enfer symbolise le monde souterrain de l'inconscient. Nous y avons condamné les impulsions que nous ne désirons pas admettre pour des motifs moraux, culturels ou simplement par ignorance. || L'enfer onirique peut nous faire ressentir la peur ou la culpabilité, manifestant ainsi le refoulement de certains de nos actes et de certaines pensées. Le message d'un songe de ce type est que nous devons cesser de nous mortifier et laver plutôt notre âme de toute négativité.

Les anciens dictionnaires oniriques affirment que ce rêve naît de nos conflits intérieurs. Cependant, ils ajoutent qu'il présage des améliorations dans les affaires.

Enfler Gonfler des ballons signifie que nous avons tendance à alimenter des illusions utopiques pour ne pas affronter les questions qui nous sollicitent de toute urgence. Nous passons notre temps à le perdre et à rêver éveillé, fuyant ainsi la réalité quotidienne. || Par conséquent, nous devons nous concentrer pour que notre vie trouve un objectif concret et accessible, sans gaspiller notre temps en idées irréalisables.

Enfourner Ce rêve peut représenter les projets que nous allons commencer et qui se préparent de façon progressive. Si nous enfournons du pain, symbolisant la nourriture et la santé, nous obtiendrons de grands bénéfices.

Selon d'anciennes croyances, les augures de ce rêve sont bons. Toutefois, rêver que l'on fait brûler le pain laisse prévoir un avortement.

Engrais Donner de l'engrais, fertiliser un champ indique que la personne utilise ses meilleures ressources pour atteindre les objectifs qu'elle s'est fixés. Cela montre une situation, qui, à long terme, finira par bénéficier au rêveur.

Engrenage Les engrenages d'un système mécanique représentent habituellement l'état du rêveur devant la résolution de ses propres affaires dans la réalité. L'interprétation dépend de l'état des engrenages et de la facilité ou de la difficulté avec laquelle ils s'encastrent les uns dans les autres et se mettent en mouvement.

Enlèvement Rêver que nous sommes victime d'un enlèvement signifie que nous devons nous mobiliser rapidement si nous ne voulons pas nous voir pris dans des situations angoissantes restreignant notre liberté de décision. Cela peut aussi traduire le fait que quelqu'un (notre kidnappeur onirique probablement, qui peut également symboliser une part de notre personnalité) nous impose systématiquement ses critères. Nous devons essayer de résoudre les problèmes les plus pressants au lieu de nous lamenter en silence. Le tout est de ne pas permettre aux autres de décider pour nous.

Enlever un couvercle Retirer une couverture ou enlever le couvercle d'une marmite peut être interprété comme le besoin éclaircir des affaires obscures, ce qui aura des conséquences positives sur notre vie. Cela indique aussi la curiosité et le désir d'apprendre.

Ennemi Les visions oniriques dans lesquelles nous apparaissons luttant contre des ennemis reflètent d'une façon assez littérale nos problèmes. Si nous les battons, cela signifie que nous avons pris la décision d'intervenir activement dans la vie réelle. En revanche, si nous parlons seulement avec eux, c'est que l'inconscient nous suggère de résoudre les choses pacifiquement. || Si l'ennemi nous attaque, et que nous ne le combattons pas, cela signifie que non seulement nous acceptons la défaite, mais qu'en plus nous ne faisons rien pour changer la situation. (Voir Carrefour)
Rêver que nous avons des ennemis signifie que nos amis sont serviables et attentifs.

Enterrement À part le fait que rêver de son propre enterrement est réellement désagréable, le sens dissimulé derrière cette image est positif : nous devons nous éloigner du passé et regarder vers le futur. || Si nous rêvons de l'enterrement d'un autre, cela annonce que, probablement, dans notre vie un changement radical va se produire. Quelque chose est arrivé à sa fin et nous devons l'oublier, c'est-à-dire l'enterrer. || L'enterrement d'un être cher signifie que nous ne devons pas nous attacher à ce qui nous appartient. || Être enterré vivant nous avertit d'une erreur que nous sommes sur le point de commettre et dont nos ennemis profiteront pour nous nuire. Si nous réussissons à nous échapper de notre sépulture, cela signifie qu'avec le temps nos efforts rectifieront cette erreur. (Voir Cimetière et Mort)

Analyse du rêve

Enterrement

Le rêve de José : « J'étais assis face à un cercueil noir, entouré de personnes inconnues qui pleuraient et se lamentaient sur la mort de... je ne savais pas qui. Je n'éprouvais ni peine ni douleur, mais le fait de ne pas savoir qui nous étions en train de veiller m'angoissait. Mais, même dans cet état-là, je n'osais pas demander. Soudain, je me rendis compte que le cercueil était ouvert et que je n'avais qu'à me lever de ma chaise pour voir l'intérieur. Ma surprise fut énorme quand je me vis moi-même, déguisé en clown, avec une grimace stupide sur le visage. »

Les rêves de mort annoncent des changements et la fin d'une étape. Avant de faire ce rêve, José était très plaisantin... voire trop ! Ses amis et ses compagnons de travail lui reprochaient ses blagues lourdes et de mauvais goût. Cependant, il ne semblait pas disposé à changer. José mit quelques jours à comprendre le message de son rêve. Quelques mois avant, une amie avait souffert de l'une de ses plaisanteries. Le songe lui annonçait un changement d'attitude et l'avertissait de la chose suivante : « Si tu ne veux pas perdre tous tes amis et finir entouré d'inconnus – comme dans le rêve –, tu dois enterrer ton côté le plus blagueur. » Après cela, il comprit qu'il devait devenir plus sérieux et formaliste et que, évidemment, il n'était pas juste que d'autres souffrent à cause de son attitude.

Entonnoir Nous avons la sensation que quelqu'un essaie de profiter de nous. Ce rêve se produit habituellement quand nos relations personnelles traversent une période de difficultés, spécialement quand nous rencontrons des problèmes avec nos supérieurs.

Entrailles Voir des entrailles humaines est un présage de grande adversité. Si ce sont les nôtres, nous traverserons des problèmes que nous ne saurons pas résoudre et l'angoisse qui en résultera rendra encore plus difficile la prise de décision. Si elles sont dévorées par les bêtes sauvages, les relations familiales qui sont conflictuelles finiront par se rompre. Si elles appartiennent à quelqu'un de connu, cela dénote notre capacité à utiliser n'importe quel moyen pour atteindre nos objectifs ; et, si elles appartiennent à un membre de la famille, cela peut augurer la mort prochaine de ce dernier. || Rêver d'entrailles d'animaux signale la défaite des adversaires ; mais, si ce sont celles d'un oiseau, cela annonce le plaisir et le bonheur dans tous les domaines.

Entraîner Ce rêve révèle l'existence d'un emballement qui nous attire et qui dépasse notre volonté, que ce soit une passion ou un sentiment négatif, peut-être provoqué par une perte. Il est urgent de nous recentrer, sinon nous courons un danger.

Entrelacer Le message de ce songe souligne la nécessité d'établir une union étroite avec une personne ou une activité. (voir Attacher)

Envelopper Envelopper un objet reflète notre désir de cacher quelque chose : ordinairement un aspect de notre personnalité qui est réprimé. Le degré d'opacité de l'enveloppe indique si ce rejet est profond ou non. L'acte de déballer dénote, en revanche, le contraire : nous commençons à nous ouvrir.
Recevoir en rêve un paquet emballé est considéré comme un présage de chance. Le déballer, au contraire, porte malheur.

Épaule Les épaules représentent la force et la capacité de réalisation de l'être humain. Si elles sont larges et fortes, elles reflètent la satisfaction, la réussite et la confiance en nous-même ; mais, si elles sont étroites et faibles, elles indiquent le manque de vitalité, le pessimisme et l'insatisfaction affective.

Épée Elle a été particulièrement vénérée par de nombreux peuples. En général, elle représentait le courage, le pouvoir et la justice, plus particulièrement dans la tradition chrétienne lorsque seuls les chevaliers avaient le droit de l'utiliser. Mais l'épée était aussi un symbole spirituel. || Sa présence onirique indique que nous devrions essayer de nous comporter en accord avec les attributs liés à cet arme. C'est seulement ainsi que nous réussirons. || En outre, les rêves dans lesquels figurent les épées peuvent aussi comporter des connotations de type sexuel : celles-ci sont considérées comme des symboles phalliques. Par conséquent, lutter avec une épée peut exprimer nos désirs sexuels.
L'épée symbolise la vérité. La conscience se libère de la partie inconsciente de l'esprit. Ce processus d'individuation apparaît généralement dans beaucoup de mythes et légendes, lorsque le héros combat les dragons et les démons avec une épée.

Épi Il représente la croissance, la fertilité, la maturité et la sagesse. Ce symbole est plus généralement associé à la lumière solaire. (Voir Soleil)

Épilepsie Cette maladie annonce une période de grande tension que le dormeur devra affronter dans sa vie. On lui conseille donc de la vivre avec le plus grand calme et la plus grande rationalité : c'est seulement ainsi qu'il pourra atteindre ses objectifs.

Épiler Chez une femme, rêver d'épilation, après une longue période d'abandon de son image, dénote le besoin de reprendre en charge les affaires en attente. || Chez un homme, en revanche, c'est un signal clair de douleur et d'ambiguïté sexuelle. || Si c'est une autre personne qui nous épile, cela marque une tendance au confort, et peut-être même à l'abus.

Épine La psychanalyse freudienne identifie les épines avec les événements douloureux de la vie sexuelle ; la psychanalyse junguienne, avec les désillusions sentimentales. || L'épine représente aussi la douleur toujours liée au plaisir : « Il n'y a pas de rose sans épines. » || Ce rêve peut aussi être causé par des douleurs rhumatismales nocturnes ou des piqûres d'insectes. (Voir Hérisson)
Rêver d'épines annonce des disputes et des litiges avec des voisins. S'y piquer prédit des dangers concernant plus spécialement l'argent et la profession.

Épitaphe Cet élément annonce l'arrivée de mauvaises nouvelles concernant un être cher ; il s'agit probablement d'une mort ou d'une maladie grave. || Il peut aussi mettre en évidence l'affliction causée par le retard dans la réception d'un prix ou d'un héritage.

Épouse Ce rêve peut faire référence à l'épouse réelle du dormeur ou à certaines qualités féminines. Les études freudiennes suggèrent que la relation que l'on a avec elle peut dissimuler des réminiscences de la relation que nous avions avec notre mère pendant l'enfance.

Rêver d'un homme célibataire marchant à côté d'une femme qui dit être son épouse augure des nouvelles inattendues.

Épreuve Ce rêve négatif met en évidence notre vulnérabilité sociale, c'est-à-dire ce que nous craignons de montrer ou de communiquer aux autres. Nous sentons peut-être que nous traversons une dure épreuve au cours de laquelle nous sommes évalué. Les rêves de ce genre ont habituellement lieu après le début d'un nouveau travail, ou après la prise de nouvelles responsabilités qui nous accablent. || Il est également possible que les autres se moquent de nous, que nous ne soyons pas capable de nous faire écouter ou bien que nous pressentions un désastre imminent. Toutes ces images mettent en évidence notre fragilité quand il s'agit d'évoluer dans notre environnement. || Si, pendant que nous réalisons l'épreuve, les gens qui nous observent se retournent sur leurs sièges et parlent, cela signifie que nous ne savons pas exposer nos idées. Le fait de n'avoir aucun spectateur dénote le manque de reconnaissance que nous éprouvons.

De nombreux rêves liés aux acteurs ou actrices ont des augures favorables. Mais si ces songes ne sont pas très consistants ou n'ont pas de véritable orientation, la chance s'évanouira. Rêver de parler en public est très positif, mais le faire depuis une estrade présage des maladies et des échecs.

Équation En termes mathématiques, une équation est une égalité contenant des inconnues. La voir en rêve, par conséquent, peut signifier un affrontement entre forces équivalentes. Mais cela signale également une situation qui n'est pas du tout claire ainsi que des problèmes difficiles à résoudre.

Équipe Rêver que nous travaillons en équipe, ou bien que nous faisons partie d'un groupe sportif, est un signal de l'inconscient qui nous indique la nécessité d'être plus sociable sur le terrain professionnel. Si ces images oniriques coïncident donc avec une offre de participation à une entreprise, c'est un encouragement *a priori* à faire partie de ce projet.

Ermite La vision d'un ermite, dans une ambiance onirique claire et ensoleillée, illustre l'étude, le travail patient et l'acquisition des connaissances. En revanche, dans un lieu sombre ou ténébreux, cela annonce un travail laborieux et ennuyeux.

Rêver qu'un ermite nous donne le gîte dénote la générosité envers les amis et les ennemis.

Escalier Les idées essentielles produites par l'image d'un escalier sont l'ascension, la gradation et la communication entre les divers niveaux verticaux. || Les rêves dans lesquels apparaissent les escaliers sont très fréquents et possèdent une grande charge symbolique. Les gravir exprime le besoin de progresser dans la vie, que ce soit dans le domaine personnel ou professionnel. Cela suggère que, même si ce que nous essayons d'obtenir nous demande des efforts, nous obtiendrons notre récompense finale. Cela indique aussi un désir d'élévation spirituelle ou sociale, une tentative d'accéder à la lumière de la conscience et de ne pas en sortir. || Au contraire, se voir descendre un escalier, révèle un éloignement de notre objectif ou de nos responsabilités, mais aussi un désir de fouiller l'inconscient. Une marche qui manque dénonce des fractures psychiques. || L'escalier en colimaçon traduit, en particulier, des processus mentaux tortueux ainsi que le poids de la vie. || L'histoire biblique de l'escalier de Jacob symbolise la communication entre le monde réel et le monde spirituel. Ce serait, en termes psychologiques, la voie de contact entre notre véritable Moi et notre Ego. (Voir Descendre et Monter)

Tout escalier onirique, mais spécialement ceux en marbre, représente un état de joie et de jouissance de la vie. Selon le symbolisme inversé, le gravir prédit la ruine. Mais si nous réfléchissons par analogie, c'est un indice de bonheur. Le descendre révèle l'existence de trésors. En tomber équivaut à la perte de fortune ou à l'échec.

Escargot La figure de l'escargot est associée à plusieurs significations : la spirale ascendante, la sexualité féminine et masculine, la notion de lenteur dans le cours des choses et aussi l'infidélité. Rêver d'un escargot peut être un indice d'introspection et de retrait.

◎ Le fait que l'escargot s'alimente de plantes et de fleurs annonce la perte d'un emploi par négligence ou paresse ; s'il montre les cornes, cela signale l'infidélité ; s'il reste dans sa coquille, cela témoigne de la sympathie pour les personnages figurant dans l'épisode onirique ; et s'il avance en direction de celui qui rêve, il faut alors craindre du retard dans les affaires.

Esclavage Rêver que l'on nous retient peut signifier que nous contrôlons trop fortement certains aspects de notre vie psychologique. Nous bloquons peut-être notre expression personnelle ou bien nous nous sentons prisonnier de la situation. Il se peut également que nous rejetions notre potentiel caché ou nos véritables sentiments. La cause peut en être certaines circonstances de notre vie comme un nouveau poste de travail, le mariage, la naissance d'un enfant... D'une façon ou d'une autre, ce sont des événements qui restreignent notre liberté. || Par ailleurs, nous avons peut-être besoin de démontrer que nous dominons les autres, surtout nos parents et amis. Nous les obligeons à agir selon notre volonté. Il est clair qu'on n'accède jamais au bonheur par ce chemin-là.
◎ Rêver que nous sommes attaché signifie que nous récolterons l'amour dans notre vie.

Essence Cet élément est normalement de bon augure : il fait ressortir la force et l'énergie acquises à la suite de difficultés. Il peut toutefois comporter une nuance pessimiste si nous voyons un réservoir vide, car cela indique que l'énergie nous manque pour poursuivre la lutte quotidienne. || La station-service illustre le besoin d'une pause pour réfléchir à notre futur.

Essuie-glace Cet élément manifeste chez le rêveur le besoin d'y voir plus clair. Il est possible qu'il traverse une période confuse dans la réalité, et que cela lui semble inconfortable et angoissant. Il faudrait analyser quels aspects de sa vie lui semblent troubles et difficiles à comprendre.

Est Le soleil se couchant à l'est, cette direction représente une nouvelle matinée ou une renaissance. Cela peut aussi signifier notre intérêt pour la philosophie et la sagesse spirituelle des cultures de l'Est.
◎ Si nous faisons ce rêve, les vieilles croyances oniriques augurent l'annulation de nos projets.

Estomac L'apparition onirique de cet élément peut avoir une origine physiologique. Si ce n'est pas le cas, cette image renvoie à notre refus de « digérer » les événements qui nous perturbent. Le message du rêve est clair : nous devons prendre les choses avec plus de philosophie. (Voir Manger et Maison)

Étage Les étages d'un édifice représentent les niveaux de conscience du rêveur. L'étage terminal d'un édifice correspond à la spiritualité et, le niveau le plus bas, à l'inconscient. Les étages intermédiaires mettent en évidence les différentes étapes mentales par lesquelles nous passons. (Voir Maison)
◎ Si nous rêvons que nous sommes à un étage plus élevé, nous réussirons.

Étagère Voir des étagères bien remplies augure de grandes opportunités d'augmenter nos biens, qu'ils soient matériels ou spirituels. Rêver qu'elles sont vides, en revanche, nous prévient du fait que nous subirons des pertes et aurons des frustrations.

Été Symbole de la plénitude et de la richesse, cet élément augure la récolte prochaine des bénéfices de notre travail. L'été est la saison du bonheur, de la satisfaction et du plaisir, à moins que la chaleur ne soit insupportable au dormeur. (Voir Saison)

Étendard Voir **Drapeau**

Éternuement Cet élément représente l'arrivée de quelque chose d'inattendu. En rêver dénote donc une surprise qui modifiera nos projets. || Si l'éternuement se fait difficilement, nous vivrons une grande déception ; mais si cela n'est pas compliqué, la chance sera alors assurée.
◎ Voir les autres éternuer annonce des visites familiales ennuyeuses.

Étincelle Voir des étincelles annonce la rapide amélioration des relations sociales et professionnelles. Cela nous alerte toutefois d'un éventuel incendie dans l'une de nos propriétés.

Étoile Véritable éclat dans l'obscurité, l'étoile est un symbole de l'esprit. Elle représente une possibilité uniquement réservée à l'élu (dans les rites de Mithra, par exemple, on disait : « Je suis une étoile qui marche avec vous et qui brille depuis les profondeurs. »). L'étoile à cinq pointes est la plus commune. || Par conséquent, rêver d'étoiles symbolise les idéaux et les espérances que nous nourrissons. Cependant, si nous imaginons qu'elles tombent rapidement ou qu'elles sont très pâles, elles annoncent plutôt un malheur à venir.

◎ Autrefois, on croyait qu'une personne importante qui mourait se transformait en étoile. Rêver d'étoiles signifiait donc que des esprits sages guidaient le dormeur.

Étranger ◘ Rêver d'un pays étranger reflète des changements dans notre vie professionnelle ou sociale. Si le rêve est désagréable et que nous nous sentons anxieux, cela veut dire que nous ne sommes pas encore prêt pour ces changements. Si, au contraire, cela nous excite de découvrir quelque chose de nouveau, le rêve exprime alors notre plaisir de saisir des opportunités distinctes de celles que nous connaissons. || L'étranger, parce qu'il est associé aux voyages et aux projets, symbolise aussi les multiples options que nous avons dans la vie. || Dans le cas où l'étranger serait une personne, il peut représenter un aspect de nous avec lequel nous ne nous identifions pas. Nous sommes peut-être en train de négliger des sentiments importants ou des talents cachés.

◎ Rêver d'un pays étranger manifeste l'idée qu'avec de la patience nos désirs deviendront réalité. D'autre part, un homme étranger de caractère affable présage la chance.

Étrangler ◘ Si nous nous étranglons nous-même, c'est peut-être le signe qu'un élément dans notre vie nous restreint émotionnellement. Étrangler quelqu'un est probablement la manière de montrer nos frustrations envers cette personne. De même, cette personne peut être un aspect de nous-même que nous ne laissons pas affleurer.

◎ La tradition assure que, si nous faisons un vœu après avoir fait ce rêve, notre souhait sera exaucé.

Étreinte ◘ Rêver qu'on nous prend dans les bras peut indiquer un besoin d'affection et de compréhension. Si la sensation est agréable, il faut en déduire que nous devrions dévoiler nos sentiments à une autre personne. Si c'est notre père qui nous embrasse, cela signifie que nous nous acceptons tel que nous sommes et que nous avons enfin obtenu la reconnaissance que nous voulions. || En revanche, si nous recherchons cette étreinte, tout montre que nous avons besoin d'amour et de protection. Dans cette hypothèse, ce sont, très probablement, la mère ou la grand-mère du dormeur qui devraient apparaître dans les images oniriques. || Les rêves qui mettent en scène une embrassade n'ont pas toujours une lecture positive. Accompagnés d'une sensation désagréable, ils peuvent ainsi suggérer des soupçons ou bien un manque de sincérité envers la personne qui nous enlace. Il ne faut pas oublier que notre culture associe la fameuse accolade entre Judas et Jésus à une haute trahison.

◎ Une embrassade venant de gens inconnus signale des affaires prospères ; de la part d'étrangers, elle annonce un voyage imminent ; d'un ami, elle indique un découragement ; d'un membre de la famille, des mensonges et des escroqueries ; et d'un défunt, de mauvaises nouvelles.

Étui ◘ Cet élément, quel que soit son type, est synonyme d'isolement. En rêver reflète le désir du dormeur de s'évader des problèmes du monde réel.

Évanouissement ◘ Que ce soit le protagoniste ou d'autres personnes qui s'évanouissent, cela augure de sérieux problèmes dans la famille et de mauvaises nouvelles concernant des amis absents. || Chez une femme jeune, rêver d'un évanouissement signale une vie désordonnée qui pourrait comporter de grands désagréments à la longue. L'évanouissement onirique dénote chez l'homme un manque d'appétit et de motivation.

Éventail ◘ Rêver que nous nous éventons pour nous faire de l'air témoigne de notre désir de commencer de nouvelles activités. En revanche, utiliser l'éventail pour nous couvrir le visage indique que nos relations ne sont pas caractérisées, précisément, par la sincérité. Cela peut même dénoter le mensonge envers nous-même. || Dans beaucoup de cas, rêver d'un éventail est un signe d'infidélité, d'intrigue et même de frivolité. En outre, il faut remarquer que le personnage maniant l'éventail dans le rêve a habituellement l'initiative dans le monde réel.

Examen ◘ Cet élément témoigne d'un manque de confiance et d'une crainte de l'échec face à la situation que l'on vit. La conscience de cette incertitude nous incite à croire davantage en nos propres moyens. || Les examens sont des expériences très stressantes qui nous obligent à les affronter dans un court délai. Rêver de rater un examen, d'arriver tard ou de ne pas avoir

Analyse du rêve

Faim

Le rêve de Philippe : « Souvent je rêve que j'ai très faim et que je ne trouve de nourriture nulle part ; mon réfrigérateur est vide ou plein d'objets non comestibles – comme une montre, une balle, une chaussette...
Je décide donc d'aller dans la rue et d'acheter quelque chose, mais les épiceries sont fermées ou ferment juste au moment où je m'apprête à y entrer. Alors je me mets très en colère. D'autres fois, je rêve d'une table pleine de fruits exotiques exquis (figues, raisins, papayes, fraises...), mais lorsque je porte quelque chose à ma bouche, ça se transforme en fumée et disparaît.
Alors je me réveille de très mauvaise humeur, mais curieusement je n'ai pas faim. »

Les rêves de nourriture ont parfois un déclencheur simplement physiologique. Cependant, Philippe – qui se réveille sans avoir faim – est averti d'un autre type de besoin. C'est concrètement une faim d'affection et de sécurité. Quand Philippe a commencé à faire ce type de rêve, cela faisait quelques mois qu'il avait rompu avec son amie. Même si celle-ci avait pris la décision, il se sentait fort et optimiste et se vantait d'avoir surmonté facilement cette séparation. Cependant, son inconscient lui rappelait, à travers ses rêves, qu'il était émotionnellement sec et qu'il était plus vulnérable qu'il ne le pensait. La gourmandise a parfois une connotation sexuelle : les fruits, concrètement, révèlent un désir sensuel non assouvi. Le fait de ne pas trouver d'aliments ou de boutiques ouvertes reflète son incapacité à comprendre ses émotions et à les exprimer.

longtemps, des conflits internes qui se répercutent dans notre vie. En revanche, entretenir une bonne relation veut dire que nous recherchons l'harmonie.

Faner Voir des fleurs fanées indique un état de deuil dans lequel le rêveur ressent de la nostalgie ou de la frustration pour la fin d'une période de bien-être.

Fantôme Les fantômes qui pullulent dans la maison indiquent que nous avons tendance à changer la réalité selon nos désirs. Les rêves de ce genre désignent un manque de sens pratique par rapport à la situation que nous vivons. || Selon d'autres interprétations, les fantômes représentent ce que nous craignons de nous-même et que nous sommes incapable d'accepter. Il est conseillé d'affronter ces peurs car c'est souvent nous-même qui provoquons cette image si terrifiante, traductrice de nos angoisses. || Dans beaucoup de cas, les fantômes illustrent les forces que nous rejetons hors de notre monde intérieur.
Rêver d'un fantôme blanc au beau visage prédit au dormeur la consolation et l'amour. En revanche, noir et sale, il augure la douleur et la trahison. Enfin, être poursuivi par un fantôme exprime l'affliction et la peine.

Fardeau Porter un fardeau rappelle au dormeur que, dans la réalité, il supporte de grandes responsabilités ou tensions. Un fardeau qui nous appartient met en évidence un attachement excessif aux biens matériels. || Regarder, au contraire, les autres porter des fardeaux démontre l'égoïsme et le sens du confort.

Farine Rêver de ce produit – ancien symbole de richesse – signifie que les moyens pour vivre très confortablement ne nous manqueront pas. Mais, d'un autre côté, la farine est un aliment qui ne peut pas se manger cru, cela indique aussi qu'il faudra encore attendre un peu. || Par conséquent, l'inconscient essaie de nous faire comprendre que nous devons attendre le temps nécessaire pour que nos projets se matérialisent. Seuls les sages laissent toutes les choses s'écouler naturellement.
Selon les croyances populaires, la farine est un signal de mort dans le voisinage. La moudre soi-même fait craindre des pertes financières ; mais la voir moudre par quelqu'un d'autre augure le bonheur et la richesse. Être couvert de farine dénote des affaires prospères. L'entasser assure au dormeur qu'il sera un bon père.

Fatigue La sensation de fatigue en rêve est presque toujours le reflet littéral d'une situation de la réalité. Il est important d'essayer de se souvenir à quoi était dû ce sentiment pour interpréter ensuite le symbolisme onirique. Il se peut d'ailleurs que nous n'ayons pas nous-même remarqué le véritable motif de la fatigue exagérée dont nous souffrons.

Faucille Comme cela se passe avec la faux, la faucille symbolise autant le ramassage de la récolte que la mort. Sa présence dans le songe augure la fin d'une situation ou d'une étape. Concrétiser nos décisions au moment opportun, sans nous précipiter, nous conduira à une heureuse issue.

Faucon Le faucon et l'épervier symbolisent l'élévation spirituelle, morale ou intellectuelle. Au Moyen Âge, le faucon devint une allégorie de la mauvaise conscience du pécheur. Ce n'est pas un hasard si des images de cette époque font apparaître des faucons déchirant des lièvres, c'est-à-dire attaquant les animaux symbolisant la fécondité, mais aussi la lascivité. Dans le cas improbable où nous rêverions de cette image (c'est-à-dire d'un faucon attaquant un lapin), la scène pourrait être interprétée comme un symbole de la victoire du contrôle de soi sur les désirs concupiscents. Si, au contraire, le faucon apparaît en train de voler, cela signifie que nous pourrions être chargé d'un projet de grande envergure que nous ne devons pas laisser échapper. Dans ce cas, notre ambition se verra mise à l'épreuve. || Le faucon représentant l'élévation morale, nous devrons être au-dessus de certains intérêts si jamais nous désirons ardemment atteindre le pouvoir. La réussite n'est pas contraire aux valeurs élevées.

Faux Elle symbolise autant la récolte de la moisson que la mort. Son apparition onirique augure la fin d'une situation, ou d'une étape, qui donnera lieu à une autre. || Il est recommandé de concrétiser nos décisions au moment opportun, sans précipitation. Cette attitude nous conduira vers une heureuse issue.

Fée Les fées représentent les pouvoirs extraordinaires de l'âme humaine, et concrètement la prodigieuse capacité de l'imagination. Par conséquent, elles nous invitent à utiliser toutes nos qualités en annonçant des projets nouveaux qui jusqu'à maintenant nous paraissaient irréalisables. Cependant, si nous nous amusons excessivement dans le monde des fées – cherchant ainsi à fuir nos frustrations –, nous courons le risque de perdre le sens de la réalité. || Chez un homme, rêver d'une fée peut représenter le côté féminin de sa personnalité. Chez une femme, cela symbolise en plus son instinct maternel.

Certaines traditions pensent que les fées sont des êtres réels qui supervisent les pouvoirs de la nature. Il existe d'ailleurs une culture qui, quand la terre est stérile, invoque l'aide des fées pour que la terre devienne fertile. Enfin, certains assurent qu'on peut communiquer avec les fées à travers les rêves.

Femme L'interprétation de ce rêve varie en fonction du sexe du rêveur. S'il s'agit d'une femme, ce songe révélera sa propre personnalité. Ainsi, si la protagoniste du rêve est une inconnue, le rêve reflétera les tendances et les désirs inconscients de la rêveuse. La femme de ses fantasmes, par conséquent, incarne le modèle que la rêveuse aimerait projeter d'elle-même. Parfois, la figure féminine fait aussi référence à la mère de la rêveuse. La manière d'interagir avec elle en rêve apportera beaucoup d'informations sur la relation mère-fille dans la réalité. || Chez un homme, même si tout semble indiquer le contraire, rêver de femmes inconnues ou se voir lui-même en femme n'a pas toujours de connotations de type sexuel ou de conflit d'identité. Il peut s'agir de la représentation du côté le plus intuitif et sensible de sa personnalité. (Voir Mère)

Voir de nombreuses femmes en rêve apporte la renommée et la richesse. Plus spécifiquement, une femme laide augure des soucis ; une belle femme, en revanche, le bonheur. || Si une femme rêve qu'elle est enceinte, elle obtiendra bientôt de bonnes nouvelles ; si elle rêve qu'elle est un homme, elle donnera naissance à un fils.

Fenêtre La fenêtre est une ouverture sur le monde extérieur : le paysage qu'elle montre, aussi bien que la lumière qui s'introduit par elle symbolisent l'avenir qui nous attend. Ainsi, un paysage agréable et lumineux révèle que nous aurons l'énergie et la motivation nécessaires pour réaliser nos projets. Mais s'il est sombre, alors c'est un futur plutôt incertain qui se présente devant nous. || En outre, craindre de se pencher par la fenêtre reflète un sentiment d'insécurité et la crainte des conséquences de ce que nous avons fait. Rêver que nous épions à travers les fentes d'une persienne est à la fois un signal de refoulement et de curiosité. Finalement, entrer ou sortir par une fenêtre, au lieu de le faire par la porte, signifie que nous avons pris une mauvaise décision. || Pour Freud, les fenêtres sont des symboles sexuels féminins.

Observer une scène joyeuse depuis une fenêtre présage le bonheur. Mais, si nous sommes témoin d'un événement horrible, nous aurons alors des problèmes. Une fenêtre cassée augure des déceptions.

Fenouil Rêver de cette plante – symbole de la vue et du rajeunissement – peut être un symptôme de nette amélioration si nous souffrons d'une maladie. || Cela peut aussi révéler notre désir de paraître plus jeune.

Fer Tandis que l'or et le mercure sont associés à la spiritualité, le fer, quant à lui, est relié à la terre et à ce qui est inférieur. Il symbolise la force, le manque de flexibilité et la rigueur excessive. Ces caractéristiques sont habituellement liées à des images violentes, dans lesquelles le pouvoir s'acquiert à travers la force physique. (Voir Forgeron)
Les présages associés à ce songe sont défavorables car le fer annonce l'angoisse et la douleur. || Chez les Perses, le fer était plus estimé ; lorsqu'il était aperçu en rêve, il promettait des biens et du bonheur.

Ferme Dès lors que nous rêvons que nous y habitons, elle symbolise notre patrimoine en général. Pour peu que nous sachions l'administrer et la convertir en entreprise productive, nous serons alors probablement capable aussi de faire de bonnes affaires dans la vie réelle. || En revanche, la voir sous-exploitée et abandonnée constitue un avertissement nous invitant à changer l'orientation de notre activité professionnelle.

Fermeture Éclair Ce rêve peut avoir des connotations sexuelles. En outre, une fermeture cassée peut symboliser notre incapacité à résoudre un problème.
Une fermeture cassée veut dire que les autres exerceront leur pouvoir sur nous.

Ferraille Les débris de métal symbolisent l'échec des projets matériels. Rêver que nous marchons parmi la ferraille dénote donc chez nous un certain conformisme : nous n'osons pas concrétiser des projets permettant notre progrès.

Fesse Cette partie du corps est habituellement un mauvais signal. Qu'elles soient belles ou difformes et tombantes, dans un rêve la présence de fesses augurent tout type de calomnies et d'humiliations. Dans le premier cas, elles nous avertissent d'une infidélité possible du partenaire amoureux ; dans le second, d'un acte honteux.

Festin Cet élément reflète notre besoin émotionnel de nous offrir un banquet. Notre appétit peut concerner autant les aliments que le sexe. Nous devons rechercher quel est ce déséquilibre vital qui essaie de reprendre des forces. || D'autre part, il se peut que nous soyons trop indulgent avec nous-même, ou que nous voulions engloutir tout ce qui est matériel. Il est important de se rendre compte des limites de nos propres désirs.
Tant que nous éprouvons du plaisir dans le rêve, tout va bien. Si, au contraire, le festin se passe mal ou que nous avons une réaction de rejet, c'est que nous aurons bientôt des déceptions.

Fête Se rendre à une fête pendant un rêve indique que la frivolité avec laquelle nous affrontons certaines situations peut nous être préjudiciable. Si nous l'avons organisée, cela pourra signifier que nous sommes disposé à trouver les instruments nécessaires pour élaborer de nouveaux projets. En outre, la fête peut symboliser les plaisirs de la vie, et particulièrement l'interaction sociale. Peut-être que cela nous fait du bien de jouir de la compagnie des autres. La nature de la fête peut probablement dissimuler nos désirs et craintes enfouis. Une fête agréable indique la confiance en soi ; une fête désagréable exprime notre manque d'assurance devant les actes sociaux ; une fête très formelle représente peut-être notre entourage professionnel ; une orgie, enfin, dénote des frustrations sexuelles.
À moins que le caractère de la fête ne soit exceptionnel, l'interprétation traditionnelle soutient que ce rêve annonce des disputes futures.

Feu En rêver indique que nos réserves d'enthousiasme et d'énergie traversent une crise. Il se peut que, dans la réalité, nous fassions face à une situation qui nous met à l'épreuve. Si le feu nous réchauffe et qu'il nous fait du bien, c'est qu'il nous encourage peut-être à aborder les difficultés de façon plus positive. La présence onirique du feu peut aussi supposer une stimulation pour continuer sur le chemin emprunté. Allumer un feu peut également signifier que nous devons commencer un projet. || Avancer entre les flammes sans se brûler dénote la fermeté et la capacité de dépasser les obstacles, tout comme un ardent désir d'atteindre le but. || Enfin, si nous rêvons qu'un bois ou une maison brûle,

Analyse du rêve

Feu

Le rêve de Laura : « J'étais dans mon lit, entourée de flammes. Le feu se répandait à travers ma chambre détruisant tout, brûlant tous mes objets... Mais je ne pouvais pas me déplacer, j'étais paralysée par la peur. Soudain, je me rendis compte que le feu ne me faisait pas mal, les flammes me caressaient la peau sans me brûler. Cela me fit rire et je pensai : "Ma peau est comme une robe d'amiante. Je suis résistante au feu." Je suis sortie de la pièce en traversant les flammes, en sifflant, convaincue d'être dotée d'un pouvoir magique contre le feu. »

Rêver de feu peut indiquer que notre réserve d'enthousiasme et d'énergie est en crise. Nous traversons peut-être dans la réalité une situation qui nous met à l'épreuve. Si le feu du rêve est bien accueilli, c'est qu'il nous encourage à aborder les difficultés de façon plus positive.

Au moment où Laura fit ce rêve, elle traversait une situation familiale difficile : elle venait d'avoir une fille et devait prendre en charge sa mère, qui s'était cassé le fémur et était au bord d'une dépression. Le feu l'encourageait à être plus optimiste et énergique. Le fait qu'il se présente de façon incontrôlée, envahissant sa pièce, avertissait Alicia d'agir avec précaution et de prendre une attitude plus détendue.
Un songe dont nous ressortons sain et sauf du feu, comme l'oiseau Phénix, traduit une croissance devant les difficultés. L'inconscient de Laura essaie de la tranquilliser en lui rappelant sa force et son habileté à dépasser les revers de la vie. Elle se débrouilla ensuite pour que sa mère participe aux soins du bébé, assise sur un fauteuil roulant. Cette nouvelle responsabilité fit que sa mère se sentit utile, malgré sa lésion, et oublia sa dépression commençante.

c'est que notre situation actuelle approche d'une limite dangereuse. (Voir Bûcher, Brûlure, Rouge et Souffler) || D'après Jung, le feu représente le processus de changement psychologique. Les alchimistes employaient le feu pour convertir le plomb en or ; c'est pour cette raison que le feu est le symbole de la transformation intérieure. Cet élément peut purger la corruption du passé et apporter lumière et vérité spirituelle. Il évoque la flamme éternelle dans le temple de l'âme.

◎ Dans les songes, le feu reflète nos sentiments d'amour et de haine, les forces de création et de destruction. Ainsi, un petit feu bien allumé indique le désir d'avoir un amour ou une amitié durable. Il augure également la réussite, la santé et le bonheur. Un feu qui produit trop de fumée, en revanche, annonce des trahisons et des conflits. Si les flammes nous menacent, c'est que nous craignons d'affronter un problème ou un projet ; mais si elles nous embrasent, c'est que nous gaspillons ou employons mal notre énergie et nos efforts.

Feu de signalisation ◘ Comme dans la réalité, le feu de signalisation onirique est un signal d'alerte, surtout s'il est rouge ou orange. Si c'est le cas, il prévient de l'imminence d'un danger et de la nécessité d'être vigilant. S'il est vert, il signale un moment propice pour entamer de nouveaux projets ainsi que des relations plus profondes. || Mais cet élément peut aussi représenter le code moral et social, avec toutes les résistances, les inhibitions et les obstacles qui freinent l'évolution des personnes et leur réalisation. Le rêveur devra donc décider s'il doit désobéir à ce signal ou non, et s'il est prudent de passer au feu rouge.

Feuille ◘ Lorsqu'elles sont vertes, les feuilles symbolisent la prospérité. Séchées, elles peuvent cependant annoncer des problèmes et des maladies.

◎ Les feuilles qui tombent augurent la mélancolie.

Fève ◘ Les fèves symbolisent la prospérité et annoncent une augmentation des biens matériels et du bonheur conjugal.

◎ C'était l'aliment que les Grecs destinaient aux morts et offraient à Déméter, mais surtout celui qu'ils dédiaient à sa fille Perséphone, qui était pendant six mois reine des Enfers, aux côtés de son époux Hadès. Comme conséquence de cette tradition grecque, les fèves possèdent un sens négatif lié aux discordes et aux disputes familiales.

Fièvre Avoir de la fièvre indique que, même si nous n'en sommes pas conscient, nous souffrons de problèmes affectifs ou de santé. Dans ce dernier cas, le rêve peut contenir des messages importants qui contribueront à la guérison.

Figue Les figues représentaient dans le passé l'abondance et la fertilité ainsi que la sensualité et les désirs sexuels. Elles peuvent être considérées comme une oasis dans notre traversée du désert, une oasis dont nous devons profiter avec la plus grande délectation.
Fraîches et mûres, elles expriment le bonheur ; sèches, une chance qui va en diminuant. Manger les fruits en les prenant directement de l'arbre est une promesse de plaisirs amoureux.

Fil C'est l'un des symboles les plus anciens de l'humanité. Le fil représente la connexion essentielle sur le plan spirituel, social, biologique, etc. On peut donc interpréter le fil comme la chaîne des situations qui se succèdent dans notre vie et forment notre destin. || Ainsi, rêver d'un fil sans fin augure la santé et de nombreuses années à vivre. En revanche, le fait qu'il soit cassé prédit des maladies et des problèmes physiques. La même interprétation est applicable à nos relations affectives ou professionnelles. || En outre, les fils de métaux nobles, comme l'or et l'argent, pronostiquent la réussite obtenue grâce à l'intelligence et à la subtilité.

File Se trouver dans une file d'attente comporte plusieurs interprétations : d'une part, c'est un signal d'impatience, d'autre part, cela indique la gêne de se voir dans un groupe de personnes anonymes, sans s'en distinguer d'aucune manière. Dans ce cas, le rêve reflète notre désir de nous différencier des autres. Cela peut également s'interpréter comme un complexe d'infériorité ou bien un désir de dépassement.

Filet Cet élément sert à chasser, pêcher ou attraper quelque chose. En rêve, il reflète le besoin de s'approprier ce qui nous est étranger, que ce soit les personnes, les sentiments ou les objets. Si nous rêvons que nous tombons dedans, cela signifie que nous nous sentons pris au piège et sans défense, dans une relation affective ou une situation professionnelle déterminée. || Un filet de pêche plein de poissons exprime l'idée que nous devons prendre patience pour récolter les fruits de notre travail. Au contraire, s'il est vide, cela implique que nous nous trouvons devant des circonstances adverses. (Voir Chasseur, Voleur, Poisson et Pêche)
D'après la tradition populaire, les constellations sont le filet imposé par le ciel pour que personne ne puisse sortir de l'univers.

Film Ce songe peut simplement être occasionné par le fait d'avoir regardé la télévision, ou d'être allé au cinéma, juste avant de se coucher. Nous nous sommes peut-être identifié à quelque chose que nous avons vu, et cela nous a inconsciemment surpris. L'évocation d'un film peut constituer, du point de vue onirique, une bonne occasion de représenter sa propre situation. Dans ce cas, le rêve doit être interprété comme n'importe quel autre. || Si nous figurons en tant que spectateur d'un film, il est possible que la scène nous montre nos pensées détachées de notre personne. Nous sommes capable de nous observer nous-même, ainsi que notre vie, sans nous impliquer émotionnellement.
Les croyances modernes soutiennent que se charger de la réalisation d'un film augure l'arrivée d'un cadeau gratifiant.

Fin Il s'agit d'un rêve dont le sens est littéral. Assister, par conséquent, à la fin d'une situation révèle le désir du rêveur de formaliser ou de mettre fin à une relation qui lui nuit depuis quelque temps. Tout dépend si ce qui finit dans le rêve est lié d'une façon ou d'une autre à notre vie quotidienne. Si le sens n'est pas évident, cela indique que nous devons nous ouvrir au monde et communiquer avec les autres.

Flagellation Certaines personnes qui sont très sévères avec elles-mêmes ont tendance à rêver de scènes de flagellation représentant les reproches qu'elles s'infligent à elles-mêmes. || À travers la flagellation, nous nous punissons pour ce que notre « juge interne » considère que nous avons mal fait. En outre, ce mécanisme dévie aussi l'attention portée à une autre douleur ou incertitude. En résumé, le songe révèle qu'il existe en nous un aspect négatif que nous devrions modifier.

Flamme C'est généralement un symbole de purification. C'est pourquoi le fait de la voir allumée prédit l'arrivée de la paix et de la sincérité dans nos vies. La voir éteinte, par contraste, annonce des obstacles pour accéder à cette sérénité.

Flaque Se voir patauger dans une flaque manifeste des jouissances qui nous créeront des problèmes plus tard. Au contraire, esquiver une flaque sans se mouiller indique la capacité à éviter les dangers en gardant son calme. || Voir son propre reflet dans une flaque prédit des gains économiques rapides ; tomber dedans, de graves contretemps ; en sortir après s'être trempé, la fin de désagréments.

Flèche Rêver que nous lançons une flèche suggère que nous devons être précis dans nos objectifs. Si elle atteint sa cible, cela signifie que nous atteindrons nos buts. En revanche, envoyer une flèche en l'air signale de grands espoirs et des projets qui risquent de se s'effondrer par excès d'ambition. || Un psychologue freudien, en revanche, interpréterait cette image comme un symbole sexuel masculin évident.
Une ancienne source onirique médiévale dit que ce rêve présage des voyages, des divertissements et des célébrations. Rêver qu'une flèche nous transperce signifie que nous avons un ennemi secret. Une flèche brisée augure la déception en amour ou dans les affaires.

Fleur Chaque fleur possède sa propre signification, mais on peut dire généralement que les fleurs symbolisent la joie et la beauté fugaces, tout comme l'amour et le bonheur. Rêver que nous contemplons des fleurs peut augurer le début d'une nouvelle relation sentimentale. Si nous en ramassons une, cette relation a des possibilités d'être partagée ; en revanche, si nous nous limitons à les sentir, c'est probablement nous qui finirons par renoncer à ladite relation. || Si nous pouvons nous souvenir de la couleur de la fleur figurant dans le rêve, l'interprétation variera selon le sens de cette couleur.
Selon les enseignements de Bouddha, chaque personne traverse les mêmes phases qu'une fleur. Nous pouvons rester piégé par le désir ou nous redresser pour nous ouvrir graduellement à la lumière.

Fleuve Le courant d'un fleuve symbolise l'énergie vitale. Un fleuve d'eaux claires qui s'écoule est un symbole de joie et de satisfaction. Rêver de cet élément indique que notre côté affectif est parfaitement équilibré. Mais si les eaux du fleuve onirique sont troubles, c'est que nous souffrons sans doute de conflits émotionnels. En revanche, si le fleuve est sec, le songe traduit alors la méfiance que nous éprouvons en raison d'une désillusion. || Selon la psychanalyse junguienne, le fleuve représente la vie, le destin. Si le rêveur se tient sur la rive, cela dénote une certaine crainte devant l'existence. Par contre, si quelque chose d'agréable l'attire vers la rive opposée, cela signifie, que pour atteindre son but, il devra surmonter des épreuves et apprendre à dominer les courants de l'esprit. || La psychanalyse freudienne assimile le fleuve à la figure paternelle. || Enfin, traverser un fleuve signale un changement de style de vie. (Voir Eau et Poisson)
Dans son roman *Siddhartha*, Herman Hesse écrit à propos d'un fleuve et raconte qu'on peut apprendre beaucoup de lui : comment écouter avec le cœur et comment attendre avec l'âme sans passion, ni désir, ni jugement, ni opinion qui nous troublent.

Flotter Pour flotter, il nous faut nous relaxer et accepter l'appui de l'eau. En termes psychologiques, ce rêve signifie que nous avons accepté notre côté féminin et que nous nous laissons guider par lui. || Flotter implique l'acceptation ; c'est le moment de laisser les problèmes, les soucis et les restrictions et de profiter de notre véritable façon d'être.
Ce rêve augure une grande réussite. Mais si cela nous est pénible de nous maintenir à flot, le succès tardera.

Flûte Écouter sa musique indique que nous avons pris le bon chemin. Le son de la flûte a la capacité de nous enchanter et de nous faire oublier nos désirs. Si dans le rêve, nous jouons de cet instrument, cela veut dire que notre pouvoir de persuasion nous aidera à poursuivre nos projets. C'est donc un moment opportun pour la mise en marche d'initiatives collectives dans lesquelles nous aurons un rôle à part. || En revanche, si le rêveur est celui qui suit la musique, cela désigne en lui un excès de crédulité et un manque d'esprit critique.

Foie Le foie d'une personne symbolise les deux faces de la monnaie : la joie et la douleur. Ce qui arrive au foie dans le rêve indique les éventualités auxquelles sont soumises ces deux sensations antagoniques.
S'il appartient à un animal à cornes, le foie annonce le succès, un emploi et la dignité.

Foin C'est un symbole de prospérité et de bien-être matériel. Le faucher, le transporter ou s'allonger sur lui sont tous des signes d'une bonne situation économique. Le voir brûler signifie la crainte d'une étape défavorable, mais peut également représenter un avertissement nous invitant à être prudent et ne pas réaliser de dépenses inutiles.

Folie Les rêves évoquant la folie du dormeur ne sont pas très fréquents. Si c'est le cas, il s'agit probablement d'un avertissement inconscient portant sur notre comportement inapproprié. La cause en est sûrement l'ambition de vouloir briller ou paraître différent devant les autres, fatigués de leur routine journalière. || En outre, rêver qu'une autre personne n'a pas toute sa tête révèle une grave préoccupation. Cela peut manifester notre inquiétude devant une situation dangereuse se rapportant à nos finances, ou à notre entourage familial. Ce rêve nous incite aussi à prendre soin de notre santé.

Rêver que l'on rencontre une personne lunatique nous assure la chance. Selon certains oniromanciens, cela annonce qu'une personne influera de façon positive sur notre vie et nous fera prospérer.

Fond L'interprétation de ce rêve est liée à celle de Descendre. Arriver au fond de quelque chose implique d'être descendu à des niveaux inférieurs, mais aussi d'avoir atteint la vérité cachée des choses et d'être prêt pour l'ascension. || Le sens de ce rêve est lié à celui de l'Eau : pour voir ou parvenir au fond, il faut y plonger. Selon que l'eau est trouble ou cristalline, l'interprétation sera différente.

Fondre De la neige qui fond peut illustrer notre insensibilité qui commence à se réchauffer ; ou bien alors c'est que nous nous sommes comporté très froidement sur le plan émotionnel et maintenant le moment de changer est arrivé. Il est de même possible que les situations qui nous maintenaient comme paralysé dans la vie réelle commencent à s'arranger.

D'après les croyances populaires, rêver d'or qui fond présage la tristesse ; si c'est de l'argent, cela prédit des problèmes économiques ; si c'est du gel, cela annonce que nous perdrons le contrôle d'une situation dans la vie.

Fontaine La vision onirique de fontaines exprime notre désir de régénération et de purification. L'aspect de leurs eaux nous révélera bien sûr l'état de nos relations affectives. Ainsi, boire à une fontaine d'eau claire indique que nous assouvirons nos besoins physiques, spirituels ou émotifs et que nous réussirons. Mais si la fontaine est asséchée, ou que ses eaux sont troubles, c'est que notre amour s'affaiblira par moments. (Voir Eau, Source et Dieu)

Force Elle symbolise la capacité de la personne à mener à bien les tâches qu'elle ne croyait pas pouvoir réaliser en principe. Les rêves font affleurer le potentiel authentique qui se trouve au fond de la psyché, souvent enterré sous une couche épaisse de préjugés ou de justifications qui nous empêchent de faire ce que, au fond, nous désirons.

Forêt Elle symbolise l'inconscient ; ses animaux représentent nos instincts les plus primitifs et indomptés. Nous devons nous concentrer sur le sens des éléments figurant dans la scène onirique pour faire une interprétation correcte.

Si nous nous perdons dans la forêt, le songe annonce des problèmes. Si nous trouvons le chemin pour en sortir, ces mêmes problèmes s'évanouiront.

Forgeron Dans certaines cultures, le métier de forgeron, considéré comme un privilège de roi, était sacré. Il a, en outre, toujours existé une étroite relation entre la métallurgie et l'alchimie. Dans la société occidentale, la figure du forgeron est habituellement associée à l'action de modeler les matériaux les plus résistants, que ce soit pour son propre bénéfice ou celui de la communauté. || Le rêve suggère donc que nous pouvons transformer de nombreuses facettes de notre vie pour parvenir à être ce que nous désirons réellement. || Le forgeron symbolise également la passion qui forge notre personnalité. (Voir Fer)

En Perse, le forgeron qui apparaissait dans un rêve signalait une fièvre violente.

Forteresse Voir **Château**

Fortune Rêver que l'on possède une fortune a un sens positif, mais manifeste toutefois de l'ambition et de l'orgueil. Ces sentiments, s'ils ne sont pas démesurés, peuvent favoriser nos projets ; mais ils peuvent nous nuire, s'ils sont excessifs.

Si quelqu'un nous offre une fortune, nous aurons possiblement un coup de chance. Cependant, cette prospérité sera capricieuse et arbitraire, sans garantie de continuité.

Fossé Marcher sur les bords d'un fossé indique la crainte de se trouver dans une situation dangereuse et hors de contrôle.

Cela peut être interprété comme un avertissement : le rêveur se doit d'être précautionneux devant les difficultés que présente sa situation du moment. Tomber dans le fossé indique qu'on a perdu le contrôle de nos affaires. S'y jeter délibérément est un signe d'intrépidité et de courage devant l'inconnu. Un fossé creusé par l'eau dans la terre signifie que les sentiments que nous portons en nous sont en train d'ouvrir une brèche à l'intérieur de nous.
Rêver d'un fossé est en général de mauvais augure : cela prédit des dangers, des problèmes et un mariage malheureux.

Foudre C'est le feu céleste dans sa forme active, symbole de la puissance créatrice. Dotée de cette connotation divine, la foudre représente donc ces situations qui nous sont imposées et qui changent radicalement notre vie. La foudre est également le symbole de la vitesse (« coup de foudre »), des sages intuitions et des explosions émotives.
Rêver que nous sommes touché par la foudre est un augure favorable : nous atteindrons nos objectifs. La foudre tombant sur notre maison, en revanche, signale un danger et des événements inattendus.

Fouet Le symbolisme du fouet est lié directement à celui du Bâton et de la Corde, les deux étant associés aux concepts de domination et de supériorité. Le fouet exprime l'idée de punition, comme le gourdin et la massue, mais également le pouvoir de dominer. Logiquement, les fouets renvoient aussi aux rites de flagellation. || En général, l'emploi d'un fouet signale que nous devrions revoir notre attitude envers les autres, car tout semble indiquer que nous sommes un peu despotique. Ainsi, si nos relations sentimentales ne vont pas bien, nous devrions reconsidérer notre attitude. Au contraire, si c'est nous qui recevons le châtiment, cela veut dire que nous nous sentons humilié.
D'après les oniromanciens, la personne rêvant d'utiliser le fouet contre quelqu'un aura bientôt des problèmes. Toutefois, si c'est le rêveur qui reçoit les coups de fouet, c'est qu'il rendra un service à quelqu'un.

Fougère Cet élément onirique traduit la sensation de protection, provenant d'un facteur externe. Le rêveur se sent sûr et soutenu par son entourage.

Foule Rêver que l'on est au milieu d'une grande foule, et que cela nous empêche d'avancer et de nous mouvoir facilement, suggère que nous nous sentons incapable de diriger notre vie. Le rêve veut peut-être également nous dire que nous avons besoin d'un peu d'espace. || Le monde, en outre, pourrait représenter les problèmes et les préoccupations qui ne cessent de nous opprimer dans la réalité.
Si la plupart des membres de la foule sont bien habillés ou portent des habits de couleurs vives, nous ferons bientôt la connaissance de nombreux nouveaux amis.

Four Il peut annoncer la nourriture future. Pour le moment, nous devons malgré tout espérer patiemment la récompense. D'après les psychologues freudiens, le four symbolise l'utérus et signifie la grossesse. Il se peut que nous couvions ainsi de nouvelles idées ou attitudes. (Voir Alchimie, Cuisiner, Feu et Forgeron)
Cuisiner quelque chose au four est un signal de changements. Si le four est chaud, le changement sera bon ; mais s'il est froid, il nous faut être prévoyant.

Fourmi Lorsque les fourmis font partie de visions oniriques agréables, elles sont synonymes de travail prévoyant et pénible. Mais souvent leur multiplicité fait que la signification du songe devient défavorable. Ainsi, si elles envahissent notre maison, elles expriment l'angoisse dont nous souffrons en raison des problèmes qui nous préoccupent. Le plus grave est de rêver qu'elles s'approprient notre corps : cela pourrait refléter certains troubles mentaux. || Rêver de fourmis peut aussi être le signal d'une probable éruption cutanée.
Les fourmis ailées augurent des voyages dangereux. Les écraser, la destruction de notre propre fortune.

Foyer Voir **Maison**

Fraise Ce fruit symbolise la sensualité féminine ainsi que la passion et le désir. En manger augure le début d'une relation affective. || Si, au cours du rêve, nous ne parvenons pas à en goûter, il semble évident que nous nous réprimons. Nous devons tenir compte du fait que les désirs sexuels insatisfaits ne disparaissent pas. C'est pourquoi l'inconscient nous envoie des messages qui rappellent l'existence d'une charge érotique inhibée.

Fraude Il est possible que nous nous sentions floué parce qu'on ne nous a pas donné la reconnaissance que nous méritions.

D'un autre côté, c'est peut-être nous qui avons commis la fraude, surtout si nous n'avons pas été sincère avec nos sentiments, ou que nous avons profité de quelqu'un dans la vie réelle.
Rêver de démasquer une fraude ou d'attraper un voleur annonce une chance favorable.

Frère/sœur Les frères et les sœurs symbolisent des tendances très marquées de notre personnalité. Les rêves dans lesquels ils apparaissent – même si le rêveur est fils unique – traduisent le besoin d'intégrer dans le Moi profond certaines qualités qui nous manquent et qui sont nécessaires pour la communication avec les autres. || Par conséquent, ce rêve signale que nous recherchons quelqu'un avec qui partager des expériences. En outre, il faut considérer le fait que nous projetons généralement les traits ou défauts que nous n'acceptons pas en nous sur les frères et les sœurs. C'est pour cette raison qu'une interprétation correcte peut nous apporter une grande aide pour mieux nous connaître.
Rêver d'un frère peut signifier que nous avons trouvé un guide qui nous emmènera vers notre Moi profond. Ainsi, nous pourrons résoudre plus facilement le problème qui nous préoccupe. || L'image onirique du frère est, pour certaines croyances, un signal de trahison et d'hypocrisie.

Friandise Manger des friandises ou voir quelqu'un les manger annonce des surprises agréables, comme des gains imprévus ou un nouvel amour. || Les offrir prédit l'aide des amis pendant une mauvaise période ; si on nous les offre abîmés, l'existence, dans notre entourage, d'une fausse amitié qui, par ses médisances, recherchera notre perte est prévisible.

Frigidité Outre la possibilité de renvoyer à un problème sexuel réel, ce rêve reflète également un sentiment de crainte, d'échec ou de déception qui n'a pas de rapport à la sexualité. L'ensemble des éléments de la scène onirique apportera des clés pour interpréter avec pertinence ce qui est à l'origine d'une sensation si malheureuse.

Froid Si notre rêve n'est pas un simple réflexe physique (peut-être n'est-on pas bien couvert ou avons-nous froid pendant notre sommeil ?), cette sensation onirique exprime un besoin d'amour et de chaleur humaine de la part du dormeur. || Si cette sensation de froid ne nous est pas désagréable et qu'au contraire elle nous stimule et nous rafraîchit, cela exprime notre désir d'être seul et de nous déconnecter du monde.
Ce songe augure le bonheur et l'affection à venir.

Fromage Comme chacun sait, le fromage est un aliment qui provient de la fermentation du lait, c'est-à-dire d'une base liquide qui devient un produit solide. C'est pour cela que son symbolisme est clair : le fromage représente la possibilité pour tout sentiment de devenir beaucoup plus solide grâce à la constance et à la fidélité.
Rêver que l'on mange du fromage augure une grande déception et de la souffrance. Le fromage frais en particulier annonce la contrariété, la trahison et la perte de l'amour.

Fronde Comme cela est raconté dans le mythe biblique de David et de Goliath, la fronde est le symbole de la force du faible qui peut vaincre le puissant. Ce genre de rêves nous invite à avoir davantage confiance en nous-même.

Front Le front symbolise le caractère et le courage de la personne. L'aspect du front d'un individu dont nous rêvons peut nous fournir des informations sur sa façon d'être. Ainsi, un front large, par exemple, est un signe d'intelligence. De plus, il indique qu'il s'agit d'une personne sérieuse sur laquelle nous pouvons compter.

Frontière C'est le signe évident que nous venons de conclure un processus ou une activité et que nous nous disposons à commencer une nouvelle entreprise. Le moment est donc venu de revoir les expériences du passé et de commencer à tirer des conclusions – sans laisser les affaires en suspens – pour que la nouvelle étape soit fructueuse et heureuse.

Fruit Les fruits révèlent habituellement un désir ou un appétit, que ce soit affectif, sensuel, économique ou spirituel. Dans les rêves, ils augurent l'abondance, la prospérité et les plaisirs terrestres. || Si le fruit est acide ou vert, nous tarderons encore à profiter de cette prospérité ; s'il comporte des vers ou qu'il est pourri, tout semble indiquer que nous nous trompons de chemin. En effet, le rêve signale que nous accéderons aux plaisirs lorsque nous ne pourrons plus en profiter.
Pareillement à ce qui arrive aux fleurs, chaque fruit possède une interprétation onirique spécifique. Le raisin, par exemple,

indique la prospérité ; la pastèque, la fertilité ; la prune, l'immortalité, etc. || Ramasser un fruit mûr est un heureux présage d'abondance et de biens de toutes sortes.

Frustration Certains rêves font état de grandes frustrations : rater un train, par exemple, ne pas être capable de lire un message, chercher quelque chose en vain, échouer au moment de convaincre quelqu'un. Nous croyons peut-être que notre vie ne prend pas le chemin que nous désirons ou bien nous nous sentons furieux devant l'entêtement des gens. Il est très important que nous découvrions ce qui nous frustre tellement dans la vie pour pouvoir affronter les choses d'une manière plus efficace.
D'après les croyances en matière onirique, les frustrations signifient tout le contraire : elles augurent une réussite retentissante dans nos projets.

Fugue Cet élément manifeste un désir d'évasion quand c'est le rêveur en personne qui fuit. Il se peut que, dans la réalité, celui-ci se voie assumer une responsabilité trop pesante ou bien qu'il ne se sente pas capable de résoudre un problème déterminé. En revanche, si le dormeur assiste à la fugue d'une autre personne, c'est que le rêve reflète une situation critique : le rêveur connaît une vérité cachée et craint les conséquences que sa révélation peut entraîner.

Fuite Le fait de fuir en rêve indique que nous nous réfugions dans les apparences et que, lorsque les choses ne se présentent pas comme nous le voudrions, nous fuyons. Fuir implique, fondamentalement, la peur de nous accepter tel que nous sommes. Le message du rêve nous invite à faire face à la réalité si nous voulons que les autres aient confiance en nous.

Fumée Dans certaines cultures, un pouvoir bénéfique est attribué à la fumée. En effet, elle est supposée posséder une qualité magique pour écarter les malheurs des êtres humains. Imaginer cette fumée dans le rêve comme une colonne blanche, légère et subtile s'élevant dans le ciel, traduit notre élévation spirituelle. || Au contraire, si les sensations qu'elle nous procure sont désagréables, cela peut désigner un état de confusion mentale. En effet, la fumée empêche d'y voir plus clair et, par conséquent, rend difficile la résolution des problèmes qui surgissent sur le chemin.

Fumier C'est un engrais utilisé pour enrichir la terre de culture. Ce rêve, par conséquent, nous rappelle que nous possédons une grande créativité et que nous devons l'utiliser au maximum. Cela ne signifie pas qu'il n'y ait pas de difficultés sur le chemin (odeur désagréable) avant d'obtenir le succès tellement désiré. || Comme les excréments en général, le fumier illustre l'abondance parce qu'il est assimilé à la richesse et à l'or. (Voir Excrément)
Chez le fermier, rêver de fumier est un bon présage. En revanche, rêver que l'on dort dessus augure le déshonneur et la misère.

Funérailles En rêver symbolise la renaissance, car toute fin mène à un autre début. Cet élément exprime le dépassement de la douleur et nous incite à avoir confiance en l'avenir. C'est pourquoi, même si apparemment il s'agit d'une image désolante, rêver de funérailles est vraiment associé à un message positif. En effet, celui-ci nous suggère d'enterrer désormais tout ce qui est en rapport avec le passé et de regarder vers le futur. (Voir Cimetière et Mort)
Ces songes sont occasionnellement prémonitoires. Abraham Lincoln, par exemple, a prédit sa propre mort quelques jours avant d'être assassiné. Il vit en rêve son propre cadavre dans l'une des pièces de la Maison Blanche. Toutefois les rêves de funérailles représentent, la plupart du temps, notre état d'esprit.

Futur Un rêve basé sur le futur est complexe. Il reflète les espoirs et les attentes du rêveur, mais aussi ses craintes et ses doutes. L'expérience peut être aussi bien positive que négative. Un rêve agréable signale que le rêveur est satisfait de l'orientation que son avenir est en train de prendre. Un rêve désagréable exprime la crainte et le sentiment de culpabilité pour la manière dont son présent se déroule dans la réalité. || Certains songes nous parviennent sous forme de messages prophétiques et semblent nous révéler des faits qui se passeront dans le futur. Parfois, nous avons la conviction d'avoir déjà rêvé des incidents qui nous arrivent. Toutefois, il est très difficile de détecter si réellement nous en avons rêvé ou non.
Il est recommandé de ne pas considérer ces rêves comme une prémonition car souvent l'inconscient déforme l'information.

G

Gagner Les rêves reflétant le besoin de gagner symbolisent le désir d'être à la hauteur des objectifs que nous nous sommes fixés, et parfois la crainte de ne pas les atteindre. Se faire du mal parce que l'on veut gagner signifie que l'ambition nuit à notre santé. Nous devons limiter notre activité et nous éloigner de toute compétition.

D'après les oniromanciens, le sens de ce rêve est opposé à celui qui est suggéré littéralement.

Gant Parce que les gants peuvent être considérés comme le vêtement des mains, leur signification dépendra de ces dernières. Si dans le rêve, nous les utilisons pour orner et mettre en valeur nos mains, les gants seront alors un signe de satisfaction pour les œuvres réalisées ; si, en revanche, nous les utilisons pour cacher les mains, alors ils expriment la timidité, engendrée par les erreurs commises ; enfin, si nous réalisons une activité délicate avec des gants grossiers et inconfortables, cela traduit une souffrance due à un évident complexe d'infériorité. (Voir Main)

Garage Utiliser un garage pour notre véhicule annonce une étape au cours de laquelle nous devrons choisir entre plusieurs options. || L'inquiétude pour ces choix s'atténue si le garage se situe à l'air libre ou si le véhicule ne nous appartient pas. D'autre part, entrer dans un garage prédit une longue période de tension ; en sortir indique que les conflits sont terminés.

Garderie Cet élément ramène à des situations de l'enfance. Si l'environnement du rêve est agréable, la garderie peut s'interpréter comme un besoin d'affection et de protection. Si au contraire, il émane du rêve une sensation d'écrasement, cela indique l'excessive protection exercée par une personne très proche dans la vie du rêveur.

Gardien Psychologiquement, les gardiens symbolisent les forces concentrées sur les seuils séparant les différents stades d'évolution d'une personne. Ainsi, pour de nombreux analystes des rêves, cette figure représente le père qui nous oblige à respecter les normes établies, mais qui, en même temps, veille sur nous, en nous protégeant des dangers. || Rêver d'un gardien, par conséquent, révèle un défaut de maturité puisque nous avons encore besoin d'une autorité pour nous sentir sûr.

Gare Ce lieu de passage symbolisant les multiples options que nous avons dans la vie est relié aux voyages et aux projets existentiels. Si c'est une gare ferroviaire, la rectitude des rails nous guidera vers l'accomplissement de nos objectifs. || Une gare, étant de surcroît un lieu public, peut également manifester notre rôle social. Si elle est vide, et que nous la parcourons sans savoir où nous diriger, cela reflète notre manque de détermination à l'égard d'une décision que nous devons prendre très vite. (Voir Autobus, Avenue, Avion, Bateau et Carrefour)

Le rêve porte chance si nous rencontrons quelqu'un que nous connaissons dans la gare. Cela démontre que nous serons aidé dans nos entreprises, et que nous recevrons une influence bénéfique. Ce songe peut, de plus, signaler des nouvelles à venir.

Gâteau Manger des gâteaux est synonyme de bonheur. Cependant en manger de façon compulsive – c'est-à-dire avec gourmandise – révèle un sentiment d'anxiété et de frustration. || Un autre rêve caractéristique, souvent accompagné d'une forte sensation de culpabilité, est celui où nous volons des gâteaux et où nous nous cachons pour les manger. Cette vision fait allusion à un excès de sentimentalisme qui nous conduit à entrer en conflit avec des personnes plus réalistes que nous. || Un gâteau divisé en plusieurs parts signifie qu'il y a des choses que nous devons partager. Nous sommes peut-être trop égoïste avec certaines personnes de notre vie. || Enfin, le gâteau peut renvoyer à notre vie émotionnelle, au morceau d'affection et d'attachement émanant des autres, et dont nous avons besoin mais qui nous est refusé.

Gauche L'hémisphère droit du cerveau contrôle la partie gauche du corps. Il représente notre part instinctive, artistique et intuitive.
Une ancienne croyance dit que le démon se place à la gauche des personnes pour les tenter.

Gaz C'est un symbole d'énergie transformatrice. S'éclairer ou cuisiner avec du gaz est un indice de satisfaction par rapport au flux d'événements de la vie quotidienne. Toutefois, rêver d'une explosion de gaz est interprété comme un avis de danger imminent. Il se pourrait que le rêveur soit obligé de regarder autour de lui pour déterminer quelles attitudes ou situations semblent dangereuses.

Gazelle Depuis les temps primitifs, la gazelle est apparue dans l'inconscient collectif comme un animal fuyant un prédateur. Elle symbolise à la fois la recherche des plaisirs et le versant agressif de l'inconscient. || En outre, les qualités de la gazelle sont la beauté, la rapidité, l'agilité et l'acuité visuelle. C'est pourquoi, du point de vue onirique, elle représente l'âme ou, plus fréquemment, la femme. Nous devons donc interpréter ce rêve de façon littérale : l'attitude que nous avons face à la gazelle reflète celle que nous avons dans notre relation affective.

Gazon C'est un symbole d'espoir. S'il s'agit d'une pelouse, nos objectifs auront toutes les chances d'être atteints.

Géant Nous pouvons dire que, dans sa dimension la plus profonde et ancestrale, le mythe du géant fait allusion à l'existence d'un être immense, primordial, dont le sacrifice est à l'origine de la création. Le géant – figure cosmogonique fréquente dans les cultures antiques – n'est ni bienveillant ni malveillant. Il est simplement un agrandissement quantitatif de l'ordinaire. C'est pour cela que, selon les cas, il y a des géants légendaires protecteurs et d'autres agressifs. || Dans la psychologie junguienne, leur présence correspond à celle du père, comme représentant de l'esprit, mettant des obstacles à ce qui est instinctif. || D'autres interprétations dotent le géant d'un caractère sexuel. Si un homme est l'auteur de ce rêve, cela peut vouloir dire que ses besoins sexuels sont disproportionnés.
Les géants oniriques présagent des réussites commerciales.

Gel Alors que l'eau peut exprimer le flux créatif des sentiments, la présence du gel dans nos rêves traduit un enthousiasme faible et une rigidité émotionnelle. Nous devrions essayer de vivre plus intensément et donner de la chaleur aux êtres aimés. || Le gel nous avertit du risque que nous courons si nous nous durcissons excessivement au détriment des sentiments. || C'est la cristallisation de l'eau qui signifie l'absence de force vitale et d'amour. (Voir Froid et Gelée)
Patiner sur la glace présage des désastres.

Gelée Elle empêche le développement des plantes et elle symbolise même la destruction. Le songe renvoie très probablement aux émotions du rêveur : peut-être se comporte-t-il avec insensibilité ou bien subit-il cette froideur de quelqu'un de son entourage. || La gelée peut représenter une personne belle mais inaccessible. || Le rêve peut également nous annoncer une maladie reliée au froid, comme un rhume ou une grippe. (Voir Froid)
C'est peut-être l'avertissement que notre relation se refroidit ; la solitude affective est annoncée.

Gélule Il peut s'agir d'un désir d'évasion devant une situation désespérée. Le rêveur manque d'outils pour résoudre ses propres problèmes et a besoin d'une aide extérieure.

Gemme Les pierres précieuses sont presque toujours des symboles de bien-être et de richesse, matérielle ou spirituelle. Leur image est chargée de significations magiques. Les autres éléments du rêve faciliteront l'interprétation.
La gemme est considérée comme un fragment de lumière colorée devenu pierre, une goutte d'énergie cosmique solidifiée et chargée de vertus magiques et protectrices. C'est pour cette raison que, pendant des millénaires, elle a été utilisée comme

talisman et amulette. || La vision onirique d'une gemme est, en général, une promesse de fortune, de richesse et de position sociale élevée.

Génie Si un génie nous accorde un souhait, c'est qu'une aide providentielle nous permettra de réussir à atteindre nos objectifs.

Genou S'agenouiller devant quelqu'un est un signe de soumission. Cela reflète également un sentiment d'infériorité. C'est pourquoi les genoux symbolisent la position sociale du rêveur. (Voir Jambe)
Rêver de genoux est un présage malchanceux. Le fait qu'ils soient douloureux augure une terrible calamité.

Gens Rêver que l'on est au milieu de la foule et que cela nous empêche de bouger avec facilité suggère que nous nous sentons incapable de donner une orientation à notre vie. || Si, dans le rêve, figurent des gens que nous connaissons, notre inconscient peut vouloir nous désigner les qualités que nous admirons et désirons obtenir. Les sentiments que produit l'interaction avec ces personnes en nous sont identiques à ceux que nous adoptons dans la vie actuelle. || Si, parmi les gens, nous ne connaissons personne, c'est peut-être une façon d'affronter certains de nos aspects intérieurs. C'est notre devoir que de nous interroger sur leur signification et leur façon de s'ajuster à notre Moi dans la réalité.
Les ouvrages de l'Antiquité sur les rêves assurent que, tant que les personnes oniriques sont affables et bien vêtues, nous aurons de la chance.

Germer Voir germer une plante est un bon présage : nos projets pourront se matérialiser bientôt. (Voir Agriculteur)

Gifle Le fait que l'auteur de la gifle dans le rêve soit quelqu'un de connu suggère le besoin d'analyser la relation que nous entretenons avec cette personne. Les choses ne sont pas très claires et, par conséquent, nous devons nous en ouvrir à elle. Nous devons empêcher que la situation n'empire et corriger ce qui a été détérioré. Si c'est nous qui giflons quelqu'un, nous exprimons alors une frustration de nos désirs.

Gifler Une gifle indique toujours une réaction drastique. Elle peut être interprétée comme un signe de l'inconscient pour nous amener à rectifier un jugement ou une attitude. Peut-être est-ce aussi le moment opportun pour faire une halte sur le chemin et réfléchir. Elle peut également nous avertir que nous souffrons d'une maladie qui ne présente pas encore de symptômes.

Gilet Porter un gilet augure une bonne position sociale obtenue après beaucoup de travail. Sale ou déchiré, il exprime, en revanche, notre désir d'atteindre un niveau pour lequel nous ne sommes pas encore préparé.

Girouette Elle exprime l'inconstance, l'indécision et les doutes. La girouette se charge de nous indiquer dans quelle direction souffle le vent et, comme chacun sait, le sens de ce dernier varie constamment. Malgré l'incompréhension que notre attitude peut susciter, il nous faudra changer de direction autant de fois qu'il sera nécessaire afin de nous trouver, de façon définitive, à l'endroit qui nous correspond.

Gisement Les rêves dans lesquels figurent des gisements reflètent notre potentiel. Ce type d'images doit nous réconforter dans les moments difficiles : nous disposons de beaucoup de moyens pour résoudre les problèmes. Nous devons simplement trouver la façon la plus appropriée d'en tirer partie.

Gitan Les Gitans représentent parfois les préjugés que nous avons sur les personnes de cette communauté. Ainsi, si nous pensons que nous ne pouvons pas avoir confiance en eux, cela se traduira à travers les émotions évoquées dans le rêve. Mais si, simplement, nous les considérons comme un peuple nomade, aux coutumes différentes des nôtres, le rêve révélera alors nos désirs de liberté et de rébellion. || En outre, ce peuple mystérieux, doté d'une foule de vieilles légendes et d'histoires à découvrir, peut représenter cette partie de notre Moi à laquelle nous n'avons pas encore accédé. || Le songe suggère peut-être que nous devons considérer l'avenir.
Du fait des prophéties entourant la tradition gitane, il est possible que le rêve nous donne des pistes sur des faits à venir. Ce peuple étant associé à la chance, le destin nous sourira bientôt.

Glace La froideur de la glace évoque une certaine sensibilité et une certaine douceur. Le rêve suggère peut-être que nous devrions savourer davantage nos émotions. Le plaisir sans inhibition que la glace nous procure fait également affleurer notre côté érotique et sensuel.

Glisser ◘ C'est une manifestation d'insécurité et de peur. Glisser dans un rêve nous prévient de notre entrée dans une situation instable, comportant des risques. Si la sensation est désagréable, l'arrivée d'une période de grand désarroi est à craindre (d'importantes pertes économiques, par exemple).
◎ Glisser sur la glace traduit une joie brève suivie d'une tristesse subite.

Gloire ◘ Rêver de gloire provient du fait que nous ne sommes pas très satisfait de notre situation dans la réalité. Ce type d'images met en évidence un manque de maturité.

Gnome ◘ La rencontre avec un groupe de gnomes dans un bois symbolise la recherche de valeurs et de principes très différents de ceux qui constituent notre réalité actuelle. Nous poursuivons une utopie. Celle-ci pourrait devenir réalité si nous sommes capable de nous laisser guider par l'imagination.

Gonfler ◘ Cet élément signifie presque toujours l'exagération disproportionnée de quelque chose. Un membre du corps particulièrement gonflé, par exemple, peut être le reflet d'une maladie. Mais cela manifeste aussi une trop grande attention de notre part à ce que symbolise cette partie spécifique du corps. Par ailleurs, voir un objet gonflé traduit l'importance excessive que nous attribuons à sa signification. Gonfler un ballon nous avertit du fait que nous poussons une situation déterminée vers des limites insupportables.

Gorge ◘ C'est par elle que nous avalons ce qui nous arrive de l'extérieur. Si nous avalons sans mâcher, cela veut dire que nous ne comprenons pas ce que l'on nous propose. Une rigidité excessive indiquerait la présence d'un fort refoulement.

Gorille ◘ Cet animal représente nos instincts, spécialement les pulsions sexuelles. Le fait que nous soyons capable de le dominer dans nos rêves signale une bonne santé psychologique. En revanche, si nous luttons contre lui, nous exprimons le blocage engendré par certains de nos refoulements.

Gourdin ◘ Ce symbole de brutalité et d'agressivité alerte le rêveur au sujet de ses relations personnelles. Le moment est peut-être venu de les revoir et d'essayer de résoudre les problèmes ou de changer d'attitude.

Gourmandise ◘ L'interprétation de ce rêve se rapporte à celles de Manger et de Dévorer. Ce n'est, en tout cas, pas un rêve positif. Que le rêveur soit le gourmand, ou qu'il voie un gourmand devant lui, le rêve dénote soit une angoisse démesurée, soit une attitude accaparante.

Gourou ◘ Il peut représenter notre Moi supérieur et notre sagesse innée. Dans les rêves, il prend habituellement une forme religieuse – comme Bouddha, Shiva ou un saint –, ou bien il apparaît sous la forme d'un vieillard à longue barbe, un prêtre, un prophète, un magicien ou un roi. Il peut également adopter la forme d'une figure féminine (la Terre Mère ou une déesse). La Vierge Marie, par exemple, est le symbole onirique de la compassion suprême et de l'amour du prochain. Les rêves de ce genre signalent qu'une grande opportunité spirituelle s'ouvre devant nous.
◎ D'après les traditions comme celles des bouddhistes tibétains, des hindous ou des Indiens d'Amérique, notre guide intérieur est quelqu'un qui communique avec nous à travers les rêves. Il provient de notre propre être ou d'une des sphères de notre esprit.

Gouttière ◘ Rêver d'une maison comportant des gouttières signifie clairement que nous perdons facilement le contrôle de nos émotions et que, de plus, nous n'y sommes pas assez attentif. Une conclusion s'impose : nous ne devrions pas mettre des « rustines » d'urgence à nos relations, mais essayer d'édifier nos sentiments sur des bases plus solides. En définitive, les gouttières révèlent un manque d'attention à nos émotions.

Gouvernement ◘ Ce rêve peut représenter notre force psychologique la plus puissante. Il nous invite à réfléchir sur les valeurs qui nous gouvernent dans la vie réelle. Il est important de toutes les identifier, qu'elles soient honnêtes ou cupides. || Ce rêve peut également nous donner une idée de ce que nous pensons de la société ou de notre conception pour organiser notre vie au jour le jour. || Se voir soi-même au gouvernement signifie que nous contrôlons parfaitement notre vie. Toutefois, il convient de tenir compte de l'opposition qui peut se présenter dans le rêve de façon plus ou moins directe.
◎ Rêver que nous occupons un poste de pouvoir dans le gouvernement augure une période incertaine.

Graine ◘ Parce qu'elles symbolisent la vie en puissance, les projets, la capacité créative, les graines augurent le développement d'un projet, d'une idée demandant toute notre intuition et notre créativité. Cet élément dénote, de même, un progrès imminent, tant sur le terrain professionnel qu'émotionnel et personnel. Dans un couple, il peut être le signe d'une grossesse. (Voir Germer et Plante)

D'après les livres les plus anciens sur les rêves, les graines augurent une prospérité accrue.

Grand singe Cet animal représente ce qu'il y a de pire en nous. Il signale que nos instincts sont sur le point de s'emballer, car le singe est considéré comme un animal inquiet, moqueur et lascif. Très souvent, ce rêve est relié au sexe : l'inconscient se bat pour se libérer et donner libre cours à ses désirs les plus primaires. Le message émanant de ces images est que nous devons contrôler nos pulsions, en les canalisant de la façon adéquate (sans pour cela les réprimer).

En Inde, les singes sont associés à ces attitudes humaines gouvernées par les inquiétudes, les doutes et les craintes. Le songe peut nous dire que nous essayons de trouver la paix intérieure.

Grands-parents Les grands-parents représentent l'expérience, le passé, la sagesse qui s'est maintenue forte au cours du temps. Ils symbolisent, par conséquent, les normes sociales apprises. || Si les rêves dans lesquels ceux-ci apparaissent nous fournissent des sensations agréables, ce sera alors le signe que nous devons chercher la sérénité et le calme sans nous précipiter, en faisant attention aux expériences passées. Si ces images, en revanche, ne semblent pas très réconfortantes, il faudra interpréter tout le contraire, c'est-à-dire que nous sommes trop ancré dans le passé et que cela limite nos possibilités de développement personnel.

Toutes les traditions s'accordent sur le fait que les grands-parents sont un symbole de sécurité et de sagesse.

Granit Cet élément reflète la fermeté et l'aplomb. Le rêve dont il fait partie traduit un haut niveau d'assurance et de confiance en soi lorsqu'il s'agit de réaliser un travail ou de poursuivre les buts que nous nous sommes fixés.

Gravier Cet élément indique un chemin lent, semé de petites difficultés retardant le parcours et constituant des obstacles devant les objectifs désirés.

Grêle Cet élément indique l'angoisse et la crainte face à des facteurs externes ayant une incidence négative sur la vie du rêveur, incapable de faire face. Celui-ci ressent possiblement le besoin de solliciter l'aide de tierces personnes pour sortir victorieux d'une situation défavorable.

Voir de la grêle présage la tristesse et la douleur ; manger les grêlons, des mensonges cachés.

Grenade Fruit associé à la fécondité et à la sensualité qui invite à jouir de la vie si elle est ouverte dans le rêve.

Grenouille La grenouille symbolise la transition entre la terre et l'eau, et vice versa. Rêver de cet animal exprime notre capacité à nous adapter à tout changement ou toute situation. Nos instincts réclament certainement des aventures ; nous désirons une situation ou un travail différents. || En outre, les grenouilles sont également associées à quelque chose de désagréable du fait de leur contact, de la monotonie de leur coassement et de leur vie dans des eaux troubles et à moitié stagnantes. Cette vision onirique peut être une réaction devant certaines compagnies non désirées que nous nous voyons obligé de fréquenter.

Grève Cet élément indique que quelque chose de notre personnalité se soulève face à une situation déterminée. Il symbolise la lassitude et la rébellion contre notre vie actuelle. Ce que nous conseille ce rêve est évident : nous devons changer ce qui ne nous plaît pas.

Griffe Comme pour d'autres rêves, il n'y a pas pour celui-ci qu'une seule interprétation : si la griffe appartient à un oiseau, nous aurons de sérieuses difficultés pour mener à bien nos projets ; à un félin, nous aurons un petit désagrément avec la famille ; à un chien ou à un loup, un proche fera circuler des commérages sur nous.

Grille Rêver de sauter par-dessus une grille signale que tous nos objectifs seront atteints prochainement ; grimper à cette grille révèle que des moyens peu licites seront employés à cet effet. || Tomber d'une grille annonce un revers futur, tant économique que de santé ; rester assis dessus exprime le faible intérêt avec lequel nous attendons la résolution de nos problèmes. Cet élément onirique implique, la plupart du temps, des difficultés. Mais c'est un bon présage jusqu'à un certain point puisque cela signifie que nous pouvons réussir dans nos projets grâce à l'effort et à la persévérance. || Enfin, une femme qui rêve qu'elle construit une grille aura bientôt un foyer solide et heureux. (Voir Prison et Cage)

Grillon Entendre chanter les grillons reflète la traversée d'une période de paix et de tranquillité. Mais si nous avons des soucis, cela peut être un véritable martyre. Il convient donc de nous détendre et de cesser de ressasser les problèmes.

Selon les oniromanciens, le jour suivant le rêve se révélera particulièrement difficile, surtout si le dormeur est malade. Ce songe signale également une maigre récolte.

Grimper Ce rêve indique que, dans la vie réelle, nous essayons d'atteindre un but très élevé ou que nous voulons fuir quelque chose qui nous effraie. Nous sommes peut-être sur le point d'obtenir le succès recherché depuis longtemps. Certes l'ambition nous accompagne, mais il se peut que nous ne soyons pas très sûr de nous-même. Il est recommandé de rester humble et modeste. Si nous sommes égoïste et avons tendance à trop grimper, quelqu'un risque de nous faire tomber. L'arrogance ne nous aide pas. || Les murs ou montagnes que nous devons franchir symbolisent les obstacles de la vie réelle. Si nous les dépassons rapidement, le rêve augure des victoires. Le contraire dénote un travail difficile, exigeant tous nos efforts. || En définitive, tout ce qui ne s'obtient pas tout de suite et nécessite une ascension graduelle nous apportera bientôt les satisfactions les plus solides. || Selon Freud, les rêves où nous grimpons reflètent notre difficulté à satisfaire nos désirs sexuels.

Les oniromanciens soutiennent que monter un escalier et arriver à la dernière marche augurent le succès dans les affaires.

Griotte Voir une griotte ou la disposer sur un gâteau exprime la satisfaction produite par la réalisation des espoirs et objectifs que le rêveur s'est fixés.

Gris Symbole de l'indifférence et du manque de détermination, cette couleur peut nous avertir d'une crise de valeurs menaçant de nous faire perdre notre direction. || Il n'est donc pas étonnant que le gris représente également des éléments symboliques comme le brouillard et les cendres. Du point de vue onirique, le brouillard représente les peurs et les angoisses amassées dans les profondeurs de l'inconscient.

Grognement Écouter un grognement est presque toujours un signal d'alarme. Le dormeur doit prêter attention à son entourage dans la réalité pour découvrir ce qui ne marche pas.

Grossesse Rêver d'une grossesse peut exprimer nos craintes devant la possibilité d'une maternité prochaine. || En outre, cela peut également symboliser tous ces moyens cachés que nous possédons à l'intérieur de nous mais que nous ne connaissons pas. Le songe est, pour cette raison, une invitation à la découverte de soi-même.

Selon certaines traditions populaires, rêver d'être enceinte, chez une femme, dénote qu'elle ne sera pas heureuse avec son mari et que ses enfants ne seront pas très gracieux. Chez une femme vierge, ce rêve pronostique le scandale et l'adversité. Cependant, si celle qui rêve est vraiment enceinte, le rêve annonce un accouchement sans complications et des relevailles rapides.

Grossir Malgré le fait que ce rêve, apparemment, comporte des connotations négatives, grossir de façon démesurée peut signifier que nous nous sentons suffisamment de forces pour entreprendre de grands projets. Les rêves de ce genre peuvent aussi refléter une impulsion intime mal canalisée, ou bien une attraction ou répulsion non acceptée de façon consciente, sans compter la possible crainte du rêveur de prendre du poids.

Grotte Voir **Cave** et **Caverne**

Groupe L'apparition onirique de groupes avec des caractéristiques bien définies, qu'elles soient ethniques, raciales, nationales ou culturelles, représente les qualités ou les préjugés que nous avons l'habitude de leur associer.

Grue (machine) L'interprétation de cet élément est en rapport avec celle de la Construction. La grue indique un état favorable. Le rêveur dispose des instruments nécessaires pour mener à bien les projets qu'il s'est proposé de réaliser.

Grue (oiseau) De la Chine jusqu'aux cultures méditerranéennes, la grue est une allégorie de la justice, de la longévité et de la fidélité.

Emblème de la régénérescence périodique et de la santé, la grue annonce aussi, par inversion du contenu onirique, la maladie d'un ami. Selon certaines clés interprétatives, elle prédit également des disputes et des trahisons.

Guêpe Rêver que des guêpes nous poursuivent, ou nous piquent, suggère la présence de problèmes, d'obstacles ou de malheurs dans la vie réelle qui, s'ils ne sont pas trop graves, sont très douloureux. Tuer les guêpes révèle que nous sommes en train de surmonter les problèmes mentionnés.

Guérison Les rêves comportant cet élément sont presque toujours positifs. Ils signalent qu'après les souffrances les choses reviennent dans l'ordre. Le soignant a une signification particulière, car il nous a montré son appui inconditionnel.

Une sensation de bien-être envahira bientôt la vie du rêveur.

Guerre Toute guerre renvoie à la lutte de la lumière contre les ténèbres, au combat du bien contre le mal. || Sur le plan psychique, elle symbolise la lutte entre les actions et les pensées de l'homme, qui tend toujours vers l'unité intérieure. Selon Jung, ce rêve reflète un conflit intérieur : la guerre se livre entre nos parties consciente et inconsciente, entre les forces instinctives et les normes sociales. || Ce rêve reflète aussi le crainte devant les événements de la vie, tout en exprimant notre désir de rébellion contre les oppressions internes. Ne pas voir la fin d'un combat indique que le conflit n'est précisément pas sur la voie de la résolution. (Voir Armée et Ennemi)

Une période de difficultés et de dangers s'annonce. || Le rêve fait aussi craindre des disputes familiales.

Guetter Avoir le sentiment d'être guetté révèle une vie pleine d'insécurité et de dangers ; c'est probablement dû à des adversaires qui souhaitent nous faire échouer en utilisant tous les moyens possibles. || Si c'est nous qui sommes aux aguets, cela implique une méfiance envers les autres pour résoudre un problème qui nous affecte.

Gueule Cet élément dénote la crainte et l'agressivité. Se voir devant la gueule d'une bête indique la peur d'une situation qui est incontrôlable. Cela peut être interprété comme un avertissement, un appel de l'inconscient à être prudent.

Gui Cette plante parasite, associée au chêne, est dotée de vertus hypotensives notables. Elle symbolise la force qui vient du ciel, les Celtes la définissaient aussi comme la plante de l'immortalité : ses branches les plus hautes sont toujours vertes. Selon la conception celtique, ce rêve se présente comme un augure évident de régénérescence, force, bien-être et santé.

Guide Voir **Raccourci, Avenue** et **Chemin**

Guillotine Cet élément manifeste les nombreuses difficultés que le dormeur rencontrera dans la réalité à cause de ses ennemis. Toutefois, s'il parvient à l'éviter, il sera capable de résoudre toutes les difficultés et donc de réussir dans la vie. (Voir Tête et Décapiter)

Guirlande Dans l'Antiquité, on suspendait des guirlandes aux portes des temples lorsqu'on célébrait une fête. Cet élément a toujours été un signal de bienvenue et d'hommage. En rêver nous suggère, de toute façon, de ne pas nous endormir sur nos lauriers car la joie est fugace. (Voir Collier)

Guitare Traditionnellement, la guitare permet la démonstration de sentiments, favorisant le rapprochement entre individus. Rêver de cet instrument signifie que nous devons davantage avoir confiance en nous, puisque de grands moyens techniques ne sont pas nécessaires pour transformer le monde. L'habileté, l'enthousiasme, la passion et l'amour suffisent. || La guitare est aussi un symbole du corps féminin, en raison de sa forme et de sa sensualité sonore. Chez un homme, rêver de jouer de la guitare, ou de simplement l'écouter, peut comporter un fantasme sexuel ou exprimer le désir d'améliorer ses relations sexuelles. Une femme qui fait le même type de rêve nie peut-être sa partie féminine dans la vie réelle.

Gymnastique L'exercice physique nous offre l'opportunité de développer notre corps. Cet entraînement peut nous être nécessaire. Mais si nous rêvons que nous faisons de l'exercice, l'inconscient peut également suggérer que nous devrions entraîner l'esprit pour déployer tout son potentiel. || Le rêve peut également mettre en doute la bonne forme physique du rêveur et exprimer le besoin d'exercer le corps.

H

Hache Symbole de pouvoir et d'autorité, son apparition onirique reflète une agressivité latente qui s'extériorise en actes d'un primitivisme évident. || Les scènes dans lesquelles figure une hache manifestent la colère et la confusion des sens. Elles peuvent annoncer la rencontre avec quelqu'un de conflictuel et, même, des disputes menaçant la stabilité de nos relations familiales. || Une hache employée pour couper du bois peut exprimer le besoin de diviser un problème en petites parties pour mieux le résoudre. Abattre un arbre, par ailleurs, signifie que nous nous défaisons de choses anciennes pour que d'autres puissent surgir.
Outre le fait de prévenir d'un danger, ce rêve comporte diverses interprétations populaires. Une lame de hache brillante prédit une récompense agréable. Et si ce n'est pas le cas, nous perdrons notre prestige. Une hache présage également de prochaines nouvelles de nos amis. Enfin, chez une femme, ce songe augure la rencontre avec l'homme de ses rêves. Elle se verra cependant obligée de vivre dans la pauvreté.

Haie Cet élément renvoie aux restrictions, et obstacles physiques ou psychologiques, rendant difficile notre progrès vital. || Rêver que nous élaguons une haie suggère que nous acceptons le caractère inamovible de cet obstacle, mais que nous sommes disposé à le surmonter, même si la situation est mauvaise.
Rêver que l'on élague une haie signifie que nous aurons bientôt de la chance.

Haillon Cet élément dénote généralement une préoccupation excessive pour sa propre image et le manque de confiance en soi. Si nous ne nous sentons pas bien, nous voir vêtu de haillons indique la négligence personnelle, la décadence morale et la misère. Une sensation onirique agréable, en revanche, révèle la supériorité de l'intellect sur tout ce qui concerne le physique ou la superficialité. (Voir Vêtement)
Certains oniromanciens prédisent que nous souffrirons de grandes pertes si nous faisons ce rêve. D'autres interprétations le considèrent comme un signal de sage décision.

Haine Nourrir un grande haine renvoie peut-être à un sentiment négatif qui fait partie de notre personnalité. La personne ou la chose haïe est logiquement importante, mais d'autres facteurs doivent être analysés en profondeur pour interpréter correctement le rêve et identifier l'origine de cette émotion, ce qui permet de résoudre partiellement le problème.
Ressentir de la haine envers un inconnu est un mauvais signe pour tout ce qui est relatif aux affaires matérielles : il y a de grandes possibilités que nous nous ruinions dans les affaires. || Détester un être cher, en revanche, dénote des disputes familiales et affectives ; et se détester soi-même exprime l'insatisfaction et l'insécurité par rapport à sa valeur personnelle.

Hamac Cet élément symbolise le repos après un effort exténuant ou une expérience inhabituelle. (Voir Lit)

Hameçon C'est un symbole clair de désillusion, de trahison ou de mensonge.

Harcèlement Se sentir harcelé par quelque chose ou quelqu'un est le signal d'une intense inquiétude, dont la cause n'a pas encore été découverte par le rêveur. Il est probable que notre sens de la culpabilité altère notre rêve. Mais, il est aussi possible que nous devions affronter un problème que jusqu'à présent nous avions refusé de voir de façon consciente.

Harem Ce rêve a généralement un rapport avec les appétits sexuels car il reflète nos désirs refoulés ainsi que nos relations affectives en général. Chez un homme, ce rêve peut l'avertir de circonstances extérieures qui pourraient le distraire de ses véritables objectifs. || Chez une femme, en revanche, il peut représenter le désir de voir ses envies d'ascension sociale ou de luxe résolues, même si pour cela elle doit se passer de son indépendance ou de sa dignité.

Hauteur Rêver d'altitude sans avoir le vertige signifie que le rêveur est courageux et ose toutes les défis qui s'offrent à lui. En fait, son inconscient est en train de lui dire qu'il ne s'effarouche pas facilement. || Au contraire, rêver qu'on a la nausée, une fois au sommet, indique que nous ne sommes pas encore prêt pour affronter les affaires dans lesquelles nous sommes engagé. Ceux qui font ce type de rêves doivent observer prudemment un certain laps de temps avant de s'embarquer dans certains projets.

Heaume C'est la partie de l'armure que les soldats médiévaux employaient pour se protéger la face. En rêver est par conséquent lié à notre désir de nous cacher pour nous sentir protégé. Nous voulons probablement passer inaperçu devant les autres, par humilité ou refoulement. (Voir Armure et Masque)

Hélice Emblème de dynamisme, l'hélice onirique d'un bateau ou d'un avion indique que nous sommes optimiste, enthousiaste et impulsif. Plus elle tourne rapidement, plus vite nous avancerons dans la vie. Il est évident que cette étape ne durera pas toujours ; il faut donc profiter de cette vitalité.

Hémorragie C'est un symbole clair de perte d'énergie vitale. (Voir Maladie)

Herbe En raison de leur pouvoir médicinal ou de leur toxicité, les herbes apparaissent fréquemment dans les légendes et les contes folkloriques. || Rêver que nous sommes étendu sur l'herbe révèle le besoin de rétablir le contact avec nous-même. Nous nous gâchons la vie à suivre des règles qui ne sont absolument pas naturelles. Ce songe nous invite à ne pas perdre l'espoir d'une importante transformation. || Par ailleurs, une herbe sèche et fanée est un signal défavorable : nous nous sentons abattu et avons renoncé à nourrir de nouveaux projets. Les mauvaises herbes représentent aussi nos pires comportements, issus de notre intériorité ou des autres en partie. Il est possible que le songe nous montre la façon de retrouver l'harmonie.
Si nous arrachons de la mauvaise herbe en rêve, et que celle-ci ne se compose ni d'orties ni de chardons, alors les augures sont bons. Nous serons bientôt très chanceux.

Hérisson Cet animal nous avertit de problèmes ou d'affaires épineuses à venir. Le rêve en lui-même suggère de ne pas prendre de décision hâtive.
L'image onirique du hérisson fait craindre des jugements mal résolus et des mensonges dans les relations personnelles.

Héritage Cet élément augure la réception de quelque chose. Mais ce type de vision ne fournit habituellement pas de piste nous permettant de savoir s'il sera positif ou négatif. Ainsi, la récompense à nos sacrifices peut tout aussi bien se présenter qu'un héritage de dettes ou de maladies.

Hermaphrodite Se voir comme un hermaphrodite peut suggérer que la tendance sexuelle du rêveur n'est pas complètement définie. Cependant, cela peut aussi refléter le besoin de potentialiser le côté féminin, si le rêveur est un homme, ou le côté masculin, dans le cas d'une femme.

Héros Rêver d'un héros, ou d'une héroïne, est un signal d'alerte : nous avons besoin de demander de l'aide à d'autres personnes pour résoudre certains problèmes. || Si le héros est le dormeur lui-même, l'image de force qu'il montre aux autres devient évidente. || Bien souvent dans ce songe, le héros représente notre partie consciente. Celle-ci s'embarque dans un voyage inconscient pour défier ses pouvoirs. D'innombrables mythes et histoires racontent également comment les héros s'aventurent vers des terres étranges pour obtenir un trésor ou sauver une belle demoiselle. Ce sont tous des symboles de la récompense que nous recevrons en fouillant notre côté le plus occulte. || Chez une femme, rêver de la figure d'un homme héros peut mettre en évidence son côté masculin. Chez un homme, rencontrer la princesse qu'il cherchait peut révéler qu'il a enfin trouvé l'aspect féminin de sa nature.

Certaines croyances oniriques considèrent que ce rêve annonce qu'une personne méprisant le rêveur dans la réalité tombera bientôt amoureuse de lui.

Heurter Un accrochage avec une autre personne illustre le fait que notre désir d'avancer à n'importe quel prix peut nous amener à être détesté. Si c'est l'autre personne qui en est la cause, alors des tensions se produiront autour de nous et nous nous verrons impliqué dans de nombreuses querelles. || Assister à un accrochage entre deux véhicules prédit une étape malchanceuse pour le dormeur.

Hibou Le hibou incarne la sagesse qui s'obtient du monde nocturne, de l'inconscient. C'est un oiseau rapace très précis, qui sait attendre avant d'agir. Tant le hibou que la chouette nous avertissent d'être vigilant et de bien ouvrir les yeux : une personne risque de nous mentir ou de faire une promesse qu'elle ne peut tenir.

Les croyances les plus communes affirment qu'il s'agit d'un rêve mélancolique prédisant des moments tristes et de pauvreté, parfois même des malheurs.

Hiéroglyphes C'est la façon dont notre inconscient nous rappelle que, pour atteindre nos objectifs, nous devrons surmonter de nombreuses complications. || Ces difficultés, cependant, peuvent se simplifier si nous éclaircissons nos idées et allons droit au but en toute chose.

Hippopotame Si nous voyons un hippopotame plongé dans l'eau sale ou dans la boue, le rêve désigne alors nos basses passions et nos pulsions vicieuses. Ces pulsions ne nous procurent aucun plaisir si nous sommes dominé par elles.

Cet animal annonce la force, la vigueur et la fertilité.

Hirondelle C'est une allégorie du printemps. Parce qu'elle reste toujours dans les hauteurs, elle incarne la pureté et la sainteté ; et par ses habitudes migratoires, la solitude et la liberté. (Voir Printemps)

Selon la tradition gitane, c'est un signe de prospérité et de divertissement. La voir dans son nid est un pronostic de fortune et de bonheur.

Hiver Cet élément symbolisant la stérilité, son message est simple. Nous devons réfléchir et planifier nos activités en affrontant le futur et en mettant à profit cette période d'isolement. (Voir Désert, Froid et Gel)

Homicide Voir **Assassinat**

Homme S'il s'agit d'un homme connu ou d'un parent, le rêve se limite à nous révéler les sentiments qui nous unissent à lui. Mais si c'est un inconnu, l'interprétation dépendra de son aspect. Ainsi, un homme jeune augure des problèmes et des disputes (quel que soit le sexe de la personne qui rêve), tandis qu'un vieillard suggère la protection et les conseils d'un ami. || Selon Jung, si une femme rêve qu'elle est un homme, celui-ci représente la moitié rationnelle, compétitive et agressive de sa personnalité.

Si l'homme est beau, tout ira bien, nous pouvons même devenir riche. S'il est très laid, nous devrons être précautionneux car nous pouvons avoir des problèmes avec nos amitiés.

Honte Les rêves mettent en évidence nos faiblesses et peurs profondes. Nous nous sentons peut-être sans confiance en nous, ou doutant de notre vie sexuelle. Il est possible que ce sentiment se soit étendu à nos songes.

D'après des croyances anciennes, cet élément signifie justement le contraire de ce qu'il représente. Ainsi, plus nous sommes honteux, plus nos réussites et nos choix seront importants.

Hôpital Rêver d'un hôpital peut être, jusqu'à un certain point, un signe alarmant puisque cela exprime la crainte d'avoir une maladie. Si nous rendons visite à un patient, nous devons faire attention à notre santé car notre organisme nous sollicite.

Dans la Grèce antique, on croyait que les rêves dans les temples d'Asclépios permettaient non seulement de diagnostiquer l'état de santé du rêveur, mais qu'ils possédaient aussi une faculté curative. || Les médecins tibétains prennent en note les rêves de leurs patients pour pouvoir découvrir la cause spirituelle de leur maladie physique.

Horloge En tant que machine, elle est liée aux idées de « mouvement perpétuel », automatisme, mécanisme, etc. L'horloge peut représenter le destin humain, puisqu'elle est la mesure de notre temps. Le son qu'elle émet rappelle, en outre, le battement du cœur, ce qui l'identifie au côté émotionnel de notre personnalité. || Elle peut illustrer le fait que notre vie est gouvernée par la routine artificielle créée par la société organisée. Nous devrions, en ce sens, vivre avec plus d'insouciance et penser moins aux délais et aux dates. || Une horloge qui retarde signale notre tendance à laisser les affaires en suspens. Si elle avance, cela signale une tendance à être stressé ; il nous faut nous relaxer un peu. Une horloge marquant une heure précise indique que nous perdons notre temps et que le moment de nous décider à agir est arrivé ; mais cela peut également être un avertissement nous incitant à être plus ponctuel. Le fait que l'horloge marque une minute avant minuit dénote notre désir d'anticiper une situation qui nous affecte. Si elle est arrêtée, elle manifeste alors le statisme de nos émotions. || Rêver de plusieurs horloges marquant des heures distinctes est synonyme de désordre et de confusion. Enfin, rêver d'un chronomètre révèle que nos sentiments sont sous contrôle. (Voir Aiguille et Temps)

◎ Le mouvement régulier de l'horloge indique que tout est en bonne voie. Perdre une montre en rêve signale des changements dans notre vie, ou la possibilité de commencer une nouvelle étape de croissance. Écouter le carillon d'une horloge présage de mauvaises nouvelles.

Hortensia ◘ Cette fleur dénote la frigidité.

Hôtel ◘ Si nous rêvons que nous vivons dans un hôtel, c'est que nous avons sûrement le désir d'une vie meilleure et plus insouciante, sans avoir à lutter pour couvrir les besoins basiques. Nous désirons probablement une existence très différente de celle de la réalité. Si nous sommes le propriétaire, ou le gérant de l'établissement hôtelier, cela signifie que nous aspirons à avoir du pouvoir sur les autres. || Selon d'autres interprétations, l'hôtel est lié aux changements de domicile et au manque de stabilité. Ainsi, il peut représenter la transition d'une situation à une autre ou la perte de l'identité propre.

◎ Un hôtel luxueux prédit l'échec. Mais s'il est vieux et sordide, la chance sera bientôt pour nous.

Huile ◘ L'huile peut donner lieu à différentes interprétations. Si elle se trouve, par exemple, au milieu de notre chemin, elle indique un empêchement. Nous devrons en conséquence être vigilant pour ne pas « glisser » sur les situations dans lesquelles nous nous trouvons impliqué. Si, en revanche, nous sommes oint de cette substance, cela veut dire que nous avons reçu une connaissance exceptionnelle qui nous permet de réaliser ce que la situation du rêve montre. || Les huiles s'emploient aussi dans les massages et les parfums destinés au soin de notre peau et à son amélioration. Elles peuvent donc renvoyer à la sensualité.

◎ La croyance traditionnelle veut qu'un homme qui rêve qu'il est vendeur d'huile devienne très riche. Il ne sera toutefois jamais heureux en amour.

Huître ◘ Les huîtres représentent l'humilité capable de produire en son sein la perle de la perfection spirituelle. La coquille symbolise la fécondité et l'érotisme. Les huîtres sont également le symbole du sein maternel qui renferme la perle : elles indiquent la fertilité, mais aussi la solitude et l'éloignement dans des mers inconnues. (Voir Perle)

Humidité ◘ C'est un rêve négatif qui reflète la crainte qu'on envahisse notre espace vital. Il est aussi relié aux émotions douloureuses et aux sentiments de tristesse et d'abandon.

Humiliation ◘ S'humilier devant une autre personne signifie que, dans la réalité, on agit de façon insensée, ce qui ne nous rapportera que des désagréments. || Si la personne humiliée est un adversaire, nous obtiendrons alors des gains inattendus et des fautes anciennes nous seront pardonnées.

Hyène ◘ Cet animal représente la lâcheté et les basses passions. C'est d'ailleurs un charognard nocturne aux mâchoires puissantes qui s'oppose symboliquement au faucon.

◎ La vision onirique d'une hyène annonce la maladie et des deuils dans la famille.

Hypocrisie ◘ Rêver que nous sommes entouré de personnes hypocrites nous prévient que quelqu'un, sous l'apparence d'un ami, recherche notre ruine. || Si nous sommes l'hypocrite, nous devrions reconsidérer le type de relations que nous établissons avec les autres.

Hypothèque ◘ Une hypothèque, ou tout document impliquant un déboursement important d'argent, reflète la crainte du rêveur devant une situation économique difficile. Un sentiment de culpabilité et d'angoisse de ne pas avoir atteint les objectifs proposés est également implicite.

I

Iceberg Un énorme bloc de glace représente les obstacles qui s'interposent sur le chemin du dormeur, sur le plan professionnel ou familial. C'est donc un rêve à la fois de vigilance et d'encouragement à lutter contre ces empêchements, qui rendent notre bonheur difficile. (Voir Gel et Gelée)

Idée C'est un rêve positif relié à la créativité. L'inconscient a accumulé et traité des faits et la scène onirique nous présente le fruit de ce travail. Ce rêve peut être très utile dans la vie réelle pour résoudre un problème déterminé, ou pour le développement d'une activité artistique, intellectuelle ou scientifique.

Idole Si nous sommes acclamé comme une idole, mais que nous ne voyons pas le visage de ceux qui nous félicitent, cela signifie que nous sommes en danger (la vanité nous nuit). || En revanche, si les acclamations sont plutôt faibles et que nous voyons les visages de ceux qui font notre éloge, le succès sera fugace et ne servira qu'à flatter notre ego. (Voir Acrobate)

Île L'île est associée aux idées de sauvetage et de refuge s'il s'agit d'un rêve agréable. Mais elle peut aussi se convertir en prison, en raison de l'isolement qu'elle induit. || En général, l'île montre les désirs de fuir la réalité, ainsi que l'individualisme de chacun. Si nous y sommes privé de moyens de communication, c'est que nous devrions essayer d'analyser nos sentiments depuis d'autres perspectives. En effet, tout indique que nous sommes habitué à prendre des décisions sans compter sur les autres. || En outre, considérant que la mer symbolise l'inconscient, l'île peut signifier le désir de nous maintenir à l'abri avec notre Moi conscient au lieu de vouloir fouiller en nous. La mer, selon les études freudiennes, symbolise également la figure de la mère. Ce songe, par conséquent, peut désigner nos relations avec notre propre mère. Ainsi, si l'île est engloutie par l'eau, il se peut que nous nous sentions pressé par une mère trop autoritaire, ou par la confusion de nos forces inconscientes. (Voir Abandon, Armure, Château, Eau et Ermite)

Les oniromanciens prédisent l'aisance ainsi que des circonstances favorables.

Image Une image religieuse dénote le manque de confiance en nos propres moyens ; une image des parents, la dépendance familiale ; et une image du couple, des tensions dans la relation.

Imitation L'action d'imiter quelqu'un a deux sens opposés : d'une part, l'inaptitude du dormeur à prendre ses propres décisions, et d'autre part, un haut degré d'originalité. Cela peut aussi s'interpréter comme une grande capacité d'adaptation du rêveur à son environnement.

Immobilité En général, c'est un rêve angoissant dans lequel le rêveur essaie de bouger sans y parvenir. Ce cauchemar peut prendre son origine dans un problème physiologique ou dans la mauvaise position d'un membre du corps pendant le sommeil. Si ce n'est pas le cas, le rêve reflète alors une situation réelle, dans laquelle l'immobilité, spirituelle ou intellectuelle, est le fruit d'un complexe d'infériorité ou d'un manque d'estime de soi. Il faudrait en étudier, le cas échéant, les causes pour sonder le fond du problème et lui donner une solution adéquate. Si le rêve ne crée pas d'angoisse, mais plutôt de la tranquillité, alors il est interprété comme un signal d'épuisement physique ou mental. Il avertit alors le rêveur du besoin imminent de prendre du repos.

Immunisé Se voir immunisé devant un type de contagion affectant d'autres personnes indique que le rêveur dispose d'un niveau élevé d'assurance et de confiance en lui-même. C'est un moment favorable pour affronter les problèmes quotidiens de grande ou petite envergure.

Imperméable Ce vêtement souligne le désir du dormeur d'être protégé contre l'adversité. Ainsi, le fait qu'il apparaisse sans lui sous la pluie montre qu'il affronte les dangers sans l'appui des êtres chers. || Acheter un imperméable traduit un certain sens de la prévision ; et l'enlever, l'assurance qu'une mauvaise période est arrivée à sa fin.

Imprimerie Cet élément manifeste la crainte que ne soient publiés des aspects secrets de la personnalité du rêveur, ou révélées des vérités cachées dont il a connaissance. C'est peut-être un avertissement de l'inconscient appelant à la vigilance et à la réserve.

Impuissance Ne pas pouvoir réaliser l'acte sexuel signale un sentiment d'impuissance. Le problème fondamental est que nous ne ressentons ni enthousiasme ni énergie. Cette apathie finira par affecter notre travail et nos relations personnelles. || Cet épisode onirique souligne que nos idéaux sont très élevés, mais que, en revanche, nous nous laissons mener par le confort et les choix faciles. L'impossibilité de nous connecter avec notre essence nuit à notre créativité.

Incendie Cet élément montre que notre situation actuelle a atteint une limite dangereuse. L'image d'une maison ou d'un bois qui brûle signale la nécessité de détruire les souvenirs, les préjugés et tout ce qui suppose un obstacle à notre progrès et à notre renouveau. || Si les flammes nous menacent, c'est que nous craignons de faire face à un problème ou un projet ; si elles nous embrasent, c'est que nous gaspillons ou employons mal notre énergie et nos efforts. Avancer parmi les flammes sans se brûler manifeste la fermeté et la capacité à surmonter les obstacles, ainsi qu'un désir ardent d'atteindre le but souhaité. (Voir Feu)

Inceste Selon Jung, l'inceste symbolise le désir d'union avec l'essence de soi-même. C'est pour cette raison que certains dieux des mythologies antiques engendraient de cette manière. Ce rêve est, par ailleurs, très peu fréquent. || Du point de vue onirique, l'inceste peut indiquer plusieurs choses. Généralement, il nous rappelle la dépendance que nous avons à notre mère, ainsi que la peur que provoque en nous l'idée de nous séparer d'elle. Il révèle donc l'immaturité et l'incapacité à prendre des décisions. Cela peut également nous rappeler, comme l'affirmait Jung, notre origine et le fort désir d'y revenir, de retrouver notre identité et de renaître. || Enfin, l'inceste avec un frère ou une sœur représente l'union de nos côtés féminin et masculin. (Voir Sexe)
Autrefois, ce thème était tellement tabou qu'aucun livre sur les rêves n'y faisait référence.

Inconnu Les rêves dans lesquels figurent des individus que nous n'avons jamais vus, mais qui endossent un rôle onirique, sont presque toujours des messages de l'inconscient. Celui-ci se sert d'eux pour représenter certains aspects de notre façon d'être. Parfois, il nous montre une personne qui se comporte comme il nous plairait de le faire. D'autres fois, les inconnus ont des caractéristiques négatives qui ne sont rien d'autre que des facettes de notre personnalité auxquelles nous n'adhérons pas.
Parler en rêve avec un inconnu signifie que nous recevrons des nouvelles d'un lieu lointain. La signification du rêve est le contraire de ce qu'il relate, c'est-à-dire que nos amis nous aideront.

Indigestion Ce rêve peut être le reflet d'une situation réelle. Un dîner copieux pris juste avant d'aller dormir peut occasionner des cauchemars de ce type. Cette interprétation mise à part, l'indigestion est un symbole d'excès. Il est possible que le rêveur se sente coupable de gaspiller ses moyens matériels, spirituels ou affectifs.

Infidélité Être infidèle à son partenaire amoureux ne signifie pas nécessairement que cette situation va se produire ou qu'elle se soit déjà matérialisée, mais que nous sommes infidèle avec nous-même et trahissons nos propres principes. || Nous ne respectons ni nos engagements, ni les buts que nous nous étions fixés. Notre partenaire n'est que le reflet de notre intériorité, de la partie la plus cachée de notre personne. Un acte d'infidélité montre généralement le désaccord que nous ressentons devant certaines normes. || Si le rêve fait référence à notre relation senti-

mentale, il exprime des déceptions et des besoins insatisfaits. Si c'est notre partenaire qui nous est infidèle, cela signifie peut-être que nous lui refusons la réalisation de ses désirs émotionnels.
◎ Les croyances en matière onirique soutiennent que ce songe signifie le contraire : il augure une relation heureuse, pleine de fidélité.

Infirmière ◘ L'apparition onirique d'une infirmière comporte des interprétations qui peuvent aller dans deux directions distinctes. D'une part, cela pourrait indiquer que nous recevrons bientôt de l'aide d'un ami, particulièrement si nous sommes déprimé. D'autre part, cela peut également annoncer un service qu'il nous faudra rendre à quelqu'un.

Infusion ◘ Ses propriétés curatives indiquent au rêveur qu'il doit être précautionneux, discret et patient au moment de résoudre ses problèmes. C'est peut-être le moment opportun pour revoir une attitude impulsive et agressive envers quelqu'un de notre entourage.

Ingrédient ◘ Voir une série d'ingrédients déjà préparés pour leur utilisation peut indiquer le besoin de mettre en ordre certains aspects de notre vie, que ce soit dans le travail ou bien dans l'entourage familial ou domestique. Il est possible que nos relations personnelles exigent une révision. Des ingrédients en mauvais état peuvent témoigner d'un sentiment de culpabilité pour avoir laissé passer le moment opportun d'initier un projet concret.

Initiation ◘ Ces rêves représentent habituellement la transition d'une étape psychologique vers une autre : le passage de l'enfance à l'adolescence, par exemple, celui de la jeunesse à l'âge moyen, ou celui de l'âge moyen à la vieillesse. En outre, l'initiation cache le désir du rêveur de changer ses aspirations terrestres pour d'autres plus spirituelles.
◎ Dans l'Antiquité, les rituels d'initiation étaient quelque chose de très commun. Ils étaient utilisés comme une représentation dramatisée de la structure de la psyché et de la vie.

Injection ◘ C'est un indicateur de la relation que nous avons avec des personnes de notre entourage. Cet élément représente généralement l'influence, positive ou négative, que quelqu'un exerce sur nous. Si le rêve engendre un sentiment d'angoisse, il révèle alors une crainte envers cette influence externe, ou bien la valeur excessive que nous accordons à l'opinion des autres. || D'autre part, ce songe peut aussi nous dire de mettre plus de divertissement et de détermination dans notre vie. La seringue, en outre, est considérée comme un symbole phallique. Il se peut que nous ayons besoin de plus d'enthousiasme sur le plan sexuel. || Finalement, les injections symbolisent la guérison et la protection. Nous devons d'ailleurs nous demander dans quel état se trouve notre facette la plus spirituelle.
◎ Selon une interprétation onirique des années 1930, rêver que l'on nous fait une injection signifie que nous nous libérerons des ennemis qui trament quelque chose contre nous.

Injustice ◘ Commettre une injustice en rêve met en évidence une certaine tendance à l'abus qui, à la longue, pourrait entraîner de graves conséquences pour le rêveur. || La subir, en revanche, signale le retard dans la réalisation des projets ainsi que des préjudices de tout ordre.

Inondation ◘ L'eau symbolise la partie émotionnelle de notre inconscient. Ainsi, rêver d'une inondation indique qu'une émotion trop intense nous a submergé, surtout si le courant nous entraîne sans que nous ne puissions lutter. Nous devons essayer de dominer cette émotion ou rechercher un moyen d'expression ou de défoulement qui nous permette de l'extérioriser sans qu'elle explose, comme l'art, la relaxation... De cette façon, l'inondation se convertira en sublimation ou inspiration. Si nous ne les surveillons pas, nos émotions peuvent faire rater plus d'un projet. || Il ne faut pas oublier, cependant, l'effet nutritif de l'eau (comme pour le baptême). Le rêve peut ainsi représenter le commencement d'une nouvelle étape dans notre vie. (Voir Eau et Noyer (se)
◎ L'histoire de l'Arche de Noé et d'autres histoires similaires représentent une sorte de purgation pour aller vers quelque chose de meilleur. Après une inondation, tout ce qui était ancien a été détruit. C'est le moment de recommencer à nouveau.

Inquiétude ◘ Se sentir inquiet pendant le sommeil révèle un mal-être et des maladies éventuelles. Ce songe veut nous faire comprendre que nous devons être plus attentif à notre santé. Un aspect de la vie privée affecte notre forme physique ; nous somatisons toutes ces influences négatives qui nous accablent à travers les préoccupations quotidiennes.

Inquisition ◘ C'est généralement un rêve négatif, relié aux sentiments de culpabilité et d'impuissance. Il est probable que le rêveur se sente injustement puni ou qu'il ait négligemment jugé une personne de son entourage.

Insecte Les insectes incarnent le ressentiment, la peur et le mépris envers les autres. C'est pour cette raison que rêver d'insectes envahissant notre maison signale notre crainte des rumeurs. Un insecte géant indique qu'une personne nous opprime, que ce soit un père ou un chef autoritaire. Les insectes symbolisent aussi toutes les impulsions et désirs refoulés. || Par ailleurs, ils représentent les petits problèmes de la vie quotidienne. Dans *La Métamorphose* de Kafka (1912), le protagoniste se réveille un jour transformé en insecte. Kafka travailla pendant longtemps en bureau, ce qu'il détestait. Ce rêve peut donc illustrer le terrain professionnel qui nous transforme en quelque chose d'insignifiant, en éradiquant notre personnalité. || Les fourmis, en manifestant notre tendance à être trop obéissant, représentent le conformisme social ; les mouches illustrent la crise, la putréfaction et la culpabilité ; les coccinelles, le bonheur dans le travail ; les criquets, le manque de nourriture psychologique, la destruction de la créativité ; et enfin, les guêpes, les émotions et les pensées furieuses. Dans l'Égypte ancienne, on rendait un culte au scarabée car il symbolisait la création et le devenir. Dans les songes, cet insecte peut d'ailleurs représenter notre âme. || Dans certains contes, les insectes surviennent lorsque le dénouement paraît impossible et que leur aide est l'unique option possible (par exemple, on leur demande généralement de séparer le grain du sable ou toute autre tâche similaire). Du point de vue onirique, ils symbolisent la précision et la pensée méticuleuse.

Inspection Imaginer qu'un inspecteur veut superviser notre travail, ou nos comptes exprime la peur que l'on découvre un secret, ou bien une faiblesse de notre caractère. Tenter d'approfondir tous les symboles accompagnant cette inspection peut s'avérer d'une grande utilité pour mieux nous connaître.

Internet Rêver que nous nous connectons à Internet traduit notre désir de voir s'agrandir notre cercle d'amis et de vivre nos émotions. Cependant, cela souligne aussi une peur de ne pas être accepté que l'on résout en se cachant derrière l'ordinateur. || Ne pas pouvoir accéder à Internet manifeste notre incapacité à resserrer les liens avec d'autres personnes.

Interruption Ce rêve est relié à un type de frustration ou de déception dont souffre le dormeur dans la vie réelle. Il fau-

Analyse du rêve

Insecte

Le rêve de Sylvia : « J'étais allongée sur mon lit quand je découvris un cafard énorme sur le plafond de ma chambre, juste au-dessus de ma tête. Il était de couleur vert sombre, émettait un bourdonnement et bougeait ses longues antennes énergiquement, en effleurant mon visage. J'ai paniqué, mais je n'ai pas osé bouger ni crier par crainte de lui faire peur ou qu'il ne se jette sur moi. Je suis restée immobile, les yeux fermés, désirant le voir disparaître. »

Les insectes reflètent habituellement nos peurs et sentiments d'insécurité. S'ils sont géants, ils indiquent souvent l'oppression que nous subissons de la part d'une figure autoritaire, pour laquelle nous ressentons toute une série d'émotions, comme la répulsion, la peur, le respect...

Sylvia mit plusieurs jours avant de comprendre le rêve. Elle le comprit véritablement un jour en réunion avec son chef, alors que celui-ci attirait son attention sur une négligence et lui reprochait son incompétence. Le costume vert sombre qu'il portait lui rappela son rêve. C'est alors qu'elle y vit plus clair. Elle avait beau travailler beaucoup, elle sentait que, pour son chef, cela n'était jamais suffisant. Il profitait de la plus petite inattention pour lui rappeler qu'elle ne travaillait pas bien. Les tentacules de l'énorme insecte l'effleurant reflétaient le regard attentif de son chef, toujours à l'affût de la plus petite négligence pour la réprimander. Malgré le caractère injuste de la situation, Sylvia n'osait pas protester, elle se contentait d'acquiescer, désireuse d'en finir le plus vite possible. Elle avait peur que son chef ne se fâche ou, pire, qu'il ne la renvoie.

drait analyser le contexte et les éléments apparaissant dans le rêve pour pouvoir l'interpréter correctement.

Intestin Les intestins sont reliés à tout ce qui est viscéral. À travers eux, nous absorbons les aliments et rejetons les substances non nutritives, en les transformant en excréments. C'est pourquoi, du point de vue onirique, ils représentent la sélection de nos expériences journalières pour en extraire la connaissance. (Voir Manger et Excrément)

Invalidité Se voir invalide en rêve signifie probablement que nous nous sentons comme si quelque chose, ou quelqu'un, nous avait volé notre confiance en nous-même. D'un autre côté, ce songe peut provenir du fait qu'on ne nous permet pas d'agir comme nous le voulons dans la vie réelle. Les sentiments personnels négatifs peuvent cependant aussi expliquer notre incapacité à bouger ou à avancer.

Inventaire Ce rêve indique le besoin de faire un inventaire interne, minutieux et détaillé des situations qui ont donné forme à notre personnalité.

Invention Représenter une invention en rêve reflète *a priori* le besoin de sortir des sentiers battus. L'inconscient essaie de nous dire que nous devons fouiller, chercher d'autres formes d'expression, de créativité, aller au-delà des conventions. Il exprime également notre désir d'être différent et de laisser en arrière la routine.

Invisible Ce rêve comporte généralement deux interprétations différentes et contradictoires : il indique notre besoin de passer inaperçu, ainsi que le sentiment que les gens ne valorisent pas ce que nous faisons. Ne pas désirer que l'on nous voie signifie, en général, que nous avons peur de la société et que nous ne nous sentons pas rassuré. (Voir Disparition et Fumée)

Dans la mythologie grecque, Persée utilisait un manteau qui le rendait invisible. Du point de vue onirique, cela peut représenter la force spirituelle cachée dont on a besoin au moment d'explorer l'inconscient.

Invitation Recevoir une invitation révèle un désir d'entamer de nouvelles amitiés. Mais cela indique également que nous aimons respecter les normes sociales de politesse et de diplomatie. Il est important d'être attentif à ce rêve qui peut annoncer un engagement important, sur les plans professionnel ou affectif. En outre, avoir un invité manifeste cette partie cachée de notre personnalité que nous voulons intégrer à notre vie consciente. Un invité peut aussi représenter les nouveaux défis et intérêts que nous avons. Il se peut qu'au contraire le rêve nous désigne l'aspect temporaire des invités : ceux-ci arrivent, sont accueillis, se divertissent et ensuite ils s'en vont.

Selon un dit du *I Ching*, quand on est étranger, on ne peut pas se permettre d'être brutal ni despotique. On doit, par conséquent, être précautionneux et réservé. C'est ainsi que l'on se protège de la méchanceté. C'est peut-être le conseil que nous donne ce rêve.

Iris Si sa fleur est blanche, l'iris représente l'innocence et la virginité. Si ce n'est pas le cas, il symbolise les désirs.

Isolant Le fait que l'individu se voit lui-même en rêve en train d'isoler quelque chose, ou bien que des matériaux isolants apparaissent, manifeste un fort besoin de protection. Le rêveur se sent agressé par son milieu et cherche un moyen de se défendre.

Ivoire Son image est associée à la force et au pouvoir, mais également aux facultés magiques des amulettes fabriquées dans cette matière. Cet élément renvoie aussi à la bonne santé, à l'amour partagé et à la longévité. Il possède, en outre, des connotations de type sexuel.

L'interprétation ésotérique de ce rêve s'appuie sur l'usage talismanique de l'ivoire qui, selon la tradition, présage une longue vie, la santé et des amours heureux.

Ivre Se voir sous l'influence de l'alcool est un signe évident de refoulement, de soif d'évasion, de refus de voir la réalité. || Même si cela présage la richesse et la santé, le type de boisson donne lieu à différentes interprétations : si l'ivresse est occasionnée par du vin, le succès en affaires et en amour sera au rendez-vous ; causée par des liqueurs fortes, l'ivresse annonce du libertinage. || Se sentir ivre sans avoir bu alerte le dormeur de la présence de compagnies peu fiables dans son entourage ; voir d'autres personnes dans cette situation annonce des événements tristes dans un futur proche.

Pour les Gitans, voir une personne ivre en rêve signifie que bientôt nous recevrons une surprise, petite mais agréable.

J

Jade Comme toutes les pierres précieuses, le jade est chargé de symbolisme magique et spirituel. Pour les taoïstes, il représente l'immortalité de l'âme et le degré de perfection le plus élevé que l'esprit puisse atteindre. Son apparition onirique signale des relations fidèles, saines, stables et durables.

Jaguar Cet animal possède des connotations magiques et sacrées dans certaines cultures indigènes d'Amérique latine pour lesquelles il représente le pouvoir et la sagesse. Cependant, et de façon générale, voir un jaguar en rêve reflète une situation dangereuse dont il est difficile de sortir. Le rêveur traverse un moment d'incertitude et d'angoisse et ne dispose pas des moyens nécessaires pour résoudre les problèmes qui le frappent.

Jalousie Nous souffrons de ce sentiment dans la vie réelle très probablement. Ce rêve manifeste toute la cupidité que nous nourrissons en nous sans le savoir. L'inconscient nous a peut-être permis de reconnaître que nous éprouvons de la jalousie envers notre famille et nos amis. Si c'est le cas, le songe nous transmet un avertissement.

Selon l'interprétation onirique, ce songe révèle que des personnes ont envie de se quereller. Certains ennemis ont une influence sournoise.

Jambe Les jambes représentent le mouvement. Sur un plan métaphysique, elles se rapportent à la capacité de se remettre des malheurs. || Elles symbolisent également ce qui supporte notre corps, c'est-à-dire notre vie : projets, objectifs, etc. Si, dans le rêve, nous nous voyons sans les extrémités inférieures, ou que celles-ci sont faibles ou ne peuvent bouger, cela signale que nous avons une confiance réduite en nos possibilités lorsqu'il s'agit de se lancer dans une entreprise. Se voir, au contraire, avec des jambes solides traduit l'assurance en soi.

Selon l'interprétation traditionnelle, une jambe de bois onirique augure de nouveaux soucis. Ce rêve est, par chance, très peu fréquent.

Jambon En manger peut être interprété comme le besoin de nourrir nos instincts primaires. Ce rêve conseille, d'autre part, de faire attention aux dépenses superflues.

Jardin C'est un territoire où la nature est soumise, ordonnée et rationalisée. C'est pour cette raison que le jardin constitue un symbole de la maîtrise de la conscience sur l'inconscient chaotique (c'est-à-dire la forêt). Il représente la prévision plutôt que la spontanéité. || Parallèlement, l'intimité caractéristique des jardins (lieu propice pour les amoureux) fait qu'ils sont aussi considérés comme des archétypes du monde intérieur, de la subjectivité et des sentiments. Ainsi, rêver d'un jardin bien soigné peut exprimer la paix et l'harmonie tandis que le voir abandonné signifie que nous nous négligeons. Il se peut que l'eau, les bassins et les sources représentent l'énergie spirituelle qui constitue notre nature. || Enfin, après une période de difficultés, ce rêve peut aussi manifester une guérison intérieure. (Voir Fleur)

Ce songe augure pour le rêveur ou la rêveuse un mariage avec une belle femme ou un homme élégant.

Jarre Comme tous les récipients, c'est un symbole du féminin et de la conservation. Rêver d'une jarre ou d'un pot peut être interprété comme une façon subtile d'attirer l'attention du rêveur. En effet, le message dans ce cas porterait sur la nécessité d'être attentif à nos sentiments (nous nous sommes « asséché » par un excès de rigueur). Selon le liquide que contient la jarre, le message peut varier légèrement. (Voir Boisson et Coupe)

Jasmin Il symbolise les vertus comme l'amabilité et la délicatesse. (Voir Fleur)

Jaspe L'image du jaspe est liée à la fertilité et surtout à l'accouchement. C'est un symbole important de bien-être pour les femmes enceintes et pour celles qui désirent être mères.

Jaune Le jaune est la couleur de l'intuition, de l'intelligence, de la pensée et de la clairvoyance. Cette couleur aide à combattre l'anxiété, en même temps qu'elle réveille le talent créatif (malgré cela, le jaune est habituellement détesté par les acteurs et autres artistes).

◎ Rêver qu'on est habillé en jaune est la promesse d'un bonheur futur provoqué par un fait imprévu. || Selon la tradition gitane, le jaune indique une nature solaire capable de discerner le meilleur de chacun et de chaque chose.

Jaune d'œuf Un jaune d'œuf onirique signifie que nous jouissons, ou jouirons, d'une bonne santé, particulièrement si nous avons souffert d'une maladie il y a peu de temps.

Jeu Si nous prenons part à un jeu d'enfants, l'interprétation est claire : nous nous réfugions dans le passé pour échapper aux responsabilités du présent. || En revanche, participer à un jeu de société révèle la superficialité de nos relations sociales. || Si nous rêvons que nous parions notre patrimoine dans un jeu de hasard, cela signifie que nous attendons que le hasard résolve nos difficultés. || Enfin, se voir seulement comme spectateur du jeu – sans y participer – est symptomatique de notre indifférence devant certains problèmes qui nous concernent directement. (Voir Loterie, Carte (à jouer), Loto sportif et Roulette)

◎ Selon un proverbe indien, la vie est un songe et il faut en tenir compte. Mais c'est aussi un jeu, et il faut que nous y prenions part.

Jeu de dames La combinaison de carrés blancs et noirs illustre la confrontation des forces sur le champ de bataille de la vie. Ainsi, notre façon de jouer aux dames reflétera notre comportement dans la réalité. || En général, cette lutte des antagonismes annonce que de grands changements vont se produire dans nos affaires personnelles. Gagner la partie, cependant, est toujours un bon signal qui suggère la fin réussie d'une opération risquée.

Jeûne Jeûner en rêve signifie que nous devons nous abstenir de certaines choses pour notre propre bien. Peut-être que les plaisirs terrestres mettent en danger notre santé physique, émotionnelle ou spirituelle. Par ailleurs, un songe comportant ces caractéristiques peut aussi représenter la paix intérieure et le désir de méditer, d'écouter la voix profonde de la conscience.

Jeunesse L'âge que nous avons dans les rêves est comme un thermomètre marquant notre âge psychologique. || Si nous nous voyons plus jeune que nous ne le sommes en réalité, c'est le signe que nous nous trouvons plein d'énergie et de projets. || Au contraire, un âge plus avancé que celui qu'on a révèle un manque d'enthousiasme. Le pessimisme mine notre vie, nous devons donc agir pour éradiquer ce sentiment négatif.

◎ Si nous voyons une personne jeune, des réconciliations auront lieu après des disputes familiales. Si une mère rêve que son enfant redevient jeune, c'est qu'elle va connaître une période de vigueur et d'espoir renouvelé.

Jonc En raison de la fragilité qui le caractérise, le jonc représente la docilité, l'immaturité et l'inconstance. Cette image onirique vient nous rappeler que – sans pour autant que nous agissions avec mauvaise volonté – on ne peut pas avoir confiance en nous, puisque nous ne sommes pas capable de tenir notre parole. || Bien que cela puisse paraître contradictoire, la flexibilité du jonc représente également la valeur de la sagesse.

Jonglerie Ce rêve montre que nous essayons de faire en sorte que tous les aspects de notre vie soient actifs et ordonnés. Cela représente sans doute trop de travail. Il serait donc plus fructueux de faire les choses petit à petit.

◎ Notre indécision nous mènera à l'échec.

Joue Les joues symbolisent l'état de santé du rêveur : pleines et roses, elles suggèrent la joie et la bonne santé ; pâles et décharnées, la douleur et le deuil. (Voir Visage)

Jouet Rêver de jouets peut être interprété comme un désir réprimé de revenir en enfance. Cela indique la peur de l'engagement et des responsabilités que présente pour nous la vie adulte. Le rêveur se sent écrasé par la charge qu'il porte et cherche refuge dans un temps sûr, heureux et sans obligations ni responsabilités. Pour peu que ce songe soit une manière inconsciente d'exprimer nos sentiments enfouis, nous devons nous demander quel aspect de notre vie représente chaque jouet concrètement. || Il peut, par ailleurs, s'agir d'un avertissement : nous jouons avec notre existence et avons besoin d'un point de vue plus pratique et plus réaliste.
C'est généralement un rêve favorable augurant le bonheur pour les enfants et leurs familles.

Joug Symbole des obligations, de la servitude et de la discipline, le joug représente une situation vitale qui nous oblige à faire quelque chose que nous ne désirons pas. L'inconscient nous rappelle que nous pouvons essayer de modifier cette situation en cherchant de nouveaux centres d'intérêts. Toutefois, les circonstances qui nous imposent ce joug peuvent être nombreuses, autant externes qu'internes.

Jour Un jour ensoleillé est synonyme d'optimisme, d'amélioration des conditions de vie alors qu'un ciel nuageux implique la malchance et les pertes économiques. || Rêver des premières heures du jour constitue un pronostic d'entreprises réussies et de prospérité dans les relations sociales et affectives ; l'après-midi augure des amitiés profondes et durables ; la tombée de la nuit, des espoirs insatisfaits.

Journal En tant qu'instrument de communication imprimé, le journal onirique peut exprimer notre désir de chercher plus d'informations dans la vie avant de prendre une décision concernant une affaire importante qui nous préoccupe. Cet élément montre aussi notre peur d'être ridicule en société parce qu'on n'est pas à jour concernant ce qui se passe dans l'actualité.
Lire plusieurs journaux ou revues dénote un bon sens des affaires et présage de nombreuses réussites. Les détruire annonce des mensonges dans notre entourage. Cependant, un journal peut aussi augurer un mariage avec une personne fortunée.

Juif Il se peut que nous nous sentions harcelé par les préjugés de notre entourage ou qu'au contraire nous soyons nous-même la personne ayant besoin de gagner en tolérance. || Les Juifs étant habituellement associés à des thèmes de prêts et de dettes, nous devons être probablement plus précautionneux avec notre argent. || Si le rêveur est juif, cette vision onirique peut se référer à sa foi et à sa relation avec le reste de la communauté.
Rêver d'une personne juive augure une vie prospère ou des batailles judiciaires remportées. Les proverbes juifs, de même, contiennent beaucoup de sagesse. Voici ce que dit l'un d'eux : « Ne te soucie pas de demain. Tu ne sais même pas ce qui va t'arriver aujourd'hui. »

Juge Ce personnage représente la culpabilité et les reproches que nous nous faisons à nous-même. Nous craignons peut-être d'être découvert et que les autres comprennent nos plans secrets. Ce rêve peut nous aider à prendre une décision, juger les circonstances dans lesquelles nous nous trouvons. || Parfois, les juges représentent la société et la façon dont celle-ci nous évalue. Selon Freud, la morale conventionnelle apprise de notre entourage et de nos parents est celle qui juge et censure nos instincts et nos désirs.

Jugement Se voir soumis à un jugement symbolise la nécessité de passer en revue notre comportement, notre manière de traiter les gens, ou la façon dont nous concevons nos projets vitaux. Le jugement indique que nous ne sommes pas satisfait de notre façon de procéder. || C'est également un symbole de la lutte entre le bien et le mal. Si au lieu de jouer le rôle de l'accusé, nous endossons celui de juge, alors très bientôt nous devrons assumer une grande responsabilité.
La plupart des oniromanciens se rejoignent sur le fait que ce rêve augure des batailles judiciaires.

Jumeau Les jumeaux représentent la polarité de la psyché, comme l'extroversion ou l'introversion, ou nos parties masculine et féminine. En termes oniriques, rêver d'une personne exactement semblable à nous – que ce soit un double ou bien un frère jumeau – signifie que nous avons besoin de revenir à notre essence et de retrouver l'harmonie interne. || Cela peut également révéler des problèmes d'identité ou de sérieux déséquilibres de la personnalité.

◎ De nombreuses cultures antiques croyaient que les jumeaux étaient des personnages divins. Selon d'autres croyances, ils avaient des parents de natures différentes, l'un devant être un dieu ou un esprit. Ce songe peut vouloir nous montrer, en ce sens, notre côté le plus spirituel. || Une femme rêvant qu'elle donne naissance à des jumeaux augure des mensonges.

Jupe ◘ Le sens de ce rêve dépend du sexe du protagoniste. Chez un homme, voir une jupe dénote son intérêt pour une femme ; si elle est courte ou ajustée, le besoin de prudence en certaines compagnies ; si elle est longue ou large, un excès de moralité ; et s'il la porte, des racontars et l'humiliation publique. || Si une femme rêve de jupe, cela annonce une visite inattendue pour bientôt ; si la jupe est jolie, le succès sera assuré dans ses relations amoureuses ; si elle est très courte, la femme devra se garder des mauvaises compagnies ; si elle est excessivement longue, la femme subira les commérages de gens connus.

Jus ◘ Rêver d'un jus reflète la possibilité de tirer partie des initiatives auxquelles nous participons. Tout indique que nous nous trouvons à un moment optimal, bien que cela ne signifie pas pour autant que les choses arriveront sans efforts. Nous devrions exploiter davantage nos moyens.

Justice ◘ Sa présence dans nos rêves signale l'anxiété et l'inquiétude au sujet de la situation que nous sommes en train de vivre. L'apparition de cette idée peut provenir du sentiment d'être traité injustement, dans notre vie à l'état de veille. Nous pouvons aussi avoir la sensation que nous sommes précisément celui qui est injuste envers les autres.

K

Karaoké Se trouver à un karaoké et ne pas chanter dénote chez le dormeur un désir d'établir des relations plus ouvertes et spontanées avec les autres, désir qui se heurte toutefois à sa timidité. || Chanter, au contraire, signale une volonté de jouer un rôle tellement exagéré que l'on court le risque de se brouiller avec notre entourage pour vouloir imposer nos propres opinions. (Voir Chanter)

Kilo Peser un objet pour déterminer son poids en kilos revient à évaluer une situation afin de déterminer si elle est réellement sérieuse (lourde) ou insignifiante (légère). || Gagner des kilos sur le plan onirique met en évidence l'immaturité, particulièrement la peur d'affronter des obligations alors qu'on ne se sent pas prêt pour cela. || Les perdre signifie que nous ne savons pas défendre nos opinions ; nous nous voyons soumis aux désirs des autres. (Voir Mincir et Grossir)

Kimono Se voir vêtu ainsi augure la défaite de nos adversaires après un travail dur et constant. Cela montre également que c'est le bon moment pour commencer une relation sentimentale. || Si quelqu'un d'autre porte un kimono, nous devons alors être vigilant envers une personne de notre entourage qui, sous une apparence séductrice, voudra nous tromper.

Kiosque Pour l'interprétation du rêve comportant cet élément, il est nécessaire de se rappeler si nous étions acheteur ou vendeur, et quel type de marchandise était en vente. S'agissait-il d'un kiosque conventionnel de journaux et de revues ? Ou bien alors était-ce un kiosque où l'on vend des bonbons et des friandises ? Si nous nous sommes concentré sur les gros titres de la presse, le rêve signale peut-être notre besoin d'en connaître davantage sur un sujet qui nous inquiète. Si, au contraire, nous avons acheté des BD ou des bonbons, le rêve reflète la nostalgie que nous ressentons pour notre enfance.
Rêver d'un kiosque annonce l'arrivée d'événements obligeant le rêveur à prendre une série de décisions qui changeront radicalement sa vie.

Kyste Un kyste au sein peut signifier un manque de sensibilité envers quelqu'un qui souffre. Nous nous comportons froidement avec une personne qui a besoin de toute notre tendresse. || Un kyste sur une autre partie du corps reflète une situation dérangeante et négligée qui doit être résolue avant de se retourner contre nous.

L

Laboratoire S'y trouver signale le manque d'initiative pour chercher des solutions aux difficultés et donc la nécessité de demander de l'aide aux autres. || Si nous nous prenons pour des alchimistes, nous nous verrons impliqué dans des projets ambitieux qui ne nous rapporteront pas de bénéfices économiques. L'image du laboratoire peut également, en ce sens, se référer à la transformation de l'être. En plus, très souvent, il est associé à l'expérimentation psychologique et aux nouvelles façons d'affronter le monde. Nous avons peut-être besoin d'expérimenter des idées et des attitudes nouvelles. Le type d'expérience mené dans le rêve sera évidemment important et peut offrir d'autres symboles à interpréter.

Selon les croyances, ce songe augure un épisode de santé défavorable.

Labyrinthe Cet élément représente les obsessions sans solution et les cercles vicieux dans lesquels souvent nous enfermons notre vie. Rêver de cette figure exprime nos doutes et notre indécision. Le labyrinthe peut faire référence au peu d'expérience et à l'immaturité. || Si nous parvenons à en sortir, nous saurons peut-être résoudre nos problèmes. Si quelqu'un nous accompagne pendant que nous cherchons la sortie, le rêve nous prévient de bien faire attention à nos alliances. || En revanche, si c'est nous qui guidons hors du labyrinthe d'autres personnes, le rêve est alors positif et signifie que nous maîtrisons notre vie.

Dans la mythologie, le labyrinthe est un lieu de transformation où les tendances destructrices de la nature sont surmontées. Un exemple classique en est le mythe dans lequel Thésée, aidé par Ariane, sort victorieux du labyrinthe du Minotaure.

Lac Les eaux du lac symbolisent la vie puisque leur circulation calme et leur mouvement naturel les relient à notre devenir alors que les eaux d'un marécage représentent les maladies. Leurs mouvements parfois violents sont le fruit d'une construction artificielle. || Du point de vue onirique, on peut dire que les lacs manifestent l'état dans lequel se trouve notre inconscient : des eaux tranquilles signalent une paix intérieure ; des eaux agitées, en revanche, indiquent des troubles émotionnels. || Si la végétation couvre la rive, le rêve exprime la richesse intérieure, la créativité et la satisfaction affective ; mais si les rives sont arides et pierreuses, notre désordre sentimental est alors évident. Enfin, pêcher dans le lac démontre un désir de trouver de la compagnie ou un partenaire amoureux. || Si nous nous reflétons dans ses eaux, le sens du rêve change totalement et révèle peut-être une attitude narcissique. (Voir Eau, Ruisseau, Miroir et Fontaine)

Dans le bouddhisme zen japonais, le lac symbolise l'esprit. Si la surface bouge, on ne peut pas voir le reflet de la lune. Mais si l'eau est calme, alors la lune apparaît. De même, l'esprit doit rester tranquille pour percevoir l'illumination spirituelle.

Laideur Cette caractéristique dénote toujours quelque chose de négatif. Se voir laid, d'une part, implique un dégoût de son propre physique ou de ses capacités intellectuelles. Cela fait également ressortir les traces qu'ont laissées en nous les mauvaises expériences. Trouver les autres laids, d'autre part, indique que quelqu'un voudra nous trahir et que nous devons agir avec beaucoup de précautions.

Le conte *La Belle et la Bête* illustre le thème de la beauté intérieure. Nous ne devons pas juger les choses en nous basant sur leur apparence. De même, ce qui au début nous effraie de nous-même peut cacher notre véritable et beau Moi.

Laine Cet élément symbolise la simplicité, le bonheur paisible, sans autre ambition. La vision onirique de la laine peut aussi indiquer un besoin d'affection ou de protection. Si c'est nous qui la filons, nous devrons être disposé à aider, sous peu, quelqu'un dans le besoin ou bien une personne malade. || Enfin, si l'un de nos amis nous offre de la laine, c'est une invitation à nous convertir en quelque chose de plus que des amis. Cette amitié peut nous procurer de grandes satisfactions en maints domaines, même si elle nous apporte principalement la tendresse que nous recherchons.

Lait Symbole d'abondance et de fertilité, le lait peut refléter notre instinct maternel. Il manifeste tout autant l'amour d'une mère que le fait d'alimenter nos idées. Le rêve montre peut être les besoins spirituels que notre intériorité exige. Rêver de donner du lait à d'autres personnes représente probablement les valeurs spirituelles ou l'inspiration que nous transmettons à notre entourage.
Boire du lait, spécialement le lait maternel, est un présage de bonne santé.

Lamentation Entendre des plaintes et des lamentations dans nos rêves peut être le reflet d'une situation de la vie réelle. Il est possible que le rêveur traverse une période de profonde tristesse réprimée : les plaintes qu'il entend sont celles qu'il aimerait proférer. Si ce n'est pas le cas, les plaintes sont produites par un sentiment de culpabilité qui se manifeste durant le rêve.

Lampe L'apparition onirique de ce symbole de connaissance et d'étude indique que nous disposons de beaucoup d'inspiration et d'un bon stock d'idées. L'intensité de la luminosité irradiée révélera notre degré de motivation pour apprendre et grandir personnellement. || Ainsi, si la lumière est faible, tout semble indiquer que notre rendement est vraiment minime. Nous n'utilisons pas nos moyens de façon adéquate. Nous nous laissons dominer par le manque d'envie et la paresse. (Voir Lumière)
Dans un jeu de tarot, la carte de l'ermite est représentée par un vieux sage qui transporte une lampe. Comme dans les rêves, il nous avertit que chacun doit porter sur lui, au-dessus de lui, sa propre lumière spirituelle.

Lance C'est à la fois un symbole de la guerre et une icône sexuelle. Rêver que nous attaquons d'autres personnes avec une lance indique que nous employons toute la force de nos arguments pour combattre les autres. Notre intransigeance envers ce qui nous déplaît nous crée des problèmes. || En revanche, rêver que nous avons été blessé avec une lance signifie que nous recherchons continuellement l'affrontement.
Une lance onirique fait craindre des conflits. La porter exprime le sentiment d'insécurité ; la casser, un travail non fructueux.

Langue Rêver d'une langue signifie que nous parlons trop. La mordre doit être interprété comme un appel à la prudence. Ce genre de vision onirique indique que nous prenons conscience de nos actes manqués, et que nous nous repentons de certaines choses. Une langue qui fourche reflète l'idée que nous ne savons pas exprimer nos besoins de manière cohérente.

Analyse du rêve

Langue

Le rêve de Jules : « Je rêvais que ma langue me piquait beaucoup et que je ne savais pas comment me soulager. J'essayais de me la râper sur les dents, mais les papilles gustatives, semblables à d'énormes boutons roses, éclataient dans ma bouche en me laissant une désagréable saveur amère. Je regardai alors ma langue dans le miroir et je fus surpris de la voir si violette. Ce fut un rêve très angoissant qui m'a laissé un mauvais goût dans la bouche au réveil. »

La langue est fortement associée au fait de parler. Dans le cas de Jules, le rêve est un avertissement l'incitant à arrêter de mentir. Au moment du rêve, Jules avait eu des problèmes avec des amis en raison de sa tendance à raconter des mensonges et à dire du mal de certains à d'autres. Son inconscient l'avertissait ainsi de la « saleté » de sa langue et du fait qu'il devait y remédier dès que possible. Le mauvais goût de la bouche traduit les problèmes que pourrait lui causer son comportement.

Si elle nous fait mal, le rêve fait probablement allusion au fait que dernièrement nous avons parlé sans bienveillance d'une personne, ou que nous avons raconté des mensonges. || Pour Freud, la langue possède une signification clairement sexuelle. Sa forme et sa fonction érotique l'assimilent au pénis. (Voir Parler et Bouche)

◎ Rêver de sa propre langue signifie que nous racontons des mensonges. Si la langue appartient à quelqu'un d'autre, c'est que l'on mentira à notre sujet. || Ne pas avoir de langue dénote l'incapacité de se défendre devant les calomnies. Enfin, une langue infectée signifie que nous parlons avec trop de négligence.

Lanterne Voir **Lampe** et **Lumière**

Lapin ⊙ Étant donné sa grande fécondité, il est associé à la sexualité. D'un côté, c'est un symbole d'abondance et de générosité ; de l'autre, de timidité et d'innocence. Si dans notre rêve le lapin disparaît par un trou, cela peut signifier que nous essayons de fuir un problème.

◎ Les présages sont favorables si les lapins oniriques courent sur un champ d'herbe verte. S'ils sont enfermés dans un clapier, notre chance s'évanouira. Des lapins morts augurent un désastre.

Laque ⊙ Appliquer de la laque sur les cheveux signale une rigidité dans nos critères de jugement et dans la façon dont nous jugeons les personnes de notre entourage.

Larme ⊙ Aussi surprenant que cela puisse paraître, les larmes oniriques sont de bon augure : nous pourrons reprendre d'anciens projets et obtenir grâce à eux la prospérité économique et le succès social. De la même façon, les désirs les plus intimes se verront satisfaits et nous vivrons une période de bonheur et de joie. || Associées symboliquement, dans le domaine psychanalytique, au sperme et à la fertilité de l'eau, les larmes correspondent à la fécondation.

◎ Les Égyptiens reliaient les larmes à la fécondité. Selon leur mythologie, les larmes versées par Isis lors de la recherche d'Osiris, son mari assassiné, auraient provoqué la crue du Nil (responsable de la fertilité des champs).

Laurier ⊙ C'est une belle plante aromatique aux vertus thérapeutiques, associée dans la mythologie à la gloire et à la solitude. En tant qu'élément onirique, le laurier représente la possibilité de trouver quelque chose qui nous oriente dans nos affaires, étant donné qu'il symbolise la réussite. (Voir Gloire)

◎ Le voir ou s'en couronner est une promesse d'abondance et de succès. Si le rêveur est un homme, cela augure le mariage.

Lave ⊙ Ce rêve révèle un état passionnel. Si la lave est incandescente, elle dénote une violence incontrôlée. Si elle est éteinte, elle traduit le moment de calme et de sérénité qui suit les fortes tempêtes.

Laver ⊙ Se laver en rêve signifie que nous avons besoin de « nettoyer » certains aspects de notre personnalité, car nous nourrissons en nous des sentiments de culpabilité. || Mais cette image peut au contraire signifier que les affaires qui nous préoccupent commencent à s'éclaircir. Il y a une nuance de taille : si nous lavons du linge ou un vêtement personnel, ce sont nos relations affectives et intimes qui requièrent plus de propreté. Laver des assiettes indique la pureté spirituelle dont nous nous nourrissons. Laver une autre personne montre notre désir qu'elle soit meilleure. (Voir Eau)

◎ Laver du linge, ou un vêtement en lin blanc, est un rêve très prometteur. Se laver soi-même est de bon augure, pourvu que nous le fassions avec une eau claire et propre. Le linge taché, toutefois, prédit la malchance. Et si nous prenons un bain en étant vêtu, cela signifie des déceptions à venir.

Lécher ⊙ À part les éventuelles connotations de type sensuel et sexuel de ce rêve, être léché par un animal traduit l'état de bien-être, d'aisance et de satisfaction qui caractérise nos relations avec les personnes les plus proches. Si la situation est extrêmement désagréable, alors le rêve pourrait refléter la crainte du rêveur de voir son espace vital envahi.

Légèreté ⊙ Se sentir très léger signifie que nous désirons nous élever spirituellement, et que nous aspirons à une vie supérieure. Mais cela peut tout aussi bien exprimer un manque de fermeté dans nos relations. (Voir Danse, Fumée et Encens)

Légume ⊙ Les légumes représentent la fécondité et l'immortalité. Sur les plans affectifs, économiques ou spirituels, ils signalent un moment favorable. Ils symbolisent aussi la relation du rêveur à sa sexualité, aussi bien si c'est un homme que si c'est une femme. Ils évoquent d'ailleurs les organes génitaux masculins et féminins.

◎ Selon certaines croyances, les légumes qui ont une forme génitale masculine sont aphrodisiaques.

Légume vert ◘ Sains et simples, les légumes font allusion à un style de vie simple, sans complication.
◎ Le légume possède une signification onirique positive : il annonce du succès dans les affaires et des satisfactions en amour. Il prédit l'accomplissement des désirs les plus profonds et, en général, la fin de tout malheur.

Légumineuses ◘ Images de la simplicité de la nourriture maison, les légumineuses désignent au rêveur une vie tranquille et sans complication, qui ne sera troublée qu'à certains moments par des problèmes sans importance. Elles possèdent toutefois une signification négative, quand elles sont semées. En effet, elles annoncent des tensions et des disputes au sein de la famille.

Léopard ◘ Bien que sa signification soit semblable à celle des bêtes sauvages qui signalent un danger imminent, le léopard est également un symbole d'orgueil, d'habilité et de force. Et, plus qu'à une véritable situation externe, il renvoie à des aspects internes de la personnalité du rêveur que la scène onirique reflète.
◎ Selon le code ésotérique, le léopard est un présage de chance suivie d'infortune.

Léthargie ◘ Se voir léthargique comporte deux interprétations. Si cela suscite de l'angoisse chez le dormeur, alors c'est un signal d'anxiété à l'état de veille. Le rêveur ressent la nécessité de se mettre en route, mais que ce soit en raison d'agents externes, ou à cause d'une incapacité personnelle, il n'y parvient pas. Une léthargie agréable peut être, en revanche, une façon inconsciente de compenser un état d'épuisement ou de stress, auquel est soumis le rêveur dans sa vie quotidienne.

Lettre ◘ Tracer des lettres indique le besoin d'éclaircir certaines situations en suspens. Une telle vision peut suggérer le besoin de donner des explications. (Voir Écrire et Lire)

Lettre (courrier) ◘ Le désir de recevoir des nouvelles de quelqu'un ou de changer notre situation actuelle est ici mis en évidence. Une nouvelle opportunité ou un nouveau défi nous est nécessaire. Si, en lisant cette lettre, nous éprouvons un sentiment agréable, alors notre futur est assuré ; si cela produit en nous de l'anxiété, il se peut que nous ayons besoin de prendre les choses de façon plus positive. || Si la lettre est d'un ami, c'est que nous avons besoin de soutien ; si elle provient d'une entreprise ou d'une institution, c'est que nous souhaitons changer de travail. Rêver de ne pas recevoir de lettre doit nous inciter à nous mettre en contact avec les êtres qui nous sont chers. Il est probable, en effet, qu'ils aient besoin de nous. || La lettre pourrait aussi provenir de notre inconscient, qui essaie de nous livrer un message concernant notre comportement ou notre situation. Il convient d'y prêter attention.
◎ Selon certaines croyances, rêver d'une lettre présage des nouvelles inattendues. D'autres croyances y voient un mariage prochain.

Lever (se) ◘ Ce rêve très positif reflète le dynamisme et l'action. Il révèle le souhait du dormeur de se remettre en marche après un état de repos, ainsi que l'intention d'être actif, de commencer des projets avec des forces renouvelées. Se relever après une chute signale la force de vouloir continuer son chemin malgré les difficultés.

Levier ◘ Dans la tradition maçonnique, cet ustensile de travail symbolise la connaissance et la maîtrise de la technique. Il fait allusion au besoin et à la capacité de se servir d'un mécanisme pour résoudre un problème déterminé.

Lèvre ◘ Le sens onirique de cet élément varie en fonction de son aspect. Ainsi des lèvres mal formées signalent-elles des relations tendues avec les amis ; grandes et belles, la joie et l'harmonie dans le couple ; fines, un mauvais esprit et l'intransigeance ; épaisses, l'honnêteté ; pendantes, l'échec des projets. (Voir Bouche)

Levure ◘ Bien que son sens puisse être similaire à celui de Gonfler, c'est généralement un rêve positif qui révèle un état dynamique, de bien-être, dans lequel se manifestent les résultats positifs du travail quotidien. Cet élément est aussi associé à la maternité et au désir de procréer.

Lézard ◘ Il s'agit d'un animal dont l'image est chargée de symboles. Les cultures anciennes le considéraient comme sacré, car il était la représentation de l'âme qui cherche la lumière. Avec les travaux de Freud, il a acquis des connotations sexuelles : on l'associe au pénis (en raison de sa mobilité et de sa forme allongée).

Liane Son interprétation rejoint celle de la Bouée. Cet élément renvoie à une façon rapide et provisoire de bien se sortir d'une situation compromise.

Libellule C'est un symbole de légèreté, frivolité et inconstance.

Liberté Rêver de liberté reflète un excès de responsabilités dans la réalité, ainsi qu'un manque d'assurance devant des décisions importantes que nous devrons prendre dans le futur. Les désirs de liberté traduisent le besoin de l'esprit de vivre de nouvelles expériences. || Ce rêve annonce également que nous serons très probablement impliqué dans des situations imprévues, étranges et peut-être incompréhensibles.

Licorne La tradition associe cet animal symbolique à un cheval blanc ou multicolore, avec une seule corne surgissant du front. Les licornes réunissent des caractéristiques variées, démontrant ainsi que c'est dans l'unité que se trouve l'essence du tout. Elles sont l'incarnation mythique de notre imagination intérieure. Elles représentent également le pouvoir, la gentillesse et la pureté. || Ce rêve désigne peut-être l'inspiration et les merveilles que nous gardons à l'intérieur de nous. Il peut aussi annoncer une proposition intéressante, car parfois il se rapporte aussi à la corne d'abondance.

D'après les oniromanciens, les licornes présagent un contact avec des affaires officielles

Lien Le sens de cet élément varie en fonction du type de liens. Si dans nos rêves apparaissent des rubans d'ornement, c'est que nous nous trouvons probablement à un moment où nous avons besoin qu'on nous montre de l'affection et de la tendresse. Nos émotions passent par une phase de fragilité et nous ne sommes pas très sûr de ce que nous ressentons. De même, nous n'avons aucune certitude concernant ce que les autres ressentent pour nous. C'est pour cette raison que nous recherchons la sécurité dans des expressions affectueuses. || Si, en revanche, un nœud nous serre le cou en nous empêchant de respirer normalement, c'est que nous sommes immergé dans un processus angoissant qui peut nous faire craquer nerveusement. Nous nous sentons menacé par un danger auquel les autres ne semblent pas trop prêter d'importance.

Lierre Symbole d'amitié, d'amour sincère et durable, cet élément est aussi de bon augure pour changer de résidence, ou occuper une nouvelle position professionnelle.

Selon les croyances populaires, le lierre présage le bonheur durable et l'amour éternel.

Lièvre Du fait de sa grande fécondité, il est associé aux relations sexuelles et, par extension, aux organes génitaux féminins. || Il est, par ailleurs, également considéré comme un messager de l'inconscient, ainsi que la partie faible mais rusée de notre personnalité, celle qui se situe à la limite de notre conscience et de notre inconscient.

Cet animal a toujours été perçu comme une figure porteuse de chance réduite. En effet, selon la croyance populaire, les lièvres étaient des sorcières déguisées. En outre, si une femme enceinte faisait ce rêve, cela voulait dire que son enfant aurait un bec-de-lièvre. Malgré tout, certains oniromanciens assurent que le lièvre qui s'approche de nous augure la chance.

Lingerie Autrefois, la lingerie était liée à la richesse, mais de nos jours elle doit être interprétée selon la façon dont elle apparaît dans le rêve. Si elle est propre, nous recevrons une quantité inattendue d'argent ; si elle est sale, il existe un risque d'être humilié publiquement ; si elle est noire, c'est un signal de privations et de désirs non satisfaits. || La laver montre une insécurité et une attention excessive aux opinions d'autrui ; la sécher manifeste des désirs de nouveauté ; et la garder, l'apparition de bénéfices économiques à long terme.

Linteau Cette pièce, qui supporte le mur au-dessus d'une ouverture (porte ou fenêtre), empêche le poids de la construction de tomber sur nous. || Un linteau imposant et bien fixé nous donne de l'assurance face à notre entourage. S'il risque de se casser, c'est qu'il reflète peut-être notre crainte de ce que des facteurs externes engendrent des problèmes que nous ne pouvons pas résoudre par nos propres moyens.

Lion En tant que « roi des animaux », il est l'opposant terrestre de l'aigle dans le ciel. Sa condition sauvage explique, selon Jung, qu'il représente les passions latentes et qu'il puisse apparaître comme un signe du danger d'être dévoré par l'inconscient. || Du point de vue onirique, le lion incarne le pouvoir, l'orgueil et la justice. Mais, fréquemment, il apparaît aussi comme un être tyrannique, cruel et insatiable. Il peut d'ailleurs dans le songe remplacer le père, le maître, le juge ou le chef. Selon son comportement donc, le rêve sera positif ou négatif. || Il est très fréquent de rêver qu'on lutte contre cet animal jusqu'à sa mort. Cette scène représente le triomphe sur le monde ; si le lion est menaçant, nous serons victime de nos propres instincts et passions ; en revanche, si nous l'affrontons et le vainquons, nous atteindrons notre objectif. || Parallèlement, une famille de lions augure la joie et de bonnes relations familiales. (Voir Autorité et Dompteur)

◎ Orgueil, générosité et ambition sont les caractéristiques du cinquième signe du zodiaque : un signe de feu, solaire, masculin, roi par vocation et protagoniste dans chaque moment de l'existence. Selon l'astrologie, ce signe aime être le centre de l'attention. Notre rêve nous avertit donc probablement que nous sommes trop égocentrique et narcissique. || Dans un jeu de tarot, la carte du lion symbolise la force qui peut être contrôlée par la douceur (dont la figure est une femme vêtue de blanc).

Liqueur Cet élément exprime un désir de liberté et de désinhibition ainsi que le souhait de dépasser la timidité. Il représente aussi la faiblesse de caractère et l'insatisfaction affective.

Lire Cette action illustre notre désir de connaître les secrets, les intentions ou pensées des autres. Cependant, cela peut également désigner une trouvaille, une surprise ou la découverte d'un secret. || Les sensations que nous aurons en lisant (si nous nous ennuyons, sommes intéressé, amusé...) seront importantes pour l'analyse du rêve. (Voir Bibliothèque et Livre)

Lit Cet élément représente aussi bien un lieu de repos que de relations intimes. Être allongé sur un lit reflète un excès d'activités dans la réalité qui rend le repos nécessaire. Nous devrions consacrer plus de temps à nous-même, ainsi qu'aux êtres qui nous sont chers. Cependant, si la sensation onirique est désagréable, cela peut également vouloir dire que nous couvons une maladie. || Le lit reflète, par ailleurs, les relations intimes. Ainsi, un lit plus grand que le lit habituel montre une obsession pour le sexe ; un lit petit, en revanche, est le signal d'une libido plutôt faible.

Livre Parce que les livres symbolisent la connaissance et les expériences, nous devons être attentif à l'aspect qu'ils présentent dans les rêves. Les manuels scolaires nous rappelant le passé expriment notre nostalgie pour ce qui n'est plus. || En résumé, les livres symbolisent à la fois le passé et le futur, particulièrement sur le terrain affectif. Ainsi, de nombreux livres signifient que nous devons passer en revue notre vie, analyser à fond notre passé et notre présent, pour poursuivre avec enthousiasme notre destin. Un seul livre peut symboliser à lui tout seul le grand Livre de la Vie : celui qui traite de sagesse, d'apprentissage et de révélation. || Ce genre de visions oniriques suggère que la solution des problèmes est en nous. || Enfin, rêver d'un livre fermé signifie que nous voulons sans doute garder un secret.

◎ Rêver de livres annonce qu'il nous faudra, dans la réalité, esquiver toutes sortes d'actes malveillants autour de nous.

Loterie Ce n'est pas parce cet élément fait partie de notre vision onirique que le rêve est prémonitoire. Si nous en rêvons, cela ne signifie pas pour autant que nous trouverons le numéro nous permettant de nager dans l'abondance. || Le rêve est, de toute façon, positif. Le fait de gagner le « gros lot » reflète une grande assurance dans notre vie et la confiance dans les objectifs que nous nous sommes fixés. || En revanche, rêver de parier notre patrimoine à un jeu de hasard traduit notre attente de ce que le hasard résolve nos problèmes. Notre inconscient nous avertit que c'est une erreur d'espérer que les conflits se résolvent d'eux-mêmes. (Voir Jeu, Carte et Roulette)

◎ Selon de nombreuses croyances, les augures de ce rêve sont défavorables.

Loto sportif Les rêves dans lesquels nous gagnons au loto sportif – ou d'autres jeux de hasard – ne sont habituellement pas prémonitoires. Ce genre de scènes est de toute façon positif puisque le prix témoigne de notre assurance dans la vie. || Si le loto dont on rêve n'est pas gagnant, le message est également favorable : il nous rappelle que ce qui n'est pas gagné aujourd'hui peut s'obtenir demain matin. Si par ailleurs, nous parions notre patrimoine dans un jeu de hasard, le rêve nous avertit que nous remettons au hasard la résolution de nos problèmes. (voir Jeu, Loterie, Carte et Roulette)

Lotus La fleur de lotus est chargée de symbolismes spirituels et physiques. Pour certaines cultures antiques, elle signifie la pureté spirituelle qui se maintient immaculée au milieu d'eaux stagnantes et putréfiées. Mais elle possède également des connotations sensuelles et sexuelles. Elle est reliée aux états harmonieux de la vie en couple et à la fécondité.

Loup Il est associé à la férocité et à la cruauté. La présence d'un loup en rêve est un avertissement nous invitant à nous méfier des personnes de notre entourage, car quelqu'un pourrait bien nous trahir. || Le loup, de plus, peut symboliser des tendances que nous redoutons de nous-mêmes : l'agressivité ou le désir sexuel. Une meute nous menaçant ou nous attaquant indique que nos instincts et émotions refoulés essaient d'émerger.
Dans le conte *Le Petit Chaperon rouge*, le loup représente la facette la plus cruelle de l'homme et la peur du contact sexuel. Dans le passé, les mères racontaient à leur fille cette histoire pour les prévenir des dangers du sexe avant le mariage.

Luciole Son image fait allusion à une lumière discrète qui permet de trouver le chemin au milieu de l'obscurité. Si le rêve est agréable, cela indique que le dormeur se sent sûr dans son environnement, bien que les conditions soient parfois adverses. Si le rêve engendre de l'angoisse, il peut alors s'agir d'un appel à l'aide émis par l'inconscient.

Lumière Identifiée traditionnellement à l'esprit, la lumière symbolise la connaissance, l'inspiration et l'intuition. Si nos rêves sont lumineux, cela signifie donc que nous possédons une grande confiance en nous-même. En revanche, s'ils sont sombres, cela révèle le peu d'estime de soi et le manque d'assurance. Allumer une lumière au milieu de l'obscurité, par ailleurs, augure la révélation d'un secret. || Finalement, il faut s'intéresser aux diverses formes que prend la lumière, car la lecture varie en fonction d'elles. Ainsi, l'arc-en-ciel représente-t-il l'espérance ; le soleil, le bonheur ; la lune, la partie de nous-même la plus profonde et inconsciente qui nous sert de guide. (Voir Jaune et Lampe)
La lumière aperçue en rêve peut avoir une grande signification spirituelle. Peut-être s'agit-il d'un voyage vers l'illumination ou d'une expérience au sein même de notre intériorité, semblable à celle des mystiques. || On donne souvent à la lumière un sens religieux. N'a-t-on pas l'habitude d'appeler le Christ « la lumière du monde », et le nirvana de Bouddha « la lumière illimitée ». Les enseignements du yoga décrivent, de même, « la lumière des dix mille soleils ».

Lune Sa symbolique est large et complexe. Généralement, la lune représente la nature féminine, bien qu'elle conserve aussi une relation avec l'inconscient et les émotions humaines. Cette complexité provient du fait que sa signification dépend de la phase lunaire. || Rêver de la nouvelle lune indique qu'un nouvel amour est en train de naître en nous ; une lune en quart croissant traduit un amour ardent ; une pleine lune illustre l'amour à son apogée ; en quart décroissant, elle évoque une passion qui s'éteint. Une lune entourée d'un halo présage des douleurs et des problèmes de tout type, dont la gravité peut être plus grande s'il s'agit d'une éclipse. (Voir Blanc et Éclipse)
Selon la chiromancie, la région lunaire de la main (opposée au pouce) est l'aire de rencontre des lignes du voyage. Rêver de la lune, par conséquent, annonce la proximité d'un départ pour ailleurs, et probablement par voie d'eau.

Lunettes Ce rêve devra être interprété selon les connotations personnelles attribuées à cet objet dans le rêve. Toute personne complexée de les porter reconnaîtra sûrement dans cet épisode onirique un motif de tristesse et de honte. Si le rêveur perd ou bien casse ses lunettes, cela fait allusion à la perte de son amour propre ou de sa bonne réputation. Mais il peut aussi s'agir de la façon de traduire la manière dont le dormeur voit, bien ou mal, les événements et problèmes de la vie quotidienne. || Le port de verres progressifs signifie qu'il ne voit pas les choses telles qu'elles sont et que, par conséquent, il a besoin d'augmenter sa perception de la réalité. || Les lunettes sombres montrent que nous nous cachons la vérité et essayons de fuir la réalité quotidienne avec toutes ses expériences.
Les lunettes dénotent chez le dormeur un conflit avec la façon de voir les choses. || Elles symbolisent aussi la clairvoyance.

Lutte Cet élément peut renvoyer à nos frustrations les plus intimes et aux sentiments que nous éprouvons au sujet de notre situation. Dans le fond, nous luttons car la situation que nous vivons ne répond pas à nos attentes.

Luxure Ce type de rêve est presque toujours le reflet de désirs sexuels réprimés. L'inconscient engendre un mécanisme de compensation qui se met en marche avant le manque de relations sexuelles réelles, ou avant qu'elles ne deviennent insatisfaisantes.

M

Macédoine Ce mélange de fruits divers exprime dans les rêves l'arrivée dans notre vie d'une grande variété d'événements ou de personnes. Ceci sera positif, ou négatif, en fonction du contexte dans lequel se développe la scène onirique. || Comme chaque fruit a son interprétation, il faudra prêter attention aux différents fruits qui composent notre macédoine. (Voir Fruit)

Machine Depuis des temps lointains, les machines ont été comparées au corps humain. Une machine onirique peut donc renvoyer à notre bien-être physique, plus particulièrement si la machine ne fonctionne pas bien, est épuisée ou nécessite un certain entretien ou une réparation. Par conséquent, les images de la machine peuvent être interprétées comme étant un rapport sur l'état de notre corps et de notre esprit. La façon dont celle-ci fonctionne nous permettra de savoir comment va notre santé. || Le combustible de la machine peut symboliser notre énergie ou puissance sexuelle. || Si le rêveur se trouve en train de manœuvrer une machine, cela fera probablement allusion à sa capacité à se débrouiller dans la vie et à faire face aux problèmes. La signification de chaque machine dépend des éléments qui la composent et de sa rapidité de déplacement.

Mâchoire La mâchoire ou le menton sont des symboles de la force de volonté. Rêver d'avoir des mâchoires de grandes proportions indique peut-être que notre fermeté s'est transformée en entêtement. || Au contraire, si le menton est anormalement petit, l'inconscient nous rappelle la faiblesse de notre caractère.

Mafia Cette image révèle que, dans la vie réelle, nous sommes limité par une ou plusieurs personnes qui empêchent la manifestation spontanée de notre personnalité. Il s'agit donc d'un signal d'alerte pour ne pas finir en marionnette des désirs d'autrui.

Magie Se visualiser en train de réaliser un tour de magie signale que nous sommes arrivé à la limite de nos possibilités rationnelles et que nous ne savons pas comment affronter notre environnement difficile. L'« ensorcellement » de la magie nous fait croire que nous pourrons résoudre nos problèmes facilement. (Voir Fée)

Main Elles reflètent notre façon d'utiliser nos moyens. La main droite symbolise ce qui est rationnel, logique et analytique tandis que la gauche concerne l'irrationnel, ce qui est impulsif ainsi que l'émotionnel (pour les personnes gauchères, le sens est inversé). || Rêver que nos mains sont grandes et fortes est un signe de sécurité, de réussite et de progrès. Si, au contraire, nous les voyons petites et faibles, cela exprime l'impuissance, l'insécurité, le ressentiment et l'insatisfaction. Des mains blanches, douces et propres suggèrent une vie confortable et facile. Grossières et sales, elles incarnent l'effort, la souffrance et le travail. Les mains velues révèlent le primitivisme et une irrépressible impulsion sexuelle. || Nous utilisons aussi les mains pour nous exprimer. Dans le fond, ce sont des extensions de notre personnalité. Si nous découvrons à quoi se réfère chaque geste onirique que nous réalisons, nous connaîtrons la nature des sentiments que nous voulons faire comprendre. Un poing fermé, par exemple, dénote l'agressivité, l'égoïsme ou la passion ; des mains qui se prennent manifestent de l'affection ; une main en l'air représente le pardon. (Voir Doigt et Gant)

◎ Rêver de la paume des mains signale une inquiétude pour le futur. D'après la chiromancie, leurs formes et leurs lignes contiennent des données sur notre destin. Le rêve, par conséquent, peut nous donner des pistes sur notre futur potentiel. Fort heureusement, on peut aussi agir volontairement ! Ce que nous ferons maintenant servira à améliorer ce qui est à venir.

Maïs C'est un symbole de prospérité et de fertilité. Rêver que nous mangeons cette céréale peut aussi exprimer un besoin de s'alimenter spirituellement.

Maison La maison symbolise la personnalité, la situation actuelle ainsi que les relations affectives et de travail. Pour connaître la signification de ce rêve, nous devons analyser tous ses aspects. L'intérieur de la maison est ainsi notre organisme ; la salle à manger et la cuisine représentent l'appareil digestif ; la chambre, le repos et l'activité sexuelle ; la salle de bains, les reins et le nettoyage, aussi bien physique que spirituel ; les étages, l'esprit ; et la cave ou le sous-sol, l'inconscient. (Voir Cabane, Caverne, Balcon et Cave)

◎ D'après les Gitans, les rêves où nous nous voyons obligé d'abandonner notre foyer prévoient une opportunité favorable pour nous.

Maître La figure du maître est très importante : elle représente les valeurs de la connaissance, l'expérience et la sagesse. Cependant, elle peut prendre de multiples nuances en rêve. Se voir, par exemple, transformé en maître d'école, enclin à punir les élèves, est un signe de manque d'assurance. La cause peut en être un complexe d'infériorité latent qui essaie de s'équilibrer par une attitude despotique et dictatoriale. Dans la plupart des cas, faire un rêve comportant de telles caractéristiques en dit long sur notre manque de maturité. || Si l'image du maître est celle d'une personne sérieuse, formelle et érudite, cela signifie que nous sommes en phase de formation et de développement intellectuel. Si le professeur nous inspire du respect et de l'admiration (une figure paternelle), le rêve exprime la maturité émotionnelle et la stabilité du protagoniste. (Voir Grands-parents, Académie, Autorité, Bibliothèque et Ermite)

Maladie En rêver indique que, même si on n'en est pas conscient, nous aurons des problèmes affectifs ou, plus directement, de santé. Dans ce cas, cet épisode onirique non seulement manifeste librement notre réaction émotionnelle devant cette situation, mais en outre, il contient d'importants messages pouvant contribuer à notre guérison. || Il faut tenir compte du fait, toutefois, que chaque maladie engendre ses propres rêves récurrents. Les personnes, par exemple, auxquelles on a diagnostiqué une maladie en phase terminale, rêvent habituellement d'horloges et d'autres références temporelles. Cela signifie qu'elles ont une perception aiguë du temps qui leur reste à vivre. || En revanche, il n'est pas étonnant que les malades souffrant d'un cancer rêvent de scènes où apparaissent des voitures qui perdent soudain le contrôle et s'écrasent. Ces images représentent généralement l'augmentation rapide des cellules cancérigènes. Les cancéreux rêvent également de thèmes liés à la pollution ou aux empoisonnements. || Il faut, cependant, souligner que rêver de maladies est habituel et que le rêveur n'aura vraisemblablement aucune maladie. Les visions oniriques peuvent simplement refléter un besoin d'affection.

◎ Les croyances africaines recommandent de rendre visite au sorcier lorsque l'on fait ce genre de rêves. Les gens superstitieux considèrent généralement que le sens de ce rêve est inversé : il augure une longue période de bonne santé.

Mamelle Voir des mamelles pleines de lait, ou les téter, reflète un désir de régression à l'enfance. Ce rêve peut avoir diverses origines. Il est probablement dû à un sentiment d'insécurité ou de solitude, ou à un besoin d'affection et de protection. Le problème se trouve peut-être aussi dans une charge excessive de responsabilités ou dans un état limite de stress ou d'anxiété.

Manchot Le fait qu'une de nos extrémités supérieures soit amputée met l'accent sur notre incapacité à réaliser l'une des activités que nous faisons habituellement avec ce membre. Derrière ce rêve se cache une crainte qu'il nous faudrait essayer de surmonter. || Rappelons également que les bras symbolisent notre aptitude à nous relier aux autres. Se voir sans bras, par conséquent, dénonce un problème affectif grave.

Mandarine Les rêves où figurent des fruits sucrés et juteux font presque toujours allusion à la sensualité et au plaisir. Ils peuvent être des mécanismes de compensation de l'inconscient ou le reflet littéral d'une situation de bien-être dans la vie réelle du dormeur.

Manger Les rêves pendant lesquels on ingère souvent de la nourriture ont une origine purement physiologique (nous avons tout simplement faim). Toutefois, ces mêmes images peuvent représenter notre « voracité » en matière intellectuelle, affective, professionnelle, etc. || Ainsi, manger quelque chose qui ne nous plaît pas signifie à la fois que notre situation actuelle nous déplaît dans l'un des aspects cités, et que nous nous y maintenons uniquement et exclusivement parce que nous sommes incapable d'envisager de nouvelles alternatives. || Avaler sans mâcher quelque chose qui ne nous plaît pas indique que nous nous trouvons devant un fait désagréable que nous n'avons pas envie d'affronter. Au contraire, une orgie de nourriture nous avertit que nous sommes saturé (physiquement ou mentalement) et que nous devrions renforcer la communication avec les autres. || Pour Freud, la bouche est une zone érogène primaire. Les rêves dans lesquels nous mangeons sont donc très liés à la sexualité. Une orgie gastronomique, en ce sens, signale que nous acceptons trop de choses sur le terrain sexuel. Avoir faim, en revanche, dénote la négation de nos besoins sexuels. Si l'atmosphère onirique semble agréable, le rêve reflète l'intimité avec les autres et de bonnes relations. Dans le cas contraire, il illustre la frigidité et le mauvais état de nos relations sociales.
Généralement, ce songe nous alerte d'une querelle ou d'une perte économique. Manger du sel ou de la graisse de cochon signifie que nous serons l'objet d'une forte dispute.

Mannequin La vision d'un mannequin signale l'insatisfaction que ressent le dormeur avec son statut social. Cette position va pouvoir changer très vite s'il profite des opportunités qui se présentent à lui.

Manœuvre Cet élément manifeste une situation compromise dans la vie du dormeur. Celui-ci se voit dans la nécessité de changer radicalement ses perspectives ou son attitude pour obtenir une chose convoitée, ou pour se sortir indemne de circonstances adverses.

Mansarde En rêver est un signe négatif, car cette pièce est associée à l'obscurité et à la peur. Se voir vivre dans une mansarde dénote, par conséquent, une mauvais période sur le plan économique et un manque de soutien pour en sortir.
Rêver que l'on se trouve dans une mansarde transmet un conseil de prudence : le rêveur court un sérieux danger.

Manteau Les rêves dans lesquels les manteaux sont mis en scène possèdent plusieurs interprétations. Se dépouiller d'un manteau, par exemple, symbolise le besoin d'enlever tout ce qui est superflu sur soi, de se confier, d'éliminer les normes de comportement qui nous limitent. Enfiler un manteau, en revanche, signifie que nous nous éloignons de l'essentiel, de notre Moi authentique (dans ce cas, le manteau aurait la même fonction qu'un déguisement). Cette dernière hypothèse doit être nuancée : si la sensation de porter le manteau est agréable, cela implique la confiance en nous-même et la capacité d'affronter avec succès n'importe quelle contrariété. || Enfin, porter le manteau d'un autre peut nous avertir que nous dépendons excessivement de son propriétaire (dans de nombreux cas, il s'agit de la mère).

Maquillage Rêver que nous nous maquillons indique que nous ne nous sentons pas à l'aise avec notre personnalité et que, par conséquent, nous avons besoin de changer notre façon d'être pour devenir des personnes qui réussissent. Adopter un masque peut être utile pour se protéger des autres, mais cette attitude souvent dissimule notre véritable personnalité. || Si le maquillage est très exagéré (des couleurs criardes et artificielles), le rêve signale aussi que nous cherchons à attirer l'attention de façon ostentatoire, peut-être en vivant au-dessus de nos possibilités. (Voir Masque)

Marbre La présence onirique du marbre annonce que tous nos efforts pour progresser se verront bientôt récompensés. || Si le marbre est dans la carrière, nous rencontrerons le succès sur le terrain professionnel, mais nos relations affectives seront brèves et superficielles. Par contre, si le marbre est poli, nous parviendrons à jouir d'une relation amoureuse solide et profonde, même si nous devons auparavant lutter contre la peur de l'échec sentimental.
Certaines interprétations prennent aussi en compte sa couleur et attribuent au marbre noir le sens de la douleur, au blanc celui de la richesse et de la chance.

Marché Acheter dans un marché signifie que nous disposons de beaucoup de moyens dont nous ne profitons pas. Nous devons donc nous valoriser davantage car nous jouissons d'un énorme potentiel inexploité. || L'origine de ce rêve peut être plus profonde : le besoin d'extérioriser nos talents, nos désirs les plus élevés. Mais, attention !, le marché nous offre la possibilité d'acquérir l'essentiel et, très souvent, nous en ressortons avec des choses superflues, qui s'éloignent de nos intérêts et peuvent augmenter notre confusion. || Ce qui se vend sur le marché nous éclairera sur le thème du rêve : les antiquités représentent notre passé ; les fruits et les légumes montrent notre capacité à croître intérieurement ; des marchandises peu chères expriment généralement la sous-évaluation de nos talents. (Voir Labyrinthe)

Selon les croyances populaires, ce rêve dénote la frugalité. Chez une femme jeune, il signifie des changements.

Marcher Marcher au cours d'un rêve manifeste notre disposition à affronter de nouvelles expériences présentes et futures. Ce type de rêves nous rappelle que nous sommes des personnes d'action et que, par conséquent, quand quelque chose nous préoccupe, il vaut mieux prendre une décision que trop réfléchir à la chose.

Marécage À la différence des lacs, les eaux d'un marécage représentent les maladies : les eaux stagnantes sont le fruit de ce qui est artificiel. (Voir Lac)

Marée La marée haute dénote les désagréments et les désordres ; la basse, la paix et la tranquillité. (Voir Mer)

Marguerite Cette fleur symbolise la simplicité et l'ingénuité.

Mari Les références de ce rêve peuvent être littérales. Il se peut que notre relation de couple nous inquiète ou que nous nourrissions à ce sujet des sentiments inconscients. Cependant, nous pouvons aussi être en train de projeter d'autres choses. Notre mari onirique représente peut-être notre père ou le côté masculin de notre nature. || Les rêves portant sur les maris et les épouses peuvent désigner un aspect de notre personnalité que nous voyons reflété sur notre partenaire amoureux. Si une femme rêve de son mari, cela renvoie donc sûrement aux aspects les plus masculins et énergiques de sa nature ; les actions du mari dans le rêve seront des actions qu'elle-même aimerait réaliser. || Si un homme rêve du mari d'une femme, il devrait s'interroger sur ce que représente cet homme pour lui, et quels sont ses sentiments à l'égard de cette femme. Comme toujours, le contexte du rêve est d'une grande importance pour son interprétation.

Rêver que l'on est marié, alors qu'il n'en est pas ainsi dans la vie réelle, augure, selon les croyances populaires, des difficultés. En revanche, se voir à côté d'un mari inconnu est un bon présage qui promet le bonheur conjugal.

Mariage Cet élément symbolise non seulement l'union affective du protagoniste du rêve avec d'autres personnes, mais aussi l'équilibre interne entre la polarité masculine et féminine. Le songe peut représenter, en outre, la relation entre nos deux hémisphères cérébraux (c'est-à-dire celui qui gouverne l'intuition et celui qui dirige la raison analytique). Ces images révèlent donc les conflits internes qui se répercutent sur la personnalité. || Les rêves « littéraux » sur la vie conjugale évoluent tout au long de la vie : ils portent d'abord sur le désir de rencontrer la seconde moitié ; puis, lorsque la noce est imminente, apparaissent les aspects liés à l'engagement ; ensuite, les rêves font référence à un projet en commun basé sur l'amour et le respect mutuels. (Voir Noce)

Marin Rêver d'être marin signifie que nos émotions sont un peu troublées et que nous désirons échapper à nous-même. Les inquiétudes et la soif d'aventure que nous ressentons nous permettront de sortir de la routine, mais nous ne devons pas laisser le désir nous emporter. || En outre, en tenant compte du fait que la mer représente l'inconscient, le rêve peut refléter notre désir de l'explorer ou d'entreprendre un long voyage. (Voir Eau, Bleu, Bateau et Mer)

Rêver d'un marin sur terre prédit un nouvel amour ; d'un marin en bateau, la réception de nouvelles de lieux lointains. D'autre part, si une femme rêve qu'elle est marin, la croyance populaire présage la malchance.

Marionnette Elles possèdent une symbolique double et contradictoire. D'un côté, elles désignent l'inconstance de caractère, le manque d'initiative et l'incapacité à prendre ses propres décisions. Ce sont des poupées gouvernées par des impulsions étrangères à elles-mêmes. Leur présence onirique indique clairement que nous avons besoin de reprendre le contrôle de notre vie. De l'autre côté, elles expriment aussi le pouvoir et l'habileté à tirer sur les ficelles pour que les autres agissent selon notre guise et nos désirs. Si nous nous percevons en train de manipuler des marionnettes, c'est que le rêve nous conseille de laisser les autres s'exprimer librement. Ce n'est pas un rêve positif car il désigne des situations qui, dans tous les cas, ne sont ni très claires ni enviables.

◎ D'après les augures de ce rêve, nous accéderons au bonheur grâce à notre grande capacité à encadrer les gens. || Faire danser une marionnette est une promesse d'affaires brillantes et de gains fabuleux.

Marjolaine ⊙ Comme la plupart des herbes aromatiques, la marjolaine est un symbole de consolation et de guérison lente, mais efficace. Elle peut représenter un état de convalescence : c'est le chemin du rêveur entre une situation difficile qu'il vient de quitter et la récupération complète de ses forces et facultés.

Marmelade ⊙ La marmelade représente les choses douces de la vie. Par ailleurs, le dicton anglais ne dit-il pas « Marmelade hier, marmelade demain, mais jamais pour aujourd'hui la marmelade » ? Ce rêve peut renvoyer au fait que nous ne recevons aucune récompense pour le travail pénible effectué et que nous vivons aux dépens de promesses qui ne vont jamais être tenues.
◎ Une femme rêvant de préparer une marmelade vivra entourée d'amis qui l'apprécieront.

Marmite ⊙ C'est le symbole du foyer et de la vie familiale, comme d'autres ustensiles (poêles, casseroles, etc.). Une marmite sur le feu indique qu'il nous est pénible de mener une vie simple et sans grands soucis. Si le rêve n'est pas très agréable, la marmite peut suggérer la crainte devant la responsabilité de faire vivre notre famille.

Marmotte ⊙ Cet animal représente le rêve, la passivité et la paresse. Il évoque aussi toutefois la patience dans l'adversité.

Marteau ⊙ Cet instrument propre au forgeron est doté d'un pouvoir mystique de création. Rêver de cet outil signifie que, bien que cela nous coûte en sacrifices, nous travaillons de façon adéquate pour atteindre nos objectifs. Le marteau, alors, peut être interprété comme un symbole de la constance dans le travail. Il est, en outre, associé à la virilité, l'autorité et la force. || Pour Freud, le fait de planter un clou avec un marteau symbolise l'acte sexuel.
◎ Le dieu nordique Thor, dieu du savoir, de la guerre et de la mort, était doté d'un marteau qui, après avoir été lancé, revenait dans sa main. Le marteau représente, en ce sens, le pouvoir et la force spirituelle.

Masque ⊙ Porter un masque révèle le malaise que nous ressentons avec notre personnalité. Nous nous cachons derrière un élément artificiel pour réussir. || Bien qu'avoir recours à un masque puisse nous permettre de nous protéger des autres, cette attitude laisse au second plan notre véritable façon d'être. Nous devons nous-même nous interroger sur la raison qui nous pousse à le porter. Il est nécessaire de réunir tout notre courage pour être ce que nous sommes réellement.
◎ Selon la tradition arabe, celui qui a une âme pure ne se sentira jamais déçu par ses rêves. Si tel n'est pas le cas, cela signifie alors que nous nous trompons probablement nous-même.

Massage ⊙ Donner ou recevoir un massage peut avoir des connotations de type sexuel et affectif. En général, cela exprime des manques dans la vie du dormeur. Le massage onirique, par conséquent, se déroule à l'intérieur d'un système d'autocompensation. || Mais cet élément peut aussi prévenir d'une maladie qui ne s'est pas encore manifestée de façon évidente. Si le rêve se répète fréquemment, il faudra alors être attentif aux éventuels problèmes de santé. Une interprétation correcte dépend de la situation du rêveur dans la réalité et de l'analyse de tous les éléments et événements qui se présentent au cours du rêve.

Mauvaises herbes ⊙ Passer avec difficulté à travers les mauvaises herbes signale une situation confuse et hasardeuse, pleine d'obstacles qui doit être surmontée pour que les projets parviennent à bon terme. Se perdre parmi la broussaille peut être interprété comme une situation désespérée : le rêveur a perdu le contrôle de sa vie et a besoin d'une une aide extérieure.

Mécanicien ⊙ Conduire la voiture chez le mécanicien manifeste le besoin d'aide pour résoudre un problème pratique. Bien que le rêveur ne se sente pas capable de le résoudre par ses propres moyens, le fait de devoir avoir recours à des tierces personnes ne crée en lui ni angoisse ni culpabilité. La figure du mécanicien est parfois associée à celle du médecin. Il se peut qu'une maladie n'ait pas encore été diagnostiquée.

Méchanceté ⊙ Tout le monde possède un côté obscur dans sa personnalité. Les actes et les pensées malveillants, provenant de notre intériorité, apparaissent dans les rêves. Ce sont

normalement les forces psychologiques les plus destructives que nous abritons en nous, comme la jalousie, la colère, la vengeance ou la haine. Si nous reconnaissons la manifestation de ces tendances en nous-même, nous devons les accepter et pratiquer le contraire dans la vie réelle. Ainsi, nous devons compenser nos sentiments oniriques négatifs à l'égard de quelqu'un par une attitude positive dans la réalité, la haine par plus d'amour, la vengeance par le pardon ou la jalousie par la bonté et la générosité.
◎ D'après un vieil enseignement du *I Ching*, la persévérance dans la bonté est l'unique façon de repousser le mal.

Méchant ◘ La manifestation de ce trait de caractère peut représenter une partie de notre personnalité qui a besoin d'être transformée. La partie méchante symbolise sûrement notre facette rebelle et notre profond désir d'ignorer les normes sociales. Elle peut manifester, en outre, les sentiments de vengeance que nous nourrissons, ou bien notre volonté de boycotter les projets de quelqu'un de réel. Notre souhait de dépasser un vice, comme fumer ou boire, peut également être à l'origine de ce rêve.
◎ Rêver d'une personne méchante augure la réception d'un cadeau ou d'une lettre provenant de la personne aimée.

Médaille ◘ Comme le diplôme, la médaille est un symbole de distinction et de reconnaissance. Son apparition onirique peut être interprétée comme un sentiment de satisfaction pour le devoir accompli, ou comme le besoin d'obtenir une récompense injustement refusée. L'interprétation dépend des sentiments que le rêve éveille chez le dormeur et des circonstances dans lesquelles se déroule sa vie réelle.
◎ Recevoir une médaille comme récompense annonce l'amour ; la porter augure des entreprises bien menées.

Médecin ◘ Ce rêve nous avertit que notre attitude actuelle nous est préjudiciable car nous ne valorisons pas suffisamment notre santé. Il peut aussi signifier que nous recevrons l'aide et la protection de quelqu'un.

Médicament ◘ Voir ou prendre des médicaments est habituellement un rêve positif, qui traduit à la fois une situation adverse et l'intention de trouver un moyen pour en sortir. Si le rêveur administre des médicaments à une autre personne, le rêve signale son désir d'aider ou de transmettre ses connaissances à quelqu'un de son entourage. || Il se peut que dans la réalité nous ayons trouvé le bon remède pour posséder l'harmonie intérieure. Être dépendant en rêve d'un type de médicaments indique probablement que nous avons un comportement émotionnel trop impulsif, qui peut nous faire du mal.
◎ Certaines personnes croient que les pilules hallucinogènes réveillent la conscience supérieure. Ce n'est évidemment pas le meilleur chemin pour y parvenir. La concentration et la méditation seront toujours des voies beaucoup plus inoffensives et plus efficaces.

Mélanger ◘ Mélanger des produits chimiques, des potions ou même des boissons ne symbolise pas l'entrée d'un nouvel élément dans nos vies, mais plutôt quelque chose de distinct qui surgit de la combinaison de ce que nous avons déjà. Cela peut, par exemple, refléter l'union de nos facettes les plus opposées ; le résultat pourrait être que nous adoptions une attitude plus flexible et plus tolérante. || Selon une autre interprétation, il est également possible que nous soyons en train de mélanger les côtés droit et gauche du cerveau ou, ce qui revient au même, respectivement l'intuition et la logique.
◎ La carte de la tempérance dans un jeu de tarot montre un ange versant de l'eau d'une coupe dans une autre. De même, la carte de l'étoile illustre une femme jetant de l'eau dans un bassin et aussi sur terre. Le signe du Verseau est aussi porteur d'eau. Tout cela, comme le rêve de mélanger, fait référence à l'écoulement de la vie. C'est la connexion du conscient avec l'inconscient et des éléments masculins et féminins.

Melon ◘ Ce fruit annonce, généralement, des maladies et des relations tendues avec l'entourage. || Le manger nous avertit que les actes insensés entraînent des difficultés à la longue ; le voir planté signale que les problèmes actuels finiront par nous être bénéfiques.
◎ Rêver de manger un melon présage, chez le malade, la guérison.

Mémoire ◘ Rêver que l'on perd la mémoire reflète une attitude fuyante ou un sentiment de culpabilité. Nous oublions les choses qui nous semblent trop violentes, ou bien ce qui nous incommode ou nous fait honte. C'est peut-être le moment opportun d'analyser les aspects de notre vie que nous n'avons pas pu ou voulu affronter jusqu'alors.

Menace Rêver que nous menaçons quelqu'un peut signifier que nous avons besoin de nous imposer dans la vie réelle. Cependant, si nous sommes la personne menacée, nous devons alors chercher la cause d'une telle situation. Certains de ces rêves ont un climat si inquiétant qu'il semble difficile de savoir ce qui les provoque. Cela provient très probablement de problèmes que nous avons dans nos relations. Nous sommes peut-être émotionnellement menacé par notre partenaire, par nos parents ou par notre chef. || Enfin, ces sentiments que nous refoulons habituellement comme la rancœur, la rage, la peur ou l'érotisme peuvent aussi faire pression sur nous pour se manifester.

Certaines traditions considèrent que la signification de ce rêve est l'opposé de ce qu'il suggère : tout le monde se comportera avec nous d'une manière douce et affable.

Mendiant L'inconscient nous avertit, dans ce cas, que nous négligeons un aspect important de notre personnalité. || Il peut aussi indiquer le début d'une période de difficultés économiques.

Selon l'interprétation ésotérique, les rêves de pauvreté sont généralement précurseurs de prospérité, bien-être, amour et bonheur ; ou alors ils rassurent au moins le rêveur sur le fait que les motifs d'inquiétudes n'ont pas lieu d'être. Les croyances populaires ajoutent à cela un conseil : si, au réveil, la main nous pique, nous devons la frotter sur du bois. Cela nous portera chance.

Mensonge Cet élément traduit un sentiment de méfiance et d'insécurité dans la vie réelle. Que le dormeur mente, ou qu'il sache que son interlocuteur ment, le rêve n'est absolument pas positif. Il faudrait analyser soigneusement la scène onirique pour parvenir à une interprétation correcte. De plus, la situation du rêveur dans la réalité doit être prise en compte, si l'on souhaite trouver une solution. Il serait aussi peut-être utile de se souvenir que l'on ne ment jamais sans motif.

Mer La mer et les océans sont considérés tout à la fois comme la source et la fin de la vie. « Retourner à la mer », c'est comme « retourner à la mère », c'est-à-dire mourir. La mer est l'un des archétypes basiques, puisqu'elle représente l'inconscient collectif et l'amour universel. Ce songe est par conséquent relié à notre intériorité et son interprétation peut presque être littérale. Ainsi une mer calme exprime la tranquillité ; agitée, elle augure des difficultés ; si nous tombons dedans, la maladie ou des problèmes causés par des passions effrénées ; si nous nous y noyons, cela reflète une attitude pessimiste devant la vie ; si nous nous efforçons de remonter à la surface, cela indique que nous luttons de toutes nos forces. || La mer représente également le chaos originel, le début et la fin de tout. Sa fluidité la rend semblable à l'inconscient qui ne peut jamais être ni sondé jusqu'au fond, ni saisi, ni compris dans son intégralité. C'est la liberté sans limites et en même temps la douceur confortable de l'utérus maternel. (Voir Eau, Noyer (se), Bleu, Bateau, Lac, Lune et Mère)

Dans les mythes primitifs, l'existence de la mer était préalable à celle du monde. Elle faisait même office d'utérus pour le reste des êtres vivants. La mer est le symbole des matériaux crus ; elle est associée au potentiel créatif de notre être. || Dans une perspective spirituelle, elle peut représenter la totalité, et nous serions chacune des gouttes qui la composent. || Selon certaines croyances, tomber à la mer assure une bonne santé ; y plonger et émerger juste avant de se réveiller assure le dépassement des difficultés actuelles.

Mercure Le métal liquide, à l'instar du dieu romain, représente la mobilité, la rapidité et la capacité d'adaptation.

Mère Les symboles de la mère présentent une polyvalence notable. Ainsi, d'un côté la mère apparaît comme une image de la nature (c'est-à-dire la vie) et inversement, comme une représentation de la mort (pour les anciens Égyptiens, le vautour symbolisait la mère). || La mère entretient une relation avec presque toutes les étapes et situations de l'existence. Elle évoque toujours notre origine, nos racines, la sécurité, la protection, la chaleur, la tendresse, etc. Mais, en même temps, ce symbole réapparaît aussi lors de la mort, c'est-à-dire lorsque nous revenons au sein de la Terre Mère. || Rêver de cette figure est habituellement plus fréquent pendant l'enfance. Chez les adultes, en revanche, la représentation maternelle apparaît à travers des références indirectes. Souvent les personnes qui ne parviennent pas à atteindre la maturité continuent à en rêver. || Les crises de rébellion contre la mère sont aussi fréquentes. À travers ces épisodes, c'est l'insatisfaction adolescente qui est mise en évidence, le besoin d'indépendance et le désir de se détacher des liens maternels. Un rêve de ce type peut avoir lieu à n'importe quel âge. || En outre, Freud faisait référence, dans ses études, au mythe grec d'Œdipe qui tua son père et épousa sa mère. Selon le psychanalyste, Œdipe avait réalisé un tel crime, entraîné par un désir incestueux. Quant aux femmes,

Freud pensait que leur sentiment d'infériorité était fondé sur la jalousie qu'elle ressentait envers les hommes. (Voir Manteau, Blanc, Source, Inceste et Lune)

◎ Les légendes et les mythes de nombreuses traditions comportent le symbole maternel. Celui-ci peut apparaître sous les traits d'un personnage plein de bonté ou, au contraire, comme l'être malfaisant du récit.

Merle ◘ Cet oiseau bavard symbolise les commérages.

◎ Entendre siffler un merle signale des calomnies.

Messe ◘ Écouter une messe onirique révèle l'avènement d'une période de paix et d'harmonie chez le dormeur. La célébrer signale la capacité du rêveur à soutenir moralement et matériellement les plus nécessiteux.

Métamorphose ◘ Les rêves dans lesquels les êtres vivants changent sont des symboles d'évolution. Assister, par exemple, à la transformation d'une chenille en papillon indique que nous devons avoir confiance en nos capacités jusqu'à la fin, sans laisser la peur ou le désespoir nous vaincre, car tout finira par se résoudre. || Mais il peut également y avoir des métamorphoses négatives, c'est-à-dire des transformations impliquant la dégénérescence ou bien la corruption. C'est le contexte de chaque rêve qui indique la façon de l'interpréter. (Voir Vers, Papillon et Chenille)

Météorologie ◘ Le temps apparaissant dans le rêve peut représenter notre état mental et émotionnel. Un ciel orageux, par exemple, met en évidence disputes et colères ; ensoleillé, il dénote le bonheur ; un temps pluvieux signifie que notre tension a trouvé une issue pour se défouler ; s'il neige, c'est que nos émotions sont « congelées ».

Meuble ◘ Le mobilier d'une maison peut symboliser les éléments qui forment le caractère du rêveur. Par conséquent, s'il fait un nouvel achat, ou s'il rénove quelque chose, c'est sûrement que le même processus se passe dans sa vie. Il se peut que sa personnalité et son esprit se développent, laissant place à de nouveaux événements et de nouvelles attitudes. L'achat de mobilier trop lourd et difficile à manipuler peut illustrer le fait que nous supportons une responsabilité superflue. || Les meubles reflètent aussi l'ambiance spécifique de notre foyer. Chacun possédant une fonction et une signification propres, il nous faut les interpréter séparément.

Microscope ◘ Regarder à travers peut indiquer le désir d'être minutieux lors de l'analyse d'une situation donnée. Mais cela signale aussi la tendance à surévaluer des détails sans importance et à négliger ce qui est vraiment essentiel.

Midi ◘ De la même façon que minuit représente le moment culminant de nos aspects les plus sombres, midi symbolise la plénitude de notre partie la plus lumineuse, c'est-à-dire de nos vertus. C'est pour cela que l'apparition d'un midi resplendissant dans un rêve indique la présence d'un moment de grand développement personnel. (Voir Ange, Dieu, Lumière, Maître et Mariage)

Miel ◘ Cet élément peut représenter deux choses : d'abord la douceur, le bien-être, la richesse et le bonheur ; ensuite le processus d'élaboration complexe que suivent les abeilles pour sa fabrication. Sa signification, par conséquent, est associée au dépassement personnel, au travail réalisé avec effort. || Enfin, en Extrême-Orient, les mensonges sont appelés « miel empoisonné ».

◎ Le miel est l'aliment des dieux. Ce rêve peut nous signaler notre désir de posséder une conscience divine.

Migraine ◘ En souffrir annonce des peines sans gravité mais récurrentes.

Millionnaire ◘ Il s'agit d'un rêve typique de frustration que font habituellement les personnes qui ne sont pas satisfaites de leurs possessions matérielles, intellectuelles ou affectives. Le message qui nous est transmis est que nous devons découvrir et valoriser tout ce que nous possédons et gardons à l'intérieur de nous. Il est recommandé de ne pas gaspiller le temps en choses éphémères.

Mimosa ◘ Cet arbre est un symbole des états d'âme mélancoliques.

Mincir ◘ La symbolique est similaire à celle d'Éclaircir dans le sens où cet élément fait allusion à la purification, en écartant tout ce qui est en trop et négatif. Suivant le cas, cela peut également représenter le désir de perdre du poids. Un songe dans lequel on mincit de manière drastique peut signaler une maladie physique.

Se percevoir soi-même comme très maigre en rêve est un triste présage de scandales judiciaires.

Mine Les mines sont une importante source de richesse cachée. Leur vision onirique symbolise donc le fait que c'est à l'intérieur de nous, ou dans l'inconscient, que nous pourrons trouver le trésor le plus précieux. Un rêve de ce genre prédit généralement des réussites et des améliorations.

Minuit C'est le moment le plus intense que peut vivre notre inconscient. C'est pour cela qu'à travers l'histoire, on a utilisé « minuit » comme heure symbolique à laquelle se réunissent les personnages des romans d'épouvante (sorcières, vampires, fantômes, etc.). || Ces figures effrayantes ne sont que la représentation de nos aspects sombres. C'est pourquoi, elles envahissent cette heure centrale de la nuit. (Voir Sorcière, Démon et Fée)

Miroir Symbole de l'imagination et de la conscience, le miroir reproduit les reflets du monde visible. Cet instrument nous permet donc de percevoir notre véritable personnalité, ou bien ce que nous nous cachons. || En général, les rêves de miroir montrent un manque de communication de la personne avec son monde intérieur. || Un miroir qui nous laisse voir une image positive de nous-même suggère que nous sommes satisfait de notre personnalité et de notre situation. Si ce n'est pas le cas, le rêve met en évidence la crainte de découvrir des désirs inavouables. || Enfin, si nous sommes face à un miroir avec les yeux fermés, cela indique que nous sommes disposé à affronter la réalité. || Parce qu'il fait clairement allusion au narcissisme, le miroir selon Freud est l'emblème de la vanité. L'école jungienne, quant à elle, le voit comme un symptôme d'introspection, un besoin de revenir à la véritable essence de soi et d'atteindre l'inconscient en dépassant la façade que l'on a tendance à montrer aux autres.
Un miroir cassé présage le deuil et la douleur. Le casser de ses propres mains dénote l'incapacité à reconnaître ses propres erreurs.

Missionnaire Cet élément onirique signale le besoin de chercher une aide désintéressée et sincère. Son sens peut être similaire à celui de l'Abbé. Si le dormeur se perçoit lui-même comme un missionnaire, le rêve manifeste son intention d'aider et d'apporter une consolation aux personnes qui l'entourent.

Mite Les mites indiquent la dangereuse fascination pour un éclat de lumière. Le rêve transmet possiblement un signal d'alerte au dormeur afin qu'il reste vigilant devant sa légèreté. Celui-ci est probablement trop admiratif ou aimant avec une personne en qui, dans la réalité, il n'a pas confiance. Mais il se peut aussi qu'il affiche un comportement trop négligent par rapport aux biens matériels.

Mitraillette Se voir en rêve utiliser une mitraillette signifie que nous devons répondre avec assurance et rapidité aux situations qui vont se présenter dans la vie réelle. Cependant, il faut faire en sorte que cette agressivité ne se retourne pas contre nous quand il s'agit de se relier aux autres. || Si l'arme s'enraye ou que nous en perdons le contrôle, nos projets échoueront malgré les efforts consentis.

Moineau Cet oiseau exprime l'inconsistance et la futilité, chez nous ou bien chez les personnes qui nous entourent. Dans cette dernière hypothèse, les images oniriques nous avertissent qu'une personne proche essaie de profiter de nous.
Cet humble et sympathique petit oiseau, peut-être en raison des dommages qu'il produit dans les semailles, se charge de négativité dans le rêve. S'il vole, il annonce des événements désagréables et des promesses vaines ; dans une cage, une conquête amoureuse qui se révélera être une énorme erreur. En voir un rassemblement important présage la ruine ; les entendre gazouiller annonce des commérages désagréables.

Momie Dans le contexte de la vie moderne, rêver d'une momie peut sembler terrifiant. Mais l'interprétation de ce rêve est un peu plus complexe. L'inconscient rapporte des aspects d'un passé lointain qui avaient été oubliés, mais qui, peut-être, ne furent absolument pas résolus à leur époque. Cela révèle possiblement d'anciens sentiments de culpabilité, d'insécurité, des craintes et des reproches envers des personnes qui ont été liées à nous au long de la vie.

Monnaie Les pièces de monnaie symbolisent tout ce que nous désirons intimement, mais que nous refoulons avec une telle force que l'esprit n'ose même pas l'évoquer. Il est d'ailleurs fréquent que ce genre de rêves renvoie à des amours illicites. || Rêver que nous gagnons beaucoup de pièces signifie que ce qu'elles représentent a une valeur supérieure à ce que nous pensions, mais également que nous nous trouvons dans une période très créative. En revanche, imaginer que quelqu'un de notre connaissance nous vole de l'argent signifie que nous avons exagéré nos sentiments envers cette personne. || Si le fait de perdre des pièces de monnaie dans un rêve s'accompagne d'une sensation angoissante, c'est que cela révèle la crainte de perdre quelque chose de très important pour le rêveur.

◎ Les monnaies d'or promettent de grands bénéfices ; d'argent, la contrariété ; de cuivre, la pauvreté. De fausses monnaies sont un indice de déshonneur et de honte.

Monstre ◘ Les monstres oniriques adoptent des dimensions et des formes beaucoup plus effrayantes que dans n'importe quel film ou roman d'épouvante. Toutefois si leur figure est récurrente, il faut s'en approcher et essayer de les connaître le mieux possible, et ce malgré la peur qu'ils peuvent provoquer en nous. En effet, même s'ils sont épouvantables, cela nous donnera des pistes claires sur nos peurs. Les rêves étant généralement des représentations de nous-même, le monstre est peut être une partie de nous qui nous effraie. Il peut également représenter des personnes de notre entourage avec lesquelles nous avons des difficultés relationnelles : parents, chef, partenaires amoureux, ou des aspects de la vie qui nous font peur comme le sexe, la vieillesse ou la mort. || Les monstres apparaissent habituellement dans les rêves d'enfants où ils représentent le rôle dominant et puissant que jouent les adultes dans la vie de leur progéniture. Il est recommandé d'affronter ce que représentent ces monstres dans notre vie émotionnelle.

◎ Selon les ouvrages anciens sur les rêves, vaincre un monstre onirique signifie que nous dépasserons nos ennemis et deviendrons plus important. || Les anciens peuples du Tibet croyaient que les monstres les plus terribles étaient des gardiens divins. Ils symbolisaient en cela ces pouvoirs de l'intérieur de l'être qui pouvaient dissuader et vaincre l'ignorance.

Montagne ◘ Une élévation du terrain rend possible la contemplation de l'environnement avec plus de clarté. Si, en rêve, nous nous voyons escalader une montagne avec enthousiasme, cela signifie que nous sommes en train d'améliorer notre situation professionnelle, sociale ou spirituelle. Accéder au sommet de la montagne est le signal que nous avons atteint notre objectif. || Si le rêveur se trouve au sommet d'une montagne, son rêve veut probablement lui suggérer qu'il n'a pas trop de raisons de s'inquiéter dans la vie.

◎ Si nous nous efforçons d'escalader une montagne, toutes nos entreprises réussiront. Mais si nous abandonnons, et ne parvenons pas à la cime, nos plans échoueront. En Chine, la montagne symbolise la paix inébranlable à laquelle parvient l'esprit après la méditation.

Monter ◘ Monter quelque part indique que nous sommes capable de dépasser tout obstacle que la vie met devant nous. Ce type d'élément révèle une ascension vers un plan supérieur. Cette situation nous permettra d'améliorer nos relations personnelles. (Voir Ascenseur, Colline et Sauter)

Moquerie ◘ Subir les moqueries d'autres personnes en rêve exprime la sensation de dévalorisation que nous pouvons éprouver, que ce soit sur le terrain professionnel ou dans notre relation de couple. || En outre, rire des autres révèle une fausse assurance, en plus de craintes profondes. Ainsi, une moquerie portant sur un vieillard reflète la peur de vieillir ; sur un handicapé, la peur de perdre son autonomie ; sur un homosexuel, la peur de découvrir des penchants que l'on n'assume pas.

Mordre ◘ Ce rêve est un symbole d'agressivité. Par l'acte de mordre, nous voulons détruire un élément qui nous est étranger dans le but qu'il fasse partie de notre être ou, simplement, avec l'intention de l'éliminer. Ceci est souvent provoqué par des sentiments de colère ou de rancœur que nous avons besoin d'exprimer. || Si nous sommes les victimes de la morsure, c'est que nous nous chargeons peut-être d'un problème ou que nous passons par une période difficile. Si c'est un animal qui nous mord, nous devons nous demander quels aspects de notre nature représente cet animal. (Voir Bouche, Dents et Mâchoire)

◎ Rêver de morsures signifie que nous subirons une perte par la faute d'un ennemi. || Être mordu annonce des jalousies et des désagréments.

Mort ◘ Ce genre de rêves n'est pas nécessairement prémonitoire, et peut n'avoir aucune relation avec la mort physique, mais il doit plutôt s'interpréter comme le signal de la fin d'une étape. Il manifeste le début de quelque chose de nouveau, car toute mort implique un changement, une transformation ou une renaissance. Ainsi, les rêves où nous mourons signalent des changements radicaux dans notre vie, ou dans notre personnalité. || Voir des personnes ou des animaux mourir peut refléter ces parties de nous-même qui se transforment. Par exemple, si c'est notre mère qui meurt, c'est que nous rejetons peut-être notre instinct le plus maternel. Mais rêver de la mort est surtout un signal de changement ; peut-être s'agit-il d'un changement psychologique profondément enraciné que notre inconscient a observé avant que nous nous rendions compte nous-même qu'il s'est produit. || Rêver qu'un être aimé meurt signifie également que nous sommes capable de lui fournir une aide précieuse à un moment crucial et perturbant de sa vie. Cela traduit aussi notre peur de le perdre. (Voir Accident, Noyer (se), Assassinat, Faux et Lune)

◎ Retrouver en rêve quelqu'un qui est mort dans la réalité fait partie du douloureux processus de deuil. Parfois, cette perte est représentée de manière onirique par un divorce, une crise ou un rejet de la part de la personne que nous aimions tant. Tout cela s'inscrit dans un processus du dépassement de la mort et de son acceptation. || D'autres cas ne peuvent s'expliquer par des métaphores et des allégories, mais dépendent des croyances de chacun. Il s'agit de ceux dans lesquels le dormeur assure avoir communiqué en personne avec des personnes déjà mortes.

Motocyclette ◘ La vitesse, l'agilité, la sensation que produit sur nous le vent quand il nous fouette le visage, tout cela se rapporte à la motocyclette. Nous pouvons ainsi dire que, généralement, cette figure fait allusion à la liberté la plus pure, et au désir de réaffirmer notre identité.

Mouche ◘ Ces insectes incarnent le ressentiment, la peur et le mépris envers les autres. Si nous rêvons qu'ils envahissent notre maison, cela signifie que nous craignons les rumeurs. Les mouches peuvent aussi symboliser les impulsions ou désirs réprimés. || L'association des mouches avec la saleté et la maladie nous permet d'interpréter ce rêve comme un message de l'inconscient nous incitant à surveiller notre santé et à faire le ménage. || En outre, une mouche bourdonnante et lourde peut indiquer l'existence d'une personne inquiète et irritante dans notre vie. Si nous sommes la mouche, nous devrions peut-être nous demander si nous ne « voletons » pas trop au-dessus des affaires des autres.

◎ Selon la tradition populaire, voir des mouches en rêve augure des réussites. En revanche, les voir sur la nourriture dénote un danger.

Mouchoir ◘ L'utiliser pour sécher nos larmes fait que le mouchoir a une fonction de consolation. Il se peut que notre inconscient réclame quelqu'un pour nous consoler et « essuyer nos larmes ».

◎ Un mouchoir signale généralement le désir de vivre une relation sentimentale, bien que cette interprétation doive être nuancée. S'il est rouge, la relation amoureuse sera scandaleuse et provoquera tous types de commérages ; mais s'il est blanc, cette relation sera honnête et se finira en mariage. || Le perdre annonce la rupture dans le couple ; le déchirer, une dispute grave. || S'il est en soie, on profitera de la compagnie des amis à toute occasion ; s'il est en coton, le bonheur familial sera assuré. || Une femme jeune rêvant de mouchoir risque d'être trompée par un homme qui essaiera de la conquérir.

Moule ◘ Les moules sont un symbole féminin étroitement lié à la sexualité et la fertilité. Quand une femme rêve de moules de façon récurrente, cela signifie qu'elle a des difficultés à vivre sa sexualité de façon adulte. Si elle les mange à côté de la personne aimée, cela veut dire qu'elle bénéficiera des progrès de celle-ci et de sa confiance ; si elle les mange seule, la prospérité sera pour quelqu'un d'autre. Rêver de moules annonce également qu'il faudra bientôt traiter avec une personne têtue, mais honnête.

Moulin ◘ C'est l'un des symboles classiques du travail constant et discipliné. S'il est arrêté, le rêve peut nous avertir du fait que nous nous laissons entraîner par la paresse.

Moustache ◘ Dans un songe, une personne moustachue nous alerte qu'il ne faut pas nous fier à elle. Si c'est un inconnu, l'avertissement concerne les propositions de travail ou de projets que nous recevrons rapidement. Mais si c'est nous qui portons cette moustache (si bien sûr ce n'est pas comme cela dans la réalité), le songe indique que nous nous mentons à nous-même.

◎ Voir de longues moustaches annonce la chance à venir ; des moustaches courtes, la maladie ; des moustaches grises, la sérénité.

Moutarde ◘ La moutarde est associée à l'irritabilité et à l'excitation. Si ce rêve se répète trop souvent, c'est que nous vivons peut-être trop intensément.

◎ Manger de la moutarde et observer comment la bouche brûle dans le rêve dénote d'amers regrets concernant une mauvaise action qui nous a causé de la douleur.

Mule La mule représente le corps comme support vivant des activités humaines. Ainsi un animal d'apparence faible signifie que nous devrons soigner notre santé. || Une mule morte peut exprimer le manque de bases solides pour nos projets et suggérer leur absence de fiabilité.
L'image onirique de la mule indique la méchanceté des ennemis. Chargée, elle annonce des problèmes ; sans charge, c'est un bon présage pour les affaires.

Mur Il s'agit d'un obstacle qui nous empêche d'obtenir ce que nous voulons. Cette obstruction, nous pouvons la trouver dans la réalité ou en nous-même. Il se peut que nous nous comportions comme un authentique mur de briques, rejetant toute démonstration d'affection. || Par ailleurs, cela peut également symboliser un problème que nous ne pouvons pas encore résoudre. Dans ce cas-là, le mieux est de ne pas s'obstiner et d'attendre avec patience. || Si nous nous voyons nous-même en train de construire un mur, le rêve essaie de nous avertir du besoin de protection supplémentaire contre les contretemps de la vie quotidienne. Si, au contraire, nous l'abattons, peut-être souhaitons-nous alors plus de liberté ou avons-nous besoin de fuir une ambiance claustrophobique.
Le mur présage des difficultés et des obstacles relatifs à l'argent. Cependant, tout ira bien si nous trouvons une porte ou un trou par où passer.

Muraille Cet élément renvoie généralement aux idées de protection et de dépassement. La muraille en tant que forteresse solide permet l'introspection, la créativité et la contemplation spirituelle. En général, un rêve de muraille met en évidence un besoin d'isolement.

Mûre La symbolique des mûres est un peu complexe. Elles renvoient à la pureté virginale, au plaisir et à la douleur. Les épines de leurs ronces expriment le tourment ; les fruits sucrés représentant le plaisir, la fertilité et l'abondance peuvent être interprétés comme une récompense après l'effort et la souffrance. Il faudrait cependant analyser tous les éléments du songe et la vision onirique dans son ensemble pour déchiffrer le message de l'inconscient.
Par son caractère sylvestre et son goût particulier, la mûre est un symbole de séduction. Ainsi, elle peut non seulement nous rendre heureux, mais aussi parfois nous mettre dans l'embarras.

Museau Il symbolise généralement la relation du rêveur avec son entourage. Le museau d'un animal domestique suggère que les circonstances sont favorables et offrent un contexte dans lequel le dormeur se sent à l'aise ; le museau d'une bête menaçante indique que le rêveur se sent angoissé et sans possibilité de changer ce qui lui semble hostile. S'il se voit lui-même pourvu d'un museau qui remplace sa bouche, c'est que le rêve exprime le sentiment désagréable qu'il ressent au sujet de l'image qu'il projette vers l'extérieur.

Musée Représentant notre histoire passée, les musées exhibent les événements les plus importants de notre vie. || En outre, ils sont aussi un symbole de délicatesse et de bon goût. Ils reflètent, en ce sens, une préoccupation culturelle et la possibilité de jouir de choses profondes. || Notre propre musée onirique peut également refléter notre personnalité avec des symboles de nos caractéristiques psychologiques, que nous observons peut-être, au cours de cette visite, d'un point de vue objectif. Il faudrait aussi analyser notre réaction face au contenu du musée.

Musique Dans la plupart des cultures, la musique est synonyme de création parce qu'elle semble avoir accompagné cet acte divin. En Inde, en particulier, Shiva crée le monde en dansant et en jouant de la flûte. Le symbolisme de la musique est d'une grande complexité. En termes généraux, on pourrait dire qu'il joue le rôle d'un élément intégrateur aussi bien que désintégrateur. Ainsi, une musique mélodique ou harmonique exprime la sérénité de l'esprit ; en revanche, une musique stridente suggère une situation chaotique ; enfin, si cette musique constitue un fond sonore inquiétant ou confus, elle traduit une angoisse et un sentiment d'insécurité. || La musique pourrait refléter l'atmosphère globale de la vie du dormeur : harmonieuse, discordante, rythmique, imprévisible ou indûment stridente.
Nombreuses sont les mélodies qui expriment l'ambiance des mondes d'outre-tombe, de l'inconscient et de la mort. D'autres essaient d'évoquer l'harmonie de l'univers. La musique possède un grand pouvoir de représentation spirituelle. De nombreuses personnes disent avoir entendu les chansons des anges en rêve.

Mutilation Rêver qu'on mutile l'une de nos extrémités, que ce soit un bras ou une jambe, ou que, soudain, il nous manque l'un de ces membres, exprime une sous-exploitation de notre talent. Derrière cette représentation se cache une crainte que nous devrions essayer de surmonter.

Mutisme Cet élément met en avant des difficultés aussi bien chez le rêveur qui en souffre que chez toute autre personne restée muette. Il signale l'incapacité à communiquer et à comprendre son environnement. Parfois, ce sont des songes très angoissants dans lesquels le dormeur veut crier de toutes ses forces sans y parvenir. Dans ces cas-là, ils indiquent une situation dans laquelle le désir de s'exprimer librement est refoulé. || Selon Jung, les personnes silencieuses figurant dans les rêves représentent un déséquilibre entre les émotions et l'intellect du dormeur. L'une des deux parties annule l'autre, la laissant impuissante et sans voix.
Rêver que nous sommes muet signifie que nous avons du mal à convaincre les autres de nos opinions et projets.

Mythologie On doit attribuer aux personnages mythologiques apparaissant dans nos songes (un fait peu fréquent cependant) leur signification traditionnelle.

N

Nager L'eau symbolisant l'inconscient, nager signifie que nous avons confiance en lui et que nous nous en remettons au chemin qu'il nous offre. Nous sommes sûr de ce que nous faisons et nous vivons en étant réceptif au pouvoir créatif de l'esprit. || Plonger dénote que nous formons une seule équipe avec l'inconscient. Cette union est encore plus forte si au cours du rêve nous sommes capable de respirer sous l'eau.

Nager de toutes ses forces dans une eau claire présage des réussites sur le terrain amoureux et celui des affaires. Se noyer ou lutter pour se maintenir à flot annonce, en revanche, le contraire.

Nain Il symbolise des valeurs comme la méticulosité, le travail soigné, la constance, etc. Cependant, si nous sommes un nain, le sens du rêve varie complètement. Cela manifeste plutôt une vision très réduite des choses. Il est probable que nous limitions notre potentiel et que notre créativité, par conséquent, soit sous-employée.

L'or symbolise notre véritable Moi et, comme dans le conte Blanche-Neige, ce sont les nains qui l'extraient de la mine. Cette image peut ainsi représenter la recherche de la connaissance de soi. || Voir ses propres amis de petite taille prédit à la fois leur bonne santé et le partage de grandes joies avec eux. || Si, dans notre rêve, apparaissent des nains laids et mal formés, le pronostic est alors désastreux.

Naissance Cet élément onirique augure le début de quelque chose de nouveau, que ce soit une amitié, un travail, un projet ou une affaire. C'est le début d'une évolution, de quelque chose qui peut satisfaire nos désirs les plus profonds. Cette vision suggère le commencement pour nous d'une période de très grand bonheur dans laquelle nous pourrons orienter nos actions comme bon nous semble. || Si c'est une femme qui rêve d'une naissance, cela peut refléter ses désirs et ses sentiments autour de la maternité. || Pour Jung, ce genre de rêves représentait une étape très importante dans le processus d'individuation. La naissance, dans ce cas, est fondamentale pour la maturation et la plénitude de la psyché humaine. Elle semble ainsi indispensable au développement psychologique.

Chez les personnes mariées, ce rêve présage la chance. Pour les femmes célibataires, en revanche, cela augure des problèmes.

Naphtaline Cet élément fait allusion aux choses qui ont été conservées pendant un longue durée et qui ont besoin de prendre l'air. C'est possiblement un moment opportun dans la vie du rêveur pour ventiler de vieilles affaires qui ont été oubliées, mais qui occupent toutefois une place dans sa vie.

Nappe Posée sur la table, elle indique notre tendance à la surprotection. Nous accordons beaucoup d'importance aux choses matérielles. Cela exprime aussi un certain immobilisme dans la vie quotidienne. Nous sommes conservateur et les changements nous font peur. Une nappe tachée et froissée reflète des problèmes domestiques.

Narcisse C'est le symbole d'une attitude auto-contemplative, introvertie et égocentrique. L'avertissement de l'inconscient est évident : si nous nous endormons sur nos lauriers (c'est-à-dire si nous nous laissons tenter par la vanité), nous perdrons tout. || D'autres interprétations plus positives associent les narcisses au printemps et à la renaissance. Dans ce cas, le rêve indique un temps de croissance, d'optimisme et d'espoir, basé sur la couleur jaune et la belle symétrie des fleurs, dont la symbolique renvoie respectivement à la lumière de l'inspiration et à la totalité psychologique.

Naufrage Se noyer dans un naufrage révèle un sentiment d'angoisse qui s'exprime depuis un certain temps. Cela est dû à un projet qui n'a pas marché, ou à une relation personnelle qui a échoué et qui nous conduit à penser que « tout est perdu ». Normalement, un rêve de ce type indique que nous avons assumé trop de responsabilités. Il peut donc être interprété comme un avertissement : nous devrions nous reposer ou prendre de courtes vacances. Nous avons atteint la limite de nos forces et nous avons besoin de nous recharger énergétiquement. (Voir Eau, Bateau et Navire)

Nausée Éprouver la sensation de nausée est habituellement produit par une tension basse ou l'apparition d'une carence physiologique. Il convient d'être attentif à ce genre d'alerte et de surveiller notre santé physique. Mais cela prédit également l'apparition de grands dangers dans notre vie. Il faudra donc être attentif à tout indice inquiétant.

Navet Sa symbolique comporte des significations contradictoires. Pour certains, c'est un signal de médiocrité et de paresse. Pour d'autres, en revanche, cela représente l'immortalité. Les conditions de vie du dormeur, ainsi que l'analyse des autres éléments du rêve, seront autant de clés pour une interprétation adéquate.

◎ Les navets oniriques constituent un bon augure de richesse, de travail bien rémunéré et de chance affective. Ils annoncent la guérison aux malades.

Navire Un navire onirique peut représenter le cours de notre vie. Notre état d'esprit sera fonction de son état. S'il s'agit d'un navire pour réaliser des croisières, le rêve fera alors allusion au calme agréable que nous traversons. Si c'est un bateau de guerre, c'est que nous montrons peut-être trop d'agressivité. L'apparition onirique d'un canot de sauvetage signale notre besoin de sortir d'une tempête de sentiments et de difficultés dans la réalité. Un sous-marin, en revanche, traduit notre désir d'explorer l'inconscient. || Par ailleurs, les navires symbolisent également la capacité de communiquer avec des personnes qui, par leur façon de penser, sentir ou vivre, se trouvent loin de nous. C'est pour cette raison qu'une traversée en mer signifie que nous avons commencé une nouvelle étape vitale ou une nouvelle relation amoureuse. En allant dans ce même sens, un bateau qui fait naufrage nous avertit du danger d'une rupture sentimentale. (Voir Eau, Bateau et Naufrage)

◎ Un bateau à quai, ou navigant sur une mer calme, augure beaucoup de bonheur en amour. Si nous rêvons d'une tempête, ce bonheur prendra du retard. Dans le cas d'un naufrage, nous recevrons de mauvaises nouvelles.

Négligence Rêver d'avoir négligé ou perdu quelque chose peut être interprété de deux façons. D'une part, il peut s'agir d'un avertissement : nous ne sommes pas attentif à quelque chose d'important. Mais cela peut aussi être le signal d'une préoccupation excessive que nous ressentons pour un objet déterminé, un travail ou une personne. Une analyse détaillée du rêve et de certains aspects de la vie du rêveur devrait permettre d'interpréter le message que son inconscient lui transmet.

Neige Lorsqu'elle recouvre la terre, elle symbolise la sublimation de cette dernière. Avec le ciel, elle forme un axe blanc et bleu de caractère mystique. En général, la présence de neige traduit un faible enthousiasme et une rigidité excessive. Nous devrions vivre intensément et donner plus de chaleur aux êtres qui nous sont chers. || La neige entretient une relation avec le désir humain de solitude ou d'élévation. Il ne faut pas oublier que sa blancheur, en plus d'être un symbole de vie et de mort, est également associée à la purification et à la transformation. Cela peut illustrer une nouvelle étape de vie qui se présente à nous. || Si la neige fond, il se peut que nos peurs et problèmes dans la réalité se dissolvent. Si nous sommes victime d'une avalanche, il se peut que les émotions que nous avons longtemps maintenu réprimées commencent à nous submerger.

◎ Rêver que la neige tombe annonce la réception prochaine d'une lettre. Selon certaines croyances, la lettre proviendra de la personne que nous épouserons dans l'avenir. De nombreux oniromanciens considèrent que ce rêve porte chance.

Nénuphar Un bassin plein de nénuphars peut augurer une expérience sentimentale très agréable. Il signifie que nos relations de couple passeront par une période de bien-être, de tranquillité et d'harmonie, mais aussi que nous pouvons tomber amoureux de façon soudaine. Considéré par certaines civilisations comme un signe de la fortune, le nénuphar représente la force de la passion.

Nettoyage Ce rêve reflète presque toujours le besoin de purifier le corps et l'âme, en se défaisant du superflu et en conservant seulement ce qui est réellement nécessaire.

Nez Cet élément représente la volonté et la détermination. Rêver d'un nez exagérément grand signifie que nous avons tendance à nous mêler de ce qui ne nous regarde pas, et à parler plus qu'il ne faut, très souvent et à tort. Ce fait révèle notre manque de confiance. Un nez trop petit dénote la naïveté, le manque d'assurance et la passivité. Un nez cassé, ou ensanglanté, traduit l'échec de projets. (Voir Visage)

Nid Comme chacun sait, le nid représente le foyer familial et la vie domestique. L'interprétation du rêve dépend de la situation dans laquelle se trouve le nid. Vide, il exprime l'abandon et la solitude ; en revanche, s'il est plein de vipères, il désigne une trahison. En outre, le nid étant l'endroit où les œufs sont couvés, il représente aussi la mère et le féminin en général. Enfin, il se peut que nous développions de nouvelles idées et opportunités en nous. (Voir Maison, Mère et Femme)

Si, dans notre rêve, le nid est plein d'œufs, cela veut dire que nous vivrons une époque prospère.

Nid-de-poule Un chemin plein de nids-de-poule indique les difficultés que l'on doit surmonter pour arriver à bon port. L'analyse du contexte du rêve est importante ainsi que celle des autres symboles oniriques pour savoir à quel type de situation nous avons affaire.

Noce Rêver de ses propres noces exprime le désir de réunir des idées, d'obtenir des autorisations ou des alliances professionnelles et de trouver des alliés soutenant nos projets. Cela indique également la recherche de l'équilibre intérieur, de la communication avec le Moi interne et l'union de deux aspects de notre personnalité antérieurement conflictuels. || Les rêves de noces sont récurrents chez les personnes sur le point de se marier. De fait, certaines études montrent que quarante pour cent de l'ensemble de l'activité onirique de la période prénuptiale contient des références – directes ou déguisées – à la cérémonie de mariage, au futur conjoint et au mariage en général. Il est fréquent de rêver de désastres qui se passent pendant la cérémonie, des scènes de rejet sexuel, des images d'infidélité, etc. Mais ces rêves prénuptiaux ne doivent pas être des motifs d'alarme puisque rêver d'une aventure sexuelle peut révéler la peur de l'abandon ; apparaître nu à ses propres noces peut signaler la peur de faire mauvaise figure.

Les anciens livres sur les rêves ne s'accordent pas sur l'interprétation de ce symbole. En général, il est perçu comme un bon présage et comme la prémonition d'un futur mariage. || Cependant, assister à la noce d'un autre fait craindre des dommages, des pertes et l'infidélité.

Noël Un rêve qui met en scène une fête de Noël attendrissante peut signaler notre désir de réaffirmer des valeurs traditionnelles comme l'union familiale, l'amitié, la générosité ou l'optimisme. Cependant, le songe peut aussi se référer aux sentiments de manque d'affection et de solitude, particulièrement si nous n'apprécions pas ces fêtes-là. || Noël symbolise une naissance spirituelle se traduisant par la décision de changer certains aspects de notre vie. C'est aussi une façon de nous plonger dans la tradition et de vivre des moments intimes avec la famille. De nombreuses personnes, pour leur part, associent Noël à l'enfance. Rêver de façon répétitive des fêtes de Noël peut être occasionné par l'existence de manques affectifs.

Nœud Les nœuds signifient que nous sommes soumis à un certain attachement, qui constitue en quelque sorte un empêchement retardant ou limitant nos projets. Nous nous trouvons lié à la situation actuelle et prisonnier de notre entourage. Nous nous sentons contraint et dépourvu d'enthousiasme, ce qui limite notre créativité. || Selon d'autres interprétations, les nœuds représentent les problèmes que nous essayons de résoudre. Mais ils peuvent également symboliser l'union de deux personnes, ou des aspects féminins et masculins de notre personnalité.

La croyance populaire a toujours associé les nœuds aux problèmes. Dans une noce, par exemple, la fiancée doit porter une chaussure délacée pour faire fuir les sorcières qui veulent « détacher » sa virginité. De même, en Écosse, on croit que le corps d'un défunt ne peut être introduit dans le cercueil s'il y a des nœuds dans son linge. Cela empêcherait le repos en paix de son esprit. || Du point de vue onirique, le nœud signifie que nous allons rencontrer des situations qui vont nous plonger dans l'angoisse.

Noir Cette couleur représente l'absence de lumière, la crainte et l'ignorance. Elle est aussi associée à la mort, la douleur et la tristesse. Quand elle prédomine dans les rêves, cela signifie que nous nous laissons entraîner par le pessimisme et le désarroi. (Voir Désert, Minuit et Mort)

Noisette Ce fruit est un symbole de prospérité, de santé physique et de bien-être spirituel. Son apparition dans les rêves indique que le dormeur traverse un moment chanceux de grandeur et de force spirituelle.
Selon la tradition gitane, la noisette est un indice de santé, de vigueur et de gains matériels.

Noix La forme de ce fruit sec suggère le crâne et le cerveau humains. La noix symbolise également l'effort nécessaire pour atteindre ce que nous désirons. || La coque, d'un autre côté, représente l'ego qui doit être détruit pour que surgisse le Moi spirituel (le fruit). Si la noix est verte, il est impossible de l'ouvrir. En revanche, si elle mûrit bien, un léger coup sur la coque suffit pour l'ouvrir. De même, la spiritualité émerge quand la personne est réellement préparée. Moment heureux de grandeur et de force spirituelle.
Selon la croyance populaire, ce rêve augure l'arrivée d'argent.

Noix de coco Ce fruit tropical est un signe très positif pour les amoureux car il annonce des unions rapides et heureuses. || Voir la coque vide nous prévient de la mauvaise issue de nos projets, causée par la trahison de personnes que nous prenions pour des amis. Voir le fruit sec dans la palmeraie annonce des lamentations pour la mort d'un être cher.

Nomade Cet élément rend le rêve positif ou négatif selon le cas. Le nomade représente le voyageur, l'aventurier capable de se déplacer à travers le monde avec un bagage léger. Il n'a pas de grands besoins et peut emporter avec lui tout ce qu'il lui faut. La figure du nomade signifie, en ce sens, la liberté. Par ailleurs, elle reflète une situation tout à fait provisoire et précaire. Elle exprime également le détachement envers les lieux et les êtres chers et l'incapacité à s'établir et s'enraciner. Le caractère, ainsi que la situation de chaque rêveur, aidera à affiner l'interprétation de ce rêve.

Nombril Outre les connotations sexuelles qu'il peut avoir dans le contexte du rêve, le nombril symbolise la connexion. C'est un lien entre son propre corps et le ventre maternel, et par conséquent aussi le contact avec la terre, avec l'obscur et l'inconscient. Il peut s'interpréter comme le désir de s'éloigner de ce qui nous est familier, en vue d'explorer des terrains inconnus. Il fait aussi allusion au désir de procréation.

Nord Le nord symbolise la direction, l'orientation, ce qui donne du sens à notre vie. Sa présence dans les rêves nous conduit à réfléchir sur ce que nous désirons réellement. Toutefois, ce point cardinal représente aussi le froid et l'obscurité, car le soleil ne passe jamais par le nord. (Voir Raccourci, Avenue, Chemin et Froid)

Notaire Rêver d'un notaire prédit des soucis pour un procès que l'on aura peu de probabilités de gagner. Si le notaire établit un acte, cela peut même annoncer la misère.

Nourriture Elle représente les qualités que nous souhaitons intérioriser ou adopter. Les différents types de nourriture ont donc des sens divers. Les fruits, par exemple, reflètent la sensualité, la récompense reçue ou l'abondance. Un fruit amer pourrait signifier une influence défavorable sur notre vie. Le lait, par ailleurs, exprime l'amabilité ; le sucre, les mots doux ; la nourriture congelée, les émotions que nous devons réveiller en nous. || En partant de la sensation que provoque en nous l'ingestion de chaque type de nourriture, nous finirons pas découvrir le sens correct du rêve.
Depuis les Grecs, les rêves de nourriture possèdent des connotations sexuelles. Tout au long de l'histoire, les pêches et autres fruits juteux ont été associés à ce qui est lascif et luxurieux ; les grenades, à la fertilité ; la pomme à l'expulsion d'Adam et Ève du paradis ; et le pain, à la sexualité modérée et orientée vers la reproduction. || D'un autre côté, de nombreuses cultures croient toujours que rêver de manger de la viande entraîne l'acquisition des qualités spirituelles de l'animal mangé.

Nouvelle Recevoir des nouvelles peut être un indicateur de solitude et d'isolement, volontaires ou involontaires. Le rêveur, dans ce cas, désire avoir un contact avec l'extérieur, ou bien espère un changement de situation dans sa vie.

Noyer (arbre) Sa symbolique est associée aux prémonitions et aux facultés de divination. Le fruit qui garde un trésor caché peut être interprété comme la récompense après le risque et le travail difficile.

Noyer (se) Cette action n'exprime rien d'autre qu'un sentiment d'angoisse qui dure depuis un certain temps. Généralement, l'asphyxie indique que nous sommes surchargé de responsabilités. Par conséquent, c'est peut-être le signal que nous devrions nous reposer ou prendre quelques jours de vacances, car nous sommes arrivé à la limite de nos forces. || Si nous nous noyons dans des eaux dangereuses, peut-être craignons-nous d'être absorbé par la force cachée de notre inconscient, un peu comme si nous nous livrions à lui trop vite. Dans ce cas, parler de ces peurs à un ami qui nous renvoie le sens de la réalité apporte une grande aide. Du point de vue émotionnel, il est aussi possible que nous ayons peur de nous enfoncer dans nos problèmes. Nous devons nous assurer que nous avons bien les pieds sur terre avant de prendre n'importe quelle grande décision.
Être sauvé lorsque nous nous noyons est considéré comme un bon présage pour les affaires. C'est tout le contraire si personne ne nous vient en aide.

Nuage Les nuages sont un indice évident de difficultés, mais, contrairement à ce qu'il semblerait à première vue, ils peuvent être considérés comme un bon présage. Le rêve nous signale que, malgré les contretemps, l'effort et la persévérance nous permettront de réussir dans nos projets. Cet élément augure aussi la fertilité après la paralysie. || Selon d'autres interprétations, les nuages représentent notre humeur. Blancs ou d'aspect cotonneux, ils dénotent la joie et la spiritualité. Noirs ou sinistres, ils traduisent la dépression ou la colère. Mais les nuages, en plus, prédisent des pluies et, avec elles, l'occasion de libérer nos tensions.
De nombreuses traditions nous préviennent qu'il faut dissiper nos « nuages d'ignorance » pour laisser place à l'illumination spirituelle. Seule notre intuition peut franchir cette barrière et atteindre la connaissance supérieure. Il faut souligner, en outre, que les nuages protégeaient les dieux de l'Olympe.

Nudité Ce rêve comporte un sens ambivalent : d'un côté, c'est un symbole de beauté physique, pureté et divinité (de fait, des déesses comme Vénus ou Diane ont toujours été représentées nues), reflétant un désir de liberté, de sincérité et de dépassement ; d'un autre côté la nudité représente la luxure ou l'exhibitionnisme vantard. || Si, dans le rêve, nous ressentons de l'angoisse

Analyse du rêve

Nudité

Le rêve de Maria : « Je me trouvais au bureau quand je me rendis compte que je n'étais pas du tout habillée. J'avais oublié d'enfiler mon pantalon et je ne portais pas de sous-vêtements ! J'essayais de baisser mon pull pour me couvrir, mais il était trop court. Je me sentais vraiment mal, pas rassurée et sans défense. Cependant, mes compagnons – tous complètement vêtus – ne semblaient se rendre compte de rien. À ce moment, mon chef m'a demandé de venir à son bureau et je n'ai pas pu supporter : j'ai éclaté en sanglots comme une petite fille. En me voyant ainsi, Ana (une collègue) m'offrit une veste à nouer autour de la taille tout en me faisant remarquer : "Ma fille, je ne sais pas ce qui t'arrive dernièrement, mais tu as l'air un peu perdue..." Et elle poursuivit son travail sans accorder la moindre attention à ma situation. C'est alors que je me suis réveillée. »

Nous avons presque tous rêvé une fois que nous étions nu – ou à demi habillé – dans un lieu public. Ce songe est habituellement relié à la sexualité (à une insuffisance sexuelle ou une sensation de culpabilité), mais aussi à la crainte d'« être exposé », d'une façon ou d'une autre, dans notre vie privée ou professionnelle. Cependant le sens varie suivant la situation de chacun. Dans le cas de Maria, cela reflète sa vulnérabilité sur le terrain professionnel et la peur que les autres découvrent en elle une déficience ou une incapacité. Dans le rêve, les collègues ne semblent pas remarquer sa nudité, ou ne lui accordent pas d'importance. C'est un élément apaisant qui indique que Maria s'inquiète peut-être sans motif. Le fait de ne pas porter de pantalon et de craindre une figure de l'autorité – comme celle de son chef – la dévoile et révèle ses préoccupations concernant ses aptitudes professionnelles et sa réussite, lesquelles pourraient bien faire l'objet d'une remise en cause.

ou de la honte, cela signifie que nous rejetons notre propre corps. || Si nous voyons d'autres personnes nues, cela peut révéler autant un désir de connaître leurs pensées cachées qu'une simple attirance sexuelle. || Découvrir que nous sommes nu en public dénote de l'anxiété, la peur du ridicule, la vulnérabilité sentimentale et le peu de confiance en soi. Nous craignons que les autres nous fassent mal si nous nous montrons tel que nous sommes ou commettons une erreur. || La nudité, enfin, signifie aussi que nous ressentons de la nostalgie pour l'enfance perdue. Elle représente notre véritable Moi, sans conditions ni obligations sociales.

◎ Autrefois, les mères avertissaient leurs filles : si elles rêvaient qu'elles étaient nues, elles découvriraient bientôt un grand scandale. || Selon certaines interprétations en matière onirique, la nudité augure une grave erreur que nous allons commettre dans les affaires, à moins que l'on n'écoute les conseils des autres. || Pour les Gitans, en revanche, ce rêve peut porter chance, surtout si la scène onirique se déroule sous un ciel étoilé. Le rêve, en général, peut également signifier l'innocence.

Nuit ◘ Selon les Grecs, la Nuit était la mère des dieux car ils considéraient que les ténèbres avaient précédé la formation de toutes les choses. Ainsi, de la même façon que l'eau, la nuit est en relation avec la fertilité et la semence. Dans notre culture, la tradition a relié la nuit à l'inconscient. Par ailleurs, la nuit est habituellement associée à la couleur noire, à la mort, à l'ignorance, à la méchanceté et au désespoir. En rêver présage ainsi des situations trompeuses, artificielles, peu claires et sordides, particulièrement pour ce qui se réfère aux affaires économiques et sentimentales. || Comme cela se passe avec la mort, la nuit peut exprimer la fin de quelque chose, ou bien l'idée que nous devrons assumer certaines limitations qui surgiront.

◎ Une vieille croyance soutient que nous pouvons éviter les cauchemars en plaçant nos collants ou nos chaussettes au bord du lit. Selon la tradition gitane, rêver de la nuit annonce le désespoir, à moins que le ciel ne soit étoilé.

Numéro ◘ Dans le système symbolique, les numéros ne sont pas des expressions simplement quantitatives, mais des « idées-forces », avec une caractérisation spécifique pour chacune d'elles. Cependant, ces représentations étant méconnues de la plupart des personnes, les numéros oniriques ne symbolisent généralement que le calcul, l'exactitude et l'ordre. Nos rêves, en ce sens, nous rappellent le contraire : nous vivons dans un état peu harmonieux, mais plutôt chaotique. Les numéros constituent donc un appel à l'ordre interne. || Par ailleurs, selon le numéro qui apparaît, le rêve manifeste les différentes étapes de notre croissance spirituelle et les diverses énergies archétypales de l'inconscient collectif. || Le zéro est le vide sans représentation et l'immensité indescriptible de l'espace, sans temps ni limites. Son symbole est le cercle, la totalité parfaite. || Le numéro un initie l'action. C'est la source de la vie ou l'unité de la création. Il est associé à la figure du point. || Le deux, c'est la diversité. C'est le numéro de la dualité et de la divine symétrie. Grâce à lui, s'unissent les opposés, comme le féminin et le masculin, le père et la mère, le yin et le yang ou le ciel et la terre. || Dans la Grèce antique, le trois était le numéro parfait. C'est la conjonction du corps, de l'âme et de l'esprit. Sa figure est le triangle, qui représente la force créative. Il peut également renvoyer à la Sainte Trinité. || Le symbole du numéro quatre est le carré. C'est le numéro de la stabilité et de l'harmonie. En outre, il relie les saisons de l'année, les quatre éléments et les quatre fonctions mentales que Jung décrivait (pensée, sentiment, sens et intuition). || Le cinq représente la liaison entre le ciel et la terre. Son symbole est le pentagone. || Le six symbolise l'harmonie intérieure et la perfection. Sa figure est l'hexagone ou l'étoile de David. || Le sept est le numéro qui complète les choses. Selon une ancienne croyance, l'âme se renouvelle tous les sept ans. De là l'idée que casser un miroir apporte sept ans de malchance, car celui-ci représente l'âme. || Le huit pour les Chinois est un numéro très chanceux. Il représente la régénérescence et les nouveaux commencements. || En Inde, le neuf est le numéro de Dieu, celui de la vie et de la mort. En Occident, il représente l'éternité. || Enfin, le dix est considéré comme le numéro de la loi, à cause des Dix Commandements.

◎ Les livres sacrés, comme la Bible, comportent de nombreuses références numérologiques. La numérologie étudie le sens mystique des numéros. À l'origine, elle est fondée sur les alphabets hébreux et grec : à chaque numéro correspondait une lettre. Si l'on ajoute les équivalents numériques des lettres des noms propres ou les numéros des dates de naissance, on obtient beaucoup d'informations. À travers cette pratique, on peut connaître la personnalité, les qualités et le destin de chacun. Parfois, la numérologie a été appliquée à l'interprétation des rêves. || Certains traits humains sont associés à chaque numéro. Le numéro un est l'initiation ; le deux, l'attrait ; le trois, la communication ; le quatre, le goût du foyer ; le cinq, l'expérience ; le six, le calme ; le sept, la philosophie ; le huit, les affaires, et le neuf, la liberté.

O

Oasis Une oasis symbolise l'abondance et la créativité au milieu de l'aridité du désert, c'est-à-dire au milieu de nos difficultés. C'est pour cette raison que traverser en rêve un désert et apercevoir une oasis signifient la fin prochaine d'un contretemps qui nous a inquiété. (Voir Eau et Désert)

Obéissance Ce rêve illustrant un acte de subordination peut être positif ou négatif selon la sensation que l'acte d'obéissance engendre chez le rêveur. S'il dénote la fermeté et la discipline, c'est que l'inconscient se manifeste de manière positive. Mais, si le rêveur se sent humilié ou rabaissé, le rêve reflète un désaccord ou un manque d'expression de soi qui doit être traité.

Obélisque En tant que symbole ascensionnel des rayons solaires, l'obélisque possède la même signification onirique : l'honneur, la richesse et la clarté. || Sa figure est associée aussi au phallus et à tout ce qui est relatif à la sexualité masculine : l'énergie créatrice, la force et le pouvoir. Selon le cas, cet élément peut s'interpréter comme un signe de désirs sexuels refoulés, de besoin de reconnaissance, mais aussi de bien-être dans une situation donnée. Étudier les autres symboles ainsi que la totalité de la scène onirique sera très utile à l'interprétation du songe.

Obésité Rêver que nous sommes obèse mais que nous nous trouvons à l'aise avec notre corps signifie que nous sommes satisfait de notre façon d'être et de nos projets. || Voir une multitude de personnes obèses autour de soi exprime l'idée que nous disposons de tout ce qui est nécessaire pour atteindre ce bien-être que nous désirons tant.

Objectif Cet élément renvoie aux objectifs ou ambitions du rêveur. Atteindre les objectifs fixés en rêve annonce que, dans la vie réelle, ils seront aussi atteints. Au contraire, ne pas les atteindre est un mauvais signal : des contretemps se produiront qui retarderont nos projets.

Obscurité Traditionnellement, elle est identifiée au principe du mal et des forces occultes. Cependant rêver d'obscurité reflète possiblement notre état d'âme, sans doute un peu déprimé ou pessimiste. Si l'obscurité nous effraie, c'est peut-être que nous redoutons de fouiller dans les parties inconnues de nous-même. Si nous nous y perdons, le rêve représente nos sentiments d'insécurité, de désespoir ou de dépression. || S'il s'agit, en revanche, de « l'obscurité qui précède l'aube », notre inconscient est optimiste et ses perspectives sont plus encourageantes que nous ne le pensons. Une lumière au bout du tunnel, ou bien les étoiles et la lune brillant dans le firmament, indiquent que nos aspirations et désirs sont positifs. Nous cherchons urgemment une lumière qui nous oriente dans la vie et nous montre où aller. || Pendant la période d'obscurité, l'inconscient vit plus intensément. C'est pour cette raison que la nuit est le moment symbolique au cours duquel se réunissent les personnages des romans d'épouvante avec des sorcières et des fantômes, etc. Ces figures terrifiantes ne sont pas autre chose que la représentation de nos aspects cachés, c'est-à-dire les forces inférieures que nous mentionnons au début.
L'oracle chinois du *I Ching*, utilisé par Carl Jung pour l'aider dans ses interprétations oniriques, dit que, quand l'obscurité est si grande qu'on n'y voit absolument plus rien, elle ne peut devenir encore plus grande. Ainsi, les choses ne peuvent que s'améliorer.

Observatoire Regarder l'univers depuis un observatoire signifie que l'on se place sur un plan plus élevé, à partir duquel on a une perspective différente des choses. C'est un rêve positif qui peut s'interpréter comme un désir d'élévation, ou comme une situation dans laquelle le rêveur a atteint un niveau supérieur de croissance spirituelle et de compréhension de son entourage quotidien.

Obsession Rêver que l'on est obsédé par quelque chose révèle des frustrations dans nos projets. Nous assumons bien plus de responsabilités que nous ne le pouvons, et de plus nous ne contrôlons pas nos impulsions.

Obstacle Des éléments faisant obstacle à notre progrès indiquent que nous ne sommes pas très sûr de pouvoir atteindre nos buts dans la vie réelle. Il est nécessaire de laisser derrière nous ce manque de confiance en soi et ne pas trop nous intéresser à ce que les autres peuvent penser de nous. Nous sommes nous-même très probablement, avec nos peurs et nos indécisions, la cause de l'obstacle.

Souvent, nous nous imaginons que les obstacles sont plus grands qu'ils ne le sont réellement. Il est, en ce sens, possible que les empêchements figurant dans le rêve soient plus importants que ceux de notre vie actuelle.

Oculiste Rendre visite à un oculiste traduit l'idée que le rêveur sait qu'il a certaines limites pour comprendre ce qui se passe autour de lui. C'est pourquoi ce dernier a l'intention de s'en remettre à quelqu'un qui soit capable de l'aider à voir et de lui ouvrir les yeux. (Voir Lunettes)

Odeur Nous rêvons très peu souvent des odeurs à moins qu'elles de proviennent de l'espace physique où nous dormons. Quand cela arrive, les odeurs des rêves possèdent un fort contenu sensuel. Il est possible que l'inconscient ait mis en marche le mécanisme de compensation qui répond au manque de relations sexuelles satisfaisantes. || Bien que les odeurs trop pénétrantes ou désagréables soient très peu fréquentes, les percevoir veut dire que nous réagissons devant les attitudes d'autrui et les nôtres.

Chaque odeur a un sens spécifique. Le camphre fait allusion au scandale ; le gingembre, aux affaires d'amour ; le jasmin, à la véritable expérience spirituelle ; la lavande, au bonheur dans les relations, et la noix de muscade, au mensonge. || En général, une mauvaise odeur signifie la maladie ; et, si elle est bonne, la santé. Se parfumer exprime la beauté et la fierté. Remarquer un bon parfum émanant d'une autre personne est une promesse de nouvelles amitiés ; mais, si en revanche quelqu'un détecte notre mauvaise odeur, cela indique des amitiés perdues.

Œil Les rêves qui ne font apparaître qu'un seul œil traduisent le désir de savoir et de trouver la vérité. Deux yeux suggèrent que nous sommes probablement sur le point d'obtenir une révélation importante. || Perdre la vue signale que nous craignons d'être trompé. Ce rêve dénote le manque d'assurance et l'impuissance devant la situation que nous traversons. || L'aveuglement s'identifiant à l'impuissance, l'œil représente la sphère masculine ; avoir quelque chose d'enfoncé dans l'œil correspond symboliquement au coït. L'histoire d'Œdipe, qui devint aveugle après s'être rendu compte qu'il avait épousé sans le savoir sa propre mère, comme l'avait prédit l'oracle, semble confirmer cette corrélation œil-sexualité. || Toutefois selon d'autres interprétations, les yeux sont « les fenêtres de l'âme », un symbole de sagesse qui offre des pistes concernant notre état spirituel. Leur état nous donnera une infinité d'informations. Par exemple, des yeux brillants témoignent d'une vie intérieure saine ; ils peuvent aussi désigner la conscience psychique et la perspicacité. (Voir Lunettes)

Dans la tradition mystique, les yeux sont le symbole de la conscience supérieure. On pense que les gens ont un troisième œil situé au-dessus des sourcils, au centre du front. Celui-ci perçoit d'autres dimensions et réalités spirituelles. De fait, sa position coïncide avec celle de la glande du cerveau produisant les substances chimiques contrôlant la conscience. On raconte aussi que, il y a des siècles, cet œil existait vraiment, mais qu'avec le temps il a fini par s'enfoncer dans le front. De fait, une espèce de lézard de Nouvelle-Zélande conserve encore ce troisième œil sur la tête.

Œillet Cette fleur symbolise l'amour et la passion. Si l'œillet est rouge, ce sera un amour fougueux ; s'il est blanc, ce sera une relation fidèle et désintéressée ; s'il est jaune, cela annonce la jalousie.

Œuf Les œufs symbolisent la fécondité, le renouvellement périodique de la nature. Après une période d'attente, un nouvel horizon s'ouvre devant nous. Ce rêve prévoit donc la richesse et la prospérité, sauf quand les œufs sont cassés. Dans ce cas, les œufs représenteraient plutôt la peur que les projets ou relations

Analyse du rêve

Oeil

Le rêve d'Angèle : « J'étais dans un parc assise en train de lire un livre lorsque je me suis rendu compte que des dizaines d'yeux virevoltaient autour de moi. Ils étaient de la taille d'un pois chiche et possédaient de petites ailes – comme des mouches –, à l'arrière. Au début, ça m'a fait rire. Ils étaient de toutes les couleurs et clignaient continuellement, fermant et ouvrant leurs petites paupières couvertes de longs cils. Mais bientôt, j'ai commencé à me sentir harcelée. Ils ne cessaient de m'observer fixement, se glissaient entre les pages de mon livre. Je décidai de rentrer à la maison, mais les yeux commencèrent à voler derrière moi, bien décidés à ne pas me laisser en paix. »

Le rêve d'Angèle est très lié à sa profession d'actrice. Lorsqu'elle fit ce rêve, elle devait tourner sa première scène de nu et elle se sentait peu rassurée. Elle savait qu'au moment du tournage il y aurait beaucoup de personnes pour la regarder : réalisateur, caméraman, maquilleur... et elle s'inquiétait de ne pas être à la hauteur. Le livre du rêve reflète son désir de bien se préparer à ce moment, d'étudier et de bien répéter toutes les techniques pour jouer de façon convaincante et professionnelle. Les yeux, tout le temps à l'affût et l'empêchant de lire, sont un message de son inconscient l'avertissant que la peur risque de la bloquer.
Au moment de la scène, Angèle se souvint du rêve et le comprit parfaitement. L'idée la fit sourire et elle se détendit immédiatement. Elle oublia les yeux autour d'elle et se concentra sur son rôle. La scène fut réussie dès la première prise et, quand le réalisateur cria « Coupez ! », tous applaudirent.

affectives ne se développent pas bien. Pour l'école junguienne, ils symbolisent la réserve pour le futur, l'économie ; quant aux freudiens, ils les assimilent à la vie en germe, à la renaissance. || Rêver de les trouver dans le nid dénote un fort désir de maternité.
◎ Selon une croyance, ce rêve augure des offenses.

Offense ◘ Le rêve pourrait renvoyer à une offense reçue dernièrement et à la posture adoptée. A-t-elle été démesurée ou, au contraire, peu efficace ? Si quelqu'un est grossier avec nous, nous devrions peut-être reconsidérer l'opinion que nous avons de cette personne. || Être offensé dans un rêve peut être aussi le signal que nous n'avons pas la conscience très tranquille. Le message est facile à interpréter : nous devons rectifier notre attitude ou la vie nous le fera payer.

Ogre ◘ L'origine de ce personnage (très fréquent dans les contes folkloriques et légendes) se trouve dans Cronos, qui dévorait ses enfants à mesure que Rhéa les mettait au monde. || Si nos ogres oniriques nous font peur, cela signifie que nous faisons du mal à ceux qui nous entourent et peut-être à nous-même. De plus, la figure de l'ogre dénote l'ignorance et la faiblesse de caractère.

Oie ◘ Cet oiseau est associé au destin, comme le démontre le jeu de l'oie, qui n'est autre chose qu'une représentation ludique du symbole incarné par cet animal. Aussi bien dans ce jeu que dans le rêve, les participants comme les dormeurs doivent surmonter les dangers et les aléas de l'existence avant de retourner au sein maternel. || Certains psychologues identifient l'oie à la figure d'un ami indiscret. Sur le plan psychologique, cet oiseau évoque la stupidité et la maladresse.
◎ Rêver que l'on a une oie à la maison augure le pouvoir, les honneurs et des gains dans les affaires. La décapiter assure des satisfactions et le bonheur. Selon les experts les plus traditionnels, entendre cacarder une oie de façon dérangeante prédit la mort d'un membre de la famille. Les voir nager dénote une augmentation progressive de la chance. En revanche, des oies mortes annoncent des pertes et de grands désagréments.

Oignon ◘ Cet aliment symbolise l'essence humaine cachée sous les couches qui l'enveloppent. Rêver d'oignons nous indique, par conséquent, que le chemin pour arriver à la connaissance de soi-même peut être ardu et risque de nous faire pleurer. Si nous sommes capable de profiter de chaque étape (c'est-à-dire si nous apprenons ce que nous enseigne chaque couche de l'oignon), nous réussirons alors à développer notre personnalité de façon optimale.

Oiseau Les oiseaux sont des symboles de spiritualité depuis la plus haute Antiquité, et pas seulement en Occident. Selon la tradition hindoue, ils représentent les états supérieurs de l'être. Grâce à leur capacité de voler, ils ont toujours fait référence à la liberté et la spiritualité. Rêver d'oiseaux exprime généralement les désirs de liberté du dormeur. Le vol à travers le ciel infini signifie qu'un aspect de notre psyché nous apporte plénitude, ressourcement et équilibre. C'est le désir de l'âme d'aller plus loin, de se dépasser. Cela peut également symboliser notre souhait de nous défaire de tout ce qui nous semble banal. L'inconscient peut nous apporter des solutions pour notre existence. Si nous rêvons que nous libérons un oiseau, c'est que nous sommes justement en train de libérer nos émotions. || En outre, les oiseaux indiquent l'état de nos relations. Les oiseaux voleurs, comme les pies, dénotent un adultère ou n'importe quel autre type de menace. Les oiseaux qui ne migrent pas, comme les merles, peuvent exprimer l'envie. Une volée d'oiseaux représente notre désir de faire partie d'un groupe que nous admirons. || Chaque oiseau possède toutefois sa propre symbolique. L'aigle, par exemple, est associé aux ambitions de conquête et de pouvoir. || Rêver d'une nuée d'oiseaux volant haut dans le ciel, signifie que, très certainement, nous atteindrons nos objectifs. Le songe conseille également de recentrer davantage les objectifs que nous nous fixons ; peut-être embrassons-nous trop de choses à la fois. || Si l'oiseau se trouve dans une cage, nous devons nous demander si nous nous sentons comme cela dans la réalité. Il se peut que l'oiseau soit d'ailleurs le rêveur lui-même et ne fasse que refléter ses désirs de liberté et d'indépendance. || Selon l'école freudienne, toute personne rêvant d'oiseaux est victime de désirs érotiques insatisfaits. Dans la perspective junguienne, en revanche, l'oiseau est relié à l'âme. Le volatile représente la pensée et les idées qui volent librement. (Voir Aile)

Depuis des siècles, les visions oniriques d'oiseaux sont des bons présages de prospérité et de santé ; si de plus nous entendons leur chant, l'augure est encore plus favorable. Les capturer est une promesse de bonheur, mais les encager constitue un présage de malheur. Les oiseaux parleurs annoncent la réussite et les bonnes affaires. Les albatros apportent la fortune ; les vautours révèlent que des cancans circulent ; les coqs qui chantent annoncent de bonnes nouvelles ; les colombes nous disent que nous trouverons une solution pacifique à nos problèmes ; les oies expriment l'idée que bientôt nous allons connaître des temps meilleurs ; les faucons présagent un futur brillant ; les hiboux préviennent de certaines déceptions ; les cigognes pronostiquent des problèmes dans la famille ; et les dindons enfin sont porteurs de malchance, à moins que dans le rêve nous ne les tuions ou ne les mangions.

Olive Partager ce fruit avec les autres est un symbole de paix et d'amitié. La présence d'olives dénote presque toujours une atmosphère simple et affable. Rêver que l'on mange cet aliment avec un groupe d'amis prédit donc des résultats favorables dans les affaires et les relations personnelles.

Olivier Symbole de la paix, il conserve le même sens chez plusieurs peuples d'Orient et d'Europe. Il est aussi associé à la force et à la fécondité.

Si nous voyons cet arbre couvert d'olives, c'est que bientôt nous assisterons à une réconciliation. (Voir Huile et Olive)

Ombre Cet élément est généralement associé à ce qui est sombre et maléfique. Pour certains psychologues, cela représente ce qui est caché dans l'inconscient, ce que nous ne voulons pas être. Il s'agit probablement des émotions et aspects que nous rejetons de nous-même. On recommande d'essayer de faire apparaître tout ce qui est caché. Nous vérifierons ainsi que ce n'est pas si difficile à surmonter. || Cependant, l'interprétation de ce rêve est complexe car, malgré ce qui a déjà été dit, l'ombre d'un arbre peut être une image positive, engendrant un sentiment de soulagement et de protection chez le rêveur. Dans ce cas, il s'agirait d'un songe de compensation devant des circonstances adverses. Les autres symboles oniriques et le contexte, dans lequel le rêve se développe, fourniront des pistes nécessaires à une interprétation correcte.

Dans de nombreuses croyances, l'ombre fait partie de l'âme humaine. La piétiner, ou lancer des pierres dessus, signale la malchance et la possibilité de faire du mal à quelqu'un. S'agissant de notre propre ombre, nous devons être vigilant.

Ombrelle Étant donné que les ombres projettent la partie obscure de l'esprit (peur, insécurité, etc.), rêver qu'on utilise une ombrelle symbolise la crainte de ne pas jouir de crédibilité devant les autres. Nous ne devrions pas trop prêter attention à ce que pensent de nous les personnes de notre entourage.

Ongle L'aspect externe des ongles d'une personne en dit long sur sa santé physique et psychique. Ainsi des ongles sales et rongés mettent en évidence une anxiété mal contrôlée. || En revanche, des ongles bien soignés indiquent que nous savons dominer notre nervosité et que nous avons suffisamment de volonté pour accomplir nos objectifs.

Onguent En rêver prédit que nous surmonterons les mauvais moments grâce à la force de notre volonté et à un dur labeur. Si c'est nous qui le préparons, nous devrons alors faire face à l'adversité sans l'aide de personne ; si nous assistons à son élaboration, nous pourrons compter sur les amis ; et si nous nous en enduisons, nous serons impliqué dans les querelles des autres. || Un onguent d'odeur agréable indique que nous vivrons une bonne période sur le terrain sentimental ; mais s'il est malodorant, nous ne saurons pas communiquer avec les personnes de notre entourage. || L'onguent peut aussi avoir des propriétés curatives. Dans ce cas, quelque chose est entré dans notre vie pour nous apporter calme et soulagement par rapport aux blessures du passé.

Ce rêve augure la connaissance de nouveaux amis.

Opération Si nous rêvons que nous sommes sur le point de nous soumettre à une intervention chirurgicale et que soudain nous nous relevons de la table d'opération avec la conviction que nous sommes soigné, cela signifie que nous avons confiance en nous. Nous croyons dans la résolution d'un problème qui au départ semblait irrémédiable. Nous trouverons ainsi la solution adéquate sans l'intervention d'une autre force qui ne soit pas notre volonté. || Outre cela, la vision du bistouri nous incitera à agir avec précision et fermeté pour mettre fin à cette situation qui nous préoccupe tant.

Opposé Les opposés figurant dans les scènes oniriques sont des métaphores des aspects contraires que contient notre esprit : le masculin et le féminin, l'extroversion et l'introversion, l'activité et la passivité... Tout ceci est représenté à travers des figures comme la lumière et l'ombre, la gauche et la droite, l'homme et la femme. Le cerveau est divisé en deux hémisphères qui réalisent des fonctions différentes. La meilleure option est de faire en sorte que les deux travaillent harmonieusement comme un tout en notre faveur.

Or L'or est l'image de la lumière solaire, et donc de l'intelligence divine et de la vie. Par conséquent, ce matériau symbolise tout ce qui est supérieur, mais aussi le trésor caché de notre véritable Moi (c'est-à-dire les biens spirituels et l'illumination suprême). || Cependant sa connotation mercantiliste peut donner une signification plus matérialiste à cet élément qui est associé à l'argent et aux bijoux. (Voir Monnaie et Bijou)

Pour les alchimistes, l'or représente le trésor résultant de la transformation de l'esprit. Dans la mythologie, il apparaît comme le prix spirituel remporté après avoir vaincu les dragons et les monstres de l'ignorance.

Orange Le fruit, en général, représente la joie, le bien-être et les relations sexuelles.

Orchestre Il symbolise un ensemble en activité. Comme beaucoup d'autres rêves, sa signification est l'inverse de ce qu'il représente. Par exemple, si nous dirigeons un orchestre, cela signifie que nous sommes de bons compagnons d'équipe. Le rêve nous dit que, bien que nous soyons de grands professionnels, nous devons apprendre à travailler plus en groupe. Il nous fait déléguer des fonctions vers des personnes de notre entourage qui, de cette façon, se sentiront vraiment collaborer à nos projets.

Orchidée Cette fleur exotique est le symbole de la féminité. Elle est associée à la vanité, mais aussi à la fertilité. Dans la Chine ancienne, on considérait qu'elle était dotée de facultés magiques éloignant les maux relatifs à la stérilité.

Ordonnance Une ordonnance médicale indique que nous nous voyons dans la nécessité de recourir à l'aide d'un tiers pour résoudre un problème qui nous échappe.

Ordre Recevoir des ordres d'un inconnu révèle des problèmes d'intégration dans le milieu où vit le rêveur tandis que, s'ils viennent d'un membre de la famille, cela dénote un manque d'assurance et de l'incompréhension. || Si c'est nous qui donnons des ordres à un être cher, notre intransigeance excessive produira des tensions autour de nous. Si c'est un compagnon de travail qui reçoit les ordres, nous connaîtrons une ascension professionnelle et sociale fulgurante.

Oreille Cela représente l'audition et, par conséquent, la communication. La présence d'une seule oreille en rêve signifie que nous devons prêter davantage attention aux indications de notre voix intérieure. Cette image devrait aussi nous faire réfléchir à la nécessité de nous montrer plus ouvert et d'écouter, surtout, les conseils des gens plus âgés. || Selon la théorie sur laquelle se base l'auriculothérapie (acupuncture de l'oreille), cet organe, par sa ressemblance avec le fœtus, symbolise la totalité de l'individu. || La psychanalyse freudienne assimile les oreilles au vagin et reconnaît dans l'acte de les percer le symbole de la défloration. Ainsi, si une femme rêve qu'elle n'a pas d'oreilles, ou qu'elle souffre d'une otite, cela signale un rejet inconscient des désirs sexuels de son partenaire amoureux.
Bientôt, nous recevrons à nouveau des nouvelles. Mais, si au cours du songe l'oreille nous fait mal, cela signifie que nous ne devons pas nous fier à la personne qui nous les donnera.

Oreiller Associé à la douceur et au repos dans la vie réelle, l'oreiller représente dans nos visions oniriques le besoin de sécurité et de confiance. Utilisé pour le repos de la tête, il signale que nous traversons une période apaisée ainsi que des relations agréables avec les personnes de notre entourage. Un oreiller sale et déchiré laisse entrevoir la mauvaise disposition du rêveur à affronter les problèmes quotidiens.
Pour une jeune femme, la confection d'un oreiller augure la chance et le bonheur sur le terrain sentimental.

Orgie Rêver que nous participons à une orgie reflète nos envies d'abandonner temporairement le comportement soumis face aux normes établies || Peut-être que le rêve nous rappelle que nos relations sexuelles sont trop conservatrices et que nous devrions nous détendre un peu plus dans ce domaine-là de notre vie. || Nous avons « soif » de chaos ; c'est quelque chose de commun dans l'humanité comme le démontrent les fêtes du Carnaval, dans lesquelles l'ordre social n'importe plus. Nous devons trouver une façon de défouler les inhibitions réprimées qui pèsent sur notre inconscient avant de faire quelque chose dont nous pourrions nous repentir.

Orientation Si au cours du rêve, nous devons choisir un chemin ou une orientation géographique déterminée, il est important au réveil de se rappeler laquelle nous avons choisie : la direction prise peut être vitale pour réorienter notre vie dans la réalité.

Orphelin Voir une personne orpheline indique la compassion et le désir de protection envers elle. Se voir orphelin soi-même traduit l'isolement et la solitude. Cela reflète aussi le besoin d'acceptation, d'affection et de protection.
Ce rêve présage que nous profiterons de nos amis riches, mais que nous serons malchanceux dans les affaires de cœur.

Ortie Les orties symbolisent la trahison et la cruauté. Sentir le picotement produit par le contact de cette plante indique le mécontentement de soi et l'incapacité de rendre heureux les autres.
Selon la tradition populaire, des orties constituent un indice négatif d'hypocrisie, de trahison et de désillusion. Avoir de l'urticaire, en revanche, par inversion du contenu onirique, est un signal de prospérité et de bonheur familial.

Os Habituellement associés à la mort et au passé lointain, ils augurent des problèmes, la perte des illusions et indiquent, en général, que nous traversons une période de pessimisme et d'abattement. || Rêver d'un os cassé signifie que les ciments de notre vie réelle et de notre pouvoir personnel peuvent être ébranlés.
Les déesses qui portent un collier d'os autour du cou, ou autour de la hanche, évoquent la pression exercée par le passage et la fugacité du temps.

Osier Des objets en osier sont symptomatiques d'un mauvais fonctionnement de nos affaires et de leur échec probable. Il conviendrait donc de mettre tous les moyens à notre portée pour que cela ne se produise pas.
Tresser l'osier est un pronostic d'indigestion.

Ouest Cet élément représente le repos et la tombée du jour et annonce de ce fait la paix et la tranquillité. Le songe dont il fait partie incite à se détendre et à surmonter les problèmes que l'on rencontre. (Voir Croix)

Ouragan Cet élément représente un grand obstacle que nous devons surmonter. Pour cela, nous devons être précautionneux et ne pas perdre le nord, en maintenant les pieds sur terre à tout moment. (Voir Abîme et Air)

Ours Il symbolise tout ce qui est instinctif. Il illustre aussi la dangerosité de l'inconscient. L'ours évoque l'homme cruel et primitif. Si toutefois le rêve est agréable, l'ours peut représenter la protection maternelle. Peut-être que, sous son imposante figure, se cache une bonne âme. Dans ce cas, l'inconscient exprime nos qualités. Nous devons extérioriser ces pensées nobles que, parfois, nous cachons derrière une apparente suffisance.

Outil Les rêves dans lesquels figurent des outils possèdent un sens clairement positif. Ceux-ci n'évoquent généralement pas des activités désagréables. Mais si le travail qu'on réalise avec les outils nous déplaît, il nous faudra alors interpréter le rêve comme une invitation à surmonter nos propres limites.

Ouverture L'ouverture de quelque chose symbolise l'arrivée d'une nouvelle influence dans notre vie. Il est probable que nous nous sentirons bientôt très inspiré, ou avec des idées nouvelles. || Selon le contexte, cela peut symboliser une porte ouverte nous offrant la possibilité d'entrer là où le désir nous porte, ou de sortir d'une situation déterminée ou de la changer. Cela peut exprimer le fait de sortir d'une condition d'enfermement, d'entrer dans une situation désirée ou de laisser derrière soi des choses et des personnes agréables. Il est d'ailleurs bon de se demander si nous nous laissons influencer par ce qui est vraiment spirituel ou si, au contraire, nous optons toujours pour une issue facile. Le fait que l'ouverture soit une porte, nous avertit des calomnies futures de nos ennemis.

Ouvrier Les ouvriers peuvent représenter des aires de notre propre personnalité que nous n'avons pas encore exploitées. L'attitude de ces derniers dans le travail onirique sera d'une grande importance pour l'interprétation du rêve. Étaient-ils efficaces au travail ou se montraient-ils fainéants et inefficaces ? || Voir des ouvriers travailler signale aussi l'avènement d'une période d'efforts et de souffrances pour le dormeur, après laquelle il jouira de grands bénéfices. || Si les ouvriers se déclarent en grève, ou que leur attitude est négative envers le rêveur protagoniste du songe, alors il devient évident que celui-ci doit changer de stratégie pour atteindre ses buts.

Ouvrir Rêver qu'une porte, une fenêtre ou n'importe quelle autre chose s'ouvre, symbolise la curiosité de découvrir ce que l'on dissimule à l'intérieur de nous-même. Cela nous avertit de notre désir d'aller au-delà de la réalité quotidienne dans laquelle nous évoluons d'habitude.

Ovni Jung pensait que les ovnis étaient des figures ayant une signification semblable à la résurrection du Christ : ils représentaient l'espoir, mais à l'ère de la technologie. D'après lui, la forme des ovnis était circulaire car, comme les autres symboles, elle se référait à la totalité du Moi supérieur. Ainsi, tenant compte du fait que l'inconscient avait la capacité d'apparaître à travers une foule d'images distinctes, il pensait que les ovnis pouvaient bien être l'une d'entre elles. || Du point de vue onirique, par conséquent, les ovnis manifestent peut-être notre désir d'atteindre le véritable but spirituel de la vie.

P

Pacte Établir un pacte avec une ou plusieurs personnes est synonyme de maturité et de responsabilité. Cela apportera de grandes satisfactions au rêveur dans un futur pas très lointain.

Paille Une grande quantité de paille stockée indique une abondance de biens. Le fait qu'elle soit épandue reflète une mauvaise organisation pouvant déboucher sur des problèmes économiques.
Dormir sur un tas de paille augure la tristesse et l'injustice. De même, avoir des relations sexuelles au-dessus prédit la misère et de mauvaises relations.

Paillette Les paillettes sont toujours associées aux célébrations, fêtes et déguisements. Le rêve peut être aussi bien positif que négatif. Les fêtes sont généralement liées aux désirs d'évasion et aux moments de frivolité, aux déguisements également ainsi qu'au mensonge et à la tromperie. || Cependant, une fête peut être la célébration d'un événement qui est arrivé à bon terme. Dans ce cas, le songe est interprété comme manifestant la satisfaction du devoir accompli ou bien le besoin d'un repos mérité après des responsabilités excessives.

Pain Selon la Bible, il symbolise la nourriture en général, ainsi que l'effort : « Tu gagneras ton pain à la sueur de ton front. » C'est pour cette raison que, lorsqu'il apparaît en rêve, il représente toujours des aspects essentiels pour nous. || Donner du pain à quelqu'un révèle notre capacité à pardonner et notre désir de partager. En revanche, n'avoir que du pain à manger signifie que nous nous sentons pauvre. || Nous devons, de même, prêter attention à la façon dont il se présente dans nos rêves. En effet, parfois il acquiert des connotations sexuelles, surtout chez les rêveurs adolescents. L'école freudienne l'identifie avec le corps de la personne aimée ou avec le pénis. Quant à l'école junguienne, elle reconnaît en lui une allusion à l'aliment spirituel.

Paître Voir des animaux paître dans un champ indique une période de sérénité et de repos réparateur. Après le temps de la tourmente, les choses reprennent leur cours normal.

Paix Être en paix avec soi-même est un signe de maturité. Il est arrivé un moment où nous sommes conscient du fait que les défauts se compensent avec les vertus. L'équilibre personnel passe par le fait de s'accepter tel que l'on est.

Palais Signe de richesse, d'ostentation et de pouvoir, le palais dans une mise en scène onirique est synonyme d'ambition : il montre que nous croyons mériter le plus haut destin. || L'image d'un palais indique également le désir de grimper à l'échelle sociale pour atteindre la position désirée.
Tous les contes comportent leur palais, leur château enchanté, le côté obscur du cœur où cohabitent les monstres et les trésors.

Pâleur Être plus pâle que de coutume peut signaler une maladie qui n'a pas été encore découverte. Cette option écartée, la pâleur indique l'évanouissement et la diminution de la force spirituelle ou mentale. Voir les autres pâlir peut exprimer la peur de les perdre, qu'ils ne disparaissent ou qu'ils changent d'attitude envers nous.

Palmier Symbole d'ascension, de régénération et d'immortalité, son apparition onirique indique la satisfaction de la réussite, ou celle d'être très proche de l'obtenir.
Assimilé aux valeurs de la fécondité, de la victoire et du triomphe du bien, le palmier est une promesse de satisfaction des désirs, de joies et de descendance chez les femmes mariées.

Panier C'est un symbole du « cloître » maternel. Si une femme rêve d'un panier dans lequel il y a un bébé, cela désigne une éventuelle grossesse. Si c'est un homme qui aperçoit ce panier, c'est un signal qu'il doit poursuivre les projets qu'il avait à l'esprit. || Un panier de fleurs annonce des joies dans le couple ; avec du pain, des problèmes économiques ; avec des fruits abîmés, des litiges à long terme. Le panier peut augurer la richesse dans un sens large. Vide, il exprime la pauvreté matérielle, émotionnelle, intellectuelle ou spirituelle.
Une panière à fruits est une promesse de plaisirs amoureux, une panière à fleurs, une promesse de bonheur en amour ; une panière pleine d'or annonce l'abondance et la fécondité ; une panière vide présage la solitude et les sentiments non partagés ; une panière fermée manifeste des secrets.

Panne En fonction de ce qui est en panne, nous pourrons connaître le problème que nous avons dans la vie réelle. Ainsi, rêver d'un téléviseur abîmé peut refléter le besoin intime de s'évader du foyer. Une panne de téléphone, en revanche, signale que nous avons besoin de nous isoler.

Pantalon C'est un symbole d'autorité et de prestige. Rêver que quelqu'un enfile notre pantalon implique la peur que cette personne n'usurpe notre position ou notre autorité. Un pantalon un peu court, ou nous donnant un aspect ridicule, révèle notre crainte de ne pas être à la hauteur de la situation. || Rêver d'acheter un pantalon manifeste notre désir d'avoir un plus grand pouvoir ; s'il est déchiré, c'est que nos projets comportent certainement de sérieuses lacunes ; enfin le perdre, révèle notre crainte des opinions d'autrui.

Panthère Elle peut symboliser une femme à l'affût. Elle représente un grand danger (harcèlement sexuel, trahison, vengeance, etc.).
Il s'agit d'un symbole onirique faisant allusion à l'ingratitude des amis et de la famille.

Pantoufle Cet élément représente les sentiments et émotions les plus intimes du rêveur. Marcher en pantoufles dans la maison peut être un signal de fatigue physique ou mentale, mais cela indique aussi un état détendu de confort intime. Se trouver dans la rue avec des pantoufles, au lieu de chaussures, reflète un manque d'assurance, un sentiment de honte ou de peur du ridicule. Le rêveur craint de ne pas être à la hauteur des circonstances dans la réalité.

Paon Cet animal représente la vanité et la fragilité des apparences.

Papier Une feuille de papier blanc peut à la fois symboliser un nouveau commencement dans notre vie, et indiquer un désir de nous exprimer à travers l'écriture ou l'art. S'il s'agit d'un document, c'est peut-être une référence à une affaire de notre passé. || La présence d'un papier dans un rêve doit de même être associée à son contenu écrit, sauf si nous n'arrivons pas à bien distinguer ce contenu. En outre, une feuille de papier poussée par le vent indique que nos illusions ou nos objectifs manquent de solidité. Nous raterons probablement les opportunités qui se présentent à nous. || Si nous nous voyons derrière une montagne de papiers, cela veut dire que nous vivons accablé par le stress, l'excès de responsabilités et les grandes inquiétudes. Le papier mouillé, enfin, est le symbole de la perte de prestige. (Voir Bibliothèque et Cahier)
Selon les oniromanciens, un papier blanc présage une période de douleur alors qu'un papier écrit augure beaucoup de joie en amour.

Papillon Alors que chez les anciens, cet insecte était l'emblème de l'âme et de l'attirance inconsciente vers la lumière, il est actuellement associé à la légèreté, l'inconstance et l'imprudence. || Toutefois, si nous rêvons de la transformation d'une chenille en papillon, ce dernier devient alors un emblème de métamorphose, de changement et de régénération. Le sens change donc puisqu'il semble indiquer que nous devons avoir confiance en nos aptitudes jusqu'à la fin sans nous laisser vaincre par la peur ou le désespoir. En définitive, tout finira par se résoudre. Ainsi, ce qui au début peut paraître négatif peut devenir totalement positif. || D'autres interprétations associent les papillons à l'amour, la joie, la liberté et la réussite. (Voir Vers, Métamorphose et Chenille)
Chuang Chou, un penseur chinois, pose une curieuse question philosophique concernant le rêve suivant. Une nuit, il rêva qu'il

était un papillon et la scène onirique lui sembla si réelle que, lorsqu'il se réveilla, il ne savait pas s'il était un homme qui avait rêvé qu'il était un papillon ou un papillon qui rêvait qu'il était un homme. || Les Turcs pensent que les morts peuvent revenir sous l'aspect de papillon et font donc attention à ne pas les tuer.

Paquet La réception d'un paquet augure la rencontre avec quelque chose d'inattendu. Cependant, le fait de ne pas l'ouvrir confirme les doutes que nous maintenions vis-à-vis d'un projet. Il nous faudra donc l'abandonner avant d'échouer. || Par ailleurs, ce que nous allons extraire du paquet peut représenter un aspect de notre esprit dont nous commençons à être conscient ou bien nos talents cachés. En ce sens, le paquet symbolise la découverte de soi.
Nous rencontrerons par surprise quelqu'un que nous n'avons pas vu depuis longtemps.

Parachute En rêver montre le besoin du dormeur de se voir protégé à un mauvais moment. Mais malgré son besoin urgent de recevoir l'aide de ses amis, celui-ci n'est pas capable de la demander. || Un parachute qui descend lentement signale le désir du dormeur de terminer une relation sentimentale, même s'il n'ose pas le faire.

Paradis Il s'agit d'un rêve merveilleux, serein, tranquille et parfois même romantique. Il peut signifier que nous avons besoin de plus de tranquillité et de calme dans notre vie quotidienne. Il se peut également que nous soyons très chanceux car, dans la vie réelle, nous vivons sur un paradis terrestre. || L'idée du paradis qui se trouve dans toutes les cultures peut être définie comme un état spirituel de bonheur absolu et d'équilibre que nous voulons atteindre. || Rêver de paradis révèle probablement une envie de jouir d'une vie facile sans travail ni responsabilités. Comme le parapluie, c'est un signe d'immaturité, car nous avons tendance à nous laisser guider par l'indolence et l'imagination. || Rêver d'être exilé du paradis pourrait faire référence à la fin de quelque chose d'agréable, voire même à un sentiment de culpabilité.
Si dans notre paradis onirique apparaissent des palmiers, alors la chance augurée par ce rêve est double. Chez les marins, on croit que cet élément présage un voyage sûr et heureux.

Paralysie Cet état indique un manque de disposition pour assumer certains compromis avec la société et avec nous-même. Le peu de confiance en nos propres possibilités nous conduit à cesser d'agir et à nous sentir progressivement paralysé. Cet état d'esprit explique que nous apparaissions dans nos rêves comme un être qui ne peut pas bouger, et par conséquent décider par lui-même. || Si ce sont les autres qui sont paralysés, ils peuvent alors représenter ces aspects de nous-même que nous n'extériorisons pas. De la même façon, si nous rêvons d'un animal paralysé, celui-ci peut faire référence à nos instincts et sentiments inhibés sur le plan sexuel.
Selon une certaine croyance, les cauchemars sont des esprits qui pèsent sur nous pendant notre sommeil, ce qui expliquerait le sentiment de paralysie. Autrefois, en Europe, on disait que les esprits craignaient le fer et l'acier. La solution aux cauchemars consistait donc à dormir avec un couteau à côté du lit.

Parapluie C'est généralement un signe d'immaturité. Rêver que nous nous abritons sous un parapluie indique que nous évitons les difficultés de la vie, c'est-à-dire que nous ne les affrontons pas. En d'autres mots, le parapluie suggère que nous éludons les responsabilités. || Dans d'autres interprétations plus spécifiques, le parapluie symbolise la protection personnelle de notre intériorité. La pluie est la voie par laquelle notre tension émotionnelle s'exprime et nous sommes prêt à l'affronter.
Si nous rêvons que nous perdons le parapluie, les augures sont bons et prédisent un cadeau précieux provenant d'une relation. Toutefois, si nous ne le retrouvons pas, nous subirons une grande perte dans les affaires.

Paratonnerre Ce rêve nous avertit d'être vigilant afin d'éviter les désastres.

Parc Rêver que nous nous promenons à travers un parc signifie que nous jouirons de temps libre après avoir surmonté des périodes de travail pénible et de souffrances. Si la promenade se fait avec la personne aimée, c'est que nous vivrons avec elle un mariage long et heureux. || Un parc sale et une végétation négligée prédisent des événements subits et imprévus qui retarderont nos projets. || Si nous entrons illégalement dans un parc ou un jardin particulier, le rêve peut vouloir nous dire que nous nous immisçons peut-être trop dans la vie de quelqu'un.

Parent Les membres de la famille symbolisent fréquemment des facettes de notre personnalité ou des caractéristiques personnelles dont nous sommes ou non fier. L'interprétation de ce rêve variera en fonction des membres de la famille, s'ils sont proches ou s'il s'agit de parents lointains, et selon ce qu'ils symbolisent pour nous. Il se peut que cette réunion familiale ait lieu autour d'un événement (comme une noce ou des funérailles), et que nous nous y sentions fortement soutenu et protégé. Au contraire, nous pouvons nous trouver entouré de membres de la famille peu intimes avec nous, chez lesquels nous pouvons identifier une grande quantité de défauts que nous détestons. (Voir Grands-parents, Famille, Frère, Mère et Père)

Parfum Un rêve peut-il nous transmette ou non l'odeur réelle d'un parfum ? Ce qui est en revanche vraiment possible, c'est qu'il nous apporte des souvenirs associés à ce parfum. Cet élément est un symbole de la présence spirituelle puisqu'il alimente le souvenir et la nostalgie. S'il est doux, il traduit la délicatesse ; s'il est fort, la rudesse.

Pari Parier en rêve signifie que l'on est disposé à assumer des risques. La cause peut provenir d'une situation de la vie réelle. Peut-être sommes-nous disposé à parier aveuglément sur une voie future à emprunter. On recommande dans ce cas de soupeser les éléments qui impliquent un tel choix et de prendre, avec calme, l'option qui nous paraîtra la meilleure. || Concernant les paris ludiques, il y a des personnes qui ont cru dans le pouvoir prémonitoire des rêves et ont agi dans la réalité selon ce qu'ils leur dictaient. Cela ne veut pas dire que l'on doit dépendre uniquement et exclusivement du hasard onirique. Car cela risque sans doute d'entraîner d'importantes pertes économiques.
Le sens de cette image doit être inversé : si nous rêvons que nous gagnons un pari, nous le perdrons et vice versa.

Parler Cet élément renvoie au besoin de communiquer. Si ce que nous disons n'a aucun sens, cela signifie que nous essayons d'attirer l'attention des autres. L'insatisfaction affective est ici mise en évidence. Au contraire, parler logiquement et de façon sensée est une façon d'ordonner ses pensées. || Par ailleurs, rêver que nous communiquons à travers une langue étrangère que nous méconnaissons peut suggérer un besoin d'analyser nos projets depuis des points de vue différents. Enfin, ne pas comprendre les mots que nous entendons traduit notre crainte des commérages. (Voir Bouche, Cri et Langue)
Parler en rêve avec des animaux présage la souffrance ; avec d'autres personnes, le risque et le danger ; avec des supérieurs, la joie ; avec des ennemis, la santé. Parler avec sa propre mère est un bon augure. Rêver que quelqu'un parle mal de nous prédit des projets fructueux.

Pas Entendre des pas qui s'approchent ou s'éloignent de nous, sans pouvoir voir la personne qui marche, exprime la crainte qu'un agent externe, que nous ne contrôlons pas, envahisse ou affecte notre espace vital. Cela dénote un sentiment d'insécurité envers notre entourage. Mais il peut aussi s'agir d'un avertissement nous conseillant de faire un pas en avant dans un secteur de notre vie.

Passager Parfois, nous consacrons trop d'efforts à assumer l'attitude parasite des autres. Nos amis et notre famille deviennent les passagers de notre propre corps, bridant ainsi notre liberté. || Faire partie des passagers peut signifier que nous ne contrôlons absolument pas notre vie et que nous acceptons toujours les décisions de l'entourage.
Si des passagers chargés de bagages s'approchent de nous, alors notre situation s'améliorera. Leur éloignement prédit, en revanche, une détérioration de nos conditions de vie.

Passeport Comme d'autres documents, le passeport révèle notre identité, c'est-à-dire notre personnalité publique. Le perdre en rêve dénote une désorientation profonde, ainsi qu'un manque total de motivation pour prendre des initiatives. || Le passeport peut aussi nous conduire vers des terres étrangères et vers le monde inconnu de l'inconscient. Ainsi, ce rêve peut signifier que nous entamons une période d'analyse de notre propre personnalité. Nous sommes peut-être sur le point d'entreprendre le voyage vers la connaissance de soi. || Rêver qu'on examine et tamponne le passeport peut signifier l'approbation d'un nouveau projet.
Selon les oniromanciens, les passeports oniriques ne sont pas du tout liés aux voyages. En effet, ils annoncent que notre vie amoureuse s'améliorera.

Passoire Utiliser une passoire annonce des procès et des problèmes judiciaires causés par des difficultés matérielles. Si les trous sont très étroits, ces affaires nous seront favorables, mais si c'est le contraire, c'est-à-dire s'ils sont gros, on finira par perdre tout ce qu'on avait gagné. || Voir d'autres personnes utiliser une passoire signifie que, dans la réalité, on ne nous accepte pas tel que nous sommes et que ce comportement nous fera souffrir.

Pastèque C'est un signe de fécondité et aussi un signal positif lorsque nous sommes impliqué dans une affaire commerciale.

Patient Le rêve peut refléter la réalité, ou signaler une maladie que nous sommes en train de couver. Il nous invite aussi à être plus patient et à conserver notre calme en toutes circonstances.

Une surprise agréable est sur le point d'advenir.

Patiner L'action onirique de patiner nous prévient de notre entrée dans une situation d'instabilité. En effet, ce type de rêves symbolise le risque. Si la sensation est désagréable, il faut craindre que l'instabilité du dormeur dans la vie réelle ne finisse défavorablement (avec d'importantes pertes économiques, par exemple). || Mais, si les scènes de patinage nous paraissent agréables du point de vue esthétique, nous ressortirons probablement fortifié de la situation de conflit qui nous préoccupe. Le plus important de tout est que nous y verrons ensuite plus clair dans notre orientation existentielle.

Payer Nous prenons en charge notre situation, aussi dure soit-elle.

Le fait de « payer » désigne les travaux du karma et le fait que toute cause a son effet. Tout a un prix. La gloutonnerie, par exemple, engendre des problèmes de santé ; l'égoïsme provoque la solitude ; et la convoitise matérielle entraîne la pauvreté de l'esprit. Le bonheur se situe à mi-chemin entre les biens matériels et l'austérité. Il faut accepter que toutes les choses ne nous appartiennent pas, et que tout ce que nous possédons, c'est le monde qui nous le prête. Et bien souvent, c'est lorsque l'on n'a rien que l'on a tout.

Paysage Les paysages oniriques sont des scènes symboliques dont toutes les composantes doivent être prises en compte. Pour une personne accablée par les problèmes financiers par exemple, une crête montagneuse peut représenter un graphique des bénéfices et des pertes économiques. || Cependant, pour comprendre le sens symbolique d'un paysage, il faut distinguer ce qui domine de l'accessoire. Ainsi donc, quand un élément règne sur tous les autres et les unifie (la mer, le désert, etc.), le rêve doit être interprété en fonction de cette composante supérieure. Mais si, au contraire, le paysage offre une variété d'éléments et un équilibre entre eux, alors il faut l'analyser comme s'il s'agissait d'un tableau, en prêtant attention aux formes (planes, pointues, rondes, etc.) ainsi qu'aux couleurs qui ressortent le plus.

Paysan La figure du paysan est associée au travail : labourer la terre, faire les semailles et récolter les fruits après un dur labeur. La tâche réalisée par le paysan de la vision onirique indique les circonstances dans lesquelles le rêveur évolue à un moment donné. Les semailles, par exemple, représentent une période de forte activité pour obtenir des bénéfices dans le futur. L'action d'élaguer exprime le besoin d'éliminer le superflu et de se concentrer seulement sur ce qui est essentiel. La moisson signale que c'est le moment de récolter les fruits que procure le travail bien fait.

Peau C'est une partie essentielle de l'image de notre corps que nous projetons vers les autres. Rêver qu'elle n'a pas un bel aspect pourrait indiquer la crainte de faire mauvaise impression, ainsi que la honte de quelque chose que nous avons l'illusion de pouvoir cacher. || La peau est également associée à l'idée du passage du temps. Une peau ridée est, par conséquent, l'expression de notre crainte de la vieillesse et de la perte de notre attrait physique. || En revanche, une peau douce et lisse suggère la sensualité, la délicatesse, l'envie de caresses, et en définitive le besoin d'affection.

Certaines femmes d'Oman pensent que rêver d'une peau pâle augure l'arrivée d'une grande quantité de bijoux. || Rêver de changer de peau présage des désagréments.

Peau de chamois La peau de chamois ainsi que tout autre objet confectionné avec elle augurent la richesse obtenue grâce à l'effort personnel. || Rêver du chamois indique qu'il faut être plus patient dans la poursuite de nos objectifs.

Pêche Ce fruit représente l'abondance et la joie.

Les pêches sont de bons augures de santé et de plaisir : les manger promet la réconciliation avec une personne aimée ; les ramasser est un indice de richesse ; les voir dans l'arbre traduit la tentation.

Péché ◘ En marge de la religion ou des croyances que professe le rêveur, rêver d'un péché est presque toujours l'indicateur d'un sentiment de culpabilité. Même si au réveil nous ne nous sentons pas du tout coupable, notre inconscient nous accuse d'une telle façon qu'il faudrait en rechercher les causes pour pouvoir nous libérer de cette sensation.

Pêcheur ◘ Associée à la prédication et à l'apostolat, la figure du pêcheur est aussi celle qui extrait des éléments des profondeurs, c'est-à-dire de l'inconscient. Dans cette mesure, cet élément peut être d'une grande aide sur le chemin de la connaissance de soi. Nous devons être attentif aux éléments que le pêcheur réussit à sortir du fond de nous-même et à ce qu'ils symbolisent.

Pédaler ◘ L'interprétation de cette action est associée à celle de la Bicyclette. Elle indique un état dans lequel le dormeur ne dépend que de son propre effort pour mettre en marche les projets qu'il désire réaliser.

Peinture ◘ Différentes interprétations de ce rêve existent selon que nous nous référons à la peinture comme matériel ou comme art. Dans le premier cas, peindre avec une brosse un mur met en évidence un conformisme devant la vie ; observer comment font les professionnels reflète la bonne issue de projets conçus de longue haleine. || Dans le second cas, il faudra être attentif au courant dans lequel s'inscrit la peinture en question, car ce qui est représenté peut décrire notre situation dans la réalité. Ainsi, si la peinture est réaliste, la sincérité marquera toutes nos relations ; mais si elle est abstraite, la tension et les disputes mineront notre entourage. Selon les couleurs, brillantes ou sombres, nous obtiendrons davantage d'informations. Ainsi, le rouge dénote l'agressivité, le bleu manifeste la mélancolie. D'un autre côté, ce rêve peut aussi indiquer le besoin d'exprimer tout notre potentiel créatif.

◎ En général, la peinture signifie que notre travail nous plaît. Si, en revanche, nous nous tachons de peinture, c'est que d'autres nous critiqueront.

Pèlerin ◘ Il symbolise la recherche, l'expiation, la purification et l'hommage. Il entreprend le voyage dans la pauvreté, avec humilité, et participe alors à un rite d'initiation qui mène à l'illumination et à la sainteté. Il est important d'analyser le motif du pèlerinage, et aussi de savoir qui nous accompagne, si c'est une personne ou un animal. Cela nous informera sur les aspects de notre nature que nous emportons avec nous dans notre voyage intérieur. (Voir Bâton, Croix, Carrefour et Orientation)

Pélican ◘ C'est un symbole d'autorité, de responsabilité et de sacrifice pour les autres. En effet, lorsqu'il ne trouve pas de nourriture pour ses petits, il les nourrit de son propre sang. En raison de ces connotations, le pélican est relié à l'amour paternel. Il reflète aussi un sentiment de générosité envers les personnes proches de l'entourage du rêveur, tout en étant aussi le signal de responsabilités excessives et accablantes. Le songe peut, dans ce cas, s'interpréter comme le besoin d'un repos mérité.

Pendu ◘ Ce genre de rêve peut indiquer le point culminant d'une dépression à partir duquel les choses peuvent changer. Le pendu commence à valoriser ce qu'il a, au lieu de se lamenter sur ce qui lui manque.

◎ L'interprétation divinatoire de cette image onirique dénote la perte de biens, des jugements injustes, un héritage raté ou bien l'infidélité.

Pénis ◘ Il n'est pas très fréquent qu'un pénis apparaisse comme tel dans un rêve. Normalement, il est camouflé sous des formes phalliques. La présence nette de cet organe masculin constitue une affirmation sexuelle encore plus implacable si elle provoque la peur ou l'angoisse. Le rêveur devra alors réfléchir à son attitude envers la sexualité. (Voir Phallus)

Perdre ◘ Rêver de la perte d'un objet dénote le refoulement, la timidité, le complexe d'infériorité, la honte et, en définitive, la peur. Le sentiment de perte est lié à celui de culpabilité. Nous devons nous demander également ce que signifie pour nous ce que nous avons perdu. || Se perdre soi-même symbolise le commencement d'une nouvelle phase vitale. Cela exprime notre nervosité devant le fait de devoir laisser derrière nous ce qui jusqu'à maintenant nous était familier. Cependant, le sens du songe peut aussi être l'inverse : dans la réalité, nous ne savons pas quelle direction prendre. Dans ces moments de totale confusion, il est conseillé de se fixer de petits objectifs et, peu à peu, de les réaliser.

◎ Perdre quelque chose prédit que nous pouvons nous couper par accident avec un objet affilé.

Père L'interprétation d'un rêve dont l'image centrale est notre père dépend en grande mesure de la relation que nous avons avec lui dans la vie réelle. Le rêve nous fournit peut-être simplement un avertissement « paternel » que nous devrions prendre en considération. Il se peut aussi qu'il fasse référence à l'aspect masculin de notre personnalité, en nous encourageant à être plus énergique. Si le père du rêveur était inefficace comme tel, le songe peut se référer à une recherche inconsciente de la figure du père. En revanche, si c'était une personne trop stricte, alors ce peut être pour le dormeur un avertissement l'incitant à ne pas reproduire cette façon d'agir envers lui-même ou ses propres enfants. || Rêver de la mort de notre père reflète notre désir de rompre les liens familiaux et de commencer à être plus indépendant. || Le père représente la maîtrise, les lois et les normes. Il apparaît habituellement dans le monde onirique sous les figures du roi, de l'empereur, du soleil ou d'une arme. C'est pour cette raison qu'il symbolise le monde des préceptes moraux et des interdictions faisant obstacle aux instincts. Ainsi, le père incarne-t-il généralement la morale traditionnelle et le début de l'autorité. Il ne faut pas s'étonner que, dans l'adolescence (période de formation), les rêves où apparaît l'image paternelle soient très communs, normalement sous des formes hostiles et despotiques. Selon Jung, ce symbole joue un rôle psychologique crucial dans le développement de l'individu. || En opposition à la mère, représentant la protection, la sécurité et la tendresse, le père symbolise les valeurs très liées à la masculinité : le risque, l'aventure, la lutte, l'effort, la recherche rationnelle, le calcul, etc. || À ce sujet, Freud soulignait l'importance de l'ancien mythe grec d'Œdipe. Si le sujet ne parvient pas à se détacher convenablement de l'influence paternelle, celle-ci provoque un complexe. D'après ses théories, dans l'enfance (particulièrement entre quatre et six ans), les enfants vivent une période de désir incestueux envers la mère. Le complexe surgit quand ils ne parviennent pas à dépasser cette phase et commencent à nourrir des sentiments de rancœur parce qu'ils voient la figure du père comme un rival à abattre. Cependant, le complexe d'Œdipe se résout habituellement de lui-même à la puberté. (Voir Aigle, Autorité, Épée, Feu, Lumière et Maître)

Perle Le philosophe chinois Lao Tseu a dit une fois : « L'élu va avec des vêtements usés, mais dans sa poitrine il cache un joyau. » Cette situation peut être extrapolée à celle de la perle cachée dans l'huître, c'est-à-dire à la perfection spirituelle dissimulée sous la carapace. || Par ailleurs, la perle représente aussi le féminin, l'amour et la beauté. Montée sur des bijoux, des colliers, elle indique la grandeur matérielle et l'exhibitionnisme. Et, si dans le rêve, un collier de perles se casse et que celles-ci se dispersent, c'est que quelque chose s'est désagrégé dans notre vie à l'état de veille. Cela révèle possiblement notre peur de ne pas obtenir finalement ce pour quoi nous avons tant lutté. (Voir Coquille)
Enfiler des perles dans un collier augure la solitude.

Perroquet Cet oiseau symbolise les critiques, les racontars, les commentaires et les calomnies qui circulent dans notre dos.

Perruque À moins d'avoir l'habitude de porter une perruque dans la réalité, se voir en porter une en rêve traduit l'altération de notre propre image. Nous projetons quelque chose vers l'extérieur qui ne correspond pas à nos véritables désirs, sentiments ou émotions. Cela signale notre intention de dissimuler, déguiser ou déformer. || Voir une autre personne porter une perruque exprime un sentiment de méfiance envers elle, ou la crainte qu'elle ne change d'attitude et de sentiments. || Chez un homme, la calvitie est souvent accompagnée de la crainte de l'impuissance. Une perruque peut manifester dans ce cas le désir de cacher son manque d'assurance, ou de déguiser une autre facette de sa personnalité dont il a honte.
Il existe de nombreuses interprétations autour de cet élément : une perruque blonde, par exemple, augure de nombreux admirateurs ; une perruque foncée confère la loyauté ; une perruque blanche annonce la richesse ; et une perruque brune prédit que la personne que nous allons épouser sera pauvre.

Persécution Rêver de tomber, de se sentir poursuivi provient de notre propre sentiment d'insécurité. C'est l'une des images qui se produisent le plus fréquemment pendant notre sommeil. Cela indique essentiellement le pouvoir qu'ont sur nous les faits ou les sentiments du passé. En effet, les conflits qui dérivent de ces situations passées sont encore vigoureux et nous empêchent d'avancer vers le futur. Il pourrait s'agir d'épisodes de l'enfance ou de l'adolescence logés dans notre mémoire, et qui ont pris la forme de sentiments de culpabilité ou d'obsessions.
D'après les Indiens d'Amérique, nous devrions, lorsque nous faisons ce rêve, faire face à notre persécuteur et lutter contre lui pour le démasquer. Si nous suivons ce conseil, nous réaliserons peut-être que nos peurs ne sont pas si menaçantes.

Persiennes Cet élément symbolise la relation que nous avons avec l'extérieur. Les ouvrir indique une disposition et une volonté de communiquer ; les fermer, un état d'isolement et d'enfermement. Laisser la lumière entrer à travers leurs lames manifeste une attitude préventive ou une crainte de voir son intimité envahie.

Pétard Leur bruit est un signal d'alarme concernant des imprévus qui pourraient nous être préjudiciables, tant sur le terrain professionnel qu'affectif. Nous devons donc être vigilant devant tout indice suspect surgissant dans notre environnement. Cet élément représente également la joie momentanée et passagère. C'est l'explosion d'émotions incontrôlées qui nous envahissent à certaines occasions. Le moment est peut-être venu de se relaxer et ne pas se laisser mener par l'euphorie.

Petit pois Cette variété de légume est un signe positif sur le plan amoureux : les petits pois prédisent des unions sentimentales longues et durables. || Quand ils sont secs toutefois, ils nous alertent que nous négligeons notre santé ; les manger augure un revers de fortune après une période fructueuse. || Les planter signale que l'on a choisi la bonne voie pour atteindre les buts fixés ; les ramasser annonce que les bénéfices de notre dur labeur arrivent.

Pétrifier (se) Dans presque tous les récits mythologiques, la pétrification est le châtiment des dieux infligé à un regard ayant transgressé les limites permises. Dans ce cas, le rêve indique un sentiment de culpabilité. En outre, il arrive que le dormeur essaie de réagir devant une situation violente, ou simplement qu'il essaie de bouger, mais sans y parvenir. Ces songes reflètent un état de paralysie involontaire qui peut être physique, émotionnelle ou intellectuelle. Il faudrait analyser la situation de la vie du dormeur pour découvrir la cause de cette immobilité.

Peur Cet élément onirique reflète un état latent d'anxiété. Le sentiment d'insécurité, les craintes et les inquiétudes nous atteignent de façon préoccupante. || En premier lieu, et afin d'interpréter ce type de rêves de façon adéquate, nous devons analyser les événements des derniers jours. Il ne faut pas écarter la possibilité d'avoir vu récemment un film de terreur, ou lu un récit effrayant, nous ayant affecté au niveau inconscient et s'infiltrant ensuite jusque dans nos rêves. Souvent, ces scènes terrorisantes révèlent des points obscurs de notre passé, refoulés dans l'inconscient. || La fonction des rêves est de nous rappeler les situations qui nous font peur ; ils constituent une très bonne occasion de découvrir et résoudre ce qui nous terrorise tant. || Avoir peur dans un rêve révèle, selon l'école freudienne, un intense complexe de culpabilité. (Voir Abîme, Accident et Démon)
La croyance populaire concernant ce rêve rejoint de près l'interprétation de la psychologie moderne. Si nous parvenons à vaincre en rêve ce qui produit en nous de la peur, la même victoire sera remportée dans la réalité sur tout ce qui nous fait peur.

Phallus Outre la sexualité masculine, le phallus représente la force vitale créatrice. C'est un symbole d'énergie et de pouvoir. Voir un phallus en rêve indique un moment de haute créativité. || Si une femme se voit elle-même pourvue d'un phallus, le rêve indique qu'elle désire développer son côté masculin. Si un homme rêve d'une femme inconnue ayant un phallus, il est possible qu'il ressente le besoin de faire ressortir son côté féminin.
Le phallus est la représentation de tout ce qui est masculin, lumineux ainsi que le yang. Symbole de fécondité, régénérescence, pouvoir et immortalité, le phallus est, pour beaucoup de peuples, le symbole cultuel le plus commun. Les peintures pariétales trouvées en Australie, au Sénégal, au Niger, en France, en Chine, au Japon et en Inde comportent des dessins des appareils reproducteurs humains, qui sont autant de preuves du pouvoir de ce symbole. Les Romains employaient également des fétiches phalliques pour faire fuir les esprits malins. Le dieu Priape était, en outre, représenté comme un grand phallus à tête humaine. || De leur côté, les Mexicains adoraient un serpent ailé et les Hindous rendent encore tribut à Shiva, un emblème phallique. D'autre part, la divinité favorite en Chine est Shou-lao, le dieu de la longévité. Il a une tête chauve énorme et allongée, comme un phallus. || Pour certaines traditions, rêver de son propre phallus augure une richesse passagère, du fait qu'il croît et se rétracte. Cela peut cependant aussi dénoter des projets secrets, la pauvreté et la captivité.

Phare Cet élément annonce une aide, une lumière qui guide, ainsi que le début d'un nouveau cycle vital. Il nous sauve du voyage tumultueux à travers l'inconscient. Le rêve qui l'inclut est positif parce que le phare symbolise une renaissance. || L'apparition de cet élément dans le rêve peut aussi être occasionné par quelqu'un qui nous a donné de l'espoir et qui a découvert quelque chose d'important. || Par sa forme phallique, le freudisme l'identifie à l'organe masculin.

◎ Chez un marin, la vision d'un phare est un pronostic de bonne mer et de voyage prospère. Chez un malade, cela prédit une convalescence rapide et une santé durable. Cesser de voir le phare au milieu d'une tempête, ou en raison de mauvaises conditions climatiques, indique des revers au moment où tout semblait s'arranger.

Pharmacie La vision onirique d'une pharmacie signale généralement un mauvais moment qui ne prendra fin qu'avec la prise de décisions difficiles. || Si le rêveur est le pharmacien, il devra se décider avec l'aide de personnes de confiance ; s'il est le propriétaire de la pharmacie, cela met alors en évidence sa peur de tomber malade ; et s'il est client, il devra affronter des événements inattendus.

Phoque Visualiser un phoque en rêve désigne une solitude affective, fruit de l'immaturité ou de l'inexpérience.

Photographie Revoir de vieilles photos témoigne d'un lien très fort avec le passé, mais aussi d'une attitude pessimiste devant la vie. En revanche, tirer le portrait d'une personne met en évidence des sentiments positifs envers elle. Si nous nous voyons portraituré, le rêve peut posséder la même interprétation que celle du Miroir. || La photographie, en outre, peut représenter nos pensées ou idées. Peut-être qu'elle nous prévient que quelque chose réclame notre attention. Le contenu de la photo peut nous dire de quoi il s'agit.

◎ Selon les croyances oniriques, ce rêve nous avertit que nous nourrissons de fausses espérances à propos de quelque chose. Cela peut également signifier des déceptions amoureuses, surtout si notre propre image apparaît sur la photo.

Pie En rêver présage le vol, l'envie et les commérages qui sont précisément le fait de cet oiseau de mauvais augure.

Pièce C'est le symbole de l'individualité, de la pensée personnelle. Chaque sorte de pièce représente les différents aspects de notre esprit et de notre façon d'être. Le salon est la conscience ; le sous-sol ou la cave, l'inconscient ; et les pièces supérieures, l'aspiration spirituelle du rêveur. || Le sens du songe dépendra de l'état dans lequel se trouvera chaque pièce. Ainsi, le fait qu'elle comporte des fenêtres symbolise la possibilité de communiquer avec l'extérieur. En revanche, une pièce fermée et sans fenêtres peut représenter la virginité ou le manque de communication. || D'un point de vue onirique, des équivalences entre la pièce et le corps physique peuvent aussi être établies. Il faut donc analyser l'ambiance qui est respirée dans chaque pièce. Une pièce agréable augure le bien-être et la sérénité ; en revanche, si elle manque d'ouvertures, elle reflète l'isolement, les peurs et le manque d'assurance. (Voir Maison)

◎ Il existe de nombreuses croyances à sujet. Selon l'une d'elles, rêver de sa propre chambre signifie que nous visiterons des terres lointaines.

Pied Les pieds sont le support fondamental des personnes, ce qui nous maintient en position verticale. Leur bon état représente donc la sécurité et la stabilité. || Rêver que nous voyons des empreintes devant nous est une invitation à avancer dans le sens indiqué par ces dernières. Si l'on nous ampute d'un pied, c'est que nous sommes menacé d'une perte d'équilibre, que ce soit du point de vue physique ou mental. || Le songe nous avertit peut-être que nous devrions être plus pratique et plus réaliste, en maintenant les pieds sur terre. Par ailleurs, cet élément peut renvoyer au fait que nous reconsidérons la direction que prend notre vie, ou que nous questionnons les fondements de notre existence. || Pour un chrétien, rêver de se laver les pieds exprime le pardon. En Inde, les pieds des gourous sont considérés comme la partie la plus sacrée et la plus divine de leur corps. (Voir Amputation, Chaussure, Croix et Orientation)

◎ En Chine, on raconte que tous les grands voyages commencent avec un seul pas. Le rêve recommande de se déplacer avec précaution, en faisant un pas à la fois.

Piège Tomber dans un piège indique notre trop grande confiance en la providence, raison pour laquelle nous perdons possiblement le contrôle de notre vie. || Ce piège peut aussi être le fruit de l'incohérence, car nous avons l'habitude de parler de ce que nous ne savons pas. Dans ce cas, c'est évidemment nous-même qui nous le tendons.

Piégé Ce rêve exprime probablement la façon dont nous nous sentons dans la vie réelle. Nous nous croyons peut-être pris au piège dans le mariage, sous la tutelle de nos parents, dans un travail sans avenir. Dans ce cas, nous avons besoin de transformer certains aspects de notre situation. D'autre part, nous sommes

aussi peut-être également piégé par notre propre conservatisme ou entêtement. Si nous changeons notre manière de faire les choses, nous éprouverons sûrement une plus grande sensation de liberté.
◎ D'après la tradition gitane, rêver qu'un animal est pris au piège indique que nous devons agir avec précaution, sinon nos projets échoueront.

Pierre ⊙ C'est le symbole de l'être, de la cohésion et de la cohérence avec soi-même. Sa dureté a toujours été perçue comme le contraire de ce qui est biologique, soumis aux lois du changement, de la décrépitude et de la mort. || Malgré les apparences, la pierre possède aussi un sens inverse à celui du sable. Cet élément, en définitive, est un emblème de la résistance, la ténacité, la persévérance et l'éternité de l'être. Mais ces qualités peuvent aussi déboucher sur la froideur, l'opiniâtreté, le rejet du renouveau. || Il se peut également que, en tant qu'élément lourd, la pierre symbolise les charges et les responsabilités pénibles que nous supportons dans la réalité. || En outre, une pierre cassée en multiples fragments représente le démembrement, la désintégration psychique, la maladie, la mort et la défaite. Rêver de pierres pleuvant du ciel traduit l'endurcissement de notre cœur. Enfin, les pierres précieuses symbolisent la transmutation de l'opacité en transparence, de l'imperfection en perfection. (Voir Rocher)
◎ Les pierres sur le chemin font référence aux gens maladroits et peu souples qui empêchent notre progrès vital. Le fait de lancer des pierres signale des accusations. Selon certains oniromanciens, les ramasser annonce un héritage de terres. Enfin, trouver des pierres précieuses augure la chance.

Pin ⊙ Il représente la longévité. Le sapin, plus concrètement, symbolise l'amitié véritable.

Pipe ⊙ Fumer une pipe en rêve est un symbole de confort, communément associé à l'acte de téter. Cela connote, par conséquent, un manque d'assurance. La pipe peut aussi symboliser le désir du rêveur de s'évader. Cependant, l'effet produit par l'acte de fumer dans le rêve sera très significatif : avons-nous profité de l'arôme qui se dégageait de la pipe allumée ? ou bien est-ce que cela nous était désagréable ? C'est peut-être le signe que nous commençons à être fatigué de notre manque d'assurance ou de notre dépendance à l'égard de quelque chose ou de quelqu'un.

Pirate ⊙ Le rêveur nourrit un sentiment de culpabilité ou de honte pour s'être approprié quelque chose qui ne lui appartenait pas dans la réalité. Il devrait se demander s'il a pillé quelque chose, ou bien s'il a volé le ou la partenaire de quelqu'un. Le mot clé « pirater » décrivant cette situation ne donne pas au rêve une interprétation positive. Il se peut que quelqu'un sans scrupules profite de nous, ou nous de lui.
◎ Les pirates peuvent être romantiques, mais aussi violents et dangereux. Le songe est interprété comme un avertissement nous signalant d'œuvrer avec précaution.

Pis ⊙ Rêver des mamelles d'une vache exprime la plénitude et la vigueur. Boire directement au pis indique que nous bénéficions de beaucoup d'énergie pour vivre la vie intensément.

Piscine ⊙ Sa signification est associée à celle de l'Eau et du Lac. Cependant, la piscine est davantage liée à l'oisiveté et à la distraction. Les éléments oniriques, comme la profondeur, l'aspect trouble ou cristallin de l'eau et les personnes déambulant sur ses bords, sont importants car ils contiennent les clés pour une interprétation correcte.

Pistolet ⊙ Outre sa relation avec l'Arme, l'image du pistolet est associée au pénis et indique donc la force et la virilité. Cet élément signale généralement un désir refoulé, ou bien le besoin d'exalter le côté masculin du rêveur, aussi bien chez un homme que chez une femme. || Si nous tuons quelqu'un avec le pistolet, la victime peut représenter tous les aspects de notre personnalité qui nous déplaisent ou que nous ne voulons pas accepter. Tuer un animal signifie que nous refoulons nos instincts en préférant la raison. Être la victime signifie que quelqu'un nous rend la vie impossible dans la réalité.

Place ⊙ Elle exprime le type de relation que le dormeur entretient avec l'extérieur. Une place vide indique l'isolement ; une place pleine de gens signale la crainte de voir envahir sa propre intimité, mais aussi de se voir mêlé à la foule (l'anonymat). Dans l'interprétation de ce rêve, le sentiment d'angoisse ou de sérénité qu'éprouve le dormeur est, de toute façon, déterminant.

Plafond ⊙ C'est un signe de protection devant les circonstances extérieures. Mais cet élément peut aussi, dans un sens, nous porter préjudice : sa protection nous prive de la possibilité de nous enrichir de nouvelles expériences. || Suivant la sensation que nous aurons (agréable ou désagréable), le sens du rêve penchera vers l'une ou l'autre possibilité. Dans le cas d'une surprotection, l'inconscient nous communique que nous devrions ouvrir notre esprit à des idées nouvelles, sinon nous risquons de ne pas avancer suffisamment.

Plage Généralement, l'inconscient associe la plage à deux éléments très différents : l'endroit que nous atteignons quand nous nous sauvons d'un naufrage, et l'espace pour passer le temps libre. Dans le premier cas, la plage symbolise l'appui sur lequel nous comptons pour surmonter nos problèmes tandis que, dans le second cas, elle symbolise le besoin de prendre du repos. (Voir Sable, Île, Mer et Rive)

Plaie Cet élément signale à court terme des souffrances occasionnées par une maladie ou une tension émotive. Cependant, la guérison des plaies signifie la fin prochaine d'une période de peines et de souffrances.

Plainte Se plaindre renvoie à des problèmes affectifs ou économiques dans la vie réelle pour lesquels on est incapable de demander de l'aide. Le rêve est alors une expression de notre peine et un signal pour aller vers les autres dans les moments difficiles. || Cependant, il peut aussi nous avertir de notre tendance à toujours nous plaindre et nous suggérer de cesser de nous lamenter autour d'une affaire du passé.

Plaisanterie Faire des plaisanteries à d'autres personnes témoigne d'une vie excessivement sérieuse et d'un besoin de divertissement. Plus la plaisanterie est amusante, plus l'état du rêveur est extrême. Si elle devient toutefois gênante, c'est peut-être que dans le fond se cache le désir de soulager des refoulements en blessant les autres avec des plaisanteries lourdes.

Si la plaisanterie expliquée dans le songe est drôle, alors les affaires auront le vent en poupe. Mais si elle n'est pas du tout comique, alors les affaires échoueront.

Planche Cet élément signifie que nous disposerons de moyens pour mener à bien nos projets, l'ambiance de notre entourage y étant en plus propice. La couper signale l'apparition d'imprévus qui retarderont nos projets ; ne pas pouvoir l'utiliser parce qu'on est en mauvaise santé augure des disputes qui nous plongeront dans une grande tristesse. || Enfin, rassembler des planches indique que c'est le moment de nous associer à d'autres personnes pour entreprendre une affaire complexe.

Planète Les planètes reflètent la relation du rêveur, non plus avec son environnement proche, mais avec l'univers qui l'entoure. L'esprit a atteint, en rêve, une position élevée, d'où il contemple sa situation en tant que partie du cosmos. Cela peut être un moment propice pour formuler des questions existentielles autour du sens de la vie. En tout cas, un haut degré de spiritualité a été atteint.

Plante C'est une image de la naissance de la vie. Un rêve relatif à la croissance des plantes est probablement lié à la croissance et au développement de soi. Les plantes expriment l'évolution du cosmos et l'apparition des premières formes d'existence. Un autre aspect essentiel des plantes est leur cycle annuel, qui illustre le mystère de la mort et de la résurrection. || Dans les songes, les plantes représentent habituellement nos sentiments et émotions.

Rêver de plantes médicinales assure joie et succès ; les planter, constance dans les affaires et dans la profession.

Plaque funéraire Ce rêve manifeste le sentiment d'insécurité du rêveur concernant son avenir. Il exprime aussi son désir de trouver des réponses fondamentales. Nous ne savons pas dans quelle direction va notre vie et nous voulons le savoir. Nous sommes concrètement en crise d'identité. Cependant, ce songe est positif parce qu'il indique que nous sommes en train de mûrir.

Plâtre Voir ce matériau augure une période de problèmes d'argent occasionnant des tensions dans le couple. || S'il apparaît sous forme de membre plâtré, c'est qu'un danger imminent plane sur nous.

Pleur Les larmes sont associées à la pluie et donc aussi à la vitalité et à la fertilité. Cependant, pleurer dans un rêve peut avoir une autre interprétation moins favorable. Il s'agit presque toujours d'un mécanisme de compensation de l'inconscient qui libère les émotions réprimées à l'état de veille. Dans ce cas, la signification des pleurs renvoie plutôt au défoulement. (Voir Défouler (se). L'origine de ce songe peut, par conséquent, être une situation trop tendue ayant atteint son seuil limite de tolérance, ou bien un deuil en raison d'une perte matérielle ou spirituelle que le rêveur n'a pas du tout intégrée.

Pleurer Les rêves nous amènent à affronter ce que nous avons l'habitude d'éviter dans la vie réelle. Dans ce cas précis, notre chagrin est vraiment profond. Il est donc très important de se concentrer sur les autres symboles oniriques pour découvrir ce qui nous cause tant de peine. (Voir Plainte et Larme)
D'après les spécialistes, le sens du rêve est à inverser : pleurer nous apportera rires et joie.

Plonger L'eau représentant généralement l'inconscient, s'y plonger évoque notre introduction dans les parties les plus profondes de notre esprit. D'un autre côté, le rêve peut nous encourager à être plus opportunistes et à nous jeter à l'eau dans le cadre d'une affaire déterminée.
Dans de nombreux mythes, le héros plonge dans le fond de la mer et ressort ensuite à la surface avec un grand trésor. Du point de vue onirique, cela représente le Moi qui s'aventure pour explorer l'inconscient et découvre son précieux et véritable Moi.

Pluie Signe de la fertilité, la pluie présage l'abondance et la prospérité quand elle tombe abondamment. Il se peut qu'une nouvelle étape vitale soit sur le point de commencer. C'est toutefois un indice d'obstacles si la pluie se transforme en averse. Si elle est fine mais continue, les fruits de nos efforts se feront attendre tandis que, si elle est plutôt boueuse, ce sont des malheurs et des dangers qui se profilent. Voir de gros nuages avant la pluie dénote la peur de l'échec des projets ; entendre la pluie depuis la maison traduit une tendance à déléguer à d'autres la recherche de la solution à nos problèmes.

Analyse du rêve

Plante

Le rêve de Monique : « J'étais une biologiste intrépide à qui avait été confiée la mission d'analyser des plantes exotiques très difficiles à trouver, poussant dans le fleuve Amazone. Pour les cueillir, je devais plonger dans un profond marécage d'eaux troubles, très dangereux, plein de serpents venimeux. Malgré cela, je n'ai pas hésité un seul instant : j'ai plongé dans le lac avec une machette dans la bouche, devant le regard attentif d'un indigène. Celui-ci, dont le visage était orné de peintures blanches, tenait depuis la rive une corde attachée à mon pied. Je ne tardai pas à ressortir avec un sourire de triomphe sur le visage et cinq exemplaires de cette plante curieuse dans ma main. Je m'assis pour les examiner et découvris, étonnée, qu'à l'intérieur de ses boutons, la plante contenait de minuscules têtes de mort à forme humaine. »

Lorsque Monique fit ce rêve, elle devait affronter une situation très compliquée : on lui avait détecté une tumeur maligne au sein gauche et elle devait se soumettre à un traitement. Malgré cela, elle ne s'effondra pas. Elle compta sur la force de son corps et de son esprit et fit tout son possible pour combattre la maladie. L'eau stagnante et trouble de son rêve reflétait les difficultés que son problème de santé la contraindrait à traverser. Cependant, son immersion malgré le danger mettait en évidence son talent de lutteuse. L'indigène, avec ses peintures blanches – comme la couleur de la blouse du médecin – et la corde qui l'unissait à elle, représentait un lien avec la médecine, la seconde planche de salut de Monique avec la force de sa volonté.
Le fait de réussir sa mission n'était que l'annonce du dénouement heureux de sa maladie. Au bout de six mois, elle parvint à la surmonter définitivement. Les têtes de mort font allusion à nos doutes spirituels sur le début et la fin de la vie, inquiétude que Monique ressentait par rapport à son destin. Les plantes, comme les têtes de mort, sont des symboles de vie, de croissance et de développement personnel. Le rêve annonçait donc à Monique que, malgré les difficultés, l'expérience la ferait grandir, évoluer et se comprendre mieux elle-même.

Généralement, rêver de la pluie est considéré comme étant de bon augure, sauf si elle tombe sur le troupeau, auquel cas elle annonce des pertes dans les affaires.

Plume Comme les ailes, les plumes symbolisent depuis des temps immémoriaux la spiritualité, l'imagination et la pensée. Elles expriment, en plus, notre désir de montrer de la chaleur et de la tendresse à quelqu'un de proche. || D'un point de vue onirique, elles augurent la réussite, les objectifs atteints et le dépassement des difficultés. Ce type d'images doit donc encourager la personne à sa lancer dans l'action. Si la plume flotte en l'air, cela dénote notre désir de nous élever dans la connaissance spirituelle ou d'augmenter notre ambition intellectuelle. Sa légèreté reflète également le bon état de notre cœur et les plaisirs dont nous profitons dans la vie. || Le message est bien clair : nous devons nous laisser guider, comme la plume, par ce courant d'air opportun que nous avons à notre portée. (Voir Oiseau)

Dans de nombreuses cultures, comme celles des Incas ou des Indiens d'Amérique, on fabriquait des coiffes avec des plumes pour représenter l'autorité spirituelle et la sagesse.

Poche Cet élément suggère l'existence d'imprévus dans une histoire que nous considérions comme classée. Nous devrions la reconsidérer pour lui donner une bonne issue. || Une poche déchirée signale un manque de précision dans nos calculs, chose qui peut engendrer de grandes difficultés.

Poignard Puisqu'il peut être caché, le poignard symbolise le désir d'agression, la menace tacite et inconsciente. À la différence de l'épée, la dimension du poignard reflète le manque de noblesse et les limites de son pouvoir offensif. || Rêver qu'on nous blesse avec un poignard est parfois relatif à une rupture violente, probablement due à une trahison. Cela peut comporter une douleur émotive. (Voir Couteau)

Poignarder C'est une façon drastique d'en finir avec les problèmes. Cet acte onirique signifie qu'il est nécessaire de résoudre un conflit affectif qui, s'étant prolongé trop longtemps, a pris des proportions exagérées. Il est possible que le rêveur doive l'affronter sans savoir pour autant le résoudre. Il est également probable qu'il ait plus peur du succès que de l'échec. Si nous interprétons correctement ce rêve, nous devons de toute urgence nous rapprocher de la personne poignardée, dans le but de bien résoudre ce problème. Dans ce cas précis, le rêve ne fait que donner raison au proverbe selon lequel « de l'amour à la haine, il n'y a qu'un pas ». Ce n'est pas pour rien que nos images oniriques nous montrent des scènes dans lesquelles nous agressons les personnes dont l'affection nous est la plus indispensable.

Poil Rêver d'un excès de poils sur le corps fait allusion à notre primitivisme. Nous sommes esclave de la sensualité, et nos instincts l'emportent toujours sur la raison. En revanche, si nous n'avons aucun poil sur le corps, le rêve révèle notre sensiblerie et notre faiblesse de caractère.

Selon la tradition populaire, rêver d'être entièrement recouvert de poils est un bon présage de santé.

Poing C'est un symbole de menace et d'obstination.

Poire Comme les autres fruits, les poires représentent l'abondance, la fertilité et la sensualité.

Symbole érotique, la poire mûre pronostique des relations satisfaisantes et heureuses ; lorsqu'elle est verte, en revanche, elle exprime des difficultés (car elle est âpre et dure).

Pois chiche Symbole de simplicité et d'abondance à la fois, les pois chiches reflètent presque toujours un état de tranquillité confortable, sans gaspillage inutile. Ils font généralement partie d'un rêve positif. Leur sens est, en tout cas, en rapport avec celui de Manger. Le contexte de la scène onirique sera décisif pour l'interprétation de ce songe.

Poison Cet élément fait généralement allusion à l'apparition d'une époque négative dans la vie du dormeur. Le manipuler présage des désagréments survenant de façon totalement imprévue ; sentir qu'on est empoisonné prédit que ces déconvenues nous seront très préjudiciables. || Essayer d'empoisonner quelqu'un traduit le désir d'atteindre les objectifs fixés par n'importe quel moyen.

Ce rêve signale une souffrance causée par les méfaits des autres.

Poisson En raison de leur assimilation à la mer, de nombreuses cultures ont considéré que les poissons étaient sacrés. De fait, dans les rites asiatiques, on adorait les poissons ; il est d'ailleurs interdit aux prêtres de manger du poisson. || Parce que les poissons habitent dans les profondeurs, ils sont également situés sur le plan inconscient et leur interprétation est associée à celle de l'Eau. Ainsi quand ils émergent à la surface, c'est comme s'ils émergeaient également à la conscience. Ils constituent un signal de danger, ou bien ils nous rappellent des émotions cachées ou des expériences passées. || Rêver que nous essayons d'attraper un poisson avec les mains, et qu'il nous échappe exprime la frustration et la désillusion. Les poissons représentent tout ce que nous voulons attraper et qui nous paraît fuyant. || De plus, ils indiquent des états de solitude et d'isolement. Voir des poissons dans un aquarium dénote la nostalgie de la liberté. Il est possible que le rêveur se sente émotionnellement et affectivement retenu et que son rêve révèle un désir refoulé de libération. || L'école freudienne relie exclusivement le poisson à la sexualité et l'associe au phallus. Cependant le sang froid qui le caractérise, avec ses connotations de frigidité et d'impuissance, paraît contredire ce symbolisme. || Enfin, la relation des poissons avec la fertilité mérite d'être soulignée. Il se peut que le rêve nous annonce que nous traversons une période de développement personnel. Les poissons s'opposent aussi à une vision matérielle et mondaine de la vie quotidienne.

Le poisson symbolise le Christ. Dans d'autres religions, il a été utilisé pour représenter les divinités. Il représente l'abondance spirituelle qui alimente le monde entier. Le rêve peut faire ressortir toutes ces qualités en nous-même.

Poitrine Si le rêveur est un homme, l'image onirique pourrait indiquer son besoin de tendresse et de compréhension. En revanche, si c'est une femme, cela peut être le symptôme d'un début de grossesse. || En outre, considérant que nous respirons par la poitrine, le rêve peut faire référence à ce qui est vital pour nous. (Voir Sein)

Une belle poitrine saine est un pronostic de joie ; une poitrine de grande taille augure des dettes économiques.

Police Il est tout à fait probable que le rêve renvoie à notre propre conscience. Peut-être sommes-nous conscient que notre comportement récent laisse assez à désirer, et pour cela nous essayons de nous maîtriser nous-même. || La police incarne la protection, le respect des normes établies, la structure et le contrôle. Rêver d'un policier dénote le manque d'assurance et le sentiment de dépendance. S'il nous arrête à juste titre, cela fera ressortir la présence d'un sentiment de culpabilité. Mais s'il nous accuse de quelque chose que nous n'avons pas fait, alors cela pourrait exprimer les injustices que nous subissons dans la réalité : les refoulements auxquels nous sommes obligé (sexuels, le plus souvent). || Enfreindre les règles, en revanche, démontre que nous avons besoin de nous affirmer davantage et que nous désirons passer outre les limites que les autres nous imposent.

Selon la tradition, rêver d'un officier de police présage l'aide de quelqu'un que nous aimons.

Pomme Elle est liée au sexe et symbolise le plaisir et la sensualité. C'est le fruit défendu, le péché que commirent Adam et Ève au paradis. Du point de vue onirique, elle révèle notre désir de profiter des plaisirs terrestres. Savoureuse, elle indique la satisfaction affective ; verte, des difficultés ; pourrie, des frustrations. D'après Freud, manger une pomme est synonyme d'appétit sexuel. || La pomme, néanmoins, représente la connaissance et la liberté de choix, c'est-à-dire ce qu'Adam et Ève gagnèrent lorsqu'ils laissèrent derrière eux leur innocence.

Rêver de pommes, surtout si elles sont rouges, est un bon présage. Si elles sont mûres et sucrées, nous obtiendrons des récompenses ; acides, nous risquons de subir des pertes à cause de notre propre sottise. Les pommes tombées au sol annoncent le manque d'honnêteté de nos amis. Enfin, si elles sont pourries, tous nos efforts seront vains.

Pompier Les voir éteindre le feu est un signe négatif prédisant une mauvaise issue pour nos projets. Si, au contraire, ils apparaissent quand l'incendie a déjà été éteint, il est alors évident que tous nos maux sont terminés et qu'une période favorable commence.

Lorsqu'une femme rêve d'un pompier blessé, il y a des chances pour qu'il arrive malheur à son partenaire.

Pomponner (se) Le maquillage symbolise habituellement la fausseté dans les relations humaines. Les images de personnes se pomponnant dans nos rêves doivent être associées à la désillusion et au mensonge. La même chose arrive quand nous nous maquillons nous-même. Fausser ainsi notre image peut nous éviter, sur le moment, de nous voir dans le moment critique d'affronter nos manques. Mais, tôt ou tard, le masque devra disparaître, puisque notre déguisement ne pourra cacher la réalité plus longtemps.

Pont C'est un élément qui se trouve entre deux points séparés. C'est pour cette raison que le pontife, comme l'indique son étymologie, représente une sorte de pont entre Dieu et l'homme. Chez de nombreux peuples, le pont est l'élément qui relie le sensible et le suprasensible (en Chine, par exemple, il est considéré comme le symbole de l'union entre le ciel et la terre). || En dehors de ce sens mystique, le pont symbolise une transition. En rêver signale que nous sommes en train d'évoluer ou de vivre un changement. Peut-être s'agit-il d'un travail, d'un déménagement ou d'une relation sentimentale qui commencera bientôt ? Dans ce cas, il est très important de se demander si le pont onirique est stable et si nous le traversons en toute sécurité. Cet élément peut également faire référence à quelque chose de plus spirituel : à l'accueil de nouvelles valeurs et à l'enterrement du passé. Il se peut aussi que nous essayons de réunir deux éléments de notre vie, ou de remplir un vide.

Port Cet élément montre notre désir d'évasion et de fuir la réalité, car il représente le début ou la fin d'un voyage. Ces désirs n'impliquent pas une volonté réelle de changement. || Le port symbolise également la sécurité. Il se peut que nous vivions une étape tumultueuse et que nous ayons besoin d'un peu de calme et de nous sentir à l'abri. Le repos nous aidera à récupérer des forces et à affronter de nouveau les choses avec une énergie renouvelée pour que tout arrive à « bon port ». || Dans le cas où, en plus de l'image du port, nous entreprendrions une traversée en bateau, le sens du rêve sera à l'opposé de celui que nous venons de mentionner. Maintenant tout indique que nous commençons une étape distincte dans notre vie.

Entrer dans un port présage l'arrivée d'une période de sécurité. Mais si nous en sortons, nous briserons l'une de nos amitiés.

Porte C'est un beau symbole, plein de sens, particulièrement si elle s'ouvre. En pareil cas, la porte représente généralement le développement personnel et le désir d'explorer notre intériorité. Elle peut aussi suggérer que nous sommes sur le point de franchir le seuil d'une nouvelle étape de la vie ou de commencer un projet nouveau et important. || Si on nous ferme la porte au nez, c'est que peut-être nous avons le sentiment d'avoir été exclu et ignoré par d'autres personnes. || Si nous ne pouvons pas l'ou-

Analyse du rêve

Porte

Le rêve de Mireille : « Je rêvais que je me trouvais dans un couloir sombre entouré de pièces des deux côtés. Sur les murs étaient suspendus des portraits anciens de personnes qui semblaient me suivre du regard. J'étais terrorisée. Je savais que c'était une épreuve et que je devais choisir une porte et passer par elle, mais ça me faisait peur de me tromper. Je devinais que, si je faisais le mauvais choix, je pouvais être précipitée dans le vide. Soudain l'une des portes s'ouvrit. Je décidai d'entrer. Je me retrouvai dans un couloir large et lumineux, au bout duquel j'aperçus une autre porte dorée. Je me dirigeai vers elle, cette fois sans peur, et avec l'assurance que quelque chose de merveilleux m'attendait derrière. J'entrai confiante et découvris que je me trouvais dans ma propre chambre. Je me sentis rassurée et tranquille, mais très fatiguée. Je m'allongeai sur mon lit accueillant et m'abandonnai à un sommeil serein. C'est alors que je me réveillai. »

Le rêve de Mireille reflète un moment très concret dans sa vie, où elle devait prendre des décisions importantes pouvant affecter son avenir. Son entreprise lui avait offert une promotion professionnelle impliquant un déménagement de l'autre côté du monde : l'Australie.
Le couloir obscur et ténébreux reflète sa situation au moment du rêve, situation pleine de doutes et de peurs. Les portraits anciens de personnes semblant la regarder signalent la pression à laquelle elle se sentait soumise. Cependant, la porte lumineuse qui s'ouvrait représente l'opportunité que le destin lui offrait : il lui suggérait qu'elle était sur le point de franchir le seuil d'une nouvelle étape de sa vie.
La porte dorée était la confirmation que sa décision de s'en aller était la bonne. Son inconscient l'encourageait à accepter. Le fait que la porte conduise à sa propre chambre lui transmettait le message qu'il ne fallait pas craindre les changements, parce que son foyer l'attendait aussi là-bas.

vrir, cela signifie que, pour le moment, nous ne devons pas essayer de modifier la situation dans laquelle nous sommes. Si la porte est très étroite, il nous faut sans doute renoncer à une partie de nos exigences pour essayer de nous en sortir. || Pour Freud, ce rêve possède une connotation sexuelle claire : la porte représente le vagin. Par conséquent, une porte étroite symbolise des difficultés sexuelles ; l'acte de l'ouvrir et de la fermer continuellement est une claire allusion au coït.

◎ Le bouton d'une porte augure une chance inespérée ; les charnières, des problèmes familiaux ; une porte fermée, des opportunités perdues ; une porte ouverte, la chance ; une porte tournante, l'arrivée d'une période monotone, et une trappe, des nouvelles fracassantes.

Portefeuille Voir **Sac à main**

Porte-monnaie ◘ C'est un symbole habituel de la sexualité féminine. Il peut faire référence aux organes génitaux de la femme ou à son utérus. Semblable au porte-monnaie qui s'ouvre et se ferme, la femme a, selon Freud, le pouvoir de s'offrir ou de se refuser sexuellement aux autres. || Par ailleurs, le porte-monnaie contenant habituellement de l'argent symbolise également le trésor de notre Moi authentique. Le perdre en rêve peut signaler la perte de notre véritable identité. Un porte-monnaie vide est aussi le reflet d'un manque d'assurance.

◎ Rêver d'ouvrir son porte-monnaie et de voir de l'argent dedans annonce le bonheur à venir. Le présage s'intensifie s'il s'agit d'or. || Cela porte aussi chance de trouver un porte-monnaie. Mais si ce sont les autres qui le trouvent, les augures annoncent l'arrivée d'ici peu de mauvaises nouvelles.

Portrait ◘ On peut affirmer qu'un autoportrait nous permet d'apercevoir notre véritable personnalité ou ce que nous souhaiterions être. Ce type de rêve traduit généralement un manque de communication avec notre intériorité. S'il nous renvoie une image positive de nous, cela veut dire que nous sommes satisfait de notre façon d'être. Dans le cas contraire, le rêve éclaire notre peur de découvrir quelque chose de caché en nous. Enfin, faire le portrait d'une personne exprime les sentiments que l'on a envers elle.

Potager ◘ Le potager où poussent les légumes symbolise tout ce qui est lié à nos petits désirs souvent inconfessables. Rêver des semailles du potager indique que nous sommes en train de réaliser, peu à peu, ces petits objectifs qui remplissent la vie de sens. En outre, ramasser les produits du potager signale la réception éventuelle d'un prix inespéré. (Voir Agriculteur)

Potence ◘ En rêver n'est pas de bon augure, car elle annonce des problèmes de toutes sortes. Ainsi, si le pendu est le dormeur, celui-ci sera trahi par un ami ; si c'est un être cher, le rêveur devra prendre une décision rapide pour éviter un malheur. || Si c'est un ennemi, en revanche, la réussite du rêveur sera sûre dans tous les domaines. || Chez une femme jeune, voir son fiancé pendu signifie qu'elle finira par se marier à un homme cruel.

Pou ◘ Les poux représentent tout ce qui nous est désagréable, qui nous semble trop proche et envahit notre espace vital. Ces insectes sont associés aux personnes avec lesquelles nous unissent de forts liens familiaux, contre notre volonté.

Poubelle ◘ Synonyme généralement d'histoires troubles et scandaleuses, cet élément peut cependant être aussi de bon augure. Si la poubelle ne nous dégoûte pas, nous réaliserons des gains financiers ; mais, si son odeur est pestilentielle, c'est que nous passerons de mauvais moments avec les personnes de notre entourage. || Une femme qui rêve de poubelle est avertie d'une rupture humiliante avec son partenaire. || À d'autres occasions, la poubelle symbolise tout ce dont nous voulons nous défaire parce que cela nous empêche de progresser : traits de caractère, attitudes, peurs, souvenirs... En outre, cela manifeste une responsabilité que l'on nous a attribuée et qui ne nous concerne absolument pas.

◎ D'après certaines croyances, ce rêve annonce que nos désirs les plus sauvages deviendront réalité.

Poule ◘ Depuis des temps immémoriaux, cet animal symbolise la superficialité par son caquètement et sa passivité. Ce n'est pas par hasard que le mot « poulailler » est associé à un endroit dans lequel dominent les rumeurs, les chuchotements et les médisances. La présence d'un poulailler dans nos rêves peut donc suggérer que quelqu'un fait des commentaires malveillants sur nous, dans notre dos. || Cela change si nous rêvons d'une poule qui pond. Dans ce cas, les visions oniriques augurent un bénéfice dans peu de temps. || Ce songe peut également être attribué à un excès d'inquiétude pour notre partenaire, nos enfants ou amis, au point de nous transformer en « mère poule ».

Poulpe Ce rêve est assez négatif. En effet, la présence d'un poulpe dans notre inconscient indique que nous sommes la victime de fortes tentations qui peuvent nous porter préjudice. Une telle situation peut nous conduire à l'abîme le plus absolu. (Voir Abîme et Enfer)

Poupée Ce rêve met en scène (plus particulièrement si c'est une femme qui le fait) la nostalgie infantile, le désir de sentir qu'on prend soin de nous et qu'on est protégé, et surtout le désir d'éluder les responsabilités du présent. Parfois, les images dans lesquelles les protagonistes sont des poupées suggèrent que la rêveuse affronte des situations qui la dépassent. || Si le rêveur est un homme, le songe pourrait indiquer de façon plus mordante que son attitude envers les femmes est vieux jeu et adolescente. Le rêve pourrait aussi renvoyer aux instincts paternels du dormeur. Si celui-ci a des enfants, il devrait peut-être se demander s'il se comporte à leur égard avec la maturité requise.
Les poupées ont joué un important rôle dans l'histoire. Depuis le vaudou où elles représentent l'ennemi dans lequel on enfonce des aiguilles, jusqu'à l'image d'une enfant qui raconte à sa poupée ses problèmes... Il s'agit toujours de la même chose : ce sont nos besoins, nos peurs, désirs et espoirs qui cherchent une façon de s'exprimer. Pendant l'enfance, la confiance que l'on investit dans une poupée est beaucoup plus grande que celle que l'on a avec un adulte. Il se peut d'ailleurs que, dans le songe, nous soyons en train de raconter un grand secret à notre poupée.

Pourpre Cette couleur rouge sombre et légèrement violette dénote la dignité, la réussite, les honneurs et le bonheur amoureux.

Pousser Le sens du rêve change selon l'objet poussé. Ainsi, s'il s'agit de quelque chose de lourd, il sera alors nécessaire de placer nos intérêts personnels avant ceux des autres ; mais si ce sont des choses légères, la tendance au conformisme devient alors évidente. || Pousser une personne exprime notre mauvaise conscience pour avoir agi de façon irresponsable.

Poussière Signe de la plus grande destruction de la matière, la poussière a donc un sens négatif, relié à la mort. || Rêver d'objets couverts de poussière est également un symbole d'abandon et de négligence. Cela souligne le rejet envers ce que nous ne touchons même plus depuis longtemps. Des aspects de nous-même, que nous ignorons ou avons oubliés, peuvent être concernés. De même, il se peut que ces aspects soient positifs et se réfèrent au talent : le rêve nous avertit ainsi des habilités artistiques, musicales ou créatives que nous n'utilisons pas. Les objets recouverts de poussière nous fourniront une piste concernant la signification onirique finale. (Voir Abandon et Cendre).
Selon la tradition gitane, plus il y a de poussière dans le rêve, plus les colères que nous aurons à affronter seront légères.

Poussin Les poussins manifestent le sentiment d'affection ou la tendresse que quelqu'un réveille chez le rêveur. Ils font aussi allusion aux étroites relations familiales, à la maternité et à un sens protecteur excessif.

Prairie Cet élément suggère la liberté, l'espace et la joie. (Voir Gazon, Fleur et Herbe)

Précipice En rêver témoigne du fait que nous souffrons de vertige. Celui-ci peut être physique si nous dormons juste au bord du lit ; émotionnel, désignant par là même un manque de contrôle des sentiments ; existentiel, en raison de l'absence de buts qui donnent un sens à notre vie ; ou bien provoqué par la nécessité de prendre une décision sans savoir clairement quelle est l'option la plus adéquate. Dans ce dernier cas, il est conseillé de s'accorder le temps nécessaire pour choisir correctement et éviter ainsi toutes sortes de pression. || En outre, rêver d'escalader le précipice signifie que nous nous efforçons de résoudre un problème qui nous préoccupe beaucoup. Une fois en haut, nous découvrirons que le chemin n'est pas difficile et uniforme.
Rêver que nous réussissons à escalader un précipice, augure la chance pour tous les projets que nous voudrons mettre en route.

Prénom Les prénoms qui apparaissent dans les rêves peuvent contenir des jeux de mots qui nous conduisent à découvrir leur véritable signification. Il est important d'y être attentif et d'essayer de deviner leur intention cachée.
Il existe des croyances spécifiques pour chaque prénom. Par exemple, si nous rêvons que nous nous appelons « Georges », nous ne serons jamais pendu ; le prénom « Inès » nous rendra fou.

Prestidigitateur Ce personnage manifeste de l'habileté et une capacité à exercer une fascination sur les personnes qui nous entourent. C'est un rêve qui révèle notre façon de nous lier avec les autres. Le prestidigitateur peut être la représentation d'une parcelle de notre propre personnalité, ou bien l'image de quelqu'un que nous connaissons. En tout cas, sa figure fait allusion à l'attirance, la manipulation et le mensonge.

Prêt Un tel rêve peut être causé par nos préoccupations économiques dans la vie réelle. Il peut également suggérer que nous avons trop recours à nos moyens émotionnels. Nous sommes peut-être dans une période où notre besoin fondamental est d'être aidé et soutenu un peu par nos amis.
Selon une vieille et étrange croyance anglaise, rêver que nous remboursons un prêt en riant présage une grande chance.

Prêtre Ce personnage peut représenter la religion et ses normes les plus traditionnelles. Peut-être sommes-nous dans une période dans laquelle nous portons un jugement moral sur nous-même. || Le prêtre peut également exprimer notre propre sagesse spirituelle. En ce sens, rêver qu'un prêtre nous confesse est une invitation à nous rapprocher des vérités les plus essentielles, à nous connecter à notre véritable essence. C'est seulement ainsi que nous réussirons à trouver la façon de nous révéler à nous-même ce que nous voulons faire de notre vie.
Tout rêve faisant apparaître un prêtre a des augures favorables. Il signifie habituellement la fin d'une discorde qui nous préoccupe depuis longtemps.

Prier Cette action signale la présence d'un sentiment de culpabilité, mais aussi le besoin d'une aide extérieure pour résoudre un problème que nous ne savons pas traiter. Malgré l'apparent désarroi, nous nous en remettons à la faveur de la chance. (Voir Magie)

Prince Être transformé en prince ou princesse révèle un désir de supériorité, de triomphe et de conquête des valeurs personnelles. C'est un rêve très fréquent chez les jeunes car il montre les premières ambitions et aspirations (pas encore réalisées) du rêveur. Cet élément symbolise la figure du héros et de l'héroïne, dotés des qualités les plus belles et les plus désirables. Il représente le courage, la force et l'intelligence dans la version masculine ; la douceur et la beauté dans la version féminine. Une profonde capacité d'aimer avec dévotion et fidélité est commune aux deux.

Printemps Cet élément symbolise le bonheur, l'optimisme et la renaissance. Il se produit habituellement lorsque, après une crise, l'inconscient nous rappelle que le futur est toujours synonyme d'espoir. De nouveaux projets et de nouvelles attitudes vitales se présenteront à nous. || Cette saison révèle également l'état joyeux de notre esprit. (Voir Fleur et Plante)
Rêver que le printemps arrive est un signal d'entreprises chanceuses et de joyeuses compagnies. Cependant, voir apparaître le printemps de façon artificielle présage des pertes et des soucis.

Prison Les rêves dans lesquels apparaît une prison, ou dans lesquels nous nous sentons prisonnier, font allusion à une limitation de notre énergie et de notre capacité créatrice. Ils dénotent le besoin de transformer notre routine. || Ils sont aussi reliés aux changements qui se passent à l'extérieur et auxquels nous ne pouvons participer depuis notre prison. Ce genre d'images nous invite donc à réfléchir sur les causes de notre réclusion. || Enfin, ces songes manifestent les attitudes et les émotions que nous emprisonnons en nous et qu'il nous faut libérer. Le fait de voir quelqu'un derrière des grilles peut tout à fait symboliser cette partie de nous que nous réprimons. (Voir Cage)
D'après les croyances les plus ordinaires, faire ce rêve indique que l'un de nos plus grands désirs s'accomplira. D'autres croyances prédisent curieusement le mariage.

Prix Il se peut que nous soyons satisfait de nous-même et que notre inconscient nous le fasse savoir. Il est possible que nous ayons beaucoup progressé dans notre développement personnel ou que nos objectifs les plus importants aient été atteints.
Bientôt, nous aurons de l'argent.

Procession Cet élément onirique montre la nécessité de progresser constamment sans s'attacher aux affaires terrestres. Les processions rappellent, de même, les grands exodes d'Israël et la traversée du désert. Toute procession est un rite qui donne corps à l'idée de cycle, comme preuve du retour au point de départ. || Rêver d'une procession indique que nous désirons nous purifier, expier nos fautes. Il est important d'analyser le motif de notre pèlerinage.

Promesse Si le rêveur se voit lui-même faire une promesse, c'est qu'il a besoin de consolider un engagement, ou bien c'est qu'il craint de ne pas le respecter. Si quelqu'un lui promet quelque chose, cela reflète son manque de confiance et le sentiment d'insécurité que cela engendre en lui.

Prostituée La compagnie d'une prostituée nous signale que l'oubli de nos principes nous portera préjudice sur le long terme. || Ce rêve peut également nous suggérer que, d'une façon ou d'une autre, nous nous prostituons : dans le travail, par exemple, sur les plans émotionnel ou moral. Chez un homme, ce rêve peut représenter son attitude envers le sexe féminin. Les sentiments d'attirance ou de répulsion peuvent être le reflet de notre sentiment réel par rapport au thème du rêve. Cette vision prétend peut-être aussi nous inviter à réfléchir à nos valeurs.
Chez une femme, ce rêve pronostique une vie sentimentale pleine de contretemps et de malheurs.

Puce Les puces symbolisent les petits problèmes, réels ou imaginaires. (Voir Insecte)
Se voir envahi de puces est un signal de mauvaise conscience, d'envie, de pertes et d'obstacles. Les voir révèle en particulier des commérages ; les attraper, le besoin de remettre de l'ordre dans sa propre vie ; être piqué, des gains ; et les tuer, des problèmes divers et de l'anxiété.

Puits Cet élément symbolise la communication qui s'établit avec l'inconscient ; son aspect dans le rêve reflétera l'état de notre intériorité. Un puits bien conservé et plein d'eau montre que nous avons confiance en nous ; mais, s'il est mal construit ou sec, nous nous sentirons dévalorisé et déprimé. || Emblème de l'utérus, le puits signale chez le rêveur un désir de régression, de retour à l'origine, à la recherche d'une satisfaction affective totale. || Tirer de l'eau annonce la rencontre avec une personne qui nous aidera à accomplir nos désirs ; y tomber prédit une période de grande tension qui risquerait de contrarier nos projets.
Les images du *I Ching* montrent que rêver d'un puits porte chance. Jung s'est inspiré de cet oracle chinois dans l'une de ses théories en psychologie.

Punition Ce rêve est souvent causé par des remords de conscience pour quelque chose qui est arrivé ou que nous avons fait. Que l'on soit châtié ou que l'on châtie les autres, cela révèle toujours un sentiment de faute, de défaite ou de rancœur. || Nous pouvons aussi nous punir nous-même. Avoir eu des expériences traumatiques dans l'enfance peut amener quelqu'un à constamment se culpabiliser pour ses actes. Dans ce cas, le rêveur doit se libérer de la pression sociale ou paternelle qui le subjugue.
Le peuple gitan pense que rêver que nous sommes puni indique que nous nous sentons coupable de négliger nos relations personnelles.

Putréfaction Sur le plan psychologique, la putréfaction est la destruction des vieux souvenirs qui ralentissent l'évolution spirituelle. Elle transmet donc l'idée d'une nouvelle vie surgissant après la pourriture. Il ne faut pas oublier que, pour donner lieu à quelque chose de nouveau, il faut une décomposition de ce qui était préalablement là. Ce rêve peut paraître angoissant, mais en réalité il procure de grandes espérances au rêveur.

Pyramide Dans certaines cultures, la pyramide symbolise l'union entre le terrestre et le divin ; en outre, elle représente un potentiel d'énergie circulant en faveur de l'individu pour l'aider à atteindre les objectifs fixés. Le bon ou mauvais état de la pyramide, ainsi que sa position normale ou inversée, sont des signaux externes qui influent de façon positive, ou négative, sur la vie du dormeur.
Une pyramide en position normale est un indice de dignité et de richesse ; inversée, en revanche, elle indique la ruine. En sortir présage des honneurs ; se trouver au sommet annonce des splendeurs futures.

Q

Quartier Couper une orange en quartiers, partager l'ail en gousses, ou tout autre aliment, signale une situation économique instable. Il peut s'agir d'un avertissement : nous devons être précautionneux au moment de dépenser de l'argent.

Querelle Contrairement à ce qui se passe dans la réalité, les querelles oniriques sont un signe positif puisqu'elles annoncent des amitiés profondes et durables. || Voir deux personnes de sexe opposé se disputer augure la naissance d'une relation amoureuse passionnée ; mais, si les protagonistes sont deux femmes, alors c'est qu'une période de tensions et de disputes s'approche.

Queue Une queue qui pousse sur nous en rêve représente notre nature animale. Le fait que la queue soit située derrière nous peut aussi signifier le rejet d'une de nos facettes sexuelles. || Mais notre rêve pourrait faire allusion à une mauvaise action que nous avons réalisée dernièrement. Ce serait une façon pour notre inconscient de nous percevoir comme un être démoniaque. Cet élément pourrait aussi être interprété comme un symbole phallique, ou une allusion sexuelle masculine. (Voir Phallus)

Si nous coupons la queue d'un animal, le rêve présage que nous cesserons de recevoir des soins et de l'affection.

Quincaillerie Se trouver dans une quincaillerie annonce l'arrivée de moyens pour atteindre les buts que l'on s'est fixés. C'est pour cela que mieux elle est pourvue, plus tôt nous atteindrons nos objectifs. Si, au cours du rêve, nous apparaît un quincaillier, c'est que nous recherchons les conseils de quelqu'un de plus expert et de plus mûr.

Quitter Si quelqu'un nous quitte, cela signifie que nous avons abandonné une attitude ou une habitude négative pour notre vie. Ce rêve indique que nous nous sommes libéré de quelque chose faisant obstacle à notre développement. Si la sensation associée à cet adieu est désagréable, cela exprime probablement un relâchement des habitudes pouvant être préjudiciable. || Si, au contraire, c'est nous qui quittons une autre personne, il est probable que nous la retrouvions vite. || L'adieu peut être un signe de tranquillité, quand nous disons adieu à des aspects gênants de notre vie ; mais aussi de grande libération lorsque les obstacles qui ne nous laissaient pas avancer s'éloignent de nous.

Selon la plupart des traditions, quitter quelqu'un est un triste présage de séparation conjugale et de mort d'un être cher.

R

Raccourci Les raccourcis manifestent une anxiété pour atteindre des objectifs. Ils supposent qu'il existe des doutes et des obstacles difficiles à surmonter. Mais si le rêveur est capable de les prendre, il pourra atteindre n'importe quel but qu'il se sera proposé.

Racine Les racines symbolisent les liens avec la terre, mais aussi ce qui est caché dans l'inconscient. Des conflits avec les autres ou avec sa propre personnalité nécessitent d'être traités.

Radar Cet élément pourrait être interprété comme un symbole d'intuition, ou d'un genre de communication qui va au-delà des mots. Le rêveur traverse un moment de sensibilité particulière qui lui permet de percevoir des situations qui échappent aux sens.

Radio Ce qui résonne, ou se dit, à travers la radio peut être un message de l'inconscient. Nous devons capter sa fréquence et prendre note de ce que l'on entend afin de savoir quels sentiments de notre vie réelle sont reflétés. Nous mettons fréquemment la radio en fond sonore sans être trop attentif à ce qui s'y dit. Il est donc possible que le rêve nous encourage à écouter attentivement une parole qui nous est dite à ce moment-là et que, pour un motif ou un autre, nous ignorons. || En outre, rêver qu'on est interviewé dans une émission de radio met en évidence un besoin extrême de communiquer. Nous pensons qu'on ne nous prête pas suffisamment attention. Le songe nous indique peut-être qu'il nous faut extérioriser, sans craintes, nos opinions et croire davantage en nous-même.
Les croyances les plus récentes disent qu'écouter la radio onirique présage une réunion ou une rencontre imminente.

Radiographie Cet élément onirique signale qu'une personne de confiance – croyait-on – répandra des rumeurs sur nous et nous portera gravement préjudice.

Rage Cet élément met en évidence un état semblable dans la vie réelle, bien que nous n'ayons pas pu, ou voulu, le manifester. Nous devrions essayer de chercher l'origine de ce sentiment, et essayer de l'exprimer de façon contrôlée à la personne qui l'a provoqué. Voir une personne enragée annonce la trahison d'une personne très chère à nos yeux. (Voir Colère)

Raisin Sous forme de grappes, les raisins symbolisent la fertilité (par leur caractère fruitier) et le sacrifice (en raison du vin, particulièrement s'il est de couleur sang). Toute la symbolique reliée aux raisins et au vin est positive. C'est pour cela que rêver que nous pressons du raisin pour faire du vin présage une période d'abondance et de bien-être économique.

Rajeunir Ce rêve illustre le désir de revenir en arrière, à un temps heureux, ou bien le besoin de reprendre les affaires qui n'ont pas été résolues dans le passé. C'est aussi un symbole de vitalité indiquant un moment où l'on retrouve l'espoir et la force que l'on croyait perdus. Il s'agit d'un rêve rassurant dans lequel le rêveur est averti qu'il est encore jeune et fort pour son âge, ou bien qu'il n'est pas aussi vieux qu'il le sent.

Ramer Ramer dans des eaux turbulentes est un symbole de confusion sentimentale. Nous épuisons nos forces dans une passion non partagée qui sera possiblement destructrice. Si au contraire nous ramons dans des eaux tranquilles, le rêve est associé – comme tous ceux contenant une eau calme – à un état de bien-être, de confiance et d'assurance.

Rampe C'est un symbole de sécurité, d'aide et de protection. Si elle apparaît cassée, elle manifeste l'instabilité et le manque d'aplomb lors de la prise de décisions importantes.

Rapace Cet oiseau est presque toujours un signal d'alerte qui avertit d'un danger proche. Il indique le manque de confiance et la crainte du dormeur qu'une menace externe plane sur lui.

Rapetisser Rapetisser en rêve est interprété comme la crainte d'affronter la réalité, ou le désir de se faire petit jusqu'à devenir invisible et de ne pas avoir à donner d'explications. Il s'agit d'une peur de l'échec ou de la prise d'engagements impliquant une responsabilité.

Rapidité Se déplacer avec une grande vitesse peut exprimer une peur cachée de la mort, issue très probablement du décès d'un être cher. Cependant, cet élément peut aussi être une allusion au rythme trépidant de notre vie. Peut-être devrions-nous freiner un peu.

Raser (se) Rêver du fait de se raser signifie que, dans la réalité, nous nous efforçons d'être agréable aux autres.
Se raser constitue un présage onirique de grande perte économique ; raser quelqu'un d'autre signale le bonheur conjugal.

Rat Parfois ce rongeur est associé au démon. Il représente nos instincts. Il peut également être un symbole de timidité ou de ces petites tracasseries qui nous « rongent » psychologiquement.
Le fléau des rats et des souris du conte *Le joueur de flûte de Hamelin* peut être interprété comme une allégorie de la pensée rationnelle dépassée par les instincts.

Ravin Voir **Abîme**

Rayon X Cet élément démontre que nous avons analysé clairement les tenants et les aboutissants d'un problème ou d'une affaire qui nous inquiétait. Il fait habituellement référence à notre capacité de perception, d'intuition de ce qui motive et stimule véritablement les gens. En outre, ce rêve peut manifester un problème de santé dont nous ne sommes pas encore conscient.
Il n'existe aucune interprétation traditionnelle pour les rayons X. Il est toutefois intéressant de savoir que Marie Curie, la physicienne qui a découvert la radioactivité, était très intéressée par le spiritisme, le mysticisme et le monde des rêves.

Recette Une recette de cuisine signale que nous avons peut-être besoin de donner une impulsion enthousiaste à notre travail ou à la relation avec une personne de notre entourage.

Récif Cet élément est associé aux monstres marins. Il s'agit d'un ennemi sinistre qui vient à notre rencontre. Il représente des obstacles insurmontables qui nous empêchent de passer et nous remplissent de crainte. Il dénote également une situation de paralysie, et se trouve d'ailleurs lié au fait d'être pétrifié, d'être incapable d'avancer ou de se développer.

Récipient La signification de ce songe dépendra des caractéristiques du récipient : grand, il est synonyme d'avarice ; petit, de conformisme ; plein, de succès ; vide, de malchance ; et cassé, de désaccords au sein du couple.

Recoin Nous nous sentons parfois frustré par des choses qui n'ont pas de solution. Nous nous sentons négligé et impuissant. L'effort pour émerger est double : outre le fait d'avoir été forcé de prendre une décision, nous devons être capable de contrôler la situation.
Les recoins sont habituellement considérés comme des endroits où s'accumule toute l'énergie négative.

Récolte Cet élément représente la richesse et la joie de ramasser les fruits cultivés avec effort durant un certain temps. (Voir Agriculteur)

Réconciliation Rêver de se réconcilier avec un être cher dont nous nous sommes éloigné, ou avec lequel nous nous sommes disputé dans la vie réelle, indique que c'est le bon moment pour faire la paix avec cette personne. Ne se quereller avec personne, mais songer à une réconciliation est un symptôme de recherche de paix avec soi-même. Diverses tendances opposées se débattent probablement en nous et nous déséquilibrent.

Reddition Elle survient après la perte d'orientation. Le rêve conseille de réexaminer les tâches qui sont actuellement réalisées. Le problème est que parfois ce songe n'est pas très agréable. Se rendre équivaut à cesser de lutter, à se résigner à ce que ce soient les autres qui décident pour nous, autrement dit à obéir aux ordres extérieurs.

Réfrigérateur Voir **Étagère** et **Froid**

Refuge Chercher anxieusement un refuge pour se protéger d'un environnement rigoureux, ou d'une persécution, manifeste un état d'insécurité et le besoin de chercher de l'aide et d'être protégé. Le rêveur peut avoir été rejeté socialement et se sentir isolé sur le plan affectif, ou peut-être cherche-t-il à se protéger de personnes déloyales et fausses qui l'entourent. Ce songe dénote également un grand désir d'esquiver les problèmes. Il est évident que fuir diminue les probabilités de résolution.
Rêver de gens déplacés, quel que soit le motif, augure l'échec de projets pourtant bien conçus.

Regard Voilà un moyen de communication autre que les mots. Il peut constituer une arme de séduction ou de répression, et un moyen d'exprimer amour, compréhension, complicité, rage, haine, joie, tristesse ou désapprobation. L'important dans l'interprétation de ce rêve, ce sont les sensations et les sentiments que réveille en nous le regard dont nous sommes l'objet.

Rein C'est l'emblème de la force, du pouvoir et de la résistance physique.

Réincarnation Avoir la sensation de vivre des existences antérieures en rêvant (ou bien que nous nous réincarnons en quelque chose ou quelqu'un) reflète notre besoin d'aller au-delà de notre situation actuelle. La curiosité que nous avons de connaître le futur produit ce genre de rêves. || En Orient, on croit que l'homme, une fois le niveau adéquat de spiritualité acquis, peut percevoir le souvenir de ses vies passées. Celles-ci alors parviennent à la mémoire humaine à travers la méditation et les rêves.
L'acteur hollywoodien Sylvester Stallone est convaincu qu'il a vécu pendant la Révolution française ; le chanteur Engelbert Humperdinck croit que, dans le passé, il fut un empereur romain ; et un voyant californien a affirmé à l'étoile de la musique pop, Tina Turner, qu'elle était la réincarnation de la femme d'un pharaon.

Reine La figure de la reine peut symboliser la mère du rêveur ou toute autre puissante figure féminine dont nous dépendons. || Si une femme adulte rêve qu'elle est reine, cela peut être interprété comme la manifestation d'une ambition démesurée, ou le point culminant de son propre processus de maturation personnelle. || Une reine détrônée illustre un manque d'assurance chez le dormeur, malgré l'apparente autorité qui lui a été conférée. || Selon Carl Jung, les étranges écritures des alchimistes étaient des symboles favorisant l'intégration de tous les éléments de notre personnalité. Ainsi, la reine personnifiait les forces féminines qui se trouvent à l'intérieur de notre psyché.
Se voir transformé en reine assure des pouvoirs au rêveur, mais pas le bonheur.

Rejet Il se peut que nous ne voulions plus accepter une influence, ou une situation, qui nous est imposée dans la réalité. Si c'est nous qui faisons l'objet de ce rejet, alors le rêve révèle que nous avons dissimulé des sentiments de dévalorisation et que nous nous sommes aussi éloigné de notre entourage en raison de notre manque de confiance. || Parfois tout cela se produit sur un plan sexuel. Selon les études freudiennes, c'est nous qui nous rejetons nous-même : notre Moi conscient n'intègre pas les besoins sexuels de l'inconscient. En ce sens, c'est comme si nous nous punissions nous-même.
Certains oniromanciens pensent que le véritable sens de ce rêve est inversé, et donc que le rejet augure des réussites.

Relation Les gens figurant dans nos rêves, surtout les inconnus, représentent habituellement des facettes de nous-même. Observer ce qui se passe autour de soi, en ce sens, peut être assez bouleversant. Les relations et interactions que nous entretenons avec ce groupe onirique de personnes reflètent l'harmonie qu'il y a à l'intérieur de nous. De même, cela exprimera des parties de notre personnalité que nous laissons ainsi paraître à la lumière. Si un homme rêve, par exemple, d'une femme, cela peut indiquer qu'il a besoin d'accepter le côté féminin de sa nature. De la même façon, si c'est une femme qui rêve d'un homme, elle devra alors peut-être se comporter d'une manière plus masculine. || Toutefois, le rêve peut aussi représenter une situation de la vie réelle et exprimer nos sentiments liés à cette situation.
La façon dont les personnes figurant dans le rêve agissent nous en dira long sur les événements futurs. Si elles se comportent aimablement, cela laisse augurer des moments heureux ; en

revanche, leur comportement malintentionné nous conduira à la vigilance car un désastre pourrait survenir autour de nous.

Religieuse Elle représente la dévotion, la piété et les sentiments. Elle exprime également – et peut-être surtout – la pureté et la chasteté. || Leur présence onirique révèle un fort besoin de réflexion personnelle. Souvent, cela annonce le besoin de passer une période en solitaire. Si nous traversons une situation difficile, ce rêve indique que nous devons réfléchir longuement avant de prendre des décisions. || Si un homme rêve d'une sœur, cela peut renvoyer au côté spirituel de sa personnalité.
Rêver d'une religieuse annonce des voyages désagréables et des désaccords au sein de la famille. Si nous rêvons que nous sommes une sœur, nous aurons des déceptions en amour. Mais si nous la rencontrons, cela augure le bonheur sentimental.

Renaître On a l'habitude de dire que, pour se développer véritablement, ce qui est ancien doit mourir. Le vide laissé à la place permettra que quelque chose de nouveau naisse. || Ce rêve indique que nous avons découvert d'autres buts, valeurs ou façons de voir la vie vers lesquels nous pouvons nous orienter. Un chapitre distinct s'ouvre dans notre vie ; l'avenir présente un changement important.
La plupart des traditions utilisent les symboles du baptême pour représenter l'entrée dans la vie spirituelle. L'un des plus beaux symboles est l'oiseau Phénix : bien qu'il se consume avec son propre feu, il renaît parmi les cendres. Tout cela manifeste donc de nouvelles espérances et une grande transformation intérieure.

Renard Du fait de la réputation de ruse de cet animal, en rêver pourrait renvoyer à une machination ayant lieu dans la vie du rêveur.
Symbole fréquent du diable au Moyen Âge, le renard exprime les basses impulsions et les feintes de l'adversaire.

Rêne Les rênes représentent la possibilité de diriger le chariot ou les chevaux, comme des forces vitales de notre existence. Elles symbolisent la relation qui s'établit entre l'intelligence et la volonté.

Renverser Cet acte représente le dépassement d'un grand obstacle que nous n'étions pas sûr de pouvoir surmonter.

Répandre Voir quelque chose se répandre illustre l'existence de richesses dont on ne profite pas bien. Cela peut représenter l'angoisse d'avoir perdu son temps, ou d'avoir gaspillé des biens qui nous feront défaut ensuite. Dans tous les cas, cela révèle un sentiment de culpabilité, engendré par un comportement imprudent.

Réparer Ce rêve indique que nous nous remettons de quelque chose qui nous a attristé dans le passé. Nous sommes dans une période de renouveau. L'objet que nous réparons symbolise l'épisode que nous souhaitons surmonter.
Selon certaines croyances, repriser les vêtements oniriques que nous portons augure la malchance.

Répétition Ce rêve nous recommande de penser avant d'agir. Nous devons mettre en ordre nos réflexions, les revoir et ne pas nous précipiter. Le rôle que le dormeur joue pendant la répétition est très significatif puisqu'il peut lui suggérer la façon d'agir. Le reste du casting, comme le directeur, nous aidera à relier le rêve à la vie réelle.

Reptile Les reptiles symbolisent ce qu'il y a de plus primitif, vorace et glissant dans notre personnalité : nos bas instincts. Le sang froid de ces animaux est synonyme de manque de sentiments et de considération envers les autres. || Se faire dévorer par un reptile signifie que nos instincts dominent nos actes. Au contraire, vaincre un reptile révèle que nous luttons pour dominer nos aspects les plus vils.

Requin Cet animal a toujours été considéré, par la culture occidentale, comme un ennemi de l'homme. Rêver de lui présage donc un danger imminent. C'est un appel de l'inconscient à être vigilant et précautionneux envers les agents externes qui ont une incidence négative sur notre vie.

Respirer La respiration est l'indicateur le plus précis de notre état émotionnel et physique. Elle peut refléter une situation dans laquelle le rêveur, dans la réalité, a des problèmes respiratoires. La cause peut être une mauvaise position pendant le sommeil, ou une maladie déjà diagnostiquée auparavant. Si ce n'est pas le cas, rêver que l'on respire difficilement signale un moment de fatigue où nous sommes cerné par des circonstances adverses étouffantes. En revanche, rêver que l'on respire profondément et intensément révèle un état de bien-être dans un entourage positif, stimulant le développement de notre personnalité et de nos projets.

Retard Arriver en retard à une gare est un rêve très récurrent. Cette image symbolise le fait de laisser passer des opportunités, par paresse et inhibition. Arriver tard, ou avec du retard, dans un endroit signale également un déphasage entre notre rythme intérieur de travail et le cours des événements.

Retenue d'eau Rêver d'une retenue d'eau peut signifier que certaines émotions retenues en nous ont besoin de sortir. Une retenue qui éclate signifie que nous avons perdu le contrôle et que, peut-être, notre colère s'est un peu trop déchaînée. Les émotions nous emportent. Une bonne solution consiste à essayer d'être aimable et à exprimer nos sentiments de façon courtoise et contrôlée.
Les livres victoriens sur les rêves interprètent les obstructions, les empêchements et les obstacles comme des présages de problèmes à venir.

Retraité Être jeune et rêver de retraite témoigne d'un désir d'oublier les soucis et de vivre plus tranquillement. Nous supportons probablement une grande tension et l'inconscient nous alerte du besoin de profiter d'une période de calme. || Si le rêveur est une personne déjà à la retraite dans la vie réelle, il s'agit d'un simple reflet de sa situation actuelle.

Réunion Voir des personnes réunies signale la crainte de ne pas être accepté tel que nous sommes et d'être exclu de notre propre entourage social. || En revanche, participer à une réunion et exprimer ses propres opinions dénotent l'assurance en soi et la capacité d'atteindre les buts que l'on s'est fixés.

Réveiller Cette action peut symboliser une nouvelle renaissance. Cela peut aussi toutefois signifier que nous sommes sur le point de faire un rêve lucide. Dans ce cas, notre conscience se réveille à l'intérieur d'une scène onirique et nous pouvons y participer à notre guise. Les rêves lucides nous servent à augmenter notre créativité et à résoudre nos problèmes psychologiques. Si quelqu'un nous poursuit, par exemple, nous avons la possibilité de nous retourner et de faire face à notre peur. Les Indiens d'Amérique appliquent cette technique depuis des siècles pour favoriser la connaissance de soi.
Rêver que nous sommes éveillé et marchons à travers un beau paysage dénote l'arrivée de temps meilleurs après une période difficile. De nombreuses personnes cultivent l'aptitude à se réveiller au cours des rêves pour obtenir des informations concernant leur avenir. Une méthode pour y arriver est de s'imaginer dans une machine à avancer le temps. Le rêve progressera dans le calendrier suivant nos indications et l'esprit recevra les prémonitions pertinentes.

Révolution Prendre part à une révolution témoigne du fait qu'intérieurement nos attitudes et comportements sont en pleine agitation. C'est un appel à être ce que nous désirons, et non ce que les normes sociales nous imposent.
Ce rêve augure des problèmes dans le domaine des affaires. Si la révolution est sanglante, cela signifie que nous assumons trop de risques financiers.

Richesse La richesse onirique possède un sens opposé à ce qu'elle manifeste. Il n'a échappé à personne que les rêves de richesses matérielles sont des plus agréables et des plus plaisants. Cependant, il faut prendre ce type d'images avec précaution. La possession temporaire peut nous amener à penser que la richesse est définitive, et donc qu'elle durera toujours. Mais, comme la réalité se charge de nous le démontrer, ce n'est pas ainsi que cela se passe. || Un tel songe peut, en fin de compte, nous rappeler que nous ne devons pas trop nous adapter à une situation d'abondance qui peut très certainement basculer en période de pénurie.

Ride Les rides signifient que notre inconscient nous parle de l'expérience acquise au long de notre vie. Pour certaines personnes, elles sont reliées également à la peur de vieillir et à la perte de l'attrait physique.
Voir son visage sillonné de rides prédit la douleur, la mort à un âge précoce. Si les rides parcourent le visage d'une autre personne, elles constituent alors pour cette dernière un bon signe.

Rideau Tirer les rideaux pour les ouvrir signale que nous sommes prêt à découvrir ce qui a été caché. Les tirer pour les fermer témoigne de notre désir d'occulter et de refouler nos sentiments.
Ce rêve augure des visites qui ne nous seront pas agréables. Il y a des disputes en perspective.

Rire Se réveiller en riant d'un rêve, ou se souvenir d'une image onirique dans laquelle nous rions avec insouciance, est l'une des sensations les plus plaisantes que puisse nous offrir l'inconscient. Cela obéit presque toujours au mécanisme de compensation dans un moment limite de stress ou d'angoisse. Mais cela peut aussi être un reflet de notre bonne humeur et de notre attitude dans la réalité. Un tel rêve nous fera commencer la journée avec beaucoup d'optimisme et de joie. || Si quelqu'un d'autre rit de nous, il se peut qu'une partie de notre personnalité discrédite ou réprouve notre comportement à l'état de veille. Cela signale également la peur du ridicule.

Rituel Les rituels symbolisent les transitions de la vie. En tant que représentations de ces transitions, ils nous invitent à échapper aux limites imposées par la conscience. Nous pouvons ainsi profiter à notre guise du monde de l'imagination. || Selon les études de Carl Jung sur les rêves, les images des rites de fertilité proviennent de l'inconscient collectif. Le songe essaie, de cette façon, de séparer l'inconscient du conscient pour que nous puissions entrer en contact avec notre Moi le plus instinctif.
Les rituels chamaniques conduisent l'individu à un état de rêverie à partir duquel il peut développer des pouvoirs prophétiques et clairvoyants. C'est pourquoi il est conseillé de prendre des notes des rêves au réveil, dans le cas où ils contiendraient des informations prémonitoires.

Rival Les luttes contre nos rivaux reflètent de façon assez littérale les problèmes de la vie réelle. Ainsi, rêver que nous les battons signifie que nous avons décidé d'agir. || En revanche, si nous ne faisons que parler d'eux, c'est que l'inconscient nous suggère de résoudre les choses de façon pacifique. Par ailleurs, si notre rival nous attaque et que nous ne répondons pas, cela indique que non seulement nous acceptons la défaite, mais que nous ne faisons rien non plus pour changer le sens de la lutte.

Rive Du point de vue onirique, la rive est le point où se rencontrent l'inconscient (mer) et l'esprit conscient (la plage). Ce rêve peut aussi représenter la possibilité d'un voyage qui peut être physique (en bateau) ou symbolique (à travers nous-même). Si nous scrutons l'horizon à la recherche d'un bateau, peut-être sommes nous inquiet de n'atteindre aucune de nos aspirations ou désirs. Être sur la rive à chercher des coquillages ou d'autres objets cachés dans le sable peut refléter notre désir d'élargir nos moyens intérieurs. (Voir Eau et Mer)
Une plage vide symbolise une opportunité. Une plage avec beaucoup de gens annonce que nous nous sentirons bientôt à l'abri et rassuré.

Riz Rêver de riz augure des événements heureux, car cet aliment est un symbole de fertilité dans de nombreuses cultures. Ces événements peuvent avoir lieu dans n'importe quel domaine : sentimental, professionnel, familier, etc.
Manger du riz augure la longévité et l'abondance ; l'acheter, une augmentation du patrimoine ; le cuire, la guérison ; le ramasser, la chance.

Analyse du rêve

Rire

Le rêve de Joaquim : « Il s'agit d'un rêve que je fais souvent. Je raconte une blague très drôle et je commence à rire tout seul sans m'arrêter. Je me surprends de mon esprit et de mon sens de l'humour et je m'en félicite. Alors je me réveille mort de rire et désirant partager cette blague avec quelqu'un. Quelques heures après, lorsque je repense à cette plaisanterie au moment de la raconter à un ami, j'ai l'impression que c'est une grosse blague pas drôle du tout. »

Les rêves mettant en scène l'humour ont rarement du sens à l'état de veille. Cependant, se réveiller en riant est l'une des sensations les plus plaisantes que puisse nous offrir l'inconscient. Dans le cas de Joaquim, ces rêves essaient de relâcher la tension journalière à laquelle il se sent soumis. En tant que contrôleur aérien, Joaquim travaille sous une pression telle que le sens de l'humour ou de la distraction n'ont pas droit de cité. Dans le monde onirique, son inconscient libère son côté le plus drôle et humoristique, comme une mesure de compensation. Quand Joaquim fait ces rêves, il se lève joyeux et optimiste, affrontant sa journée de travail avec moins de tension.

Robot Ce rêve peut vouloir nous dire que nous avons un comportement mécanique et que nous avons perdu la capacité d'exprimer nos sentiments. Nous devons être attentif à notre comportement car celui-ci est probablement rigide et froid. || Par ailleurs, l'automatisation peut provenir du travail que nous faisons. Souvent les tâches que l'on est obligé de réaliser dans l'environnement professionnel deviennent mécaniques et routinières.

Les robots ne figurent pas dans les livres anciens sur les rêves, mais ils sont devenus des figures archétypales modernes. Dans cette ère technologique moderne, de telles machines symbolisent la peur de la déshumanisation. Elles peuvent, en plus, renvoyer à l'aspect inévitable de la mort.

Rocher Cet élément symbolise l'être, la permanence, la sécurité et la cohésion avec soi-même. Sa dureté s'oppose aux êtres vivants, soumis aux lois du changement, à la déchéance et à la mort. Le rocher symbolise généralement l'unité et la force. || Rêver que nous naviguons vers des rochers prédit que nous risquons bientôt de nous trouver dans une situation dangereuse. Il est vivement conseillé, dans ce cas, de changer de méthode pour réaliser nos projets. (Voir Pierre)

Les sirènes qui, avec leurs chants, conduisaient les marins droit sur les rochers, c'est-à-dire vers la mort, illustrent le côté pervers de l'intuition. Le danger des rochers nous rappelle donc que nous ne pouvons pas trop nous laisser aller dans la réalité.

Roi Le roi symbolise, dans son sens abstrait, l'homme universel et archétypal. En tant que tel, il possède des pouvoirs magiques et surnaturels. Il exprime également le principe recteur, la conscience suprême, la vertu de jugement et la maîtrise de soi. En outre, le couronnement équivaut à la réalisation, à la victoire et à l'apogée. De là le fait que tout homme puisse être nommé roi aux instants culminants de son existence. || Si le rêveur est une personne jeune, le roi peut représenter son père, ou une autre figure similaire ; si au contraire il est adulte, le roi correspond à lui-même. Auquel cas, le songe peut annoncer son accession à la maturité ou bien à la réussite professionnelle. || Jung a utilisé le symbolique et étrange langage des alchimistes pour de nombreuses interprétations. Le roi est, en ce sens, la personnification humaine du travail. || Son apparition onirique peut également comporter divers sens. S'il est malade, il représente des attitudes hors de propos et, parfois, le conflit entre notre raison et nos instincts ; si c'est un roi décrépit, cela signifie une conscience limitée ; et s'il disparaît ou retourne près de sa mère, il s'agit d'un retour à l'inconscient.

Ronce Le sens de cet élément se rapproche de celui de Mauvaises herbes dans le sens où il représente des obstacles à surmonter. Il fait aussi allusion à des situations, ou des parcelles de la personnalité, qui semblent sombres et mystérieuses. Pénétrer dans la ronceraie, pour découvrir ce qu'il y a à l'intérieur, ou l'esquiver et passer sans s'arrêter seront autant de clés interprétatives reflétant l'attitude du rêveur par rapport à sa situation dans la vie réelle à ce moment-là.

Rongeur Ces animaux ont souvent une relation directe avec la maladie et la mort. (Voir Souris et Rat)

Roue C'est un symbole toujours lié au mouvement perpétuel, à ce qui une fois initié continue inexorablement son cours. Par sa forme circulaire, elle représente quelque chose de fini qui octroie sécurité et protection. Son mouvement giratoire est, en plus, associé à notre évolution psychique et à l'arrivée d'une nouvelle étape. Par conséquent, une roue qui tourne sans problèmes signifie la réussite et une évolution personnelle favorable. Si elle est crevée ou rencontre des obstacles sur le chemin, c'est que les choses ne fonctionnent pas comme nous aimerions.

Ce rêve peut être une invitation à entrer dans la véritable nature de la réalité.

Rouge C'est la couleur du sang, du feu, de la passion, de la guerre et des instincts sexuels. Quand cette couleur domine dans les rêves, cela signifie que nous sommes disposé à agir viscéralement, avec amour ou avec haine.

Roulette Rêver que nous parions notre patrimoine à la roulette signifie que nous remettons la solution de nos problèmes aux mains du hasard. (Voir Jeu, Loterie et Loto sportif)

Rose Cette fleur comporte de nombreuses significations : elle symbolise la richesse spirituelle, la perfection, la délicatesse et, aussi, les sentiments. C'est pour cela que, d'habitude, elle est fondamentalement associée à l'amour, et à ce que nous ressentons de nos relations émotives passées et présentes. || Ainsi, rêver que quelqu'un nous offre une rose indique que nous traversons un moment de plénitude affective. Cependant, se piquer avec ses épines reflète la crainte des relations sexuelles. || Freud, enfin, associait cette fleur aux formes génitales féminines, ainsi qu'à la menstruation en raison de sa couleur peu commune.

◎ Depuis l'époque romaine, la rose est le symbole de l'amour. Les Romains croyaient, en outre, qu'elle protégeait les morts des esprits maléfiques. C'est pour cette raison qu'on avait coutume de décorer les tombes avec des roses. Sur le plan onirique, la rose augure un sentiment de sécurité et de protection. De même, de nombreux oniromanciens soutiennent que les présages de ce rêve sont tous favorables.

Rosée Cet élément est synonyme de pureté, de virginité et de bénédiction divine. Sa signification est associée à celles de l'Eau, du lever de Soleil et de la Pluie.

◎ Selon la mythologie, les gouttes de rosée sont les larmes de l'Aurore (Eôs) pour ses enfants perdus ; un signe de douleur qui, par inversion de sens, prédit le bonheur, un héritage et la chance.

Rubis C'est la pierre du bonheur, de l'intensité vitale et de l'amour. En rêver exprime donc le désir de vivre une aventure passionnée qui nous comble de bonheur.

◎ Cette belle pierre, rouge comme le sang, prédit des joies et des cadeaux inattendus lorsqu'elle figure dans un rêve.

Ruche Du fait de sa structure sociale bien organisée, la ruche symbolise la communauté et l'ordre. Si cette vision onirique est agréable, cela veut dire que nous nous sentons soutenu par notre famille et nos amis. || Par ailleurs, des abeilles menaçantes signalent que l'organisation à laquelle nous appartenons nous fait perdre notre identité. Ces images devraient nous inciter à réfléchir sur le besoin de dégager du temps pour la solitude et la méditation.

◎ Les croyances populaires rurales soutiennent que les abeilles sont des créatures très sages, ayant une connaissance particulière de l'avenir. Les rêves incluant des abeilles et des ruches peuvent contenir, par conséquent, des pistes prémonitoires sur les événements qui auront lieu bientôt.

Rue Les rues symbolisent le chemin que suit chaque personne dans la vie quotidienne. Les tournants qu'elles comportent sont les difficultés que nous allons rencontrer. || Des rues larges et bordées d'arbres indiquent que notre orientation est très définie et que nous en sommes satisfait. Plus la rue sera étroite, moindres seront nos projets de vie. Dans le cas d'une ruelle, le rêve nous donne un avertissement clair : nous devrions reconsidérer nos choix et prendre une autre direction, car ce type de voie est associé à la dépression et au découragement. (Voir Avenue)

◎ Dans les livres anciens, un songe comportant des rues bordées d'arbres et de fleurs prévoit la réussite.

Ruine Le sens onirique est littéral : les ruines représentent la destruction, la fin de la vie. De nombreuses personnes font l'expérience de cette vision non sans une certaine mélancolie. Une telle destruction était cependant peut-être nécessaire pour commencer à édifier à nouveau et à notre vécu émotionnel lors de nos relations affectives passées et présentes. Un monument, ou un temple, en parfait état signale que nous réussirons dans nos prochains projets. Des ruines antiques ou des reliques sacrées peuvent symboliser la découverte de trésors que nous gardons au fond de nous. Nous venons ainsi de trouver l'ancienne sagesse inconsciente que nous renfermons en nous. (Voir Abandonner, Froid, Mort et Pierre)

◎ Découvrir des ruines ensevelies assure une vieillesse confortable et sereine. Marcher sur des ruines, en revanche, augure des pertes financières.

Ruisseau Un ruisseau d'eaux claires en train de couler est un symbole de joie et de satisfaction. En rêver indique que notre partie affective est parfaitement équilibrée. Cependant, si les eaux sont troubles, il est probable que nous ayons des conflits émotionnels. Un ruisseau sec, en revanche, représente la méfiance que nous éprouvons après une désillusion.

Rupture Rêver qu'un objet ou qu'un lien sentimental se brise signifie que nous laissons derrière nous une époque de notre vie. Elle arrive à sa fin et nous devons l'accepter. Briser des choses de façon volontaire peut être un mécanisme de l'inconscient pour décharger de l'agressivité et calmer la tension accumulée.

◎ Le fait de briser des miroirs dans un songe laisse présager une perte d'argent ; casser du verre annonce une dispute entre femmes ; briser des assiettes prédit une indigestion.

S

Sable Rêver d'une plage de sable fin augure la paix et la sensualité. Cela suggère également les caresses de la mer, de l'amour et de la mère. Le sable du désert représente, au contraire, l'aridité et implique l'image de la mort. || Rêver que nous marchons sur le sable révèle notre crainte de ne pas atteindre les buts que nous nous sommes proposés. Trouver du sable dans la nourriture ou dans les vêtements témoigne de notre nervosité devant une situation instable.

Sac à main Cet objet représente les secrets personnels, ainsi que les qualités psychologiques les plus intimes avec lesquelles nous traversons la vie. Rempli de vieilles babioles, par exemple, il indique que nous sommes accablé de soucis. Dans ce cas, c'est nous-même qui créons les problèmes. En revanche, s'il est plein de nourriture et d'objets de valeur, il signifie que nous entretenons de nouvelles idées et de nouvelles connaissances. || Le sens du rêve varie en fonction de ce que l'on fait avec le sac. Ainsi, ouvrir le sac et se mettre à sortir son contenu indiquent le besoin d'exprimer nos expériences ou de révéler des confidences intimes ; le perdre veut dire que quelqu'un les connaît déjà ; se le faire voler, que quelqu'un essaie de nous manipuler. || Le sac représente également nos responsabilités. Il se peut que, au lieu de les partager, nous voulions en assumer trop.

D'après les croyances en matière onirique, les sacs en papier oniriques augurent la malchance dans les affaires. Quant aux sacs en toile, plus ils sont lourds, plus grand sera notre succès à venir.

Sac à dos Cet élément possède plusieurs interprétations possibles. D'une part, c'est un symbole de voyage reflétant une situation provisoire. Le dormeur se sent probablement débordé et épuisé par la routine et désire un changement dans sa vie. D'autre part, le sac représente les charges que jour après jour nous supportons. L'état dans lequel se trouve le sac à dos, sa lourdeur ou sa légèreté seront des données clés pour l'interprétation correcte du rêve.

Sacrifice Si nous sommes la victime du sacrifice, le rêve peut être un reflet de notre attitude dans la vie réelle. Nous jouons probablement presque toujours les martyrs et avons tendance à nous culpabiliser. Dans ce cas, nous sentons peut-être que les autres nous sous-évaluent, en oubliant notre talent et nos qualités. || Si c'est nous qui réalisons le sacrifice, il nous faut alors considérer ce que nous sacrifions. Un animal peut signifier notre instinct naturel ; et une personne de notre connaissance, un aspect de nous-même que nous ne voulons pas accepter. || En termes spirituels, notre ego doit être sacrifié pour que notre Moi divin puisse apparaître.

Dans l'Antiquité, les rituels comportant des sacrifices étaient des moyens de pacifier les dieux et d'apporter de la fertilité à la terre. Au début du christianisme, Jésus a été crucifié. Ces actes de dévouement à Dieu persistent dans la vie humaine moderne.

Saint En rêver est toujours un bon présage puisque le personnage du saint nous rappelle que nous disposons des moyens nécessaires pour profiter d'une vie heureuse. Il ne nous manquera ni l'argent ni les amis ; il serait donc imprudent de choisir le mauvais chemin. Le saint pourrait également être le messager de notre Moi supérieur, le guide dont nous avons besoin pour évaluer notre situation d'une façon plus spirituelle.

Pour un chrétien dévot, ce rêve peut être une rencontre directe avec l'esprit d'un saint qui désire l'aider. En Inde, on a également l'habitude de dire qu'un gourou vivant peut être aussi utile aux fidèles qu'un gourou mort, agissant à travers les rêves. En termes spirituels, les rêves offrent une orientation et un enseignement pour la vie réelle.

Saison Les saisons correspondent symboliquement aux âges de l'humanité : le printemps correspond à l'enfance ; l'été, à la jeunesse ; l'automne, à la maturité ; l'hiver, à la vieillesse et à la stérilité. || Rêver de la succession des saisons de l'année indique que nous avons besoin de vivre chaque chose en son temps. Et si ce n'est pas le cas, il faudrait alors analyser le sens de chaque saison séparément. || Les saisons peuvent représenter notre état d'esprit et les conditions psychologiques et matérielles qui prévalent en lui. Cette symbolique nous rappelle que tout est variable et renouvelable. (Voir Hiver, Automne, Printemps et Été)

Depuis l'Antiquité, le lever du soleil, les solstices et les saisons ont été associés aux différentes phases de la vie de l'homme. En outre, les saisons sont liées aux quatre éléments : la terre nue est l'hiver ; la pluie est le printemps ; la chaleur et le feu sont l'été ; et l'air, les vents d'automne.

Salade Rêver de salade est négatif puisque cela pronostique la détérioration des relations avec l'entourage ainsi que des maladies.

En manger signifie que la vie familiale sera affectée par des disputes causées par des problèmes économiques. Chez une femme amoureuse, rêver qu'elle prépare une salade annonce un compagnon inconstant et querelleur.

Salamandre Son image est associée à celles de l'immortalité et de la passion. Elle symbolise également la capacité d'adaptation à des situations ou des circonstances inconnues jusqu'alors. Elle témoigne aussi d'un haut degré d'estime de soi et d'assurance chez le rêveur.

Saleté Rêver que l'on est sale indique généralement que nous nous sentons coupable, pour une raison ou une autre, et qu'il nous faut réaliser un nettoyage en profondeur de notre vie. La saleté pourrait être liée à des affaires troubles, auxquelles nous avons participé, ou auxquelles nous avons l'intention de prendre part. || En outre, cet élément est aussi associé à nos instincts sexuels ; peut-être nous sentons-nous dégoûté par cette facette dans notre vie réelle. Il est possible que ce sentiment de culpabilité provienne de l'enfance. Souvent, les parents évoquent l'activité sexuelle précoce de leurs enfants comme quelque chose de « sale », et cette idée peut affecter l'inconscient de l'enfant. Avoir de la répulsion pour la saleté peut exprimer le désir de ne pas connaître certains domaines de notre propre sexualité.

Salive Elle possède une symbolique assez compliquée qui rend son interprétation difficile. Ainsi, elle renvoie parfois aux commérages et aux insultes que nous craignons de recevoir. Mais parallèlement, elle possède aussi des significations positives. Voici un exemple : si nous nous tachons avec notre propre salive, cela veut dire que nous disposons des moyens suffisants pour résoudre n'importe quel conflit, malgré notre manque de confiance en nous.

Salon Lorsque la totalité du rêve se déroule dans notre maison, et plus concrètement dans le salon, cela désigne le besoin de nous réunir plus souvent avec les êtres qui nous sont chers. Nous avons beau être très occupé, nous devrions essayer de ne pas perdre de vue la famille et les amis dont la compagnie est fondamentale pour jouir d'une vie équilibrée.

Saluer Saluer un ami ou une connaissance révèle le désir de maintenir de bonnes relations avec les personnes de notre entourage. || Si celui qui est salué est un adversaire, il y a alors un évident désir de réconciliation ; si c'est une femme qui est saluée, la réussite des projets les plus difficiles sera alors assurée.

Salut Être sauvé ou sauver quelqu'un d'un danger imminent signale presque toujours le besoin d'approbation, d'acceptation, d'affection et de protection. Le rêveur passe par une période affective creuse dans la réalité. Les autres symboles et le contexte oniriques apporteront toutefois des informations importantes pour une interprétation correcte.

Sang Le sang versé symbolise le sacrifice. Toutes les matières liquides que les anciens offraient à leurs morts, aux esprits et aux dieux (lait, miel, vin) étaient des images ou des préfigurations du sang. Celui-ci constituait le don le plus précieux. Il était présent dans les cultures classiques à travers le sacrifice de l'agneau, du porc et du taureau. C'était, en outre, un symbole de vie. || Rêver que nous nous vidons de notre sang peut aussi refléter une fatigue physique ou un épuisement émotionnel. Mais cela peut traduire un changement profond dans notre personnalité. || En tout cas, le sang représente à la fois la passion et l'amour, et même la colère et la violence. Il s'agit d'un avertissement pour que nous réfléchissions à nos actions : nous sommes peut-être en train d'oublier nos valeurs. (Voir Rouge)

◎ Dans l'Antiquité, pendant les rituels, on buvait le sang des animaux sacrifiés. Cela manifestait l'union entre l'homme et les dieux, basée sur la force et le pouvoir. Rêver que nous buvons du sang peut, en ce sens, annoncer un apport énergétique et vital renouvelé.

Sanglier ◘ Comme la plupart des animaux, sa signification symbolique est polyvalente. D'un côté, il représente l'intrépidité et la hardiesse déraisonnable, de l'autre, la débauche. En nous montrant combien il est difficile de lutter contre lui (il ne se considère jamais vaincu), le rêve nous signale parallèlement que, si nous refoulons nos désirs, les instincts nous rendront la vie impossible. En utilisant la force du sanglier, nous serons, en revanche, capable d'obtenir tout ce que nous souhaitons. || Cet animal représente l'impulsion sexuelle libre, non soumise à la conscience ; c'est-à-dire la libido qui, comme le sanglier, est excessive, violente et irrationnelle.

◎ Symbole négatif, cet élément représente l'animalisation onirique d'ennemis cruels et implacables. Le fait que le sanglier soit capturé ou vaincu augure la joie et la réussite.

Sangsue ◘ Ce rêve met en scène des personnes ou agents externes qui épuisent nos moyens vitaux. Il provoque habituellement beaucoup d'angoisse car le rêveur voit son propre corps se vider de son sang. Être capable d'arracher les sangsues, ou de les éliminer, témoigne d'un sentiment d'assurance et de confiance en soi, malgré l'adversité des circonstances de la vie.

Saphir ◘ C'est une pierre dotée d'une grande symbolique céleste. Elle représente la bonté, ainsi que d'autres valeurs positives du fait de sa couleur bleue. (Voir Bleu, Bijou et Pierre)

Sapin ◘ Voir un sapin dans nos pensées oniriques est un bon signal. Cet arbre est identifié à la paix et au bonheur. Sa présence augure donc de bons moments dans les relations personnelles et sociales. Si, de plus, nous apercevons au-dessus du sapin un soleil ou une lune, alors nous aurons l'amour et la fortune assurés.

◎ Cet arbre, chargé de boules et de rubans de couleurs, entrant chaque Noël dans nos foyers selon la tradition nordique, est une promesse onirique de succès assuré et d'amis sincères et loyaux.

Saucisse ◘ Cet aliment annonce des retrouvailles prochaines avec un ancien ami, ce qui marquera le commencement d'une période de joie et de bonheur. || Si nous fabriquons des saucisses, le succès de nos projets sera assuré, tandis que si nous les mangeons, nous profiterons de la paix en famille ; si nous les vendons, nous aurons à souffrir d'un événement malheureux.

Saule ◘ Cet arbre, symbolisant la tristesse et l'immortalité, annonce par analogie la douleur et les larmes.

Saumon ◘ Capable de nager à contre-courant, il est l'emblème de la force et du courage.

◎ Selon une lecture ésotérique, le voir en rêve présage un litige ; le vendre signale des disputes et désaccords familiaux.

Sauter ◘ Sauter en l'air est une image de notre désir de dépassement, d'accès à une meilleure position sociale ou professionnelle. Ainsi, nous devons être plus énergique et ne pas agir toujours selon la volonté des autres. En revanche, sauter dans le vide indique que nous devrions méditer de façon plus consciencieuse avant de prendre une quelconque initiative. En effet, nous avons beau vouloir tout oser, nous nous compliquons parfois la vie par manque de prudence. (Voir Difficulté et Grimper)

◎ Selon les croyances, trébucher en sautant signifie que nous surmonterons les difficultés et qu'éventuellement nous réussirons dans la vie.

Sauvage ◘ La figure d'un homme sauvage à demi-nu, fréquente dans presque toutes les cultures, est liée aux êtres mythiques comme l'« homme des neiges », les ogres, etc. Cet archétype symbolise donc la composante sauvage et primitive nichée en nous, tout comme notre peur d'avancer. Ce dernier sens peut être interprété comme un avertissement de notre inconscient. Celui-ci nous rappelle que nous ne sommes peut-être pas suffisamment mûr pour réaliser certains des projets que nous avons à l'esprit. || Ce rêve peut aussi faire référence à notre sexualité. Il essaie probablement de nous dire que nous devrions nous comporter avec plus de délicatesse et de tact dans nos relations sexuelles.

◎ Nous avons beau croire que notre partie la plus sauvage et primitive ne peut nous aider en rien, il est au contraire certain qu'elle peut nous être très utile. En effet, elle nous rappelle surtout, partant du cœur, et cela sans souci matérialiste ni superficialité, ce qui vaut la peine et ce qui ne la vaut pas.

Sauvetage Généralement, cela manifeste une situation de la vie réelle exigeant un effort supérieur à la normale, surtout si le rêveur doit réaliser une entreprise ou un projet qu'il s'est imposé. || En outre, la personne ou la chose que nous sauvons peut être un aspect de notre personnalité que nous avons rejeté préalablement, et qui cherche la façon de s'exprimer. Si c'est nous que l'on sauve, alors nous devons analyser la scène onirique dans sa totalité. Être sauvé des griffes d'un animal féroce, par exemple, peut indiquer que nous craignons les conséquences de nos instincts ou d'être soumis à notre nature. Être sauvé d'une tempête en mer reflète combien nous avons été proche d'être submergé par nos émotions. La personne qui nous tire de l'embarras symbolise probablement les qualités psychologiques et les attitudes que nous devrions avoir dans la vie réelle.
◎ La tradition la plus commune affirme que nous avons tous le potentiel nécessaire pour être des héros ou des surhommes. Les moyens qui nous rendent capable d'obtenir ce que nous voulons se cachent en nous. Ainsi, rien n'est impossible.

Savant Rêver d'un érudit qui nous instruit signale que nous sommes en phase de formation et de développement intellectuel. Si la figure du professeur nous inspire du respect et de l'admiration, cela suggère une maturité émotive et un équilibre de notre part. Nous devons écouter les conseils que nous donne le rêve : il s'agit de notre inconscient qui nous sert de guide. (Voir Abbé, Grands-parents, Académie, Autorité, Bibliothèque et Ermite)
◎ Pour certains oniromanciens, ce rêve annonce la réception prochaine de nouvelles.

Savon Rêver que l'on se lave avec un savon indique que l'on a besoin de « nettoyer » certains aspects de notre vie. Si tel n'est pas le cas, cela peut aussi signifier que les affaires qui nous inquiètent commencent à s'éclaircir. Il existe une nuance d'importance : si nous lavons du linge ou un vêtement personnel, ce sont nos relations affectives qui nécessitent une cure de « nettoyage ».

Scarabée Sa présence dans nos pensées oniriques est un signe favorable. Il augure le bonheur et la chance sur tous les plans, tout en signalant aussi le moment opportun pour lancer des affaires commerciales et resserrer les relations personnelles. || Tuer l'un de ces insectes nous avertit d'un malheur qui pourrait nous atteindre.

Sceau Signe de propriété et d'individualité, c'est en outre un emblème marquant la différence. Il symbolise l'autorité, la protection et le secret. (Voir Autorité et Lettre)

Scie Cet élément manifeste le désir de couper, de considérer une affaire comme terminée, que ce soit un conflit personnel, un projet professionnel ou une relation familiale. Le rêveur doit analyser les aspects négatifs de sa vie et étudier les conséquences de ses actes. En effet, le problème aura probablement une solution moins drastique que celle exprimée par l'inconscient.

Scorpion C'est le huitième signe du zodiaque. Il désigne un danger de mort, ce dont on ne doit pas s'étonner si l'on tient compte du fait que la piqûre du scorpion est bien souvent mortelle. Rêver d'être piqué signale l'existence d'un conflit interne qui nous empoisonne la vie. Cela peut aussi montrer que notre façon de nous adresser aux autres semble extrêmement blessante. || Du point de vue psychologique, cet animal signifie des dangers et des menaces pour l'inconscient.
◎ Synonyme de venin et d'actions silencieuses et létales, le scorpion est entré dans la tradition oniromancienne, depuis l'Antiquité déjà, comme un présage d'inimitié, de mensonge et de trahison.

Sculpture Sculpter une figure révèle un vrai désir de commander ou d'éduquer quelqu'un. Cela peut aussi indiquer le besoin d'entamer des relations avec nos semblables, basées sur la proportion, l'équilibre et, en définitive, la beauté.

Secret Rêver que l'on nous confie un secret que nous nous sommes engagé à ne pas révéler signifie que nous allons vivre une situation inconfortable. Nous traversons non seulement une étape émotionnelle compliquée, mais en plus nous sommes impliqué dans une histoire qui ne nous plaît pas trop.

Secte Rêver que l'on est attiré par une secte indique que nous n'avons pas les idées claires. L'inconscient nous avertit que nous ne devons pas céder au chantage émotionnel de quiconque. Nous devons essayer de vaincre la faiblesse de notre caractère et prendre nos propres décisions.

Sein Les seins représentent la maternité, la douceur et la sécurité. Ce rêve révèle un besoin affectif et un désir de revenir à l'abri de l'enfance. Pour une femme, l'image peut signifier une grossesse ; pour un enfant, la protection ; pour un homme, des relations sexuelles très satisfaisantes. || En raison de leur fonction nutritive, les seins peuvent aussi renvoyer aux idées et projets que nous nourrissons en nous. Selon la conception freudienne, il est possible aussi que le rêveur dépende encore trop de la figure maternelle. (Voir Bébé, Mère, Femme et Poitrine)

Une femme qui rêve que ses seins tombent et ont mauvais aspect vivra une déception amoureuse. S'ils sont blancs et imposants, elle deviendra riche.

Sel Cet élément symbolise la conservation. En rêve, il peut indiquer que nos ambitions sont totalement paralysées et immobiles. C'est pourquoi il conviendrait d'abandonner la passivité et d'essayer d'alimenter nos espoirs. Le rêve reflète une façon de vivre trop conservatrice. || Le sel peut, par ailleurs, contenir d'autres significations comme celle de l'essence spirituelle de la vie : préservatrice et indestructible, elle est ce qui reste après la décomposition du corps humain. De même, cet élément fait peut-être référence à la tristesse ou à l'inconscient, étant donné que les larmes et l'eau de mer en contiennent. Enfin, offrir ou recevoir ce produit signale une amitié.

Le sel a été employé, tout au long de l'histoire, comme un symbole de l'illumination spirituelle. Lorsqu'il est mélangé avec de l'eau et ses cristaux dissous, il en reste la saveur salée. Il arrive la même chose avec l'âme des hommes : l'individu peut mourir ou disparaître, mais son essence se conserve intacte.

Selles Voir **Excrément**

Semer Ce rêve symbolise une nouvelle étape de notre vie. Nous disposerons des moyens nécessaires bien que, pour cela, il nous faille apprendre à manipuler des instruments. Le travail sera dur mais, si nous y mettons tout notre potentiel, des satisfactions de toutes sortes nous attendent. Si nous ensemençons un terrain aride, cela indique que nous n'avons pas choisi le travail qui nous convient le plus et que, par conséquent, nous devrions repenser notre profession.

Sentinelle Les figures de sentinelles ou de gardes préviennent notre esprit : nous devons être vigilant face aux mensonges éventuels émanant de tierces personnes. Il est recommandé également d'être attentif à nos actes, car il faut être conséquent avec les engagements contractés. (Voir Hibou)

Séparation Cet élément peut refléter littéralement une situation que le dormeur traverse dans la réalité, sans que celle-ci soit tout à fait définie. Il est probable qu'il mène une relation sentimentale trop étroite, ou écrasante, et qu'il ait besoin de souffler ou de prendre une distance définitive.

Serment Rêver d'un serment portant sur un sujet qui nous touche directement témoigne d'un manque d'assurance considérable. Le serment dénote un manque de confiance dans l'accomplissement de ce qui a été convenu. Cela exprime également des doutes autour d'engagements déjà acquis, ainsi que les remords provoqués par une situation qui peut conditionner notre futur.

Serpent C'est l'une des figures les plus anciennes, dotée de la plus grande symbolique qui soit. Les serpents sont généralement associés à ce qui est phallique et aux dieux païens de la fertilité. Parce qu'ils vivent en rampant sur le sol, ils sont un emblème des dangers que renferme le monde souterrain. Dans la vision chrétienne, ils sont un symbole sombre et coupable incitant les hommes à gagner en connaissance. || Ces animaux peuvent, en outre, représenter nos peurs cachées, ou le début d'une étape de conflits internes et externes. Auquel cas, il est évident que nous aurons des expériences désagréables. Cependant, tout cela nous procurera à la fin une sagesse que nous aurions difficilement atteinte autrement, en une période aussi brève. || Rêver que l'on tombe dans un trou plein de serpents est une illustration de tous les soucis qui nous menacent. || Enfin, les serpents illustrent parfois les mots vénéneux et les insinuations des gens qui nous entourent.

Dans la mythologie gréco-romaine, le caducée (deux serpents entrelacés sur un bâton surmonté de deux ailes) est l'un des attributs du dieu Hermès/Mercure. Pour les Grecs, le serpent possédait des pouvoirs curatifs. En Inde, le cobra est, de façon similaire, la figure divine de l'illumination ; il est associé au dieu Shiva.

Serrure Ce rêve signale l'existence d'un problème, un changement de situation ou un dilemme. Si nous sommes capable d'ouvrir la serrure et de continuer notre chemin, la réponse sera positive, mais, si nous n'y parvenons pas, elle sera négative. Forcer la serrure signifie que nous essaierons d'atteindre nos objectifs en employant n'importe quelle stratégie, licite ou non. (Voir Porte et Seuil)

Serveur En rêver signale que l'on peut compter sur l'aide d'amis ou de quelqu'un d'inattendu. Cependant, si le serveur est grossier ou désordonné, alors nous risquons de subir les abus et les calomnies de personnes proches dans lesquelles nous avions confiance.

Rêver qu'un serveur s'occupe de nous dans un hôtel ou un restaurant annonce la chance à venir. Se faire servir dans sa propre maison augure, en revanche, tout le contraire.

Seuil Passer le seuil d'une porte signifie qu'une nouvelle étape va commencer dans notre vie. Comme il peut s'agir d'un pas essentiel pour nous, il est important que nous méditions consciencieusement chaque décision que nous prendrons. Une fois passé le seuil pour entrer en terrain inconnu, il ne sera plus possible de faire marche arrière. || Ne pas pouvoir franchir ce seuil signifie que, pour le moment, nous ne devons pas modifier notre situation. Il est probable que nous ne sommes pas suffisamment préparé pour cela.

Sexe Les rêves sur des thèmes sexuels sont fréquents et pas toujours faciles à interpréter. Souvent, il faut les inscrire dans le contexte amoureux du rêveur. Ainsi, si nous avons des problèmes dans notre vie sexuelle, les scènes oniriques produites pendant notre sommeil refléteront ces préoccupations. Par ailleurs, à l'intérieur des thèmes sexuels, l'influence de l'enfance est des plus puissantes. En effet, c'est à cette période que l'on peut commencer à concevoir le sexe comme quelque chose de sale et de lié au péché. || Le domaine des relations intimes offre beaucoup de rêves récurrents. Ainsi parfois certaines personnes hétérosexuelles rêvent de faire l'amour avec quelqu'un du même sexe. Dans la plupart des cas, ces rêves représentent le désir du protagoniste de posséder les caractéristiques de ce partenaire sexuel. || Les jours préalables à une noce, les fiancés font habituellement aussi des rêves érotiques, dans lesquels ils imaginent faire l'amour avec des tierces personnes. Toutes ces scènes sont directement reliées à la crainte et l'anxiété que produit, chez de nombreux individus, l'imminence d'un engagement comme celui du mariage.

Analyse du rêve

Serpent

Le rêve d'Alice : « Je faisais des rêves récurrents dans lesquels apparaissaient des serpents terrifiants. Après cela, je me réveillais baignée de sueur et très nerveuse. Si cela avait lieu au milieu de la nuit, j'allais prendre un verre d'eau dans la cuisine, avec la crainte d'y rencontrer un serpent à l'affût. Ces rêves cessèrent durant un certain temps, mais peu après ils se répétèrent à nouveau, encore plus violemment. »

Alice a grandi dans une famille très conservatrice, qui excluait les relations sexuelles avant le mariage. Pendant trois ans, Alice a eu une relation amoureuse, mais pas sexuelle. Durant ce temps, elle s'est vue harcelée par des rêves de serpents. Quand la relation a pris fin, les rêves aussi. Mais lorsque plus tard, elle tomba de nouveau amoureuse et recommença à se sentir sexuellement inhibée, alors les rêves de serpent reprirent plus intensément.

Les serpents de ses rêves étaient un clair symbole phallique l'avertissant de son incapacité à profiter pleinement de sa sexualité, incapacité due à son éducation. Quand Alicia comprit cela, elle commença à affronter son monstre particulier, et à préparer le chemin vers une relation satisfaisante. Les rêves de serpent commencèrent alors à disparaître. Quand ils avaient lieu, elle essayait de ne pas s'angoisser et de comprendre leur signification.

|| En général, nous pouvons dire que rêver d'avoir une relation sexuelle avec notre partenaire, ou avec quelqu'un de connu, peut révéler une attirance envers ces personnes, mais aussi être le fruit d'une situation angoissante. Toutefois, si nous rêvons que nous faisons l'amour avec un inconnu, c'est peut-être que nous sommes insatisfait de certains aspects de notre vie, puisque nous cherchons à l'extérieur ce que nous ne trouvons pas chez nous. (Voir Adultère, Amoureux, Embrasser, Harem et Inceste)

◎ Une étrange croyance raconte que rêver de se trouver dans une maison de prostitution améliorera notre vie domestique. Si nous changeons de sexe, cela augure des succès dans la famille.

Siège Parfois, dans certains rêves, nous avons besoin de nous asseoir et de nous reposer, comme si l'air nous manquait et que les jambes ne nous portaient plus. Cela, plus que la fatigue physique, met en évidence une certaine fatigue existentielle. Ceux qui font ce genre de rêves sentent que leur vie devient de plus en plus monotone et ennuyeuse. Ils ont peu de centres d'intérêt qui rendraient la routine plus supportable.

Signature C'est un symbole d'engagement. Signer un document reflète le besoin d'affermir une situation indéfinie. Ne pas le signer indique un manque d'assurance et une crainte de l'engagement. Vouloir signer et ne pas y parvenir peut s'interpréter comme un sentiment d'insatisfaction à l'égard de nos propres capacités intellectuelles.

Silence Ce rêve, qui n'est pas très fréquent, dénote une paix intérieure et une maturité émotionnelle. Le silence reflète également le détachement envers les intérêts matériels et un grand développement interne.

Singe Les singes étant généralement aimables, ce rêve pourrait symboliser cette partie de nous qui désire avoir un comportement plus simple et plus naturel. Un singe effrayant représente le côté sombre et refoulé de notre personnalité.

◎ Le rêve prédit que des gens nous décevront car bientôt nous serons dupé. Dans les affaires, nous devons être très vigilant avec les promesses que l'on nous fera, car elles pourraient bien être fausses. Un singe grimpé à un arbre prédit qu'un de nos proches racontera des mensonges sur notre compte, provoquant ainsi de futurs grands problèmes.

Sirène Le mythe des sirènes – figure symbolique incarnée par la femme-poisson – est l'un des plus anciens. Déjà dans la Grèce antique, il existait des récits autour d'elles. Ces créatures, qui représentent la partie féminine de l'esprit, mettent en évidence le mystère autour de la psyché humaine. Elles apportent la sagesse secrète des profondeurs de l'inconscient (la mer). || Si un homme fait ce rêve, il se peut qu'il ait peur de sa féminité, ou de ses pensées profondes. Chez une femme, cela manifeste des doutes sur la nature de son propre sexe. En outre, en raison de la séduction que le chant des sirènes exerce sur l'énergie masculine, elles représentent également les tentations ou les désirs passionnels. Rêver de chants de sirène augure une possible tromperie amoureuse.

◎ La mythologie possède de nombreuses figures qui sont, en partie, humaines et, en partie, animales. La moitié supérieure figure l'esprit conscient ; la moitié inférieure, le primitivisme et l'irrationalité dont a besoin la conscience. Ces symboles furent originellement conçus pour démontrer que les natures humaine et animale sont inséparables.

Sirop Extrêmement doux et collant, cet élément peut refléter l'attitude que quelqu'un adopte envers nous, ou la nôtre. || Prendre du sirop montre aussi au dormeur qu'après une période d'infortune, il va pouvoir résoudre tous ses problèmes, et vivre dans une certaine sérénité. Selon d'autres interprétations, ce rêve traduit un sentimentalisme excessif et la nostalgie.

◎ Certaines croyances associent les rêves comportant des choses douces à tout ce qui a un caractère « sexy ». Cela provient du fait que le cerveau humain, quand l'individu est excité, produit la même substance chimique que celle qui se trouve dans le chocolat.

Soie Cet élément, associé à la sensualité et comportant d'importantes connotations érotiques, fait aussi allusion au narcissisme et au fétichisme. En fonction de la couleur et des autres caractéristiques du tissu, la soie peut signaler la pureté, la passion, la perversité ou le désir d'attirer.

Soif Cet élément peut refléter un besoin physiologique réel surtout dans les états fébriles. Si ce n'est pas le cas, la soif symbolise un désir spirituel clair, mystique même. Cependant, si nous assouvissons notre soif en buvant de l'eau tiède ou chaude, cette vision onirique annonce généralement des désillusions et des déceptions.

Soldat Les soldats symbolisent le devoir, les obligations et la hiérarchie sociale dans laquelle nous vivons. Ils reflètent une sensation de soumission dont, probablement, nous souhaitons nous libérer. || On associe aussi aux soldats l'agressivité et l'esprit de conquête. Le songe peut vouloir exprimer, en ce sens, la façon dont nous imposons nos sentiments aux autres dans la vie réelle. Par ailleurs, il se peut que nous préparions une bataille pour une affaire quelconque, ou que nous ayons besoin de nous défendre d'une attaque émotionnelle. Nous devons être très prévoyant au moment d'utiliser notre pouvoir. (Voir Armée, Ennemi et Guerre)

Chez un homme, ce rêve signifie qu'il changera de travail. Chez une femme, c'est un avertissement concernant une relation qu'elle néglige. Certains oniromanciens affirment qu'il augure un procès. En revanche, pour les Gitans, cela signifie que nous serons bientôt gratifiés.

Soleil Il symbolise l'activité consciente et le gouvernement rationnel de notre vie. L'observation de son parcours nous invite à considérer les différentes étapes cycliques de notre existence. Ainsi, rêver d'un lever de soleil reflète le début d'une étape de bonheur et de prospérité ; dans le cas où beaucoup de lumière et de chaleur en émanerait, cela pourrait présager la prospérité économique ; mais si le soleil est sombre ou sans éclat, alors il augure des pertes ; dissimulé entre les nuages, c'est un signal de tristesse et de problèmes inattendus ; enfin un coucher de soleil annonce la fin d'une période.

Le premier dieu du genre humain fut le soleil, capable d'en finir avec l'obscurité et, par conséquent, avec les dangers de la nuit. Il a toujours été considéré comme une bénédiction. Dans le jeu de tarot, la carte du soleil représente la joie et l'exubérance. En général, toute la tradition onirique s'accorde à dire que ce rêve présage l'arrivée de temps heureux.

Sommet Il signale un but, un objectif. Son importance est proportionnelle à sa hauteur. (Voir Cime)

Son Si nous entendons des sons forts, il est probable que notre inconscient essaie d'attirer notre attention sur quelque chose. Le son d'un cornet, par exemple, représente un avertissement : devant l'importance des problèmes, nous devons être plus combatif et vigilant. Un sifflement, par ailleurs, indique que quelqu'un a révélé nos projets secrets, ou bien que nous sommes trop obéissant, comme les chiens qui accourent à l'appel de leur maître. Écouter des sons éteints, ou des voix presque imperceptibles, nous suggère d'être plus attentif à ce que dit notre sagesse intérieure. || Cependant, les rêves incorporent parfois les sons de la vie réelle, comme l'alarme d'un réveil ou la circulation de la rue.

On raconte que, lors des premières expériences de voyage astral, on entend habituellement un claquement très fort et très désagréable, surtout lorsque le retour au corps physique est trop rapide. Avec le temps et la pratique, cette sensation disparaît.

Sorcière À l'origine, les sorcières étaient des prêtresses qui possédaient des pouvoirs curatifs et une grande sagesse. Avec l'avènement du christianisme, elles furent pourchassées. C'est pour cette raison que, dans les songes, elles sont reliées à la partie destructrice de notre inconscient, c'est-à-dire aux sentiments provoqués par le refoulement de notre véritable Moi (mauvaise humeur, déception, jalousie...). || Pour les enfants et les adolescents, cet élément onirique révèle des désirs non accomplis, avec en outre une crainte envers les aspects inconnus et mystérieux de la vie. Chez les adultes, cela indique qu'une personne proche essaie probablement de les utiliser à son bénéfice. || Il s'agit généralement d'un avertissement selon lequel des obstacles et des problèmes surgiront bientôt dans notre entourage, que ce soit dans le travail ou dans nos relations personnelles.

Les sorcières présagent habituellement des maladies.

Souffler Pour les peuples premiers, il s'agit avant tout d'un acte créateur qui augmente la force d'une chose ou change sa direction. *A priori*, en ce qui nous concerne, nous associons difficilement l'acte de souffler à cette interprétation (acte créatif). Nous pensons plutôt que rêver de souffler sur des braises pour raviver le feu signifie que nous désirons maintenir une activité en vie, ainsi que l'enthousiasme, l'amour, l'amitié, etc. Il est vrai que ce sens n'est pas vraiment éloigné de celui qu'auraient donné nos ancêtres.

Souffler sur le feu présage des calomnies ; le faire bruyamment avec la bouche prédit la médisance.

Souffrance Que ce soit la nôtre ou celle des autres, la souffrance est un mauvais présage : elle signale des tensions et des disputes avec les êtres aimés. En plus, elle dénote des trahisons dans l'environnement professionnel, qui pourraient vraiment porter préjudice à nos intérêts.

Soufre En tant que substance habituellement associée au diable, le soufre a, pour beaucoup, des connotations maléfiques. En rêver témoigne d'un sentiment de culpabilité. Mais le soufre est également un symbole de purification et de dépassement. Dans certaines occasions, il est aussi associé à l'amour, la passion, l'érotisme et la sagesse.

Source Dans le paradis terrestre, quatre fleuves partent du centre – c'est-à-dire du pied même de l'Arbre de vie – pour se séparer selon quatre directions marquées par les points cardinaux. Ils surgissent donc d'une même source symbolisant le centre et l'origine de chaque activité. || Jung assimilait la source à l'origine de la vie intérieure et de l'énergie spirituelle. Il la reliait aussi au « pays de l'enfance », dans lequel on reçoit les diktats de l'inconscient. Il signalait par ailleurs que le besoin de la source surgit principalement quand les pulsions vitales sont inhibées. || Les visions oniriques faisant apparaître des sources expriment un désir de régénérescence et de purification. || En outre, l'aspect qu'offrent leurs eaux sera révélateur de l'état des relations affectives que nous entretenons. Ainsi, boire à une source d'eau claire indique que nous assouvirons nos besoins physiques, spirituels ou affectifs et que nous obtiendrons le succès. Mais si la source est asséchée ou que ses eaux sont troubles, c'est que notre amour est en train de se faner. (Voir Eau)

Ce rêve prédit une période heureuse et satisfaisante à venir. Une source asséchée, en revanche, augure des problèmes.

Sourire Cet élément peut exprimer notre approbation concernant certaines décisions que nous avons prises. Il est possible que nous nous sentions satisfait de nos réussites et réalisations. Le futur nous apportera le bonheur et nous devons en profiter.

Le rêve nous dit peut-être de rire davantage. Face aux autres personnes, les sourires sont très contagieux.

Souris Elles ont une relation directe avec la maladie et la mort. En Chine, les souris incarnaient la divinité maléfique de la peste. || En rêver n'est pas vraiment agréable, car elles symbolisent les passions dégénérées qui nous consument, comme la rancœur, la jalousie, la haine, l'avarice, etc. Elles renvoient à ces pensées et sentiments que nous cachons ou rejetons, mais que nous avons en nous. || Si nous nous montrons agressif avec les souris, c'est le signe que nous sommes capable de dominer la situation. || Cependant, le rêve peut aussi faire allusion à certaines attitudes du rêveur : peut-être que celui-ci se comporte dans la vie réelle comme une authentique souris d'égout et que son inconscient le lui reproche.

Selon certaines croyances, les souris ont des âmes humaines. Leurs actions doivent donc être observées dans les rêves et ensuite corrigées si nous les retrouvons dans notre comportement.

Souterrain Il symbolise normalement l'inconscient. Les choses qui sont cachées, enterrées ou qui émergent de la terre représentent les qualités provenant des profondeurs de notre personnalité. C'est un rêve qui peut être positif ou négatif. Pénétrer à l'intérieur de la terre peut probablement sembler terrorisant, mais s'avère parfois utile pour connaître les secrets et les vérités dissimulées qui, sinon, nous échapperaient. Réussir, en outre, à sortir d'un tunnel souterrain et accéder à la lumière représente un triomphe sur l'adversité. Pour interpréter ce rêve, il est important de considérer les sensations du rêveur ainsi que les événements qui se déroulent dans la scène onirique.

Ce rêve augure des pertes économiques.

Souvenir (se) Se souvenir de quelque chose que nous craignons d'oublier à l'état de veille peut être un signal de l'inconscient pour que réellement nous ne l'oublions pas. Parfois, nous nous réveillons de façon brutale pour nous assurer que notre mémoire ne nous a pas fait une mauvaise plaisanterie qui pourrait entraîner des conséquences négatives.

Sphère Symbole de la totalité, la sphère est identifiée au globe qui, par analogie avec les corps célestes, est considéré comme une allégorie du monde. (Voir Cercle)

Spirale Une spirale ascendante peut représenter des avancées et des progrès. Une spirale descendante, en revanche, exprime le désespoir et l'échec.

Selon la tradition mystique chinoise du feng shui, les spirales sont des symboles prometteurs qui stimulent la santé, la richesse et le bonheur. En outre, il n'existe rien de plus favorable qu'une énergie de la vie (énergie chi) qui se déplace en spirale.

Statue L'image d'une statue ou d'un buste symbolise généralement le besoin d'idéaliser quelque chose ou quelqu'un. Si nous mettons une personne sur un piédestal, cela reflète l'éloignement et le manque de moyens pour atteindre nos objectifs.

Si la statue prend vie dans le rêve, cela veut dire que nous retrouverons une amitié qui s'est brisée. Certains oniromanciens affirment que les sculpteurs constituent des présages prometteurs. En voir un en train de travailler dans un rêve, ou rêver que nous le sommes, annonce une amélioration de notre fortune.

Sucette Symbole de l'enfance, la sucette met en évidence l'immaturité du rêveur désirant revenir aux années d'insouciance pour ne pas avoir à affronter les épreuves de la vie.

Sucre Ajouter une grande quantité de sucre à de la nourriture reflète une grande anxiété, probablement motivée par le manque d'affection ou de tendresse. Ce rêve indique un besoin évident d'affection et peut suggérer que notre état émotionnel se ressente d'événements récents.

Le sucre est pour beaucoup de traditions, comme la tradition arabe, un présage de mensonge et de mauvaise foi. Cependant, l'acheter est un indice de bonheur et d'honneur ; le vendre promet la réussite face au danger ; le manger est un pronostic de réussite dans les affaires, mais n'écarte pas le rêveur de l'adultère et des faux amis.

Sud Le sud représente l'illumination, le succès et la gloire car c'est le point cardinal où le soleil atteint sa splendeur maximale. (Voir Croix, Carrefour et Orientation)

Sueur Elle peut être occasionnée par un état fébrile du rêveur. Mis à part ce cas de souffrance physique, c'est en général un rêve positif qui fait allusion à la purification par le travail dur et l'effort corporel. La sueur peut aussi s'interpréter comme la crainte qu'un aspect caché de la personnalité soit révélé et provoque le rejet des autres.

Suicide Du point de vue existentialiste, c'est un symbole de la destruction du monde. En effet, selon la doctrine qui a rendu Sartre populaire, c'est l'existence même que l'on mène qui fonde la valeur de la réalité. Cependant, dans certaines cultures comme la culture japonaise, se suicider pour des raisons éthiques est considéré comme une action méritoire. || Rêver de suicide peut illustrer non seulement un défoulement agressif à l'encontre de notre personne que nous cherchons à punir pour une certaine raison, mais aussi le besoin de supprimer un aspect de notre caractère avec lequel nous ne nous sentons pas à l'aise. || Cela traduit également, d'une certaine manière, notre refus de voir les problèmes qui nous affectent ou de vivre de façon différente nos désirs. Nous devrions interpréter ce rêve comme un avertissement sévère : nous n'assumons pas nos engagements et ne cherchons qu'à nous évader de la réalité. || Enfin, l'acte de détruire un objet auquel on s'identifie profondément peut signaler un désir latent de suicide.

D'après les oniromanciens, ce rêve augure des déceptions.

T

Tabac Fumer du tabac est un pronostic de succès dans les affaires et dans les études, mais de chance réduite en amour. Voir du tabac sec nous avertit des commérages de personnes proches. L'observer sur la plante signale que ce n'est pas le moment opportun pour entamer de nouvelles amitiés.

Table Elle symbolise l'agréable fait de sympathiser au sein d'un groupe. Sur le plan onirique, la table représente nos relations avec l'entourage. || Rectangulaire, elle manifeste une structure hiérarchique basée sur un leader qui normalement se trouve sur l'un des côtés ou au centre. Notre position indique l'échelon que nous occupons. En revanche, si la table est ronde, cela signifie que tous ceux qui s'assoient autour ont le même rang. || Outre le fait de nous indiquer notre « statut », la table détient d'autres significations. Ce qui est posé sur elle fait référence à ce qui arrive dans notre vie. Ainsi, si elle est couverte de victuailles, le rêve augure la prospérité ; si elle est vide, des problèmes dans le foyer ; et enfin, si personne ne s'est assis autour, cela suggère que nous avons besoin de nous sentir plus uni avec les membres de notre famille.
La table présage le confort domestique et le bonheur dans la relation matrimoniale.

Tableau Le fait que nous peignions ou contemplions un tableau traduit notre besoin de nous échapper de la réalité. En effet, le tableau symbolise l'imagination. Son aspect et ses qualités esthétiques nous montrent donc notre façon d'être.

Tableau noir Être obligé de se mettre devant le tableau pour expliquer quelque chose indique généralement un sentiment d'insécurité autour de choix personnels. Sinon, cela renvoie à la crainte de devoir rendre compte de ses choix aux personnes de notre entourage.

Tablier Cet élément est généralement synonyme de la réalisation des désirs les plus profonds. Toutefois, il faudra être attentif aux caractéristiques du songe pour déchiffrer tout son sens. Ainsi, si le tablier est propre, ces désirs seront accomplis grâce à la chance ; s'il est déchiré ou sale, après un dur labeur ; et s'il est blanc, grâce à l'aide d'un ami. || Chez une femme, rêver d'un tablier de cuisine reflète un mariage plein de mesquineries et de difficultés.

Tabouret Étant donné son utilité (aussi bien pour nous asseoir que pour nous hausser vers des endroits surélevés) et malgré sa taille réduite, cet élément onirique annonce que nous recevrons bientôt une petite aide qui nous sera très bénéfique.

Tache Les taches sont un symbole de culpabilité. Découvrir que nous avons une tache sur notre vêtement signifie que nous avons besoin de réaliser un nettoyage à fond de notre vie quotidienne. La tache pourrait être associée à un événement trouble, auquel nous avons participé, ou auquel nous avons l'intention de prendre part.

Taille L'augmentation ou la diminution de la taille des choses ou des personnes qui apparaissent dans nos rêves signale l'importance qu'elles ont prise à nos yeux. Une personne se réduisant jusqu'à devenir invisible traduit la peur que nous avons de la perdre. L'augmentation exagérée de sa taille est, au contraire, représentative de son influence excessive sur nous.

Tambour Entendre un tambour est un signal d'alerte : un ami ou un parent traverse des difficultés et a un besoin urgent de notre aide. || Le toucher, en revanche, fait ressortir notre capacité à communiquer et à entamer des relations avec les personnes les plus diverses.

Tamis Tamiser est synonyme d'épurer et de perfectionner. Il s'agit d'intégrer ce qui a été sélectionné et d'écarter le superflu. Ce songe, par conséquent, nous invite à choisir les choses et les personnes qui nous intéressent vraiment. Cela concerne également nos pensées, désirs et projets. (Voir Farine)

Tapis Cet élément est beaucoup plus important pour la culture orientale que pour la culture occidentale. Il représente le bonheur et la tranquillité parce qu'il symbolise la chaleur du foyer. Il est de bon augure pour les relations affectives et sentimentales. Il est vrai que l'inconscient cherche le confort et le bonheur. Vendre des tapis en rêve signifie que nous cherchons à nous écarter de la routine dans le but de nous lancer vers des aventures inconnues.

Tapisserie Tisser une tapisserie indique que nous vivons en accord avec nos projets, en employant pour cela beaucoup de patience et de constance. || Si la tapisserie est très fine, c'est que nous prenons la vie de façon superficielle, tandis que, si elle est épaisse et belle, c'est tout le contraire : notre façon d'exister est riche et foisonnante. (Voir Tableau et Fil)

Tarte Une tarte que l'on nous offre peut augurer l'apparition prochaine d'une excellente opportunité de travail. De même, cet élément peut signaler la perception de revenus extraordinaires sur lesquels nous ne comptions pas.

Tasse En général, cet élément annonce que nous participerons à un projet agréable, susceptible de nous apporter beaucoup de satisfaction. Toutefois, les interprétations varient en fonction du type de tasse. Une tasse en porcelaine prédit que nous jouirons de paix et de tranquillité ; en plastique, elle laisse prévoir des ennuis d'argent et des conflits qui nous tourmenteront. || Une tasse pleine augure des gains inattendus ; vide, la malchance, et cassée, des désaccords au sein de la famille.

Tatouage Un tatouage peut exprimer un important degré de dépendance par rapport au motif tatoué. Ce rêve peut aussi souligner le besoin d'agir d'une manière différente pour sortir de notre routine. || Cependant, malgré notre désir de changement, nous ne savons pas ce que nous voulons exactement changer dans notre vie. Ce songe reflète également notre confusion : d'un côté, nous désirons vivre comme les autres, mais de l'autre, nous aimerions être différent. || Selon d'autres interprétations, cet élément renvoie à une situation émotionnelle qui nous a marqué et que nous ne pouvons oublier. Il peut aussi s'agir d'une règle de comportement que nous avons intégrée totalement à notre personnalité.

Ce songe possède un caractère sexuel. « Tatouage » est un mot maori. Jusqu'à récemment, le tatouage était considéré par ce peuple comme un traitement définitif de beauté et de sensualité. De fait, en Polynésie, de nombreuses personnes affichent un corps entièrement tatoué. Pour beaucoup de cultures comme celle-ci, les tatouages sont un symbole sexuel et viril.

Taupe Cet animal révèle la tendance du dormeur à fuir les problèmes quotidiens et à reléguer à d'autres personnes leur résolution. C'est, par conséquent, un rêve qui reflète l'immaturité et encourage à la dépasser.

Taureau Il symbolise les forces les plus puissantes et primitives des instincts primaires. Rêver d'un taureau sauvage signale notre grande capacité créative. S'il nous poursuit, cela signifie que nous ne pouvons contenir plus longtemps nos impulsions. Nous devons trouver une façon de libérer ces dernières, sinon elles risquent de nous conduire à un déséquilibre interne. || N'oublions pas que le taureau est l'un des symboles les plus fréquemment utilisés pour faire référence à l'instinct de procréation et au déchaînement sexuel. Rêver d'un taureau chez un homme représente sa propre virilité. Chez une femme, en revanche, ce rêve renvoie à quelqu'un du sexe opposé. S'il s'agit d'une bête sauvage et indomptée, alors nos passions seront déchaînées. La corrida de taureaux traduit, quant à elle, le pouvoir que nous avons sur nos sentiments libidineux et négatifs.

Dans les mythologies, le taureau est considéré comme le symbole de la fertilité. Par ailleurs, autrefois on croyait que le tonnerre produit par les orages provenait des rugissements du taureau. Ce dernier est également associé au pouvoir créatif du printemps. || Rêver d'un taureau est donc un signe de fertilité et de pouvoir sexuel.

Taverne Tenir une taverne en rêve montre que, dans la réalité, des moyens peu honorables sont employés pour atteindre les buts fixés. || Entrer dans un établissement de ce type met en évidence le désir de fuir les problèmes quotidiens, ainsi que l'excès de plaisirs brefs et superficiels.

Taxi Rêver que nous conduisons un taxi exprime notre besoin de partager des projets et des idées avec les autres. || Nous nous sentons probablement négligé puisque nous avons l'impression que quelque chose ne fonctionne pas dans nos relations sentimentales.

Téléphone Cet élément incarne la communication avec les êtres qui nous sont chers. La conversation onirique reflète donc la qualité de notre relation avec la ou les personnes en question. || Par ailleurs, ne pas répondre au téléphone malgré les appels insistants révèle notre négligence vis-à-vis des avertissements de notre inconscient. Nous devons donc être attentif au message qu'il nous transmet. Il se peut qu'il contienne de nombreuses informations sur nos peurs et espoirs.

Rêver d'un appel téléphonique est, pour beaucoup, perçu comme un signe de chance. En effet, cela annonce des profits dans les affaires. Toutefois, si c'est nous qui appelons, alors un rendez-vous important sera ajourné. Les appels à grande distance augurent le bonheur.

Télévision Cet élément peut représenter notre esprit avec son flux de pensées. Peut-être aussi sommes-nous en train de nous observer nous-même de façon objective. Auquel cas, ce qui apparaîtra sur l'écran aura beaucoup à nous dire sur notre inconscient. || Rêver que la télévision est allumée pendant notre sommeil signifie que nous ne contrôlons pas bien notre énergie. Nous avons beaucoup d'informations, mais nous n'assimilons pas ce qui est réellement important. (Voir Théâtre)

D'après l'interprétation onirique moderne, éprouver du plaisir à regarder la télévision présage la réussite. Un sentiment désagréable accompagné d'un ennui considérable, au contraire, annonce des rencontres néfastes désireuses de nous entraîner dans la mauvaise voie.

Tempête Comme tout ce qui descend du ciel, la tempête possède un caractère sacré. Onirique, elle laisse entrevoir la possibilité que surgissent des difficultés dans nos relations personnelles. || Nous devons freiner les pulsions autodestructives que nous éprouvons parfois, car le conflit peut éclater à n'importe quel moment. Nous devons tenter, de toute façon, de nous réconcilier avec notre Moi intérieur. C'est seulement ainsi que nous trouverons le calme.

Temple Le temple symbolise ce qui est sacré, et également tout ce qu'il n'est pas dans notre pouvoir de contrôler. Apercevoir un temple en rêve augure une tristesse prochaine. Chez les amoureux, c'est le signe que leur mariage éventuel serait court et malheureux.

Temps De nombreux malades en phase terminale rêvent d'horloges marquant le passage des heures, les rapprochant ainsi inexorablement de la mort. Par ailleurs, le sentiment de manquer de temps au cours d'un rêve reflète clairement que nous vivons de façon trop pressée. Le temps qui s'arrête révèle la nécessité de dialoguer à fond avec nous-même. En revanche, rêver d'avoir du temps en trop manifeste chez nous une faible motivation, ainsi qu'un éloignement de notre objectif principal.

À mesure que nous nous approchons de la vérité spirituelle, le temps prend moins d'importance. Parfois, dans les rêves, le passé, le présent et le futur se mêlent entre eux pour nous offrir une sensation unique. Quand nous nous concentrons, il arrive la même chose. Plus notre conscience du passé est réduite, plus la méditation de notre esprit sera profonde.

Tentative Cet élément indique à la fois l'intention et la décision de se mettre en marche. C'est presque toujours un rêve positif qui signale la disparition des préjugés et de la peur de l'inconnu, tout autant que la disposition à emprunter un nouveau chemin ou à commencer un certain type de projet. Le rêveur a suffisamment confiance en lui-même pour prendre l'initiative et accepter les risques que cela comporte.

Terre Les rêves associés à la terre, aussi bien que ceux dans lesquels nous nous retrouvons par terre, montrent que nous devons être plus réaliste. Il est préférable que nous nous limitions aux affaires nous concernant directement, et que nous laissions de côté nos caprices. || En outre, la terre est la manifestation tangible de notre volonté. Ainsi, rêver que nous sommes couvert de terre signale une mission à accomplir. Au contraire, la cultiver indique que nous devons travailler dur pour mener à bien un projet. Si la terre travaillée est sèche, cela signifie que la force et l'enthousiasme nous font défaut. Rêver de la planète Terre exprime l'idée que notre Moi véritable n'est pas encore complètement réalisé.

La Terre Mère représente l'esprit inconscient. Elle est l'utérus contenant le potentiel nécessaire au développement futur. Les mythes concernant la descente vers l'intérieur de la terre sont des allégories décrivant l'exploration de notre côté le plus caché et le plus méconnu. Si l'apparence de la Terre Mère semble craintive, c'est que nous avons probablement peur que les forces de l'inconscient troublent l'ordre de notre vie. Dans l'Antiquité, la Terre Mère fut aussi un symbole de fertilité. Rêver de terre stérile, par conséquent, nous avertit qu'il faut planter quelques graines pour préserver notre futur.

Terreur Vivre en rêve une situation d'épouvante signifie que nous n'avons pas assimilé certains événements qui nous sont douloureux. L'inconscient essaie de nous dire de rester fort devant toute éventualité. Si nous fuyons la situation qui nous terrorise, nous ne ferons que retarder ce qui, inévitablement, doit avoir lieu.

Testament Faire un testament annonce une période de disputes familiales pour des intérêts économiques. Les désaccords pourraient être tellement importants que cela risque de briser de nombreuses relations affectives.

Égarer un testament est un signal de misère et de contrariétés de tout type ; sa destruction augure la souffrance en raison d'une possible trahison.

Tête Elle incarne l'âme et l'intelligence. C'est notre Moi conscient. La vision de la tête séparée du corps, accompagnée d'une sensation agréable, indique des changements dans notre situation personnelle, se traduisant par une augmentation de notre pouvoir créatif. Quand le sentiment produit est désagréable, cela peut manifester une double personnalité. || La psychanalyse jungienne fait correspondre la tête avec la partie la plus élevée de l'homme tandis que la psychanalyse freudienne l'assimile au pénis et reconnaît dans la décapitation une analogie avec la castration.

Si, dans notre rêve, nous apparaissons avec une tête de grande taille, c'est le signal que nous recevrons de bonnes nouvelles. En revanche, une tête plus petite et légère reflète la servilité et le déshonneur. Avoir une tête distincte de la sienne manifeste un changement d'idées ; l'avoir tournée en arrière, un changement de maison.

Tête de mort Jung décida de devenir psychologue après avoir rêvé qu'il avait trouvé une tête de mort dans la cave de sa maison. La tête de mort représentait son désir de découvrir et révéler les secrets de l'esprit. || Rêver d'une tête de mort renvoie aussi à la mortalité et à notre contemplation spirituelle sur le début et la fin de la vie. Cela peut également exprimer des choses qui s'achèvent, ou bien tout ce qui nous est inaccessible.

Pour le peuple gitan, les têtes de mort représentent la sagesse des ancêtres. Boire dans l'une d'elles signifie justement partager ces connaissances anciennes. En Irlande, elles symbolisent la vérité : un homme qui, après avoir juré sur une tête de mort, ment, mourra bientôt.

Théâtre Les rêves sont en eux-mêmes des œuvres de théâtre représentées par les peurs, les problèmes et les espoirs qui nourrissent notre imagination. Le théâtre onirique, par conséquent, est un songe à l'intérieur d'un autre songe. || Les œuvres théâtrales sont également la mise en scène de considérations morales, de critiques et d'observations qui permettent d'atteindre l'équilibre émotionnel et psychologique désiré. Depuis les tragédies grecques, il y a toujours eu un désir de représenter les émotions les plus intimes à travers le théâtre, dans le but d'accéder à la sagesse, de nous résigner devant l'inévitable, etc. Ainsi, rêver d'assister à une représentation théâtrale annonce généralement une période de bénéfices et de satisfactions. Nous devons également essayer de déchiffrer la signification de chaque élément qui y apparaît. || Si nous ne participons pas à la représentation, cela dénote en nous trop de passivité. Au contraire, être sur scène illustre le désir de prendre les rênes de notre vie. Nous devons pour cela analyser et fixer notre attention sur tout ce qui arrive durant le drame théâtral, car l'histoire racontée nous révélera l'essence du rêve. Le rôle qui nous est assigné dans la pièce peut être aussi très significatif.

Les sages qui ont atteint un degré élevé de conscience assurent que la vie est comme une pièce de théâtre. Nous représentons un rôle petit et court dans la totalité du jeu cosmique. Lorsque nous mourons, nous enlevons notre déguisement et revenons à notre véritable identité. || Selon une étrange croyance, rêver que nos dents tombent signifie que nous donnerons naissance à un enfant qui sera célèbre dans le monde du théâtre.

Thermomètre Il peut s'agir d'un signal émanant de notre état physique : nous sommes peut-être enrhumé et avons un peu de fièvre. Il est probable aussi que notre température, métaphoriquement parlant, soit trop élevée ; cela peut d'ailleurs provenir de l'attirance que nous ressentons pour quelqu'un. || La présence onirique d'un thermomètre peut refléter une inquiétude pour déchiffrer des faits concrets, ou bien faire allusion à la tentative de « prendre la température » d'un nouveau projet ou d'une idée que nous avons à l'esprit. || Rappelons-nous, par ailleurs, que le thermomètre contient du mercure. Il serait donc peut-être intéressant de chercher le rôle de ce dieu dans la mythologie romaine, ou bien l'influence de cette planète dans l'astrologie.

Tigre Il représente presque toujours des aspects cachés de la personnalité, et normalement ce qui nous terrorise. Symbole de force et d'agressivité, il est associé à la libération des instincts les plus primaires. C'est en quelque sorte une réserve d'énergie qui peut se retourner contre nous. Un tigre domestiqué, en revanche, reflète le triomphe de la raison sur les passions.
Dans le poème pour enfants *Tigre* de William Blake, l'animal représente l'existence matérielle. Son caractère terrifiant illustre la souffrance ressentie par les gens lorsqu'ils laissent derrière eux leur innocence.

Tilleul Cette plante représente la tranquillité, la sérénité, l'amitié et la tendresse.

Timon Cet élément représente la possibilité de diriger un bateau ou, ce qui revient au même, l'énergie vitale qui gouverne notre existence. C'est un symbole de la relation qui s'établit entre l'intelligence et la volonté.

Tir L'action de tirer nous indique clairement qu'il nous faut être vigilant. Nous devons prendre des précautions parce qu'une circonstance imprévue peut bouleverser notre vie quotidienne.
Si, dans le songe, nous prenons plaisir à tirer, c'est que nous aurons de la chance. Si, au contraire, nous sommes effrayé, alors des difficultés sont à prévoir. || Tirer en direction des étoiles est un rêve universellement favorable et prometteur.

Tirelire Sa symbolique renvoie à l'accumulation de biens matériels et à la relation du rêveur à l'argent. Remplir la tirelire indique la discipline de soi et la précaution. La casser peut nous prévenir de dépenses imprévues. La perdre annonce la peur du gaspillage ou de la ruine.

Toile Les toiles représentent généralement la richesse. Leur état, leur matière et leurs couleurs évoquent la relation du rêveur avec ses biens matériels. Un métier à tisser indique que nous disposons des moyens nécessaires pour obtenir des bénéfices économiques.

Toile d'araignée La toile tissée par l'araignée peut symboliser le piège vers lequel nous nous précipitons dans la vie réelle. Elle représente aussi la solitude, le manque de communication et les disputes. || Par ailleurs, une araignée onirique, dont la superbe toile provoque notre admiration lorsque nous la contemplons, signale que les forces de l'univers sont en notre faveur pour nous aider dans nos projets. || Enfin, une invasion d'araignées dans notre maison révèle un sentiment de nostalgie qui envahit fréquemment notre esprit. Cela nous empêche de jouir du présent. Nous sommes trop préoccupé par les épisodes du passé et notre énergie s'épuise en questions insolubles.

Toilettes La cause de ce rêve peut être physiologique : nous avons tout simplement envie d'aller aux toilettes. L'inconscient, dans ce cas, reconnaît le besoin de notre corps et utilise le rêve pour nous réveiller. || D'un autre côté, avoir envie d'aller aux toilettes signifie que nous cherchons à nous défaire de comportements anciens, ou à changer de rythme de vie. L'inconscient peut aussi nous alerter du fait que nous couvons une maladie. Se rendre aux toilettes serait aussi une façon d'éliminer les toxines.
Rêver de toilettes indique des problèmes légaux concernant la propriété.

Tombe Quelque chose en nous est mort. Nous devons vérifier de quoi il s'agit, et pourquoi cela réapparaît grâce à l'inconscient. || Ce rêve nous invite aussi à réfléchir sur un état terminal et sur ce que signifie pour nous la mortalité. Sa répétition fréquente pourrait être un indice de névrose. || Voir notre propre corps dans la tombe signale la restructuration en cours de notre vie. Le rêve augure donc un profond changement d'existence.
D'après les croyances, nous subirons une perte, mais pas nécessairement une mort. Il se peut que nous mourions spirituellement pour ensuite renaître. Le peuple celte, de fait, considérait que les cimetières étaient l'utérus de la Terre Mère et que la nouvelle spiritualité humaine allait en surgir. Selon d'autres interprétations plus tardives, ce songe augure des déceptions et, curieusement aussi, des nouvelles concernant un mariage.

Tomber Souvent, les songes où nous « tombons de sommeil » sont provoqués par des causes physiologiques. Ils expriment toutefois, en termes symboliques, une perte d'équilibre émotionnel ou de contrôle de soi. Nous devrions peut-être nous laisser aller dans la vie réelle. L'anxiété est très liée à ce rêve qui reflète le manque d'assurance, de confiance en soi, la peur de l'échec ou l'incapacité à prendre en charge une situation. (Voir Abîme)
Selon certaines sources d'information sur les rêves, rêver que l'on tombe dans la boue signifie que quelqu'un a menti sur nous. D'autres rêves de ce type augurent des pertes économiques.

Tonneau Sa signification est associée à celle de la Carafe. Il représente l'état des biens matériels et spirituels. Des tonneaux remplis de vin expriment la richesse et le bien-être. Des tonneaux cassés ou vides signalent la crainte de la ruine, ou bien un état économique ou spirituel qui laisse beaucoup à désirer.

Tonnerre Parce qu'il illustre nos sentiments de colère, le tonnerre prédit que nous avons eu, ou que nous allons avoir, une dispute. Nos relations sont probablement assez orageuses. || Entendre tonner augure également la menace d'un danger qui va survenir dans notre vie de façon imminente. Un tonnerre accompagné d'éclairs indique que nous risquons d'être trahi par un ami.
Dans la Grèce antique, on pensait que les disputes entre Zeus et son épouse Héra étaient à l'origine des orages. La mythologie sumérienne associe le tonnerre aux rugissements du taureau et aux rites de fertilité. Le songe représente notre force psychique, à la fois puissante et indomptée.

Torche Porter une torche allumée indique le désir du protagoniste de partager la lumière, c'est-à-dire sa joie et sa vitalité. En revanche, si la torche est éteinte, le rêve nous communique que notre capacité d'enthousiasme ne se trouve pas, précisément, à son meilleur moment.

Torpille Une explosion est généralement un signal d'alarme. Elle peut manifester un danger imminent, ou bien exprimer le désir d'en finir violemment avec une situation qui a atteint ses limites et semble insupportable. Il se peut également qu'un bruit tonitruant résonne à l'endroit où nous dormons. L'inconscient l'intégrerait alors dans une partie de la scène onirique qui se développe à ce moment dans nos rêves.

Tortue Elle est relative à la lenteur, la longévité et la protection. En raison de sa vitesse réduite, la tortue pourrait représenter l'opposition entre l'évolution naturelle et l'évolution spirituelle. || D'une certaine manière, la symbolique de cet animal contraste également avec celle de l'Aile. Cette dernière représente le vol en tant que spiritualité et élévation, tandis que la tortue est associée à des valeurs comme la lourdeur, la régression, l'obscurité, le blocage, etc.

Toupie Elle peut illustrer la façon dont nous prenons la vie : en tournant et retournant chacune des décisions que nous devons prendre. Ce rêve recommande la sérénité et la simplicité.

Tour Elle symbolise l'ascension. Au Moyen Âge, tours et clochers pouvaient servir de tours de guet. Mais la tour pouvait aussi évoquer un escalier entre la terre et le ciel (dans ces temps-là, la hauteur matérielle était associée à la hauteur spirituelle). || Par ailleurs, les tours symbolisent aussi l'éloignement du monde dans lequel nous vivons, c'est-à-dire la défense contre les agressions extérieures. Une tour solide signifie que nous affrontons parfaitement les défis que nous réserve la vie ; une tour à demi démolie, en revanche, représente le contraire.
Voir une tour très haute augure la chance ; en descendre présage des échecs.

Tourbillon Selon son sens ascendant ou descendant, le mouvement en spirale caractéristique du tourbillon représente la création ou la destruction du monde. Quand sa rapidité nous dépasse, cela signifie que la situation, qu'elle soit familiale, sociale ou professionnelle, nous domine sans que nous ne puissions rien faire. Le rêve nous enjoint d'inverser cette force, de sorte que ce soit nous qui ayons la maîtrise de notre vie.

Tourmente Cet élément peut indiquer un conflit émotionnel, ou un état de confusion qui se prépare en nous. En outre, il fait référence à la colère et la frustration qui ne trouvent pas d'exutoire.
Selon certaines croyances, ce songe symbolise un obstacle nous éloignant de ce que nous désirons. Si notre maison est touchée par la tourmente, c'est que nous sommes entouré de gens ayant de mauvaises intentions.

Tournage Si le rêve se déroule comme un film dont nous serions le protagoniste, plusieurs conclusions différentes pourront être tirées selon son genre : s'il s'agit d'un drame, une affaire malheureuse nous déprimera ; si c'est une comédie, nous aurons, en revanche, des surprises agréables. || Diriger un tournage implique des jalousies excessives pour contrôler tout ce qui se passe autour de nous.

Tournesol Les tournesols indiquent que nous sommes disposé à obtenir toute l'énergie et la force nécessaires pour réaliser nos projets, mais aussi que cette période sera de courte durée. || Nous devons donc avoir présents à l'esprit les objectifs principaux et profiter des moments de « gloire ». (Voir Chemin)
Amoureuse d'Hélios (le Soleil), la nymphe Clytie fit condamner à mort sa sœur par jalousie. Désespérée, elle s'assit sur un rocher et demeura neuf jours sans s'alimenter à regarder la course du soleil. Clytie se métamorphosa alors en tournesol.

Trace Les traces de soi, quand elles sont nettes, signalent un succès rapide et le bien-être. Dans le cas contraire, elles sont synonymes d'hésitation devant la prise de décision. || Si les traces sont d'une autre personne, nous devons nous méfier de celles et ceux qui semblent s'intéresser un peu trop à notre travail : ils pourraient chercher une information dans le but de progresser à nos dépens.

Trafic Un embouteillage de voitures peut traduire le fait que notre vie n'évolue pas comme nous voudrions. Nous nous sentons paralysé. || Rêver qu'on est agent de la circulation montre alors notre désir d'imposer nos propres normes à la société. Ou alors c'est le contraire, nous pensons peut-être que notre rôle social n'est pas fait pour nous, ou que les autres nous isolent. Auquel cas, nous devons affronter le problème.
Rêver d'un grand embouteillage dû à la circulation signifie qu'avec beaucoup de patience nos problèmes se résoudront.

Train Notre avenir est sur les rails. Pareillement au train qui suit une route fixe, ce rêve suggère que nous recevons une aide et une orientation dans notre voyage vital. || En outre, cette image d'un moyen de transport collectif symbolise le besoin de partager des projets, des idées ou des pensées. On en déduit le besoin d'être lié plus souvent avec les êtres qui nous sont chers et de fuir l'isolement qui nous menace. || Au contraire, être le seul occupant d'un train signale une grande timidité ou un certain égoïsme. Rater le train traduit un espoir de changement frustré, ou un désir de sortir de notre situation actuelle, sans que pour autant la nouvelle orientation soit claire. || Selon Jung, l'image de véhicules publics révèle le fait que le rêveur n'a pas encore trouvé son propre chemin ; sa façon d'agir est semblable à celle des autres personnes. D'après Freud, tous les rêves impliquant un mouvement représentent les relations sexuelles. De fait, le psychanalyste pensait que le train était un symbole phallique.
Dans l'Antiquité, rêver de voyages augurait un changement de fortune. Celle-ci s'améliorait si la destination se situait en haut d'une colline ou d'une montagne. Et si le voyage se déroulait le long d'une ligne droite, c'est que la chance surviendrait également très prochainement dans nos vies.

Traire Ce rêve indique que nous savons tirer partie des biens spirituels ou matériels que nous possédons. C'est aussi un symbole de fertilité et de bien-être familial.
Se voir traire une vache signale un moment de prospérité et un fort sentiment de satisfaction.

Trampoline Cet élément représente un moyen pour atteindre les objectifs que nous nous sommes fixés. Sauter d'un trampoline illustre les bonnes dispositions et les conditions favorables pour nous lancer dans une nouvelle entreprise. Il s'agit presque toujours d'un rêve positif, reflétant la confiance que le rêveur a en lui-même et dans le milieu qui l'entoure.

Tranchée Cet élément symbolise le besoin de protection. Le rêveur se sent agressé par des personnes, ou des événements, qu'il ne peut contrôler et cherche à se défendre. En tout cas, ce n'est pas un rêve négatif : d'une part, on ne s'est pas encore rendu devant le danger, et d'autre part notre intention est de contre-attaquer. Le dormeur a la possibilité de bien se sortir d'une situation de turbulences.

Transformation En faire dans la maison peut indiquer le besoin de changer une partie de nous-même ou bien notre image. Apparemment quelque chose en nous s'est détérioré et nécessite une bonne révision.

Trapèze Parce qu'il évoque le va-et-vient de la fortune, il augure l'arrivée d'une époque heureuse et paisible après de multiples contrariétés. Nous obtiendrons finalement les fruits de nos efforts et de notre travail pénible.

Travail Rêver de la recherche de travail dénote le besoin du dormeur de se sentir utile. Nous sommes possiblement insatisfait de notre activité actuelle et essayons de trouver la façon d'en changer. || Trouver enfin un travail augure un possible changement d'orientation professionnelle.

Travaux Refaire de ses propres mains la maison où l'on vit signifie que nous avons besoin de réaliser un travail de reconstruction très profond. Ce rêve nous révèle la nécessité d'un changement d'ambiance, de réalité. (Voir Construction)

Traverser Cette action constitue un avertissement : il nous faut esquiver un obstacle pour réussir dans nos projets. Si l'on traverse une rue, l'obstacle est d'ordre social. Mais si c'est une barrière naturelle, le problème est très probablement en nous.

Trèfle Emblème de la Trinité, sa présence est donc toujours bénéfique. Il augure une période de chance et de prospérité.

Tremblement de terre Cet élément participe du sens général de toute catastrophe : c'est une mutation brusque qui peut causer des ravages, mais qui peut aussi – sur le plan symbolique – être bienfaisante. Représentant un fort déséquilibre dans les situations vitales (il engendre crainte et insécurité), ce phénomène onirique doit nous encourager à opérer un tournant radical dans nos projets. || De même, l'éventualité latente du tremblement peut se situer dans notre inconscient et nous faire peur. Il s'agit sûrement de ces sentiments que nous refoulons dans la vie réelle et que nous avons relégué à un niveau inconscient. || Enfin, cette image peut aussi nous avertir du fait que nous mettons en danger notre santé et que nous devrions donc essayer de nous détendre. (Voir Abîme, Catastrophe et Salut)

Les croyances en matière onirique interprètent ce rêve comme un changement de situation.

Trésor Déterrer un trésor, ou trouver de l'argent, symbolise une redécouverte d'une partie de nous-même. Cela peut être quelque chose que nous avons caché, ou écarté, préalablement. Il s'agit peut-être d'une bonne opportunité pour réactiver nos aspirations. Les trésors valent la peine qu'on lutte pour eux, et ce malgré toutes les difficultés qui surgiront sur le chemin. || À la fin, nous serons récompensé et obtiendrons de grandes satisfactions. La patience et la constance doivent être nos vertus. (Voir Argent, Diamant, Source, Jardin, Bijou, Oasis, Or, Paradis et Rose)

Les anciennes croyances concernant ce rêve divergent des modernes. Déterrer un trésor indique qu'une personne aimée, et en qui nous avons confiance, ne nous mérite absolument pas. S'il contient cependant de l'or, alors tout ira bien.

Tresse Comme les nœuds, les tresses symbolisent les relations intimes et la dépendance mutuelle. Ainsi, des tresses très longues pourraient annoncer notre implication prochaine dans une situation trouble. Cela est probablement dû à notre

Analyse du rêve

Tremblement de terre

Le rêve de Guillaume : « Je me promenais à bicyclette, quand le sol commença à trembler sous mes pieds. Je compris tout de suite qu'il s'agissait d'un tremblement de terre et je fus saisi de terreur. Les gens couraient, en proie à la panique, dans toutes les directions et je ne savais laquelle prendre. Les édifices s'effondraient autour de moi, remplissant la rue de décombres. Bientôt, le sol s'ouvrit sous mes pieds, et, avant que je ne puisse réagir, je fus englouti dans l'abîme de la terre. Je me réveillai en criant, trempé de sueurs froides. »

Les rêves de désastres sont généralement des cauchemars dans lesquels nous nous réveillons en sursaut, couvert de sueur, et avec des difficultés pour nous rendormir. Ils essaient de nous agiter de l'intérieur pour nous transmettre un message de manière frappante et efficace. Nous ne comprenons pas pour autant ce qu'ils cherchent à nous dire. Ils font généralement allusion à un changement interne chez le rêveur, à une transformation psychique issue de la destruction d'un processus antérieur. Guillaume fit ce rêve quelques jours avant de rendre son homosexualité publique. Sa chute dans l'abîme représentait la situation difficile dans laquelle il se trouvait et sa crainte de faire un pas si décisif dans sa vie.

façon confuse d'agir qui sème la discorde entre les personnes de notre entourage.

Triangle C'est un symbole de perfection, de totale intégration du corps, de l'âme et de l'esprit. Les rêves comportant cette figure géométrique annoncent une période où nous pourrions bénéficier d'une grande abondance dans tous les sens. || Le triangle révèle également au rêveur qu'il atteindra tous ses objectifs, si élevés soient-ils.

Tribunal Si en rêve nous passons en jugement, la présence d'un tribunal indique que nous réalisons une analyse de nos actes très rigoureuse. Nous devrions essayer de ne pas être aussi dur avec nous-même.

Trinquer Comme dans la réalité, porter un toast en rêve est synonyme de joie et de célébration. Cependant, derrière cette allégresse, peut se cacher l'hypocrisie de ceux qui trinquent avec nous. Si ce sont des inconnus dans le rêve, il faudra être encore plus vigilant puisqu'ils représentent les personnalités les plus proches de notre entourage, dans la réalité.

Trompette Cet instrument illustre le désir de renommée et de gloire. Il peut annoncer toutes sortes d'événements de grande importance. || Si les trompettes sonnent, nous devons interpréter le rêve comme le couronnement de nos efforts. Il est très probable que notre vie opère rapidement un changement fondamental. || Si leur son est plus fort que la normale, c'est peut-être que notre inconscient essaie d'attirer notre attention. Il nous faut alors revoir nos idées et notre comportement, ou bien concentrer notre regard sur ce que, normalement, nous ignorons. D'après les oniromanciens, jouer ou écouter de la trompette en rêve présage des déceptions.

Trône Se voir assis sur un trône signifie que nous occupons une place qui ne nous correspond pas. Nous vivons au-dessus de nos possibilités et n'agissons pas de façon conséquente.

Trophée Remettre en rêve un trophée à quelqu'un signifie que nous savons reconnaître les mérites des autres. C'est le symptôme évident que nos relations professionnelles s'améliorent. Si c'est nous qui recevons le trophée, cela indique qu'une cure d'humilité (même si la reconnaissance est méritée) nous est nécessaire.

Trottoir Le trottoir est une zone de sécurité. Monter sur un trottoir en rêve peut symboliser un avancement dans notre travail. Cependant, ce symbole peut aussi signifier le contraire de ce qu'il semble manifester à première vue. C'est pour cette raison que, si nous nous promenons sur un trottoir, nous devons nous méfier de notre présupposée sécurité, car bientôt nous risquons de traverser une étape difficile. || Par ailleurs, descendre du trottoir indique que nous sommes sur le point de perdre notre position actuelle. Si nous agissons avec rapidité, nous aurons toujours le temps de rectifier le tir.

Trou Par analogie, le trou fait référence au vagin et à la fécondité. Rêver que nous tombons dans un trou indique que notre attitude n'est pas vraiment positive. Un sentiment de vide peut nous envahir jusqu'à la tristesse la plus absolue. Cela pourrait signifier une étape involutive ou de décadence dans notre échelle de valeurs. Le message que ce rêve essaie de transmettre est que nous pourrions plonger dans une dépression si nous nous laissons aller à des pensées négatives. Il est recommandé de chercher de nouveaux centres d'intérêts qui nous permettront de retrouver notre confiance. || Si les trous se situent sur les vêtements, c'est que nous sommes peut-être trop soucieux de notre image externe. Ce rêve ne présage rien de bénéfique. Nous entamerons une amitié avec des gens sordides et de peu de confiance. D'autre part, les trous dans les vêtements dénotent des dettes.

Troupeau C'est une image qui dénote sans aucun doute un manque d'assurance et un manque de personnalité, motifs pour lesquels nous recherchons avec insistance notre intégration dans un groupe. Le rêve nous reproche d'aller derrière le troupeau, sans essayer de penser et d'agir par nous-même. || Il est aussi probable que nous souhaitons sortir de l'ambiance protectrice dans laquelle nous évoluons habituellement, même si cette possibilité nous fait très peur en raison de la crainte que nous inspire la solitude. Nous devons pourtant apprendre à avoir confiance en nous-même.

Troupeau sauvage Un troupeau d'animaux sauvages est généralement un bon présage. Des buffles expriment le grand potentiel de notre intériorité ; des éléphants signalent que nous devons agir avec bon sens devant les nouveaux défis ; des félins annoncent qu'une période d'émotions fortes s'approche. || Dans le cas où la vision du troupeau nous effraierait, il faudra faire attention aux personnes de notre entourage : une alliance entre elles risquerait de nous être défavorable.

Trousseau Voir un trousseau en rêve annonce une noce dans l'entourage le plus proche, ainsi que l'accomplissement des désirs secrets du dormeur. D'autre part, acheter le trousseau signifie que l'on peut avoir pleinement confiance dans son partenaire et que les affaires économiques ne subiront pas de grands changements.

Trouvaille Cet élément annonce des événements inattendus, de caractère très positif. Une rencontre soudaine pourrait apaiser une partie de nos angoisses.

Tuer Tuer quelqu'un en rêve signifie que nous nous trouvons devant un grave conflit entre nos désirs et les principes moraux que nous sommes obligé de respecter. Le rêve révèle aussi la tentative inconsciente de réprimer une partie psychique de nous-même que nous refusons ; peut-être tuons-nous un aspect de notre propre nature qui nous déplaît. Un bon exemple est celui d'un homme qui rêve qu'il tue une femme. La véritable raison est probablement qu'il veut rejeter à tout prix son côté féminin. || Ce genre d'images doit être analysé avec le plus de précautions possibles. En effet, cette vision manifeste le besoin d'approfondir en nous-même et de chercher une solution acceptable pour ne pas arriver à une situation violente. || Le songe pourrait aussi être motivé par un sentiment négatif envers quelqu'un qui nous conduit à nous défouler de cette façon en rêve.

Tulipe Cette fleur exprime l'espoir de voir venir des temps heureux et durables. Par ailleurs, comme presque toutes les fleurs, les tulipes sont très chargées en sensualité. Elles peuvent être l'expression du mécanisme de compensation de l'inconscient activé par l'insatisfaction ou le manque de relations sexuelles.

Tumeur Son interprétation, similaire à celle de l'Abcès, indique l'existence d'une responsabilité, intérieure ou extérieure, qui nous est devenue lourde et détestable. C'est généralement un rêve angoissant, dans lequel nous voyons un partie de notre corps déformée, ou exagérément grandie.

Tunique Ce vêtement symbolise le Moi ou l'âme, c'est-à-dire la zone en contact le plus direct avec l'esprit. Vu que la tunique représente la personnalité, il est important d'analyser sa couleur, ainsi que sa texture. (Voir Tache, Cape et Vêtement)

Tunnel Cet élément incarne notre monde intérieur. C'est pourquoi rêver d'un tunnel totalement obscur signifie que tous nos sens devront être mis en alerte pour s'ouvrir sur l'extérieur. Notre angoisse existentielle nous empêche de voir la lumière. || Dans le cas où nous serions finalement capable de percevoir un peu de clarté, nous surmonterons grâce à la force de notre volonté tous les obstacles du chemin. Notre conscience est en train d'élargir son rayon d'action. (Voir Lumière, Noir et Pont)

Turquoise Rêver de cette pierre précieuse annonce la paix et l'harmonie au sein de la famille, ainsi que la prospérité dans les affaires. Cependant, si la turquoise a été volée, des désaccords entre amis se feront jour et ne pourront être surmontés. || Chez une femme, rêver qu'on lui offre une turquoise peut signaler une augmentation notable de ses biens grâce à un mariage avantageux.

Tuyau Ce conduit par lequel s'écoulent des substances peut symboliser un moyen d'obtenir des richesses ou de se développer intellectuellement. || Se voir à l'intérieur du tuyau, en outre, rejoint la signification du Couloir : nous vivons un moment de transition. Un tel parcours peut sembler agréable ou désagréable, cela dépend de la sensation éprouvée dans le rêve.

Tuyau d'arrosage En raison de sa forme allongée et cylindrique, et de sa fonction de pompe à eau, le tuyau d'arrosage est une image au caractère sexuel évident. En rêver prédit la virilité et la puissance sexuelle chez l'homme et la fécondité chez la femme. Cependant, pour mieux interpréter le rêve, nous devons analyser les autres éléments de l'épisode tels que l'eau ou l'élément que nous arrosons (plantes, objets, etc.).

Tyran Il peut s'agir de l'archétype négatif de la figure paternelle. Nous redoutons peut-être de terminer comme cela. || Le rêve peut également nous signifier qu'on nous oblige à faire des choses contre notre volonté. Le tyran et, dans ce cas, la personne ou la situation qui restreint notre liberté dans la vie réelle. D'après les oniromanciens, le sens de ce rêve est le contraire de ce qu'il suggère : nous rencontrerons bientôt quelqu'un d'aimable et de bon.

U

Ulcère Il semble que nous ayons des difficultés à digérer certaines expériences, c'est du moins ce qui se déduit d'un rêve dans lequel nous souffrons d'un ulcère. De plus, ces difficultés augmentent en raison de notre incapacité à extérioriser notre situation. || Nous devons lutter contre nos fantômes intérieurs. Le premier pas consistera, par conséquent, à exprimer nos sentiments, car c'est seulement ainsi que nous parviendrons à nous purifier.

Uniforme Cet élément peut renvoyer à nos sentiments conformistes, ou au contraire nous alerter afin que nous soyons moins individualiste et prenions en compte les besoins de tout notre entourage. || Rêver que l'on porte un uniforme militaire indique que nous essayons de diluer notre responsabilité au sein de notre communauté. Un uniforme couvert de galons dénote en nous un autoritarisme : nous imposons nos critères par la force, sans laisser les autres exprimer leur opinion.
Selon la croyance populaire, ce rêve augure un voyage plein d'aventures et particulièrement intéressant pour ce qui concerne nos problèmes d'ordre affectif et matrimonial.

Université Rêver que nous allons à l'université signifie que nous désirons alimenter notre intellect pour développer toutes nos capacités. Le songe indique aussi que nous gaspillons

Analyse du rêve

Uniforme

Le rêve de Richard : « Je portais un uniforme militaire et ma famille défilait en suivant mes ordres : un, deux, trois ! Demi-tour ! Tous se montraient rigides et obéissants, et moi je ne me sentais pas peu fier de mon pouvoir de commandement. Nous défilions dans la rue et les voisins nous regardaient des fenêtres avec des visages admiratifs. »

Richard fit ce rêve à un moment où sa famille se désintégrait. Sa femme était très dure dans les négociations du divorce, et sa fille adolescente menaçait de partir vivre avec son petit copain et d'abandonner les études. Le rêve révélait son désir de mettre sa vie familiale en ordre et d'éviter que la situation ne lui échappe. Son inconscient lui recommandait d'être un peu plus strict et énergique pour faire valoir ses opinions. Jusque là, Richard avait toujours cédé aux désirs de sa femme et de sa fille, et maintenant sa vie s'emballait. Le fait que ses voisins approuvent sa conduite depuis les fenêtres reflétait son besoin de reconnaissance alors qu'il se sentait seul à ce moment si important de sa vie.

probablement notre temps en petites choses sans importance, quand en réalité nous avons à notre portée des expériences qui peuvent être très enrichissantes.

Urine Dans de nombreux cas, rêver que nous avons envie d'uriner provient, simplement, de besoins physiologiques que nous éprouvons durant notre sommeil. Parfois, ce rêve fait aussi référence à nos désirs sexuels. || L'urine, cependant, peut représenter tout ce dont nous nous défaisons ou que nous rejetons. Nous essayons de faire le ménage à l'intérieur de nous, et pour cela nous laissons derrière nous ce que nous estimons ne pas en valoir la peine. (Voir Déféquer)

Pendant de nombreux siècles, l'urine a été considérée comme la protection par excellence contre les fantômes et les esprits malins. On pensait aussi que, si une fille urinait sur les chaussures d'un homme, celui-ci tomberait éperdument amoureux d'elle.

Urne Vide, elle suggère un certain égocentrisme dans les relations de couple. Nous nous renfermons sur nous-même sans laisser personne – pas même la personne avec laquelle nous partageons notre existence – regarder ce qui est caché en nous. || Une urne bourrée de papiers signale, en outre, une forte tendance à laisser nos projets en attente.

Usine Au sein du monde onirique, l'usine est une sorte de thermomètre professionnel. Ainsi, si nous rêvons que nous travaillons dans une usine, c'est que possiblement notre position dans le travail s'améliorera. || En revanche, si l'usine est vide ou abandonnée, il est assez probable que nous rencontrerons des problèmes professionnels ; nous pourrions même perdre notre emploi.

Ustensile Les ustensiles prédisent en général l'échec des projets à cause d'un usage inapproprié des moyens disponibles. Cassés, ils annoncent la maladie des êtres chers. || En revanche, en bois ou en métal, ils présagent la prospérité et le bonheur dans n'importe quel domaine.

Usurier Ce personnage onirique nous avertit de l'éventualité de gagner beaucoup d'argent, bien que de façon peu honnête. || Le fait d'être nous-même un usurier présage de mauvaises relations avec nos proches ainsi que l'éventualité de grandes humiliations.

Utérus Selon certains psychiatres, rêver de revenir à l'utérus maternel signifie que nous avons un grand besoin de protection. Les utérus aussi sont symbolisés par des cavernes, des pièces ou des endroits sûrs. Ils permettent la mise à distance et l'isolement nécessaire des problèmes journaliers.

Ce rêve peut être très spirituel et exprimer le réveil de la conscience.

V

Vacances Profiter des vacances traduit le besoin de repos du dormeur. L'inconscient nous avertit que, si nous ne prenons pas de repos, nous finirons épuisé ou malade. || Cette vision onirique va habituellement de pair avec des images anxiogènes : rater un avion, des bagages en excès ou un désastre qui survient pendant les vacances. Nous devons sans doute apprendre à prendre la vie plus calmement.

Une femme jeune qui fait ce rêve, après avoir été rejetée dans la réalité par son compagnon, parviendra à le reconquérir.

Vacciner Les vaccins alertent de l'apparition de problèmes sérieux dans la vie du dormeur. Il est nécessaire d'être attentif à des visions comme celles-ci pour éviter toutes sortes de malheurs. Toutefois, le rêve renvoie à des problèmes ayant des solutions, qu'il est possible d'anticiper avec quelques précautions.

Vache Même si elle apparaît peu fréquemment en rêve, la vache est liée à la maternité, la bonté, la patience et la fertilité. Ainsi, les vaches grasses augurent-elles la richesse ; les maigres, des bénéfices qui se feront attendre. || Cet animal peut également dénoter une attitude tolérante. Le songe nous avertit aussi de ralentir le rythme et de réfléchir davantage à nos décisions. La vache, par ailleurs, est associée à la dignité, la force et la résistance passive. || Chez un homme, elle représente sa partie féminine ; chez une femme, elle peut être un reflet de ses instincts maternels.

Pour les Hindous, les vaches sont sacrées et représentent la protection et l'attention de leur dieu. Krishna, de fait, enseigna aux bergers à ne pas adorer les divinités qu'ils ne pouvaient voir avec les yeux, mais plutôt les vaches. En effet, c'est en elles que Dieu réside.

Vagabond Bien que cela puisse suggérer le contraire, rêver que nous sommes devenu des vagabonds ne doit pas être lié, nécessairement, à l'échec. Cette vision peut aussi manifester un désir profond de tout abandonner et d'éluder nos propres responsabilités. Nous souhaitons nous sentir libre, et un vagabond illustre parfaitement ce souhait.

Vague Cet élément représente l'activité parfois menaçante et tempétueuse de la conscience, mais symbolise également une émotion forte, ouverte et expressive. || Se laisser porter par les vagues reflète une attitude passive devant les circonstances ; il est vrai que les choses sans importance nous écartent facilement de nos objectifs. Au contraire, les vagues agitées annoncent un possible conflit émotionnel. Tout semble indiquer que des jalousies et des envies surgiront et que l'agressivité pourra éclater à n'importe quel moment. Cette situation sera cependant passagère. || Par ailleurs, rêver que nous marchons sur les vagues annonce que nous saurons vaincre les obstacles qui nous séparent du but. (Voir Eau, Lac et Mer)

Rêver de vagues dénote, selon certaines croyances, un besoin de nettoyage intérieur.

Vaisselle Une vaisselle jolie et bien entretenue dénote de bonnes relations familiales et sentimentales ; tandis que si elle est sale ou cassée, elle prédit une période de conflits. || Acheter de la vaisselle montre le désir d'élargir notre cercle d'amis ; la laver, de nous réconcilier avec nos anciens amis ; la casser, d'exprimer nos sentiments à quelqu'un qui nous a fait du mal. Chez une femme, rêver de vaisselle augure un mariage heureux.

Valise Notre valise symbolique n'est pas autre chose que le matériel que nous considérons indispensable pour voyager à travers la vie. Rêver que nous la perdons témoigne de la crainte de ne pas pouvoir réaliser nos projets, que ce soit par faute de moyens ou de connaissances, ou bien en raison d'une incapacité propre. Si elle est trop lourde et que nous pouvons à peine la tirer, cela signifie que nous avons besoin de lâcher du lest et de revoir nos valeurs.

Vallée Par son aspect fertile, opposé au désert et à la haute montagne, la vallée symbolise la vie, le lieu mystique des bergers et des moines. Elle représente le caractère accueillant de la Terre Mère. Parce qu'elle se situe entre les montagnes, elle définit notre orientation et nos limitations. Voyager le long d'une vallée illustre généralement le passage d'une situation à une autre. Nous pourrions rencontrer des difficultés durant cette transition, mais nous trouverons à la fin des changements spirituels bénéfiques. || En termes oniriques, la vallée représente également le lieu où notre âme retrouve son énergie. Elle annonce, par conséquent, une période de tranquillité et de bonheur.
Comme symbole à la fois onirique et spirituel, la vallée représente le jugement et l'importance de la modestie.

Vampire Être attaqué par un vampire signifie que quelqu'un de proche essaie de profiter de nous. Mais exercer le rôle de vampire signale clairement que nous nous laissons guider par des passions et des instincts chaque fois plus voraces. Il faudrait essayer de les dominer, sinon notre équilibre interne pourrait s'en ressentir. (Voir Minuit, Peur et Chauve-souris)

Vapeur Si de la vapeur apparaît dans nos rêves, c'est qu'il nous faut très probablement réaliser un voyage imprévu pour résoudre un problème professionnel. || Se voir enveloppé de vapeur nous alerte des intrigues d'une personne très proche.

Vautour Bien que cela puisse surprendre, c'est un symbole qui, au cours de l'histoire, a toujours eu des connotations

Analyse du rêve

Valise

Le rêve de Charles : « Je cherchais ma valise et je ne la trouvais nulle part. Elle était dans l'aéroport et mon avion était sur le point de décoller. Les haut-parleurs émettaient le dernier avis d'embarquement et je n'arrivais pas à me souvenir de l'endroit où je l'avais laissée. Je me sentais angoissé car elle renfermait tous mes papiers, mes objets de valeur et mon argent. Mais je ne pouvais pas non plus rater l'avion parce qu'une importante réunion d'affaires m'attendait. Ainsi je passai tout le rêve à courir d'un côté vers l'autre, en scrutant chaque recoin de l'aéroport, mais rien. La valise ne réapparut pas et je ne pus partir car les billets d'avion se trouvaient à l'intérieur. »

Lorsque Charles fit ce rêve, il souffrait des premiers symptômes d'une dépression légère. Il se sentait très triste, manquant d'assurance et mal à l'aise dans la vie, mais il ne savait pas quoi faire pour améliorer son état. Les rêves de recherche font allusion à une carence, quelque chose qui nous manque ou dont nous avons besoin pour notre stabilité émotionnelle. La valise, pleine de choses importantes, reflète les valeurs avec lesquelles nous nous orientons dans la vie et sans lesquelles nous serions perdu, comme Charles. Les avions montrent notre désir d'aller plus loin, de nous élever ou de dépasser nos soucis quotidiens. Le fait que Charles ait raté le sien souligne son incapacité à avancer, malgré ses tentatives continuelles (courant d'un côté de l'autre, cherchant partout...).
Un mois après, Charles commença une thérapie psychanalytique pour surmonter sa tristesse. Au bout de quelques jours, il trouva sa valise onirique dans un rêve et parvint à prendre l'avion. Dans le monde de l'état de veille, il commença à comprendre les causes de son mal-être et à se sentir plus satisfait et sûr de lui-même.

positives. Et ce n'est pas pour rien. En effet, de nombreux peuples pensaient que, parce qu'il se nourrissait de cadavres, le vautour possédait une relation privilégiée avec la mère nature. Ainsi, les Parsis – descendants des zoroastriens de Perse qui s'établirent en Inde – exposent-ils leurs morts sur des « tours du silence » afin que les vautours les dévorent et qu'ainsi soit facilitée leur renaissance. En Inde, le vautour, emblème d'abnégation et de conseil spirituel, apparaît aussi comme un symbole des forces spirituelles protectrices, remplaçant les parents. || Dans la culture occidentale, cet oiseau a en revanche des connotations négatives. La présence de vautours en rêve indique que certaines personnes attendent peut-être que nous nous trompions pour profiter de la situation.

Pour les Gitans, les vautours oniriques nous avertissent que nous sommes entouré de gens corrompus.

Veau Voir **Bébé** et **Agneau**

Velours Symbole de richesse et de sensualité, il est communément associé à l'érotisme. Ce rêve révèle un besoin affectif.

Vendre La vente de nombreuses marchandises signale que nos moyens sont pratiquement illimités. Le rêve nous invite donc à les développer. Ce type de scènes révèle également le besoin de communiquer, de transmettre ce que nous savons et ce que nous avons vécu aux autres.

Vengeance Nourrir des rêves de vengeance ne parle pas trop en faveur du dormeur. Il ne faut cependant pas dramatiser : ce type d'images indique seulement l'impuissance que ressent l'individu devant ses propres limites.

Vent Un vent violent peut être synonyme de menace pour nos projets. Ceux-ci ne sont pas stables et nous luttons dans une guerre perdue d'avance. Rêver, en revanche, d'une légère brise indique que notre conscience évolue de façon adéquate. Le vent souffle en notre faveur, ce qui signifie que nos objectifs s'accomplissent et qu'en plus nous bénéficions de la reconnaissance des autres. || En outre, le vent peut aussi manifester le déséquilibre et l'inconstance de nos émotions. Nous avons probablement besoin d'un changement.

Rêver de vent présage des problèmes. Cependant nous rendrons quelqu'un heureux.

Ventre Il symbolise la maternité et le besoin d'affection et de protection. Avoir le ventre gonflé indique que nous sommes saturé de responsabilités. S'il nous fait mal, c'est que nous essayons d'éluder un problème, ou une situation, qui ne nous concerne pas selon nous.

Ventriloque Il est possible que, dans la réalité, nous mettions nos paroles dans la bouche des autres, ou peut-être que nous n'écoutions que ce qui nous convient. Le fait de projeter sa propre voix symbolise notre désir d'influer sur les opinions des autres. || D'un autre côté, l'image du ventriloque suppose aussi un manque de communication entre notre Moi véritable et celui que nous présentons au monde.

Bientôt nous souffrirons d'une trahison. Les oniromanciens nous conseillent d'être prévoyant dans les affaires que nous conclurons.

Vernir Si nous nous voyons en rêve en train de vernir un meuble, une porte ou un objet quelconque, c'est le signe que nous voulons cacher un aspect de notre personnalité, des défauts, des carences ou des attitudes dont nous ne sommes pas fier. Nous recouvrons de vernis ce qui nous fait honte.

Verre Un verre plein d'eau augure le début d'une période sentimentale heureuse. En revanche, s'il est vide, cela signifie que nous ne savons pas exprimer nos émotions. Trinquer avec un verre manifeste notre désir de partager l'amour et le bonheur.

Vers Jung le définit comme une figure négative. Son caractère souterrain et sa locomotion rampante ne lui ont pas donné précisément une « bonne réputation ». Les vers, par conséquent, symbolisent ce qui s'est corrompu. En rêver est généralement assez désagréable. || Il faut ajouter cependant que les vers sont également bons pour le jardin, car ils aèrent la terre et mangent beaucoup d'insectes nuisibles. En outre, comme chacun sait, les chenilles – et même les plus épouvantables – peuvent se transformer en papillons. Cette image nous informe donc que nous ne devons pas nous torturer à cause de nos défauts, car chaque individu possède un énorme potentiel de transformation. (Voir Papillon, Métamorphose et Chenille)

D'après les livres sur les rêves traditionnels, les vers augurent des maladies infectieuses. Rêver que nous les détruisons nous prédit de l'argent.

Vert C'est la couleur de la végétation, du calme, de la relaxation et de la tonicité. Le vert symbolise la vie, l'espérance et l'immortalité, bien qu'il puisse également évoquer un poison ou des dangers inattendus quand il se rapporte à la jungle. Il représente, pour cette raison, les instincts irrationnels. || Rêver que cette couleur apparaît au milieu d'un paysage désert signifie que nous traversons une étape stérile, mais que bientôt nous en sortirons. Un excès de vert souligne toutefois le fait que nous nous laissons guider par nos instincts. Si nous espérons la résolution d'un problème, la présence de cette couleur nous conseille d'attendre que les choses mûrissent.

Vertige Le vertige symbolise clairement la crainte du dormeur d'affronter une situation qu'il méconnaît, ou qu'il ne maîtrise pas. Nous devrions plutôt accepter certains risques et ne pas nous laisser paralyser par l'insécurité.

Verrou Cet élément symbolise la volonté d'imposer nos opinions à tout prix, qu'elles soient pertinentes ou non.

Veste Ce vêtement, qui exprime notre personnalité, donne lieu à de multiples interprétations. Si la veste est neuve, elle annonce la créativité intellectuelle ; si elle est vieille ou déchirée, la perte d'une bonne amitié ; si elle appartient à une autre personne, la demande d'aide auprès d'un ami pour résoudre un problème. || Porter sur soi une veste militaire dénonce la tendance du rêveur à l'autorité et même à l'intransigeance ; la veste d'un médecin évoque le besoin d'avoir plus confiance en soi. Enfin, l'égarer annonce des pertes économiques pour avoir laissé ses affaires aux mains du hasard.

Vestibule C'est le centre d'une maison. Le traverser dans un rêve évoque le commencement d'une exploration personnelle de notre intériorité.
◎ Rêver d'un large et long vestibule augure une période d'inquiétudes.

Vêtement Les vêtements reflètent l'importance de l'apparence et peuvent montrer notre véritable personnalité, ou dissimuler nos imperfections. De même, ils révèlent les désirs d'élégance, de notoriété et de conquête amoureuse. La couleur et le type de vêtement apporteront plus d'informations sur le sens de ce rêve. || Porter des vêtements de couleurs très vives met ainsi en évidence le besoin d'attirer l'attention des autres, et donc un manque d'assurance. Les couleurs les plus chaudes dénotent aussi le bonheur et l'optimisme. Les couleurs sombres et froides expriment l'existence de secrets et un caractère dépressif. || Si nos vêtements sont usés, nous devons peut-être revoir certaines de nos habitudes et attitudes. Il se peut que nous ayons besoin, en ce sens, d'améliorer notre façon d'être. || Rêver que nous changeons de vêtement prédit d'ici peu de nouvelles expériences dans notre vie. Et si nos vêtements nous semblent trop étroits, c'est peut-être qu'une situation nous contraint : une relation sentimentale ou un poste de travail. (Voir Chemise, Déchirer, Nudité, Haillon, Maquillage, Pantalon)
◎ Les premières interprétations oniriques que l'on a trouvées rapportent que rêver d'une femme nue annonce la chance ; cela nous procurera des satisfactions inattendues. En revanche, rêver que nous portons trop de vêtements sur nous signifie que nos besoins vitaux ne sont pas couverts. Les vêtements neufs, enfin, augurent une dispute à la maison.

Veuf Ce n'est pas nécessairement un rêve prophétique. Il nous avertit peut-être d'une situation de négligence, ou d'abandon de la part de notre partenaire. Il peut aussi nous signifier qu'il nous faut apprendre à nous débrouiller seul et être un peu plus indépendant.
◎ Se voir veuf, ou veuve, annonce des moments de souffrance dus à des commérages. Ceux-ci émanent de l'entourage et sont susceptibles de créer des inimitiés avec des tierces personnes. Nous devons essayer de découvrir qui nous veut du mal, afin que nos relations avec les autres ne soient pas atteintes.

Viande Symbole de passion et de force, cet élément possède différentes significations selon la culture ou la religion à laquelle on appartient. L'état de la viande, le fait de la manger ou de la rejeter seront des conditions déterminantes pour l'interprétation correcte du rêve. Celui-ci peut être aussi bien positif que négatif.

Victime Ce rêve développe habituellement des sentiments déjà existants dans la vie réelle. Il est probable que des personnes nous blessent. Mais il se peut, au contraire, que nous ayons nous-même malmené les autres et que maintenant le rêve nous renvoie la monnaie de notre pièce. Le songe exprime, dans ce cas, notre culpabilité.

◎ Selon la plupart des oniromanciens, la signification de ce rêve est l'inverse de ce qu'il représente. Nous serons la victime si nous rêvons que nous blessons les autres, et vice versa.

Vide ◘ Rêver du vide (une idée abstraite) indique l'état dans lequel se trouve notre esprit. Cela exprime notre manque de motivation pour agir. Nous devons essayer de remplir ce vide avec de nouveaux projets, des objectifs et des désirs. || Rêver d'une pièce, d'une boîte, d'une maison ou d'un récipient vides exprime une carence émotionnelle. Selon Freud, l'origine de ces sentiments se trouve dans le refoulement même des personnes.

◎ Les entreprises que nous nous proposons dans de tels moments seront inutiles.

Vieillard Voir **Grands-parents**

Vieillesse Voir **Grands-parents, Jeunesse** et **Automne**

Vierge ◘ Ce rêve peut être le fruit de la nostalgie. Nous observons peut-être le passé quand nous faisons l'expérience, pour la première fois, de la douleur et de la complexité des relations humaines. De la même façon, une vierge peut représenter quelque chose de pur et d'innocent dans la vie réelle.

◎ Dans les rêves, la Vierge Marie représente l'âme. C'est le guide spirituel qui conduit l'homme vers la plénitude personnelle.

Vigne ◘ Symbole de plénitude, elle représente la sensualité et l'indulgence du rêveur. Elle peut également représenter la vendange et, avec elle, une période de prospérité. Si le rêve est relatif à des histoires de santé, alors la vigne figure peut-être le système nerveux.

◎ N'importe quel songe en rapport à la vigne ou au raisin en fleur est considéré comme bénéfique. Une vigne encore verte, mais pleine de grappes, signifie que nos rêves les plus précieux deviendront réalité.

Village ◘ Cet élément dénote en général un désir de paix et de tranquillité : nous souhaitons resserrer les liens avec les personnes de notre entourage et profiter d'une vie familiale plus reposante. Cependant, un village désert exprime le fait que le sujet ne sait pas résoudre ses problèmes et doit chercher des voies nouvelles pour y parvenir. Un village pittoresque et ensoleillé révèle une personnalité honnête et simple chez le rêveur. S'il est abandonné pour la ville, une amélioration professionnelle est possible (même si, à cet instant, le terrain professionnel n'est pas la préoccupation première dans la vie du dormeur).

Ville ◘ La ville symbolise la psyché humaine. Sa représentation dans le rêve est révélatrice de notre état d'esprit. Ainsi, si la ville nous offre un beau spectacle, cela signifie que l'harmonie règne en nous. Le bruit et la pollution, en revanche, seront l'indice du chaos interne dont nous souffrons. || D'un autre côté, la ville peut représenter tout ce qui nous entoure, en incluant la famille et les amis. Si nous nous y sentons seul quand nous y entrons, il se peut que nous percevions ainsi notre rôle social dans la réalité. Si nous rêvons qu'elle est fortifiée avec des murailles, cela exprime alors probablement notre besoin de nous protéger face à l'extérieur ; en ruines, elle nous avertit que nous négligeons nos relations. Enfin, s'y perdre montre notre propre errance existentielle.

◎ Les villes mythologiques ont habituellement huit portes, dont une est scellée. Chaque porte représente un changement dans notre vie ; la huitième étant le voyage final, c'est-à-dire la mort.

Vin ◘ Il représente la libération de l'inconscient et, en plus, des refoulements. Ainsi, rêver que nous buvons du vin avec modération reflète le désir d'atteindre un niveau spirituel supérieur. || Mais boire trop, et même se voir ivre, illustre notre volonté de concrétiser nos ambitions de pouvoir et de richesse à n'importe quel prix. || D'un autre côté, le vin rouge représente le sang et, par conséquent, la force vitale. Le boire augure la santé et le commencement d'une phase plus agréable. Sa couleur rouge est également associée aux sentiments passionnels. || Une vieille bouteille de vin évoque la maturité. (Voir Raisin)

◎ En France et en Californie, on croit que faire passer le vin à table dans la direction des aiguilles d'une montre porte malheur. En termes oniriques, boire du vin signale un foyer confortable. Si nous le renversons, c'est que quelqu'un sera blessé. Et si nous nous enivrons, c'est que nous aurons bientôt du succès.

Vinaigre ◘ Cet élément onirique s'accompagne toujours d'une lecture négative vu qu'il prédit des disputes ainsi que toutes sortes de situations désagréables. || Boire du vinaigre traduit des désaccords familiaux autour d'affaires matérielles ; le verser exprime la faible influence de nos opinions personnelles sur notre entourage. || Assaisonner la nourriture avec du vinaigre est un signe de malchance ; le faire avec du vinaigre de vin annonce un échec sur le plan amoureux ; avec du vinaigre blanc, cela prédit des problèmes économiques.

Viol En rêver symbolise une perte de contrôle sur la réalité. Nous vivons une situation dans laquelle notre amour propre se sent blessé. || Chez un homme, il peut s'agir d'une représentation sadique de son désir sexuel. Il peut nourrir des sentiments de vengeance envers le sexe opposé. || Chez une femme, cet élément peut représenter les peurs sexuelles ou la figuration masochiste de ses fantasmes.

Même les livres de l'époque victorienne portant sur les rêves abordent cette image. Selon les croyances, une femme qui rêve d'un viol verra son orgueil blessé. Le fait que cela arrive en rêve à un proche annonce des nouvelles fracassantes.

Violence Rêver d'avoir un comportement violent peut provenir d'un ressentiment profond à l'égard de quelqu'un qui nous empêche de progresser. D'autre part, il se peut que nous soyons en train de rejeter quelque chose en nous. Ce songe nous enseigne qu'il faut être plus tolérant avec nos sentiments et accepter les échecs qui nous arrivent. Sinon, nous refoulons trop d'émotions. || Si nous sommes nous-même la victime de la violence, cela veut dire que nous nous punissons nous-même et que nous nous considérons coupable de quelque chose dans la vie réelle. Avoir la sensation que tout est contre nous ne doit pas nous faire perdre espoir. Notre sort pourrait bientôt changer.

Le sens de ce rêve est l'inverse de ce qu'il suggère : si nous sommes violemment agressé, les croyances augurent des temps meilleurs.

Violette Cette fleur symbolise la modestie. La couleur violette, quant à elle, est associée à l'automne, c'est-à-dire au passage de la vie à la mort.

Visage Rêver de notre propre visage, c'est rêver de cette partie de nous que nous montrons aux autres, mais qui est totalement opposée à notre véritable Moi. Cela devient plus aigu si nous nous maquillons. Rêver d'un visage attirant pronostique une période de paix et de bonheur auprès des êtres aimés. En revanche, s'il est désagréable, il ne faut nous attendre qu'à des imprévus portant sérieusement atteinte à notre économie.

Selon les oniromanciens, rêver de notre propre visage annonce le dévoilement d'un secret. S'il est enflé, nous recevrons de l'argent ; s'il est pâle, en revanche, nous serons bientôt déçu.

Visite Le fait de rendre visite à quelqu'un exprime notre besoin de communiquer avec les autres. Nous nous intéressons aux activités communautaires et avons envie de partager les choses avec ceux qui nous entourent. Cependant, une visite peut être aussi bien un plaisir qu'une source d'ennui ; notre rêve peut nous montrer les deux cas de figure. Il est aussi possible que cet élément soit une manière d'attirer notre attention sur quelqu'un que nous avons négligé dernièrement et dont nous devons nous préoccuper.

Vitrine Cet objet symbolise la façon dont nous traversons la vie, très souvent sans nous trouver nous-même. Cela désigne la perte d'une partie de notre identité. Le rêve comportant cet élément révèle l'angoisse de ne pas savoir où nous nous dirigeons.

Voile Véritable invitation à la connaissance, le voile sert à cacher le visage et suggère, en même temps, ce que l'on cache. Rêver d'un voile doit également nous inciter à lutter contre ce qui nous fait honte en nous. Chez la femme, il dénote un jeu érotique et de séduction. Selon Freud, il symbolise l'hymen féminin et la crainte des relations sexuelles.

En termes spirituels, ce rêve pourrait représenter le rejet des choses mondaines. || D'après les croyances en matière de rêves, un voile noir augure une rupture amoureuse. Un voile blanc, en revanche, présage un mariage.

Voisin Se disputer avec les voisins révèle un conflit intérieur. Il est possible que nous agissions dans le dos de notre conscience. En revanche, maintenir une bonne relation onirique avec eux indique que nous nous réconcilions avec notre entourage.

Voiture La conduire est un signe de prise d'initiative, de nouvelle orientation que l'on donne à sa vie. Si c'est une autre personne qui la pilote, il semble évident que nous avons tendance à nous laisser diriger par des tierces personnes. || La voiture symbolise aussi le corps humain (comme le Chariot). Un parallèle peut donc être établi entre l'état des deux : une voiture en mauvais état nous prévient au sujet de notre santé. La façon de la conduire, aussi, est la manière que nous avons de nous maîtriser nous-même : si nous le faisons mal ou que nous avons un accident, c'est que, selon le rêve, nous sommes en train de commettre des erreurs. || Pour Freud, la voiture représentait le progrès de la thérapie psychanalytique.

Autrefois, on disait que conduire un véhicule en rêve augurait des changements dans le foyer ou dans les affaires. Si le véhicule tombait en panne, c'est qu'un ami allait nous donner des nouvelles annonçant des problèmes.

Voix Ce rêve peut comporter différentes connotations. Ainsi, si nous entendons une voix que nous ne reconnaissons pas, il peut s'agir de notre inconscient qui essaie de nous transmettre un message d'une importance vitale. Tout ce dont nous avons besoin se trouve en nous : nous devons simplement apprendre à écouter au bon moment. || Par ailleurs, rêver que nous perdons la voix reflète un manque notable de détermination et de confiance en soi. (Voir Cri, Son et Appel)

Volcan Cet élément représente l'explosion des passions cachées et refoulées. C'est le contexte du rêve qui nous dira si cette éruption est positive ou négative. Dans tous les cas, nous devons prendre des précautions, car notre agressivité et le réveil de nos sentiments destructifs pourraient bien nous jouer de mauvais tours. C'est pourquoi il est important de ne pas inhiber trop longtemps nos propres émotions. Sinon, elles exploseront tôt ou tard. || Un volcan éteint peut signifier que nous sommes en pleine régression. (Voir Catastrophe et Tremblement de terre)

Rêver d'un volcan prédit une période de paix et de bonheur. Si nous nous trouvons quasiment enveloppé de flammes, les croyances en matière onirique affirment que ce bonheur augmentera.

Voler Imaginer que nous volons signale généralement l'arrivée de changements qui nous seront très bénéfiques. L'action de voler implique donc un désir d'évoluer, de se connecter à l'essence de notre Moi interne pour progresser spirituellement. Cela dénote aussi que nous nous sommes défait de quelque chose qui nous a préoccupé. On se réveille d'un tel rêve habituellement avec de l'optimisme et des forces rénovées, en plus d'une sensation de liberté stimulante. Cet élément indique aussi le besoin de découvrir, d'inventer, de faire des choses nouvelles. || Ce genre d'images augure la réussite, la réalisation des objectifs et la résolution des difficultés. Le rêveur est donc encouragé à se lancer dans l'action (c'est l'heure de voler par soi-même). N'oublions pas toutefois le mythe grec d'Icare : celui-ci voulut aller trop haut et son ambition le mena vers un destin fatal. En outre, si le dormeur est une femme jeune, le fait qu'elle vole annonce la rupture des relations avec son partenaire.

Dans l'Antiquité, on considérait qu'une personne qui rêvait qu'elle volait était entrée dans la sphère des dieux immortels. D'après les Indiens d'Amérique du Nord, les Babyloniens, les Hindous, les bouddhistes tibétains et de nombreux autres peuples, chacun a la capacité d'abandonner son corps physique pendant le sommeil. Pendant ces voyages astraux, le corps psychique peut s'envoler vers d'autres dimensions, communiquer avec des personnes d'un champ spirituel distinct, ou apprendre des âmes qui un jour furent des anges et des divinités.

Voleur Un voleur qui s'empare de nos biens signifie que nous avons peur de les perdre, qu'ils soient de type sentimental, matériel ou professionnel. Il se peut, par exemple, qu'un collègue de travail se soit approprié tout notre mérite. || En revanche, si c'est nous qui volons, cela traduit possiblement de la jalousie envers une personne. Il est probable que nous voulons nous approprier les biens ou les sentiments d'autrui. || Si nous surprenons le voleur à l'instant même du vol, l'objet qu'il emporte sera d'une grande importance pour une interprétation correcte du songe.

Pour les Gitans, les rêves de vols signalent un poids sur la conscience et un sentiment de culpabilité. En outre, faire partie d'une bande de voleurs signifie que nous pouvons nous fier à nos amitiés.

Vomir Vomir dans un rêve exprime notre désir d'éliminer un aspect de notre vie que nous ne pouvons supporter. Il s'agit assurément de sentiments qui nous attristent : une situation ou le comportement d'autrui. || Dans certains cas, vomir traduit un malaise avec nous-même. Quelque chose dans notre vie ou dans notre comportement nous dégoûte tellement que nous ne pouvons plus continuer. Nous devons pratiquer un nettoyage interne.

Selon les textes anciens, ce rêve annonce que le pauvre tirera profit des pertes du riche.

Voûte Parce qu'il représente l'inconscient, cet élément peut être d'une extrême importance pour nous. S'il s'agit d'une crypte voûtée, les cadavres illustreront les parties de notre per-

Analyse du rêve

Voler

Le rêve de Montsé : « Je découvris avec stupeur que je pouvais voler. Je devais faire seulement trois pas et me projeter un peu vers l'avant ; je ne devais même pas agiter les bras. Le vent m'indiquait la direction et je me laissais guider. La sensation était incroyable, je me sentais heureuse, libre, puissante... Autour de moi il n'y avait pas d'oiseaux, ni de bruit. Je me trouvais seule dans l'immensité du ciel bleu, survolant une mer calme d'un bleu encore plus intense. Soudain, j'aperçus un groupe de dauphins sautant joyeusement sur des vagues argentées. Je me réveillai en souriant, avec une sensation très agréable. »

Rêver que nous volons a un rapport avec la liberté, le désir de nous dégager des attaches terrestres et de vaincre la gravité de la réalité. C'est un rêve d'évolution qui révèle notre besoin de nous exprimer librement, de créer...

Montsé, graphiste de profession, fit ce rêve quelques jours avant de terminer la conception graphique d'une revue importante, très artistique et avant-gardiste, reconnue par de nombreux prix. Quelques jours auparavant, elle s'était sentie très oppressée et fatiguée. Toutefois, son rêve la tranquillisa car il révélait sa capacité créative et sa force d'expression. Les dauphins sont un symbole d'intelligence relié à la clarté et à la pureté de pensée. Le fait qu'ils sautent dans l'eau indiquait le degré de connexion que Montsé avait atteint entre son côté conscient et son côté inconscient.

Les rêves de vol correspondent aussi à un intérêt pour une évolution spirituelle. Curieusement, à cette période, Montsé avait déjà fait quelques pas dans cette direction. Des cours de développement et de dépassement de soi lui apprirent beaucoup sur elle-même.

sonnalité qui ne sont pas actives ou bien les affaires qui ont été laissées en suspens. Une banque voûtée symbolise les opportunités de bonheur et de développement spirituel. Les trésors qu'elle contient seront notre potentiel spirituel, notre récompense pour avoir exploré l'inconscient. || Par sa forme, la voûte est aussi associée au ventre maternel. Son apparition en rêve signale dans ce cas le besoin de se sentir protégé. || Il faut aussi être attentif à l'état dans lequel se trouve la voûte dans la vision onirique car elle représente l'entourage du rêveur dans la vie réelle. Le fait qu'elle soit haute et illuminée est un indice de bien-être ; si elle est sombre et basse, cela exprime l'enfermement ; et si elle est délabrée, la pauvreté matérielle et spirituelle.

◎ Un ouvrage ancien sur les rêves soutient qu'un homme qui rêve qu'il marche sous une voûte de couleur noire épousera une veuve et deviendra l'esclave de sa cruauté.

Voyage ◘ Dormir étant déjà en soi un voyage au centre de soi-même, il existe donc de nombreuses significations associées à cet élément. Généralement, celui-ci représente notre voyage vital. Se trouver au milieu d'une route large témoigne que nos progrès sont en bonne voie. Si, en revanche, la route est pleine de pierres, c'est probablement que le chemin est ardu et difficile. Un environnement luxueux, par ailleurs, indique que nous sommes à l'aise avec notre situation ; un désert aride exprime au contraire la solitude et le manque de créativité. La dureté ou la douceur du parcours nous informe sur notre état, respectivement tendu ou détendu. || La destination du voyage peut être la connaissance de notre véritable Moi. Si les terres rencontrées à notre passage nous semblent étranges et inconnues, c'est peut-être une invitation de l'inconscient à les explorer.

◎ Les anciennes interprétations des rêves concordent. La facilité, par exemple, avec laquelle nous réalisons le voyage sera semblable à celle que nous rencontrerons, à l'avenir, dans la vie réelle. Selon les mystiques médiévaux, en outre, rêver d'un joyeux groupe d'amis entreprenant un voyage annonce que nous vivrons prochainement une période existentielle heureuse.

X

Xénophobie Agir de façon xénophobe envers une personne inconnue met en évidence des peurs et des sentiments d'insécurité personnels aussi bien sur le terrain amoureux que professionnel. Être rejeté pour une attitude de ce type dénote notre crainte de ne pas être accepté tel que nous sommes.

Xylophone Rêver de cet instrument indique que nous vivrons des moments heureux et détendus. Cependant, s'il est cassé ou en mauvais état, nous pourrions subir un contretemps pour ne pas avoir écouté les conseils d'une personne experte.

Y

Yacht En posséder un signifie que nous souhaitons fuir les responsabilités pour jouir d'une vie facile. L'environnement consumériste qui est le nôtre nous est préjudiciable et nous empêche d'être nous-même. Nous aurons besoin d'utiliser notre essence pour avancer spirituellement.

Yoghourt En manger signale une santé parfaite après des moments délicats.

Z

Zéro Le zéro se dessine avec un cercle dont le sens est celui de la totalité de l'être. Il peut également représenter le vide vital.
Rêver du vide revient à dire que nous gaspillons notre énergie. Il est alors nécessaire d'agir et de changer de direction. || Tracer un zéro en rêve prédit l'incertitude et le trouble.

Zodiaque C'est un élément d'un rêve toujours positif, annonçant la paix et le bonheur dans toutes les sphères personnelles. || L'étudier augure l'obtention de grands bénéfices après avoir débuté une relation avec des personnes influentes ; le maîtriser, une ascension professionnelle et sociale sans précédent dans notre vie. || Rêver de notre propre signe du zodiaque est probablement la représentation que nous nous faisons de nous-même. Si les autres signes apparaissent aussi, nous devrons être attentif non seulement aux qualités qu'ils reflètent, mais aussi à leur rapport avec notre vie ou notre personnalité.
Certains oniromanciens assurent que rêver des signes du zodiaque présage une émigration prochaine.

Zoo La visite de ce lieu annonce des surprises agréables et de la chance dans toutes sortes de projets. || Si c'est une femme qui rêve d'un zoo, elle vivra un amour passionné qui finira par un mariage ; si c'est un homme, il parviendra à conquérir la femme qu'il a choisie. || En outre, parce qu'il représente des animaux encagés, le zoo peut vouloir traduire notre nature. Chaque animal reflète un aspect de celle-ci. Nous devons aussi considérer les sentiments qui sont éprouvés.
Les zoos prédisent des voyages et des séjours agréables dans des pays étrangers. Un enfant qui nous accompagne dans le rêve augure une très bonne chance.